MURTY CLASSICAL
LIBRARY OF INDIA

Sheldon Pollock, General Editor

ABU'L-FAZL
THE HISTORY OF AKBAR
VOLUME 7

MCLI 26

ABU'L-FAZL

ابو الفضل

THE HISTORY
OF AKBAR

VOLUME 7

Edited and translated by
WHEELER M. THACKSTON

MURTY CLASSICAL LIBRARY OF INDIA
HARVARD UNIVERSITY PRESS
Cambridge, Massachusetts
London, England
2021

SERIES DESIGN BY M9DESIGN
TYPESETTING BY TITUS NEMETH AND DORIS LANG

Library of Congress Cataloging-in-Publication Data

Abu al-Fazl ibn Mubarak, 1551–1602, author.
[Akbarnamah. English]
The History of Akbar / Abu'l-Fazl ; edited and translated
by Wheeler M. Thackston.
volumes cm. — (Murty Classical Library of India ; 26)
Includes bibliographical references and index.
ISBN 978-0-674-42775-4 (cloth: alk. paper) (vol. 1)
ISBN 978-0-674-50494-3 (cloth: alk. paper) (vol. 2)
ISBN 978-0-674-65982-7 (cloth: alk. paper) (vol. 3)
ISBN 978-0-674-97503-3 (cloth: alk. paper) (vol. 4)
ISBN 978-0-674-98395-3 (cloth: alk. paper) (vol. 5)
ISBN 978-0-674-98613-8 (cloth: alk. paper) (vol. 6)
ISBN 978-0-674-24416-0 (cloth: alk. paper) (vol. 7)
1. Akbar, Emperor of Hindustan, 1542–1605.
2. Mogul Empire—History. 3. India—Kings and rulers—Biography.
4. India—History—1000–1765—Early works to 1800.
I. Thackston, W. M. (Wheeler McIntosh), 1944– editor, translator.
II. Title.
DS461.3.A2313 2014
954.02'54092—dc23 2014016317

CONTENTS

INTRODUCTION

In 1588 Abu'l-Fazl was commanded by the Mughal emperor Akbar to write a history of the reigns of the Timurid sovereigns of India, and the following year another edict was issued to the same purpose. The result was *The History of Akbar* (*Akbarnāma*), the first tome (*daftar*) of which begins with Akbar's birth and his horoscopes and then traces Akbar's ancestors back to Adam, with detailed coverage of the careers of his grandfather Babur, founder of the dynasty in India, and of his father, Humayun. Part 1 of Tome 2 (volumes 3 and 4 of this series), completed in 1596, begins with Akbar's accession to the throne in 1556 and continues chronologically through half of the seventeenth regnal year (November 1571), which was the completion of Akbar's thirtieth lunar year, a *qarn,* or "generation," by the conventional reckoning of the time. Part 2 of Tome 2 (volumes 5–8 of this series) was planned to cover Akbar's second *qarn* of thirty years, through his sixtieth lunar birthday in the forty-fifth regnal year (1601), but because Abu'l-Fazl was murdered in 1602, and Akbar died in 1605, the second tome was continued by another writer, who extended it to include the remainder of Akbar's lifetime. Originally the *Ā'īn-i Akbarī,* a detailed account of the organization and administration of the empire, was Tome 3 of the *Akbarnāma,* but it is now treated as a separate work.

The Life

Abu'l-Fazl (1551–1602) was the second son of Shaikh Mubarak of Nagaur (Rajasthan), who ran a school of philosophy in the capital city, Agra. Highly educated under his father's supervision, Abu'l-Fazl was introduced to the Mughal court in 1574 by his elder brother, the poet laureate Abu'l-Faiz "Faizi." He was first employed at court as a stylist of official and diplomatic correspondence, and he is said to have exerted much liberal influence on Akbar's religious views; in addition, he served as a military commander in the Deccan. Later in his narrative Abu'l-Fazl reports that in 1582 he was put in charge of the purchase of woolens for the court. In 1586 he was made cogovernor of Delhi. In 1592 he was promoted to the rank of 2,000 *zāt;* in 1600 he was appointed governor of Khandesh and promoted to the rank of 4,000 *zāt.* Abu'l-Fazl was killed in 1602 in retaliation for his opposition to the succession of Prince Salim, the future Emperor Jahangir, who was in open rebellion against his father at the time. The prince contrived to have a Bundela chieftain, Bir Singh Deo, assassinate Abu'l-Fazl as he was returning to the capital from the Deccan.[1]

In addition to *The History of Akbar,* Abu'l-Fazl wrote *'Iyār-i dānish* (Assay of knowledge), a recasting of Kamaluddin Husayn Va'iz Kashifi's *Anwār-i Suhailī,* an early sixteenth-century version of the Bidpai fables. A collection of his private letters was compiled by one of his nephews, Nuruddin Muhammad, and a collection of the official letters he composed was made by his sister's son, Abdul-Samad. His *Ā'īn-i Akbarī* was an encyclopedic compendium of rules and regulations, as well as a gazetteer of the empire, and

was the result of meticulous research and fact gathering. As
he was in charge of Akbar's translation department, Abu'l-
Fazl wrote the preface to the Persian version of the Sanskrit
Mahābhārata, entitled *Razmnāma*. He also authored a
somewhat less well known *munājāt* (conversations with
God).[2]

The Work

The History of Akbar is far from a simple recording of history.
It represents an attempt on Abu'l-Fazl's part to apotheo-
size Akbar. Not merely the third monarch of the Mughal
Empire in India, Akbar became, in Abu'l-Fazl's hands, the
latest and most perfect manifestation of the divine light that
had infused Alanqoa, the remote ancestress of both Gen-
ghis Khan and Tamerlane, and that continued, hidden, in the
lineage for many generations until it attained perfection and
was revealed in the person of Akbar.[3] Abu'l-Fazl portrays
Akbar as the ideal monarch, drawing from the models of
both ancient Iranian kingship and the perfect man in Sufism.
He describes Akbar's birth as associated with supernatural
occurrences and miracles, as is usually done in recounting
the birth of a prophet or deity.

Akbar's achievements as the Muslim ruler of a polity of
non-Muslim-majority people were prodigious and left a
legacy that endured into the colonial and postindependence
periods. He incorporated the northern part of the subcon-
tinent, from Kabul to Bengal, into the Mughal Empire, and
effected changes in the assessment and collection of taxes,
the organization and control of the nobility, and the reform

of the state's religious policies. He made marriage alliances with Rajput clans, thus paving the way for the integration of Timurid culture in India. Akbar was supported by Abu'l-Fazl in challenging the influential court clergy (*'ulamā*) and fighting bigotry among all religious communities. There were two notable episodes in the furthering of Akbar's policy of universal concord (*sulh-i kull*) that had both political and religious considerations behind them. One was the establishment of the house of worship (*'ibādatkhāna*) for weekly discussions among Sufis, Hindus, Jains, Jesuits, and Zoroastrians, out of which Akbar's short-lived syncretistic religious doctrine of the "divine religion" (*dīn-i ilāhī*) emerged. The other was the "translation bureau" (*maktabkhāna*), which chiefly sponsored translations of works of Hindu learning into Persian. In terms of cultural artifacts and material wealth, the Mughals at this time far outshone the Ottoman and Safavid empires. Many scholars and poets from Iran and Central Asia settled in India, drawn by the lavish patronage offered by Akbar and other Mughal nobles, and contributed to the cosmopolitan nature of the literary culture. It was in this environment that *The History of Akbar* was written. Several copies of the work were illustrated by renowned artists in the royal atelier.

Abu'l-Fazl rarely acknowledges his sources, but for information about the common ancestors of Genghis Khan and the Timurids, he must have had at his disposal Rashiduddin Fazlullah's *Jāmi'u't-tawārīkh* (completed ca. 1310), a monumental history of the Genghisids written for the Ilkhans, the ruling house of Iran. For Tamerlane's ancestors and career, Abu'l-Fazl used Sharafuddin Ali Yazdi's *Zafarnāma,* a much-admired history completed in 1425 that he cites by name several times. The style of the *Zafarnāma,* with illustrative poetry dispersed throughout the ornate prose narrative, a stylistic device that was probably inspired by Sa'di's *Gulistān,* was considered to be the quintessence of elegant writing. For centuries it served as a model for history writing, and it certainly influenced some formal aspects of Abu'l-Fazl's work. Rajput chronicles and oral traditions were also used for the first time, to present a complete picture of the history of Akbar's reign.[4] Akbar's battles against Rajputs, Afghans, and rebellious Mughal officers are described in epic language. Although he is never critical of Akbar's actions, Abu'l-Fazl bases his historiography on rational and secular views of events. With respect to his political thought, he would have been influenced by ethical and philosophical ideas of the great political philosophers of the earlier Islamic period, such as al-Ghazali, Nasir al-Din Tusi, and Dawwani, as well as by Firdausi, the author of the Persian epic the *Shāhnāma.* These writers were all part of the curriculum of learning in Persophone societies, whether in Turkish Central Asia or India.

History Writing at Akbar's Court

Akbar's grandfather Babur, the Timurid prince from Transoxiana and Kabul who defeated the Delhi sultanate and established what is now known as the Mughal dynasty in India, wrote his own memoirs, the *Bāburnāma,* in his native Chaghatay Turkish.[5] By the fourth decade of Akbar's reign, knowledge of Turkish had waned and the memoirs had to be translated into Persian, the common language of the empire. This task was entrusted to the statesman and poet Abdul-Rahim Khankhanan, and the translation was presented to Akbar in December 1589. Abu'l-Fazl must have used the translation for Babur's history, since it is highly unlikely that he knew Turkish. He also used the *Tārīkh-i Rashīdī*, a history of Moghulistan by Babur's cousin Mirza Haidar Dughlat, who played a prominent role as ruler of Kashmir during Humayun's early reign. Babur's son Humayun, so far as we are aware, never wrote anything, and his era was too troubled and interrupted to allow for the writing of court history. For Humayun's reign and to supplement Babur's personal accounts, Abu'l-Fazl requested still-living contemporaries of Babur and Humayun to write or dictate their recollections and forward them to court, and these were incorporated into the narrative.[6]

Abu'l-Fazl's was not the only history of Akbar's reign, although it is the only history devoted exclusively to him. The Akbar period is also treated in works of general Indian history, such as Nizamuddin Ahmad's *Tabaqāt-i Akbarī*, Abdul-Qadir Bada'uni's *Muntakhabu't-tawārīkh*, and Nurul-Haqq Dihlawi's *Zubdatu't-tawārīkh*.[7] Akbar's son Jahangir, like his great-grandfather, wrote his own personal memoirs, the *Jahāngīrnāma*. Jahangir's son and successor, Shahjahan, had professional history writers who chronicled his reign in ever more elaborate prose, as well as in verse, and although Shahjahan's son and successor, the zealously pious Aurangzeb, dismissed poets and historians from the court, there are various general and local histories that cover his reign.

The writing style adopted by Abu'l-Fazl is no less grandiose than his aim, and it requires explanation. Except when he is dealing with straightforward historical narrative, Abu'l-Fazl writes in a parabolic style that is far from immediately comprehensible; not only is the style difficult but he also coins new words and uses old ones in novel ways. Over the course of reading the many pages of the history, one develops a sense of the meaning of the author's vocabulary, but reading passages at random can leave one wondering what Abu'l-Fazl could possibly have meant by some of his digressions and soliloquies. Any reader would probably agree with the well-meaning friend who asked him,

> Why do you go to such trouble? Why do you write in this fashion? Not one in a thousand will be able to read this marvelous book or understand its novel style correctly. Of whom have you hopes that he will delve to the depths of its truth? Who will be capable of soaring high enough to discover its purpose? It would be better to give up this new style and compose in the language of the age, thereby setting a table of delights that all can enjoy.[8]

Undaunted, Abu'l-Fazl stuck to his purpose, and because he did so, the reader may require some explanation.

Language and Style of the Akbarnāma

In his writing Abu'l-Fazl borrowed from the vocabulary of Sufism, the tradition of "mystical" interpretation in Islam that had suffused Persian poetry and become part and parcel of the lexicon of a normal Persian literary education, and adapted it to his purposes. When Abu'l-Fazl uses terms like "pursuit of the truth" (*ḥaqqjōʾī*), the "search for the ultimate" (*ḥaqqpizhōhī*), and "the quest" (*jōyāʾī*), all terms that would have had Sufistic overtones and normally meant the search for the ultimate reality (*ḥaqq*), or the divine, within oneself, he refers to the quest for self-enlightenment and the enlightenment of others. Primarily this refers to Akbar's own quest, but to know that Akbar is a manifestation of divine wisdom is, for Abu'l-Fazl, the supreme realization.[9] Those who attain that level of enlightenment will have conquered their lower, base natures and risen to a higher level of awareness. Such persons have been "stripped" of their base nature and reached the level of "abstraction" (*tajarrud*): they have divested themselves of the "entanglement with the world" (*taʿalluq*) and "worldliness," or "convention" (*rasm, ʿādat*), and know that one has to look beyond superficial, external form (*ṣūrat, ẓāhir, bērūn*) to see inner, intrinsic, and spiritual meaning (*maʿnā, bāṭin, durūn*). Conversely, "nature worshippers" (*ṭabīʿatparastān*) are those who let their base natures get the better of them and are not restrained by reason, which would dictate that they pledge their allegiance to the emperor and throw in their lot with him. Those people exhibit what Abu'l-Fazl terms "ignorance" (*nāshināsī*), by which he means lack of discipline and control, very much like the old Arabic concept of *jāhiliyya,* which literally means ignorance but connotes the pre-Islamic heathenism of Arabia and is probably the source for his coinage of *nāshināsī,* which is literally "unknowingness." The opposite of *nāshināsī* is *shināsāʾī,* Abu'l-Fazl's coined term for the

Arabic *ma'rifat,* "knowingness," which connotes mystical awareness and gnostic cognition. Not wanting to use the old terms *jāhiliyya* and *ma'rifat,* which were tainted, respectively, with unmistakable historical and Sufistic overtones, Abu'l-Fazl created *shināsā'ī* and *nāshināsī* for his programmatic apotheosis of Akbar.

Disinterested, unbiased reporting is not for Abu'l-Fazl. Those in opposition to or rebellion against the empire are primarily termed "ingrates" (*nāsipās*) in the face of the emperor's graciousness; they are also "scatter-brained" (*shōrīda-maghz*), "light-headed" (*sabuksar*), "wrong-minded" (*tabahrāy, tabāhbasīch*), "malicious" (*badgumān*), "vainly vengeful" (*bāṭilsitēz*), and "wayward" (*kajgirā*). They suffer from "upside-down luck" (*vāzhgōnbakht*), they "peddle arrogance" (*nakhvatfurōsh*), they are "constitutionally evil" (*badnihād*), and everything they have to say is prattle and "blathering nonsense" (*harzalā'ī*). For Abu'l-Fazl, the terms "misfortunate," "unfortunate," "ill-starred," and the like (*badbakht, bēṭāli'*) all refer to an individual's fate. Those whose destinies are slated to be auspicious— that is, those loyal to the emperor—possess good fortune; those who rebel, resist, or are disloyal do so because they are so destined, and they can meet only a fitting doom at the hands of the emperor's supporters, who are described variously as "deep-looking" (*zharfnigāh*), "sober-strutting" (*hushyārkhirām*), "harboring auspiciousness" (*sa'ādat-andōz*), "felicity-choosing" (*sa'ādat-guzīn*), "of good opinion" (*nēkūrāy*), "insightful" (*dīdavar*), having "aware minds" (*āgāhdil*), and "possessed of awake luck" (*bīdārbakht*), meaning they are fortunate.

The epithets "simple" (*sāda*) and "simpleminded" (*sāda-lauḥ*) are often used in historical works in Persian, and they normally have negative connotations, as they do in English. When they come from Abu'l-Fazl's pen, however, they are often far from negative. For him, the words refer to persons who are without guile, that is, those who are not "colored" (*rangīn*) or complicated by duplicity and falseness. Therefore, for Abu'l-Fazl, "colorlessness" (*bērangī*) and "simplicity" (*sādagī*) are positive virtues that mean guilelessness.

These days, when "imperialism" and "expansionism" have become dirty words in the international lexicon, Abu'l-Fazl would be sadly out of step. For him, any expansion of territory that brings the order bestowed by the "wisdom-adorning one who graces the throne" (*aurangnishīn-i farhang-ārā*) to the benighted world of chaos outside the cradle of empire is not merely praiseworthy but a true "act of divine worship" (*ʿibādat*).

NOTES

1   For Jahāngīr's frank account of this episode, see Jahāngīr 1999: 32–33.
2   For published editions of these works, see the Bibliography.
3   Tamerlane (1336–1405), the progenitor of the Timurid House, to which Akbar and the Mughals of India belonged, was not descended from Genghis Khan, but they had remote legendary ancestors, such as Alanqoa, in common. The Timurids of India were also of Genghisid descent through Babur's mother, Qutlugh-Nigar Khanim, whose father, Yunus Khan, was a direct descendant of Genghis Khan's son Chaghatai.
4   Eaton 1984: 714.
5   The Mughals never referred to themselves as "Mughals." They called their dynasty the *silsila-i gūrkāniyya*, the Gurkanid dynasty, from *gürkän*, "son-in-law," a word of Mongolian origin.

6   Three of these memoirs have survived: one is by Gulbadan Begim, Humayun's sister; one is by Jauhar Āftābachī, Humayun's ewer bearer, a personal servant who was apparently never far from Humayun and was thus a witness to many conversations of historical importance; and the third is by Bāyazīd Bayāt, a soldier native to Tabriz who joined Humayun with the forces Shah Tahmasp gave Humayun to regain his territories in Kabul and Kandahar. Bāyazīd served the Khankhanan Mun'im Khan for years, rising to positions of responsibility and intimacy with his master; later, during Akbar's reign, he was appointed to fairly high positions in the imperial harem and the treasury. His last post was that of *bökävülbegi*, chief court taster, in which function he was serving when one of Abu'l-Fazl's scribes took his memoirs down from dictation in Lahore. For editions and translations of these three works, see the Bibliography.

7   The *Ṭabaqāt-i Akbarī*, also known as *Tārīkh-i Niẓāmī*, is a general history of Islamic India through Akbar's thirty-eighth regnal year (1593–94). The *Muntakhabu't-tawārīkh* treats the history of India from ca. 1000 to the fortieth year of Akbar's reign (1595–96). Written from an uncompromisingly orthodox point of view, it is highly critical of Akbar's administrative and religious policies. The *Zubdatu't-tawārīkh*, a general history of India from 1173 until Jahangir's accession, is still in unedited manuscript form.

8   *Akbarnāma*, Tome 2, "Conclusion."

9   This forms the core of what has been termed *dīn-i ilāhī*, the "divine religion" supposedly propagated by Abu'l-Fazl and a few others of Akbar's coterie. Suffice it to say that no such term is ever used by Abu'l-Fazl himself, nor is any programmatic reinterpretation of religion outlined in the *Akbarnāma*—aside from the constant deprecation of hidebound fundamentalism and the 1579 proclamation of Akbar as *mujtahid* (interpreter of religious law) and *imām* (religious leader) of the age.

NOTE ON THE TEXT AND TRANSLATION

The Persian text of the *Akbarnāma* is based on the Calcutta edition. Following is a list of the manuscripts consulted by the editors.

A, Fort William College, Calcutta; a complete copy dated 2 Safar 1206 (October 1, 1791).

B, Fort William College, Calcutta; incomplete, until the end of the seventeenth year.

C, Fort William College, Calcutta; incomplete, until the end of the seventeenth year, undated.

D, Delhi Library; incomplete, until the end of the seventeenth year, undated.

E, Asiatic Society, Calcutta; incomplete, until the end of the seventeenth year.

F, property of Maulvi Kabiruddin Ahmad; incomplete, until the end of the seventeenth year, dated 1 Rabi' II year 46 of Aurangzeb's reign (August 25, 1702).

G, 1284/1867 lithograph edition, Lucknow; until the end of the forty-sixth year.

H, Delhi Library; until the end of the seventeenth year, undated.

I, Delhi Library; until the end of the seventeenth year.

J, Delhi Library; until the end of the twenty-fourth year, dated 7 Jumada I 1107 (December 14, 1695).

Place Names

The vast majority of the places mentioned in the text of *The History of Akbar*, even some of the smallest towns and villages, are easily identifiable and have been located thanks to modern technological resources. Those that have not been found fall into several categories: (1) the place is too small and obscure to show up on maps or toponymic lists; (2) the name has been changed or the place no longer exists (like Tanda, the old capital of Bengal, which was swept away by the Ganges in the sixteenth century); (3) the name has been so miscopied or garbled in the text that it is beyond recognition or identification. In addition, there are geographical names that appear one way in Persian (Dihlī and Barūch), slightly differently in Hindi (Dillī and Bharūch), and differently still in the conventional spelling adopted by the British Raj (Delhi and Broach). Those places that have conventional English spellings—for example, Lahore and Delhi—appear as such in the translation and the index.

For personal names, one has to deal with Arabic, Persian, Turkish, and various Indian languages. Strict transliteration has been abandoned in this translation in keeping with the conventions of the series, but there should be little or no cause for confusion since personal names are always clearly Islamic, Turkic, or Indic in origin. The title commonly given to all princesses of the Timurid House and to others, *bēgim*, "madam," has been retained in its Turkish version, as it is often spelled in early Mughal sources. This is the title that was Persianized to *bēgam* and then Anglicized to "begum" to reflect the common

Indian pronunciation of the Persianized version of the title.

Calendrical Systems

There are two calendrical systems used concurrently in *The History of Akbar*. The first is the lunar Hegira calendar that is common throughout the Islamic world. Up to Akbar's succession to the throne all dates are given according to the Hegira calendar, and because conversions to the Western calendar have been done by algorithm, they may be off by up to a day or two one way or the other. The vernal equinox, with which each regnal year begins, is known with certainty and does not depend on algorithmic calculation. The second is the Ilahi calendar, which was devised for Akbar by his courtier-scientist Amir Fathullah Shirazi. This calendar, based on the old Persian solar calendar, begins on the vernal equinox each year. The twelve months of the Persian solar calendar correspond to the twelve signs of the zodiac, and the beginnings of the months must have been determined by astronomical observation and not convention, since the midsummer months occasionally have thirty-two days. Because Akbar's accession to the throne on February 15, 1556 (Julian), took place less than a month from the equinox, the official anniversary of the accession was moved forward to the equinox, and regnal years were calculated from then. The Ilahi era was not promulgated until 1584, but Abu'l-Fazl has recalculated and given events in Ilahi dates from the time of Akbar's accession. Finally, the conversion from the Julian to the Gregorian calendar occurred about halfway through Akbar's reign, in 1582, and I have followed the practice of converting to the

Gregorian calendar for Western equivalents, even though English-speaking countries did not adopt the Gregorian calendar until 1752. For equivalent Julian (Old Style) dates after 1582, subtract ten days.

MAPS

Key to Maps

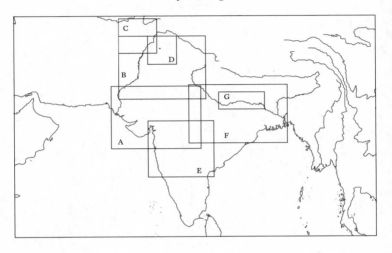

Map A: Marwar, Mewar, Malwa, and Gujarat

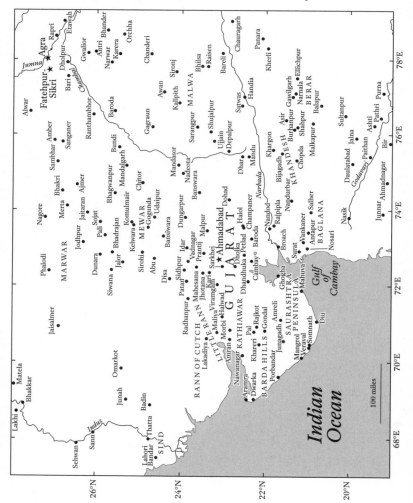

Map B: The Punjab

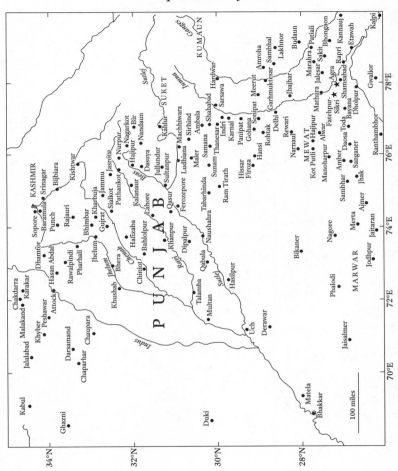

Map C: Badakhshan, Zabulistan, Swat

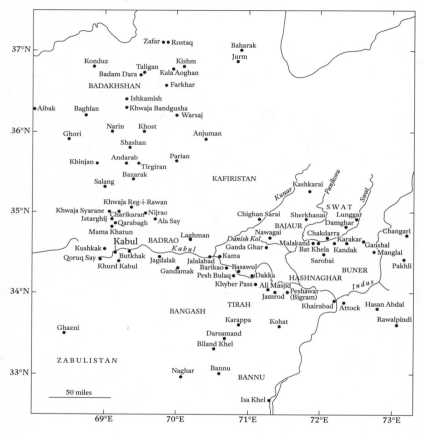

Map D: Kashmir

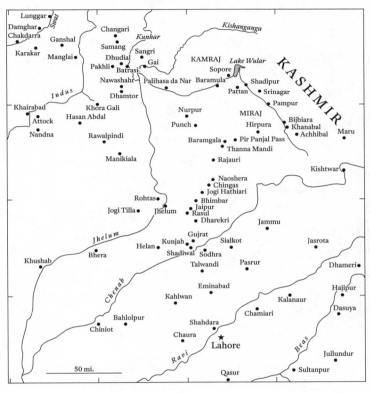

Map E: The Deccan

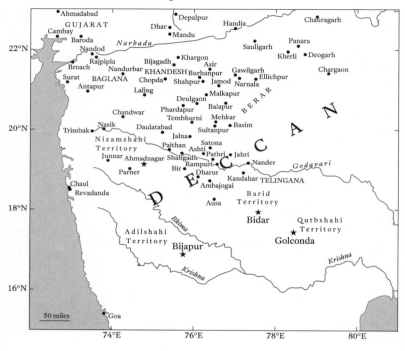

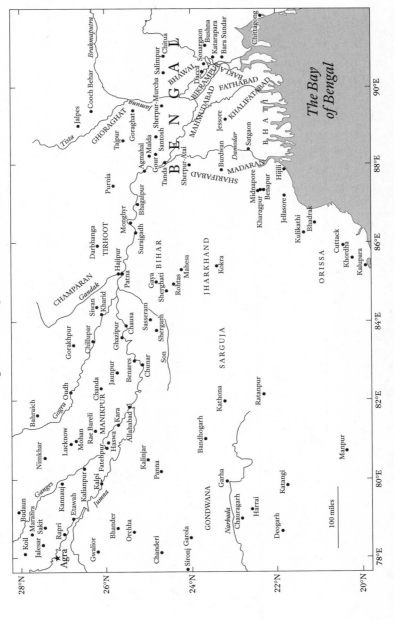

Map F: The Gangetic Plain and Bengal

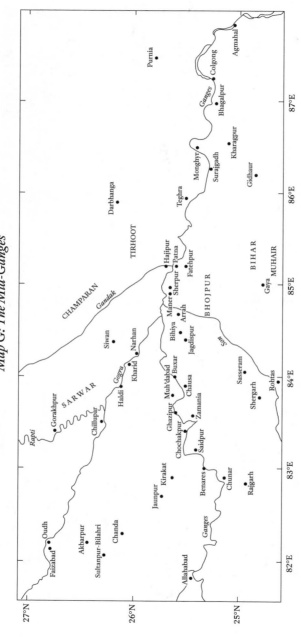

Map G: The Mid-Ganges

THE HISTORY
OF AKBAR

آغاز سال بیست و نهم الهی از جلوس مقدّس شاهنشاهی، یعنی سال امرداد از دور سیوم

۱ درین سرآغاز اقبال نوروز بتازه‌کاری دولت ابدپیوند رسیده نوخاستگان دیرین‌بقا جهان‌را شادمانی دیگر بخشید و بی‌برگان آفرینش‌را تازه آبی بر روی کار آمد.

شکایـــتها همی‌کردی که بهـــمن برگریز آمد
بیا برخیـز و گلشن بین که بهمن در گریز آمد
ز رعدِ آســـمان بشـــنو تو آوازِ دهـــل یعنی
عروسی دارد این عالم که بستان در جهیز آمد[1]

نقشبندان کارگاه سلطنت در نیرنگی آرایش دولتخانه والانگهی بکار بردند و بگزین روشی اساس آذین برنهادند. بیست و پنجم اسفندارمذ در بستان‌سرائی که چهار کروهی فتحپور بفرمایش حضرت مریم‌مکانی سرسبز و شاداب است بزم عشرت برآراستند و برخی پردگیان در آن روحانی نزهتگاه بار یافتند. پس از آنکه چهار دقیقه از شب چهارشنبه هشتم ربیع الأوّل نهصد و نود و دو هلالی سپری شد آفتاب عالم‌افروز برج حمل‌را افروزش دیگر بخشید و گلگونهٔ یکسانی بر چهرهٔ روز و شب درکشید و آغاز سال پنجم از دور سیوم شد و عالم رونق دیگر گرفت.

۲ همدرین روز خان اعظم میرزا کوکه از حاجی‌پور آمده سجود نیایش بجای آورد و سرمایهٔ افزونی نشاط شد. پانزدهم بباغ خاصه والا بزمی آراسته شد و گروهاگروه مردم کامروا گشتند. از زمان تحویل تا هنگام شرف هر روز

The Twenty-Ninth Year after the Imperial Accession: Amurdad Year of the Third Duodecennial Cycle

At this beginning of fortune, Nauroz arrived with a renewal of 1
felicity, sprouts endowed the ancient world with a new happiness,
and those without raiment in the created world glistened with
freshness.

> *You complained that winter arrived with the shedding of*
> *leaves. Come, see the garden, for winter has taken flight.*
> *From the thunder in the sky hear the sound of drums meaning*
> *that the world has a bride and the garden is her dowry.*

Court designers did a marvelous job of decorating the palace,
and the foundations for a feast were laid. On the twenty-fifth of
Isfandarmudh [March 15], the emperor began celebrating four
leagues from Agra in a garden that had been laid out by H.M.
Maryam-Makani, and some of the ladies were given audience in
that pleasure park. After the elapse of four minutes of the eve of
Wednesday, the eighth of Rabi' I 992,[1] the world-illuminating
sun gave a new luminance to Aries, the rouge of equilibrium was
applied to the face of day and night, and the fifth year of the third
duodecennial cycle began.

On this day Khan A'zam Mirza Koka came from Hajipur to pay 2
homage. On the fifteenth [April 3], a banquet was given in the
regal garden, and hosts of people attained their wishes. Every
day from the time of the new year until the culmination a great
feast was given, and imperial bounty granted the wishes of all,

بزرگ جشنی چهرهٔ نشاط برافروختی و گوناگون کامبخشی شاهنشاهی که
و مه‌را خواهش برآوردی. عنفوان این خجسته سال تاریخ الهی‌را سرآغاز
روائی شد و سرمایهٔ سرور جهانیان گشت چنانچه گذارده آمد.

۳ و از سوانح آمدن میرزا بیگ قاقشال و دیگر مردم بنگاله. چون بار
سیوم گشایش یافت بدم گیرای کارآگاهان نیکسگال میرزا بیگ و وزیر
جمیل و خالدین و فرخ یرغلیق و چندی دیگر راه دولتخواهی سپردند،
لیکن از نکوهیده کردار خود همواره بیمناک و سراسیمه بودندی.
چون شهباز خان فیروزی یافت و صادق خان بدرگاه همایون روانه شد
نامبردگان بدو پیوستند و آن‌را دستآویز بخشایش پنداشتند. ازین آگهی
موهنداس‌را باسپ یام فرستادند که صادق خان‌را برگرداند و بلشکر وزیر
خان که در برابر قتلو است روانه سازد و زینهاریان‌را بنوازش خسروانی
امیدوار ساخته بدرگاه همایون بیاورد. آن تیزرو در تانده بدو پیوست.
صادق خان فرمانپذیر شده بدان سو شتافت و برای شکیبائی بیمناکان
زاهد پسر بزرگ‌را همراه ساخت. درینولا آن گروه برهنمونی بخت بیدار
بسجود قدسی آستان سعادت اندوختند. شاهنشاه پوزش پذیر بگوناگون
نوازش سربلندی بخشید و هزاران گسسته امید‌را شادمانی درگرفت.

۴ و از سوانح سپری شدن روزگار ترسون خان. چون شهباز خان معصوم
خان‌را برشکسته نصرت یافت رو بملک بهاتی آورد و طوفانی جوش
رودبارها بچشم درنیاورد و به پایمردی اقبال روزافزون گام همّت برگرفت
بدین اندیشه که عیسی مرزبان آن ولایت‌را که با زبان عقیدت گذار روز
میگذراند عیار گرفته آید. اگر معصوم خان و دیگر ناسپاسان‌را بمبارزان
دولت بسپارد هرآئینه یکرنگی دل با زبان پیدائی گیرد وگرنه پرده از روی
کار برگرفته آید و بپاداش نادرستی خویش رسد. (بهاتی ببا و های خفی و

young and old. At the beginning of this felicitous year the Ilahi era was instituted, and all people were gladdened, as has already been reported.

Mirza Beg Qaqshal and other persons come from Bengal   3

When Bengal was conquered the third time, Mirza Beg, Wazir Khan, Khaldin, Farrukh Yaraghliq, and several others were persuaded by well-wishing diplomats to pledge their allegiance, but they were uneasy over their past actions. When Shahbaz Khan was victorious and Sadiq Khan set out for court, the men named above joined him, thinking they could use him to obtain pardon. Having learned about this, the emperor sent Mohan Das by post horse to turn Sadiq Khan back and send him to Wazir Khan's army, which was facing Qutlu, and to make those who were under amnesty hopeful of royal favor and bring them to court. The courier came across Sadiq Khan in Tanda. Sadiq Khan obeyed the order and went off in that direction, but in order to allay the fears of his companions he left his son Zahid with them. At this point that group was led by fortune to prostrate themselves at the imperial threshold. The all-pardoning emperor met them with various acts of favor.

Tursun Khan's life comes to an end   4

When Shahbaz Khan defeated Ma'sum Khan, he set out for Bhati. Disregarding the swollen rivers, he traveled high-mindedly, relying on imperial fortune, thinking he would take the measure of Isa, the warden of that region who had claimed allegiance. If he would turn over Ma'sum Khan and the other ingrates to the imperial warriors, then his allegiance would be proven; otherwise, he would be unmasked and punished for his falseness. ("Bhati,"

تای فوقانی هندی و یای تحتانی «زمین نشیب».) چون بنگاله ازو بلندتر است آن‌را بدین نام خوانند. قریب چهارصد کروه از مشرق بمغرب درازی اوست و از جنوب بشمال نزدیک سه صد کروه. مشرق این ملک دریای شور و ولایت جسور[۲] و مغرب او کوهستان بنگاه گروه کهین.[۳] جنوب تانده و شمال نیز دریای شور و منتهای کوهستان تبت. پدر این بومی از راجپوتان بیس است. پیوسته در آن زمین رودزار نخوت فروختی و سرکشی نمودی. در روزگار سلیم خان تاج خان و دریا خان با فراوان سپاه بدان دیار رفتند و پس از شگرف آویزشها بزینهار آمده دید و در کمتر زمانی باز سر ناسپاسی برافراشت. اورا بدستان‌سرائی برگرفتند و بنهانخانۀ نیستی فرستاده عیسی و اسمعیل دو پسر اورا ببازرگانان فروختند. و چون سلیم خان‌را پیمانۀ هستی لبریز شد و در ولایت بنگاله تاج خان چیره‌دست آمد قطب الدین خان عم عیسی به نیکوخدمتی تازه‌روئی یافت و بسخت تکاپو هر دو برادران‌را از توران‌زمین آورد. عیسی بپختگی و آهستگی نام برآورد و دوازده زمیندار بنگاله‌را ایل خود گردانید. از پیشبینی و دوراندیشی اگرچه پیوسته با مرزبانان بنگاله راه خدمت سپرد و پیشکش فرستد، لیکن از دیدن سر باز کشد و از دور حرف پیروی بر زبان راند. چون ساحل دریای گنگ نزد خضرپور معسکر اقبال گشت از آنجا که این گذرگاه درآمدجای آن دیار است هر دو طرف آب استوار قلعۀ اساس داده بود. در کمتر زمانی بسترگ آویزشها آن دو حصار گشایش یافت و سنارگانو بدست اولیای دولت درآمد. و بکتراپره[۴] که بنگاه اوست رسیدند و آن شهر آباد یغمائی شد. فوجها بر سر باره‌سندر که مصریست بزرگ شتاب آوردند و فراوان غنیمت بدست افتاد و از آنجا بر ساحل برم‌پُترا رود فرود آمدند. آن بزرگ دریائیست از

with the Indian *t*, means "low country." It is so called because Bengal is higher than it. It is approximately four hundred leagues from east to west and nearly three hundred leagues from north to south. To the east of this land is a salty river and the territory of Jessore; to the west are the mountains that are home to the Khin.[2] It is south of Tanda, and to the north is also a salty river and the end of the mountains of Tibet.) Isa's father was from the Bais Rajputs, and he constantly peddled arrogance in his river-producing land and was refractory. During Salim Khan's time Taj Khan and Darya Khan went there with many soldiers, and after amazing battles he came out under amnesty and paid homage to them, but it was not long before he reared his head again in ingratitude. They managed to capture him through wiles and put him to death, and they sold his two sons, Isa and Isma'il, to merchants. When Salim Khan died and Taj Khan dominated Bengal, Isa's uncle Qutbuddin Khan did them a good turn and brought the two brothers back from Turan with great difficulty. Isa won a name for maturity and deliberation, and he brought twelve zamindars of Bengal into subservience. Although he always trod the path of servitude with the rulers of Bengal and sent tribute, he refused to go to see them even though he claimed from afar to be in obedience.

The imperial forces camped on the banks of the Ganges near Khidirpur. Since that crossing was at the mouth of the river, a mighty fortress had been built on either side of the river. In a short time both fortresses were conquered in pitched battles, and Sonargaon fell to the friends of fortune. Then they arrived at Katarapara, [Ma'sum's] base, and that flourishing city was plundered. Troops went to the large metropolis of Bara Sundar and got a lot of booty, and then they camped on the banks of

7

آسام میآید. معصوم‌را باندک چپقلش که بقراولان روی داد پای شکیب از جای رفت. در جزیرهٔ پناه برد. نزدیک بود که آن فرومایه‌را دستگیر گردانند. درین هنگام عیسی که بولایت کوچ رفته بود با فراوان لشکر و گزین سامان دررسید. امرای والاشکوه مقام تونگ بر کنار دریای مذکور در برابر شهر کناره‌سندر پای همّت افشردند و قلعهٔ اساس نهادند. از هر دو سو نبرد دریا و هامون گرمی پذیرفتی و هر بار تازه فیروزی چهره نشاط برافروختی. ترسون خان‌را فرستادند تا سامان لشکر نموده نزد بجسراپور[۵] غنیم‌را دودله گرداند. از قصبهٔ بهوال دو راه بود، یکی از مخالفان تیره‌روز دورترک میرود و دیگر کنار دریا و این بس نزدیک. بسرنوشت آسمانی ترسون خان پی‌سپر این راه شد. معصوم خان ازین آگهی با جمعی انبوه تیزدستی نمود. شهباز خان محب‌علی خان و راجه گوپال و کهنگار و برخی دلآوران ناموررا روانه گردانید و تیزروی‌را برای آگهی فرستاد که تا پیوستن کمک باستوار جا پناه برد و بآویزش نیاید. او در غم شهباز خان شد که ناسپاسان بفریبکاری درآمده‌اند و بدین بهانه گروهی از وی جدا ساخته فرستاده. چون فراوان کوشش میکند و همراهان سودمندی احتیاط و زیان‌زدگی بی‌پروائی گذارش مینمایند ناگزیر با چندی در جست‌وجوی پناه میشود و گزین جائی بدست میآرد. و ازین رو که آن سخن‌را بهیچ برنگرفته بود درنگ نکرده باردو میشتابد. درین اثنا آگهی میرسد که فوجی نمودار است. سررشتهٔ دوربینی از دست داده کمک می‌پندارد و در سامان مهمانی میشود. قدمی چند رفته بود که شورش غنیم عرصهٔ ایمنی‌را غبارآما گردانید. هرچند هواخواهان بر آن شدند که شتاب آورده بدان پناه‌جا رود تا مردم اردو پیوندند، بو که امرای کمک نیز همراه شوند، سودمند نیامد. با دلی همّت‌قرین و خاطری آزاد دل

the Brahmaputra, a huge river that comes from Assam. After only a little fighting with the scouts, Ma'sum lost his nerve and took refuge on an island, and he was almost captured. At this point Isa, who had gone to Cooch, arrived with many soldiers and supplies. The imperial officers made their stand at Tong on the banks of the above-mentioned river opposite the city of Kanara Sundar and constructed a fortress. On both sides naval and land battles waxed hot, and in every encounter victory smiled on the imperials. Tursun Khan was sent to outfit a troop and distract the enemy near Bajesrapur. There were two roads from Bhawal. One would have taken him farther away from the rebels, and the other, which went down the banks of the river, was shorter. By destiny Tursun Khan took the latter route. Ma'sum Khan learned of this and attacked with a large host. Shahbaz Khan sent out Muhibb Ali Khan, Raja Gopal, Khangar, and some other warriors of renown, and he dispatched a courier to tell Tursun Khan to take refuge in a safe place and not to engage in battle until the auxiliaries arrived. Worried that the ingrates would deceive Shahbaz Khan, on that pretext he detached a troop and sent it off to tell him to make great effort. His companions told him of the benefit of precaution and the disadvantage of carelessness and advised him by all means to seek a place of refuge. However, since he paid no attention to this advice, he set out for the camp without hesitation. At this point word arrived that a troop had been spotted. Losing the thread of foresight, he thought it was the auxiliaries and started arranging things to welcome them. He had only gone a few steps when the tumult of the enemy disturbed his security. Although his supporters urged him to make haste and get to a place of safety until the men of the imperial camp arrived, it was of no use. With stout heart and mind he

بکارزار نهاد و برخی سامان نبرد گفته جدائی گزیدند. با آنکه بیش از پانزده کس همپائی نکردند عرصهٔ نبردرا بشایستگی آرایش داد. فریدون حسین و علی یاررا که پیوند خویشی بود روزگار یاوری کرد و جاودان ناموس‌را بنقد زندگی خریدند. ترسون خان زخمی بدست درآمد. معصوم خان سخنان مهر و محبت سرائید و بافسون دوستی گفتار خواست که همداستان خود گرداند. از آنجا که اخلاص‌سرشت بود بسرزنش و نکوهش پیش آمد و بوالا اندرزها پاسخ‌آرا گشت. آن بی‌آزرم تنگ حوصله از خوابیدگی خرد رهنمون و بیداری چشم سبکسر ازهم گذرانید. او در پیرانه‌سری جاوید نیکنامی اندوخت.

۵ و از سوانح فرو شدن دسونته مصوّر. کهار پسری بود. بدوربینی و آدم‌شناسی گیتی‌خدیو هنرپژوه مهین پایهٔ نگارگری بدست آورد چنانچه خامه‌نگار اورا از کارنامه‌های بهزاد و پیکرنگاران ختا باز نتوان شناخت. یکبارگی سودا بر دماغ او ریخت و خنجری بر خود زد و پس از دو روز وام زندگی باز گذارد. کارشناسان‌را دل بدرد آمد.

۶ و از سوانح زخمی شدن سانول‌داس. او برادرزادهٔ راجه گوپال جادون است. در خدمتگذاران نزدیک سعادت اندوختی. آخرهای روز بجهت کشک رانده میآمد. بیچا بهاتهی از شورش خشم در آن شتاب‌روی بدخواهی که در کمین جان‌گزائی او بود انگاشته شمشیری بر آن حواله میکند و چنان کارگر میشود که پزشکان آزمون‌کار و طبیبان کهن‌سال دل بچاره‌گری او نمی‌نهند. خدیو عالم از مهرباندلی بمنزل او رفته سایهٔ عاطفت انداخت و از نفس گیرا از گزند جانی باز رست و پس از سه سال به تندرستی گرائید.

decided to do battle. Some of his comrades left him on the pretext of getting battle supplies. Although he had no more than fifteen men with him, he fought bravely. His kinsmen Faridun Husain and Ali Yar were lucky enough to acquire eternal fame by forfeiting their lives. Tursun was wounded and captured. Ma'sum Khan crooned a song of friendship and amity and tried to win him over with friendly-sounding incantations, but since Tursun Khan was loyal to the core, he chided him and replied with high-minded advice. The intolerant villain foolishly and arrogantly put him to death, and in his old age he acquired a good name for all eternity.

Daswanth the painter passes away

5

He was the son of a *kahar,* and through the farsightedness and appreciation of the imperial patron of the arts, he attained such a high rank in painting that his works could not be distinguished from those of Bihzad or the painters of Cathay. Without warning, melancholia went to his brain and he stabbed himself with a dagger. He died two days later, sorely afflicting the hearts of the cognoscenti with grief.

Sanwal Das is wounded

6

He was Raja Gopal Jadon's brother's son and was privileged to be an intimate servant of the emperor. One day toward evening he was coming for the changing of the guard. In anger Bicha Bhatti, who had a grudge against him, struck him with his sword and so wounded him that experienced doctors and aged physicians gave up any hope of treating him successfully. The world lord kindly went to his quarters and cast his shadow of benevolence over him. Thanks to the emperor's healing breath, he recovered from his mortal wound, and three years later he was restored to health.

11

۷ و از سوانح شورش بدخشان و پوزش نمودن میرزا حکیم. فتنه‌سازان بدگوهر میان میرزا سلیمان و میرزا شاهرخ گرد دوئی انگیختند. اینان از بی‌پروائی و خوشامددوستی و فزونی واهمه دوست از دشمن باز نشناختی و با یکدیگر افتاده بملکداری نپرداختی. سپاهی ناخشنود و رعیّت بیدادکش، ولایت خراب و قلاع بی‌سامان. هرکه بآسوده روزگار بی‌نوائی از پیش چشم براندازد زود پایش بسنگ ناکامی درآید و هرکه پیوند دلها سترگ نعمت ایزدی برنشمرد در کمتر زمانی آوارهٔ دشت زیان‌زدگی شود. و با چنین خوی نکوهیده بشاهنشاه جوانبخت سر نیایش تافته داشتی و بنخوت‌فروشی و خودبینی زندگانی کردی. فرمانروای توران عبدالله خان اوزبک هنگام یافته ببدخشان آمد و آن ملک دشوارگشا بی‌آویزش بدست آورد. میرزایان بصحرای بینوائی افتادند. میرزا حکیم از خواب خودرأیی درآمد و کارآگهان طرزدان فرستاده هزاران لابه‌گری نمود. خدیو عالم آمده‌هارا کامیاب خواهش دستوری داد. خلاصهٔ پاسخ آنکه «میرزایان بدخشان بادافراه ناسپاسی خود می‌یابند. او بیرون و درون خودرا بفروغ اخلاص روشنی بخشد چنانچه بر دور و نزدیک پیدائی گیرد. هرآئینه دیگران ازو اندیشه‌مند خواهند بود و اگر پیش از شناسائی بسیچ آن دیار کند نخستین دانشوران عقیدت‌گرا فرستاده اندرزگوئی بجای خواهد آمد. اگر سودمند نیاید مبارزان فیروزی‌اعتصام و فیلان صف‌شکن و سترگ خزینه و بزرگ توپخانه بسرکردگی یکی از فرزندان بختور نامزد خواهیم فرمود.» هنوز فرستادگان بیرون نیامده بودند که عرضداشت دیگر رسید که میرزایان بدخشان با دلی پژمان و روی شرمگین پناه بدین جاوید دولت آورده اند. فرمان چیست؟ و آسیمه‌سری خود باز نموده بود. حکم شد که «بدرگاه ما پشیمانی‌را ببهای گران میخرند. میرزایان‌را

Unrest in Badakhshan and the forgiveness of Mirza Hakim   7
Seditious troublemakers stirred up dissension between Mirza
Sulaiman and Mirza Shahrukh. Neither of these two was capable
of distinguishing between friend and foe, so careless, subject to
flattery, and suspicious of each other were they, and each was
so busy trying to undo the other that they both neglected the
duties of rule. As a result the armies were unhappy, the subjects
were tyrannized, the realm fell into ruin, and fortresses were
unequipped. Anyone who indulges in luxury and does not have
regard for the poor will soon stumble on a stone of failure, and
anyone who does not recognize that winning the hearts of his
subjects is a great divine gift will soon suffer loss. With such despi-
cable qualities they turned their backs on their felicitous emperor
and lived in arrogance and conceit. The ruler of Turan, the Uzbek
Abdullah Khan, seized the opportunity to go to Badakhshan and
get hold of that land, which is so difficult of access. The mirzas
were both reduced to penury. Mirza Hakim then awoke from
his slumber of conceit and sent diplomats to plead his case. The
world lord granted the emissaries' requests and responded as
follows: "The mirzas of Badakhshan are paying the price for
their ingratitude. Let [Mirza Hakim] adorn himself inwardly
and outwardly with the splendor of devotion in such a way that
it is apparent to all far and near, and as a consequence others
will fear him. If, before that happens, anyone has designs on that
land, first we will send loyal diplomats to offer good advice. If
that fails, we will send invincible warriors, mighty elephants, a
large strongbox, and much artillery under the command of one of
our fortunate sons." Scarcely had the emissaries departed when
another report arrived: "The mirzas of Badakhshan are humbly
seeking refuge with the court. What is commanded?" And [Mirza

نوید شادمانی رساند و بنوازش شاهنشاهی امیدوار ساخته روانه گرداند و خود تکیه بر دولت روزافزون ما نموده ثبات‌پائی نماید و هیچ اندیشه بخود راه ندهد.» سخن همان است که در پیشین منشور نگاشته آمد.

۸ و از سوانح فرمانپذیر شدن قتلوی کررانی. گذارده آمد که جنود نصرت‌پیوند بنگاله لختی با شهباز خان بصوب ولایت بهاتی شتافت و برخی با وزیر خان در حدود بردوان بچاره‌سازی قتلو برنشست. این لشکر از مدارای بی‌هنجار او روز میگذرانید. چون صادق خان پیوست کاربند معامله‌دانی آمد و تازه رونق چهرهٔ اقبال برافروخت آن نخوت‌فروش‌را پای شکیب از جای رفت و برخاسته بسوی ادیسه گام خجالت برگرفت. امرا تکامشی نموده بتکروهی[۶] رسیدند و حال آن شوریده‌بخت بسراسیمگی کشید. در درخت‌زار دهرم‌پور[۷] دم آسایش برگرفت و از دستان‌سرائی زر بر زاری برآمیخت. امرا از آزوری و آزار لشکرکشی دل بدان برنهادند و پیشین منشوررا دستاویز گردانیدند بدین مضمون که اگر آن گریوه‌نشین ادبار خودرا بفتراک دولت ابدپیوند بربندد بگذشتهٔ او نگیرند و ادیسه‌را بدو باز گذارند. او بسپاسگذاری برادرزادهٔ خودرا بخدمتگری بارگاه خلافت روانه ساخت و شصت فیل گزیده با تنسوقات دیگر فرستاده سعادت اندوخت. شیخ ابراهیم فتحپوری اوایل تیر بسجدهٔ نیایش سربلندی یافت و فرستاده‌هارا بدرگاه همایون آورد. چون انجمن آشتی پیراسته شد وزیر خان بتانده بازگردید و صادق خان به پتنه و هرکدام باقطاع خود هنگامهٔ شادی برآراست.

سیزدهم وزن قمری کیهان‌خدیو شد و دلگشا بزمی سرمایهٔ کامروائی دور و نزدیک گردید.

Hakim] expressed his confusion. The emperor replied, "At our court repentance is purchased at a high price. Give the mirzas glad tidings of joy and make them hopeful of imperial favor. Let them rely on our ever-increasing fortune and remain steadfast, and let them have no worry for themselves"—and the words that had been included in the previous message were repeated.

Qutlu Karrani submits 8

It has already been reported that imperial forces of Bengal went with Shahbaz Khan to the Bhati region and made attempts with Wazir Khan to deal with Qutlu in the Burdwan region, where they wasted their time in misplaced attempts to conciliate him. When Sadiq Khan joined them, he acted competently, and as fortune was smiling on him, the arrogant Qutlu lost his nerve and decamped in humiliation to Orissa. The officers pursued him as far as Tukarohi, and there he went to pieces. He took a breath of relief in the forests of Dharmapur and sweetened his entreaty with offers of gold. Tired of the difficulty of the expedition, the greedy amirs agreed to terms that had been offered previously, that if he would pledge his allegiance to the empire, he would not be taken to task for his past actions and Orissa would be given back to him. In gratitude he sent his nephew to serve at court, and he sent sixty choice elephants and other gifts. Around the first of Tir [June 21], Shaikh Ibrahim Fathpuri prostrated himself at court and introduced the emissaries. When the treaty was implemented, Wazir Khan returned to Tanda, Sadiq Khan went to Patna, and all returned to their estates in joy.

On the thirteenth [July 3], the emperor's lunar weighing was carried out at a great feast, and everyone was happy.

و از سوانح تازه جان یافتن راجه بیربر. عرصهٔ چوگان‌بازی آراسته بود و آویزهٔ فیلان شگرف پیکر حیرت‌افزا. ناگاه فیل چاچر که در تیزی و تندی و بدخوئی و آدمکشی یکتا بود بجان‌شکری پیادهٔ روی آورد. درین تکادو اورا گذاشته بسوی راجه بازگردید. نزدیک بود که بخرطوم درکشد. شاهنشاه والانیرو از عموم مهربانی و خصوص عاطفت و افزونی شجاعت رخش دولت تیز ساخته میان آن عفریت‌پیکر و راجه درآمد. آن خشم‌آلود بادرفتار متوجه شهسوار عرصهٔ دلیری شد. غریو از جهانیان برخاست و جگر آهنین‌دلان آب شدن گرفت و از دورباش شکوه شاهنشاهی یکبارگی باز ایستاد و بینندگان‌را حیرت درگرفت. ۹

و از سوانح درگذشتن غازی خان بدخشی و سلطان خواجه نقشبندی. نخستین گندآوری‌را چهره‌افروز دانائی داشت و شمشیررا پایه‌افراز قلم. با فرورفتگی در علم‌زار رسمی از دولت ارادت کیهان‌خدیو با دانشوران اشراق و صوفیان صافی نیایشگری داشتی و باوجود پابستگی صوری از وارستگی بهره اندوختی و همواره چشم گریان و دل تفسیده داشتی. چهارم امرداد در قصبهٔ اوده سفر واپسین پیش گرفت. بظاهر پیوند زن و خورش ناهنگام رهنمای بادیهٔ نیستی گشت. دوم اگرچه حکمی مطالب کمتر اندوخته بود و بر فراز و نشیب علمی برنیامده لیکن بسا دلآویز سخنان صوفیه جوهر اورا زدوده داشت و از فروغ نظر شهنشاهی مزاج‌شناس روزگار آمد و از ارادت‌درستی آهنگ نزهتگاه اطلاق جوش بر زدی. پانزدهم بضعف معده و دل بدار الخلافه فتحپور درگذشت. شهریار مهرآمود از رفتن این دو فروهیده مرد آزرده‌خاطر و اندوهگین شد و فرزندان و سوگ‌نشینان‌را بمهین اندرزها آرام شخید و تیمارداری آن گروه‌را بر خود گرفت. ۱۰

Raja Birbar gets a new lease on life 9

He was on the polo field, where an elephant fight was taking place. Suddenly the elephant Chachar, which was without equal in speed, viciousness, unruliness, and bloodthirstiness, charged a footsoldier with murderous intent. While it was on the run it left the soldier and turned toward the raja, almost grabbing him with its trunk. The mighty emperor in all kindness, favor, and courage spurred his steed and put himself between the elephant and the raja. The enraged beast turned its attention to the cavalier of the field of bravery. An anguished cry arose from all spectators, and the hearts of the bravest sank, but in the face of imperial magnificence the mountainous beast stopped short, to the amazement of all.

Ghazi Khan Badakhshi and Sultan Khwaja Naqshbandi 10
pass away

The first of these two added champion warriorship to learning and wielded the sword as well as he did the pen. Although he was deeply immersed in formal learning, he was as devoted to the emperor as he was to the scholars of Illuminationist philosophy and the Sufis; and in addition to his physical attachment he enjoyed a measure of liberation and had a teary eye and yearning heart. He passed away on the fourth of Amurdad [July 25] in Oudh. Apparently coitus with a woman and untimely eating led to his death.

Although the second of the two had little formal learning and had little traversed the ups and downs of scholarship, he had taken to heart many Sufi aphorisms. Enjoying the emperor's favor, he knew the pulse of the time and was well on his way to liberation through his devotion. He died on the fifteenth

و از سوانح فرستادن خان اعظم میرزا کوکه بصوب مالوه. نگاشته آمد ۱۱
که در الله‌آباد از جایگیرداری صوبهٔ بنگ و بهار دل کنده بود. بنابران رایسین و گدهه و آن نواحی در تیول او نامزد شده بود. هفدهم گرانبار اندرزها بدان سو روانه گردید.

بیست و پنجم شهریور باقی خان برادر ادهم خان راه نیستی‌سرا پیمود و پس‌ماندگان اورا پرسش و نوازش شاهنشاهی غمگسار آمد.

و از سوانح ریخته شدن آبروی سیّد دولت. درین هنگام که ملک ۱۲
گجرات لختی شورش داشت آن ناپارساگوهر باز بر کنبایت چیره‌دستی نمود. موته راجه، میدنی‌رای، راجه مکت‌من، رامساه، ادی سنگه، رامچند باگهه راتهور، تلسی‌داس جادون، بهادر اتول گکهر، ابوالفتح مغل، قرا بحری، دولت خان لودی، و برخی دلآوران کارطلب بسزای او نامزد شدند. از آن پیشتر که فوج نصرت‌پیوند دررسد بغارتگری معمورهٔ پتلاد[8] چشم سیاه کرده بود. خواجم‌بردی با گروهی دلاوران عرصهٔ رادمردی برآراست و او زخمین آبله‌پای گریزگاه شد. فیل و دیگر اسباب برگرفتند. و همدرینولا عابد و میرک یوسف و میرک افضال و عبدالله و تمر حسین از کوهستان راج‌پیپله[9] برآمده نزد قصبهٔ مونده گرد شورش برانگیخت و رعیت‌آزاری پیش گرفتند. خانخانان از نواحی مهندری خواجه نظام الدین احمد، میر ابوالمظفر، خواجه رفیع، میر معصوم بهکری، سلطان راتهور، سیّد هاشم، و برخی ناموران همّتمنش‌را روانه گردانید. فرستادگان بدولقه رسیده بودند که هنگامهٔ بدگوهران پراکندگی پذیرفت و جنود فیروزی بازگردید. و نیز درین هنگام بهار[10] خان گکهر در حدود بدهه‌نگر فتنه‌را بشورش درآورد. قابل خان گجراتی و رادهن خان و دیگر اقطاعداران آن سرزمین کارزار نمودند و بسیاری

[August 5] in the capital Fatehpur of weakness of the stomach and belly. The kindly emperor was deeply aggrieved by the death of these two good men. He consoled their children and those who mourned for them, and he took care for them upon himself.

Khan A'zam Mirza Koka is sent to Malwa   11

It has been reported that in Allahabad, Khan A'zam had detached his heart from his fiefdom of Bengal and Bihar. Raisen, Garha, and that region were enfeoffed to him, and on the seventeenth [August 7] he was given good advice and dismissed.

On the twenty-fifth [August 15], Baqi Khan, the brother of Adham Khan, passed away, and those he left behind were consoled by the emperor.

Sayyid Daulat is humiliated   12

At this time, when Gujarat was undergoing some turmoil, this base villain retook Cambay. Mota Raja, Medini Rai, Raja Mukt Sen, Ram Sah, Udai Singh, Ram Chand, Bagh Rathaur, Tulsi Das Jadon, Bahadur Atol Gakkhar, Abu'l-Fath Moghul, Qara Bahri, Daulat Khan Lodi, and other pugnacious warriors were sent to give him his due. Before they arrived he had also plundered Petlad. Khwajamberdi and a troop of warriors took to the field, and Sayyid Daulat was wounded and took flight, leaving his elephants and supplies to fall into their hands. At the same time Abid, Mirak Yusuf, Mirak Ifzal, Abdullah, and Temür Husain emerged from the hills of Rajpipla to stir up trouble and harass the citizenry near the town of Maunda. The khankhanan dispatched Khwaja Nizamuddin Ahmad, Mir Abu'l-Muzaffar, Khwaja Rafi', Mir Ma'sum Bhakkari, Sultan Rathaur, Sayyid Hashim, and other renowned warriors from the vicinity of the

فتنه‌اندوزان بگو نیستی در شدند و آن شوریده‌مغز بکنج ناکامی نشست.

۱۳ و از سوانح فرستادن فیروزی جنود بر سر سلطان مظفر گجراتی. پانزدهم اردی‌بهشت خانخانان باحمدآباد آمده بآبادی ملک و دلآسای زیردستان همّت گماشت و پراکندگیها لختی رو بکمی نهاد. درین هنگام آن تباه‌سرشت از تنگنای کوهستان راج‌پیپله[11] بیرون آمد و بصوب پتن روانه شد. مقصود آقا و برخی دلیران نامور بسرکردگی شادمان بیگ نامزد گشتند. او ازین آگهی ایدررویه گام سرعت برزد و بکاتهیواره پناه برد و از آنجا به بندر گهوگهه بکنج گمنامی درخزید و هرکدام از همراهان خودرا بگوشهٔ برگرفت. شیرخان فولادی بولایت بگلانه افتاد و مرزبان آن سرزمین در پی گرفتن شد. مال و منال گذاشته بحیله‌سازی راه دکن سپرد و لختی از بخت‌یاوری بفیروزی جنود پیوستند چون مهدی سلطان برادر خضرخواجه خان و پسر میرزا مقیم نقشبندی. اگرچه لختی تکامشی رفت لیکن اگر گام فراخ برزدی آن خوابیده‌بخت دستگیر شدی.

۱۴ و از سوانح گشایش قلعهٔ بروچ. چون از نیرنگی اقبال شاهنشاهی سلطان مظفر بار دوم غبارآلود گریزپائی شد قلیچ خان، نورنگ خان، شریف خان، تولک خان، و دیگر اقطاعداران مالوه بگشودن بروچ روانه شدند. سرآغاز فروردین آن حصار حصین‌را گرد گرفتند و چون بسیچها بسستی گرائید و گشاد آن دیر کشید خانخانان شهاب الدین احمد خان‌را با بسیاری از مجاهدان خدمت‌گزین بکمک فرستاد و آن سرکاررا در تیول او مقرّر گردانید. امرا کار از سر گرفته سخت کوشیدند. دهم مهر سرگروه بندوقچیان از قلعه بیرون آمد و از ستوه آمدن و غنودن درونیان آگهی بخشید و برگذارد «اگر مجاهدان اقبال بدروازه شتابند یکجهتان من در

Mahindri. Scarcely had they reached Dholka when the rebels dispersed, so the imperial soldiers turned back. Also at this point Bahar Khan Gakkhar provoked even more unrest in Vadnagar. Qabil Khan Gujarati, Radhan Khan, and other fiefholders there did battle in which many of the rebels were killed and the blathering Sayyid Daulat failed utterly.

Imperial troops are sent against Sultan Muzaffar Gujarati 13
On the fifteenth of Urdibihisht [May 5], the khankhanan went to Ahmadabad to tend to administration and relief of the citizenry, and some of the turmoil began to subside. At this point the wrong-headed Sultan Muzaffar emerged from the hills in Rajpipla and set out for Patan. Maqsud Aqa and some other warriors of renown led by Shadman Beg were appointed to deal with him, but when he found out about them he hastened toward Idar and took refuge in Kathiawar. From there he crept into obscurity in the port of Ghogha, and all his cohorts hid themselves somewhere. Sher Khan Fuladi wound up in Baglana, but the ruler tried to capture him, so he stashed his belongings and used deceit to get himself to the Deccan, where, for a time, he joined the imperial troops. Although the likes of Khizr Khwaja Khan's brother Mahdi Sultan and Mirza Muqim Naqshbandi's son did pursue him, if they had really tried, they could have captured him.

The conquest of the fortress at Broach 14
When, by imperial fortune, Sultan Muzaffar was put to flight a second time, Qilich Khan, Naurang Khan, Sharif Khan, Tüläk Khan, and other fiefholders of Malwa set out to conquer Broach. At the beginning of Farwardin [March 21], the mighty fortress

بروی ایشان باز نمایند و کار دشوار بآسانی گراید.» چون آثار راستی از ناصیهٔ گفتار پیدا بود همان زمان دل بر آن نهادند. گفتار فروغ کردار گرفت و فیروزمندی چهرهآرای نشاط شد. نصیرا بدستانسرائی از مورچل شریف خان بدر رفت و چرکس با بسیاری از بدگوهران فرومایه بخاکستان نیستی فرو شد.

بیست و یکم مهر منزل راجه بیربر بفروغ قدوم شاهنشاهی روشنی پذیرفت و خواهش او سعادت پذیرائی یافت. جشن والا انتظام گرفت و کامیاب آمد.

و از سوانح ناکام برگردیدن شهباز خان از ملک بهاتی و چاره نمودن آن. چون بدان حدود رسید بر کنار رود بنار،[۱۳] که شعبهایست از برمپترا، بنگاه ساخت و به پیغامگذاری و اندرزگوئی برنشست. سگالش آن بود که ناسپاسانرا بسپارد یا از پیش خود آواره سازد. عیسی بلابهگری درآمد و لختی بسخنسرائی روزگار گذرانید و چون پیدائی گرفت که زبان و دل یکتائی ندارد شورش آویزش در میان افتاد. تا هفت ماه زمان زمان فیروزی بلندیگرای بود و بدگوهران نافرجام شرمسار ناکامی. هنگام آن بود که هر دو چراغ آگهی برافروزند و نیایشگری پیش گیرند. از خود غنودگی تیرگی افزایش گرفت و نخوت بلندیگرای شد. شهباز خان از خودبینی بدلآزاری روی آورد و امرا سررشتهٔ مدارا گسیخته بیافهگذاری درآمدند و مخالفرا نیز تبهکاری برافزود. مرگ پدید آمد و سرمایهٔ زندگانی گرانارز شد. غنیم بر آنکه هنگام ریزش ابر فیروزی جنود ناگزیر برمیگردد، از نیرنگی اقبال بارش کمتر شد و به تیره روز شرمگینی برنشست. فراوان بیلدار گرد آورد و دریای برمپترارا پانزده جا بریده باردو سر داد چندانکه مورچلهارا آب فرو گرفت. بزرگ

۱۵

was surrounded, but since their resolve was weak it took a long time. The khankhanan sent Shihabuddin Ahmad Khan and many warriors as reinforcements and put the district in fief to him. The commanders began the labor afresh and strove greatly. On the tenth of Mihr [October 2] the captain of the musketeers came out of the fortress to inform them that those inside had grown weary. "If the imperial warriors hasten to the gate, those in league with me will open the gate for them, and a difficult labor will be facilitated," he said. Since signs of truthfulness were apparent in his demeanor, they decided on the spot to give it a try. When his suggestion was implemented, victory was achieved. The braggart Nasira deserted from Sharif Khan's position, and Charkas and many villains went to their deaths.

On the twenty-first of Mihr [October 13], Raja Birbar's home was graced by the emperor and he attained his fondest wish. A great banquet was held, and he was delighted.

Shahbaz Khan returns in failure from Bhati

15

When Shahbaz Khan arrived in Bhati he camped on the banks of the Banar, a branch of the Brahmaputra, and began to send messages and advice. He figured that he would either turn over the ingrates or unseat them as he proceeded. Isa came out pleading and stalled for time by negotiating, but when it became apparent that his heart and tongue were not in agreement, battle broke out. After seven months victory was achieved, and the villains were defeated. It was then time for both of them to light the lamp of awareness and pay homage to the emperor, but as their misfortune increased so did their conceit. In his egotism Shahbaz Khan began to be insulting, the commanders ceased trying to be conciliatory, and the foe's meanness increased. The

کشتیهای ناورد که سرهای آن بس بلند و دراز باشد و بزبان آن دیار «پتاره» نامند نزد قلعهٔ شهباز خان آورد. از هر دو سو توپ‌اندازی و بندوق‌افروزی شد و لختی پراکندگی در مجاهدان دولت افتاد. از سماوی تأیید بسرگروه بندوقی رسید و به نیستی درپیوست و کشتی چند درهم شکست. یکبارگی آبها رو در کمی نهاد. ناگزیر راه گریز سپردند و فراوان غنیمت بدست افتاد. بسیاری‌را سیلاب نیستی برد و در هر مورچل شگرف هنگامه‌ها روی داد و اقبال شاهنشاهی بآئین دیگر جلوه‌گر شد، لیکن بر سیّد حسین تهانه‌دار دهاکه چیره‌دستی نمودند و بدست درآوردند. عیسی از گران خواب نادانی برآمد و بمیانجی آن گرفتار طرح آشتی انداخت. شهباز خان پذیرا شد و عیسی فرمانپذیری‌را میان بربست و خدمتگذاری‌را سرمایهٔ رستگاری اندیشید و قرار داد که بندر سنارگانورا داروغه‌نشین پادشاهی گرداند و معصوم‌را بحجاز روانه سازد و تنسوقات‌را به پیشکش فرستد. بفراوان مال دلهای امرا بدست آورد و جنود فیروزی بازگردید. شهباز خان چون رودها گذشته بحدود بهوال رسید و چشم بر آن داشت که گفته طراز کردار گیرد، بدگوهران لشکر بناسزا گفتارها آن بومی‌را دودله گردانیدند. چندانکه سخن‌را دگرگون ساخت و شرطها در میان آورد. سپه‌آرای‌را دل برآشفت و برگذارد که هر زمان رای بشولیدن و نو سخنی سرائیدن آئین آسوده‌دلان درست‌اندیش نبود. سخت‌روئی و درشت گوئی‌را آغاز نهاد و آویزش‌را آماده شد. نوزدهم مهر ماه الهی آن کجگرا روی به پیکار آورد. امرا از کوتاه‌بینی و تباه‌سگالی سودرا در زیان خویش اندیشیدند و شکست شهباز خان‌را درستی خود پنداشتند. نخستین محب‌علی خان بی‌آویزه برخاسته روان شد و هر یک جای خویش گذاشته بی‌راهی پیش گرفت. شاهقلی خان محرم قدری

specter of death appeared, and life became expensive. The foe thought that when the rains came the imperial troops would have to pull back, but by imperial fortune there was little rain, and the enemy was humiliated. Gathering a host of workers, he opened the Brahmaputra River in fifteen places and diverted the waters toward the imperial camp, and the trenches were flooded. Then he took large ships with tall prows, the sort that is called *patara* in the local language, to near Shahbaz Khan's fortress. Cannon and musket fire was exchanged, and the imperials were somewhat disconcerted; however, by heavenly assistance, the commander was hit and killed, and several ships were disabled. Suddenly the waters subsided, and they were forced to flee, leaving much booty to fall into the imperials' hands. Many went to their deaths, fierce battles were fought in every trench, and imperial fortune showed another aspect; however, Husain, the garrison commander of Dacca, was overwhelmed and captured. Isa came out and used his captive to propose a truce. Shahbaz Khan accepted, and Isa agreed to be obedient and serve the empire. It was agreed that he would make Sonargaon a seat for an imperial commander, he would send Ma'sum to the Hejaz, and he would send tribute. With much money he won over the hearts of the commanders, and the imperial troops withdrew. Shahbaz Khan crossed the rivers and arrived in the vicinity of Bhawal, expecting that Isa would keep his word, but villains in the army made Isa so hesitant with their inappropriate speech that he changed his mind and made many more stipulations. Angered, Shahbaz Khan said that it was not the custom of honest men with clear consciences to think about changing their tune. Then he began to be implacable and curse, and he got ready to fight. On the nineteenth of Mihr [October 11], he mistakenly went out to do battle. The

ایستاده دستبردی نمود و از ناهمپائی مردم و زخمی شدن خود بهوال‌را گذاشت. شهباز خان از خواب پندار سر بر گرفته لختی شناسای پیوند دلها آمد، لیکن پشیمانی بیجا سود نداشت. ناگزیر بصوب دار الملک تانده ره‌گرای شد و اندوخته‌ها بر باد رفت. پسران میرعدل و برخی مردم دستگیر گشتند. شیخ محمد غزنوی و چندی‌را سیلاب نیستی برد. کهنگار و سیّد عبدالله خان و راجه گوپال و میرزاده علی خان و طایفهٔ مبارزان درین بازگشت ناهنجار بترخان دیوانه و میرزا محمد و نوروزعلی قاقشال هنگامیکه از غارتگری برگشته میآمدند دررسیدند و از بخت‌تیرگی این گروه‌را از خود پنداشته پیوستند و باهم آمیخته گرم پیکار گشتند. نوروزرا روزگار سپری شد و دیگر نیم‌جانی بتکادو بدر بردند. فیروزی چهرهٔ نشاط برافروخت و فراوان غنیمت بدست افتاد. امرا پس از هشت روز بشیرپور دم آسایش برگرفتند. شهباز خان بر آن بود که از همین جا سامان نموده برگردد و بکین‌توزی برنشیند. همراهان از بدخوئی او بستوه آمده بودند. دل بر آن ننهادند. چون بدار الملک تانده رسیدند وزیر خان بگشاده‌پیشانی و گرم‌خوئی پیش آمد. شهباز خان همان پیشین سگالش در میان آورد، لیکن رایها یکتائی نگرفت و دلها از دورنگی برنیامد. ناگزیر بسیچ قدسی آستان نمودند. ازین آگهی سزاولان جدکار برای بازگردانیدن نامزد شدند و درخور هرکدام سرزنشها بکار برده اندرزهای هوش‌افزا فرمودند. و سعید خان و دیگر جایگیرداران صوبهٔ بهار و بنگ‌را فرمان شد که از روی یکجهتی در سزای آن بومی کوشش نمایند. نخستین پیشرو خان و خواجگی فتح الله‌را بدین خدمت برگماشتند و سپس رامداس کچهواهه و مجاهد کنبورا تا بتلخ سخنان شیرین‌کام ساخته هنگامه‌را گرم‌تر سازند.

shortsighted commanders thought Shahbaz Khan's loss would be to their profit. First Muhibb Ali Khan left without doing battle, and all the others abandoned their places and departed. Shahquli Khan Mahram stayed for a while and fought successfully, but since his men were not supportive and he had been wounded, he abandoned Bhawal. Shahbaz Khan awoke from his slumber of heedlessness and made some effort to win the men over, but his late repentance got him nowhere. He was forced to retreat to the capital at Tanda, losing his belongings in the process. Mir Adl's sons and some others were captured. Shaikh Muhammad Ghaznawi and others were killed. During this hasty retreat Khangar, Sayyid Abdullah Khan, Raja Gopal, Mirzada Ali Khan, and a troop of warriors came across Tarkhan Dewana, Mirza Muhammad, and Nauroz Ali Qaqshal, who were returning from looting. Mistakenly thinking they were on their own, they joined them, and then fighting broke out. Nauroz was killed, and the others just escaped with their lives. A victory was scored, and much booty was obtained. Eight days later the commanders paused to catch their breath in Sherpur. Shahbaz Khan was resolved to reequip himself and set out to take revenge, but his companions had grown weary of his overbearing demeanor and refused to cooperate with him. When they reached Tanda, Wazir Khan came forth cheerfully to welcome them. Shahbaz Khan reiterated his initial suggestion, but no agreement was forthcoming. Therefore they set out for court. As soon as that was learned, messengers were sent to turn them back and to deliver appropriate reproach and advice to each and every one of them. Then Sa'id Khan and the other fiefholders of Bihar and Bengal were ordered to unite to give Isa his due. First Peshrau Khan and Khwajagi Fathullah were assigned the task, and then Ram

شانزدهم آذرماه الهی خانهٔ راجه تودرمل از قدوم شاهنشاهی نورآگین شد. از دیر باز این آرزو نمودی و آن‌را بگزین روشی برگذاردی. درین هنگام بفروغ پذیرش کامیاب آمد و بسپاسگذاری بزرگ جشنی برآراست.

۱۶ و از سوانح فرستادن جگناته بصوبهٔ اجمیر. آگهی آمد که رانا از تنگنای کوهستان برآمده سر بشورش دارد و بآزار زیردستان درازدستی میکند. از آنجا که مالش بدکاران ایزدی پرستش باشد لشکری بسرکردگی آن سعادت‌پژوه نامزد شد و بخشی‌گری بمیرزا جعفر بیگ بازگردید. بیست و چهارم آذر ماه الهی دستوری یافتند و بهین پندها آویزهٔ گوش هوش برساختند. در کمتر زمانی بدان دیار رسیدند. آن بومی کناره گرفت و مردم‌زاد برآسودند. پس از روزی چند سیّد راجورا با گروهی در مندل‌گده گذاشته به بنگاه او شتاب آوردند. آن کجگرای در خود نیروی آویزه ندید و از گریوهٔ دیگر سر برآورده در ملک ایل‌نشین شورش انداخت و برخی جا دست تاراج برگشاد. سیّد راجو آهنگ پیکار نموده بسوی او روانه شد. آن نافرجام بصوب چیتور بازگردید. از سرمنزلی که او رخت می‌بست سیّد فرود میآمد. اگرچه دستبردی ننمود لیکن زیردستان‌را رهائی شد و جگناته بنگاه او تاخته بدین سپاه پیوست.

۱۷ و از سوانح ولادت آرام بانو بیگم. دوازدهم دی ماه الهی بطالع نوزدهم درجهٔ قوس و بگذارش هندیان یک درجه و پنجاه و چهار دقیقه آن گوهر شبتاب اقبال چهره‌افروز هستی گشت و شبستان شاهنشاهی فروغ دیگر گرفت. انجم‌شناسان ژرف‌نگاه نوید فرّخی برگذاردند و کیهان‌خدیو آن نام والا برنهاده طرب‌پیرای گشت. امید که قدوم آن بانوی خاندان پارسائی سرمایهٔ افزایش شایسته زندگانی و پیرایهٔ افزونی دولت گردد.

Das Kachhwaha and Mujahid Kambo were ordered to give stern warnings and threats of battle.

On the sixteenth of Azar [December 7], Raja Todar Mal's house was graced by the emperor. He had long wished for this visit and had proposed it in the best manner. Now his wish was granted, and he held a grand celebration in gratitude.

Jagannath is sent to Ajmer   16

It was learned that the Rana had come out of his mountain defiles and was stirring up unrest and harassing the peasantry. Since retribution of miscreants is tantamount to divine worship, an army led by Jagannath was assigned with Mirza Ja'far Beg as *bakhshi*. On the twenty-fourth of Azar [December 15] they were given leave to depart, their ears filled with good advice. In a short time they arrived in that land. The native withdrew, and the people breathed a sigh of relief. Several days later they stationed Sayyid Raju with a troop in Mandalgarh and hastened to the Rana's base. Finding himself unable to do battle, the Rana emerged from another valley and began to stir up trouble in a region that had been pacified, pillaging and plundering as he went. Sayyid Raju headed after him to do battle, but the wretch turned back toward Chitor. The sayyid camped at the Rana's base, and although there was no definitive victory, the peasantry obtained relief, and Jagannath pillaged his camp and rejoined the army.

The birth of Aram Banu Begim   17

On the twelfth of Daimah [January 2, 1585], a princess was born under an ascendant in the nineteenth degree of Sagittarius, or, according to the Indians, at one degree and fifty-four minutes

جبین‌افروزی شاهرخ میرزا بسجود قدسی آستان شاهنشاهی

۱۸   در انجمنی که کالای خوشامدگوئی گران‌ارز باشد و متاع راستگذاری کم‌ارج، هرآئینه کدکیای آن بزم‌را داستان راستی بگوش درنیاید و کتابهٔ پیشانی نیارد برخواند. راستی‌سرایان دولتخواه به تیره روز بی‌اعتباری نشینند و هرزه‌درایان افسانه‌گورا روزبازار باشد. پیوند دلهارا بزرگداشت چه که بهیچ برنشمرد و بازگشت مردم‌زادرا سرمایهٔ خوشیتن‌بینی گرداند. مدارا و مردمی‌را بروز ناکامی اندیشد و نشناسد که در آن روز خوشخوئی بکار نیاید و زرپاشی سود برندهد. ناگزیر نزهتگاه او حوادث‌آمای گردد و هزاران ناخوشی رهنمای سراسیمگی شود. خردمند بیداربخت روز ایمنی که بمردم چندان نیازی نبود بسان کارافتادگان زندگانی کند و رعنای کوته‌اندیش زمان بیغمی بخوابستان بی‌پروائی بغنود و هنگام کار خون جگر پالاید و بجز اندوه طرف برنبندد. و هرگاه با توانگر خاطری آزرم‌دوست فراخ‌حوصلهٔ صلاح‌اندیش در میان نبود هر آئینه دوست بدشمنی گراید و عافیت بسراسیمگی کشد. مالها دست‌فرسود یغما آید و خان و مانها بتاراج رود. عرض و ناموس دست‌آلای بدگوهران شود و هزاران شورش بار آورد چنانکه سرگذشت میرزایان بدخشان ازین برگوید و بر غنودگان افسون بیداری بردمد. از نکوهیده خویها بیکدیگر درآویختند چنانچه برخی نگاشته آمد.

of that sign, and the imperial harem was given a new splendor. Astrologers gave the joyous news, and the world lord named her and rejoiced. It is hoped that the advent of this lady of the family of piety will lead a long life and enjoy great good fortune.

SHAHRUKH MIRZA RUBS HIS FOREHEAD ON THE IMPERIAL THRESHOLD

In any assembly at which sycophancy is prized and honesty is devalued, little truth will reach the host's ears and he will not be able to read what is in people's minds. Well-wishing men of truth will be relegated to unimportance, and blatherers will enjoy a field day. What effort will be made to maintain the allegiance of those who are counted as nothing? When noble men turn their backs it will only increase conceit. Conciliation and nobility are reckoned as failure, and it is not realized that one day cheerfulness will be of no avail and lavishing money will profit nothing. In consequence, such a person's pleasure garden will be subject to the vicissitudes of fortune, and thousands of unpleasantnesses will result in distraction. A wise man who enjoys good fortune lives like the humble during days of security when there is not such need of people, while a shortsighted person slumbers in negligence during good times, and when he is in need he will suffer agony and grief. Since there will be no honor-loving, competent, prudent person with him, his friends will incline to enmity, and well-being will turn into poverty. Wealth will be plundered, and property will be pillaged and looted. His honor will be sullied by evil men, and great unrest will result. All of this is well illustrated by the history of the princes of Badakhshan,

18

و چون میرزا حکیم از بدخشان بکابل بازگردید میرزا شاهرخ بر آن شد ۱۹
که بملازمت میرزا سلیمان شتابد و راه یکجهتی سپرد. میرزا از چیره‌دستی واهمه و دید حال بی‌وفایان آن مرز نمی‌پذیرفت. پس از فراوان گفت‌وگو قرار گرفت که اوزبک سلطان مرزبان حصار که آئین خویشی و دوستی تازه برنهاد جمعی‌را بیاوری فرستد و در میان دریای آمویه درگذری که دریا آنجا نه بخش شده یکدیگررا ببینند و پیمان یکتائی‌را نوی بخشند. و مقرّر شد که چهار نهر میرزا سلیمان برگذرد و پنج‌را میرزا شاهرخ. میرزا سلیمان چون بکنار رسید یک بخش گذشته از بیمناکی عنان باز کشید. نزدیک بود که خدک‌اندازان هرزه‌لای سنگ راه میرزا شاهرخ گردند، لیکن از سعادتمنشی و خیربسیچی هشت حصّه برگذشت و پس از دیدن بآئین پخته‌کاران نیایشگری نمود و بسرمنزل میرزا شتافته دستوری گرفت. میرزا سلیمان بکولاب روانه شد و از هجوم بدگوهران که بدی‌را غازهٔ نیکوئی برکشند و خوبی‌را نکوهیده وانمایند، در کمتر زمانی میرزا سلیمان خواهش‌را فراخ‌تر گردانید و گرد شورش برخاست و پیغام داد که مهرعلی و چوچک و میر عمادرا بسپرد و اگر بدین دل ننهد از پیش خود آواره سازد. میرزا بپسین دل نهاد و شورابهٔ غم درکشید. آنان خار ناکامی در پای بکابل شتافتند و میر عماد بگوشهٔ برنشست.

درینولا محمدقلی شغالی که شمشیر و خرد آن ملک بود از پیش میرزا شاهرخ نزد میرزا سلیمان رفت و تباه‌سگالی‌را پایه برتر نهاد. و چندی نگذشته بود که مهرعلی از زابلستان پیش میرزا شاهرخ آمد. میرزا سلیمان چون از آن پیشین تردید پشیمانی داشت چنان پیغام فرستاد که رضامندی خاطر در سپردن او شناسند. میرزا اورا بهمراهی حاجی تمن روانه گردانید. حاجی‌را ملازم و مهرعلی‌را زندانی ساخت و شیخ بابای ولی‌را که در پناه

who, with their despicable habit, fell upon one another, as has already been partly reported.

When Mirza Hakim returned to Kabul from Badakhshan, Mirza Shahrukh decided to pay homage to Mirza Sulaiman and unite with him. Mirza Sulaiman, however, overwhelmed by imaginary terrors and seeing the faithlessness of the inhabitants of the region, refused to receive him. After much discussion it was agreed that Özbeg Sultan, the governor of Hissar who had renewed ties of kinship and amity, would send a troop to facilitate, and the mirzas would meet in the middle of the Oxus River at a crossing where the river split into many branches, and there they would renew their pact of unity. It was further settled that Mirza Sulaiman would cross four branches of the river and Mirza Shahrukh would cross five. When Mirza Sulaiman reached the banks of the river and had crossed one branch, he drew in his reins in fright, and blathering archers almost stopped Mirza Shahrukh. However, in the end Mirza Shahrukh crossed eight branches, and after meeting with Mirza Sulaiman he offered his fealty, went to the mirza's camp, and received leave to depart. Mirza Sulaiman set out for Kölab, but with the onslaught of evil men disguising their evil with beauty and representing beauty as ugly, it was not long before Mirza Sulaiman expanded his desires, stirred up the dust of unrest, and sent a message telling Mirza Shahrukh either to turn over Mihr Ali, Chüchük, and Mir Imad or to drive them away. Mirza Shahrukh chose the latter alternative and swallowed salty tears of grief. [Mihr Ali and Chüchük] returned to Kabul in failure, and Mir Imad withdrew into obscurity.

At this point Muhammadquli Shaghali, the swordsman and sage of the region, deserted Mirza Shahrukh and went over to Mirza Sulaiman, raising malevolence to a new level. Not much

19

ژنده دام تزویر بافتی فرستاده گذارش نمود که «هنگام آشتی و قسمت ملک محمدقلی و حاجی تمن و مهرعلی پیش او بودند. اکنون آن سزاوار که تالقان و برخی ولایت در بخش من افزوده آید.» شاهرخ میرزا پاسخ داد «آئین مردمی و مهربانی آنست که نزهتگاه یکتائی بگفت‌وگوی بی‌آزرمان فتنه‌جوی غبارآلود نگردد و گروهی‌را که از پیش من بدان آستان شتافته‌اند بازگردانند.» میرزا سلیمان دل بر آن ننهاده رهگرای آویزش شد و او نیز از مستی برنائی و شورش خودکامی و نبودن مصاحب دانا و ملازم خردپژوه خیراندیش روانه گردید. و در حدود رستاق عنان برکشیده عرض داشت و لابه‌گری پیش گرفت، بو که گرد آویزه برنخیزد و دشمن‌کامی روی ندهد. نزدیک بود که میرزا سلیمان بروشن‌سرای معامله‌دانی چالش نماید. تیره‌رایان فتنه‌اندوز نگذاشتند و آزها برجوشید و هنگامهٔ آویزش گرمی پذیرفت. از آنجا که پیمان‌شکنی و پوزش‌نپذیری خجستگی ندارد بی‌گزین نبردی میرزا سلیمان راه هزیمت پیمود و بحصاریان پناه برد. میرزا شاهرخ از پی نرفته لختی بکار ملک پرداخت. کولاب بمحمدزمان پسر کلان خود سپرد و مهرعلی‌را اتالیق گردانید و خود بقندوز آمد. میرزا سلیمان از اوزبک سلطان مرزبان حصار کمک گرفته روی ببدخشان نهاد و میرزا شاهرخ نیز سگالش کارزار در سر گرفت و برخی تیزدستان یکجهت‌را بسرکردگی قنغر پیشتر روانه گردانید و بیاوری کولابیان عرصهٔ پیکار آراسته گشت. میرزا سلیمان نیز درین مرتبه هزیمت یافته بحصار بازگردید. درینولا ایلچیان شاهنشاهی دررسیدند و میرزا شاهرخ‌را سترگ نیرو چهره برافروخت. در آن یورش که موکب همایون سایهٔ معدلت بزابلستان انداخت و میرزا حکیم‌را در آویزهٔ شاهزادهٔ والاگوهر آبرو ریخته آمد کاردانان شیردل فرستاده میرزا شاهرخ‌را

time had passed before Mihr Ali went from Zabulistan to Mirza Shahrukh. Regretting his former hesitation, Mirza Sulaiman sent a message, saying, "Our pleasure lies in your turning him over." The mirza sent him with Hajji Tümän. Mirza Sulaiman made Hajji an attendant, and he imprisoned Mihr Ali, and then he sent the wily Shaikh Baba Wali to say, "When the truce was made and the region was divided, Muhammadquli, Hajji Tümän, and Mihr Ali were with you. Now it would be advisable for Taligan and some of that region to be added to my portion." Shahrukh Mirza replied, "It is customary in chivalry and kindness that the garden of unity not be sullied by the words of troublemaking, dishonorable men. It would be appropriate for you to send back to me those who have left me and gone thither." Refusing to comply, Mirza Sulaiman got ready for battle, and Mirza Shahrukh, intoxicated by youth and conceit and lacking a wise advisor, also set out. Pulling in his reins in the vicinity of Rostaq, he sent a message and pleaded that battle not take place, lest both of them give their enemies cause to rejoice. Mirza Sulaiman almost followed the path of his own best interests, but troublemakers would not allow it, greed won out, and battle waxed hot. Inasmuch as the breaking of pledges and the disregard of good advice bring no felicity, Mirza Sulaiman fled without even fighting a good fight and took refuge with the Hissaris. Instead of going out in pursuit, Mirza Shahrukh turned his attention to administration. He gave Kölab to his eldest son, Muhammad Zaman, with Mihr Ali as his *ataliq,* and he himself went to Konduz. Mirza Sulaiman got help from Özbeg Sultan, the governor of Hissar, and headed for Badakhshan. Mirza Shahrukh, who was also thinking about doing battle, sent forward some loyal warriors led by Qanghar and arrayed his battle lines with the assistance of the Kölabis.

که سلسله‌جنبان عقیدت بود پرسش فرمودند و فرمان شده بود که بسجود قدسی آستان روشن‌پیشانی گردد یا خانم والدۀ خودرا روانه سازد. میرزا به نیایشگری درآمد و کار او رونق دیگر گرفت و حصاریان خودرا از یاوری میرزا سلیمان بر کناره کشیدند، لیکن از نکوهیده همنشینان ملازمت‌را بخود نیارست قرار داد و در سرانجام آن شد که آن مهین بانورا بعذرخواهی فرستد. از خبر بازگشت کیهان‌خدیو و رنجوری آن پرده‌نشین عفّت آن نیز صورت نبست. میرزا سلیمان از حصاریان ناامید شده خواست که بحرف دوستی کار دشمنی سرانجام دهد. با چندی اوزبکان بحواشی بدخشان آمد و سخن آشتی در میان آورد. میرزا شاهرخ پذیرا شد و قرار یافت که در همان پیمانگاه نخستین مراتب دریارا یکدیگر بگذرند و بزم دوستی سرانجام یابد و تازه عهدی بربندند. میرزا شاهرخ گفته‌را بکردار آورد و میرزا سلیمان گذاره نشد و گذارش نمود که بدین سوی آمده غبار دوئی بردارند. میرزا شاهرخ سگالش دریافته عنان باز کشید. درین هنگام والدۀ میرزا شاهرخ خلوت‌گزین صفوتکدۀ نیستی شد و یکبارگی اندرزگوئی از میان رفت. میرزا بخویشتن‌بینی و خودکامی درافتاد و حال سپاه پراکندگی گرفت و هزل و بازی روائی یافت و رعیّت به تباه‌کاری افتاد. میرزا سلیمان پیش عبدالله خان اوزبک فرمانروای توران رفت، بو که کامیاب خواهش گردد. او لشکر بر تاشکند برده بود. سکندر خان پدر اورا دریافت و صحبت بشایستگی درگرفت. عبدالله خان ازین آگهی بخیال دیگر افتاد و چنان برنوشت که «تا آمدن من نظربند گردانند.» میرزا از دورنگاهی دریافت و تیره شبی راه حصار پیش گرفت. چندی تیزدستان پیوستند و به نیروی همّت از آن خطرگاه برآمد. چون عبدالله خان از لشکر بازگردید قل بابارا که وکیل و سپه‌سالار اوست پیش

Once again Mirza Sulaiman was defeated and returned to Hissar. At this point imperial emissaries arrived, significantly reinforcing Mirza Shahrukh. When the emperor made his excursion to Zabulistan and Mirza Hakim was so humiliated in battle by the eldest prince, he sent lion-hearted diplomats to negotiate with Mirza Shahrukh, who had been rattling the chains of loyalty, and he was commanded either to prostrate himself at the imperial threshold or to send his mother, Khanim. The mirza pledged his allegiance, and things were looking up for him as the Hissaris withdrew their support of Mirza Sulaiman; however, his evil companions kept him from going to pay homage, so he decided to send his mother on his behalf to apologize. In fact, it did not happen because it was learned that the emperor had set out on his return and the lady fell ill. Mirza Sulaiman despaired of the Hissaris and decided to effect through amity what he had been unable to accomplish through enmity. He went to Badakhshan with a few Uzbeks and proposed a reconciliation. Mirza Shahrukh agreed, and it was decided that they would meet at the same spot as before at the forking of the river to celebrate friendship and renew their pledges. Mirza Shahrukh put his words into action, but Mirza Sulaiman sent word without crossing that Mirza Shahrukh should come to his side of the river, and there they would settle their differences. Mirza Shahrukh realized what Mirza Sulaiman was thinking and drew in his reins. At this point Mirza Shahrukh's mother passed away, and suddenly he was left with no one to advise him. He fell into egotism and conceit, his army drifted into disorganization, and sport and play gained currency while the peasantry slid into ruination. Mirza Sulaiman went to see Abdullah Khan Uzbek, the ruler of Turan, thinking that he might get what he wanted. Since Abdullah

اوزبک سلطان فرستاد، همگی بسیچ آنکه میرزارا بسپرد. او پاس مردمی داشته پیش از رسیدن او ببدخشان روانه ساخت. ناکام از راه قراتگین بنواحی کولاب رسید. میرزا شاهرخ به نیایشگری پیش آمد و به پیشین نمط در تقسیم ولایت شد. میرزا سلیمان از پخته‌کاری دل بر آن ننهاد و کشم‌را برسم سیورغال برگرفت. میرزا شاهرخ از بادهٔ خودکامی و ستایش‌دوستی جز بگفتار چشم نیفکندی و سواد پیشانی برنخواند و دوست از دشمن باز ندانستی. در کمتر زمانی گفتارفروشان‌را روزبازار شد و خیرسگالان راستی‌سرای بگوشه نشستند. سررشتهٔ دادوستد و بست‌وگشاد میر عماد و میر کلان و چوچک بیگ بدست گرفتند و معاملهٔ بخشیگری بیار بیگ بازگردید. اینان‌را حرص‌اندوزی و حسدافزونی کالیوه داشت. همواره گرد شورش با یکدیگر انگیختی و از بی‌پروائی ده‌خدا و آزوری پیشکاران و کارنشناسی خدمتگاران در تیول مردم فراوان گردش پدید آمد و بازار خودفروشی و پایهٔ خرّمی گرمی پذیرفت و بتازگی کولاب‌را بقادرقلی کوکه داد و قندوز بقورچی بیگ و تالقان بعبد الرحمن و غوری بمیر نظام و کمهرد بخنجر علی و اندراب بلطفی کوکه و رستاق بمست‌علی و بقلان بشیربل. در چنین نافرجام زمان عبدالله خان قابو دانسته ببدخشان دررسید و آن ملک دشوارگشا بی‌آویزه برگرفت. او همواره از میرزایان بدخشان نگرانی داشت. چون دانست که بدرگاه شاهنشاهی بازگشت ندارند و با یکدیگر آویخته سررشتهٔ ملکداری از دست فرو هشته‌اند بعربده‌کاری درآمد و پیام فرستاد که «غوری و کمهرد بما باز گذارند و ایماق توران که از روزگاران بدان دیار بسر می‌برند بدین سو فرستند.» میرزا شاهرخ بپاسخ نپرداخت و نه در کارآگهی افزود. از یافه‌درائی هرزه‌سرایان بر زبان این و آن افتاده بود که والی توران‌را روزگار

Khan had led his army to Tashkent, his father, Sikandar Khan, received him and discussed the situation. When Abdullah Khan heard about this, he had other thoughts and wrote, saying, "Keep him under watch until I return." The mirza comprehended the meaning of this, and one dark night he set out for Hissar. Several pursuers caught up with him, but he had the wiles to escape from the danger. When Abdullah Khan returned from his campaign he sent Qul Baba, his deputy and commander-in-chief, to tell Özbeg Sultan to turn the mirza over. However, he acted with chivalry and sent him to Badakhshan before the emissary arrived. The unsuccessful Mirza Sulaiman took the Karategin road to the Kölab region. Mirza Shahrukh came forth in fealty and agreed to a division of the territory according to their previous agreement. Mirza Sulaiman magnanimously refused and took Kishm as a fief. So intoxicated with conceit and narcissism was Mirza Shahrukh that he took him at his word without reading between the lines to distinguish friend from foe. It was not long before rumor-mongers had a field day and honest well-wishers were pushed into a corner. All administration was taken over by Mir Imad, Mir Kalan, and Chüchük Beg, and the office of *bakhshi* went to Yar Beg. These men were utterly blinded by greed and envy, and they were constantly stirring up trouble with each other. With the indifference of village elders, the greed of agents, and the incompetence of servants in his fiefs, many men gathered around him, and the market of mercenaries and gaiety flourished. Kölab was given back to Qadirquli Koka, Konduz went to Qorchi Beg, Taligan to Abdul-Rahman, Ghori to Mir Nizam, Kahmard to Khanjar Ali, Andarab to Lutfi Koka, Rostaq to Mast Ali, and Baghlan to Sherbal. At such an infelicitous time Abdullah Khan took advantage of the situation and invaded Badakhshan, taking

39

سپری گشته قل‌بابا چنین خواهشها می‌نماید. بدین افسانه بگران خواب بی‌پروائی درشد. درین حال که دلهای میرزایان خراب و قلاع بی‌سامان و سپاه در پریشانی و دوستان در خمولستان و دشمنان کامیاب خواهش، غنیم چیره‌دست دررسید. میرزایان بسخت گریوه‌ها آبله‌پا گشتند. قورچی بیگ از بدگوهری بمخالف درآمیخت و قندوز که عمدهٔ آن ملک است بی‌آویزش از دست رفت. و همچنین شیربل و برخی اعیان بدخشان نیز راه بیحقیقتی سپردند و بسیاری بزه‌وزاد خود درماندند و بنه‌وبار از خدمت باز داشت. کولابیان با محمدزمان دل به پیشطاق جانفشانی آویخته پای همّت افشردند. هرکه در آسودگی بخویشتنداری و طبیعت‌پرستی پردازد و خوشخوئی و تیمار مردم بروز ناکامی اندازد در آشوبگاه تعلق به تنهائی افتد و بی‌یاوری بی‌نوائی آورد. پیوند دلها از فراوان توجّه در هنگام بیکاری پدید شود و از چندین سره معامله جانها در گرو آید. بدمستان دنیا بار گرمخوئی جز در بازار کارافتادگی نگشایند و دکان مدارا تا این روز بسته دارند. و چون میرزایان چنین بسر برده بودند با هرکه می‌پیوستند روی میگردانید. ناگزیر از تنگنای بدخشان گذشته در بهارک که قلبگاه دیرگشاست دم توقّف برگرفتند، بو که نمک‌پروران بایری‌را غیرت بجوش درآورد. بیشتری همراهی نیارستند نمود و از سختی برف و باران و برگشتن کهن دوستان در آنجا نیز نتوانستند دمی برگرفت و خودرا بحدود پنجشیر از مضافات کابل برکشیدند، سگالش آنکه اگر میرزا حکیم یاوری نماید در گرفتن بنگاه تکادو رود وگرنه بدرگاه شاهنشاهی پناه برده آید. میرزا سلیمان از آن باز که بسجود قدسی آستان سربلندی یافت و آرزوی چیره‌دستی بدخشان‌را بزیارتگری حجاز فروخت از شرمساری بدرگاه همایون روی نیارستی نهاد. و میرزا شاهرخ‌را آرزوی آن بود که خودرا

that land of such difficult access without a battle. He had always been wary of the mirzas of Badakhshan, but once he realized that they had no recourse to the imperial court and that they had ceased to maintain their lands by falling upon each other, he came forth belligerently and sent a message, saying, "Give us back Ghori and Kahmard, and send back the tribes of Turan that have long lived in that region." Mirza Shahrukh neither made any reply nor increased in wisdom. It was rumored by one and all that the ruler of the Turan had died and that these demands were being made by Qul Baba. Falling for this fable, Mirza Shahrukh drifted into a sleep of indifference.

At this point, when the mirzas' minds were polluted, their fortresses were without supplies, their armies were disorganized, their friends were in eclipse, and their enemies were getting what they wanted, an invincible foe arrived. The mirzas scurried off into mountain crannies. Qorchi Beg treacherously joined the enemy, and Konduz, the choicest part of the kingdom, was lost without a battle. Sherbal and other leaders of Badakhshan also deserted, and many remained with their families, refusing to send supplies. The Kölabis who were with Muhammad Zaman went out self-sacrificingly and stood their ground. Anyone who preens himself and allows his lower nature to get the better of him during times of ease and puts off currying favor with his men until a rainy day will find himself alone in the battlefield of worldly involvement and will suffer friendless misery. Winning the hearts of one's men is accomplished through much attention during times of leisure. Those who are intoxicated by the world unpack the goods of generosity only in the marketplace of necessity, and they keep the shop of conciliation closed until that day. Since the mirzas had acted thus, all those who would have joined

بدولت جاویدطراز بربندد. و چون در زمان عافیت با کابلیان نیک پیش نیامده بود میخواست که میرزا حکیم‌را نادیده از راه کوهستان روی بهندوستان نهد. میرزا حکیم میرزا سلیمان‌را پیش خود طلبید و احترام کرده بلمغانات فرستاد و در آن سرزمین دیهی چند مقرّر گردانید. شاه‌محمد میرزا پور میرزا شاهرخ همراه بود و میرزا شاهرخ‌را بدست آورده بشادمان هزاره سپرد که آواره سازد و نگذارد که بهندوستان رود. میرزا با سه پسر خود حسن و حسین توأمین و بدیع الزّمان و والده‌های اینان و چندی از ملازمان که بسی کس نمیکشید در آن تنگنای کوهستان بهزاران دلگرفتگی در هزارجات می‌بود و هر روزرا آخرین روزگار خود میدانست. از نیرنگی تقدیر بر زبانها افتاد که عبدالله خان شکست خورد و کولابیان چیره‌دستی یافتند. آن هزاره که در اندیشهٔ دیگر بود براه امید شتافت و میرزارا بصوب بدخشان روانه گردانید. از بیم آنکه مبادا آن وحشی‌را رای دگرگون شود لختی ره نوردیده بیراهه گام فراخ برزد و در سخت گریوه‌ها پیکارکنان بحدود کمهرد دم آسایش برگرفت. صحرانشینان آن سرزمین گرد آمدند و در کمتر زمانی پیدائی گرفت که آن گفتار پرتو راستی ندارد و کولابیان بهمان آئین در تنگنای محاصره‌اند. میرزا بتاخت تالقان روانه شد. درینولا آگهی آمد که کولاب‌را برگرفته فوجی برای کوچانیدن ایماق نامزد کرده است. در همراهان پراکندگی رفت و حالی تباه‌تر از پیش گشت، نه رای بودن و نه روی گردیدن. نزدیک بود که بدست مخالف درافتد. با هزاران تکادو بصوب کابل شتاب آورد و در سال النگ میرزا سلیمان‌را دریافت. میرزا حکیم از همان خبر بسوی بدخشان رخصت داده بود. درین منزل چشم بر راه کمک داشت. لختی قدر یکدیگر شناختند و بیچاره برنشستند. ناگاه برخی اوزبکان گرد شورش

them turned their backs. Forced across the defiles of Badakh-shan, they paused to take a breath at Baharak, a barren place difficult of access, hoping that the liege men they had favored would be motivated by zeal. Most of their companions had been unable to accompany them, and with all the snow and rain and the desertion of their old friends they could not remain there, so they got themselves to the Panjshir region near Kabul, think-ing that if Mirza Hakim would help them they would be able to establish a base; if not, they would take refuge at the imperial court. Ever since Mirza Sulaiman had prostrated himself at the imperial threshold and had used the pretext of visiting the Hejaz to gain domination over Badakhshan, he had been too embar-rassed to show his face at court. Mirza Shahrukh desired to link himself to imperial fortune, but since he had not acted well with the people of Kabul during good times, he wanted to get through the mountains to Hindustan without seeing Mirza Hakim. Mirza Hakim summoned Mirza Sulaiman, received him with respect, and sent him to Laghman, where he settled a few villages upon him. Mirza Shahrukh's son Shah Muhammad Mirza was with him. Capturing Mirza Shahrukh, he turned him over to Shadman Hazara to drive him away and not let him go to Hindustan. With his three sons, the twins Hasan and Husain and Badi'uzzaman, and their mothers, and with a few of his attendants, who in all did not amount to many, the mirza remained in great sorrow in the mountains among the Hazaras, thinking that every day would be his last. By the mysterious workings of fate, it was rumored that Abdullah Khan had been defeated by the Kölabis. With other thoughts on his mind, the Hazara let Mirza Shahrukh go to Badakhshan. Fearing that the wild man would change his mind, the mirza went off, took to evil ways, and fought his way

برانگیختند. میرزا شاهرخ‌را در آن نزدیکی پسری چهرهٔ هستی برافروخته بود. بزن صحرانشینی بازگذاشته گام سرعت برداشتند. مهرعلی و قادربردی و جهانگیر و الغ بیگ و چندی دیگر از عقب دست و گریبان میآمدند. سحرگاهان اوزبکان دررسیدند و تاراج پرتال جدائی انداخت. از نیرنگی روزگار پای تکاور میرزا سلیمان از جای رفت و میرزا بزمین آمد. میرزا شاهرخ فرود آمده اسپ خودرا پیش کشید و آن نیز صحراگرای شد. یکی از همراهان پیادگی گزید و میرزا سلیمان‌را سوار گردانید. و میرزا شاهرخ بچابکدستی بر آن گریزپا چیره‌دستی یافت. در آن تیزپویگی دو راه پیدا شد و جدائی در مرزایان افتاد. غنیم از پی میرزا شاهرخ شتافت. دریائی پیش آمد. میرزا درنوردیده پل درهم شکست و دم آسایش برگرفت. حسن پسر خرد درین روارو جدا شد و زمانه تازه داغی برنهاد.

to Kahmard, where he breathed a sigh of relief. The nomads of that region gathered around him, and it was not long before it became apparent that the rumor had been false, and the Kölabis were still under siege. The mirza set out to attack Taligan.

At this point it was learned that Kölab had been taken and a troop had been sent to make the tribes decamp. Mirza Shahrukh's companions fell away from him, and he became even more miserable, neither able to stay where he was nor capable of moving elsewhere. He was almost captured by the foe, but in great haste he set off in the direction of Kabul, and in Salaulang he met with Mirza Sulaiman, whom Mirza Hakim had allowed to go off toward Badakhshan and who was there waiting for reinforcements. After sizing each other up, they sat there in misery. Suddenly a troop of Uzbeks stirred up trouble. Around then a son was born to Mirza Shahrukh. Leaving the infant with a nomad woman, he set off in haste. Mihr Ali, Qadirberdi, Jahangir, Ulugh Beg, and several others followed him. At dawn the Uzbeks arrived and scattered them as they looted their baggage. Through the mysterious workings of fate, Mirza Sulaiman's horse lost its footing, and he fell to the ground. Mirza Shahrukh dismounted and offered his own horse, but it too ran off. One of his companions got off and remounted Mirza Sulaiman. Mirza Shahrukh caught up with the fleeing mirza, and then a fork appeared in the road and the two mirzas separated. The foe pursued Mirza Shahrukh. Then a river appeared. The mirza crossed, destroyed the bridge behind himself, and stopped to rest. In the rush he had become separated from his young son Hasan, and this was yet another cause for grief inflicted on him by fate.

درین هنگام آگهی شد که میرزا سلیمان در السای و نجراو است. ۲۰
میرزا بشوق راه پیموده بدریافت ملازمت مسرّت اندوخت. درین
خوشدلی سیوندک خان از پیش میرزا حکیم دررسید و پیغام دوستی
برگذارد. چون نکوهیده‌خوئی او میدانستند تازه اندوهی شکیب‌ربا
آمد. آگاه نه که از بارگاه خلافت میرزا حکیم‌را در آن سلوک نکوهش
رفته بود و از کرده پشیمانی داشت. دوستی پیام باور نیامد. چندی‌را
همراه او فرستادند تا از انجام کار آگهی پذیرند و استوار پیمان برگیرند.
درین هنگام قاصد کنور مانسنگه بخسروانی نوازش امیدوارتر گردانید.
میرزا سلیمان که از درگاه والا شرمساری داشت و از میرزا حکیم چشم
دستگیری توقف نمود و میرزا شاهرخ بسجود قدسی آستان روی نهاد
و والدهٔ توأمین‌را با یک پسر و چندی از بایریان در حدود چاریکاران
بپژوهش آن خردسال جدا افتاده گذاشت و خود از راه دامنه‌کوه بدکه
آمد. قافلهٔ بزرگ از بیم راهزنان در آنجا سراسیمه بود. همراهی گزید. عمّهٔ
میرزا خانزاده خانم و شاه‌محمد میرزا درین کاروان بودند. میرزا حکیم
رخصت هندوستان داده بود. میرزا بدستان‌سرائی شاطی افغان رهگرای
آن گریوهٔ سختگذار شد. هر قدر راه که درنوردیدی بدسگالان آن دره
تنگناهارا بسنگ برآوردی. بدشوارتر جایها تاریکیان پیش راه گرفتند.
شاطی از مکراندوزی قنغربای و جهانگیر و خنجرعلی و یار بیگ و ابدال‌را
که هر یکی رستم روزگار بود ببهانهٔ پیغامگذاری پیش آن گروه نافرجام
برد و بفریبکاری ازهم گذرانید. سگالش آنکه تیرگی شب سایه اندازد و
دشوار کار بآسانی گراید. چون پاسی از روز ماند و لختی از حال آگهی شد
از علی‌مسجد بازگردیدند و تاریکیان خیرگی کرده بدست‌اندازی درآمدند.
از سراسیمگی بازرگانان سپاهی‌را نیز سررشتهٔ دلاوری از دست بشد. مال و

At this point it was learned that Mirza Sulaiman was in Ala   20
Say and Nijrao. Mirza Shahrukh set out for there and was glad
to pay homage. While this joy was transpiring, Sevindük Khan
came from Mirza Hakim bearing a friendly message. Since they
knew of his nastiness, this was yet another source of grief, for
they were not aware that Mirza Hakim had been chastised by
the imperial court for his blameworthy ways and had regretted
his past actions, and therefore they did not believe his offer of
friendship. Several men were sent with Sevindük Khan to assess
the situation and conclude a binding pact. Around then a messen-
ger from Kunwar Man Singh arrived to make them hopeful of
imperial favor. Mirza Sulaiman, who was ashamed to go to court
and fully expected to be arrested by Mirza Hakim, stopped where
he was, but Mirza Shahrukh set out to prostrate himself at the
imperial threshold, leaving the mother of his twins and one other
son with several of his liege men in the vicinity of Charikaran
in order to search for the child who had been lost. Taking the
foothills road, he arrived in Dakka, where a large caravan had
halted in fear of highway bandits. He joined the caravan, in which
were the mirza's aunt Khanzada Khanim and Shah Muhammad
Mirza, to whom Mirza Hakim had given leave to go to Hindu-
stan. At the suggestion of Shati Afghan the mirza set out for the
difficult pass, but no matter which way he went, the villainous
inhabitants of the valley had blocked the way with rocks, and in
the more difficult places the Tarikis had blocked the road. The
devious Shati took Qanghar Bay, Jahangir, Khanjar Ali, Yar Beg,
and Abdal, each one of whom was a Rustam of the day, to the
unhappy group on the pretext of delivering a message, and by
such deceitful means he put them to death, thinking that the
darkness of night would provide cover and a difficult task would

47

جان دست‌فرسود تاراج آمد. میرزا شاهرخ بیاوری همّت سخت آویزش نمود و از اسپ بزمین آمد و بتوانائی خویش و دستگیری خدنگ بیگ بر فراز تکاور شد و از سر کارنامهٔ دلاوری بجای آورد. پور او بدیع الزمان از اسپ افتاد و بدستیاری جان‌علی بمنزل رسید و از آن گریوه جنگ‌کنان برآمد. و آخرهای شب در دکه دم آسایش برگرفت. بامدادان چارهٔ کار خود میجست و جز کوهستان بدخشان پناهی نمیدید.

۲۱ درین هنگام آگهی شد که میرزا سلیمان در آن نزدیکی است. بدیدار او لختی آرامش گرفت، لیکن از فرو شدن پسر نوزاده اندوهناک شد. ایماق اورا از حقیقتمندی پنهان داشته پرورش مینمود. بار اول که در لمغانات بهم پیوستند آن‌را طلب داشته در پاسبانی عاطفت میرزا سلیمان گذاشته بود. گلی از زندگانی نچیده درگذشت. میرزا حکیم میرزا سلیمان‌را بدستور پیش بلمغانات فرستاده بود. درین هنگام فوجی از میرزا حکیم پیوست و چنان برگذارد که «از والا درگاه شاهنشاهی فرمان رسیده که میرزا شاهرخ‌را بدرقه داده بشایستگی بگذرانند. بدین خدمت نامزد شده‌ایم.» ازین نوید بختمندی اگرچه لختی دلشاد شد لیکن چندان باور نیامد تا آنکه از گریوهٔ خیبر گذرانیده بازگردیدند و امرائی که در حواشی دریای سند بودند بگوناگون بزرگداشت پیش آمدند. کنور مانسنگه مقدم‌را بس گرامی شمرد و مهمانداری بشایسته روشی بجای آورد. از آنجا بآسودگی و خرمدلی رهگرای شد و از سلامتی پور جداگشته تازه مسرّتی اندوخت. اورا در آن دوادو اوزبکی بدست آورد و در آن روارو بر پرتالی نظر افتاد. اورا گذاشته بدو شتاب آورد. غلامی در کمین بود. برگرفته بسال‌اولنگ رسانید و تاجیکان آن سرزمین پیش میرزا حکیم آوردند و بوالدهٔ خود که از دوری جگرسوخته می‌بود پیوست.

be made easy. When one watch of the day remained and something of this had been learned, they returned from Ali Masjid, and the Tarikis viciously attacked. With the utter consternation of the merchants the soldiers too lost their courage, and property and lives were lost. Thanks to his courage, Mirza Shahrukh fought bravely. He fell from his horse, but through his own fortitude and with the assistance of Khadang Beg, he got back on his horse and performed valiantly. His son Badi'uzzaman fell from his horse, but with the aid of Jan Ali he made it back to the station and got out of the defile by fighting. Toward the end of the night he paused to take a breath in Dakka. The next morning he wondered what to do and could think of no refuge save the mountains of Badakhshan.

At this point news arrived that Mirza Sulaiman was in the vicinity. Mirza Shahrukh was consoled somewhat to see him, but the loss of his infant son still weighed heavy on his mind. [Unbeknownst to him,] tribesmen had hidden him and were taking care of him. The first time he and Mirza Sulaiman came together in Laghman he had summoned the child and placed him under the protective care of Mirza Sulaiman, but the child had been lost before he could enjoy anything of life. Mirza Hakim had sent Mirza Sulaiman to Laghman as before, and now a troop from Mirza Hakim joined him, saying, "A command has been received from the imperial court for Mirza Shahrukh to be escorted there with honor, and we have been assigned the task." Although he was gladdened somewhat by this good news, he did not really believe it until they had made it through the Khyber Pass and the amirs stationed in the Indus region came to him with various signs of honor. Kunwar Man Singh welcomed him with great deference and hosted him at a banquet. From there he proceeded

21

درین هنگام که میرزا شاهرخ آب سند برگذشت بمژدهٔ این شادمانی خجسته‌فال برگرفت. میرزارا تیولداران هر سرزمین گرمخوئی مینمودند. چون بدار السلطنت لاهور آمد راجه بهگونت‌داس بزرگ جشنی برآراست و خود نیز همراهی گزید. در یک منزلی دار الخلافه فتحپور رضاجوی بلنداقبال شاهزاده سلطان دانیال‌را به پذیره فرستادند و بسیاری سران دولت‌را همراه کردند. بیست و سیوم دی بسجود قدسی آستان سربلندی یافت و مهمان‌نوازی‌را روزبازار دیگر شد. خدیو عالم چون از نقوش پیشانی طومار دل‌را برخواند رقم فرخنده‌ذاتی او در نظر درآمد و بدست عاطفت برگرفته نوازشها فرمود و ستارهٔ دولت که فرو رفته بود بر فراز پیدائی آمد و هر یکی از وفاگزینان غربت‌گرا که شورابهٔ ناکامی درکشیده بود بکامروائی نشاط اندوخت. اگر در همگی بدخشیان زمانی والانگهی بکار رود پدید آید که گوهر پاک آگهی‌را از آشوبگاه بی‌تمییزی جدا کرده‌اند و اگر بدوربینان بارگاه والا اندازه برگیرند ساده‌لوحی‌را بدبستان دانش‌اندوزی سپرده. زهی نیرنگی اقبال که عیار ایزدپرستی و آدم‌شناسی درین هنگامهٔ همّت‌وری میگیرند و کاراآگاهان خردپژوه از گزند ناشناسائی رهائی می‌یابند. ساده‌لوحان هیولانی‌منش‌را اینجا نگارین دل بدست میآید و گوناگون شناسائی چهره می‌افروزد. میرزا بکارکرد روزگار که بیدارساز غنودگان شایسته‌نهاد است از خواب درآمده پذیرای سعادت شده بود که بدین دولت والا سربلندی یافت.

slowly and happily because he had received good news about his lost son: during the flight the child had fallen into the hands of an Uzbek who was distracted by the sight of baggage. Setting the child down, he galloped off toward it, but a slave who was lying in ambush picked the child up and took him to Salaulang. From there the Tajiks took him to Mirza Hakim, where he rejoined his mother, who had been sorely afflicted by his loss. When Mirza Shahrukh crossed the Indus he was greeted by this good news. The landholders of every area greeted him cheerfully, and when he arrived in Lahore, Raja Bhagwant Das held a grand celebration in his honor and then escorted him himself. Prince Danyal was sent to greet him one station out of Fatehpur, accompanied by many grandees of state. On the twenty-third of Daimah [January 13, 1584] he attained the honor of prostrating himself at the imperial threshold and being warmly received. When the world lord read what was in his heart from his forehead, he perceived a felicitous essence. Raising him kindly, he showed him favor, and thus the star of his fortune, which had sunk so low, rose again, and each and every one of his faithful retainers who had suffered so in exile got their fondest wishes.

If one examines all Badakhshanis for a long time, it will be apparent that the pure essence of awareness has been removed from that chaotic land of indiscrimination; and if they are compared with the farsighted servants of the sublime court, it will be quite clear that simplicity has been transferred to the school of wisdom. Oh, how mysterious are the workings of fortune that the emperor is capable of assessing the godliness and worth of men, and wise administrators are safe from the sting of ignorance! It is here at this court that the hearts of the guileless are won over, and various types of knowledge are gained. By

۲۲ و از سوانح شکست یافتن معصوم خان کابلی. گذارده آمد که از خودپرستی و ناتوان‌بینی هر لشکر بهاتی‌را چه پیش آمد. شهباز خان با زبان شکوه‌طراز عزیمت درگاه در سر گرفت. امرای صوبهٔ بهار غیر از محب‌علی خان به تیول خود برنشستند. عیسی از دوراندیشی بنگاه خویش نگذاشت. معصوم باشارت او بشیرپور آمد. برخی ناسپاسان تا مالده دوازده کروهی تانده بدست آوردند. وزیر خان‌را توفیق یاور نشد که نظر بر پیروزی دولت روزافزون اندازد و بسیچ پیکار در سر گیرد، لیکن از سعادت منشی پای همّت افشرد و آن شهر بزرگ‌را با بسیاری بلاد نگاهداشت. سزاولان براستگذاری و تلخگوئی شهباز خان‌را ببازگشت و دیگر جایگیرداران بهاررا بهمراهی و یکجهتی رهگرای مقصود گردانیدند و فرمان والا بشهباز خان رفت: «اگر دیگر سپاه در کار باشد راجه تودرمل و مطلب خان و شیخ جمال بختیار و بسیاری بندگان کارگذار یکدل‌را رخصت فرمائیم.» عرضداشت که لشکر فراوان است و همه دل بر کارگذاری نهاده هیژدهم دی به بنگاله درآمد و تسخیر ولایت بهاتی پیشنهاد همّت شد. بر کنار جمنه آگهی رسید که معصوم خان در شیرپور توقف دارد و گذشتن لشکر از آب بخیال نمیآرد. دلیران عرصهٔ بیراهی‌را سراسیمگی درگرفت و بی‌جنگ روی در پراکندگی نهادند. شهباز خان بگذاره شدن و پیش رفتن روی آورد. امرا دل بدین نمینهادند. بکاردانی و جدکاری رامداس و خواجگی فتح الله بهانه‌ورزی و گران‌پائی‌را جای نماند. کام و ناکام از آن دریای بزرگ برگذشتند. چون نزدیک رسیدند آن شوریده‌سر آبله‌پای گریز شد و چندی دستگیر گشتند و فراوان غنیمت بدست افتاد و کامروائی چهره برافروخت. چون ملک واگذاشتن و همه‌را از پی گریختگان رفتن سزاوار نبود و در ناصیهٔ حال

the workings of fate, which awakes the worthy who sleep, Mirza Shahrukh emerged from his slumber to greet the good fortune that lay in store for him.

Ma'sum Khan Kabuli is defeated 22

The results of conceit and envy on every expedition to Bhati have already been reported. Shahbaz Khan decided to set out with a complaining tongue for court. The amirs of Bihar, other than Muhibb Ali Khan, neglected their fiefdoms. Foresightedly Isa did not relinquish his base. At his suggestion Ma'sum went to Sherpur, and a few ingrates seized territory as far as Malda, which is only twelve leagues from Tanda. Wazir Khan, although he had not had the luck to witness imperial fortune by participating in battle, courageously held the metropolis and many other towns. Messengers advised Shahbaz Khan to return, and they advised the other landholders of Bihar to join him in unity. An imperial command was issued to Shahbaz Khan to this effect: "If other troops are needed, we will send Raja Todar Mal, Muttalib Khan, Shaikh Jamal Bakhtyar, and many other loyal slaves of our court." He reported back that there were sufficient troops, and, their hearts set on action, they entered Bengal on the eighteenth of Daimah [January 8], intent upon conquering Bhati. On the banks of the Jamuna word arrived that Ma'sum Khan had stopped in Sherpur and did not imagine that the troops would cross the river. Those who were courageous in the field of waywardness took fright and dispersed without doing battle. Shahbaz Khan was going to cross the river and proceed, but the amirs would not agree to it, but finally, through the persuasiveness of Ram Das and Khwajagi Fathullah, they were left with no pretext for sluggishness. Like it or not, they crossed the great river, and when

بیشتری از همراهان فروغ یکجهتی پیدائی نداشت شهباز خان خواست که صادق خان و برخی دیگررا در میانه جا گذارد و خود با چندی پیشتر روانه شود. مردم بدان نگرائیدند. آخر شهباز خان و شاهقلی خان محرم با جمعی از بندگان سعادت‌اندوز در آن جا توقف گزیدند و سعید خان و وزیر خان و صادق خان و محب‌علی خان و سیّد عبدالله خان و گروهی دیگر هشتم بهمن روانهٔ پیش شدند. رامداس و خواجگی فتح الله باینان همراهی گزیدند و چنان میشتافتند که غنیم آگاهی یافته بیرون شدی. چون ملکی که بدر رفته بود بدست درآمد و برخی غنیمت اندوختند امرا بشیرپور بازگردیدند. بیاوری سماوی‌نیرو غبار دوئی و شورش دوروئی برخاست و فیروزی بجلوه درآمد و غنیم بروز ناکامی نشست.

۲۳ و از سوانح هزیمت یافتن دستم قاقشال. او از سرفتنگان شورافزاست. از دون‌همّتیهای مردم و هجوم فرومایگان کار آن نافرجام بلندی گرفت. درین هنگام که فیروزی جنود در شیرپور فراهم آمد معصوم بجانب فتح‌آباد ادیسه‌رویه شتافت و آن باطل‌ستیز درین سو توقف نمود، اندیشه آنکه درین صورت سپاه دو لخت خواهد شد، بو که در آن هنگام دستبردی بکار رود. از آن پیشتر که از معصوم آگهی رسد آن تیره‌رای بدوازده کروهی لشکرگاه اقبال شورش افزود. شاهقلی خان محرم و محب‌علی خان و راجه گوپال‌داس و میرزاده علی خان و خواجه باقر و چندی دلاوران همّت‌گزین رهگرای پیکار شدند و خواجه مقیم که در آن نزدیکی بواقعه‌نویسی آمده بود با سی کس همراه شد. آوازهٔ رسیدن ناورددوستان آزمون‌کار شکیب مخالف درربود و امرا تا شاهزاده‌پور تکامشی نموده بازگردیدند.

they were near the foe, the addle-brained Ma'sum Khan took flight. Some were captured and much booty was taken. Since it was not deemed appropriate to abandon the territory so that all could go in pursuit, and also since signs of loyalty were not apparent in most of his comrades, Shahbaz Khan wanted to leave Sadiq Khan and some others there while he and a few went forward. The men were not agreeable. Finally, Shahbaz Khan and Shahquli Khan Mahram together stayed there with a group of imperials, and Sa'id Khan, Wazir Khan, Sadiq Khan, Muhibb Ali Khan, Sayyid Abdullah Khan, and some others went forward on the eighth of Bahman [January 28]. Ram Das and Khwajagi Fathullah accompanied the latter group, and they went so fast that as soon as the foe learned that they were coming, he escaped. When a land that had been lost was thus regained and some booty was taken, the amirs returned to Sherpur. With the assistance of heavenly power, the sedition and chaos were quelled, and victory was celebrated as the foe seethed in failure.

Dastam Qaqshal is defeated   23

Dastam Qaqshal was one of the worst troublemakers and had risen to prominence through the villainy and vileness of those who gathered around him. When the imperial troops had gathered in Sherpur, Ma'sum ran off to Fathabad in the direction of Orissa, and the villain Dastam stopped on this side, thinking the army would divide into two and in that case he would be able to strike. Before any word was received from Ma'sum, he created an uproar twelve leagues from the imperial camp. Shahquli Khan Mahram, Muhibb Ali Khan, Raja Gopal Das, Mirzada Ali Khan, Khwaja Baqir, and some other intrepid soldiers set out to do battle, and Khwaja Muqim, who had come to the vicinity

۲۴ و از سوانح دو جا شدن فیروزی سپاه. از آنجا که تباه‌بسیچی و غرض‌پرستی عقل صلاح‌اندیش‌را کالیوه گرداند و گوش حقیقت‌شنورا بسیماب غفلت آگنده سازد قدسی اندرزها سودمند نیامد و پندهای روزگار چراغ آگهی نیفروخت. شهباز خان‌را بدسگالی همراهان بشورش درآورد و راه مدارا بازگذاشت. صادق خان دل از کار برگرفت و بدلشکنی زبان طلسم‌ساز برگشود. آن گروه اگرچه همّت جانفشانی داشتند لیکن خرد معامله‌دان همراه نبود که در برآمد کار خداوند و پادشاه خود خویشتن‌بینی گذاشته بزم‌آرای دوستی یا هنگامه‌افروز آشنائی بهنجار گردند. با خود برنیامده در زیر بار خواهش ناستوده و خشم بی‌هنگام بودند و شاهراه انصاف یکسو گذاشته بیراهه رفتند. اگرچه این گروه حرف اخلاص بر زبان میآوردند، چون نویسم که از فروغ راستی بهرهٔ نداشتند؟ همانا درین گلشن‌سرای شادمانی نصیبهٔ عوام برگرفته بودند.

۲۵ در آگهی‌نامه‌ها سرایندگان ترانهٔ اخلاص‌را بر دو گونه شمارند. نخستین آنان که آئین یکتائی‌را بسوداندوزی خویش برگزینند و بدین روش پایهٔ خودکامی‌را بلندتر گردانند. و این گروه اگرچه لختی از بازرگانان قدم فراترک دارند، لیکن ژرف‌نگهان آگاهدل نام یگانگی برین سودمندگان ننهند و آن جهتمندی ناپایداررا وزنی نباشد. دوم والانگهان حقیقت‌پژوه که دل غرض‌دشمن‌را بفروغ دوستی نورآگین دارند و برگزیدگان دادارا بسروری برگیرند. و شگفت‌تر آنکه این طایفه‌را سرمایهٔ کامروائی چون کشاورزرا علف ستور فراهم آید. پس از درازی داستان و کوتهی گفتار بهنگام مدارا درشتگوئی و سختگیری پیش گرفتند. درینولا شورش معصوم خان بر زبانها افتاد و قرار یافت که چون غنیم دو جاست فیروزی سپاه نیز دو فوج شده رو در خدمت نهد. بیستم بهمن وزیر خان و

as a reporter, accompanied them with thirty men. News of the arrival of experienced warriors upset the enemy's plans, and the amirs went in pursuit as far as Shahzadapur before turning back.

Imperial troops take up two positions   24

When wrong-headedness and connivance distract a right-thinking mind and fill a truth-hearing ear with the quicksilver of negligence, the best advice is of no avail and the counsel of fate fails to light the lamp of awareness. Shahbaz Khan's malevolence drove his companions to revolt, and he had abandoned the path of conciliation. Sadiq Khan grew disgusted and loosed his tongue in reviling. Although the group were ready for self-sacrifice, there was no competent mind among them to make them give up their individual conceit in order to carry out their lord and emperor's task in unity or amity. Unable to shed their pride, they labored under the weight of improper desires and untimely wrath; and having abandoned the highway of equity, they went astray. Although this group spoke of devotion, how shall I write that they enjoyed not a single ray of enlightenment? From the rose garden of felicity they had plucked nothing more than the share of the common people.

In the book of awareness those who sing the song of devotion   25
are put into two columns. First are those who choose unity for their own benefit and in this way elevate the level of selfishness. Even if these people are a bit ahead of merchants, those who contemplate deeply with aware hearts would never give the name of friends to these slaves to profit, for their unreliable allegiance has no weight. The second group are those of exalted view who seek the truth, who have enlightened their connivance-hating hearts with the light of love and adopted those chosen by the

57

شاهقلی خان محرم و صادق خان و محب‌علی خان و راجه گوپال و کیچک خواجه و برخی دیگر شکست معصوم خان بر خود گرفته جدائی گزیدند و سعید خان و شهباز خان و بهادر خان و سیّد عبدالله خان و میرزاده علی خان و بابوی منکلی و ابابکر و ارمز برادران ترسون خان و تمر بدخشی و شاه قاسم و چندی دیگر در همان حدود بوده بچاره‌گری بدنهادان این صوب برنشستند و خانگی‌پرخاش هرروزه یکسو گشت و هر جوقی روی در خدمت آورد.

۲۶ و از سوانح فرستادن مرزبان کشمیر پور خودرا بدرگاه والا. یوسف خان چون خودرا پرورده و برکشیدهٔ درگاه والا میدید یعقوب پسر کلان خودرا با نفایس آن دیار بملازمت فرستاد که در خدمت حضور سعادت اندوزد و سرمایهٔ یادکرد او در همایون محفل شود. بیست و نهم بهمن آمده بدولت کورنش رسید و پذیرای نوازش شد.

deity as their leaders. Even more amazing is the fact that success comes to this group as hay comes to a farmer. To make a long story short, when they should have been conciliatory they took to cursing and reviling each other. At this point Ma'sum Khan's rebellion was being spoken of by all, and it was decided that since the enemy was in two places, the imperial army would also be divided into two contingents.

On the twentieth of Bahman [February 9], Wazir Khan, Shahquli Khan Mahram, Sadiq Khan, Muhibb Ali Khan, Raja Gopal, Kichik Khwaja, and some others took the defeat of Ma'sum Khan upon themselves and departed, while Sa'id Khan, Shahbaz Khan, Bahadur Khan, Sayyid Abdullah Khan, Mirzada Ali Khan, Babu Mangli, Tursun Khan's brothers Ababakr and Urmuz, Temür Badakhshi, Shah Qasim, and others remained in that area to deal with the rebels there. The usual infighting ceased, and each division set out.

The ruler of Kashmir sends his son to court   26

Since Yusuf Khan saw himself as nurtured and elevated by the imperial court, he sent his eldest son, Ya'qub, with rarities from that land to pay homage and remain in the imperial presence to keep his father's name alive. He arrived on the twenty-ninth of Bahman [February 18] and attained the fortune of saluting the emperor, by whom he was graciously received.

آراسته شدن بزم کدخدائی شاهزاده سلطان سلیم

۲۷ آگاهدلان ژرف‌نگاه و شناسندگان راست‌اندیش از پاسبانی پنج چیز نغنوند و نگاهداشت آن مهین گوهرها ایزدی رضامندی شمرند. نخستین استخوانی کاخ مردم‌را ایزدی عمارت برشمرده پاس آن دارند و گناهکاران تیره‌رای‌را بدرشت گفتن و زدن و آواره ساختن و بند کردن چاره نمایند. دوم چراغ خرد از تندباد طبیعت‌پرستی نگاه دارند و گونیای بایست‌را در آبادی درون و بیرون از دست نهلند. سیوم خواسته که برآمد کارهای دینی و دنیوی بدو وابسته است بشایستگی فراهم آرند و بجای خویش رسانند. چهارم غرض و خواهش و خشم‌را فرمانپذیر خرد داشته ناموس مردم بتاراج ندهند و بسیرابی آبروی که و مه چهارچمن دولت سرسبز دارند. پنجم از نگاهداشت نسب در پیوند آدمیان سررشتهٔ تخمه‌را دوتائی بخشند تا فرزندان سعادت‌سگال چهرهٔ هستی برافروزند. زمین شوره و تخم پذیرا ازین راستی داستان برگوید. لله الحمد که شهریار زمان ما بهمه وارسد و پایهٔ کارآگهی برافراخته دارد، خاصه در کارکرد عروسی. اگر چون وارستگان تنهائی گزین پیوند یگانگی بکار نرود هرآئینه سرچشمهٔ گرامی نوع انباشته گردد و دریای ایزدی‌فیض که از دیرگاه روائی دارد در و برزن او فرو شود، و اگر گوهر همتائی فروغ بینش نگیرد در کمتر زمانی زلال زندگانی شورابه گردد. ازین رو بخاطر قدسی رسید که پارسا گوهری در عقد اختر برج شهریاری شاهزاده سلطان سلیم درآورند تا از نوید آن کارگاه دولت‌را تازه افروزشی پدید آید. درین هنگام بعرض همایون رسید که راجه بهگونت‌داس کچهواهه که از عقیدتمندی بپایهٔ والای امارت برآمده و با گزین نسب شرایف حسب‌را که ستوده خویهاست

THE MARRIAGE OF PRINCE SULTAN SALIM
IS CELEBRATED

Those with enlightened hearts who contemplate deeply and
those who are right-thinking persons of knowledge never cease
to keep watch over five things and consider that the maintenance
of those magnificent five gems pleases the deity. First, they
recognize that the bony human frame is a divine construction
and maintain it, and they deal with wrong-headed offenders
through rough speech, beating, banishment, and imprisonment.
Second, they protect the lamp of wisdom from gusts of lower
nature worship and do not let go of the builder's square of what
is necessary for inner and outer flourishing. Third, they keep
desire, to which accomplishing this-worldly and otherworldly
affairs is tied, within reasonable bounds. Fourth, they subject
personal motives, desires, and wrath to wisdom and do not plun-
der people's honor, and they keep the garden of fortune green by
irrigating it with dignified treatment of great and small. Fifth, by
observing lineage in the connections of humans they make the
thread of descent two-ply so that felicitous children will be born.
The difference between barren land and fertile ground illustrates
the truth of this statement. Praise God, the monarch of our age
attends to all of these things and elevates the level of aware-
ness, particularly in the matter of marriages. If, in the manner
of hermits, marital connections are not made, the wellspring of
the race will be stopped up and the gates of the river of divine
grace, which has flowed for so long, will be closed; and if the gem
of espousal is not seen, in a short span of time the water of life
turns brackish. Therefore it occurred to the emperor that a pure
pearl should be strung onto the star necklace of Prince Sultan

فراهم آورده دختری دارد که گوهر پارسائی پیرایهٔ بزرگ‌نژادی اوست و بسیرت و صورت آراسته و آرزوی این خاندان آنکه آن پاک‌سرشت بدان مشکوی مینومثال پیوند جاودانی یابد. شهریار قدردان خواهش پذیرفت و گروهی‌را شادی‌آمود گردانید. و از آنجا که پیشبینان این راز نهانی بر ملأ اندازند و هنگامه آرایند اورنگ‌نشین اقبال برای جشن‌آرائی کارشناسان جدگزین نامزد فرمود. در کمتر زمانی دولتخانهٔ خاص و عام‌را آذین بستند و نظارگیان دشوارپسندرا دل از دست رفت. جشنهای شوق‌افروز و مجلسهای غم‌زدا انتظام گرفت و بخشش و بخشایش‌را روزبازار شد. عشرت و شادمانی‌را پایه بلند گشت و رسوم ساچق و نثار و دیگر نیک عادتها بروش بزرگان والاهمّت پدید آمد. پنجم اسفندارمذ کشورخدا با سران ملک و بزرگان دولت منزل راجه‌را بفروغ قدسی‌قدوم روشنی افزود و پیوند یکجهتی بگزیده آئین انجام گرفت و همان روز آن پیکر قدسی‌را بشبستان اقبال آورده طربکدهٔ زفاف آراستند.

دین و دنیـارا مبارک باد کیـن فرخنده عقد
از برای انـــتظام دنیــا و دین بســـته‌اند
در نگارســـتانِ دولـت نورِ چشـــمِ شاه‌را
حجلهٔ چون پرده‌هایِ دیده رنگین بسته‌اند

Salim in order to give the workshop of fortune a new splendor.

Around this time it was reported to the emperor that Raja Bhagwant Das Kachhwaha, who had been elevated to the level of commandership for his devotion, and who combined good lineage with personal worth, which is the best of all attributes, had a daughter, the pearl of whose chastity adorned her great lineage. She was of good character and form, and it was the wish of her family that she should attain eternal happiness by joining the prince's harem. The appreciative emperor granted their wish, and for the celebration he appointed people to announce the closely guarded secret and create a spectacle. Within a short time the court of the elite and common was decorated, and even spectators who were difficult to please were astonished. Delightful banquets and beguiling assemblies were arranged, and munificence enjoyed a field day. Enjoyment and happiness were elevated to high levels, and the customs of *sachiq* and *nisar* and other good conventions were carried out nobly. On the fifth of Isfandarmudh [February 24], the world lord and the grandees of state graced the raja's abode with their presence, and the marriage was concluded with great pomp. That very day the girl was taken to the princely harem, where the nuptials were celebrated.

Blessed be it in this world and the next, for this happy necklace
has been strung for the order of the world and religion.
In the palace of state for the apple of the king's eye a bridal
chamber has been made as colorful as the curtain of the
eye.

مهین برادر صوری و معنوی شیخ ابوالفیض فیضی قطعهٔ در سلک نظم درآورده هر مصرعهٔ آن تاریخ این سانحهٔ دولت‌افزاست.

زهی عقدِ دُرپاشِ سلطان سلیم　　که پرتو دهـد سالِ امّیــــدرا
ز پـــــروردنِ آفتـــابِ دول　　قرانــی شده ماه و ناهیـــدرا

امید که این پیوند جسمانی فروغ‌افزای اقبال گردد و فرزندان والاخرد برخیزند.

ریخته شدن آبروی سلطان مظفّر گجراتی بار سیوم

۲۸ درین هنگام که زمانه جوش نشاط میزد و عالمیان هم‌آغوش شادمانی قاصدان فرخنده‌پی از صوب گجرات رسیدند و نوید تازه‌فیروزی رسانیدند. ایزدی سپاس‌را بارگاه بلند برزدند و زبان کارکرد از روزگار خیرباد عروسی برگذارد. بخردی که شکوه‌افزائی‌را پیرایهٔ ایزدی نیایش گرداند و زمان زمان درین پالغز هوشمندی آگهی برافزاید هرآینه کارگران آسمانی بپرستاری او برخیزند چنانچه دولت شاهنشاهی باز گوید و این شگرفنامه لختی بسراید. گذارش یافت که بدگوهران فرومایه گجرات مظفر نافرجام‌را دستآویز شورش گردانیدند و با هجوم مردم و فراوانی مال چگونه پی در پی خجلت‌زدهٔ ناکامی گشت. وقت آن بود که آن شولیده‌مغز از گران خواب غفلت بیدار گردد، لیکن از آنجا که غرض بینائی برد و سودرا در زیان وانماید و روزگار قدری کالای دنیوی داده برکشد تا از مستی بنشیبگاه

My elder brother, Shaikh Abu'l-Faiz Faizi, composed an occasional poem, every hemistich of which gives the date of this happy event:

> *Bravo! pearl-raining necklace of Sultan Salim, which sheds*
> *rays on the year of hope.*
> *By nurturing the sun of felicities a conjunction of the Moon*
> *and Venus has come about.*

It is hoped that this corporeal connection will increase the splendor of fortune and result in exalted children.

SULTAN MUZAFFAR GUJRATI'S HONOR IS DESPOILED A THIRD TIME

At this time, when the world was in celebration, messengers arrived from Gujarat, bearing the good news of victory. Gates of gratitude to the divine were thrown open, and tongues of congratulation for the wedding were loosed. When a wise man adorns divine praise with splendor and ever increases awareness in this world, which is a slippery slope for sobriety, heavenly workers undertake to serve him, as is illustrated by imperial fortune and sung by this volume.

It has been reported how the vile ingrates of Gujarat used the misfortunate Muzaffar to stir up trouble and how he was continually humiliated despite the numerousness of his followers and vastness of his wealth. It was time for that deluded fool to wake up from his slumber of heedlessness, but inasmuch as selfishness not only clouds insight but misrepresents benefit as loss, and

28

رسوائی افتد، آن بیخرد آن‌را سرمایهٔ بزرگی پنداشت. فراوان خواسته در خانهٔ بازرگان نیز فراهم آید و دستمایهٔ سری و سروری نشود. آن پرتو فر ایزدی است. بنیروی تکاپو بدست نیاید.

سر کشـــد با سرو در بســتان کدو　　یعنی این سر برکشیدن سرسریست
آســـمان دانـــد که از سرو و کدو　　خود کدامی سر سزای سروریســت

چندین خوی ستوده در مردم‌زاد فراهم آید تا شایستهٔ افسر فرمانروائی شود و اورنگ‌نشینی‌را سزاوار گردد. شمارهٔ آن از منِ کج‌مج‌زبان برنیاید، لیکن لختی برگوید و نمونهٔ بر روی روز اندازد. نخستین دریافت والا تا مرتبه‌شناسی فروغ کردار بخشد و حق بر فراز پیدائی برآید. دوم هنگام داددهی خویش و بیگانه و دوست و دشمن‌را نبیند تا ستم‌رسیدگان بی‌زر و زور کامیاب گردند و بدگوهران مردم‌آزار بیغوله‌نشین ناکامی آیند. سیوم خداداد دلاوری تا شکوه ستمکاران از دادگری باز ندارد و هنگام شورشها از جای نرود. چهارم جدکاری در جهانبانی شب از روز باز نشناسد و راحت بر محنت نگزینند. پنجم فطرت عالی؛ سیم و زررا در پیشگاه خاطر او وزنی نباشد و ببخشش و بخشایش جهان زربنده‌را بپرستاری درآرد. ششم فراخ‌حوصلگی ناخوشیهای روزگار بگشاده‌پیشانی بردارد و از ناکامی به تنگنای غم درنشود. هفتم دگرگونگی کیش و مذهب از پاسبانی باز ندارد و گروهاگروه مردم‌را ایمنی باشد تا ظل الهی فروغ بخشد. هشتم مهرافزونی، از ناخوشی مردم آزرده گردد و بخوشخوئی بچاره‌گری نشیند تا سرتابان کج‌گرا غاشیهٔ بندگی بر دوش کشند و غبار دوئی‌را از نزهتگاه دولت برخیزد. نهم گزیده تدبیر شناسائی بکردار رسانده بایست وقت‌را

since the world takes away the goods it gives so that one slips intoxicatedly down into mortification, this unwise one thought all these things were the bases of greatness. Many desires are accumulated in the houses of merchants, but they do not lead to leadership or commandership. The divine aura cannot be acquired by any amount of striving.

> *The pumpkin vied with the cypress in the garden, but such vying is futile.*
> *Heaven knows, between the cypress and the pumpkin, which head is worthy of leadership.*

So many good characteristics must be acquired by a human being before he is worthy of the crown of rulership. It is beyond tongue-tied me to recount them all; however, I will state a few as examples. First is exalted comprehension, which is necessary to put into practice the ability to assess people's level and to give them their due. Second, when dispensing justice one should not regard kin, stranger, friend, or foe, and those who have suffered injustice should be compensated without having to resort to gold or force, and evil tyrants should be banished to pits of failure. Third, God-given courage is needed so that splendor will not prevent oppressors from being brought to justice and so that one will not be affected by rebellions. Fourth, seriousness is necessary so that world rule will be maintained day and night and so that comfort will not be chosen over travail. Fifth, one needs exalted innate intelligence so that gold and silver will carry no weight in one's mind and so that one can bring the mercenary world into servitude through generosity and liberality. Sixth, one needs vast forbearance in order to meet the unpleasantnesses of fate

بشایستگی برگذارد تا خاربن بدکاری برکنده آید و آشوبگاه جهان آرامش پذیرد. دهم کم‌آزی، خواهش ناهنجاررا از پا دراندازد و از گزیدهٔ خرد برنگذرد تا خشم از چیره‌دستی باز ماند و روزافزون دولت چهره برافروزد. یازدهم رای زدن، بر دانش و بینش خود اعتماد نکند و از کاراگهان پژوهش نماید. بهرکس راز برنگشاید و از دیده‌ور خیرسگال شرم باز ندارد تا گزند روزگار بدو نرسد و دایمی نشاط جلوه‌گر آید. دوازدهم تقلید دشمنی، همواره تحقیق دوستی پیشکار او باشد و دلیل‌پرستی شعار تا از دید فراوان مردم بروشی خاص از جا نرود و از جست‌وجوی حجّت نشکیبد.

۲۹ القصه، چون مظفر ازین خویها بهره نداشت و فراوان خواسته اورا کالیوه ساخته بود با آنکه دو بار سر بیمغز او بسنگ ادبار آمد عنان خود باز نگرفت و در افزونی شورش شد. اندوخته‌هارا گشاده بهنگامه‌آرائی برنشست. مگس‌همّتان زربنده گرد آمدند و در قصبهٔ گوندل پانزده کروهی جونه‌گده رفته فتنه‌جو شد و با امین خان غوری و جام طرح دوستی انداخت. بومیان بدستان‌سرائی زرها گرفتند و پیوستن‌را بهنگام دیگر انداختند. آن بدگوهر بکمینگاه فرصت نشسته بود. درین هنگام که فیروزی جنود بازگردید و تیولداران آن سرزمین‌را از شورش کمتر خیری[۱۳] بدست آمد و لختی پراکندگی راه یافت آن شوریده‌رای قابو دانسته گرد فتنه برانگیخت. خانخانان قلیچ خان‌را با برخی کارشناسان خدمت‌دوست بپاسبانی احمدآباد گذاشت و دو فوج‌را بر دو طرف نامزد گردانید. میدنی رای، بیگ محمد توقبای، سیّد بهادر، کامران بیگ، رام‌چند، ادی سنگه، خواجم‌بردی، و برخی نصرتمندان‌را در موضع هداله[۱۴] هفت کروهی دندوقه گذاشت و بیان بهادر، محمود سبزواری، شیخ محمد هروی، میر

with good cheer and not fall into grief when faced with failure. Seventh, differences of religion and sect should not keep one from keeping watch over one's flock, and all types of people must be kept safe in order for the divine shadow to cast its splendor. Eighth, loving kindness is needed so that when one is injured by people's unpleasantness one can deal with it with amiability so that the refractory will come into servitude and schism will disappear from the garden of fortune. Ninth, one needs strategy to put wisdom into practice and to do what is necessary so that maleficence will be uprooted and the chaotic world will come to rest. Tenth, lack of greed is necessary to bring down inappropriate desires and not to trespass the bounds of wisdom, to keep wrath from becoming overwhelming. Eleventh, one needs consultation: one should not rely on one's own knowledge and insight, but the opinion of experts should be sought. One's secrets should not be revealed to every person, but there is no need to be ashamed to consult with a benevolent person of insight, for it will keep one safe from the stings of the world and joy will be constant. Twelfth, avoidance of hidebound tradition is needed, and one should make love for investigation one's vanguard and worship of proof one's slogan so that one will not be led into any one particular view, no matter how many people hold it, for that will rob one of the patience to search for logical proof.

Since Muzaffar did not possess a shred of these characteristics, and his many ambitions clouded his judgment, although his brainless head had twice been struck by the rock of failure, he still did not pull in his reins but became even more rebellious. Spreading his wealth, he enjoyed a field day as mercenaries swarmed around him like flies. He went to Gondal, which is fifteen leagues from Junagadh, and stirred up trouble. He formed a friendship

29

محب الله، میر شرف الدین، بنیاد بیگ، بهوپت‌رای، و جوقی مبارزان کاردیده‌را در بیراهی هشت کروهی شهر برنشاند و سیّد قاسم‌را با سادات بارهه در پتن گذاشت و خود با نورنگ خان و خواجه نظام الدین احمد و دیگر رادمردان نبردآزمون دوازدهم آذر بمالش آن بدنهاد روانه شد. او در موربی چشم بر راه زمینداران داشت و هر طرف فرومایگان فرستاده مال می‌اندوخت و رادهن‌پوررا یغمائی گردانید.

۳۰ درین اثنا رسیدن فیروزی جنود بر زبانها افتاده آن بدگوهررا سراسیمه گردانید و بجانب کهرری و راج‌کوت[۱۵] که از بزرگ شهرهای کهاتی‌واره است شتاب آورد. خانخانان اردورا گذاشته تیزروی پیش گرفت. از بیرم‌گانو تا کهرری شصت کروه آبادی نبود. غازیان نصرت‌قرین آذوق برداشته جویای نبرد شدند. آن سرگردان بادیهٔ ادبار نتوانست پای افشرد و بصوب کوهستان برده[۱۶] شتافت. آن کوهیست بس بلند، نزدیک دریای شور، سی کروه دراز و ده کروه پهنا. آبهای گوارا و میوه‌های خودرو فراوان ورد. دوارکا بیست کروه شمال‌رویهٔ اوست. افواج کیهان‌گشا در آن نواحی پای همّت افشرد. بومیان ازین آگهی لابه‌گری پیش گرفتند و آمدن آن واژون‌بخت بدانسو و همراه نشدن خود دستآویز دولتخواهی گردانیدند. امین خان غوری قرار داد که پسر خودرا بپرستاری فرستد. میر ابوتراب رفته پور اورا آورد و نهال آرزوی او طراوت پذیرفت و وکلای جام برگذاردند که مظفر نافرجام در چهل کروهی نخوت‌آراست. اگر برخی تیزدستان نامزد گردند هرآینه بدست درمیآید. خانخانان جریده روی در تکاپو نهاد و نشانی ازو نیافتند. گذارش رفت که ازین سرزمین بکوهستان برده[۱۷] رفته است. خانخانان لشکر منصوررا چهارتوپ گردانید. برخی بسرکردگی نورنگ خان نامزد کرد و فوجی بخواجه نظام الدین احمد همراه ساخت

with Amin Khan Ghori and the Jam,[3] who persuaded him to part with much of his money, although they put off joining him until another time. The villain was simply lying in wait for an opportunity, and now, when imperial forces returned and there was some unrest among zamindars of the area who had gotten little good from their rebellion, the foolish Muzaffar seized his chance to stir up rebellion. The khankhanan stationed Qilich Khan and some competent administrators to guard Ahmadabad and sent two divisions out in two directions. Medini Rai, Beg Muhammad Tuqbai, Sayyid Bahadur, Kamran Beg, Ram Chand, Udai Singh, Khwajamberdi, and other warriors were stationed in the village of Hadala, seven leagues from Dhandhuka, and Bayan Bahadur, Mahmud Sabzawari, Shaikh Muhammad Harawi, Mir Muhibbullah, Mir Sharafuddin, Bunyad Beg, Bhupat Rai, and a troop of experienced warriors were stationed in an out-of-the-way place eight leagues from the city. He stationed Sayyid Qasim and the Barha sayyids in Patan, and he himself set out on the twelfth of Azar [December 3] with Naurang Khan, Khwaja Nizamuddin Ahmad, and other battle-scarred warriors to crush the villain, who was waiting for the local landholders in Morbi after sending his vile men out to loot in every direction and having pillaged Radhanpur.

At this point everyone learned of the approach of imperial 30 troops, and the news undid the villain, who ran off to Khareri and Rajotkot, large cities in Kathiawar. The khankhanan stationed his army and hastened forward. From Viramgam to Khareri, a distance of sixty leagues, there is no inhabited place, so the warriors carried their supplies as they strode into battle. The ill-starred wretches could not defend their position, so they fled into the Barda Hills, which is a group of very tall mountains near

و لختی دلیران کارطلب به پیشبازی دولت خان لودی. هر جوقی بگوشه از آن ملک درآمد و راجپوتان آن مرز سخت آویزش نموده نقد زندگی درباختند و آن آباد زمین یغمائی شد و فراوان غنیمت اندوختند. اگرچه از آن پریشان‌روزگار نشانی پدید نیامد، لیکن حیله‌اندوزی و فریب‌آرائی جام خاطرنشین شد. همانا آن شوریده‌بخت بحوالی ولایت جام رفت و پسر خودرا پیش او گذاشته خود باحمدآباد شتاب آورد. خانخانان رفتن اورا بدان سو بهیچ برنگرفت و مالش جام‌را پیشنهاد همّت گردانید. او نیز بدین خیال که فیروزی سپاه از شنودن خبر مظفر سراسیمه خواهد شد، تهوّرگزینان فراهم آورده پیش آمد و در چارکروهی از گران خواب خودبینی بیدار شد و بزاری و لابه‌گری روی آورد و بمیانجی رای درگا و کلیان‌رای خواهشهای او پذیرائی یافت. جیسا پسر خودرا با فیل شرزه و دیگر تنسوقات روانه کرد و در پناه نیکوبندگی درآمد. خانخانان از ده کروهی نوانگر که بنگاه اوست بازگردیده بصوب احمدآباد شتابان شد و در حواشی موربی آوازهٔ فیروزی اولیای اقبال و آواره شدن آن ناسپاس نشاط آورد. آن سرگردان بادیهٔ ادبار بفسونسازی زمینداران بدگوهر بصوب احمدآباد آمد و زربندگان نافرجام فراهم شدند. فوجی که در هداله بود با[18] لشکر پرانتی یکجا شد و دیگر جایگیرداران سامان پیکار پیش گرفتند. آن نخوت‌گزین باندیشهٔ آنکه لشکرها یکجا شود و کار بدشواری کشد خودرا نزدیک پرانتی رسانید. اولیای دولت صفها برآراستند. مدن چوهان، رام‌چند، ادی سنگه، سیّد لاد، سیّد بهادر، سیّد شاه‌علی، بهوپت دکنی، کیسوداس راتهور، باگه راتهور، و دیگر مبارزان هراول کارنامه‌های دلاوری بجای آوردند. در گرمی زدوخورد خواجم‌بردی با برخی تیزدستان قلبگاه درپیوست. آن شولیده‌مغز راه گریز سپرد. اگرچه

the ocean, thirty leagues long and ten leagues wide. There is abundant sweet water and many fruits that grow wild. Dwarka is twenty leagues north of it. The world-conquering troops took up their ground, and the locals came out with entreaties, pleading that they had not joined the villain when he came there. Amin Khan Ghori promised to send his son to imperial service, and Mir Abuturab went to get him. The Jam's deputies reported that the ill-starred Muzaffar was forty leagues away. If some warriors could be assigned, he could be captured. The khankhanan went out in pursuit, but he found no trace of him. Then it was reported that he had left that area for the Barda Hills. The khankhanan divided his army into four contingents. One was led by Naurang Khan, another by Khwaja Nizamuddin Ahmad, and the third was commanded by Daulat Khan Lodi. Each of the divisions went off in a different direction. The Rajputs of the area fought hard and many lost their lives, and that flourishing territory was pillaged and much loot was garnered. Although no trace of the ill-starred Muzaffar was found, the extent of the Jam's deceptiveness was shown. Apparently the wretch had gone to the Jam's territory and left his son with the Jam while he hastened off to Ahmadabad. The khankhanan disregarded Muzaffar's flight and turned his attention instead to chastising the Jam. Thinking that the imperial troops would go to pieces when they heard the news of Muzaffar, the Jam mustered his warriors and went out to do battle, but after proceeding only four leagues he awoke from his slumber of conceit and began to plead. Through the intermediary of Rai Durga and Kalyan Rai his demands were met. He sent his son Jaisa and the elephant Sharza, along with other gifts, and took refuge in servitude. The khankhanan turned back ten leagues from Nawanagar, the Jam's capital, and headed for Ahmadabad.

بسیاری از بهادران لشکر منصور زخمی شدند لیکن سران مخالف مثل قربان‌علی بهارکی و شیخ عبدالله و صالح میانه و تیمور حسین و گدا بیگ به نیستی‌خانه درشدند. به نیروی اقبال روزافزون شاهنشاهی فتحی بزرگ چهرهٔ نشاط برافروخت و ناسپاسان بدگوهر لختی بگو نیستی و طایفهٔ در نشیب خمول فرو شدند و شورش بآرامش گرائید. کیهان‌خدیو ازین نوید شادمانی در خداپرستی و داددهی افزود و شگون دیگر بر فرخندگی عروسی گرفتند.

In the vicinity of Morbi he received news of an imperial victory and the defeat of the ingrate. The wretch had gone toward Ahmadabad at the suggestion of the villainous zamindars, and mercenaries had flocked to him. The troop that was in Hadala had united with the garrison from Prantij, and other jagirdars had also prepared themselves for battle. The conceited Muzaffar, thinking the troops would be in one place, which would make things difficult for them, had gotten himself near Prantij. The friends of fortune arrayed their ranks. Madan Chauhan, Ram Chand, Udai Singh, Sayyid Lad, Sayyid Bahadur, Sayyid Shah Ali, Bhupat Dakkani, Kesav Das Rathaur, Bagh Rathaur, and other warriors of the vanguard performed outstanding feats of bravery. In the heat of battle Khwajamberdi clashed with some of the warriors of the center. The foolish Muzaffar took flight. Although many imperial soldiers were wounded, leaders of the opponent, like Qurban Ali Baharaki, Shaikh Abdullah, Salih Miyana, Temür Husain, and Gada Beg, perished. Through the power of imperial fortune a great victory was achieved, and some of the villainous ingrates were killed while others disappeared into oblivion and the unrest calmed down. When he received the news, the world lord's happiness, divine worship, and justice increased, and yet another good omen was added to the rejoicing attendant upon the wedding.

آغاز سال سیم الهی از جلوس مقدّس شاهنشاهی، یعنی سال شهریور از دور سیوم

۳۱ درین هنگام نشاطافروز که بزم عروسی طرب‌آما بود و فروغ آذین نظرفریب، گلگونهٔ بهار چهرهٔ روزگار برافروخت و گلشن دولت‌را طراوتی تازه پدید آمد. اورنگ‌نشین اقبال بر فرخندگی همایون جشن مژدهٔ دیگر برگرفت و آذین‌را نو طرزی برنهاد.

جشـنِ فرخندهٔ فروردینسـت　　روزبـازارِ گل و نسرینسـت
بچـه مانـد بعروسِ عالـم　　که سَبُک‌روح و گران کابینست[۱۹]

پس از سپری شدن شش ساعت و پنجاه و هفت دقیقه بفرّخی و فرخندگی فروغ‌افزای نه گلزار شب پنجشنبه نوزدهم ربیع الاول نهصد و نود و سه هلالی ببرج حمل پرتو انداخت. خداپرستی‌را بدستباف عشرت جلوه‌گر ساختند و بخشش و بخشایش‌را بارگاهی دیگر زدند. سرآغاز این همایون جشن امرای برار بسجود قدسی آستان سربلندی یافتند و بنوازش خسروانی کامیاب خواهش آمدند. آن معموره‌ایست از جنوبی بلاد پیوسته بولایت مالوه. حال او در آخرین دفتر نگاشته آید. در تصرف مرتضی نظام الملک بود. بآزمندی و بد همنشینی از کار خود کناره گرفت و بخدمتگری قدسی ارواح برنشست. آن کاریست خطرناک و رستگان پارساگوهررا برهنمونی و دیدبانی راه پیمودگان کمتر دست دهد تا بتردامنان پایبند چه رسد؟ در کمتر زمانی گوهر تابناک خرد بسیه‌چال سودا درافتاد و بزیانکاری دین و دنیا سراسیمه‌تر شد. از

The Thirtieth Year after the Imperial Accession: Shahrewar Year of the Third Duodecennial Cycle

At this joyous time, when a marriage was being celebrated, the rouge of spring adorned the cheek of time, and the garden of fortune gained a new freshness. The monarch of fortune gave a royal celebration that raised the custom to a new level.

31

> *It is the happy celebration of Farwardin; it is the market of roses and jonquils.*
> *How does the world resemble a marriage? The spirit is light and the dowry heavy.*

After the elapse of six hours and fifty-seven minutes of the eve of Thursday, the nineteenth of Rabi' I 993,[4] the sun shed its rays on Aries. Worship of the divine was manifested in a weave of celebration, and a new level of generosity and liberality was attained. At this beginning of this royal celebration the amirs of Berar prostrated themselves at the imperial threshold and attained their fondest wishes through the emperor's graciousness.

Berar is a flourishing territory south of Malwa. It will be described in the last volume. It was under the control of Murtaza Nizamulmulk, who had retired from greed and bad companionship to serve holy spirits. This is, however, a dangerous labor, and even liberated ascetics who are guided and watched over by those who have trod the path rarely succeed, not to mention those who have been sullied by the world. It was not long before the shining gem of his wisdom fell into a black pit of melancholia,

بیرونیان دل‌گرفتگی روی داد و آمیزش بنامه‌نویسی قرار گرفت. زربندگان کار از پیش خود گرفته اورا دستآویز سودمندی گردانیدند. صلابت خان چرکس در سودائی مزاج او راه یافت و بر سر آن ملک چیره‌دستی گرفت و کهنه بدگمانیها و نو سخت‌گیریها که آئین بدمستان دنیا باشد در میان آورد و در برانداختن تیولداران برار شد. میر مرتضی سبزواری که سرآمد آن گروه بود با خداوند خان مشهدی و جمشید خان شیرازی و چندا خان دکنی و شیر خان نوحانی و دیگر مردم لشکرها فراهم آورده بحوالی احمدنگر شتافت. او بسرکردگی پور نظام الملک بآویزش برخاست. از هر دو سو بسیاری فرو شدند. انجام کار شکست بر براریان افتاد. جمشید خان دستگیر شد و فراوان مال از دست دادند. یارای بودن در آن دیار نماند. روی نیاز بدین دولت جاویدطراز آوردند و امرای سرحد ایشان‌را باز داشته بعرض همایون رسانیدند. قدسی منشور شرف نفاذ یافت که «بارگاه ما در بر روی جهانیان باز دارد. هرکه بناگزیر هم پناه برد کامیاب خواهش آید.» درین هنگام بهجت‌افروز بسجود قدسی آستان رسیدند و تیرگی بخت برزدوده آمد. گوناگون نوازش یافتند و بمنصبهای سترگ و جایگیرهای آباد کام دل برگرفتند. هر روز تازه جشنی آرایش می‌یافت و جراید روزگار به نیکنامی پر میشد. یکی از نوئینان بزرگ سرمایهٔ پیرایش آن از اقبال روزافزون دریوزه کردی و شهریار کامبخش که خوشساز بهار معنی است بقدسی قدوم نورآگین ساختی.

and he became even more perplexed in his loss of both religion and the world. He developed a disgust of outsiders and took to writing letters. Slaves to money took over the administration, turning him into a means to enrich themselves. Salabat Khan Charkas wormed his way into the melancholic Murtaza's good graces, became dominant in the kingdom, introduced old suspicions and new harshness, the way of those who are intoxicated on the world, and set out to overthrow the fiefholders of Berar. Mir Murtaza Sabzawari, the leader of the fiefholders, banded together with Khudawand Khan Mashhadi, Jamshed Khan Shirazi, Chanda Khan Dakkani, Sher Khan Nohani, and others to assemble troops and set out for Ahmadnagar. Salabat Khan did battle with troops under the command of Nizamulmulk's son, and many on both sides were killed. In the end the Beraris were defeated. Jamshed Khan was captured, and they lost much property. Unable to remain there, the amirs turned to the eternal court in supplication. The amirs of the borders detained them and reported the situation to the court. An imperial edict was issued, saying, "Our court keeps its gates open to all people of the world. Anyone who seeks refuge out of necessity will have his wish granted."

At this joyous time they prostrated themselves at the imperial threshold, and their bad luck was wiped away. They were received with many shows of favor and were given grand posts and flourishing fiefs. Every day a new celebration was given, and the pages of time were filled with deeds of renown. Every time one of the great lords requested the honor of the emperor's presence, he graciously attended.

شاه بر تختِ سعادت بذله‌گوی و نکته‌سنج
با دلِ دانـــش‌پژوه و خاطرِ حکمت‌نیـــوش

روز فروردین جشن شرف کشورخدا انجمن آگهی برآراست و نیایش دادار بی‌همال‌را پایه افزود.

بمانـــــاد تا جـــاودان نامِ او   همی مهتـــری[۲۰] باد فرجامِ او
ازو دیدم اندر جهان نامِ نیک   ز گیـــتی ورا باد فرجامِ نیک[۲۱]

درین سور بزرگ بندگان سعادت‌گرا بافزونی منصب سربلندی یافتند. شهاب الدین احمد خان‌را ایالت مالوه کرامت فرمودند. راجه بهگونت‌داس پنجهزاری شد. راجه تودرمل چهارهزاری، زین خان کوکه و میرزا یوسف‌خان دوهزار و پانصدی، عبد المطلب خان هزار و پانصدی، راجه اسکرن هزاری، حکیم ابوالفتح هشتصدی، شیخ فرید هفتصدی، میر جمال الدین ششصدی، برهان الملک پانصدی، و راقم شگرفنامه‌را بی‌خدمتی منصب هزاری سرافراز گردانیدند. امید که نیکوخدمتی چهرهٔ سعادت برافروزد و جوهرشناسی کیهان‌خدیو بر روی روز افتد. همگی سران لشکر بووالا عنایتها اختصاص گرفتند.

۳۲ و همدرین روز امیر فتح الله شیرازی‌را بامین الملکی بلندپایه گردانیدند و فرمان شد که راجه تودرمل مهمات مالی و ملکی بصوابدید میر روبراه کند و کهن معامله‌ها که از زمان مظفر خان تشخیص نیافته بود بانجام رساند و آنچه بعقل دوراندیش رسد عرضه دارد. میر با دلی آزاد روی بدین کار شگرف آورد و بکارآسانی خویش فصلی چند بعرض

The king on the throne of felicity joked and told stories with
knowledge-seeking heart and wisdom-drinking mind.

On Farwardin day the exaltation was celebrated by the emperor
at a gathering.

May his name remain eternally; may he be as exalted as
Jupiter.
I have seen his good name in the world. May his end in the
world be good.

At this great celebration imperial servants were promoted.
Shihabuddin Ahmad Khan was given the governorship of Malwa;
Raja Bhagwant Das was given the rank of five thousand; Raja
Todar Mal was given the rank of four thousand; Zain Khan
Koka and Mirza Yusuf Khan were given the rank of two thou-
sand five hundred; Abdul-Muttalib Khan was given the rank of
one thousand five hundred; Raja Asikarn was given the rank of
one thousand; Hakim Abu'l-Fath, eight hundred; Shaikh Farid,
seven hundred; Mir Jamaluddin, six hundred; Burhanulmulk,
five hundred; and the author of this volume was given the rank
of one thousand without service. It is hoped that good service
will be rendered and prove the emperor's assessment true. All
the commanders of the army were rewarded with exalted favors.

On the same day Amir Fathullah Shirazi was entitled Aminul-   32
mulk. Raja Todar Mal was ordered to conduct fiscal and adminis-
trative affairs as the mir thought best, to restore the old ways of
doing business that had lapsed since the time of Muzaffar Khan,
and to report to the emperor what he thought needed to be done.
The mir turned to this task with an open mind and easily reported

رسانید و گزین پاسخها رهنمون خود ساخت. برای کارآگهی بجنس نگاشته آمد.

۳۳ نخستین آنکه اماره‌نویسان حسابهارا تنقیح نداده‌اند و پاسبانی آئینهای مقدّس نشده. اساس این کاررا که بر تحقیق و تشخیص است بر قیاس و تخمین نهاده‌اند. در آن سال که همگی قلمرو خالصه شد کارگذاران سلطنت از افزونی کار بجزو نرسیده فراوان بقایا نوشتند و به پنجم و ششم بخش فیصل دادند. درازدستان کام دل برگرفتند و پارسایان بجانکاهی افتادند و آنان‌را که اندک لغزش رفته بود فراوان خواهش از دادن بازداشت. اگر اواره‌نویسی از روی شناسائی شود پیشین ناخوشیها برافتد.

دیگر، آئین آن بود که مال‌ستانندگان برعایا یافته بدهند و فهرست بگیرند و نویسندگان مدار حساب بر آن گذارند. اکنون آن سررشته از دست رفته است. هرچه عملگذاران خالصه بنام کشاورزان می‌نویسند و آن‌را روپوش خیانت میگردانند از پیش میرود. باید که سپس آن دو سندرا بکار دارند.

۳۴ دیگر، حساب‌نویسی‌را بر سال کامل می‌نهند یا بنسخهٔ کروربندی که بادپیمایان بی‌صرفه‌گو نگاشته‌اند و ازین رهگذر بسیاری زندانی اند. دادگری آنست که بازخواست‌را بر پیوسته سال بی‌تزویر برنهند.

دیگر، از خوابیدگی عملگذار گماشتگان چیره‌دستی نموده‌اند و از بزرگران ناستدنی برگرفته. نگاشته‌های مخصّص و قابض که بزبان روزگار «کاغذ خام» گویند پتواری از قرار واقع همه‌را واگوید و شایسته آنکه هرچه در آن نوشته بنام او باشد جواب گوید و گرفتهٔ فرستادگان اگر حاضر نسازد باز دهد، وگرنه ستمگر از عهده برآید و هرچه بنام چیره‌دستان از قانونگو و مقدم و پاکار برآید آنها پاسخ گویند.

several items that met with a good response from the emperor. For the sake of completeness they will be recorded here.

First, accounting had not been regularized, and imperial customs   33 had not been observed. Tax accounts, which should be based on investigation, were left to approximation and guesswork. The year in which the entire realm became crown land, collectors had been so overwhelmed by work that they had not been able to deal with details; many accounts were allowed to lapse into arrears, and others were declared settled with only a fifth or a sixth paid. Those who were aggressive had gotten what they wanted, and the innocent had suffered. Those who had made only slight errors were kept from paying by the enormity of the demand. If accounting practices could be applied with competence, past unpleasantnesses could be avoided.

Second, it had once been customary for tax collectors to give receipts to peasants and to make a list upon which the clerks based their accounts. Now that practice had been abandoned, and collectors on the demesnes assessed farmers whatever they liked and used it as a cover for embezzlement. Henceforth, the two above-mentioned documents should be put back into practice.

Third, accounts are based either on a full year or on *karorbandi*   34 papers that have been written hastily by inconsiderate persons. In consequence of this many have been imprisoned. In all justice, demands should be based on a series of years, without deceit.

Fourth, due to collectors' negligence agents had gained leverage over farmers and taken more than they should have. Their personal notes and vouchers, commonly called "raw paper,"

۳۵ دیگر، آنچه ازینگونه زیادتی پیدائی گیرد آن‌را در بقایای رعیّتی نام بنام رانند یا از وجه سال آینده محسوب داشته دوباره خواهش نکنند و نیز از عامل بار دیگر پژوهش نرود. و چنانچه سیاق‌نویسان حال منبه[۲۲]را که بزبان قلم استصوابی و اخراجات گویند طلب دارند هم وجه کمی‌را خواستگاری نمایند.

دیگر، نشیب و فراز آبادی بر همگنان روشن است. اگر در موضعی زمین از شیار و شدکار می‌افتد در جای دیگر بکوشش او آباد میگردد و همچنین اگر جنسی نقصان می‌پذیرد تدارک آن جای دیگر میشود. اهل سیاق تنها کمی‌را در پیشگاه نظر داشته بار خواهش میگشایند. اگر در جمعی مبلغ نگاه رود هرآینه سرمایهٔ کشاورزآسودگی خواهد بود.

۳۶ دیگر، مستوفی چهارم حصهٔ عملگذاررا بجهت گذاشتن بقایا نگاه میدارد. اگر از ویرانی است یا سرکشی بزرگران و تکاپوی عامل سودمند نیامده یا بجهت معزول شدن اوست نابهنگام، اورا جرم نباشد. و اگر در بازخواست مال مساهله رفته آن وجه‌را بر آن باقی نویسند بشرط آنکه بقایا توجیه نماید.

دیگر، چندی بکمک عامل مقرّر می‌شوند و علوفهٔ مدّت معیّن برو می‌نویسند. گاهی بیشتر می‌مانند و ماهوار آن نیز می‌ستانند و مجرا نمیشود. اگر آن بودن ناگزیر بود بخرج او رانند و سپس چنین سرگذشت‌را عرضه دارد.

are accepted as valid by the *patwari*. The proper course of action should be that the collector should remit whatever amount appears in those papers in his name, and if he does not produce what his agents have taken, he should be obliged to refund it; otherwise, oppressors will escape their obligations. Whatever amounts stand in the names of extortionists—like magistrates, village elders, and agents—should be accounted for by such individuals.

Fifth, surpluses collected in this manner should be credited to the subjects' arrears by name or else carried forward to the next year. They should not be demanded a second time or requested from the collector again. When auditors demand village expenses, which are called in clerical terms *istiswabi* and *ikhrajat,* they too should be deducted from the demand. 35

Sixth, fluctuations in productivity are apparent to all. If in a given village some land is unplowed, effort can be made to cultivate another place. Likewise, if one crop should be deficient, it can be made up somewhere else. Accountants look only at the deficiency and make demands. If the totality of the amount were looked at, it would provide agricultural welfare.

Seventh, the auditor-general retains one fourth of a collector's commission to cover past-due amounts. If the arrears have resulted from devastation or insubordination of tenants, and if the efforts of the collector are to no avail, or if they are the result of the collector's untimely removal, he shall not be faulted. If there have been remisses in making demands, the amount shall be recorded as in arrears on condition that the arrears appear in the revenue roll. 36

Eighth, persons are appointed to assist the collector, and their pay is allowed to him for a fixed time. Sometimes they remain

۳۷ دیگر، اگر طلب حسابی عامل و تابینان پیش از عمل بخرج او رانده آید هرآینه معدلت خواهد بود.

دیگر، عملگذاران پس از عزل برای تحصیل بقایا در پرگنه می‌مانند. اگر علوفهٔ حسابی آن‌زمان‌را و طلب مدّتی که نشان عزل باو نرسیده باشد و ماهیانهٔ زمان راه در خرج او مجرا دهند از دادگری میداند.

۳۸ دیگر، اگر ماهوار عامل و تابینان داغی پس از عزل در مدّتی که در درگاه کشک داشته باشند بتصدیق چوکی‌نویسان بخرج باقی او مجرا دارند سرمایهٔ آسایش میگردد.

دیگر، گاه ماهیانهٔ کمکیان بر بقایای پیشین عمل نوشته‌اند و بجهت آنکه رعایا نیستند یا قبول ندارند یا سرکشی میکنند وصول نیافته. عامل اگر بکارسازی آنجماعت ماهوار داده باشد آن‌را مجرا دهند.

۳۹ دیگر، بکارگذاران گرفت‌وگیر می‌نمایند که چرا عرضداشت نکردی و پاسخ آن گروه آنست که بعرض همایون رسانیده‌ایم و جواب نیافته. اگر واقعه‌نویسان این سررشته‌را نگاه دارند و جواب‌را بوکلای ایشان سپارند راه گفت‌وگو بسته خواهد شد.

دیگر، اگر عامل نیمهٔ آزناس زمان کارکرد تنخواه یابد مایهٔ آسودگی خواهد شد.

longer and draw their pay for that time, but it is disallowed to the collector. If their retention is necessary, the expense should be allowed and the circumstances should be reported.

Ninth, if the costs of the collector's calling for accounts and the costs of his subordinates were to be allowed among his expenses before the collection, it would be fair.   37

Tenth, after collectors have finished their jobs, they remain in the district for the purpose of collecting past-due amounts. If their pay for that time, for the period before the notification of dismissal has reached them, and for the period during which they are traveling to court be allowed among their expenses, it would be fair.

Eleventh, it would be a relief if a collector's wages and that of the branding officers be allowed and included in the amount credited to them, after their service has ended, for the period during which they are on duty at court—with the signature of the clerks of the guards.   38

Twelfth, occasionally assistants' wages are written off against prior arrears, but if the peasants are no longer there, if they refuse to pay, or if they are insubordinate, the arrears become uncollectable. If the agent has paid wages to such people, they should be allowed.

Thirteenth, collectors are taken to task because they did not make reports. They answer to those who ask such questions, "We have reported to the emperor but we have not received a reply." If recorders of events would look after this matter and refer replies to their deputies, there will be an end to disputes.   39

Fourteenth, if agents were to receive half *aznas* for the time of their service, it would be a relief.

87

۴۰ دیگر، بجهت عملگذاری بشمارهٔ سواران یا نیمهٔ آن به پیاده میدهند و عامل پیشتر نگاه داشته اگر ناگزیر باشد معتبر دارند.

دیگر، قانونگویان‌را فراوان سود میرسد. اگر از هر پرگنه یکی بدرگاه باشد هرآینه آگهی بالش یابد.

۴۱ دیگر، خزینه‌داران پرگنات‌را دادنی بسیار است. چندی کارآگهان درست کردار نامزد گردند تا این شغل بانجام رسانند.

دیگر، آنچه عملگذاران پیشین باقی نوشته‌اند تحقیق نکرده تن ندهند.

۴۲ دیگر، هرکه اقطاع خویش آباد گرداند بملاحظهٔ غلّهٔ بخش سراسری زمان زیان‌زدگی و خرابی محالّ دیگر اگر توفیر برآید آن‌را در اضافهٔ منصب و علوفه اعتبار کنند.

دیگر، اسپ سپاهی سقط میشود و همان زمان اسپ دیگر میخرد و تذکره درست مینماید و گاه پس از دو سال یا بیشتری اسپ عوضی برگیرد. در نخستین سپاهی زیان‌زده گردد و در دوم نقصان مال پادشاهی. و نیز از دوردستی اسپ نیارد بداغ رسانید. اگر از تاریخ نیست شدن اسپ علوفه بازپس گیرند کار دشوار میشود. اگر آزناس‌را بعوض آن دارند و از آن وجه کاسته نگردد سرمایهٔ آسایش خواهد بود.

چون این فصول از خیرسگالی نگارش یافته بود پذیرفته آمد و کهن حسابها روبراه شد و بکوشش آن دانای نیکوبسیچ دار الوزارت نشاطگاه خلایق آمد.

Fifteenth, for the purposes of tax collection footsoldiers should be given either in the number of cavalry or half that number. If the agent foresees that such is necessary, it should be allowed. 40

Sixteenth, magistrates reap great benefit. If, from every district, one were at court, awareness would increase.

Seventeenth, district strongbox keepers have to make a lot of advances. Several honest administrators should be appointed for the implementation of this task. 41

Eighteenth, amounts that tax collectors have recorded as in arrears from past years should not be paid without scrutiny.

Nineteenth, if improvement to a fief should cover losses incurred during times of deficit and devastation of other villages, it should be allowed as an addition to post and allowance. 42

Twentieth, when a soldier's horse dies, he immediately buys another and fills out a request for reimbursement, and sometimes it takes two years or more for him to be reimbursed for a replacement horse. In the first case the soldier loses, and in the second the imperial treasury suffers. Lacking a horse, he cannot bring it to the branding. It is very difficult to recover fodder allowances from the date of the loss of the horse. If, instead, *aznas* were allowed and not deducted from that amount, it would be a relief.

Since these items had been written in benevolence, they met with approval, and old accounting practices were reinstituted. Thanks to the efforts of the wise, right-thinking [Amir Fathullah], the vizier's office gave joy to the people.

۴۳ و از سوانح ریختن آبروی معصوم خان کابلی. هرچند از تباه‌بسیچی و غرض‌پرستی در عزیمت امرا پراکندگی راه یافت و گاه آن بود که ناسپاسان نفسی چند بکام دل برنشینند، لیکن از آنجا که سماوی تأیید پیهم بود و اقبال روزافزون، به بیمناکی درافتادند. معصوم بدان صوب که گذارده آمد شتاب آورد و از دگرگونگی رایها و آوازهٔ رسیدن فیروزی جنود کاری نیارست ساخت. استوار جائی برگزیده در اساس برج و باره شد و در مقام ترِمُهانی که گنگ و جمنه و ساکتی[۲۳] باهم می‌پیوندد قلعهٔ بنیاد نهاد و بیگ محمد و الغ بیگ و چندی بدگوهران‌را با برخی زمینداران در آنجا گذاشت و این‌را دربند اندیشید و خود پسترک جای گرفت. امرا بشایستگی هنگامه‌آرای پیکار شدند. عیسی کاردانان فرستاده بلابه‌گری درآمد و چون نشان پشیمانی پیدائی نداشت بگوش در نیاورده بر گشایش قلعه‌ها همّت بستند. سخت آویزشها چهرهٔ رادمردی برافروخت و هر بار غنیم با انبوهی راه گریز سپرد. بیست و یکم فروردین لشکر فیروزی هنگامهٔ نبرد کشتی برآراست. در کمتر زمانی یکی‌را برگشودند و بامدادان دیگری‌را دلیران ناموس‌دوست درهم شکسته بمعصوم روی آوردند. او تاب نیاورده دریانوردی پیش گرفت و از هجوم ناسپاسان و شورش دریا کشتی فرو شد. بتکاپوی برخی نیم‌جانی بکنار برد و بار دیگر آبروی او ریخته آمد و اولیای دولت سپاسگذاری از سر گرفتند.

Ma'sum Khan Kabuli is humiliated 43

Although disunity had befallen the amirs through wrong-headedness and selfishness—and sometimes ingrates achieve their ends for a while—since heavenly assistance was continuous and imperial fortune ever on the increase, they fell into fright. Ma'sum went in the direction that has already been reported, but due to differences of opinion and the news of the approach of imperial forces, he was unable to achieve anything. He chose a fortifiable place and had ramparts and towers constructed. He built a fortress at Trimuhani, where the Ganges, Jamuna, and Sakni unite, and he stationed Beg Muhammad, Ulugh Beg, and some other villains with some zamindars there, thinking it was unassailable. He himself went farther downstream. The amirs arrayed themselves appropriately for battle. Isa sent diplomats to plead, but since there was no sign of real regret on his part, the amirs refused to listen to his pleas and determined to take the fortresses. Fierce battles were fought, and the foe, despite his numerousness, fled from every encounter. On the twenty-first of Farwardin [April 10], the imperials fought a naval battle. In a short time they took one fortress, and the next morning they took another and then turned their attention to Ma'sum. Unable to withstand the onslaught, he set out by ship, but in the midst of the fray of ingrates and the roughness of the water his ship sank. With the help of some men he managed to get to the shore half alive and once again suffered humiliation as the friends of fortune gave thanks for their victory.

۴۴ و از سوانح سزا یافتن ترخان دیوانه و طاهر ایلانچق. از پیشین مالش بکنج خمول در کمین فرصت بودند. درین هنگام که امرا شادخواب بی‌پروائی داشتند طاهر بتاج‌پور رفته گرد شورش برانگیخت و تمر بدخشی پیکار ناهنجار کرده شکست یافت و آن باطل‌ستیزرا مایهٔ بدمستی بدست افتاد. و ترخان دیوانه بدار الملک تانده آمده غبارافزای فتنه شد و در برخی خانه‌های نی‌بست آتش درزد. شهباز خان قاسم خان و محمد خان نیازی و جوقی دلاوران‌را بمالش فرستاد. در کمتر زمانی آوارهٔ دشت ادبار شد و در ولایت مورنگ به بیغولهٔ نیستی درنشست و بر فرق آن دیگر نیز غبار ناکامی ریخته آمد.

۴۵ و از سوانح فرو شدن حبیب‌علی پور محب‌علی خان. چون امرای بهار بخدمتگذاری به بنگاله شتافتند یوسف متی نام افغانی چند فراهم آورده دست بتاراج برگشود. حبیب‌علی از شورش جوانی برجوشید و ساز پیکار ناکرده نبردآرای شد و کارنامهٔ دلیری بجای آورد و نقد زندگی درباخت. محب‌علی خان ازین آگهی کالیوه شد و هرچند در رفتن بیتابی نمود امرا بنگاله نگذاشتند و شاهقلی خان محرم‌را که از دیر باز آرزوی قدسی آستان داشت بمالش آن فرومایگان فرستادند که این خدمت بانجام رسانده رو بدرگاه نهد. در کمتر زمانی ناسپاسان ببادافراه رسیدند و گرد شورش فرو نشست.

۴۶ و از سوانح قرار یافتن بنگاله بصادق خان. گذارده آمد که امرای بنگاله از خودبینی و غرض‌پرستی رشتهٔ یکدلی برگسیختند. صادق خان با برخی یکطرف‌را بر خود گرفت و شهباز خان با گروهی بجانب دیگر. از آنجا که ناشناسائی در بالش بود جدائی سودمند نیامد. دست از کار بازداشته بکین‌توزی یکدیگر نشستند. از پیشگاه خلافت خواجه سلیمان‌را

Tarkhan Dewana and Tahir Ilanchiq are requited 44

These two had sunk into oblivion after their last defeat. Now, however, when the amirs were negligent, Tahir went to Tajpur and stirred up trouble. Temür Badakhshi did battle with him improperly and was defeated, greatly increasing the villain's intoxication. Tarkhan Dewana went to the capital at Tanda, where he stirred up trouble and burned some of the reed houses. Shahbaz Khan dispatched Qasim Khan, Muhammad Khan Niyazi, and a troop of warriors to crush him. It was not long before he was made to wander in the wilderness of misfortune, and he died in Morang. The other one also experienced failure.

Muhibb Ali Khan's son Habib Ali is lost 45

When the amirs of Bihar went obediently to Bengal, an Afghan named Yusuf Mati gathered some men and began to loot. In youthful exuberance Habib Ali went into battle ill-equipped, and though he performed valiantly he lost his life. Muhibb Ali Khan was distressed by the news, and although he was anxious to go, the amirs of Bengal would not let him, and they sent Shahquli Khan Mahram, who had long wanted to go to court, to crush the miscreants, and when he had accomplished that task he could go to court. It was not long before the ingrates were given their due, and the unrest subsided.

Bengal is assigned to Sadiq Khan 46

It has been reported that the amirs of Bengal were so conceited and egotistical that they could not work in unison. Sadiq Khan and some others went in one direction, and Shahbaz Khan went in the other. Since ignorance was on the increase, the division was useless. Abandoning their labors, they concentrated their

باندرزگوئی فرستادند و فرمان شد که یک کار بدو گروه فرمودن شایستگی ندارد. کاردیدگان خیرسگال انجمن برسازند و در سران سپاه ژرف‌نگهی بکار برند. هرکدام که انتظام بنگاله بر خود گیرد دیگر بصوبهٔ بهار بازگردد. خواجه نخست پیش صادق خان رفت. او از خامکاری بی‌آنکه هر دو طایفه فراهم آیند بر خود گرفت. شهباز خان و سعید خان و دیگر مردم ازین درهم شده بی‌آنکه آن ناحیت سرانجام یابد برآمدند.

۴۷ و از سوانح درآویختن شهباز خان بسنگرام. با آنکه سعادت بار نیندوخته همواره با امرای بهار دست از خدمتگذاری باز نکشید و از خوب‌کرداری راجه تودرمل اورا پسر خوانده بود، شهباز خان از غرض‌پرستی در بازگشت از بنگاله در برانداختن او شد. او به تنگناها درآمده به پیکار برنشست. چون کار لختی دراز شد سعید خان جدائی گزیده ببهار آمد. شهباز خان پورنمل زمیندار گیدهوررا که با او دشمن بود برنواخت و در شکست آن بومی اورا یاور اندیشید و از نافهمیدگی در کمتر زمانی اورا زندانی ساخت. راجپوتی که پیشتر با او بسر بردی درین نزدیکی ازو جدا شده بسنگرام پیوست و بهواخواهی او بجانگزائیِ شهباز خان آمد و در کمین آن نشست. روزی در نشستگاه شهباز خان یکی با پورنمل حرف‌سرائی داشت. آن سرگشته بی‌آنکه ژرف‌نگاهی بکار برد بخیال شهباز خان شمشیری حواله نمود. پورنمل از تیزدستی برگرفته اورا ازهم گذرانید و شهباز خان غور ناکرده آن بیگناه‌را پایبند ساخت.

venom on each other. Khwaja Sulaiman was sent from court to advise them, and it was commanded that to assign one task to two groups was inadvisable. Experienced men of benevolence were to gather and investigate the commanders of the army. If one of the two would take responsibility for Bengal, the other would be sent to Bihar. The khwaja went first to Sadiq Khan, who foolishly accepted the post before the two groups met. Shahbaz Khan, Sa'id Khan, and others flew into a rage over this and left without having secured the area.

Shahbaz Khan tangles with Sangram   47

Although Sangram had not had the honor of presentation at court, he always cooperated with the amirs of Bihar, and for his good conduct Raja Todar Mal called him "son." Nonetheless, on his return Shahbaz Khan decided to overthrow him. Sangram went into the hills, waiting for battle. When the affair had dragged on for a time, Sa'id Khan departed and went to Bihar. Shahbaz Khan curried favor with Puran Mal, the zamindar of Gidhaur who was Sangram's enemy, and with his assistance he foolishly imprisoned Sangram. A Rajput who had been with him left him and joined Sangram, and in support of him he sat waiting to kill Shahbaz Khan. One day someone was conversing with Puran Mal in Shahbaz Khan's sitting room. Without bothering to find out who it was and imagining that it was Shahbaz Khan, the crazed Rajput struck the man with his sword. Puran Mal managed to overwhelm the Rajput and kill him, and Shahbaz Khan threw the innocent man into chains without investigating the matter.

۴۸ و از سوانح فرمانپذیر شدن عیسی زمیندار. از آن باز که بلشکر منصور آن گزند رسید که لختی گذارده آمد سترگ بیمناکی داشت. از رسیدن فیروزی جنود کالیوه شد و چون بزرگان لشکررا غرض‌پرستی از راه برد و از کوتاه‌بینی با یکدیگر درافتادند، آن بومی لختی دم آسایش برکشید و از عاقبت‌بینی کاردانان پیش صادق خان و دیگر سران لشکر فرستاده لابه‌گری پیش گرفت و قرار داد که معصوم خان کابلی‌را بحجاز روانه سازد و خود چون بندگان سعادت‌سرشت خدمتگذاری نماید و یکی از خویشان‌را بر آستانهٔ خلافت بپرستاری فرستد و گزین پیشکشی روانهٔ درگاه سازد و آنچه در آن شورش از لشکر همایون رفته باشد باز سپارد. او در سامان این کار بود، ناگاه شهباز خان و سعید خان و دیگر امرا چنانچه گذارش یافت برآمدند. آن بدگوهر سررشتهٔ نیاز از دست واهشته بدراز خواهشها افتاد. امرا از ناشناسائی برخی ولایت باو باز گذاشتند و او لختی فرمانپذیری گرفت. فیل و توپ و جز آن که بدست او درآمده بود روانهٔ درگاه گردانید و معصوم خان‌را اگرچه از بداندیشی گسیل نکرد لیکن قدری از فتنه‌اندوزی باز داشت. شهریار دوربین پذیرش فرمود، لیکن برآمدن امرا بدانسان پسندیده نیامد. خواجه سلیمان بعرض رسانید «چندانکه گفتم شهباز خان روزی چند توقف نماید، از خشمناکی قبول نکرد.» اورا همراه ناظر دولت ساخته باز بدان صوب فرستادند تا از کار او آگاهی پذیرد و امرارا نکوهش بسزا نماید.

Isa submits

48

After the defeat of the imperial forces, which has already been reported, Isa was in great trepidation. With the arrival of imperial troops he was really confused, but when the leaders of the army were led astray by selfishness and shortsightedly fell upon each other, Isa breathed a sigh of relief. With foresight he sent emissaries to Sadiq Khan and other commanders and offered his entreaties. It was decided that he would send Ma'sum Khan Kabuli to the Hejaz and submit like a good slave to the court. It was also stipulated that he would send one of his relatives to serve at court, he would submit tribute, and he would give back what had been taken from the troops during the uprising. He was in the process of complying with these stipulations when Shahbaz Khan, Sa'id Khan, and others suddenly departed, as has been reported. With this, the villain gave up his servile stance and began to make demands. In incompetence the amirs gave him part of the territory, and he seemed obedient for a while. The elephants, cannons, and other things that had fallen into his hands were sent to court, and, even if he was too malevolent to send Ma'sum Khan away, he did prevent him from making trouble. This much was acceptable to the farsighted monarch, but he was displeased by the amirs' departure. Khwaja Sulaiman said, "No matter how I insisted that Shahbaz Khan should stop for a few days, he was too angry to comply." The emperor sent him (Khwaja Sulaiman) back to that land with Nazir Daulat to find out about his (Shahbaz Khan's) deeds and to give the amirs a sufficient rebuke.

۴۹ و از سوانح فرو نشستن شورش اولیای کررانی. درین هنگام که آن دیار لختی بآرامش بود و امرا بجهت آنکه عیسی قرارداد خودرا کار بندد در نواحی ادیسه چشم بر راه داشتند، آن شولیده‌عقل بدستیاری سلیمان سربنی[۲۴] غبار فتنه برانگیخت و هنگامهٔ افغانان فراهم آمد. دست تاراج برگشود و بر صالح پور وزیر خان شتاب آورد و در حوالی بردوان پیکار درگرفت. او گزین آویزش نموده ببردوان حصاری شد. امرا ازین آگهی فوجی روانه کردند و خود نیز از پی شتافتند. پیش‌فرستادگان چون بشش کروهی غنیم رسیدند زیاده‌سران تباه‌اندیش دست از محاصره باز داشته بکارزار برخاستند. گندآوران کارآگاه بکنار دریای منگل‌کوت پای همّت برافشردند و در همان نزدیکی فیروزی جنود نیز پیوست و ازینکه دریا پایاب فیل بود عشرت دیگر روی داد. درین اثنا خواجه سلیمان و ناظر دولت از بارگاه خلافت دررسیدند و نوید فتح و بهروزی رسانیدند. در کمتر زمانی برابر دایره‌ها دو قلعهٔ گلین برساختند تا هنگام گذشتن مخالف چیره‌دستی نتواند کرد. سیم خرداد امرا فیروزی یافتند و انجمن نشاط آراسته شد. تمام آن شب ریزش ابر بود. بامدادان سپاه نصرت‌قرین در بارش گذاره شدن گرفتند. برخی آدم و اسپ‌را سیلاب برد. غنیم از کوتاه‌بینی رده برکشید. صادق خان صفها آراسته بقلعه در شد و خودرا بخواب انداخت و کارآگاهان برگذاشت تا فوجها ازهم نگسلد. چون نیم‌روز سپری شد باطل‌ستیزان بدان خیال که امروز آویزه نمیشود به بنگاه بازگردیدند. درین هنگام صادق خان بسیچ پیکار در سر گرفت و بامرا گفته فرستاد «همگی اندیشه عنان‌تابی آن گروه بود. اکنون دل بکارزار برنهند.» دلآوران پذیرفته بآویزش درآمدند. غنیم با هزاران سراسیمگی دو بخش شد. فوجی بر سر وزیر خان آمد و جوقی به پیکار

Auliya Karrani's rebellion is quelled

49

At this time, when that region was fairly calm and the amirs in Orissa were expecting Isa to comply with the agreement he had made, Auliya Karrani stirred up trouble with the assistance of Sulaiman Sarbani, and many Afghans joined him. As they were pillaging and looting, Wazir Khan's son Salih went out to do battle with them in the vicinity of Burdwan. He fought well, but he was besieged in Burdwan. When they received the news, the amirs dispatched a troop and set out in their wake. When the vanguard was within six leagues of the enemy, the rebellious villains abandoned the siege and went out to do battle. The imperial warriors made a stand on the banks of the river at Mangalkot, and soon the invincible troops joined them. Since the river was fordable by elephant, it was cause for rejoicing. At this point Khwaja Sulaiman and Nazir Daulat arrived from the imperial court, and the good news of triumph was delivered. In only a short time mud fortresses were raised opposite the foe's installations to keep the enemy from gaining the upper hand when they crossed. On the third of Khurdad [May 24], the amirs achieved victory, and there was much celebration. All that night it rained. The next morning the invincible troops began to cross in the rain, and a few men and horses were swept away by the torrent. The foe shortsightedly arrayed his troops. Sadiq Khan arrayed his ranks, entered the fortress, and went to sleep after stationing officers to keep the troops in their ranks. After noon the foe, thinking there would be no battle that day, returned to their camp. Just then Sadiq Khan decided to do battle and said to the amirs, "Everyone thought that group would turn their reins. Now let them set their heart upon battle." The warriors agreed and went out to fight. The foe confusedly formed two

صادق خان و محب‌علی خان عرصهٔ جانفشانی و جانستانی گرمی پذیرفت و
رادمردی‌را بازار دیگر شد. ناظر دولت و سیّد مبارک و خواجه سلیمان و
خواجه دوست و حریف و تاج خان پیوسته نمایان کارها کردند و صادق
خان بشایسته آئین غنیم خودرا برداشت. درین هنگام پیدائی گرفت
نزدیک است که وزیر خان و آن گروه‌را پای همّت از جای رود. محب‌علی
خان و میرزاده علی خان و کیچک خواجه جدا شده بدان مصاف پیوستند
و در کمتر زمانی آبروی مخالف ریخته آمد و بآسمانی تأیید بزرگ فتحی
چهرهٔ نشاط افروخت. نزدیک سه صد کس غنیم به نیستی‌سرا در شدند
و تا صد کس از غازیان اقبال جان سپنجی باز سپرده جاوید نیکنامی
اندوختند و در تکامشی هزار کس از گریختگان‌را روزگار سپری شد و
خاربن فتنه از آن ملک برکنده آمد. زیردستان به ثناگری و نیایشگذاری
نشستند.

۵۰ و از سوانح فرو شدن دستم قاقشال. نیرنگی اقبال شاهنشاهی‌را که تواند
اندازه گرفت و شگرفکاری او کی برشمرده آید؟ آن بدگوهر که چاره‌گری
اورا سعید خان و شهباز خان و بهادر[۲۵] خان و بسیاری مجاهدان دولت
بر خود گرفته بودند و کاری از پیش نرفت امروز از چندی میانه مردم
نقش هستی او سترده آمد. چون امرا از تبه‌رأیی آن ناحیت‌را انتظام نداده
متوجه بهار شدند آن شوریده‌مغز با بسیاری قلعهٔ گهوراگهات‌را گرد
گرفت. طاهر و سیف الملک و خواجه مقیم جوهر کاردانی و شجاعت‌را بر
روی کار آورده شایسته نگهبانی نمودند. درین اثنا بابوی منگلی از شیرپور
مرچه[۲۶] رسید و بر زبانها افتاد که محب‌علی خان پیوسته است. غنیم
از گرد قلعه برخاسته دورتر نشست. بندگان سعادت‌گزین بیرون شده
هنگامهٔ پیکار برآراستند. از آنجا که غرور مستان‌را زود خمار ناکامی درگیرد

divisions, one of which attacked Wazir Khan while the other went to battle Sadiq Khan and Muhibb Ali Khan. Nazir Daulat, Sayyid Mubarak, Khwaja Sulaiman, Khwaja Dost, Harif, and Taj Khan joined and performed outstandingly. Sadiq Khan worthily removed his opponents. At this point it became clear that Wazir Khan and his troop were about to lose their ground. Muhibb Ali Khan, Mirzada Ali Khan, and Kichik Khwaja separated and joined that battle, and it was not long before the enemy was humiliated and a great victory was scored with heavenly assistance. Near three hundred of the enemy were killed while only a hundred of the imperials lost their lives to eternal glory. During the pursuit a thousand of those who had fled were killed, and sedition was uprooted from that land, to the delight and praise of the subjects.

Dastam Qaqshal goes down

50

Who can assess the extent of imperial fortune? How can its mysterious workings be recounted? Sa'id Khan, Shahbaz Khan, Bahadur Khan, and other imperial warriors had taken upon themselves the task of dealing with this evil villain, but nothing was accomplished, yet today his existence was erased by a few men of only middling rank. When the amirs left the area in turmoil and went to Bihar, the foolish Dastam Qaqshal and many others surrounded the fortress at Goraghat. Tahir, Saifulmulk, and Khwaja Muqim showed their mettle and defended it successfully. At this point Babu Mangli arrived from Sherpur-Murcha, and everyone was saying that Muhibb Ali Khan had joined him. The enemy withdrew from the fortress and camped farther away. Imperial servants came out in battle array, and since conceit soon leaves one suffering from failure and dishonorable troublemak-

و بی‌آزرمان شورش‌افزا دیر زندگی برنتابند آن کوتاه‌بین راه گریز سپرده با گروه انبوه فرو رفت و فیروزمندی پیرایهٔ شگفت دیده‌وران گردید. فیل سون‌کدوه با دیگر اسباب برگرفتند و پور او خوش‌فال بدست افتاد. همانا سببِ برخاسته رفتنِ امرا آن بود که بی‌دستیاری خدمت‌فروشان اقبال روزافزون چهره افروزد و بسیاری ناسپاسان‌را رهنمونی شود.

۵۱ و همدرینولا مهین بخششی از بارگاه خلافت بر روی کار آمد و فراوان کدیوررا آسودگی درگرفت. از نیکسگالی گیتی‌خدیو ارزانی پدید آمد و ازین رو دستمزد جهانبانی لختی بر بزرگران دشوار گشت. کیهان‌خدیو از صوبهٔ الله‌آباد و اوده و دهلی در فصل ربیع از پنج و نیم حصّه یکی برعایا بخشش فرمود و از حوالی الله‌آباد پنج یک. و در خریف از صوبهٔ الله‌آباد و اوده شش یک. و آن در خالصه هفت کرور و هفت لک و چهل و هفت هزار و شصت و دو دام شد. و ازینجا حال اقطاعداران‌را لختی توان اندازه برگرفت و بچنین بخشش کشاورزان‌را آسودگی درگرفت و نیایشگری بلندآوازه گشت.

۵۲ شانزدهم تیر قمری وزن کیهان‌خدیو شد و بهشت چیز برسنجیدند. آرزومندان روزگار کام دل برگرفتند و ثناگری‌را داستانها برساختند. درین روز شاهقلی خان محرم از بنگاله آمد و بسجود والا درگاه روشن‌پیشانی گشت. دوازدهم امرداد صادق خان بایلغار از بنگاله رسید. چون بی‌طلب آمده بود بار نیافت.

ers do not live long, the shortsighted Dastam took flight. Both he and many of his men were killed, and an amazing victory was achieved. The elephant Son Kadwa and many supplies were taken, and Dastam's son Khoshfal was also captured. Now we understand that the real reason for the amirs' leaving was so that ever-increasing imperial fortune could show its face without any assistance from mercenaries.

Reduction of taxes

51

Around this same time a great act of charity was effected by the caliphal court, and many farmers obtained relief thanks to the world lord's benevolence. There was a famine, and it was difficult for farmers to pay their dues to the empire. The world lord forgave one part in five and a half on the taxes on the spring harvest in Allahabad, Oudh, and Delhi and one fifth in the outskirts of Allahabad. In Allahabad and Oudh taxes were reduced by one sixth on the autumn harvest. On the imperial demesnes alone this amounted to 70,747,062 *dams,* so thereby one can estimate the situation of the fiefholders. By virtue of such generosity farmers obtained relief, and they were loud in their praise.

On the sixteenth of Tir [July 7], the emperor's weighing cere- 52
mony was held, and he was weighed against eight items. The hopeful of the age were granted their wishes, and they were extravagant in their praise.

On the same day Shahquli Khan Mahram came from Bengal and prostrated himself on the imperial threshold.

On the twelfth of Amurdad [August 3], Sadiq Khan arrived at a gallop from Bengal. Since he had not been summoned, he was not granted an audience.

۵۳ و از سوانح آمدن خانخانان بدرگاه عالی. اشارت والا رفته بود که هرگاه خاطر از گجرات فراهم آید رو بقدسی آستان نهد. چون به نیروی دولت روزافزون شوربختان فتنه‌افزا بکنج خمول نشستند و خرد و بزرگ بآسایش گرائید، هشتم از احمدآباد روانه شد و بیست و چهارم بدولت بار چهرهٔ بختمندی برافروخت.

۵۴ رایسنگه جهاله بسعادت کورنش رسید. سرگذشت او لختی شگرفی دارد. از زمینداران گجرات است، با جام و کهنگار خویش و بدلآوری نامور. در پیشین زمان بجشن عروسی نقاره نواخته رهگرا بود. چون نزدیک بنگاه جسا پسر عم کهنگار رسید پیغام آمد که دور گذرد یا نواختن بر طرف سازد، ورنه آمادهٔ پیکار شود. با آنکه سامان نبرد کم داشت دل بآویزه نهاد و بگزین کوشش فیروزی یافت. جسا بفرامشخانهٔ نیستی در شد. برادر خرد او صاحب بکین‌توزی درآمد. او نیز نقد هستی درباخت و باوجود فیروزمندی و فرو شدن غنیم از نیرنگی نیلی سپهر ناپدید گشت. رسم راجپوت آنست که در هنگام آویزش از اسپ فرود آیند و دورتر از بارگی گرم‌پیکار شوند، مبادا اسپ سرکشی نموده از معرکه بیرون برد و بگریزپائی بیغاره‌کش همسران گردد یا همّت‌را بسیچ آویزه نماند و خویشتن‌را به نیروی تکاور بر کناره کشد. رایسنگه بعد از فیروزی چون به نزدیک اسپان رسید راجپوتان صاحب که بپاسبانی گذاشته بود آگهی یافته دست مردانگی برگشودند و دلیرانه نقد زندگی سپردند. اورا نیز زخمهای کاری از پا درآورد و به نیم‌جانی در میان مردگان نفس می‌شمرد. شبانگاه جوگی‌را برو گذر افتاد و بخلوتکدهٔ خویش برده بچاره‌گری نشست و پس از بهی پذیرفتن بهمراهی او بادیه‌نوردی پیش گرفت. الوس اورا یقین که بفرامشخانهٔ نیستی جا گرم کرده. اگرچه برخی

The khankhanan comes to the imperial court 53

It had been ordered that when the khankhanan felt secure about Gujarat, he should proceed to court. When, through the power of imperial fortune, the foolish rebels went into obscurity and all were in comfort, he set out from Ahmadabad on the eighth [July 30] and arrived at court on the twenty-fourth [August 15].

Raisingh Jhala attained the honor of saluting the emperor. 54
His history is somewhat strange. A zamindar in Gujarat, he was related to the Jam and Khangar and was known for his courage. Setting out for a marriage celebration, he had drums sounded, but when he was near the home of Jaisa, a cousin of Khangar's, a message came to him telling him either to pass far away or to silence his drums, otherwise he should get ready to do battle. Although he had few weapons, he decided to fight and achieved victory with great effort, and Jaisa was killed. Jaisa's younger brother came out to take revenge, and he too lost his life. Despite his victory and the defeat of his enemy, due to the mysterious workings of the celestial spheres, he disappeared. It is customary for Rajputs to dismount during battle and to fight away from their horses lest the horses become unmanageable and carry them out of the battle, in which case they would be chastised by their fellows for fleeing or for lacking the courage to fight and using their horses to escape from battle. After winning the battle, when Raisingh went to the horses, the Rajputs who had been stationed there by their lord to protect the horses fought until they lost their lives, and in the fray Raisingh was seriously wounded and unhorsed, and he lay barely alive in the midst of the dead. That night a yogi chanced upon him and took him to his cell, where he tended to his wounds. After he recovered he joined the yogi on his wanderings. His people were certain that he had perished,

از ناپیدائی نعش بگمان زندگی میشدند، لیکن زنان او بآئین خویش خودرا در آتش افکندند و زن دوستدار او تن بسوزش درنداد و بگدازشِ دل برنشست. در اواخر پیشین سال بدستوری آن الهی بندهٔ کاردان پس از نوزده سال به بنگاه خود آمد و از سر بار تعلق بر دوش گرفت دیده‌وران اورا شناختند، خاصه آن همخوابهٔ تفسیده‌جگر و بیاوری خانخانان بمرزبانی ولایت خود رسید.

۵۵ و از سوانح فرستادن خان اعظم بجنوبی دیار. گدهه و رایسین و آن حواشی باقطاع او قرار یافت و گرانبار اندرزها بدان صوب دستوری شد. همگی قدسی بسیچ آسایش زیردستان دکن و پیرایش مرزبانان آن دیار بود. اگر دادگری و رعیّت‌آبادی فراپیش ندارند مالش آن بدسگالان ستم‌گرا بگزین روشی نموده آید و غمخواری مردم‌زاد آن سرزمین بسعادتمنشان خیرسگال بازگردد. از پیشگاه حضور:

عبد المطلب خان
راجه اسکرن
شیرویه خان
میر جمال الدین حسین انجو
برهان الملک دکنی
عبد الرحمنِ مؤیّد بیگ
حاجی عبدالله کاشغری
سبحان‌قلی ترک
علی‌مراد
شیرمحمد
علیقلی
دیگر رادمردان کارآگاه

although a few suspected that he was alive because his body had not been discovered. His wives threw themselves on the fire as was their custom, but one loving wife refused to let herself be burned and sat in grief. Toward the end of last year, by order of the yogi, he went home after nineteen years to resume his life in the world. Those of insight recognized him, especially the grieving wife. Through the good offices of the khankhanan he attained the rulership of his territory.

Khan A'zam is sent to the southern territories   55

Gadha, Raisen, and that area were enfeoffed to Khan A'zam, and he was given good advice and dispatched thither. The emperor's only thought was to give well-being to the people of the Deccan and to adorn the rulers of that area. If rulers were not just and did not tend to their subjects, such tyrants should be justly chastised and the people of the area should be consoled by benevolent imperial servants. The emperor also gave leave to depart to Abdul-Muttalib Khan, Raja Asikarn, Sheroya Khan, Mir Jamaluddin Husain Inju, Burhanulmulk Dakkani, Muayyad Beg's son Abdul-Rahman, Hajji Abdullah Kashghari, Subhanquli Türk, Ali Murad, Sher Muhammad, Aliquli, and other experienced warriors. They were ordered to go to their estates and make preparations for an expedition to the Deccan. Shihabuddin Ahmad Khan, Sharif Khan, Tüläk Khan, Rai Durga, Samanchi Khan, Hakim Ainulmulk, Baz Bahadur, Shaikh Abdullah Khan, Madhukar, Jagman, Kishan Das, and other amirs of that area received a decree telling them to ready themselves to accompany the imperial forces. Asaf Khan was also ordered to join them from Ajmer with some leaders from that area, and Khwajagi Fathullah was made *bakhshi* and Mukhtar Beg was appointed *diwan* of the

رخصت یافتند و فرمان شد که هرکدام به تیول خویش رفته سرانجام یورش دکن پیشنهاد خاطر گرداند و به

شهاب الدین احمد خان	باز بهادر
شریف خان	شیخ عبدالله خان
تولک خان	مدهکر
رای درگا	جگمن
سمانچی خان	کشنداس
حکیم عین الملک	دیگر امرای آنصوب

منشور والا نفاذ یافت که همراهی فیروزی جنودرا آماده گردند. و حکم شد که آصف خان از صوبهٔ اجمیر با برخی سران آن ناحیت نیز پیوندد و خواجگی فتح اللهرا بخشی و مختار بیگ‌را دیوان آن لشکر ساختند. و دانای روزگار میر فتح الله شیرازی‌را بخطاب عضدالدّوله بلندپایگی داده برهنمونی راجه علی خان مرزبان خاندیس فرستادند و چندی کارشناسان آزرم‌دوست‌را همراه کردند که اگر سزاوار باشد بنصیحتگری دیگر حکّام دکن روانه سازد.

۵۶ و از سوانح فرستادن شهباز خان از بهار بصوب بنگاله. درین هنگام آگهی آمد که او در رفتن بدان خدمت عذر میگذارد و بجهت عرض حال بدرگاه والا میآید. کرم الله برادر اورا فرستادند که ازین تباه‌بسیچی باز دارد و بفرموده سرگرم سازد. و حکم شد که میرزا یوسف خان از اوده ببهار رفته بپاسبانی آن ملک همّت گمارد.

expedition. The erudite of the age, Mir Fathullah Shirazi, was awarded the title Azududdaula and sent to advise Raja Ali Khan, the ruler of Khandesh. Several venerable diplomats accompanied him so that, if need be, he could send them to advise the other rulers of the Deccan.

Shahbaz Khan is sent from Bihar to Bengal   56

At this time a report came that Shahbaz Khan was excusing himself from going on that service and was on his way to court to report. His brother Karamullah was sent to dissuade him from this foolish action and to make him obedient to orders. It was also ordered that Mirza Yusuf Khan should go from Oudh to Bihar to be diligent in protecting that territory.

نهضت فرمودن رایات اقبال بصوب پنجاب

هرکه پرتوی از آفتاب جهان‌افروز برگیرد و کتابهٔ پیشطاق دل برخواند ۵۷
بی‌دلنشین سببی بیکجا برننشیند و در هر چندی بتازه نزهتگاهی عشرت اندوزد، خاصه اورنگ‌نشینان فرهنگ‌آرا که آسایش گروهاگروه مردم بدیدبانی این خیربسیچان دادگر در گرو است و پیرایش چهارچمن دنیا بآبیاری داددهی اینان. نخستین: نشیمن قلمرو بسیر و شکار ساحت آن از خس و خاشاک شورش رُفته آید و بی‌میانجی بر چگونگی روزگار آگهی افتد. بدگوهران ناهنجار در گو ناکامی فرو شوند و نیک‌اختران سعادت‌سرشت‌را بهروزی پدید آید. دوم، اولکای مخالف چون بستان‌سرای مملکت گزین رفت‌وروبی یابد و بفروغ معدلت روشنی پذیرد. سمند کیهان‌نورد بدان سو خرامش نماید و آگهی افزاید. ملک فراخی پذیرد و انبوهی رو بیکتائی نهد و فروغ ظل اللهی جهانیان‌را درگیرد. ازین رو شهریار دیده‌ور در هرچندی ناحیتی‌را نشیمن‌جای خویش سازد و کاخهای دلنشین و بستان‌سراهای نظرفریب و آبشارهای سامعه‌افروز و پرستشکده‌های شگرف و منازل خیر اساس نهد. هرکرا نگاه از ظاهر برنگذرد از گذاشتن آن نگارین خانه‌ها و پیمودن دشت و صحرا بشگرف‌زار در شود. درین هنگام که بفروغ دیهیم‌خدا فتحپور رشک‌افزای روزگار بود و دیده‌وران کارآگاه بر آنکه شاهنشاه‌را بدان فراوان دلبستگی است بصافی خاطر نخچیرافکنی فراخنای پنجاب پرتو انداخت و زمان زمان این سگالش افزایش میگرفت. مردم از ناپدید بودن باعث در حیرت و دوربینان آزمونکار چشم بر راه سبب.

درینوقت آگهی رسید که میرزا حکیم مرزبان کابل شانزدهم امرداد ۵۸
رخت هستی بربست و در زابلستان گرد شورش برخاست. سپاه آن

THE IMPERIAL BANNERS SET FORTH
IN THE DIRECTION OF THE PUNJAB

No one who receives a ray of the world-illuminating sun and reads what is written on the forefront of the heart sits in one place without a good reason. Every once in a while different places are enjoyable, particularly for wise monarchs under the shadow of whose benevolent protection various peoples repose and who adorn the world with justice. First, the expanse of the realm is cleared of the rubbish of unrest by traveling and hunting, rulers gain a direct awareness of the actual situation, evildoers are banished to failure, and those slated for good fortune enjoy prosperity. Second, opponents' territories are swept as clean as their own realms and are made to shine with justice. World-traversing steeds trot in that direction, and knowledge increases. The realm expands, and populations enjoy unity as the splendor of the Shadow of God encompasses all peoples in the world. For these reasons the insightful monarch takes up residence in a different place every once in a while, and he constructs delightful palaces, charming gardens, fountains to enchant the ear, amazing houses of worship, and charitable institutions. Those whose gaze does not surpass the superficial are amazed by the building of such delightful edifices and by the monarch's traversal of wilderness and field.

At this time, when Fatehpur was the envy of the world on account of the emperor's splendor and imperial servants were convinced that the king of kings was much attached to that city, it occurred to him to have a hunt in the Punjab, and as time went by, this thought gained currency in his mind. People were perplexed at the lack of overt reason for such a thing, and even

دیار از نکوهیده‌کاری چنان می‌اندیشند که آوارهٔ دشت ناکامی گشته بتوران‌زمین روند. ازین گذارش دوربینی کشورخدا بتازگی چهره برافروخت و بسیاری از سراسیمگی باز رستند. خردپژوهان باستانی و حال بر آنند که دلهای فرماندهان دادگر برای سعادت‌منشان اخلاصگرا و بازرگانان درست‌اندیش حصاریست آهنین و جوشنیست آسمانی، و دورویان شورش‌طلب و بدنهادان تباه‌کاررا شمشیریست جانگزا و خنجریست دلشکاف. بختمندی که در آن الله‌آباد جاگیرد یا گاه گاهی برگذرد از درازدستی زمانه باز رهد و بکام دل بر فراز روزبهی نشیند، و نابخردی که بدین گروه الهی‌اعتصام آهنگ آویزش در سر گیرد یا تباه‌سگالی بخاطر برگذراند خودرا بر دم تیغ تیز برزند و بتکاپوی خویش بروز ناکامی نشیند.

بخت هرکس که سر بخواب کشد   تیـــغ بر روی آفتـــاب کشـــد

آنان که چشم دوربین باز گشایند پندارند که قرین این بزرگان ایزدی‌تأیید است و اینان از آنجا که بیمار نادانی شمرند جز مهرافزائی بدل نگذرانند چنانچه از سرآغاز اورنگ‌نشینی شاهنشاهی هرکه از سرشت تباه یا بدمسازی تیره‌دلان کجگرا نکوهیده اندیشه نمود یا سرتابی پیش گرفت کیفر شایسته سرانجام یافت، و بی‌کوشش کارسازان بارگاه خلافت بیغوله‌گزین تیره‌روزی گشت چنانچه خوانندگان این اقبالنامه بخواهشگری دلیل نشتابند و بتازگی فرو شدن این جوان آگاهی بخشد. در ناسپاسیهای پیشین چون خردسال و نادیده‌کار بود چنان گزندی بدو نرسید، لیکن گروهی بدگوهران که اورا دست‌آویز شورش داشتند

the experienced farsighted wondered over the cause. Just then a report was received that Mirza Hakim, the warden of Kabul, had passed away on the sixteenth of Amurdad [August 7], and there was unrest in Zabulistan. Soldiers there were so worried about mischief that they had thrown in the towel and were on their way to Turan. With this report the emperor's prescience was once again proven, and many were delivered of their misgivings. The wise of both ancient and modern times hold that the hearts of just rulers are mighty strongholds and heavenly armor for their devoted servants and honest merchants, but they are lethal swords and daggers for troublemaking hypocrites and wrong-thinking evildoers. A fortunate person who takes refuge in that heavenly city or occasionally passes by it will escape the aggression of fate and enjoy prosperity, while a misfortunate who chooses to struggle against this godly group or allows himself to have evil ideas throws himself on the tip of a sharp sword and ensures his failure through his own efforts.

Only he whose luck has tucked its head down in slumber
draws his blade against the sun.

The former group, whose eyes were opened by wisdom, perceived that the emperor was divinely assisted, and he, who recognized that they had been ill with ignorance, allowed no thought to cross his mind save kindness. From the beginning of the emperor's reign, all who had evil thoughts because of ill-naturedness or by becoming intimate with wayward blackguards and any who rebelled received their just deserts and sank into a pit of misfortune without any effort on the part of the members of the caliphal court, as the readers of this history are well aware,

113

بگزین سزاها رسیدند. هنگام آن بود که پندی برگیرد و بنیایشگری برخیزد. از بخت‌غنودگی تباه‌بسیچی افزایش یافت و باز غبارآمای نزهتگاه هندوستان شد و زیان‌زده برگردید و در آویزه‌گاه آبروی او ریخته آمد. شهریار مهربان‌دل باز بخشوده کابلستان مرحمت فرمود چنانچه گذارده آمد. جای آن بود که از شرمساری سر برندارد و از شاهراه رضاجوئی بیرون نشتابد، لیکن در سرشت تباه نیکوئی دستمایۀ بدکرداری گردد و عاطفت افزونی کجگرائی آرد. کارسازان تقدیر اورا گرفتار باده‌پیمائی گردانیدند و آن‌را چشمه‌سار بیماریها ساختند.

خوردنِ می هر بدی‌راست سر   وانکه بدش میخورد آن خود بتر
بود بریشم‌زنِ ما رعشه‌دار   لرزۀ آرنج بدو گشت یار

از افزونی سودا برنجهای دشواردوا در شد و ساغر زندگی لبریز گشت. با نژاد بزرگی و دودمان سترگی از همنشینی فرومایگان طبیعت‌پرستار و دمسازی بدگوهران نابخرد از نخل حیات گلی برنچید و بوئی از بهار دولت نشنیده رخت زندگی بربست. بازار فتنه‌اندوزان کساد گرفت و دورویان فتنه‌افروز بیکجهتی گرائیدند. درین هنگام که زمان شکفته‌دلی و نشاطافزائی بود گیتی‌خداوندرا غم درگرفت و باآگاهدلی شگرفی تقدیر دانسته چاره‌گر آمد و بیاوری والا فطرت بگلشن‌سرای تسلیم خرامش فرموده به تیمارداری فرزندان او برنشست و بغمخواری خرد و بزرگ آن دیار توجّه رفت. و چون برخی زابلی مردم از تباه‌بسیچی بیمناک بودند و چنان اندیشیدند که بتوران‌زمین پناه برند و فرزندان میرزارا دستمایۀ خودکامی گردانند، فرمان والا بدست ولی بیگ ذوالقدر و فتح

and as the early death of Mirza Hakim well illustrates. In former instances of ingratitude, since he was young and inexperienced, he was not much harmed, but the villains who used him to cause trouble received their due. It was then time for him to listen to advice and be submissive, but in his misfortune his wrong-headedness only increased, and once again he threatened the peace of Hindustan and returned in failure after being humiliated on the battlefield. The kind monarch pardoned him again and gave him Kabulistan, as has been reported. Then it was time for him to hang his head in shame and not swerve from trying to please the emperor, but in an evil nature kindness only increases maleficence, and benevolence provokes waywardness. The workers of fate addicted him to wine and made that a source of various illnesses.

> *Drinking wine is the root of all evil, and it is even worse to*
> *drink bad wine.*
> *Our player had the shakes, and the trembling of his elbow was*
> *a help to him.*

With the increase of melancholia he fell into diseases difficult to treat, and the cup of his life was filled to the brim. Despite his noble birth and grand lineage, he failed to pluck a rose from the garden of life because of his companionship with nature-worshiping men of low rank and his intimacy with unwise men of evil nature, and thus he departed this life without having had even a whiff of the springtime of fortune. The market of the seditious went into a slump, and troublemaking hypocrites inclined to loyalty. At this time, in which happiness and joy were on the increase, the world lord was grieved, but with his amaz-

الله بسرعت روانه فرمودند تا بیم‌زدگان کجگرارا بنوازش شاهنشاهی دل دهند و از آن نکوهیده بسیچ باز دارند و چنان برگذارند که از پیشطاق ضمیر آسمان‌پیوند نقوش کردارهای پیشین سترده آمد و از خاطر دریابار جز موجهٔ بخشایش برنخیزد. و فرمان شد که کنور مانسنگه با برخی فیروزی جنود زود بکابل رسد و داستان دادگری و مهراندوزی بر که و مه بازخواند و پس‌ماندگان میرزا و دیگر مردم‌را از ترک و تاجیک غمخواری کند.

۵۹ بنابر پیشین سگالش و دلدهی کابلیان چون آسمان آرامش دیگران در جنبش خویش دیدند و بسان ستاره آسایش اینان در خرامش خود، یازدهم شهریور پس از یک پهر و دو گهری از شب شاهنشاه بلنداقبال بر شبدیز دولت برآمد و بسیچ پنجاب نمود. نزدیک دولت‌آباد بارگاه اقبال برافراختند. شیخ ابراهیم و برخی خدمتگزینان‌را بپاسبانی دار الخلافه رخصت فرمودند و بیست و دوم نزد سرای‌آباد کنار کولابی که راجه تودرمل ساخته است زمانی آسایش فرمودند. راجه رسم نثار و پیشکش بجای آورد و گزین سپاسها برگذارد. ازین منزل خانخانان دستوری گجرات یافت.

۶۰ سی و یکم بدار الملک دهلی نزول همایون شد و بر تربت اولیا رسیده فیض برگرفتند. بیشتری از روز بخوابگاه جنّت‌آشیانی بداد و دهش گذرانیدند. درین روز میرزا یوسف خان بسجود آستان اقبال ناصیهٔ بختمندی برافروخت. چون شهباز خان‌را از بهار بشرقی دیار فرستادند میرزارا در بهار جایگیر کردند. چون منشور والا بدو رسید مردم‌را بدان سو روانه گردانید و خود جریده سرعت‌گرا آمد و کارها روبراه کرده رخصت گرفت.

ing awareness of mind he realized that it had been destined, so he submitted to fate, took care for the mirza's children upon himself, and turned his attention to consolation of great and small in the region. Since some Zabulis were foolishly in trepidation and thought they should take refuge in Turan and use the mirza's children to further their own aims, an imperial edict was quickly sent with Wali Beg Dhu'l-Qadr and Fathullah to assure the fearful of imperial good will and to dissuade them from their misguided plan. They were also to tell them that all trace of their former conduct had been erased from the emperor's mind and that nothing but waves of generosity would emerge from the sea of his thought. Kunwar Man Singh was ordered to take troops to Kabul at once, to announce justice and benevolence to one and all, and to give condolences to the Turks and Tajiks the mirza had left behind.

Based on his previous plan and in order to encourage the Kabu- 59 lis, since he saw the well-being of others in his own movement, after the elapse of one watch and two *gharis* of the eve of the eleventh of Shahrewar [September 2], the emperor mounted his steed and set off for the Punjab. The imperial tent was erected near Daulatabad. Shaikh Ibrahim and other servants were dismissed to guard the capital, and on the twenty-second [September 13] the emperor rested near Saraiabad next to the lake Raja Todar Mal had made. The raja presented gifts and tribute and was extremely grateful. From there the khankhanan was given leave to depart for Gujarat.

On the thirty-first [September 22] the emperor arrived in 60 Delhi, where he visited the saints' tombs to receive blessings, and he spent most of the day dispensing justice at Jannat-Ashyani [Humayun]'s tomb. On this day Mirza Yusuf Khan prostrated

۶۱ بامدادان منزل شیخ فرید بخشی‌بیگی از قدوم شاهنشاهی فروغ جاوید گرفت و کامیاب دیرین آرزو شد. رایات اقبال از راه سنپت و پانی‌پت سیزدهم مهر به تهانیسر دررسید. چون تباه‌بسیچی کابلیان لختی بلندآوازه شد از افزونی مهربانی میر صدر جهان مفتی و بنده‌علی میدانی‌را بدان حدود فرستادند که تیزتر رفته بدلآویز سخنان چارهٔ بدسگالان غنوده‌رای نمایند و نیک‌بسیچان ساده‌لوح‌را دلدهی بخشند.

۶۲ موکب همایون از حدود شاه‌آباد و انباله گذشته هیژدهم بر ظاهر قصبهٔ سهرند سایهٔ معدلت انداخت و بدلگشا باغ آن شهر که از طراوت و شادابی آن روزگار حرف‌سراست نشاط اندوختند و شگرف انجمن بتازه روشی فراهم آمد. و درین روز آگهی شد نزدیک بود که رانا بدست افتد. از آنجا که دیرگیری سختی آورد بتکاپو رهائی یافت. چهارم جگنّاته و جعفر بیگ و سیّد راجو و وزیر جمیل و شیخ سیف الله و محمد خان و جان‌محمد و شیر بهاری و هرکدام با چندی گام فراخ برگرفتند. پایان روز به بنگاه رسیدند. همانا یکی از همراهان غنوده‌بخت بر آن آگهی داد. رانا با زه‌وزاد خود در آن تنگناها پناه برد و بر خان‌ومان او دست غارت برگشودند و از دوراندیشی بهمان راه برگردیدن بهبود ندیدند و بصوب گجرات پویه رفت. و قدری راه نوردیده بجانب دونگرپور بازگردیدند و رای آنجارا که دوروئی‌پیشه بود یکبارگی دریافتند و مبلغی گرانمند و چاروای بسیار ساوری‌گویان گرفته بازگشتند. رانا میخواست که از کوهستان برآمده در میان ولایت فتنه انگیزد. ناگهان آن سپاه دررسید و بناکام بازپس رفت.

himself at the imperial threshold. When Shahbaz Khan had been sent to the eastern lands, the mirza was given Bihar in fief. When he received the edict he sent his men there and, setting out unencumbered, came to court, put his affairs in order, and received leave to depart.

The next morning the emperor graced Shaikh Farid Bakhshi-begi's quarters. Then the imperial banners proceeded through Sonipat and Panipat and arrived in Thanesar on the thirteenth of Mihr [October 5]. Since the wrong-headedness of the Kabulis was widely rumored, in kindness the emperor sent Mir Sadr-i-Jahan Mufti and Banda Ali Maidani there to travel fast and soothe the malevolent and encourage the benevolent.

61

Passing through Shahabad and Ambala, the imperial retinue arrived on the outskirts of Sirhind on the eighteenth [October 10], and the emperor enjoyed that beautiful garden spot. An amazing assembly was held, and that day it was learned that the Rana had almost been captured, but he had managed to escape only with great difficulty. On the fourth [September 26], Jagannath, Ja'far Beg, Sayyid Raju, Wazir Jamil, Shaikh Saifullah, Muhammad Khan, Jan Muhammad, and Sher Bihari had gone out, returning to camp at the end of the day, when they were informed by one of their unlucky comrades that the Rana had taken refuge in the hills with his family. They plundered his belongings and then, wisely deciding not to return by the route by which they had come, they went in the direction of Gujarat. After going a little way, they turned back toward Dungarpur. Suddenly confronting the rai of that place, who was a hypocrite, they took a large sum of money and many cattle as tribute and turned back. The Rana wanted to emerge from the hills and stir up trouble in the province, but when that troop arrived, he withdrew in failure.

62

۶۳ و همدرینولا دودا پور رای سرجن‌را روزگار سپری شد و عالم از آلایش پاک گشت. و نیز شیخ اسمعیل‌را پیمانهٔ زندگی لبریز شد. او نبیرهٔ شیخ سلیم فتحپوری است. شایستگی از پیشانی او میدرخشید. از همنشینی طبیعت‌پرستان نابخرد از پارسائی به باده‌گساری افتاد چندانکه سودائی‌مزاج شد و بیماریهای سخت روی داد.

مبــــادا خردمنـــــد غرقِ شراب　　کزین سیل شد قصرِ دانش خراب
شراب از پیِ ترکِ هســـــتی خورند　　نه از بهرِ شوخی و مســـتی خورنـد

اورا از افزونی رنجوری به تهانیسر گذاشته بودند. شانزدهم بسختی درگذشت و کاراگاهان‌را پندنامه بازگذاشت.

۶۴ و همدرینولا آگهی رسید که کنور مانسنگه با برخی جنود فیروزی آب سند عبره نمود و جوقی از لشکر منصور بپشاور درآمد و شاه بیگ از بیمناکی راه گریز سپرد و الوس افغانان قبیله قبیله آمده نیایشگری مینمایند.

بیست و چهارم از حدود ماچهیواره دریای ستلج‌را بپل برگذشتند و نزدیک قصبهٔ دهکدار عساکر گردون‌شکوه فرود آمد و از نزدیکی هادیآباد و جالندهر و سلطانپور چالش رفت.

۶۵ غرهٔ آبان در حوالی جلال‌آباد دریای بیاه‌را پل بسته فیروزی جنود برگذشت و گیتی‌خداوند بر فراز فیل عبره نمود.

درین روز جشن شمسی وزن کشورخدا شد و گلبانگ نشاط که و مه درگرفت. هنرنامه‌های شادی روشنی‌افزای دیده و دل آمد و در حواشی بیروال و انباله به نخچیرافکنی عشرت اندوختند.

Around the same time Rai Surjan's son Doda passed away,   63
and the world was delivered of his pollution. Shaikh Isma'il also
died. He was a grandson of Shaikh Salim of Fatehpur. Worthi-
ness shone from his forehead. From companionship with foolish
worshipers of nature he fell from abstinence into such bad wine
drinking that his temperament became melancholic and he was
afflicted with various illnesses.

> *May no wise man be drowned in wine, for by this torrent is*
>   *the castle of knowledge destroyed.*
> *People drink wine in order to abandon existence: they do not*
>   *drink as a joke or to get drunk.*

He had been so ill that he had been left in Thanesar. He died
in pain on the sixteenth [October 8] as an example to the wise.

Around the same time news was received that Kunwar Man   64
Singh had crossed the Indus with some soldiers, a detachment
of imperial troops had entered Peshawar, Shah Beg had taken
flight in fright, and the Afghans were flocking tribe by tribe to
pay homage.

On the twenty-fourth [October 16] the imperial retinue crossed
the Sutlej by bridge in the Machhiwara vicinity. The troops
camped near the town of Dhokdar, and the emperor proceeded
through the vicinity of Hadiabad, Jullundur, and Sultanpur.

On the first of Aban [October 23] the troops crossed the Beas   65
by bridge in the vicinity of Jalalabad, and the world lord crossed
by elephant.

On this day the emperor's solar weighing ceremony was held
to the enjoyment of all. The emperor amused himself by hunting
in the area of Birwal and Ambala.

۶۶ ششم کلانور بقدوم همایون فروغ گرفت و در بستان‌سرائی که باورنگ‌نشینی کشورخدا روشناس روزگار است هنگامهٔ نشاط فراهم آمد و ایزدی پرستش‌را روزبازار دیگر شد. درین روز حکیم علی و بهاء الدین کنبورا بکشمیر فرستادند. یوسف خان مرزبان آنجا پیوسته خودرا از برکشیدگان شاهنشاهی میدانست و همواره بفرستادن پیشکش خویشتن‌را بیاد دادی و دوری راه دستآویز نیامدن گردانیدی. از آن باز که به پنجاب درآمدند بقدسی خاطر میرسید که یکی از بندگان فرستاده اورا طلب دارند. از عرایض نیایش‌آمود او برخی بر آنکه خود این سعادت براندوزد و بسجود آستان مقدّس ناصیهٔ بخت برافروزد. یعقوب پور او از اندیشهٔ پژوهش پدر بدیگر خیال شد و از اردو گریخته رو به بنگاه خود آورد. بنابرین نامبرده‌ها دستوری یافتند که باندرزهای سعادت‌افزا رهنمون شوند و آن گریخته‌را بنکوهش بیدار سازند. اگر خود این والا دولت نیندوزد آن آشفته‌رای تبه‌کاررا روانه سازد.

۶۷ و از سوانح سپری شدن روزگار شیخ جمال. او از بزرگزادگان هندوستان است. همشیرهٔ او در پرستاران حرم‌سرای اقبال عزّت دارد. بمردانگی و آزرم‌مندی طراز یکتائی داشت. از نیکوکاری و گزین خدمتی بامارت رسید و از فراخ‌روزی بدمسازی بدکاران افتاد و زنگ‌پذیر نکوهیدگی آمد و باده‌پیمائی و هرزه‌کاری دامن‌آلای شد. انجام کار برعشه کشید. چون روز بروز اعتدال مزاج کمتر شدی و بیماری افزودی اورا بلودهیانه گذاشتند. هشتم ازین آشوبگاه گیتی رخت برداشت و دیگران‌را اندرزنامه بازگذاشت.

On the sixth [October 28] Kalanaur was graced by the regal   66
advent and a celebration was held in the garden made famous by
the emperor's coronation. On this day Hakim Ali and Baha'ud-
din Kambo were sent to Kashmir. Yusuf Khan, the ruler there,
had always acknowledged his debt to the emperor and kept his
memory alive at court by constantly sending tribute, but he had
used the great distance as an excuse not to come to court himself.
However, when the emperor entered the Punjab, it occurred to
him that he should send one of his servants to summon Yusuf
Khan. In some of his letters he had said that he was determined
to elevate his good fortune by prostrating himself at the imperial
threshold. His son Ya'qub had fled from court and gone home.
Therefore the above-mentioned men were sent to give Yusuf
good advice and awaken the runaway Ya'qub with chastisement.
If Yusuf was not going to give himself the good fortune of coming
to court, he should send his foolish son back.

Shaikh Jamal passes away   67

He was a scion of the nobility of Hindustan. His sister had the
great fortune to serve in the imperial harem. He himself showed
his loyalty through courage and with honor, and he attained the
rank of amir by virtue of his good service, but with his rise to
success he fell in with bad companions and became reproachful
for wine drinking and boasting. In the end he became palsied. As
the balance of his temperament was becoming less day by day and
the severity of his illness was increasing, he was left in Ludhiana.
He passed away from this troubled world on the eighth [October
30] as an example to others.

در حصنِ خـــرد مِی حرامی بگـــذار   وین ملک چنین بدین بدآئین مسپار
هُشـــدار که این شرم‌برِ عقل‌شـکار   دزد است و فشـارندهٔ او دزدافشـار

ناگزیر آدمی‌زاده آنست که یکی از خردپژوهان دوربین و فراخ‌حوصلگان مهرآئین برگزینند و گفت و کردار اورا دستور خویش گرداند. چندی کاراگهان پیشین که دست‌آلای باده‌گساری شده‌اند هنگام و اندازه‌را وا نهشته داروار بکار برده‌اند، نه آنکه خویشتن‌را بخورش او داده سرمایهٔ بدمستی و مدهوش‌مغزی گردانیده.

رایات اجلال از حدود پرسرور چهاردهم دریای چناب‌را پل بسته گذاره نمود و نزدیک سیالکوت دایره شد.

۶۸ و از سوانح سودائی شدن شیخ عبد الرحیم لکهنوی. از نکوهیده آمیزش بباده‌نوشی افتاد. از دیر باز نابخردی از پیشانی او پیدائی داشت. درین روز پرده از کار او برگرفته آمد. در منزل حکیم ابوالفتح سرگرم هرزه‌گوئی بود. از شورش جنون جمدهر حکیم‌را بر خود زد. مردم فراهم آمده از دست او باز کشیدند و در پیشگاه اقبال زخم اورا بردوخته بچاره‌گری نشستند. اگرچه حکیمان آزمونکار عرضه داشته که جراحت شیخزاده مرهم‌پذیر نیست، لیکن کیهان‌خدیو از نهفته‌دانی نوید تندرستی برگذارد. ظاهربینان افسون دلدهی پنداشتند و دورنگاهان مژدهٔ بهی دانستند. دو ماه و چهارده روز با آنکه دو سه قاشوق شوربا هر روز میخورد هیچ طبیعت اجابت نکرد. نبض‌شناسان قاروره‌دان دست باز داشتند. شاهنشاه دوربین بسان نخستین روز نوید عافیت برگذارد و پالوش خربوزه چاره‌گری فرمود. بمجرد خوردن طبیعت گشادگی پذیرفت و روز بروز تندرستی برافزود چنانکه در کمتر زمانی بحال خویش باز آمد.

Imprison the outlaw wine in the fortress of wisdom and do not
yield this kingdom to that villain.
Be sober, for this mind-robbing bringer of shame is a thief,
and anyone who exalts it exalts thieves.

A human being must choose a wise and farsighted person who is tolerant and kind and use his words and conduct as an example. Some ancient wise men who became addicted to wine managed to maintain their dignity and station and use it medicinally: they did not lose control of themselves to drinking and did not drink to inebriation and unconsciousness.

Passing through the Parsrur area, the imperial banners crossed the Chenab by bridge on the fourteenth [November 5] and camped near Sialkot.

Shaikh Abdul-Rahim Lakhnawi becomes melancholic

68

He fell into wine drinking on account of bad companionship. For a long time the lack of wisdom had been evident in him, but on this day he was totally unmasked. He was chattering away in Hakim Abu'l-Fath's quarters, and in a fit of madness he stabbed himself with the hakim's dagger. People gathered around and got the dagger away from him. His wound was stitched up in the emperor's presence, and then they wondered what to do with him. Although experienced physicians said that the *shaikhza-da*'s wound was not treatable, the world lord predicted that he would recover. The superficial thought this was nothing but encouragement, while the farsighted knew it to be tidings of good health. For two months and fourteen days there was no response, although he took two or three spoons of soup every day. The physicians and doctors gave up hope, but the farsighted

بیست و چهارم نزدیک رسول‌پور همایون لشکر فرود آمد. صادق خان‌را ملتان و بهکر اقطاع داده ازین منزل دستوری فرمودند.

بیست و هفتم دریای بهت‌را بپل برگذشتند و درین روز گیتی‌خداوند بشکار آهو از سپاه جدا شد. بbالیدگی و خوش‌شبحی و دلیری آهوی این سرزمین دیگر نشان ندهند. یک هفته عشرت اندوخته باز پیوستند.

۶۹ هفتم آذر بظاهر رهتاس سرادقات عزّت برافراخته آمد. درین روز بر فراز تلّه بالناته برآمدند و با برخی ژنده‌پوشان برهنه‌پا خلوت داشتند. و ازین منزل قاسم خان‌را دستوری پیش شد که ازینجا تا دریای سند نشیب و فرازرا هموار گرداند و سپس کتل خیبر و راه کابل‌را گردونگذار سازد. در کمتر زمانی فرموده بروی کار آمد. و درینجا شیخ فتح الله و ولی بیگ از کابل رسیدند و روشن شد که از نوازش شاهنشاهی زابلستان آرامش پذیرفت و بیمناکان آن دیار دلنهاد بندگی شدند.

emperor continued to predict a recovery as he had the very first day and prescribed a concoction of melon for him. As soon as he ate it he showed signs of recovery, and day by day his health improved so that soon he had recovered fully.

On the twenty-fourth [November 15] the imperial troops camped near Rasulpur. Sadiq Khan was given Multan and Bhakkar in fief, and he was dismissed thither.

On the twenty-seventh [November 18] the Bahat was crossed by bridge, and on this day the emperor left the army to hunt deer. For size, good looks, and bravery the deer of this region cannot be matched. He enjoyed himself for a week before returning.

On the seventh of Azar [November 28] the imperial tents were pitched outside Rohtas. On this day the emperor went up to Tilla Balnath and held a retreat with some barefoot hermits. From this station Qasim Khan was sent forward to smooth the road from here to the Indus and then to make the Khyber Pass and the road to Kabul passable by cart. It was not long before the order was carried out. Here Shaikh Fathullah and Wali Beg came back from Kabul, and it became clear that Zabulistan had calmed down with the promise of imperial favor, and those who had been in fear had decided to be servile.

69

127

٧٠ و از سوانح آمدن قدسی محفّهٔ حضرت مریم‌مکانی. از فزونی شوق کیهان‌خدیو بدار الخلافه نیارستند بود. شهریار قدردان‌را ازین آگهی نشاط افزود. یازدهم به نیایشگری پذیرا شده بگوناگون بزرگداشت بقدسی منازل آوردند. بسیاری‌را رای آن بود که رایات همایون از رهتاس بگذرد، ولیکن چون قدسی بسیچ انتظام زابلستان و مالش افغانان بود پیشتر روانه شدند. بیست و پنجم براولپندی دایره شد.

٧١ و از سوانح فرو نشستن شورش مظفر گجراتی. چون خانخانان بسجود قدسی آستان رهگرا شد آن فرومایه عرصه‌را خالی پنداشته سر فتنه برداشت، سگالش آنکه بر احمدآباد دست یغما برگشاید. جام بنصیحتگری برنشست که «زود بدان صوب گام نتوان بگرفت و آن کار سترگ‌را آسان نتوان برشمرد. نخست خاطر از امین خان غوری فراهم آرد. اگر همرهی نگزیند مالش او دهد و سپس جونه‌گده ستاند. من نیز با گزین سامانی خواهم پیوست و بآسانی ملک گجرات بدست خواهد آمد.» بدین داستانهای خواب‌آور آن سودائی بر قصبهٔ انبریلی[٢٧] تاخت آورد و بر ولایت امین خان لختی چیرگی یافت. آن بومی بکارپردازان گجرات برگذارد «مرا نیروی آویزش نیست. اگر لختی یاوری شود بآسانی شورش فرو خواهد نشست.» دوم قلیچ خان با برخی بهادران کارطلب در احمدآباد آمادهٔ پیکار نشست. سیّد قاسم و خواجه نظام الدین احمد با چندی تیزدستان عرصهٔ مردانگی بدان سو ره نوردیدند و از کاردانی بیگ محمد توقبای و امیر محب الله و سیّد سالم‌را با گروهی نبردآرا پیشتر فرستادند. فیروزی جنود سی کروهی رسیده بود که پای آن شولیده‌مغز از جای رفت و بصوب کاتهی‌واره شتاب آورد. پیشین شتابندگان چون بامین خان پیوستند دلی برگرفت و نیروی دیگر پدید آمد. گذارش نمود که «اگر هزار

The arrival of H.H. Maryam-Makani's blessed litter   70

In her longing for the emperor, she had been unable to remain in the capital, and the world lord was overjoyed with the news of her arrival. On the eleventh [December 2] he greeted her with reverence and escorted her into the imperial quarters with all honor. Many were of the opinion that the imperial banners should bypass Rohtas, but since the emperor was of a mind to see Zabulistan put in order and the Afghans crushed, he went forward. On the twenty-fifth [December 16] camp was made in Rawalpindi.

Muzaffar of Gujarat's unrest is put down   71

When the khankhanan set out for court, the vile Muzaffar saw the field empty and reared his head in insurrection, thinking that he would pillage Ahmadabad. The Jam advised him, saying, "It isn't possible to go there so quickly, and such a great task should not be considered easy. You should first set your mind at ease with regard to Amin Khan Ghori. If he won't accompany you, crush him and then take Junagadh. I will join you with supplies, and then Gujarat can be taken with ease." With such seductive advice the foolish Muzaffar attacked the town of Amreli and achieved a certain dominance over Amin Khan's territory. Amin Khan sent word to the administrators of Gujarat, saying, "I do not have the forces to do battle with him. If some reinforcements can be sent, the unrest can easily be put down." On the second [December 23] Qilich Khan and some pugnacious warriors got ready to do battle in Ahmadabad. Sayyid Qasim, Khwaja Nizamuddin Ahmad, and other intrepid warriors set out for there, and the competent Beg Muhammad Tuqbai, Amir Muhibbullah, and Sayyid Salim were sent forward with a detachment. The imperial troops were

129

سوار دیگر پیوندد ازین راه از پی درآئیم و از جانب دیگر فیروزی جنود تکامشی پیش گیرند.» بنابران قلیچ خان و سیّد لاد و سیّد بهادر و نصیب ترکمان و ابابکر شیخ و جوقی دلاوران‌را فرستادند و دیگر سران دولت براه دیگر گام فراخ برگرفتند. امین خان قصبهٔ راجکوت‌را که پناه‌جای او بود یغمائی گردانید و آن واژون‌بخت برن آمد. آن زمینیست شوره‌زار، پیوسته مد و جزر دریا شگفت آورد، دراز دویست کروه و پهنا از سی تا پنجاه. در آخر تابستان بخشکی گراید. آب شیرین چون از آن سرزمین بگذرانند شوری گیرد. امرا نزدیک مزار داورالملک عنان باز کشیدند. در آنجا امین خان بآن جوق بهادر پیوست و جام بدستآویز پیمان آمده دید. هر دو زمیندار‌را دلآسا نموده دستوری بنگاه دادند. آنها فرزندان خودرا درخدمت گزینی فیروزی جنود گذاشتند و یکبارگی گرد شورش فرو نشست. و پس از انجام کار در همان نزدیکی خانخانان رسید. او در اثنای راه لختی بسرانجام مهمات سروهی و جالور پرداخت. رای سروهی در کمتر زمانی آمده دید و غزنی خان جالوری بسرتابی نشست. چون پای همّت افشرده دید و رستگاری دشواری نمود بزینهار پیوست. چون بناگزیر دل بر آن نهاده بود از تصرف باز داشته همراه آورد و جالوررا باقطاع دیگران داد و بایزدی تأیید از خطرگاهی سترگ رهائی یافت. نزدیک سروهی بخاطر هوس‌پیما رسید که با پردگیان نشاط شکار براندوزد و از جوش برنائی بدین عزیمت لختی از سپاه جدا شد. و از فزونی تکادو و گرمی هوا بسایهٔ درختی آرامش گزید. ناگاه یکی از شکاریان دست ستم برگشود و گاوی برگرفت. راجپوتان آن مرز بآویزش درآمدند و خانخانان به پیکار آن گروه برخاست و چندی نزدیکان پیوستند. سترگ کارزاری رو داد. نزدیک بود که کار دگرگون شود. در آن نومیدی فیروزی یافتند و مالشی بسزا دادند.

within thirty leagues when the distracted Muzaffar took flight to Kathiawar. When the forward detachment reached Amin Khan, he took heart and reinforced his courage. "If another thousand horsemen join us, we will track him in one direction while the imperial forces pursue him in the other direction," he said. Based on this plan, Qilich Khan, Sayyid Lad, Sayyid Bahadur, Nasib Türkmän, Ababakr Shaikh, and a group of warriors were sent out while the other imperial officers took the other way. Amin Khan looted Rajkot, Muzaffar's base, and Muzaffar fled to the Rann of Cutch, which is an area of salt flats across which the ebb and tide of the sea flows. It is two hundred leagues long and from thirty to fifty leagues wide. At the end of summer it dries up, and even sweet water carried across it turns salty. The amirs pulled in their reins near the shrine of Dawarulmulk. There Amin Khan joined them with his troop of warriors, and the Jam also came as promised. After encouraging the two zamindars, they were given leave to return home. They sent their sons to serve in the imperial army, and all at once the dust of unrest settled down. Around then the khankhanan arrived. On his way he had tended to affairs in Sirohi and Jalor, and the rai of Sirohi had come to pay homage to him. Ghazni Khan of Jalor had been refractory, but when he saw that the khankhanan was determined, he knew it would be difficult to escape and so joined him under amnesty. The khankhanan took Jalor from the rai and gave it in fief to others. By divine assistance he barely escaped great danger. Near Sirohi it had occurred to him to go hunting with the ladies, and in his youthful exuberance he set forth separated from his troops. After much hard riding in the heat he stopped to rest in the shade of a tree. Suddenly one of his huntsmen opened the hand of tyranny and seized a cow. The Rajputs of the area came

و همدرینولا کهنگار زمیندار کچه رخت هستی بربست و بهارا پور او جانشین گشت. جام اگرچه در مردم و ملک افزونی ندارد، لیکن اورا بزرگ دانند و هنگام جانشینی و دیگر کارها ازو دستوری خواهند.

آمدن فرزندان حکیم میرزا و زابلی سپاه بدرگاه والا

۷۲ آوازهٔ داد و دهش شاهنشاهی و حق‌پژوهی و قدردانی وطن‌دوستان‌را اندیشهٔ غربت زنجیرگسل دارد و هیچ روزی نگذرد که گروهی دوردستان سعادت کورنش نیندوزند و بگوناگون خواهشها کامیاب نگردند. ازین رو که و مهِ زابل‌را خواهش آن بود که خودرا بدرگاه والا رسانند و ازین دولت ابدطراز کام دل برگیرند، لیکن وفاپرستی و نمکشناسی پیش راه میگرفت. چون میرزا درگذشت لختی گرد شورش برخاست و هرکسی بچاره‌گری خود برنشست. فریدون خان میرزایان و ترکان ساده‌لوح‌را از رفتن بدرگاه والا بازداشت. همگی گفتار آن نادرست آنکه «کجگرائی میرزا از کابلیان میدانند. در بادافراه آن نکوهش و مالش خواهد رفت.» اورا نظر بر تباهکاری خود سگالش آن بود که بمرزبان توران پیوندد و بفسون‌طرازی بسی شناسندگان کم‌بین‌را از جای برد. و نزدیک بود که بیشتر مردم بدو گروند. درین اثنا قدسی فرمان پی در پی رسید و هنگامهٔ بدگوهران درهم شکست. آن نافرجام در آن اندیشه که خردان میرزارا با خود گرفته بماوراءالنّهر گریزد. دوربینان خیرسگال بدیدبانی او همّت گماشتند. درین هنگام آوازهٔ فیروزی جنود بلندی گرفت. او نیز از پیشین بسیچ بازآمده بنیایشگری روی آورد، لیکن از کم‌بینی و دگرگونی رای بیکجا

out to do battle, and the khankhanan had to fight them, joined by some of his intimates. A great battle was fought, and things almost went badly, although in the midst of their despair they achieved victory and crushed the Rajputs.

Around this time Khangar, the zamindar of Cutch, died and was succeeded by his son, Bhara. Although the Jam did not have more men or land, he was recognized as the leader, and his approval was sought on matters of accession and the like.

HAKIM MIRZA'S SONS AND THE ARMY OF ZABUL COME TO THE IMPERIAL COURT

The renown of imperial justice, search for the truth, and appreciation prevents any thought of exile for patriots, and not a day passes in which a group of those who have come from afar does not attain the felicity of saluting the emperor and receiving various shows of favor. For this reason it was the fondest wish of great and small in Zabul to betake themselves to the exalted court and have their wishes granted, but fidelity and loyalty kept them back. When Mirza Hakim died, some dust of unrest arose and everyone looked to himself. Faridun Khan prevented the young princes and the simpleminded Turks from going to court, and he kept saying, "The emperor attributes the mirza's waywardness to the Kabulis, and there will be a price to pay." Viewing his own misdeeds, he thought that he would go to the border with Turan, where he could charm some of his shortsighted acquaintances into going astray. Most of the men almost joined him, but at this point the emperor's edicts began to arrive in rapid succession, and the field day malevolents were enjoying

72

نه‌ایستادی تا آنکه کنور مانسنگه رسید و سگالشها یکتائی گرفت. از ساحل سند خواجه شمس الدین و برخی دلاوران کارشناس از آب گذشته پیشتر روان شدند و شاه بیگ از پرشاور بکابل رفت و رعایا بایلی سعادت اندوختند. و سپس چون فیروزی لشکر در بگرام فراهم آمد از آنجا خواجه شمس الدین و محمدعلی و حمزه بیگ و چندی مبارزان همّتمنش پیش رفتند. راه خیبر که از هجوم تاریکیان کجگرا بسته بود گشایش یافت و رهزنان فتنه‌اندوز بکنج ناکامی خزیدند. این جوق نصرت‌قرین بجلال‌آباد رسیده بدادگری آرامش بخشیدند. علی‌محمد اسپ و جمعی کابلیان دولتخواهانه پیوستند. بخت‌نسا بیگم در آنجا بود. ازین آگهی نشاط اندوخت. میرزا آن پرده‌نشین پارسارا با افراسیاب فرزند دوستدار خود بدرگاه والا رخصت کرده بود تا ببارگاه خلافت رفته نیایشگری نماید و عذر کم‌خدمتیها برگذارد. و حسن و حسین فرزندان توأم شاهرخ میرزارا نیز همراه کرد. ازین سانحهٔ ناگزیر افراسیاب چون نزدیک بود برگشت و فریدون از تباه‌بسیچی بر آن شد که بیگم‌را نیز برگرداند. درینوقت امرای پادشاهی رسیدند و نقش تباه‌اندیشها بزدوده آمده.

۷۳ بیست و نهم آبان مانسنگه به بتخاک شتافت. میرزا کیقباد پانزده‌ساله[۲۸] و افراسیاب چهارده‌ساله با بسیاری سپاه پیوستند و از نوازش گیتی‌خداوند چهرهٔ امید برافروختند. بامدادان بکابل درآمدند و گروهاگروه مردم‌را بگشاده‌دستی و شیرین‌زبانی دل بدست آوردند. چهارم آذر کنور مانسنگه پاسبانی آن ملک بجگت سنگه پسر خود و خواجه شمس الدین بازگذاشت و خود با اغروق میرزا و سران ملک رو بقدسی آستان نهاد. بیست و پنجم در قصبهٔ راولپندی بسعادت کورنش سربلندی یافت و آیندگان‌را باندازهٔ پایه نوازش فرمودند. نخست

ceased. The ill-starred Faridun then thought he would take Mirza Hakim's young children to Transoxiana, but well-meaning men of foresight kept him under watch. At this point the imminent arrival of imperial troops was reported. Faridun then changed his mind and began to think of pledging his allegiance, but he was so shortsighted and hesitant that he could not make up his mind until Kunwar Man Singh arrived. Khwaja Shamsuddin and some warriors crossed the Indus and went forward. Shah Beg went from Peshawar to Kabul, and the subjects came into subservience. Then, when the imperial troops assembled in Bigram, Khwaja Shamsuddin, Muhammad Ali, Hamza Beg, and several dedicated warriors went forward. The Khyber Pass, which had been blocked by the wayward Tarikis, was taken, and the vicious bandits crept away in failure. That invincible troop then pacified Jalalabad with justice. Ali Muhammad Asp and a group of Kabulis joined them in allegiance. Bakhtunnisa Begim was there, and she was delighted with the news. Mirza Hakim had dispatched her and his beloved son Afrasiab to court to pay homage on his behalf and to convey his apologies for his shortcomings. He had also sent with them Shahrukh Mirza's twin sons, Hasan and Husain. Upon Mirza Hakim's death Afrasiab turned back, since they were still nearby, and Faridun foolishly decided to have the begim turn back too. Just at that point the imperial officers arrived, and Faridun's plans were dashed.

On the twenty-ninth [November 20], Man Singh arrived in Butkhak. The fifteen-year-old Mirza Kay-Qubad and the fourteen-year-old Afrasiab joined him with many soldiers, and they were made hopeful of the emperor's favor. The next morning they entered Kabul amid great rejoicing. On the fourth of Azar [November 25] Kunwar Man Singh turned responsibility for the

73

افراسیاب و کیقباد و والی همشیرزادهٔ میرزا دولت بار اندوختند و سپس:

فریدون خان	نور محمد خواجه‌خضری
علی محمد اسپ	دوست محمد ترنابی
شاه بیگ	خاکی گله‌بان اتالیق
گدا بیگ	قاسم کوکه
تاش بیگ قوچین	خواجه یاقوت
تخته بیگ	اتم بهادر
قاسم پروانه	خویشم بهادر
مظفر کوکه	حیدر علی عرب
جانش بهادر	قاضی عزّت الله
تاتار بیگ	فرّخ بیگ مصوّر
غیور بیگ	دیگر بهادران و یکه‌جوانان.
الغ بیگ	

بهرکدام درخور منزلت خلعت و اسپ و خوانهای مهر و روپیه بخشش شد و گوناگون عواطف شاهنشاهی درگرفت. فریدون‌را که بناسپاسی و فتنه‌اندوزی خوگر بود و بیحقیقتی و شورش‌افزائی پیشهٔ او، بزین خان کوکه سپردند تا بتازگی نسخهٔ احوال او برخواند و ژرفای اطوار اورا دریابد.

۷۴ دوم دی بحدود حسن ابدال دایره شد و نزدیک آن بشکار قمرغه نشاط اندوختند. درینجا حکیم علی و بهاء الدین از کشمیر آمده سجود نیایش نمودند. مرزبان آنجا از فزونی خوشامدگویان و استواری جا رهگرای نیکوبندگی نیامد. اگرچه بآئین دورویان بدگوهر لابه‌گریها نمود، لیکن

territory over to his son Jagat Singh and Khwaja Shamsuddin and set out for court with Mirza Hakim's household and the leaders of the realm. On the twenty-fifth [December 16] he attained the honor of saluting the emperor in Rawalpindi, and those who had come with him were shown favor in accordance with their rank. The first to be received were Afrasiab, Kay-Qubad, and Mirza Hakim's sister's son Wali. Then came Faridun Khan, Ali Muhammad Asp, Shah Beg, Gada Beg, Tash Beg Qauchin, Tokhta Beg, Qasim Parwana, Muzaffar Koka, Janish Bahadur, Tatar Beg, Ghayur Beg, Ulugh Beg, Nur Muhammad Khwajakhizri, Dost Muhammad Tarnabi, Khaki Gallaban Ataliq, Qasim Koka, Khwaja Yaqut, Atam Bahadur, Khweshim Bahadur, Haidar Ali Arab, Qazi Izzatullah, Farrukh Beg the artist, and other champions and free lances. Each and every one was given a robe of honor, a horse, and trays of gold coins and rupees in accordance with his rank, and they were all encompassed by imperial clemency. Faridun, who had become habituated to ingratitude and sedition and practiced disloyalty and insurrection, was turned over to Zain Khan Koka for assessment and investigation.

On the second of Dai [December 23], camp was made in the vicinity of Hasan Abdal, and the emperor enjoyed a *qumargha* hunt in the area. Here Hakim Ali and Baha'uddin returned from Kashmir. The ruler of Kashmir, too influenced by flatterers and overly proud of his impregnable territorial situation, refused to be led into subservience. Although he had pleaded his case in the manner of evil hypocrites, he neither had any intention of kissing the imperial threshold nor was going to send his son, who had fled from court, and in fact his obstinacy had only increased. Imperial wrath, which should never be exercised wrongly and should never go beyond certain bounds, flared up. A command

74

137

نه خود عزیمت آستانبوسی نمود و نه آن گریخته‌را روانه ساخت و از بیدانشی پایهٔ او افزود. غضب پادشاهی که بی‌هنگام نشود و از جا نگذرد بجوش آمد. فرمان شد که فیروزی جنود اورا از خواب پندار درآورند.

نامزد فرمودن عساکر گیتی‌گشا بتسخیر کشمیر

۷۵ اورنگ‌نشینان فرهنگ‌آرارا همگی بسیج آنکه جویبار معدلت روز بروز بسیرابی گراید و چهارچمن گیتی زمان زمان شادابتر گردد و هرچند فراوان ملک بدست یکی از فراخحوصلگان دادگر درآید هرآینه این آرزو بگزین روش چهره افروزد، و چون قلمرو از آبیاری دیده‌ور انصافگزین آباد شود و که و مه آن مرز سایه‌نشین آسایش گردند ناگزیر آنکه بکار همسایگان که راه مدارا سپرند ژزف‌نگاهی بکار برند و دوربینی بجای آورند. اگر پیشین نشست و برخاست اینان‌را بدوستی و هنجارگزینی آورده باشد و از سعادت‌پژوهی با زیردستان نیکسگالی پیش آرند دست از مال و ملک بازداشته یاوری فراپیش گیرند، ورنه آئین دادگری آنکه لختی مالش دهند و بوم بازستانند، خاصه غنوده‌رایی که با گوناگون نوازش راه پندار سپرد و دل از رعیّت‌پروری برگرفته بطبیعت‌پرستی نشیند.

was given for imperial troops to awaken him from his slumber in fantasy.

WORLD-CONQUERING SOLDIERS ARE ASSIGNED TO CONQUER KASHMIR

Wise monarchs focus their attention so that the stream of justice may increase to full day by day and the meadow of the world may become more verdant; and the more territory is acquired by a just and competent servant, the more this wish is fulfilled. When the realm flourishes through irrigation by an equitable person of insight, and when all persons great and small of that area bask in the shade of repose, it is inevitable that deep, foresighted investigation be made of the intentions of neighbors who maintain the path of conciliation. If their manners are seen to be friendly and constant, and if they are felicitous enough to conduct themselves in a benevolent manner with their underlings, one can leave their wealth and territory alone and be of assistance to them. Otherwise, the custom of justice demands that they be chastised and their lands taken. This is particularly true of those foolish individuals who, in the face of various acts of kindness, tread the path of vain imaginings, stop treating their subjects kindly, and follow their lusts.

Based on the above, when those who had been sent returned from Kashmir and reported the ruler's arrogance and meanness, on the ninth of Daimah [December 30], the insightful emperor dispatched Mirza Shahrukh, Bahadur, Raja Bhagwant Das, Shahquli Khan Mahram, Madhav Singh, Mubarak Khan, Jalal Khan, and many free lances under the command of Mirza Ali

75

139

بنابران چون فرستادگان از کشمیر بازگردیدند و نخوت‌فروشی و نکوهیده‌کاری او برگذاردند شاهنشاه دیده‌ور نهم دی میرزا شاهرخ و بهادر و راجه بهگونت‌داس و شاهقلی خان محرم و مادهوسنگه و مبارک خان و جلال خان و بسیاری از احدیان بسرکردگی میرزا علی اکبرشاهی و شیخ یعقوب کشمیری و حیدر چک و دیگر مبارزان کارطلب‌را دستوری دادند و امین الدین ببخشیگری اختصاص یافت.

۷۶ و همدرین روز زین خان کوکه‌را برهنمونی الوس یوسف‌زئی و گشایش سواد و بجور رخصت فرمودند. این گروه انبوه پیشتر در قندهار و قراباغ بسر می‌بردند. از آنجا بکابل آمده دست چیرگی برگشادند. میرزا الغ بیگ کابلی بدستان‌سرائی ازهم گذرانید. پس‌ماندگان از آنجا بلمغانات دم آسایش برگرفتند و سپس باشنغر بار اقامت گشودند و نزدیک صد سال است که در سواد و بجور برهزنی و سرتابی روز میگذرانند. درین سرزمین گروهی که خطاب سلطانی داشتند می‌بودند و خودرا از نژاد دختری سلطان سکندر می‌پنداشتند. این سرگردانان تباه‌بسیچ چندی بپرستاری جاگرم کردند و بحیله‌اندوزی پای ناسپاسی پیش گرفتند و گزین جایهای اینان بدست آوردند و تا امروز برخی از آن پیشین مردم در آن تنگناها بناکامی بسر میبرند و از وطن‌دوستی بیرون شدن نیارند. در یورش کابل کلانتران این قوم جبهه‌سای گشته لابه‌گریها نمودند و از پیشین نکوهیده کردار شرمساری کشیده پیمان پرستاری بستند. از آن میان کالورا بفزونی عاطفت پایه افزودند و از تباه‌سرشتی و غنوده‌بختی در اندک زمانی بآئین پیش گرائیدند و بر راهزنی و خلق‌آزاری همّت گماشتند و آن کالوی تیره‌روزگار از دار الخلافه روی بگریز نهاد. خواجه شمس الدین از نواحی اتک دستگیر ساخته بدرگاه فرستاد. شهریار مهرباندل

Akbarshahi, Shaikh Ya'qub Kashmiri, Haidar Chak, and other experienced warriors. Aminuddin was chosen for the post of *bakhshi* of the expedition.

On the same day Zain Khan Koka was sent to offer guidance to the Yusufzai tribe and to conquer Swat and Bajaur. That numerous tribe used to reside in Kandahar and Qarabagh. From there they went to Kabul, where they became dominant. Mirza Ulugh Beg Kabuli lured them into a massacre, and those who were left went to Laghman and then took up residence in Hashnaghar. They had now been engaging in banditry and refractoriness for nearly a hundred years in Swat and Bajaur. In that land was a group who held the title of sultan and considered themselves descended from a daughter of Alexander the Great. The foolish [Yusufzai] were in allegiance to them for a while, but then they ungratefully took to trickery and seized the best lands. Even today there are a few of the former inhabitants living wretchedly in the hills, but they love their native land too much to leave. During the expedition to Kabul the leaders of this tribe prostrated themselves, pleading shame over their former ways, and promised to be subservient. One of them, Kalu, was kindly elevated in rank, but the tribesmen were so evil and ill-starred that within a short while they reverted to their former practice of banditry and harassment, and the unlucky Kalu fled from the capital. Khwaja Shamsuddin captured him in the vicinity of Attock and sent him to court. The clement emperor showed him favor instead of punishing him, but since there is no benefit in treating an evil person with kindness, he fled a second time and took refuge in his former lair, from which he led others astray.

76

141

بجای پاداش نوازش فرمود. از آنجا که بدسرشت‌را نیکوئی سودمند نیاید بتازگی آن شوریده‌مغز راه گریز پیش گرفت و به پیشین بنگاه پناه برد و سرمایهٔ کجگرائی دیگر بومیان شد. کیهان‌خدیو

حسن خان بتنی	پادشاه‌قلی
راجه مکت‌من	دولت بلوچ
جانش بهادر	محمد سعید
اسکرن	یار محمد یساول
پنچانن	کتارو بدگوجر
هیراپردهان	میر طوفان
رامچند	رحمت الله
شیخ کبیر فولاد	عالم یادگار
محمد علی سلدوز	ملا شیری
رگهناته سیسودیه	حسین بیگ گرد
سنارچند	الله‌بخش مرل
خان محمد	شاه محمد
شیخ معروف	عیسی
خانزاده محمد	جمعی دیگررا

بسپه‌آرائی کوکلتاش دستوری دادند و عرب خانجهانی‌را بخشی گردانیدند. همگی سگالش آنکه آن گروه کجگرارا رهنمون گردند و تیره‌دلان اندرزپذیر ببادافراه رسند و فریدون خان‌را ازو گرفته براقم شگرفنامه سپردند.

The emperor assigned to the Kükältash's command the following:

Hasan Khan Batani	Padishahquli
Raja Mukt Man	Daulat Baluch
Janish Bahadur	Muhammad Sa'id
Asikarn	Yar Muhammad Yasawul
Panchanan	Kataru Badgujar
Hira Pradhan	Mir Tufan
Ram Chand	Rahmatullah
Shaikh Kabir Fulad	Alam Yadgar
Muhammad Ali Sulduz	Mulla Sheri
Raghunath Sisodiya	Husain Beg Gurd
Sunar Chand	Allahbakhsh Maral
Khan Muhammad	Shah Muhammad
Shaikh Ma'ruf	Isa and others
Khanzada Muhammad	

Arab Khanjahani was made *bakhshi* of the expedition. The emperor's idea was that the wayward tribe would be led onto the right path and the benighted who accepted good advice would be rewarded. Faridun Khan was entrusted to the writer of this volume.

۷۷ و همدرین سال اسمعیل‌قلی خان ببلوچستان رخصت شد. چون آگهی آمد که این گروه راه ناسپاسی می‌سپرند و پرستاری بجای نمی‌آرند آن گزین خدمت‌را نامزد فرمودند. رای رایسنگه، ابوالقاسم نمکین و بسیاری مبارزان کارطلب‌را همراه کردند. هاشم ببخشیگری اختصاص گرفت. و همدرین روز کنور مانسنگه‌را رخصت کابل شد تا بدادگری آن ناحیت‌را آباد سازد. سیّد حامد بخاری و بختیار بیگ و محمدقلی بیگ و حمزه بیگ و بسیاری دلاوران نامورراا همراه ساختند و فرمان شد که چون بگریوهٔ خیبر نزدیک شود روزی چند عنان بازگیرد و تاریکیان تیره‌بخت‌را مالش دهد و چنان سازد که راه ایمنی پذیرد و پویندگان‌را فراغ خاطر باشد.

شهریار کشورگشا دوازدهم دی در چهار ماه و یک روز سه صد و پنج کروه و کسری راه در شصت و پنج کوچ درنوردیده در اتک بنارس بخجستگی درآمد و دادگری و کارآگهی برافزود. بامدادان بمنزل زین خان کوکه و کنور مانسنگه که در آن نزدیکی فرود آمده بودند سایهٔ عاطفت انداخت و بتازگی گرانبار مهین اندرزها گردانید.

۷۸ پانزدهم فریدون خان‌را بحجاز فرستادند، بو که آلایش بدگوهری شست‌وشوی یابد و سرمایهٔ سعادت اندوزد. از دریای بهت بکشتی برآورده ببهکر بودند و از آنجا صادق خان دریائی ساخت و بدان طوافگاه رسانید. هرچند دوربینان بارگاه عرض داشتند که چنین شورشمنش اگر از بار هستی رهائی نیابد در زندان داستان پندپذیر برخواهند، گیتی‌خداوند پاس طلب داشته برگذارده گوش ننهاد.

حاجی سیوندک، احمد بیگ، علی‌محمد الف، احمد قاسم، کیچک‌علی قاقشال، نادعلی بیگ، خرّم بای، میر باقی، پیرمحمد جلایر، درویش‌علی قوش‌بیگی، التمش بهادر، کفشی بهادر، لاله بیگ، محمدی بیگ، مشتاق

During this same year Isma'ilquli Khan was given leave to   77
go to Baluchistan. When it was learned that the Baluches were
being ungrateful and not in obedience, the emperor assigned
Isma'ilquli Khan to that task with Hashim as *bakhshi* of the expe-
dition.

On the same day Kunwar Man Singh was given leave to go
to Kabul to administer that area with justice. Sayyid Hamid
Bukhari, Bakhtyar Beg, Muhammadquli Beg, Hamza Beg, and
many renowned warriors were sent with him, and the order was
given that when he was near the Khyber Pass, he should pull in
his reins for a few days and chastise the Tariki tribe in order to
make the roads safe for travelers.

On the twelfth of Daimah [January 2, 1586], the world-con-
quering emperor had covered 305 leagues plus a fraction in four
months and one day with sixty-five stops and arrived felicitously
in Attock. The next morning he cast the shadow of his kindness
over the tents of Zain Khan Koka and Kunwar Man Singh, who
had camped nearby, and honored them with good advice.

On the fifteenth [January 5], the emperor sent Faridun Khan   78
to the Hejaz in hopes that the defilement of his evil nature might
be washed clean and he might discover the means to felicity.
He was put in a boat on the Bahat River and taken to Bhakkar,
where Sadiq Khan saw him off by sea to Mecca. No matter how
farsighted courtiers pleaded that, even if he were not relieved
of life, at least he should be sent to prison, the emperor refused
to listen.

Hajji Sevindük, Ahmad Beg, Ali Muhammad Alif, Ahmad
Qasim, Kichik Ali Qaqshal, Nad Ali Beg, Khurram Bay, Mir Baqi,
Pir Muhammad Jalayir, Darwesh Ali Qushbegi, Altmish Baha-
dur, Kafshi Bahadur, Lala Beg, Muhammadi Beg, and Mushtaq

145

بیگ از بیمناکی نظر پیش‌آیندگان داشتند. چون از نواخت آنان آگهی شد از کابل بسیچ قدسی آستان نمودند. بیستم سعادت بار اندوختند و بخسروانی نوازش بلندپایگی یافتند.

۷۹ و از سوانح فرستادن سپاه بتاخت یوسف‌زئی. بنگاه این گروه ناسپاس کوهستان سواد و بجور است و بسیاری در دشت بسر برند. از دو سو دریای سند دارد و از دو جانب دیگر دریای کابل و کوهستان شمالی. درازی آن سی کروه، پهنا بیست تا پانزده. جلگه‌های دلگشا و مرزهای نگاه‌فریب چهره‌افروز نشاط. کوکلتاش چون بدین دشت نپرداخته ببجور شتافت بیست و پنجم گیتی‌خداوند قرا بیگ و ضیاءالملک و برخی بهادران خدمتگزین‌را بسرکردگی شیخ فرید بخشی فرستادند. گزین تاختی نموده بازگردیدند و چنان برگذاردند که کار دشت فراوان است. آن سزاوار که فوجی دیگر نامزد گردد تا بشایستگی خاربن ناسپاسی برکنده آید و سپس از طرف دیگر بکوهستان در شده پیش کوکلتاش روند. بنابرین چهارم بهمن:

سعید خان	ایوب بیگِ یعقوب بیگ
ملک الشعرا شیخ فیضی	عبد الرحمن بیگ
شیر خواجه	شیخ ابوالبرکات
علی محمد الف	طایفهٔ دیگر از مجاهدان
قاضی علی	سعادت‌اندوز
صالح دیوانه	سه صد سوار نگارندهٔ
فتح الله شربتدار	اقبالنامه‌را

Beg awaited the arrival of the vanguard with trepidation, and when it was learned that others had been received with kindness, they too decided to go from Kabul and present themselves. They attained the felicity of an audience on the twentieth [January 10] and were warmly received.

Troops are sent to raid the Yusufzai

79

The home base of this ingrate tribe is the mountains of Swat and Bajaur, though many of them live in the plains. The Indus is on two sides of their territory, and on the other two sides are the Kabul River and the northern mountains. Their territory is thirty leagues long and fifteen to twenty leagues wide. There are delightful glens and enchanting tracts. When the Kükältash hastened to Bajaur without paying attention to this area, H.M. sent Qara Beg, Ziya'ulmulk, and some loyal warriors led by Shaikh Farid Bakhshi on the twenty-fifth [January 15]. They made a good strike and returned to report that there was much work to be done on the plain. It would be best for another troop to be assigned to uproot ingratitude and then enter the mountains from the other side and go to Kükältash. Accordingly, on the fourth of Bahman [January 24], Sa'id Khan, Maliku'sh-shu'ara Shaikh Faizi, Sher Khwaja, Ali Muhammad Alif, Qazi Ali, Salih Dewana, Fathullah Sharbatdar, Ya'qub Beg's son Ayyub Beg, Abdul-Rahman Beg, Shaikh Abu'l-Barakat, and other warriors were dispatched with three hundred of this writer's horsemen. At the first stopping place, where I had gone to bid farewell to my brothers,[5] the emperor came to spread the shadow of his kindness over the humble and exalted them with various shows of favor. The emperor's personal insignia was assigned for them to salute, and while they were riding they would proceed behind it.

دستوری دادند. در نخستین منزل که کمترین بوداع برادران رفته بود کیهان‌خدیو از راه کهترنوازی سایهٔ عاطفت انداخت و بگوناگون نوازش سربلندی بخشید و قور خاصه نامزد شد تا بکورنش آن سعادت اندوزد و بهنگام سواری فیروزی جنود در پسِ آن خرامش نماید و در مقام نردان[۲۹] انجمن کارآگهان انتظام یابد. هفتم میر یوسف آملی‌را بزابلستان فرستادند. بمنصب امینی و صدارت آنصوب بلندپایگی یافت و در آن روز قاسم بیگ تبریزی بمیرعدلی اردو سرفرازی یافت و بر زبان گوهربار رفت که «همواره نیایش ایزدی و رضامندی الهی‌را پژوهش نماید و شناسائی‌را با نیازمندی برآمیزد و از آزمندی و شتردلی، که لغزشگاه هوشمندان است، بر کرانه زید. چه بسا پارساگوهررا رنگینی دنیا و شکوه ستمگاران از حقگذاری باز دارد و داوری‌را بگواه و سوگند باز نگذارد و از دورنگاهی پرسشهای رنگارنگ‌را با سوادخوانی پیشانی آمیخته دارد و بزرگ آویزش‌را بدانچه خود نرسد بعرض همایون رساند و تن‌آسانی‌را ناروا دانسته گاه و بیگاه بدین کار پردازد.»

٨٠ و از سوانح فرستادن راجه بیربر بصوب سواد. چون آگهی آمد که اگر کار به پیش‌فرستادگان بازگذاشته آید از فزونی کجگرایان این ناحیت و دشوارگذاری تنگناهای کوهستان دیرتر بانجام میرسد بنابران بسیچ آن شد که لشکری تازه بسرکردگی یکی از بندگان کارشناس نامزد گردد. از آنجا که این شوریدهٔ آرمیده‌را آهنگ نبرد در سر بود و آرزوی آن سراپای خاطر فروگرفته بعرض همایون رسانید «اگرچه خدمت حضور اکسیر بختوری است، لیکن میخواهد که پرستاری غایبانه‌را که آزمونگاه یگانگی و یکروئی است عیار باز نماید و بتازگی پایهٔ گوهرشناسی گیتی‌خدیو بر روی روز افتد و مرا که از پیغولهٔ خمول برآورده روشناس روزگار گردانیده‌اند

There was to be a gathering at Narwan. On the seventh [January 27] Mir Yusuf Amuli was sent to Zabulistan with the post of *amin* and *sadr* of that area. That same day Qasim Beg Tabrizi was promoted to the office of Mir Adl of the camp, and the emperor himself said, "Constantly seek to praise the divine and please the deity, commingle knowledge with humility, and avoid greed and cowardice, which have been the undoing of many sober people, for many pious persons have been prevented from doing right by the blandishments of the world and the splendor of oppressors. Judicial matters should not be decided by testimony and oaths, but rather you should profoundly combine various questions with reading people's foreheads. Submit great disputes you are unable to deal with to the emperor. Know that self-indulgence is never permissible, and tend to your duties at all times."

Raja Birbar is sent to Swat

80

When it was learned that if things were left to those who had already been sent, it would take a long time to resolve the situation due to the great number of rebels in the area and the difficulty of the mountain passes, it was therefore thought that a new troop led by a competent servant of the court should be assigned. Since this calmed-down frantic [Abu'l-Fazl] had it in my head to do battle and I was eager for the assignment, I said to the emperor, "Although service in the imperial presence is the elixir of good fortune, your humble servant would like to render service in absentia, which is a test of one's loyalty and devotion, and have the emperor's ability for assessment proven. I, whom he has raised from the depths of obscurity and made famous in my time, would have relief from the burden of intelligence." With this thought my heart gained strength, for if with the help of fate

دوش فطرت قدری سبکبار آید و بدین اندیشه دل‌را نیرو افزودی که اگر بمددگاری زمانه و یاوری سپهر در ناوردگاه بگزین کاری چهرهٔ ناموری برافروزد شایسته بندگی که پیرایهٔ دین و دنیاست بجای آمده بغاشد و هم دهان هرزه‌سرایان ناتوان‌بین که دروازه‌های ناسزائی است بسته آید، ورنه سپنجی جان‌را نثار دولت ابدطراز ساخته جاوید نیکنامی برگیرد. شهریار آگاهدل نقش راستی از گذارده برخوانده پذیرش فرمود و مرا بنشاطگاه برده نیروی دیگر بخشید و بر زبان گوهرآمود گذارش یافت که «چندی از سپاهیان آزمونکاررا همراه خواهیم ساخت که ایستادن و کارزار شدن بصوابدید آن گروه شود.» پایان روز که هنگام دستوری بود کشورخدا فرمود «بر پیشگاه خاطر چنان پرتو می‌افتد که میان تو و راجه بیربر قرعه اندازند تا بی‌خواهش یکدیگر ایزدی سرنوشت پیدائی گیرد.» از آنجا که خواهش دیگر بود نقش بسیار برگرفته آمد. یکبارگی رقم کم بنام او برآمد و ما هر دو باندوه دراز در شدیم. ناگزیر خار غم بدل فرو شکسته باندرزسرائی خود نشست و آن سزاوار بزم و رزم بسرنوشت آسمانی دوازدهم بهمن رخصت یافت. قاسم خواجه و گدا بیگ و حاجی سینودک و احمد بیگ و تاش بیگ و خواجه حسام الدین و برخی بهادران ناموررا همراه نوشتند. بامدادان خدیو عالم در بازگشت شکار بدایرهٔ راجه سایهٔ عاطفت انداخت و بنوازشهای گوناگون سرافرازی بخشید. در کمتر زمانی باهم پیوسته دشت‌را گزین رفت‌وروبی کردند. هرکه سرکشی پیش گرفت مالش بسزا یافت، و هرکه نیایشگری نمود مال و ناموس اورا پاسبانی نموده جای دیگر آباد کردند و فیروزی جنود بآهنگ گشایش بنیر رو بگریوه نهادند. چون لختی تنگناها سپرده بمنزل دوک رسیدند. افغانان واژون‌بخت چارهٔ آویزش ساخته بپیکار برخاستند و شگرف کارزار

and the assistance of the celestial spheres I performed well on the battlefield, a worthy service that would be an ornament to religion and the world would be rendered, and the mouths of jealous blatherers, which are gates of unworthiness, would be shut; otherwise my mortal soul would be sacrificed to the empire and I would gain an eternal good repute. The wise emperor perceived honesty in my words and granted me the favor. Taking me into his pleasure palace, he gave me more strength and said, "We will send with you several experienced warriors who will advise you when to stand and when to fight." At the end of the day, which was the time for dismissal, the world lord said, "It occurs to us to cast lots between you and Raja Birbar in order to find out what divine destiny has in store, without regard for your wishes." Since our wishes were diverse, we could not both win. All at once the casting of the lots came out in his name, and we both sat in prolonged grief. Consequently the thorn of grief broke off in my heart, and I sat advising myself. That one who was worthy of banquet and battlefield was sent off by heavenly fate on the twelfth of Bahman [February 1]. Qasim Khwaja, Gada Beg, Hajji Sevindük, Ahmad Beg, Tash Beg, Khwaja Husamuddin, and other warriors of renown were assigned to accompany him. The next morning, as the emperor was returning from the hunt, he paid a visit to the raja's camp and honored him with various shows of favor. In no time at all the two [troops] joined and swept the plain clean. Everyone who had rebelled was crushed, and everyone who submitted retained his property and honor and was left to cultivate other places. The imperial troops then set off toward the pass to conquer Buner. When they had proceeded a way through the defiles, they came to the station of Duk. The ill-starred Afghans rose up in battle, and a pitched battle tested

چهرهٔ رادمردی برافروخت. جمعی انبوه دستگیر شدند و بسیاری بنیستی گرائیدند. شیر خواجه، احمد بیگ، علی‌محمد الف، ضیاءالدین، بهرام بیگ کارنامه‌های دلاوری بروی کار آوردند و چون بیگاه بود و احوال پیش پیدائی نداشت برگشته بمنزلگاه آمدند. و چون آگهی شد که ازین راه بدان مقصد نتوان شد بدشت بازگردیدند تا از راه دیگر درآیند.

۸۱ و همدرینولا حکیم ابوالفتح‌را با جوقی بهادران کارآگاه بسواد رخصت فرمودند. زین خان کوکلتاش عرضداشت کرده بود که بایزدی عنایت سخت گریوه‌ها گذارده شد و بجور و بیشتری سواد بدست درآمد، لیکن از افزونی تکادو لشکر بستوه آمد. افغانان در گریوهٔ کراکر میان سواد و بنیر فراهم آمده‌اند. اگر لختی گندآوران پیوندند بشایستگی بادافراه اینان سرانجام یابد و همگی ملک بگزین روشی بدست افتد. بنابرین نوزدهم حسین بیگ شیخ‌عمری، احمد قاسم، طوفان بیگ، ملا غیوری، موهنداس‌را با چروها و شمشیربازان بسرکردگی حکیم دستوری دادند و فرمودند که اگر پیشین سپاه در دشت باشد پیوسته بزودی بکوکلتاش رسند و از گریوهٔ ملکند که نزدیک‌ترین راههاست شتاب آورند. پایان روز بدایرهٔ حکیم رفته جاوید دولت بخشیدند و بهین پندها آویزهٔ گوش هوش شد. در کمتر زمانی لشکرها یکجا فراهم آمدند و بدان راه که حکم شده بود گام برگرفتند.

و همدرین روز آگهی رسید که ایلچی عبدالله خان فرمانروای توران و نظر بی که از دیر باز بلخ در تیول او بود با بزرگ کاروانی نزدیک رسیده و از رهزنی تاریکیان گریوهٔ خیبر دشوارگذار است. بنابران مبارک خان نوحانی و غازی خان و چندی از رادمردان‌را بسرکردگی شیخ فرید بخشی‌بیگی فرستادند که آیندگان‌را بآسان برگذرانند.

everyone's mettle. Many were taken captive, and many were killed. Sher Khwaja, Ahmad Beg, Ali Muhammad Alif, Ziya'uddin, and Bahram Beg performed outstandingly. Since it was late and they had no information on the road ahead, they turned back and went back to their camp. When it was learned that it was impossible to reach their destination by this road, they returned to the plain to take another route.

Around this time Hakim Abu'l-Fath and a troop of warriors were sent to Swat. Zain Khan Kükältash had reported that with divine assistance the difficult passes had been traversed and Bajaur and most of Swat had been taken, but with so much riding the soldiers had grown weary. The Afghans had gathered at the Karakar Pass between Swat and Buner. If some warriors could join them, they would be given their just deserts and the entire territory would be taken satisfactorily. Therefore, on the nineteenth [February 8], the emperor sent Husain Beg Shaikh-Umari, Ahmad Qasim, Tufan Beg, Mulla Ghayuri, and Mohan Das with infantry and swordsmen under the command of Hakim Abu'l-Fath, and the emperor said that if the soldiers who had been sent before were in the plain, they should join Kükältash as quickly as possible and proceed with all speed through the Malakand Pass, the shortest route. At the end of the day the emperor went to the hakim's camp to give him good fortune and advice. Shortly thereafter the troops joined forces and set out on the way they had been ordered to take.

That same day news arrived that the emissary of Abdullah Khan, the ruler of Turan, and Nazar Biy, who had long held Balkh in fief, were approaching with a large caravan, but the Khyber Pass was difficult to negotiate on account of Tariki bandits. Therefore Mubarak Khan Nohani, Ghazi Khan, and some other brave

۸۲ و از سوانح آرامش یافتن صوبهٔ بنگاله. در آن هنگام که یورش پنجاب
بخاطر همایون پرتو انداخت آگهی آمد که وزیر خان تنها از مهمّات
آنحدود نمیتواند برآمد و سرکشان آن مرز تارک ناسپاسی برافراخته دارند.
بنابران کهین برادر شهباز خان‌را فرستادند که اورا از صوبهٔ بهار بدان
ملک رساند. بر ساحل دریای بهت بعرض همایون رسید که شهباز خان‌را
آرزومندی سجود قدسی آستان بیتاب دارد و از مدارای ناهنجار فرستاده
رهگرای بارگاه اقبال است. سزاولان جدکاررا روانه فرمودند که کام و
ناکام اورا برگردانیده بدان خدمت رسانند. نزدیک جونپور بدو پیوسته
از آن خواهش باز داشتند. بیستم بهمن بپاسبانی بنگاله برنشست و
بزبان دلآسا و دست گشاده بصید دلها پرداخت. بکمتر فرصتی افغانان
کجگرا نیایشگری فراپیش گرفتند و گرد شورشها فرو نشست و زیردستان
برآسودند و بکینتوزی عیسی بملک بهاتی سپاه روانه ساخت. از نیرنگی
اقبال یارای آویزش نشد و ولایتی که صادق خان بآشتی داده بود بدست
آمد و تا بندر چاتگانو چیرگی یافت و کارها بشایستگی گرائید. عیسی گزین
تنسوقات فرستاده بلابه‌گری پیش آمد و گذارش نمود که چون معصوم
از واژون‌بختی راه ناسپاسی پیموده بر خویشتن میلرزد چندی میخواهد
که غایبانه شایسته پرستاری کند و اکنون پور خودرا بدرگاه میفرستد.
پاسخ شد «بهبود آنست که بحجاز شتابد و از آنجا روی نیاز ببارگاه
آورد.» و بسیاری از افغانان قتلو نیز جدا شده پیوستند. او دستان‌سرائی
پیش گرفت. شهباز خان از ساده‌لوحی پذیرفته ادیسه‌را باو باز داد.

warriors led by Shaikh Farid Bakhshibegi were sent to escort the travelers through.

The province of Bengal is pacified

Just as an expedition to the Punjab occurred to the emperor, news arrived that Wazir Khan was unable to do his job in Bengal effectively by himself, and the rebels of the area had reared their heads in ingratitude. Therefore, Shahbaz Khan's younger brother was sent to escort him to Bengal from Bihar. On the banks of the Bahat River the emperor was informed that Shahbaz Khan was anxious to come to court and was on his way because of the conciliatory tone of the emissary. Implacable sergeants-at-arms were dispatched to turn him back, like it or not, and escort him to his post. They met him near Jaunpur and prevented him from attaining his wish. On the twentieth of Bahman [February 9] he assumed the governorship of Bengal and set out to win over the hearts of the subjects. In a short time the wayward Afghans came forward to pay homage, and the dust of rebellion died down to the relief of the peasantry. Shahbaz Khan then dispatched a force to take revenge on Isa in Bhati. By the mysterious workings of fate he was unable to do battle, and the territory Sadiq Khan had given away in truce was regained as the imperials gained supremacy as far as the port of Chittagong. Isa sent fine gifts and pleaded for himself, saying that ever since the ill-starred Ma'sum had taken to ingratitude he had wanted to perform a worthy service in absentia, and now he was sending his son to court. The reply was given that it would be better for him to go to the Hejaz and make his way to court from there. Many of Qutlu's Afghans deserted him and joined the imperials, so he began to plead for himself, and Shahbaz Khan foolishly accepted his pleas and granted him Orissa.

و همدرینولا گزین فوجی بولایت کوکره فرستاد. میان ادیسه و دکن

۸۳

ملکیست آباد. مادهو سنگه بومی آن ازینکه کوهی دشوارعبور در پیش
دارد سر نخوت برمی‌افرازد. مجاهدان اقبال بدانجا شتافته دست یغما
گشودند و غنیمت فراوان اندوختند. او از بختمندی مالگذاری پیش
گرفت و در سایهٔ دولت بی‌همال آسایش یافت.

و نیز مرزبان مگه که نزدیک پیگو است فراوان خواسته و فیل فرستاده
داستان یکجهتی برخواند. و از نیرنگی اقبال آنکه از امرای بزرگ جز وزیر
خان نبود و کارها بشایستگی انجام گرفت و نواره که گزین اسباب نبرد آن
دیار است نیز انتظام نداشت و غنیم‌را کشتی ناورد فراوان.

و از سوانح آمدن یوسف خان مرزبان کشمیر بدرگاه والا. چون سپاه

۸۴

نصرت‌پیوند بگشودن کشمیر دستوری یافت سران لشکررا همگی اندیشه
آن بود که از راه بهنبهر درآیند. برای آنکه گران لشکرها ازین راه بزودی
و آسانی خرامش نمایند و برخی زمینداران آنسو سخن یگانگی میسرائیدند
سگالش آن بود که چون راه از برف واگشاید و هنگام زمستان بانجام
رسد گریوه‌نوردی پیش گیرند. از آنجا که پاداش بدگوهران درنگ برنتابد
فرمان شد که درین ریزش برف که غنیم خواب بی‌پروائی در سر دارد
از راه پکلی که برف کم بارد فیروزی جنود بدان ملک شتابد. ناگزیر دل
بدان صوب نهادند. ازین آگهی یوسف خان آهنگ پیکار در سر گرفت
و بسیاری کارآگهان‌را روانه گردانید که نزد دریای نین‌شکه حصاری
برآرند و در هر تنگی استوار جائی ساخته آمادهٔ آویزش شوند. فرستادگان
از بارهموله شش کروه گذشته بودند که اقبال روزافزون بشگرف‌کاری
درآمد. مرزبان کشمیر نقش آن سگالش برسترد و رخصت کرده‌هارا
بازگردانید و از حرف‌سرائی رای‌زنانِ کم‌بین و کوتاه‌نگاهان زردوست بگران

Around the same time he sent a large troop to Kokra, a flour- 83
ishing territory that lies between Orissa and the Deccan. The
local ruler, Madhav Singh, had been acting arrogantly because
he was protected by forbidding mountains, but the imperial
warriors got there, put the place to pillage, and obtained a lot of
booty. Fortunately for him he accepted to pay tribute and bask
in the protection of imperial fortune. The ruler of the Magh,
near Pegu, also sent much demanded tribute and many elephants
in allegiance. By the mysterious working of fate, there were no
great commanders other than Wazir Khan, but things worked
out all right even though there was no fleet, which is the principal
means of warfare in that land, and the foe had a massive fleet at
his disposal.

Yusuf Khan, the ruler of Kashmir, comes to court 84

When the invincible imperial army was ordered to conquer
Kashmir, the commanders of the army all thought that they
would enter via Bhimbar. Because heavy-laden soldiers could
traverse that road quickly and easily, and because some local
zamindars were in allegiance, they thought that when the road
was cleared of snow and winter was over, they would be able to
proceed through the pass. However, since the requital of evil-
doers cannot brook delay, an order was given for them to hasten
thither in the midst of the snowy season via Pakhli, where less
snow fell, to catch the foe off guard. Learning of this, Yusuf Khan
took it into his head to do battle and dispatched many of his
servants to raise a fortress near the Nainsukh River, to establish
strongholds at every defile, and to be ready for battle. They had
gone six leagues past Baramula when imperial fortune showed
its mysterious workings. The ruler of Kashmir canceled his plans

خواب غفلت در شد و دشوارگذاری گریوه‌ها و رسیدن برف و باران و گرمسیری بودن فیروزی جنود غنوده‌تر ساخت و خویشتن‌دوستی و مال‌پرستی غبارآلود بی‌پروائی گردانید. هنگامی که کار از دست رفته بود آگهی پذیرفتند که مجاهدان دولت بگشایش این ملک همّت بسته‌اند و در نزدیک پکلی رسیده. گرد شورش بلندی‌گرای شد و گوناگون رایها پدید آمد. هرکه دوربینی از دست دهد و در کامیابی اندیشهٔ ناکامی ننماید هرآینه بتیره روز دشمنکامی نشیند و پای خواهش بسنگ ناامیدی درآید. پس از کوتهی داستان بهزاران آسیمه‌سری بازش پیکار در سر گرفت. زمان زمان دگرگونگی رای کالیوه‌تر ساختی. درین هنگام که سپاه ایزدی‌اعتصام نشیب و فراز درنوردیده نزدیک بولیاس فرود آمد یوسف خان از شادخواب پندار برخاست و بچاره‌گری ناسپاسی برنشست. و چون بجز زینهاری شدن و بکورنش رسیدن دست‌آویز ملکداری نیافت از کتل کوارمست ببهانهٔ دیدن ناوردگاه با چندی جدا شد و کاردانی فرستاده راز دل در میان آورد. امرا که از سختی سرما و گرانی آذوق و دشواری راه و ریزش برف و باران بستوه آمده بودند از پیش خود پذیرفته آمده‌را دستوری دادند و او با چندی از دمسازان چهارم اسفندارمذ بفیروزی سپاه پیوست. امرا گوناگون بزرگداشت بجای آورده انجمن آراستند و آهنگ بازگشتن در سر گرفتند. چون بدرگاه والا آگهی رسید فرمان شد که آمدن او پسند خاطر اقدس آمد و بخسروانی نوازش سربلندی خواهد یافت، لیکن اندیشهٔ بازگشت امرا شایستگی ندارد. اگر یوسف خان‌را حیله‌اندوزی در سر نیست و شاهراه راستی میرود باید که فیروزی سپاه در آن عرصهٔ دلگشا درآید و آن ملک گرفته بدو سپارند. امرا کام و ناکام قدم پیشتر نهاد. سران کشمیر از واژونی بخت و غنودگی رای

and recalled those he had sent out. Lulled by the advice of feeble-minded women and money-loving, shortsighted men, he fell into a sleep of negligence, and the difficulty of getting through the passes, the arrival of snow and rain, and the fact that the imperial soldiers came from a warm climate all combined to lull him even further into a false sense of security. His own conceit and love of money also conspired to put him off his guard. Once things had gone beyond his control, news arrived that imperial warriors, determined to conquer his land, were near Pakhli. Confusion broke out, and many opinions were given. Of course, anyone who does not exercise foresight and does not think forward to a time of difficulty when things are going well will eventually suffer hard times and have his hopes crushed. To make a long story short, amid great confusion he took it into his head to do battle, but he changed his mind every moment. At this point, when the divinely assisted forces, having traversed the rugged terrain, camped near Buliyas, Yusuf Khan awoke from his fantasies and tried to remedy his past ingratitude. Since there was no alternative to asking for amnesty and going to pay homage to the emperor if he wanted to retain his throne, he set out with a few men from the Kuwarmast Kotal on the pretext of examining the battlefield and dispatched an emissary to present his wishes. The officers, who had grown weary of the extreme cold, the paucity of food, the difficulty of the road, and the rain and snow, accepted the proposal and sent the emissary back. Yusuf Khan and a few of his intimates joined the imperial army on the fourth of Isfandarmudh [February 23, 1586]. The commanders honored him in various ways, held a gathering, and decided to turn back. When this news was received at court, an edict was given that it would please the emperor for Yusuf Khan to come, and he would be

حسین خان چک‌را نزدیک کوارمست بکلانی برگرفتند و در استواری گریوه نشستند. درین هنگام یعقوب پسر یوسف خان بدان هنگامه پیوست و از مرزبان نو دل برگرفته بدو گرویدند و بر سر گریوه آویزش‌را روزبازار شد. مادهو سنگه و امین الدین و برخی از سپاه فیروزی سر آن گریوهٔ دشوارگشا برگرفتند. حسن بیگ احدی و چندی راجپوتان بجانسپاری جاوید نیکنامی اندوختند و چهل کس نامور از غنیم رخت هستی بربست و پراکندگی در آن گروه افتاد.

۸۵   درین اثنا بسخنسرائی شیخ یعقوب کشمیری زمینداران کرنا آمده دیدند و قرار یافت که از بنگاه اینان فوجی درون کشمیر درآید. کشمیریان لابه‌گری پیش گرفتند و حرف آشتی برگذاردند و گذارش نمودند که مرزبان این دیار رو بدان درگاه آورده است. سزاوار آنست که گرد آویزه فرو نشیند و منابر و دراهم بگرامی نام شاهنشاهی چهره برافروزد و سرای ضرب و زعفران و ابریشم و شکاری جانور بسرکار والا بازگردد و بهرکدام داروغه فرستاده فیروزی جنود بازگشت نماید. چون بستوه آمده بودند بکوشش یوسف خان مرزبان کشمیر پذیرفتند. داروغگی زعفران‌زار و ابریشم بقلندر بیگ و دار الضّرب بخواجه میرکی و جانوران بملا مظهوری بازگشت. اگرچه شهریار کشورستان‌را پسند نیامد، لیکن بر روزگار سپاه فیروزی و کشمیریان بخشودند و قرار داده پذیرائی یافت.

received with regal favor, but the officers' notion of turning back was improper. If Yusuf Khan was not contemplating subterfuge and if he was treading the path of honesty, the imperial army would have to enter Kashmir, take control of it, and then turn it back over to him. Like it or not, the officers proceeded. In their misfortune and foolishness, the chiefs of Kashmir elected Husain Khan Chak as their ruler near Kuwarmast and set out to block the pass. At this point Yusuf Khan's son Ya'qub joined the fray, and the chiefs turned their backs on their newly elected ruler and joined him, and everything was made ready for battle at the head of the pass. Madhav Singh, Aminuddin, and other imperials took the head of the difficult pass. Hasan Beg Ahadi and some Rajputs earned eternal glory by sacrificing their lives, and forty renowned enemy warriors lost their lives, causing confusion among their ranks.

At this point the zamindars of Karna were persuaded by Shaikh Ya'qub Kashmiri to come over to the imperials, and it was decided that some of the troops would enter Kashmir through their territory. The Kashmiris began to plead and suggested a truce, claiming that since their ruler had set out for court, it would be best to cease hostilities. Their terms were that coinage would be in the emperor's name; the mint, saffron cultivation, silk production, and falconry would be attached to the royal demesne, for each of which a *darugha* would be sent; and the imperial troops would withdraw. Since the imperials had grown so weary, they accepted these terms at Yusuf Khan's urging. The office of *darugha* for saffron and silk went to Qalandar Beg; the mint was put under the control of Khwaja Miraki; and falcons were assigned to Mulla Mazhuri. Although the emperor was not pleased, he had mercy on the army and the people of Kashmir and accepted the terms.

85

۸۶ و از سوانح چشم زخم رسیدن بنیکوکاری زین خان کوکلتاش. چون بگشایش سواد و بجور دستوری یافت نخستین گرفتن بجوررا پیشنهاد همّت گردانید. سی هزار خانه‌دار الوس یوسف‌زئی آنجا بسر میبرد و از گریوه‌های دشوارگشا سر نخوت برافرازد. فیروزی سپاه بچابکدستی از راه دانش کول درآمد و کجگرایان‌را فرصت گرفتن راه نشد. جانش بهادر با برخی دلآوران شهرگیران[۳۰] را برتاخت و بسیاری مالش بسزا یافتند. و چون روزگار بر اینان تنگ شد غازی خان و میرزا علی و طاؤس خان و نظر و دیگر سران زینهار خواسته دیدند و یکبارگی خاربن شورش برکنده آمد. از آنجا آهنگ ولایت سواد شد. چهل هزار خانه‌دار یوسف‌زئی در آن کوهستان بسر برد. چون افواج کیهانستان بر کنار دریا رسید تهوّرمنشان آن بوم بآویزه پای افشردند. هراول لختی در گذشتن عنان باز کشید. دلآوران التمش بتیزدستی برگذشتند و از دیدن آن دیگران نیز براه افتادند. سترگ آویزش چهرهٔ رادمردی برافروخت و غنیم ناکام راه گریز سپرد و کوکلتاش در چکدره که میان ولایت است قلعهٔ اساس نهاد و بر مالش دیگران همّت گماشت. بیست و سه بار فیروزی یافت و هفت لشکر برشکست و غیر از گریوهٔ کراکر و ولایت بنیر[۳۱] همه بدست آمد، لیکن از کوه‌نوردی و فزونی کارزار سپاه لختی بستوه آمد. کوکلتاش خواهش کمک نمود. گیتی‌خداوند راجه بیربر و حکیم ابوالفتح و دیگر مبارزان‌را نامزد فرمود. چون پیوستند غبار دورنگی برخاست. پیشتر میان کوکلتاش و راجه گفت‌وگوی تنگ‌چشمی[۳۲] بود و همچنین راجه و حکیم نیز با یکدیگر صفائی نداشتند. از نیرنگی روزگار با فهم عالی و اعتبار سترگ بتنگنای حسد در شدند. در پادشاهی عاطفت که دور و نزدیک‌را فرو گرفته دارد انباز نخواهند که آن مایه شناسائی بدست نیفتد. با آنکه این طرز گزیدن بژرفای

Zain Khan Kükältash's good service is struck by the evil eye　　86

When Zain Khan was sent to conquer Swat and Bajaur, he first concentrated his attention on taking Bajaur. Thirty thousand households of the Yusufzai nation live there, and they pride themselves on the inaccessibility of the passes. The imperial army entered by the Danish Kol road, and the wayward tribesmen did not even have a chance to block the way. Janish Bahadur and a troop of warriors raided the "infidel city"[6] and gave them a proper chastisement. Since fate was against them, Ghazi Khan, Mirza Ali, Taus Khan, Nazar, and other chieftains sought amnesty and went for a parley, and all at once unrest was uprooted.

From there the imperials set out for Swat. Forty thousand households of Yusufzai tribesmen live in those mountains. When the troops reached the banks of the river, the bold locals came out to do battle. The vanguard pulled in their reins before crossing. The reserve force crossed bravely, and when the others saw them, they crossed too. A pitched battle broke out, and the foe was put to flight. Kükältash built a fortification in Chakdarra in the middle of the territory and turned his attention to crushing the others. He achieved twenty-three victories, defeated seven armies, and took everything aside from the Karakar Pass and the territory of Buner, but his soldiers were worn out from climbing mountains and battling. Kükältash asked for reinforcements. The emperor sent Raja Birbar, Hakim Abu'l-Fath, and other warriors, but no sooner had they joined the Kükältash than disagreement broke out. Prior to this Kükältash and the raja had exchanged jealous words, and the raja and the hakim were also not on good terms. It is one of the mysterious effects of fate that despite such exalted understanding and lofty positions they fell prey to jealousy. Neither wanted anyone to share in the emper-

رنج دراز در شدن است و بدایمی اندوه افتادن، بایزد بی‌همال درآویختن
و خودرا بیغاره‌کشِ که و مه گردانیدن است. از آن باز که فوجهای دشت
بکمک کوکلتاش روانه شدند راجه پیشانی سر و دل‌را چین‌آلود داشتی و با
دمسازان خویش سرائیدی «همانا روزگار برگشته است که بهمراهی حکیم
و یاوری کوکه دشت و کوه پیموده میشود تا انجام کار بکجا کشید؟»
در رهنوردی هر روز بحرف ناسزا باهم درافتادی. چون بگریوهٔ ملکند
رسیدند کوکلتاش پذیرا شد و گرمخوئیها نمود و خود بر سر آن گریوه
بگذراندن لشکر پرتال برنشست و شب همانجا بروز آورد. و حکیم ابوالفتح
با چندی بقلعهٔ چکدره شتافت. راجه ازین جدائی برآشفت و باندیشهٔ تباه
در شد. بامدادان بدان قلعه فراهم شدند. کوکلتاش جشنی برآراست و
قدوم گرامی رسیدگان‌را خواهش نمود. راجه پیشین خشمگینی بر ملأ
انداخت و بدان انجمن در نشد و گذارش نمود «سزاوار آنست که همگی
کارآگاهان گرد قور پادشاهی فراهم آیند و رازگوئی و بزم یکجهتی در آنجا
آرایش گیرد.» کوکلتاش خشم فرو برده پیش راجه آمد و سران دیگر نیز
پیوستند. شایسته آن بود که خدمت قوررا بکوکلتاش میسپردند و در خانهٔ
او فراهم شده جانقی مینمودند. باری درین انجمن میان راجه و حکیم از
درشتی بدشنام کشید و ببردباری کوکه لختی شورش بیگانگی فرو نشست.
و پس از گذشت نابایست کوکلتاش گذارش نمود «مهمّ کوهستان بانجام
نزدیک است و سرتابان کراکر و بنیر نیز لابه‌گری فراپیش دارند، لیکن
از دیر باز گفت بکردار نمیآید. همگی پژوهش کمک از آن بود که جوقی‌را
درین قلعه گذاشته در مالش فتنه‌اندوزان حیله‌گذار تکاپو رود. اکنون
باید که لشکر تازه‌زور این خدمت‌را بر خود گیرد و من با پیشین سپاه میان
ولایت‌را پاسبانی کنم یا آنکه بودن چکدره‌را اینان بر خویشتن گیرند و من

or's favor, which encompasses everyone far and near. To choose such a path is to inflict long suffering upon one's own self, to struggle against the deity, and to make oneself blameworthy in everyone's view. Ever since the troops from the plains went out to reinforce Kükältash, the raja had knitted his brow, knotted his insides, and said to his comrades, "It is my ill luck to have to traverse plain and mountain in company with the hakim to assist Koka. I wonder where it will all end." Along the way the two of them got into disputes every day, and when they reached the Malakand Pass, Kükältash came to greet them warmly and then went to the top of the pass to stash his army's baggage. He spent that night there, and Hakim Abu'l-Fath and some others went to the Chakdarra fortification. The raja was indignant at being left alone and started having black thoughts. The next morning they gathered at the fortress. Kükältash gave a banquet to which he invited those who had newly arrived. The raja let his anger be known and refused to set foot in the banquet, saying, "It would be more appropriate for everyone to gather around the emperor's standard for council and for everyone to come to an agreement." Kükältash swallowed his anger and went to the raja, and the others joined them. It would have been appropriate had they entrusted the service to the standard to Kükältash and gathered in his quarters for council. Once again, however, at the meeting the ill feeling between the raja and the hakim escalated to insults and curses, but Koka intervened and calmed them down somewhat. After this unnecessary affair, Kükältash said, "The task of taking the mountain is near completion, and the rebels in Karakar and Buner are beginning to beg for mercy. However, words are not always put into action. The reason I asked for reinforcement was to station one troop in the fortress

بسزای کوهنشینان بیراهه‌رو شوم.» راجه و حکیم هیچ یک‌را نپذیرفته پاسخ دادند «فرمان بتاخت ملک است، نه بنگاهداشت. همه یکجا مالشی بسزا داده از همان راه بدرگاه والا میشتابیم.» کوکلتاش جواب داد «ولایتی که بچندین آویزش بدست آمده باشد چگونه سرانجام ناکرده گذاشته آید؟ و شتافتن بدان راه پر نشیب و فراز پسندیدگی ندارد. و اگر آن دو روش فراپیش نمیگیرند و برفتن قرار میدهند همان بهتر که از راه آمده بازگردند که آن سو سپه‌نشین است و غنیم‌را نیروی دستبردی نی.» این‌را نشنوده بهمان اندیشه دل نهادند. کوکلتاش از مدارای بی‌هنجار آئین سرداری یکسو نهاد. مبادا این نزدیکان شیوازبان حرفی ناشایسته برسازند و شاهنشاه بسیارمشغله زمانی گران‌خاطر شود و اینان‌را همگی اندیشه آنکه مبادا بتنهائی کاری از پیش نرود و شرمندگی بار آورد. از نیرنگی تقدیر رفتن بی‌هنجار قرار گرفت و سخن در آرایش فوجها رفت. راجه و حکیم بهمان اندیشه از سر کردن برانغار و جوانغار سر باز زدند. سربراهی برانغار بحسن بتنی باز گشت و جوانغار بقاضی علی و پیشقدمی هراول بحسن بیگ گرد و بگفتگوی فراوان حکیم در التمش جای گرفت. دوم اسفندارمذ از چکدره بصوب کراکر رو نهادند و پنج کروه راه رفته در موضع کانداک فرود آمدند و روز دیگر چون راه پرتنگ بود برانغاررا چنداول گذاشتند و نیم کروهی دره قرار منزل شد و چنان اندیشیدند که امروز هراول لختی بتاخت پرداخته بازگردد. بامدادان چون آن گروه بر آن کتل برآمدند آغاز پیکار شد. زمان زمان فیروزی چهره برافروختی. در کمتر فرصتی تنگناهارا درنوشته فراوان غنیمت اندوختند و هزاران بندی بدام افتاد. التمش که بیشتر کابلیان بودند داستان یغما شنوده شتاب آوردند و بسیاری از فوجهای دیگر نیز از پی شتافتند. کوکلتاش که منزل

and to have another go out to crush the cunning troublemakers. Now the troops that are newly arrived must take the burden of the expedition upon their shoulders, and I will guard the middle of the territory with the troops that were here before, or else they can choose to stay in Chakdarra and I will go to chastise the wayward mountaineers." The raja and the hakim accepted neither alternative, saying, "Our orders are to attack the territory, not to keep it. We will give them all one good whipping and keep going to return to court."

"How can you abandon a territory that has been acquired through so much fighting without finishing the job?" Kükältash asked. "And furthermore, it is not wise to take the road across such rugged terrain. If you don't choose either of my alternatives and you opt to go, it would be better to return the way you came, for that way has garrisons on it and the enemy will not be able to attack."

Refusing to listen, the hakim and the raja stuck to their decision. Kükältash even compromised his position as commander in an attempt to dissuade them because he was afraid they, with their oily tongues, would misrepresent him at court and the emperor would be displeased with him. Their only thought was to prevent Kükältash from accomplishing his task by himself, which would humiliate them. By the mysterious workings of destiny they made an unwise decision to go, and the array of the troop was discussed. Both the raja and the hakim refused to take command of either the right or the left wing. The leadership of the right wing went to Hasan Batani, that of the left wing went to Qazi Ali, and the vanguard was made Hasan Beg's responsibility. After much discussion the hakim took a position in the reserve. On the second of Isfandarmudh [February 21] they set

گزیده بود ناچار خود هم روانه شد. روارو بی‌روش پیش آمد. افغانان از
پس دست غارت برگشادند. حسن خان بتنی سخت آویزش نموده زخمی
کناره گرفت و کار بر روندگان تنگ‌تر شد. کوکلتاش ازین آگهی عنان باز
کشید و پای همّت افشرده بکارزار درآمد. آن روز و تمام شب و بیشتری
از روز دیگر هنگامهٔ زدوخورد گرمی داشت. چهار سرگروه‌را کوکه خود
ببندوق آتش برخت هستی درزد و افغانان لختی ازهم گسیختند. اگرچه
پایان روز فیروزی نشاط آورد، لیکن بار شتر و گاو بتاراج رفت و آنچه
بر فیل و استر بود بمنزل رسید. روز دیگر شش کروه رفته نزد خانپور
فرود آمدند. کوکه چنداولی بر خود گرفت و همگی راه جنگ‌کنان بمنزل
پیوست و بدایرهٔ راجه رفته انجمن کنگاش برساخت. و پیشین گفت‌وگو
و نکوهش شتابزدگی و بهدید خودرا بشیوازبانی گذارش نمود. اکنون
صلاح چیست؟ و چه پیش باید گرفت؟ چون راه کمتر مانده بود نشیب
و فراز آن بنظر نیامد. همه پاسخ دادند «سزاوار آنست که گریوه گذشته
روزی چند برنشینیم و چارهٔ این گروه ناسپاس از سر کرده آید.» کوکلتاش
برگذارد که «تنگنای پیش دشوارترین جایهاست. چنین ره نوردیدن آبروی
خود ریختن است. آن درخور که در همین مرحله که لختی فراخی دارد و
اسپ سرکوب نیست و آب و گیاه فراوان است و آذوق بسیار، دیواربندی
سرانجام داده پای همّت برافشاریم و بدگوهران نخوت‌افزارا که همگی کوه
فراگرفته دارند مالشی بسزا داده آید. یا آنکه زهوزاد و فراوان مال اینان
بدست ماست: استمالت‌نامه‌ها فرستاده پیمان فرمانپذیری برگیریم و
بندیان بدیشان باز سپاریم و بیرغمال چندی‌را نگاه داریم. و اگر این رای
هم دلنشین نیست چندان توقف افتد که ببارگاه اقبال آگهی رود و فوجی
از بهادران از آنصوب آمده سر گریوه نگاه دارد.» از آنجا که سرنوشت

out from Chakdarra in the direction of Karakar. After traveling five leagues they stopped in the village of Kandak, and the next day, since the road was very narrow, the left wing was stationed at the rear. After half a league they stopped, thinking that the vanguard could make some raids that day and come back. The next morning, when the vanguard went to the top of the pass, battle began. Victory constantly smiled upon them, and in a short time they had traversed the narrows and taken a lot of booty and many captives. The reserve troops, most of whom were Kabulis, heard of the booty and set out hastily in their wake, as did many of the other troops. Kükältash, who had made camp, also had to set forth. As soon as he was out of sight, the Afghans attacked from the rear and started plundering. Hasan Khan Batani fought hard but was sidelined by a wound, and things were becoming difficult for the vanguard. Hearing news of this, Kükältash drew in his reins and stood his ground in battle. That day, all that night, and most of the next day the battle raged on. Koka himself shot four chieftains dead, and the Afghans lost their cohesion. Although there was a victory by the end of the day, the pack camels and oxen had been lost, and only the baggage that was on elephants and horses made it through. The next day six leagues were traveled, and they stopped near Khanpur. Koka took command of the rear guard, and all managed to fight their way to the camp. Koka went to the raja's quarters for council. He spoke of the quarrels, chastised him for his haste, and explained his plan diplomatically. "What should we do now? What should we aim for?" he asked. Since there was only a short way to go, the ruggedness of the terrain was not apparent.

"It would be best," they all answered, "to get across the pass and stop for a few days so that these ingrates can be dealt with totally."

آسمانی دگرگون بود بر سگالش خویش ایستادند و سود در زیان خود اندیشیدند.

۸۷ ششم اسفندارمذ بصوب گریوهٔ بلندری روان شدند. کوکه از کارآگهی چنداولی بر خود گرفت و سخت‌تر از پیشین روز آویزش پدید آمد. چون لختی راه بسپردند و روز بیگاه گشت اردو سر دره‌را آغاز بزرگ گریوه دانسته فرود آمد و از رسیدن کوکه روشن شد که هنوز تنگی دیگر باید گذشت تا بسر آن پخ رسیده آید. و چون سرکوبها نزدیک داشت در پیش رفتن کوشش نمود و چنان قرار داد که هراول بسر گریوه رسیده بلندیهارا بگیرد و اردو در پایان فرود آید و سرآغاز پرتو صبح آن دشوار پخ‌را گذاره نمایند. چون از پس افغانان رانده میآمدند کوکلتاش با برخی دلآوران برگردید و دیگران ازین کوچ ناهنگام و پیش شتافتن هراول نوردیدن گریوه دانسته شتاب آوردند و آئین رفتن ازهم ریخت. هرچند در فهماندن و برگرداندن تکادو شد سودمند نیامد. افغانان از هر سو بتیر و سنگ چیره‌دستی نمودند. از ناشناسائی و سراسیمگی از فراز کوه بنشیبگاه رو آوردند. در آن روارو از دل‌بای‌دادگی و اسپ و آدم با یکدیگر آمیخته افتادند و عالمی نقد هستی درباخت. بسیاری ناموس‌دوست ایستاده مردانه جان‌نثاری نمودند و برخی پردلان راه شناخته گام برگرفتند. انجام روز برخی دیگر آن گریوهٔ دشواررا گذاشته پائین فرود آمدند. کوکلتاش بر آن بود که در همان آویزش روزگار بسر آید. جانش بهادر جلو گرفته کام و ناکام برگردانید و لختی آمده از بیراهی پیاده شد و بصد دشواری بمنزلگاه پیوست. و بر زبان هرزه‌گویان بیهده‌گذار افتاد که افغانان از پی میآیند. بصد بیتابی از آنجا نیز کوچ بی‌هنگام کردند و مردم از تاریکی راه گذاشته بدره‌ها افتادند. افغانان در گرفتن و بخش کردن مال درمانده بودند.

"The pass ahead is the most difficult of all," Kükältash replied. "To attempt such a road is to expose oneself to dishonor. It would be better to stop here, where there is some expanse of ground, the horses are not on mountain peaks, and there is plenty of water, vegetation, and food. We can erect a stockade and make a stand. Otherwise, we have captured many of their wives and children and much of their property. We can send out letters of safe conduct and extract promises of obedience from them. Then we can turn our captives over to them, keeping some as hostages. If you don't approve of this suggestion, we can stop until a messenger is sent to court and a troop is sent from there to hold the top of the pass." Since fate willed otherwise, they clung to their original decision.

On the sixth of Isfandarmudh [February 25], they set out for the Balandri Pass. Koka wisely took command of the rear guard, and there was even more ferocious fighting than the day before. After they had gone a little way and it was getting late in the day, knowing that the camp at the head of the valley was the beginning of the great pass, they camped. When Koka arrived it became clear that there was yet another defile to go through before they reached the head of the pass. As they were exposed overhead in the vicinity, they pressed forward, and it was decided that the vanguard would go to the head of the pass and secure the heights while the camp would stop lower down. At the break of dawn they would cross the difficult pass. As they were being chased by the Afghans, Kükältash turned back with some warriors. The others were too hasty, thinking this untimely decamping and going forward of the vanguard was to scale the pass, and the order went to pieces. No matter how much effort was expended to make them understand and turn back, it was useless. The

87

171

۸۸ روز دیگر بسیاری راه گمکردگان‌را جان از دست بشد و برخی دستگیر گشتند. درین شورش تا پانصد کس‌را روزگار سپری گشت. آنان که روشناس کیهان‌خدیو بودند:

راجه بیربر
حسن بتنی
گدا بیگ
راجه دهرمکند
سنگر خان
محمد ملاشیری
عرب شیخ کهکه
ملا غیوری
جان محمد بخشی[۳۳]
شیخ جنید
شیخ حمید فرملی
بهادر امان الله
سعید

هفتم آگهی رسید. ازین گزند ناگهانی و فرو شدن سعادت‌اندوزان اخلاص‌نهاد خاصه سپری شدن روزگار آن همزبان معنی‌آفرین راجه بیربر گوناگون اندوه سراپای خاطر اقدس‌را فرو گرفت و دل از همه واپرداخته آمد. چون در وابستگی صوری بر خلاف وارستگی شیون ستوده باشد کیهان‌خدیو با پیشوائی ملک معنی پاس ظاهر داشت و شباروز بخورش مکیّف هرروزه میل نفرمود و بکوشش مریم‌مکانی و زاری بندگان عقیدت‌طراز بدان گرائیدند. قدسی بسیچ آن بود که در آن کوهستان رایات همایون برافراخته آید و آن گروه کجگرا مالش بسزا یابد، لیکن بلابه‌گری اخلاص‌گزینان سعادت‌آمود دست از آن یورش بازداشته.

Afghans dominated the field in every direction with their arrows and rocks. Foolishly and in a panic, they turned from going up to going down the mountain. In the chaotic panic, men and horses collided and fell, and a host lost their lives. Many honor-loving warriors stood and sacrificed their lives, and some brave fighters took the familiar path. By the end of the day some others had made it through the pass and stopped lower down. Kükältash was convinced that his days would come to an end in that battle. Janish Bahadur seized his reins and, like it or not, turned him back. Finally he dismounted and made it to the camp with great difficulty. It was bantered about by rumor-mongers that the Afghans were coming after them, so they made an untimely withdrawal from there too, and the men lost their way in the darkness and wound up in valleys. The Afghans had stopped to take booty and divide it up.

The next day many of those who had lost their way lost their lives too, and others were taken captive. In the confusion nearly five hundred men died. Those who were known to the emperor were: 88

Raja Birbar
Hasan Batani
Gada Beg
Raja Dharmakand
Sangar Khan
Muhammad Mullasheri
Arab Shaikh Khaka

Mulla Ghayuri
Jan Muhammad Bakhshi
Shaikh Junaid
Shaikh Hamid Farmuli
Bahadur Amanullah
Sa'id

نهم گوهر اکلیل خلافت شاهزاده سلطان مرادرا با بسیاری از فدویان کارگذار رخصت دادند و راجه تودرمل‌را بآن نونهال اقبال همراه کردند. ۸۹ و در همین روز فیروزی جنود دریای سند و رودبار کابل گذشته در مصر دایره کردند و بفرمان والا زین خان کوکه و حکیم ابوالفتح و قاضی علی از لشکر پیش پیوستند. اگرچه در دیدهٔ ظاهربینان شکستی بروی کار آمد و از ناتوان‌بینی و کارنشناسی چشم‌زخمی رسید، لیکن نزد ژرف‌نگاهان سترگ فتحی‌را سرآغاز شد. از زمان میرزا الغ بیگ کابلی الوس یوسف‌زئی که از صدهزار بیشتر است بدستآویز کوهستان دشوارگذار پیوسته راه زدی و گوناگون گزند برهگذری رسیدی. مرزبانان کابل‌را نیرو نبود که مالش بسزا دهند و فرمانروایان هندوستان از فزونی کار و همزبانی تنگ‌حوصلگان بدان نپرداختند. درینولا قدسی سگالش آنکه از مردم‌آزاری و تباهکاری باز آیند و فرمانپذیری و خدمتگذاری فراپیش گیرند. خوی بد که از دیر باز جا کرده باشد و از نیاگان برگرفته دور شدن بس دشوار. و از مهرباندلی بگسیختن پیوند جانی نگرایند و مهین جرمناکان‌را بنیستی جا ننشانند و بر نیرنگی تقدیر چشم برگشوده شگرفکاری اقبال‌را انتظار برند. چون افواج کشورگشا بتاخت نامزد میشد کوشش میرفت که در کشتن مردمزاد که نهال برومند و والا بنای ایزدی است تیزدستی ننمایند و هر بار که بهادران نصرت‌قرین جوق جوق از آن کجگرایان باطل‌ستیز بدرگاه میفرستادند خلعت و زر داده رها میکردند. از آنجا که زمان بادافراه رسیده بود کارسازان تقدیر چنین نقشی بروی کار آوردند و پیمانهٔ عمر بهادران اخلاصمند در نیکوخدمتی لبریز آمد و گرمروان شاهراه خدمت بلندنامی گرفتند و شاهنشاه مهربانی‌را در مالش اینان دید و از نزهتگاه عالم نقش ناسپاسان آزرم‌ستیز ستردن شایسته

On the seventh [February 26] the news arrived. The emperor was devastated by grief over the untimely loss of so many devoted servants, especially his eloquent companion Raja Birbar. Since mourning is praiseworthy on the level of worldly involvement, as opposed to true liberation, the world lord maintained appearances as leader of the inner realm and refused to partake of his daily opiate. It was only with the insistence of Maryam-Makani and the pleading of his courtiers that he gave in and had some. Now his only thought was that imperial banners be raised in those mountains and that the wayward tribe be crushed, but he was dissuaded by his pleading devotees from undertaking the campaign himself.

On the ninth [February 28], Prince Sultan Murad was sent with many self-sacrificing warriors, and Raja Todar Mal was assigned to accompany the young prince.

The same day imperial forces crossed the Indus and the Kabul rivers and camped. By imperial order Zain Khan Koka, Hakim Abu'l-Fath, and Qazi Ali joined the forward army. Although in the view of the superficial there had been a defeat and the evil eye had struck on account of jealousy and incompetence, those of deeper vision realized that it was the beginning of a great victory. From the time of Mirza Ulugh Beg of Kabul, the Yusufzai tribe, numbering more than one hundred thousand, had practiced highway banditry from their inaccessible mountain lairs and inflicted untold damage on wayfarers. Rulers of Kabul had never had the power to crush them sufficiently, and the rulers of Hindustan had been too busy or too influenced by incompetents to deal with them. Recently the imperial mind had contemplated that they might cease their harassment and evil ways and accept obedience and service. However, it is difficult to get rid of a bad

89

برشمرد. آن کوهستان از اینان تهی شدن بدانش زمانیان همدوش محال بود. در کمتر زمانی گزین رُفت‌وروبی یافت. جمعی انبوه‌را نقد زندگی بتاراج رفت و بسیاری‌را در توران و ایران فروختند و ملک سواد و بجور و بنیر که از روی آب و هوا و میوه و ارزانی مانند آن کمتر نشان دهند ازین بدکاران پاک شد.

٩٠ و از سوانح فیروزی یافتن کنور مانسنگه. چون بعرض همایون رسید که ایلچی توران و نظر بی با قافلهٔ بزرگ میآید و راه خیبر قدری از تیرگی گردنکشان ناروان، شیخ فرید بخشی‌بیگی‌را فرستادند که بدرقه شده بدرگاه آورد. چون بجمرود رسید مادهو سنگه و چندی‌را کنور مانسنگه همراه ساخت. این گروه از خیبر گذشته در حواشی دکه بآن کاروان پیوستند. مانسنگه با بسیاری از مجاهدان اقبال خود هم بعلی‌مسجد شتافت. تاریکیان مردم کم دانسته در آن شبِ تار قلعهٔ علی‌مسجدرا گرد گرفتند و چندی بر فراز دژ برآمدند. رادمردان فیروزی سپاه پای همّت افشرده بر غنیم چیرگی یافتند. شاه بیگ خان و پور او نیز کارنامهٔ دلاوری بروی کار آوردند. بدگوهران از گرد قلعه برخاسته بر بلندی دیگر جای کردند و در کمین بداندیشی نشستند. بامدادان دلاوران نصرت‌پیوند خودسران بی‌سررا از پای درآوردند و بسیاری‌را نقش هستی سترده آمد.

habit that has long taken root and was acquired from one's ancestors. In his clemency the emperor was not inclined to take their lives and would not condemn to death even the worst criminal, so he opened his eyes to the workings of destiny. When the imperial troops were sent off to attack, they were advised not to be hasty in taking human life, the exaltation of divine creation, and every time the invincible warriors sent droves of the wayward villains to court, the emperor gave them robes of honor and money and set them free. Now that the time for punishment had come, the workers of destiny produced such a scene and brought so many devoted warriors' lives to an end. The emperor saw that the kindest thing would be to crush the villains and erase their existence from the face of the earth. However, to empty the mountains of them was beyond human ability. Nonetheless, a great sweep was made, and a large number lost their lives, many were sold in Turan and Iran, and the realms of Swat, Bajaur, and Buner—the likes of the climate, fruits, and plenty of which are hard to find— were cleared of these evildoers.

Kunwar Man Singh achieves a victory

90

When it was reported to the court that the Turanian ambassador and Nazar Biy were coming with a large caravan and the way through the Khyber Pass was blocked by rebels, Shaikh Farid Bakhshibegi was sent to escort them to court. When he reached Jamrud, Kunwar Man Singh attached Madhav Singh and some others to him. They got through the Khyber Pass and reached the caravan in the vicinity of Dakka. Man Singh and many imperial warriors set out for Ali Masjid. The Tarikis, thinking there were only a few, surrounded the Ali Masjid fortress during the dark of night, and some of them got up on top of the fort. The imperials

۹۱ هفتم سرآغاز روز آمدن مرزبان کشمیر و در میان آن فرو شدن راجه بیربر و پایان آن مژدهٔ شادمانی بعرض رسید. روز دیگر قافلهٔ توران آن طرف سند بسرای خیرآباد آمد و ازین آگهی که فرمانروای توران گزیده کبوتران آن دیاررا همراه حبیب کبوترباز که از عشقبازان نامور است روانه گردانیده، پیش از آنکه ایلچی بسعادت بار رسد اورا بآن خیل نشاط طلب داشته عشرت اندوختند.

و همدرین روز نظربی و فرزندان او قنبربی و شادی‌بی و باقی‌بی بسجود قدسی آستان روشن‌پیشانی گشتند و بنوازش سربلندی یافتند.

۹۲ و از سوانح بار یافتن ایلچی توران بدرگاه والا. چون رایات جهانگشا بکنارهٔ دریای سند و آهنگ خرامش زابلستان پیدائی گرفت و کتل خیبررا که اسپ و شتر بدشواری گذشتی گردون‌گذار ساختند و بر دریای سند پل بسته شد شگرف شورشی در توران‌زمین افتاد. از بیمناکی ایلغار گیتی‌خداوند دروازه‌های بلخ بیشتر بسته داشتی. فرمانروای توران عبدالله خان از کارآگهی و اندازه‌شناسی بنیایشگری درآمد و نیازمندی فراپیش گرفت و میر قریش‌را که از بزرگ سادات است با اسپان گزیده و شتران تنومند و استران سبکرو و جانوران شکاری و پوستینهای گزین و دیگر نفایس آن دیار روانهٔ والا درگاه گردانید و دلآویز نامه فرستاده سلسله‌جنبان دوستی شد. چون گیتی‌خداوندرا از سرگذشت راجه بیربر لختی دل برگرفته بود روزی چند ایلچی بار نیافت و سرمایهٔ پراکندگیهای او گشت. ازین آگهی بر حال آیندگان بخشوده رخصت بار دادند. بیست و یکم در دیوانخانهٔ که در آن نزدیکی اساس یافته بود خسروانی جشن برآراستند و ایلچی بسجود قدسی آستان سربلندی گرفت و تنسوقات آن دیار در پیشگاه نظر آورد.

stood their ground and dominated the foe. Shah Beg Khan and his son performed valiantly. The villains retreated from around the fortress and took up a position on another high place, lying in malevolent ambush. The next morning the warriors brought down the foolish rogues, and many lost their lives.

On the seventh [February 26], it was conveyed to the emperor that the ruler of Kashmir had seen the light, that Raja Birbar had been lost, and that victory had finally been achieved. The next day the Turan caravan came to Khairabad on that side of the Indus, and with the news that the ruler of Turan had sent fine doves from that region with the dove master Habib, a renowned trainer of doves, he was summoned to bring the doves, which delighted the emperor, before the ambassador was received at court. 91

The same day Nazar Biy and his sons, Qambar Biy, Shadi Biy, and Baqi Biy, prostrated themselves at the imperial threshold and were warmly received.

The Turanian ambassador is received at court 92

While the imperial retinue was stopped beside the Indus and was intending to proceed into Zabulistan, and when the Khyber Pass, which horses and camels had scarcely been able to make it through, was made passable by cart and a bridge was constructed across the Indus, great consternation arose in Turan. In fear of the emperor's campaign most of the gates of Balkh were kept closed. The ruler of Turan, Abdullah Khan, wisely and competently taking a conciliatory stance, sent to the imperial court Mir Quraish, a great sayyid, with fine horses, sturdy camels, swift pack animals, falcons, and fine furs and other rarities of that region and shook the chains of friendship with a letter. Since

۹۳ و از سوانح طلب فرمودن شاهزاده سلطان مراد. راجه تودرمل عرضداشت «آن روز که بندگان حضرت خود رو بدین کار میآوردند بزاری بزرگان دولت این خدمت بدان نونهال اقبال باز گردید. سزاوار آنست که فرزندان سعادت‌پژوه بگشایش ولایتهای دوردست و ایل ساختن فرماندهان بزرگ نامزد گردند و این کاررا بیکی از بندگان خدمت‌گزین فرموده آید.» شهریار سخن‌شنو گذارده‌را پذیرفته آن والاگوهررا طلب داشتند و کنور مانسنگه‌را که نزد جمرود مالش تاریکیان می‌اندیشید بدان خدمت برگماشتند که بهدید راجه‌را دستیار کارکرد خود گرداند. مانسنگه بجانب بنیر نزدیک اوهند[۳۴] که از بزرگ شهرهای باستانی است و امروز تل خاکی از آن شیوازبانی کند بر ساحل دریا منزل گزید و قلعهٔ اساس نهاده بآبادی برنشست و راجه تودرمل نزد کوه‌لنگر که بسواد پیوسته است بنگاه برساخت. رادمردان چابکدست این دو گذرگاه افغانان گرفته کار بر اینان دشوار گردانیدند. هر روز از هر دو سو تیزدستان کارشناس بکوهستان در شدی و در مالش بدگوهران و بند کردن و تاراج نمودن سخت کوششها بر روی کار آوردی. ناچار راه زاری سپردند و گرد شورش فرو نشست و زمان‌را تازه‌روئی دیگر پدید آمد.

the emperor had been saddened by the death of Raja Birbar, the ambassador was not received for a few days, which caused him some consternation. Finally, the emperor had mercy on those who had newly arrived and gave them audience. On the twenty-first [March 12], a great regal celebration was held in the court tent that had been erected in the vicinity, and the ambassador was honored to prostrate himself at the threshold and present to the emperor's view the gifts he had brought.

Prince Sultan Murad is summoned   93

Raja Todar Mal said, "When His Majesty turned his attention to this matter, the task was assigned to the prince at the urging of courtiers, who said, 'It is appropriate that the royal sons be assigned to conquer faraway territories and bring great rulers into obedience. This task should be given to one of Your Majesty's servants.'" The emperor agreed. Summoning the prince, he appointed Kunwar Man Singh, who was contemplating chastising the Tarikis in Jamrud, to that task with the approval of the raja. Man Singh camped beside the river on the Buner side near Ohand, a large ancient city that is today no more than a mound of earth, and built a fortress. Raja Todar Mal made his abode near Lunggar Mountain next to Swat. Warriors took these two crossings from the Afghans and made things difficult for them. Every day on both sides warriors entered the mountains, where they crushed the villains and took captives and booty. With no alternative, the Afghans became conciliatory, and the dust of unrest settled down as the world faced a new year.

آغاز سال سی و یکم الهی از جلوس مقدّس شاهنشاهی، یعنی سال مهر از دور سیوم

۹۴ چمن‌آرای سلطنت از نوروزی نوید چهرهٔ شادمانی برافروخت و گوناگون نشاطرا پایه برافراخت. کارپردازان کوه و دشت‌را آذین بستند و صورت‌را بمعنی پیوند دادند. شب جمعه بیست و نهم ربیع الاول سنهٔ نهصد و نود و چهار پس از سپری شدن یازده ساعت و سی و هفت دقیقه چهره‌گشای بینش بحمل پرتو انداخت. شهر عنبرین و دشت نگارین شد.

شکایـتها همی[35] کردی که بهـمن برگریـز آمد
بیا برخیـز و گلشـن بین که بهمن در گریز آمـد
ز رعدِ آســمان بشــنو تو آوازِ دهــل یعنی
عروسی دارد این عالم که بستان پرجهیز آمد[36]

شهریار دیده‌ور شگرف بزمی بیاراست و خرد و بزرگ‌را کامیاب عشرت گردانید.

نوزدهم فروردین که والا جشن شرف بود میرزا شاهرخ و راجه بهگونت‌داس و شاهقلی خان محرم و دیگر امرا دولت بار یافتند و مرزبان کشمیررا بدرگاه آوردند. غایبانه ببازپرس درآمد که نوازشهای شاهنشاهی چرا از یاد رفت و پور خودرا که از درگاه گریخته بود اعتبار افزود و فیروزی لشکررا بدستان‌سرائی برگردانید و گفتار آشتی‌را فروغ کردار نداد. او از سعادتمنشی بشرمساری و خاموشی پاسخ‌آرا گشت. کشورخدا از مهرباندلی بر آن شد که کشمیررا بدو بازگذارد، لیکن اولیای

The Thirty-First Year after the Imperial Accession: Mihr Year of the Third Duodecennial Cycle

With new year's tidings the garden of the sultanate blossomed   94
and offered much pleasure. Workers of nature adorned moun-
tain and plain, and form was joined to inner meaning. After the
elapse of eleven hours and thirty-seven minutes of the eve of
Friday the twenty-ninth of Rabi' I 994,[7] the sun cast its rays on
Aries, and the city was redolent of ambergris and fields became
colorful.

> You complained that Bahman came shedding leaves. Come,
>   arise, and see the garden, for Bahman has flown.
> Hear the drums of the promise of heaven announcing that
>   the world is celebrating a wedding, and the garden is the
>   dowry.

The insightful emperor held a marvelous banquet that was
enjoyed by all.

On the nineteenth of Farwardin [April 8], which was the cele-
bration of the culmination, Mirza Shahrukh, Raja Bhagwant
Das, Shahquli Khan Mahram, and other commanders were
admitted to audience, and they produced the ruler of Kashmir.
He had been questioned in the emperor's absence as to why he
had forgotten the emperor's favor toward him and why he had
promoted his son, who had run away from court; why he had sent
imperial forces back; and why he had not done as he had prom-
ised. Fortunately for him he was ashamed and could only answer

دولت بعرض همایون رسانیدند شایسته آنست که لختی بادافراه لغزش سرانجام یابد و کشمیر گرفته بدو باز دهند. شهریار آگاهدل پذیرش فرموده اورا براجه تودرمل سپردند.

۹۵ و همدرین روز سپاهی که بر سر بلوچستان رفته بود آمد و غازی خان و چیته و بهادر خان و نصرت خان و ابراهیم خان و دیگر سران بلوچ دولت بار یافتند. فوج نصرت‌قرین چون بدان ملک در شد لختی بومیان سرتابی فراپیش گرفتند و از آنجا که سعادت در نهاد بود بزودی بایست‌را دریافتند و زینهاری شده راه نیایشگری سپردند و از بارگاه خلافت پذیرائی یافت و بخلعت و اسپ سربلندی بخشیدند و آن ملک آباد بدان گروه باز دادند.

و همدرین روز راجه تودرمل از کوهستان یوسف زئی بازگردیده بزمینبوسی مژگانی سعادت اندوخت و مالش افغانان تنها براجه مانسنگه بازگشت.

۹۶ و از سوانح تاختن فیروزی جنود ولایت براررا. جنوبی ملکیست پیوسته بصوبهٔ مالوه چنانچه حال او در آخرین دفتر گذارده آید. از آنجا که مرزبانان دکن شایسته فرمانپذیری نداشتند خان اعظم میرزا کوکه با بسیاری امرا بمالش اینان نامزد شد. او در هندیه رفته سرانجام یورش پیش گرفت و جوقی‌را فرستاده ساولی‌گده[۳۷] از ناهر راو برگرفت. او بزینهار درآمد و دیگر زمینداران بلابه‌گری در شدند. لختی هنگامه گرمی پذیرفت. گیتی‌خداوند گزین جایهای مالوه بتیول او دادند. چون امرای نامزد فراهم آمدند دوروئی و دەزبانی شورش افزود. سپه‌سالار از چیره‌دستی بدگمانی سراسیمه شد و کار از روش افتاد. شهاب الدین احمد خان رنجیده بی‌دستوری بجایگیر خود شتافت و سپاه‌آرا بآویزه در

with silence. The world lord kindly decided to give Kashmir back to him, but the friends of fortune suggested that it would be appropriate to chastise him a bit for his lapses, to take control of Kashmir, and then to give it back to him. The wise emperor agreed and turned him over to Raja Todar Mal.

On the same day the army that had gone to Baluchistan 95 returned, and Ghazi Khan, Chita, Bahadur Khan, Nusrat Khan, Ibrahim Khan, and other chieftains of the Baluch were given audience. When the invincible troops entered the territory, some of the natives resisted, but since they had some good fortune, they quickly recognized what had to be done and were given amnesty to pay homage. When they were found acceptable by the court, they were honored with robes and horses, and the emperor allowed them to retain their territory.

On the same day Raja Todar Mal returned from the mountain stronghold of the Yusufzai and prostrated himself before the emperor. The task of chastising the Afghans reverted to Raja Man Singh.

Invincible troops attack Berar

96

Berar is a land to the south, adjacent to Malwa, and it will be described in the last volume. Since the rulers of the Deccan were not suitably submissive, many commanders were assigned to Khan A'zam Mirza Koka to crush them. The mirza had gone to Handia and was busy making preparations for the expedition. He dispatched a troop that took Sauligarh from Nahar Rao, who received amnesty, and the other zamindars also submitted. There were a few skirmishes. The world lord enfeoffed the best places in Malwa to Khan A'zam. When the assigned officers assembled, hypocrisy and cunning increased. The commander, afraid of

پی شد و بجای نیایشگری پرخاش پیش گرفت. اگرچه بکوشش فروهیده مردم آویزش نشد، لیکن با یکدیگر نپیوستند و از حرف‌سرائی نابخردان تولک خان که از امرای بابری است دامن‌آلای تهمت گردیده زندانی شد و یادگار پیشین دانشوران امیر فتح الله شیرازی فراوان آزار یافت و بناکامی از پیش مرزبان خاندیس بازگردید و اندوهناک نزد خانخانان بگجرات رفت. از توقعهای بیجا و غرضهای پراکنده سپاه نصرت‌قرین در چندی و چونی کمی پذیرفت. غنیم که بر خود میلرزید دلیر شد. راجه علی خان حاکم خاندیس و فرهاد خان و جمشید خان و اژدر خان و میر تقی و دیگر لشکر برار و احمدنگر فراهم آمده بآهنگ کارزار روانه شدند. بزرگان دولت لختی از شادخواب بی‌هنجاری درآمدند و برازگوئی برنشستند. جائی که دوست از دشمن باز ندانند و مدارا از مداهنه جدا نباشد کار چسان بانجام رسد و خواهش چگونه روائی گیرد؟ از دوروئی نیروی آویزش ندیدند و همّتها بکارزار یکتائی نگرفت. از برابر غنیم یکسو شده بصوب برار روانه شدند و پرتال‌را بگوشهٔ فرستاده گام فراخ برزدند. درین راه هتیا راو بومی‌را که رهنمونی کردی بگمان دوروئی ازهم گذرانیدند و از کم‌آگهی بنواحی کهرله جوقی‌را بایلغار فرستادند. کاری برنیامد و گزندی سترگ بچاروا رسید. و پس از تکادو بسیار برار خالی یافته یغمائی گردانیدند و روز نوروز ایلچ‌پور که دار الملک آن سرزمین است تاراج شد. برخی‌را بسیچ آن بود که تا احمدنگر عنان برگرفته نشود و جمعی بر آنکه این ملک آباد نگاه باید داشت و پایه پایه پیشتر شتافت. پس از گفتار ناشناسندگان هیچ یک بروی کار نیامد و با فراوان غنیمت بصوب گجرات چالش رفت. سگالش آنکه چون غنیم دررسد و کار بدشواری گراید سپاه گجرات بیاوری برخیزد و اندوخته‌ها از دست

the dominance of malevolence, allowed things to go to pieces. Insulted, Shihabuddin Ahmad Khan returned to his estates without permission, and the commander set out in his wake with troops to engage him in battle as vengeance took the place of conciliation. Although battle was avoided through the efforts of well-meaning men, the two could not get along together. Through the slander of vile men, Tüläk Khan, one of Babur's commanders, was accused and imprisoned. The scholarly Amir Fathullah Shirazi was also so reviled that he left the ruler of Khandesh in failure and went in sorrow to the khankhanan in Gujarat. The imperial army decreased in quality and quantity on account of unwarranted expectations and selfish motives. The foe, who had been quivering, was now emboldened. Raja Ali Khan the ruler of Khandesh, Farhad Khan, Jamshed Khan, Azhdar Khan, Mir Taqi, and other military men of Berar and Ahmadnagar assembled and set out to do battle. The leaders of the imperial army awoke somewhat from their somnolence and held council. (When friend cannot be distinguished from enemy and conciliation cannot be separated from deceit, how is anything to get done, and how can desires be fulfilled?) They were too hypocritical to muster their strength and focus their attention on battle. Moving off from opposite the enemy, they set out in the direction of Berar. Stashing their baggage somewhere, they moved in haste. Along the way they killed the local ruler Hatya Rao, who had been guiding them, on suspicion of two-facedness, and they foolishly dispatched a raiding troop to the vicinity of Kherli. Nothing was accomplished, and much injury was done to the animals. After much hard riding, they found Berar undefended and looted it. On Nauroz day [March 20] Ellichpur, the capital of the territory, was pillaged. Some thought they should not stop until they got to Ahmadnagar,

برنیاید. مخالف از برگردیدن بحیرت در شد و چارۀ کار میجست. توپخانه و دیگر حشم گذاشته از پی درآمدند و بر هندیه دست تاراج برگشودند و آتش زدند و از نوردیدن سخت گریوهها لشکررا توان نماند. بسیاری نتوانستند رسید. در بازگشت فیروزی جنود نمودار گشتند و قراول از دور سیاهی میکرد. برخی لشکررا در نزدیک قصبۀ چاندور با بومیان آن سرزمین آویزش رفت. اگرچه فراوان مال بدست آمد، لیکن حاجی عبدالله سلطان کاشغریرا پیمانۀ زندگی لبریز شد. او پور عبد الرشید خان مرزبان کاشغر است. نزدیک خاندیس محمدقلی اوزبک از غنیم جدا شده پیوست و ناتنومندی و کمی مخالف باز نموده برگذارد که «اگر عنان بازکشیده آویزشرا فراپیش گیرند فیروزمندی چهرۀ نشاط برافروزد. مرا پابند ساخته همراه دارند. اگر گفته بکردار نیاید ازهم گذرانند.» انجمن کنگاش برساختند و بکوشش کاردیدگان پیکار قرار گرفت و یک روز در آمادگی گذشت. از هرزهلائی ناشناسندگان و بیمناکی سپه آرا بامدادان طبل کوچ برزدند و بیآگهی یکدیگر گرمرفتار گشتند. شب پرتال و چارپا میرفت و روز امرا راه میسپردند. غنیمرا ازین روش دل میبالید و از پی دلیرانه میآمد. دو بار میان چنداول و هراول لختی آویزش روی داد و شکست بر مخالف افتاد. اگرچه قابوی کارزار نشناختند و دکنِ گرفته از دست رفت، لیکن فراوان غنیمت گرفتند.

but others were of the opinion that this flourishing land should be held and they should proceed little by little. After much ignorant discussion neither opinion was acted upon, and they returned to Gujarat with a lot of booty, thinking that when the enemy arrived and things got difficult, the army of Gujarat would help them and they would not lose the loot they had amassed. The foe, meanwhile, was perplexed by their pullout and wondered what to do. Leaving their artillery behind, they set out in pursuit. They looted Handia and set fire to it. From crossing so much rugged terrain, the soldiers were exhausted, and many never made it. As they were turning back, the imperial army appeared and the vanguard could be seen from afar. Some of the soldiers clashed with locals near the town of Chandwar. Although they obtained a lot of property, Hajji Abdullah Sultan, the son of Abdul-Rashid Khan the ruler of Kashgar, was killed. Near Khandesh, Muhammadquli Uzbek deserted the enemy and joined the imperials, reporting the exhaustion and paucity of the foe. "If you draw in your reins and engage in battle, victory will be yours," he said. "You can put me in chains and take me along. If what I say doesn't come true, you can kill me." Council was held, and through the efforts of the experienced battle was decided upon. One day passed in making preparations, and through the blathering of the ignorant and the trepidation of the commander, the next morning the drums were sounded for decamping, and they all left helter-skelter. The baggage and animals traveled by night, and the commanders went by day. The foe was emboldened by this action and set out in pursuit. Twice skirmishes were fought between the rear guard and vanguard, and both times defeat befell the foe. Although they did not know how to arrange a decent battle and the portions of the Deccan that had been taken were lost, they took a lot of booty.

۹۷ بیست و دوم به ندربار عنان بازکشیده آرامش گزیدند. پیشتر ازین چندی دکنیان در آن حدود رفته فتنه برانگیخته بودند و گماشتگان قلیچ خان بتیمارداری رعیّت نپرداخته کناره برگرفتند. از رسیدن فیروزی جنود خاربن شورش برکنده آمد و مخالف از نهایت خاندیس بیرون شد. خان اعظم جریده رو بگجرات نهاد بدان اندیشه که سپاه آن ملک‌را بیاوری آورد. خانخانان گرامی داشته گرمخوئیها نمود و در کمتر زمانی گزین لشکری سرانجام داده برآمد و از یافه گوئی بدگوهران و هرزه‌سگالی مردم بسیچ دگرگونی گرفت. میر ابوتراب‌را باندرزگوئی دکنیان و پیوند آشتی فرستادند و هر یکی بجایگیر خود بازگردید. غنیم ازین سرگذشت نشاط اندوخت و پیشکشها فرستاد. میرزا کوکه از حوالی مندو بر سر حمیر جیت‌پوری تاخته سزای شایسته در کنار نهاد. او از زمینداران مالوه است. درین هنگام که لشکر ببرار شتافت ملک‌را خالی یافته بر سر مندو آمد و برخی جارا دست تاراج برگشود و لختی‌را آتش درزد. گویند یکی از دمسازان آن بومی از ربوده ایزدی یاوری بازخواست و بخشم در شده برگفت «کرا یارا که در ملک پادشاه صورت و معنی درازدستی نماید؟» و بدشنه کار او سپری گردانید.

۹۸ و از سوانح فرستادن راجه بهگونت‌داس بپاسبانی زابلستان. چون کنور مانسنگه‌را بسزای یوسف‌زئی فرستادند راجه که سپه‌آرای پنجاب بود بدان نامزد گشت. از اخترتیرگی خواهشهای بی‌هنجار پیش گرفت و شهریار کارآگاه دیوانگی پنداشته از فرستادن باز داشت و بکارسازان فرمان شد که گوهر اکلیل سعادت شاهزاده سلطان دانیال‌را آمادهٔ این خدمت گردانند و شاهقلی خان محرم و اسمعیل‌قلی خان و بسیاری از امرا همراه نوشتند. راجه بهگونت‌داس از آن گفتار بهزاران پشیمانی در

On the twenty-second [April 11], they drew in their reins in 97
Nandurbar and stopped to rest. Prior to this, some Deccanis had
gone there and stirred up unrest, and Qilich Khan's men, failing
to protect the subjects, had withdrawn. With the arrival of impe-
rial troops the sedition was uprooted, and the foe departed from
the farthest reaches of Khandesh. Khan A'zam set out unencum-
bered for Gujarat, thinking that he would bring the Gujarat army
to assist. The khankhanan honored him and acted cheerfully, and
shortly thereafter he assembled a large force and led it out, but
he was then influenced by the blathering of malevolents and the
foolishness of the men to change his mind. Mir Abuturab was
sent to advise the Deccanis and negotiate a truce, and everyone
dispersed to his estates. With this, the enemy rejoiced and sent
tribute. Mirza Koka attacked Hamir Jaitpuri in the vicinity of
Mandu and gave him an appropriate chastisement. He was a
zamindar of Malwa, and when the imperial army went to Berar,
he, finding Mandu undefended, attacked it, pillaging and burn-
ing several villages. They say one of the mirza's intimates called
upon divine assistance to punish him for what he had stolen and
said angrily, "Who can trespass on the kingdom of the physical
and spiritual monarch?" So saying, he did him in with a dagger.

Raja Bhagwant Das is sent to protect Zabulistan 98
When Kunwar Man Singh was sent to chastise the Yusufzai, the
raja, the commander of the Punjab army, was assigned to Zabu-
listan. Due to his being ill-starred he came up with unwarranted
requests, which the emperor attributed to madness. Changing
his mind about sending the raja, he ordered the administrators of
the empire to equip Prince Sultan Danyal for this task, and Shah-
quli Khan Mahram, Isma'ilquli Khan, and many officers were

شد و بلابه‌گری و پوزشگذاری نشست. گیتی‌خداوند بخشوده پذیرش
فرمود. بیست و سیوم با بسیاری بندگان سعادت‌سرشت دستوری داد.

بازگردیدن رایات اقبال بصوب دار الخلافه فتحپور

۹۹   دیهیم‌خدیو سه ماه و دوازده روز در اتک بنارس عشرت‌پیرا بود. اگرچه
چندی بشکار پرداختی و لختی در آهنگرخانه تماشای بندوقسازی فرمودی
و زمانی در دولتخانه بتفنگ‌اندازی نشاط اندوختی و شباروزی بمهمّات
ملکی و مالی پرداختی، لیکن سگالش آن بود که چندی بر ساحل سند بسر
رود تا سیاه‌کاران یوسف‌زئی مالشی بسزا یابند و سپس بسیر زابلستان
چالش رود. سراسیمگی تورانیان و زاری ایلچی آن بوم و گران‌ارزی آذوق
بازگردیدن قرار گرفت.

۱۰۰   بیست و چهارم پس از سپری شدن یک پهر شب هندوستان‌رویه
نهضت شد و فراوان مردم نشاط اندوختند. پانزدهم اردی‌بهشت دریای
بهترا بپل گذشته بجهت برخی کارها عنان بازکشیدند. درین روز
عمّه‌های میرزا شاهرخ با میانی پسر او شاه‌محمد میرزا و برخی کابلیان
بدرگاه همایون ناصیه‌سای آمدند. در آن زمان که رایات اقبال بر کنار
سند بود آن پرده‌نشینان پارسائی عرض داشتند که آرزوی آستان‌بوسی
بی‌تاب دارد. درماندگی و کم‌نیروئی ازین سرمایهٔ بختوری باز داشته است.
خانزاده خانم همراه میرزایان بکابل آمد و بشوق ملازمت روانهٔ هندوستان
شد و بمیرزا شاهرخ پیوست و آن پیش آمد که گذارش یافت. ناچار در
حوالی گردیز بسر میبرد و با پسر میرزا چشم روشن داشت و بیگم سلطان

assigned to accompany him. Raja Bhagwant Das then suffered much regret and begged and pleaded. The emperor forgave him and accepted his apology. On the twenty-third [April 12], he and many court servants were given leave to depart.

THE IMPERIAL BANNERS TURN BACK TO THE CAPITAL AT FATEHPUR

The emperor enjoyed himself in Attock-Benares for three months and twelve days. He spent some time hunting, some time in the smithy observing the making of bullets, a while in the royal tent shooting guns, and devoting his time day and night to administrative and fiscal affairs, but all the while he had in mind to spend some time on the banks of the Indus to crush the maleficent Yusufzai and then to tour Zabulistan. Since this distressed the Turanians and the Uzbek ambassador pleaded, and since there was also a scarcity of food, he decided to return home.

On the twenty-fourth [April 13], after the elapse of one night watch, he set out for Hindustan, and many rejoiced. On the fifteenth of Urdibihisht [May 5], he crossed the Bahat by bridge and drew in his reins to tend to certain matters. That day Mirza Shahrukh's aunts prostrated themselves at the imperial threshold along with Mirza Shahrukh's middle son, Shah Muhammad Mirza, and some Kabulis. When the emperor's banners were on the banks of the Indus, those ladies had sent word that they were anxious to pay homage, but exhaustion and lack of strength kept them from attaining such a great honor. Khanzada Khanim went to Kabul with the mirzas and then set out for Hindustan, desirous of joining the emperor. After she joined Mirza Shahrukh,

99

100

در سفر حجاز و عراق با میرزا سلیمان همراه بود و از پیوندی که رو داده بود در قندهار چندی ماندند و قابو یافته خودرا بکابل رساندند و چون بر آن آگهی رفت شهریار مهرباندل الغ بیگ کابلی‌را فرستادند و فرمان شد که خواجه شمس الدین سامان نموده گرامی مهمانان‌را روانه گرداند. درین سرمنزل سعادت ملازمت اندوختند و حیدرعلی و شادمان هزاره و نظر بیگ که از نکوهیده کاری نیامده بودند بسجود قدسی آستان ناصیه‌افروز بختمندی گشتند و بنوازش خسروانی سربلندی گرفتند.

۱۰۱ و از سوانح سودائی شدن راجه بهگونت‌داس. چون رخصت کابل یافت از دریای سند گذشته در سرای خیرآباد فرود آمد. روزی چند چشم بر راه سپاه داشت. ناگاه جوهر خرد تیره شد و سترگ رنجوری آسیمه‌سر گردانید. ناگزیر برگردانده بشهر اتک بنارس آوردند و بتیمارداری برنشستند. سامان نام پزشکی پژوهش نبض میکرد. ناگهانی راجه جمدهر اورا کشیده بر خود زد. شهریار چاره‌سگال ازین آگهی حکیم حسن و مهادیورا بهمراهی کهنگار و دولت خان فرستاد تا دوستان او بهر یکی ازینان که دل نهند بدرمان پردازد. مهادیورا برگزیدند و پس از دیر بهی یافت.

۱۰۲ و از سوانح فرستادن کنور مانسنگه بزابلستان. چون راجه بهگونت‌داس رنجور شد اسمعیل‌قلی خان‌را بجای او نامزد گردانیدند. او از معامله‌نشناسی و گرم‌بازاری مدارا خام آرزوها در میان آورد و هرزه‌سگالیها پیش گرفت و از پیشگاه نظر برافتاد و فرمان شد که از همینجا بر کشتی نشانده از راه بهکر بحجاز روانه گردانند. لختی از شاد خواب بیدانشی درآمد و بنیایشگری و لابه‌گذاری برخاست. اگرچه پوزش‌پذیرش یافت، لیکن از آنجا باز داشته مالش یوسف‌زئی بدو فرمودند و مادهو سنگه و سعید خان

that which has already been reported took place.[8] She had been living perforce in the vicinity of Gardez with the mirza's son, and Begim Sultan was accompanying Mirza Sulaiman on a journey to the Hejaz and Persia.[9] From the connection that had taken place in Kandahar only a few people remained, and they had seized the opportunity to get themselves to Kabul. When the emperor learned of this, he sent Ulugh Beg Kabuli with an edict for Khwaja Shamsuddin to outfit them and sent them as honored guests. At this stopping place they attained the honor of paying homage, and Haidar Ali, Shadman Hazara, and Nazar Beg, who had been too petty to come before, prostrated themselves and enjoyed imperial favor.

Raja Bhagwant Das has a fit of madness

When the raja was dismissed to Kabul, he crossed the Indus and stopped in Khairabad, where he tended to the military for a few days. Suddenly his mind ceased to function properly, and a great illness took hold of him. Not finding any alternative, his people turned him around and took him to Attock-Benares for treatment. A physician named Saman was taking his pulse when the raja, quite without warning, grabbed the physician's dagger and stabbed himself. When the emperor learned of this, he sent Hakim Hasan and Mahadeo with Khangar and Daulat Khan so that the raja's friends could choose one of them to treat him. Mahadeo was chosen, and after a long time he recovered.

Kunwar Man Singh is sent to Zabulistan

When Raja Bhagwant Das fell ill, Isma'ilquli Khan was assigned to his post, but he was so incompetent and conciliatory that he had vain imaginings and took to talking nonsense, which caused

101

102

گکهر و ابوالقاسم نمکین و مردم راجه بهگونت‌داس بیاوری نامزد گشتند و کنور مانسنگه با دیگر سپاه بکابل شتافت.

و از سوانح فرو شدن عرب بهادر. بکوهستان بهرایچ بنگاهی برگزید ۱۰۳
شمالی‌رویهٔ دوگون نزدیک کوه سیاه. بیاوری زمینداران بدگوهر اساس قلعه برنهاد همواره دست غارت برگشودی و آنجا پناه برگرفتی. روزی بآن آئین گام فراخ برداشته بود. کهرگ رای بومی پور خود دوله رای‌را بر سر آن قلعه فرستاد و چندی از تابینان حکیم ابوالفتح که در آن نزدیکی بودند نیز همراهی گزیدند. بیست و پنج کروه درنوردیده بدان حصار رسیدند. نگاهبانان دژ عرب دانسته بپاسبانی برنخاستند بچیره‌دستی برآمدند و گزیده اندوخته‌ها برگرفته بازگردیدند. آن نافرجام ازین آگهی بر سر راه کمین گرفت. دوله رای اسباب‌را راهی ساخته خود بخوردن ایستاد. ناگهانی آن مردم بی‌سر بدو رسیدند و گرفته‌ها بای داده رو بگریز نهادند. درین هنگام دوله رای با چندی رادمردان پیوست و بتیزدستی درهم شکست. بسیاری نقد زندگی درباختند و برخی دستگیر گشتند و لختی راه پراکندگی سپردند. آن سرمایهٔ شورش با دو کس بجائی افتاد و دوله رای آگهی یافته از پی رفت و کار آن بدگوهررا بانجام رسانید. پیش ازین بسه روز عرب نام میرشکاری بدریای بهت فرو شد. بر زبان گوهربار رفت که «بر ضمیر صافی پرتو می‌اندازد که کار عرب شورش‌افزا سپری شده باشد.» ازین نهفته‌دانی بسا مردم از خواب غفلت برخاستند و بسیاری نابینایان‌را چشم گشوده آمد.

him to fall from grace. Then it was ordered that he should be put in a ship right there and sent via Bhakkar to the Hejaz. Thereupon he awoke somewhat from his slumber and begged and pleaded. Although his entreaty was granted, he was sent instead to chastise the Yusufzai, and Madhav Singh, Sa'id Khan Gakkhar, Abu'l-Qasim Namakin, and Raja Bhagwant Das's men were assigned to assist him. Kunwar Man Singh went with the other soldiers to Kabul.

Arab Bahadur is killed

103

He had made a home for himself in Bahraich north of Dugun, near the Black Mountains. With the help of villainous zamindars he built a fortress from which he launched raids and then used it as a refuge. One day he had gone out on a raid. Kharag Rai, a native of the area, sent his son, Dola Rai, to attack the fortress, accompanied by some of Hakim Abu'l-Fath's men who were in the vicinity. After traveling twenty-five leagues, they arrived at the stronghold. The guards of Arab's fortress purposely neglected to defend it, and the attackers won the day and took a large amount of booty. The ill-starred Arab, learning of the attack, lay in ambush along the route of their return. Dola Rai sent the loot forward while he stopped to eat. Dola Rai's men ran across Arab and his blackguards, and they abandoned the booty and took flight. Just then Dola Rai and his warriors arrived and clashed with Arab's men. Many lost their lives, others were taken captive, and a few managed to escape. The source of trouble and two others took refuge somewhere, and Dola Rai went in pursuit and finished them off. Three days prior to this, a falconer named Arab had drowned in the Bahat River, and the emperor was heard to say, "It occurs to us that the seditious Arab must have died."

شب شانزدهم در خانهٔ شاهزاده سلطان سلیم از دختر راجه بهگونت‌داس فرزندی سعادت‌پیوند پدید آمد و گوناگون نشاط روی آورد. طالع بروش یونانیان هیژده درجهٔ قوس و بآئین هندیان یک درجه و چهل و یک دقیقه. شهریار دیده‌ور بسلطان‌خرد نامور گردانید و بر خلاف زمانیان انجمن سپاسگذاری برآراسته شد. در منزل مریم‌مکانی بزرگ جشنی پیراسته آمد و ساچق و بخشش‌را روزبازار شد. ۱۰۴

و همدرینولا میرزا شاهرخ‌را با برخی بهادران بگشایش کشمیر رخصت فرمودند. چون کشمیریان سررشتهٔ آشتی از دست فرو هشتند و دستان‌سرائی اینان پیدائی گرفت میرزارا بپاداش پیمان‌گسیختگان نامزد گردانیدند و چون روشن شد که میرزا دلنهاد این کار نیست و اندیشهٔ وطن‌دوستی اورا بحال خود نمیگذارد از آن باز داشته بفرستادن دیگری توجه رفت. چون خاطر کیهان‌پیرا لختی از مهمّات واپرداخت از ساحل بهت کوچ فرمودند. پنجم خرداد آب چناب‌را از گذر دوکان‌والی نزدیک کُنجاه بپل گذشتند.

Many awoke from their sleep of heedlessness with this instance of prescience.

On the eve of the sixteenth [May 6] a child was given birth by 104 Raja Bhagwant Das's daughter in Prince Sultan Salim's quarters in the midst of great rejoicing. The ascendant, according to the Greeks, was the eighteenth degree of Sagittarius or, according to the Indians, the one degree and forty-one minutes of Sagittarius. The wise emperor named the child Sultan Khirad,[10] and contrary to the custom of the people of the age, a gathering of thanks was held. A great banquet was held in Maryam-Makani's quarters, and much was given away in alms.

Around the same time Mirza Shahrukh and warriors were given leave to conquer Kashmir. Since the Kashmiris had not maintained the truce and their duplicity was evident, the emperor assigned him to chastise those promise breakers, but when it became clear that the mirza was not anxious to undertake the task because he was suffering from homesickness, the emperor changed his mind and decided to send someone else. With certain affairs on his mind, the emperor decamped from the banks of the Bahat. On the fifth of Khurdad [May 26] he crossed the Chenab by bridge at the Dukanwali crossing near Kunjah.

نورآگین شدن دار السلطنه لاهور بقدوم شاهنشاهی

۱۰۵ بسیچ بیشتری آن بود که گیتی‌خدیو تا دار الخلافه فتحپور عنان باز نکشد، لیکن شهریار آگاهدل بدان خواهش نگرائید و دلگشا کاخهای آن بخاطر نیاورد. همگی قدسی آهنگ آنکه چند گاه در پنجاب توقف رود و زابلی ملک آرامش یابد و سواد و بجور از آلایش ناسپاسی پاک گردد و از تیراه و بنگش خاربن تاریکیان برکنده آید و سرابستان کشمیر گرفته شود و آباد ملک تتهه بقلمرو درآید، و نیز مرزبان توران‌را اگر پای دوستی از جای رود عساکر گردون‌شکوه بدان سرزمین فرستاده خود نیز از پی نهضت فرمایند. بدین ژرف‌نگاهی قرار یافت که بدار السلطنه لاهور چند گاه عشرت اندوخته آید. صد و دوازده و نیم کروه از اتک بنارس در بیست و شش کوچ درنوردیدند. شب پانزدهم بخجستگی بدان شهرستان اقبال نزول همایون شد. خانه‌های راجه بهگونت‌داس بقدسی نشیمن برگزیدند و هر گروهی کام دل برگرفت. بازرگانان گوناگون سود اندوختند و تقلیدپرستان تاریک‌درون‌را لختی چراغ آگهی افروخته آمد.

دوم تیر جشن قمری وزن کشورخدای شد و آن گرانمایه‌را بدستور هر سال بهشت چیز برکشیدند و خواهش آرزومندان روزگار روائی یافت.

درینولا عروسی بزم شاهزاده سلطان سلیم نشاط آورد. چون بسمع همایون رسید که رای رایسنگه آرزوی آن دارد که فرزند عفّت‌گزین او در شبستان آن والاگوهر درآید شاهنشاه قدردان خواهش پذیرفت و مراسم ساچق و لوازم نشاط بجای آمد. شانزدهم گیتی‌خداوند با شاهزادگان و سران دولت بمنزل آن سعادت‌پژوه رفته بلندپایگی بخشید و فرخنده ساعت این شایسته پیوند شادکامی آورد. خوشدلی و خرّمی‌را روزبازار

LAHORE IS ILLUMINATED BY THE ARRIVAL
OF THE EMPEROR

Most thought the emperor would not draw in his reins until he
reached Fatehpur, but that was not the wise emperor's wish, and
the delightful palaces of Fatehpur were not on his mind. All his
regal attention was focused on the thought of spending some
time in the Punjab, pacifying the kingdom of Kabul, clearing
Swat and Bajaur of rebellion, uprooting the Tarikis from Tirah
and Bangash, taking Kashmir, and bringing Thatta into the realm.
Also, if the ruler of Turan ceased to be friendly, imperial forces
would have to be sent there and the emperor himself would go
in their wake. After much contemplation he decided to enjoy
himself in Lahore for a while. One hundred twelve and a half
leagues were traveled from Attock-Benares in twenty-six days,
and on the eve of the fifteenth [June 5] he arrived in Lahore. Raja
Bhagwant Das's quarters were chosen for the emperor's occu-
pation, and everyone was granted his wish. Merchants profited
variously, and benighted traditionalists were somewhat enlight-
ened.

On the second of Tir [June 23] the emperor's lunar weighing
ceremony was held, and, as every year, he was weighed against
eight items.

At this point Prince Sultan Salim's marriage was celebrated.
Since it had reached the emperor's ears that Rai Raisingh desired
that his chaste daughter enter the prince's harem, he granted his
wish, and the rituals of *sachiq* and celebration were held. On the
sixteenth [July 7] the world lord, the princes, and the grandees
of state went to the raja's quarters, and at an auspicious hour
the worthy connection was celebrated, and happiness and joy

105

دیگر شد. و همدرین نزدیکی دختر سعید خان گکهر بپرستاری آن نونهال خلافت دولت اندوخت و پیرایهٔ سربزرگی بدودمان او بستند.

۱۰۶ و از سوانح پدید آمدن مهین بخشش والا بارگاه. از نیکسگالی فراوان ارزانی در صوبهٔ اللهآباد و اوده و دهلی روی داد و کشاورزان‌را گذاردن پارنج پاسبانی ستوه آورد. شهریار دادگر شش یک بخشید. در خالصه چهار کرور و پنج لک و شصت هزار و پانصد و نود و شش دام شد. ازینجا لختی قیاس جایگیرداران توان کرد. انبوه مردم سایه‌نشین آسایش گشتند و بنیایشگری و خرّمی انجمنها برساختند.

چو نیّت نیک باشد پادشارا　　گهر خیـزد بجایِ گل گیـارا
فراخیـها و تنگیهایِ اطراف　　ز رایِ پادشـاهِ خود زند لاف[۳۸]

۱۰۷ و از سوانح تباه شدن حیله‌کاری مظفّر گجراتی. آن غنوده‌بخت‌را چون نیروی پیکار نماند راه دستان‌سرائی پیش گرفت. یکی‌را که خطاب هامانی داده بود پنهانی باحمدآباد فرستاد و نامهٔ چند باولیای دولت برنوشت. همگی بسیچ آنکه اگر بکارپردازان آن صوب رسد بو که لختی دامن‌آلود تهمت گردند و در برخی گردِ دوروئی برانگیزد و چندی‌را بسوی خود بازکشد. از اقبال روزافزون آن نامه‌بر با نگاشته‌ها بدست درآمد و باطل‌بسیچی پیدائی گرفت و آن بدگوهر بسیاست رسید. و نیز آن فریبکار جمعی زربندگان‌را بجانشکری اولیای اقبال باز داشته بود چنانچه شهباز خان نام افغانی‌را که با مکمّل بیگ بودی بزر بفریفت. آن ناسپاس قابو یافته کار او سپری ساخت. اورا نیز بدست آورده بپاداش حرامنمکی ازهم گذراندند. آگهی‌را روزبازار آمد و سررشتهٔ باطل‌اندیشی گسیخته شد.

reigned supreme. Around the same time Sa'id Khan Gakkhar's daughter also entered the prince's harem, to the honor of his family.

Evidence of great generosity from the imperial court

106

Due to good administration the price of grain fell in the provinces of Allahabad, Oudh, and Delhi, and farmers were hard pressed to pay their dues for protection. The just emperor forgave one sixth of their taxes. This amounted to four crores, five lacs, sixty thousand five hundred ninety-six *dams* (40,560,596) on the royal demesnes, so one can estimate by how much the zamindars' taxes were reduced. Many obtained relief and celebrated with praise.

> When a monarch's intentions are good, pearls sprout from
>   plants instead of flowers.
> Both the vastness and the narrowness of the surroundings
>   boast of their monarch's mind.

Muzaffar Gujarati's deceitful plan fails

107

When this ill-starred villain no longer had the strength to do battle, he took to deception. Secretly he sent a man he had entitled Haman to Ahmadabad and wrote letters to the friends of fortune. His aim was that if he could get to the administrators of the area, perhaps some of them would be accused, the dust of hypocrisy could be raised in others, and he might be able to attract some of them to himself. By imperial fortune the bearer of the letters was captured, the plot was discovered, and the evil perpetrator was executed. The deceitful Muzaffar also sent some mercenaries to assassinate the friends of fortune. In one instance he bought off an Afghan named Shahbaz Khan who was

و همدرینولا کار الوس یوسف‌زئی بدشواری کشید. هرکه سر از فرمانپذیری خدیو جهان برتابد هرآینه بگوناگون خواری درافتد. با آنکه امرای سعادت‌اندوز در تاخت و تاراج کوشش مینمودند و در کشتن و بستن تکادو داشتند آسمان نیز بکینتوزی برخاست. آذوق گرانی گرفت و هوا ناسازگار شد. بیماریها شگرف پدید آمد و توانائی و حیله‌سازی نابود گشت. سلطان قریش، بوستان کالو، سلطان بایزید، کریم‌داد، ابراهیم خان جهان مصری، خضر خان و دیگر سران الوس پیش اسمعیل‌قلی خان آمده بعجز گرائیدند و بر آن قرار شد که چون از کوهستان با اغروق خویش برآیند، هرآینه درخواست گناهان از بارگاه خلافت نموده آید.

۱۰۸ و از سوانح تاخت بردن صادق خان بر سیهوان. از بارگاه اقبال بملتان آمد و فوجی‌را بدان ولایت نامزو گردانید. میرزا جانی بیگ مرزبان آنجا برتق[۳۹] و کوچک ارغون و میرزا بیگ و رستم ترخان‌را با بسیاری به پیکار فرستاد و سترگ آویزش روی داد. کوچک و میرزا بیگ‌را نقد زندگی بر باد رفت و رستم زنده بدست افتاد. ازین چیره‌دستی دلیرتر شده بی‌آنکه اندازهٔ سپاه آن ملک برگیرد پیشتر شتافت و قلعهٔ سیهوان‌را گرد گرفت و بنقب برخی دیوارر‌ا برانداختند. چون خاکزیر آن بس بلند بود نیارستند درآمد و چندان درنگ شد که قلعه‌نشینان دیوار دیگر بسر بردند. چون انجام کار دشوار نمود دست از آن باز داشته تا نصیرپور برگرفت و غنیمتها اندوخت. حاکم آن سرزمین با ساز سترگ روی بجنگ آورد و پیشتر از رسیدن او صادق خان برگشتن‌را سزاوار دانست.

with Mukammal Beg, and the ingrate ambushed Mukammal Beg and killed him. The Afghan was also captured and executed in expiation for his treachery.

Around the same time things were not going well for the Yusufzai. Anyone who twists his neck free of obedience to the world lord will of course fall into misery. In addition to the great efforts made by the imperial commanders in raiding and pillaging the Yusufzai and killing and capturing many, the heavens too rose up in vengeance. Food became scarce and the weather was inclement. Illnesses became rife, and might and strategy disappeared. Sultan Quraish, Bostan Kalu, Sultan Bayazid, Karimdad, Ibrahim Khanjahan Misri, Khizr Khan, and other chieftains of the tribe went to Isma'ilquli Khan to plead their misery, and it was decided that if they and their families would come out of the mountains, a request would be made at court for pardon of their transgressions.

Sadiq Khan attacks Sehwan

108

Sadiq Khan went from court to Multan and assigned a troop to the Sehwan area. Mirza Jani Beg, the ruler of the territory, sent Bartaq, Küchik Arghun, Mirza Beg, and Rustam Tarkhan with many warriors, and a pitched battle was fought. Küchik and Mirza Beg lost their lives, and Rustam was taken alive. With this success Sadiq Khan became bolder and pressed forward without taking measure of the army of the area. He laid siege to the fortress at Sehwan and began tunneling beneath some of the walls. Since the glacis was very high, they were unable to get in, and things were delayed to the point that the defenders built another wall. Since the outcome did not look good, Sadiq Khan gave up and seized territory and took booty as far as Nasirpur.

فرستادن قاسم خان بتسخیر کشمیر

۱۰۹ چون کشمیریان از بخت‌غنودگی بر آشتی نه‌ایستادند و یعقوب بدگوهر گریوه‌های دشوارعبوررا پناه اندیشیده در بی‌آزرمی گام فراخ برزد شهریار دادگر از سر دل بگشایش آن ملک برنهاد و در فرستادن فیروزی سپاه سخن در میان آمد. بسیاری سران دولت آن‌را دشوارگشا دانسته بدان نگرائیدی. راقم شگرفنامه هرچند در گرفتن گزین روشها برمیگذارد سودمند نمیآمد. بفرمان گیتی‌خدیو انجمن اخترشناسان برآراسته آمد و در طالع سال و حال کواکب ژرف‌نگهی بکار رفت. نمودار شد که اگر لختی تکادو رود بزودی گشوده آید. چون بموقف عرض همایون رسید شاهی سگالش یکتائی گرفت. درین هنگام حیدر چک و شیخ یعقوب کشمیری چنان برگذاردند که «بزرگان آن ملک از بهدیدِ ما باز نکشند. اگر لختی بومی سپاه پنجاب همراه شوند همانا بی‌آویزش بدست درآید.» بنابران مبارک خان و جلال خان گکهر و دیگر زمینداران‌را دستوری دادند. آن دو کشمیری نزد بنیر[۴۰] بانتظار کمک نشستند. درین هنگام بر خاطر مقدّس پرتو انداخت آنکه بجز بردن بومیان دل نمینهند. یاد از تباه‌بسیچی میدهد. بنابران قاسم خان‌را که در کارشناسی و پردلی از یکتایان زمانه بود بدین خدمت سربلند گردانیدند و او بگشاده‌پیشانی پذیرا شد. هیژدهم تیر فتح خان مسند عالی، گوهر خان، میرزا علی اکبرشاهی، شیخ دولت خنجری، شیخ سکندر رفیق، شاه‌محمد، میر عبد الرزّاق معموری، یادگار حسین، لعل دیو، سنارچند، خواجه ظهیر، پادشاه‌قلی شفقت، ولی بیگ، هزاره بیگ و بسیاری منصبداران و احدیان و نوکران امرا بسرکردگی او رخصت فرمودند و هر یکی‌را باندرزهای درخور

The governor of that region came out well prepared for battle, but before he arrived, Sadiq Khan realized it would be better to withdraw.

QASIM KHAN IS SENT
TO CONQUER KASHMIR

When the Kashmiris foolishly did not keep the truce, and the evil Ya'qub[11] dishonorably took refuge in the forbidding mountain passes, the just emperor decided once again to conquer that kingdom. The prospect of sending imperial troops was discussed, and many, thinking it would be too difficult to conquer, were not so inclined. Although the writer of this volume suggested the best ways to take it, it was to no avail. By the emperor's command the astrologers were assembled, and they looked into the ascendant of the year and the situation of the stars. It was seen that if some effort were made it could soon be conquered. When this was reported to the emperor, he quickly agreed. Just then Haidar Chak and Shaikh Ya'qub Kashmiri said, "The leaders of that country will not go counter to our opinion. If some local troops from the Punjab could be sent with us, it can be taken without battle." Therefore, Mubarak Khan, Jalal Khan Kakar, and other zamindars were ordered into action. The two Kashmiris were waiting for the auxiliaries near Buner. At this point the emperor had a flash of inspiration that their only aim was to take the Punjabis away. Therefore, Qasim Khan, who was unique in his time for competence and bravery, was assigned the task, which he accepted cheerfully. On the eighteenth of Tir [July 9] Fath Khan, Gauhar Khan, Mirza Ali Akbarshahi, Shaikh

109

هوش افزودند و در آگهی و دادگری و ندیدن نکوهیدگیها و عذرپذیری و مالش تباهکاران کوشش رفت. و شریف سرمدی‌را ببخشیگری اینان سربلندی بخشیدند و فرمان شد که پیشین مردم پیوسته از گفتهٔ سپه‌آرا بیرون نروند.

۱۱۰ و از سوانح واپس فرستادن ایلچی توران. اگرچه از بازگشت رایات همایون از کنار سند فرمانروای آنجا از سراسیمگی برآمد، لیکن چون بعرض رسید که از بسیار ماندن فرستاده سترگ نگرانی دارد شهریار قدردان بگوناگون روش نواخته دوازدهم شهریور رخصت فرمود و برخی نفایس بارمغانی جدا ساختند و حکیم همام‌را که کارآگاه و اخلاصمنش بود بپیغامگذاری دستوری دادند تا نامهٔ والا را بگزین آئین رسانیده گزیده خویهای شاهنشاهی‌را دلنشین گرداند و درونهٔ که و مه‌را برخوانده شناسائی آورد و میر صدر جهان مفتی‌را نیز باری پرسش سانحهٔ ناگزیر سکندر خان نامزد فرمودند. پیش ازین بسه سال رخت هستی بربسته. چون اندیشهٔ گرفتن آن دیار در سر بود عزاپرستی بجای نیامد. درینولا که عبدالله خان لابه‌گری برگذارد و آئین یکتادلی پیش گرفت میررا بدان کار فرستادند.

Daulat Khanjari, Shaikh Sikandar Rafiq, Shah Muhammad, Mir Abdul-Razzaq Ma'muri, Yadgar Husain, Lal Deo, Sunar Chand, Khwaja Zahir, Padishahquli Shafaqat, Wali Beg, Hazara Beg, and many officers, *ahadis,* and amirs' liege men were dismissed under Qasim Khan's command, and each and every one was given good advice to be aware and just, to ignore failings and accept apologies, and to make every effort to crush evildoers. Sharif Sarmadi was made *bakhshi* of the campaign, and an order was given for the troops who had been sent before to join the expedition and not to disobey the commander-in-chief's orders.

The Turanian ambassador is sent back

110

Although with the return of the imperial banners from the banks of the Indus, the ruler of Turan calmed down somewhat, when it was reported that the Turanian was very worried by the prolonged sojourn of his ambassador at court, the emperor showed the ambassador great favor and gave him leave to depart on the twelfth of Shahrewar [September 3]. Some precious items were sent as gifts, and Hakim Humam, who was devoted to the emperor, was sent to deliver a message and convince the ruler of Turan of the emperor's good will. He was also to discern what was in everyone's mind there and report back to court. Mir Sadr-i-Jahan was assigned to convey condolences on Sikandar Khan's death, which had taken place three years prior to this. Since the emperor had then been entertaining notions of taking that territory, condolences had not been sent. Now that Abdullah Khan was conciliatory and agreeable, the mir was dispatched to perform that task.

سواد نامهٔ شاهنشاهی

استشمام گلدستهٔ بهارستان یکدلی و یگانگی و استطلاع کارنامهٔ نگارستان دوربینی و فرزانگی که آراستهٔ نخلبندان بستان‌سرای آشنائی و نگاشتهٔ نقش‌پیوندان نگارخانهٔ دل‌افروزی و دلگشائی آن والا دودمان خجسته‌خاندان گوهرافزای افسر و اورنگ، پرده‌گشای چهرهٔ دانش و فرهنگ، نوآئین نامدار جهان دانش‌پروری، خدیو بزرگ کشور دادگستری، فروزندهٔ چراغ خانی، فرازندهٔ چتر کیانی بود در خوشترین هنگامی که کوس نوروزی آوازهٔ جهان‌افروزی در گنبذ نیلگون بلند ساخته و نیّر اعظم عطیّه‌بخش عالم یعنی آفتاب جهانتاب که سلطان چهاربالش ایّام و قهرمان هفت اقلیم عناصر و اجرام است سایهٔ فرّخی و فرخندگی بر تارک جُزو و کُل انداخته بود و باد بهاری روح نباتی در کالبد نورسان شهرستان آب و گل دمیده و ابر آذری پای نورسیدگان لشکر بهاررا از گرد راه شست‌وشو داده پیرایهٔ خوشدلی و خرّمی و سرمایهٔ دلگشائی و شادمانی شد، بنیاد دوستی از سر نو بلندی گرفت و آئین یکتادلی تازه ارجمندی یافت. سخنان دلآویز دوستی و خویشی و یگانگی و نیک‌اندیشی که بخامهٔ عنبرین‌شمامه نگارش یافته بود و بکلک گوهرین سلک گذارش پذیرفته بوضوح پیوست و بسیار مستحسن افتاد و موجب بهجت و فرحت گردید. بر دل دانش‌پسند و دیدهٔ آسمان‌پیوند که گنجینهٔ راز خداوندی و آئینهٔ چهرهٔ هوشمندی است پوشیده نخواهد بود که این نیازمند درگاه بی‌نیاز درین سی سال که از نیروی آسمانی بتخت کامرانی رسیده همیشه پیشدید دانش و بینش آن داشت که اینهمه جهانگیری و فرمانروائی و تیغگذاری و کشورگشائی برای بجا آوردن گیر و دار شبانی

THE TEXT OF THE EMPEROR'S LETTER

The redolence of a springtime bouquet of unity and amity and awareness of the manual of the gallery of farsightedness and wisdom, which is decorated by designers of the garden of acquaintance and drawn by artists of the studio of pleasure of that noble of felicitous lineage, possessor of crown and throne, unveiler of the face of knowledge and wisdom, renowned innovator in the world of patronage of scholarship, great lord of the realm of justice, lighter of the lamp of the khanate, holder of the Kayanid parasol, at the best moment, when the drum of Nauroz makes the sound of world illumination loud in the indigo dome and the greater luminary that gives gifts to the world, i.e., the world-illuminating sun, the monarch of the palace of time and champion of the seven climes of the elements and bodies, has cast the shadow of felicity and joy over the heads of part and whole, and the springtime breeze has breathed the spirit of growth into the bodies of sprouts in the city of water and clay and the Azar cloud has washed the dust of the road from the feet of new arrivals from the army of spring, the foundation of friendship is raised anew and the custom of amity is appreciated again. The charming words "friendship," "kinship," "amity," and "benevolence," which are written with pens redolent of ambergris, stand out, are much lauded, and cause great joy and rejoicing. It will not be concealed from your knowledgeable heart or heaven-piercing eye, which are a treasury of divine secrets and a mirror of the face of awareness, that this humble petitioner at the divine court in these thirty years during which, by heavenly power, we have been on the throne we have always known and seen that all this taking of territory, ruling, blade wielding, and expansion have

و سر کردن کار و بار پاسبانی است، نه گرد آوردن گنجهای زر و سیم و آراستن تخت و دیهیم و پا بگل ماندن در خواهشهای ناپایدار و سر فرو بردن در گریبان آرزوهای نااستوار چنانچه همیشه با دوست و دشمن و خویش و بیگانه جز نیکی و نیکوخواهی چیزی دیگر نبود، و همواره در آسودگی جهانیان از خرد و بزرگ و مهربانی با مردم روزگار از نزدیک و دور کوشش مینمود. خدا آگاه است که پاک ساختن چهار دانگ هندوستان و خس و خاشاک رُفتن ازین بوستان که از سه پهلو بدریای شور پیوسته است از سر خودخواهی و خودکامی نبوده و پیشنهاد آرزو جز نوازش خاکساران و کدازش ستمگاران نشده. و ازینست که بهر سو که روی آورد کارهای دشوار بآسانی گشایش یافته و چهرۀ آرزو از پردۀ امید بخوبی نمایش پذیرفته. هرگاه شیوۀ فرخندۀ ما با دیگر بندگان خدا چنین باشد با آن والا دودمان که از بزرگ تأییدیافتگان درگاه خداوندی اند و با این معنی پیوند دوستی قدیمی و خویشی نزدیک در میان، چگونه خواهد بود؟ بر هشمندان خرده‌بین هویداست که یکی ازینها در یکجهتی بسند است و هرگاه اینهمه یکجا شده باشد پیداست که جز یگانگی در میان نخواهد بود. و این یکدلی سرمایۀ آبادانی جهان و پیوند جهانیان خواهد شد. و ایمائی که در وادی موانع ارسال رسل و رسایل مرقوم شده بود هرچند در نظر عقل دران باب سخن ناکردن ترجیح برکردن داشت اغماض از آن وادی در رنگ تطویل کلام درین مقام ناملایم پنداشته باین قطعه که از اجلّۀ اکابر دین منقول است اکتفا نموده شد.

been in order to shepherd and protect our flock, not to acquire treasures of gold and silver, to adorn our throne and crown, to be stuck in the mud of fleeting desires, or to draw our heads into a cowl of ephemeral hopes, for we have never had anything but benevolence and the best wishes for friend and foe, kin and stranger, and we have constantly striven to give repose to the people of the world, young and old, and to be kind to the people of the age, far and near. As God is our witness, the desire to clear Hindustan of chaff and to sweep the rubbish from this garden, which is surrounded on three sides by salty sea, has not come from vainglory and self-importance; it has come solely from a wish to be compassionate toward the humble and to get rid of tyrants. Thus it is that in every direction to which we turn our attention difficult tasks are easily accomplished and our wishes come true. Inasmuch as our conduct with other servants of God is like this, how should it be with that exalted dynasty, with which we have an ancient friendship and bonds of close kinship and which is also one that has enjoyed assistance from the divine court? It is obvious to the wise that any one of these things is a sufficient cause for amity, and when there are so many, it is clear that there could be nothing but agreement, and such agreement should form the basis for the flourishing of the world and an interconnection among the people of the world. As for the reference that was made to hindrances to the exchange of messengers and messages, although in the view of the wise it would be preferable not to speak on that matter, and since it is thought improper to sidestep that matter through long-winded speech, suffice it to say, in the words of one of the most glorious men of religion:

قِیـــلَ إِنَّ الإِلٰهَ ذُو وَلَـــدٍ قِیـــلَ إِنَّ الرَّسُولَ قَد کَهَنَا
مَا نَجَـا اللّٰهُ وَالرَّسُـولُ مَعاً مِن لِسَانِ الوَرَی فَکَیفَ أنا[41]

الحمد لله که از بدو انکشاف صبح ایجاد و تکوین و ظهور شعشعۀ نیّر سلطنت سعادت‌قرین همواره مطمح نظر منهج قویم ملّت و دین و مسلک مستقیم حقّ و یقین بوده لاجرم بموجبِ المُلْكُ والدِّینُ تَوأَمانِ ارتقای مدارج سلطنت همایون و اعتلای اعلام دولت روزافزون کمال دینداری مارا دلیلی قاطع و حجّتی ساطع است. الله تعالی همگنان‌را در مرضیات خود راسخ‌دم و ثابت‌قدم دارد، و چون جوامع همم سلاطین عدالت‌انتما که صدرنشینان ارائک اعتلا اند آنست که کافّۀ خلایق و جمهور برایا که بدایع ودایع حضرت صمدیّت اند در مهاد امن و امان بوده در لوازم عبادت این ممالک وسیعۀ فسیحه که مقرّ چندین سلاطین عالی‌قدر و حکّام والاقتدار بود سعی مینمود و بعنایت ایزدی که شامل حال این نیازمند درگاه الهی است از سرانجام مهام این ممالک فراغ کلی دست داد. امکنه و محال که از زمان طلوع نیّر اسلام الی هذه الأیّام حوافر خیول سلاطین کشورگشا و لمعات سیوف خواقین فرمانروا پیرامون آن نگردیده بود مساکن و مواطن اهل ایمان شد و کنایس و معابد اهل کفر و خذلان مساجد طاعت و مشاعر عبادت ارباب ایقان گردید. المنّة لله تعالی وتقدّس آنچنان که دل میخواست انتظام و التیام یافت و حسب المدّعا سامان و سرانجام پذیرفت. جمیع سرداران و گردنکشان از جنود هنود و غیرهم حلقۀ اطاعت بگوش انقیاد کشیده داخل عساکر نصرت‌مآثر شدند و طوایف انام‌را باهم ارتباط و انضباط تمام دست داد و ما نیز بمصداقِ ﴿أَحْسِنْ کَما أَحْسَنَ اللهُ إِلَیْکَ﴾ همگی توجّه بتمهید

It has been said that God has a son. It has been said that the
*   Prophet was a soothsayer.*
Since neither God nor the Prophet escaped men's tongues,
*   how should I?*

Thank God, from the dawn of our birth and the first appearance of the rays of the sun of our sultanate we have always kept our gaze firmly fixed upon the highway of the nation and religion and the straight path of truth and certainty. Consequently, and in accordance with the saying, "Kingdom and religion are twins," the ever-increasing exaltedness of our regal rule and the raising of the banners of our fortune are absolute proofs of our perfect observance of religion. God the Exalted keeps us all firmly rooted in those things that please Him, and since it is the prime concern of all just rulers, who sit at the head of the halls of glory, that all peoples, who are given in trust by the eternal presence, should dwell in cradles of safety and security, we have striven as an act of worship to protect this vast realm, which has been the residence of so many exalted sultans and puissant governors. By the divine grace that encompasses this humble petitioner at the divine court, our minds are perfectly at ease with regard to the administration of this realm. Towns and villages that have been untouched, from the advent of Islam until this day, by the hooves of conquering sultans' cavalries or by the glitter of ruling emperors' swords have become residences and homes for the people of the faith, and the synagogues and temples of infidels have been turned into mosques for the worship of the people of certitude. Thank God, order has been imposed, and the wounds of the past have been knit together as we desired. All refractory and rebellious elements of Indian hordes and others have put the ring

قواعد رأفت و تأسیس مبانی نصفت و اشاعت انوار عاطفت مبذول
داشته حدایق امانی و آمال ایشان‌را از رشحات سحاب مکرمت و احسان
و قطرات مطرات فضل و امتنان تازه و سرسبز میداریم و پیشنهاد خاطر
فیّاض آن بوده است که چون ازین مهمّات بالکلّیّه فراغ حاصل شود
ببدرقهٔ عنایت الهی و هدایت ازلی بدفع کفّار فرنگ که در جزایر دریای
شور درآمده سر بشورانگیزی برآورده‌اند و دست تعدّی بر زایران حرمین
شریفین (زادهما الله شرفاً) دراز کرده و جمعی انبوه گشته سنگ راه زایر
و تاجر شده‌اند خود بتوفیق ایزدی متوجه شده آن راه‌را از خار و خس
پاک سازد، ولیکن چون شنیده میشد که بعضی از امرای عراق نسبت
بوالی خود در مقام بی‌اخلاصی شده از عروهٔ وثقای حسن عقیدت که
باعث ارتقای ایشان بمراتب علیّه بود عدول نموده بعضی بی‌اقدامیها
کرده‌اند، در خاطر حق‌شناس میگذشت که یکی از فرزندان کامگار نامدار
که بارقهٔ سعادت از ناصیهٔ حال ایشان روشن و لایحهٔ رشد از زایچهٔ طالع
اقبال مبرهن است بدان جانب تعیین فرمائیم و تا خاطر از معاضدت آنها
جمع نشود بامری دیگر متوجه نمیشویم. الحال که سلطان روم عهود و
مواثیق جد و پدر خودرا کأن لم یَکُن انگاشته نظر بر ضعف صوری والی
عراق کرده بدفعات افواج فرستاده قطع نظر از آنکه از شاهراه سنّت
و جماعت انحراف ورزیده‌اند بمحض انتساب بخاندان نبوّت خود
متوجه شده معاونت فرمائیم، سیّما که تعارف اسلاف منظور باشد، علی
الخصوص درینوقت که مسموع میشود که فرمانروای ایران کاردانان
آن ملک‌را با تحف و هدایا بالتماس کمک و مدد روانه کرده است بر
همّت عالی‌نهمت ما واجب و لازم است که عنان عزیمت بصوب عراق
و خراسان منعطف شود. و بخاطر چنان میرسد که چون رابطهٔ محبّت

of servitude in their ears and joined the invincible armies, and various groups of people have joined together and submitted; and we too, in accordance with the dictum, "Do good as God has done good to thee," have focused our attention upon laying the foundations of clemency and equity and spreading lights of compassion so that we may keep the gardens of their hopes and aspirations fresh and verdant with the exudings from clouds of generosity and beneficence. It was our intention, when we obtained ease from all of these affairs, to go under the escort of divine favor and the guidance of eternal leadership to repulse the infidel Franks who have occupied islands in the salty sea, have stirred up discord, and aggress upon visitors to the two holy shrines (may God increase their nobility). Having become numerous, they are an obstacle to traveler and merchant, and we would go thither and clear the path of such rubbish. However, since it has been heard that some of the commanders of Persia have risen up in disloyalty to their governor and swerved from the path of loyalty, by means of which they attained their lofty positions, it has occurred to us to assign one of our renowned sons, from whose foreheads felicity shines and in whose natal horoscopes good fortune is obvious, to go there, and as long as our mind is not easy with regard to mutual assistance, we will concentrate upon nothing else. At present, when the sultan of Asia Minor has forgotten the pacts and promises of his grandfather and father as though they never existed and has his view upon the physical weakness of the ruler of Persia, he has repeatedly sent troops there. Disregarding the fact that he has diverged from the highway of tradition and consultation, we support him merely because of the relationship he has to the family of the Prophet, especially when the acquaintance of our ancestors is

و نسبت قرابت بآن سلطنت‌دستگاه از قدیم الأیام است و بتجدید از فرستادن مکتوب محبّت‌اسلوب بمصحوب سیادت و نقابت‌پناه میر قریش ضوابط وداد و قواعد اتّحاد استحکام گرفته است در آن زمان که حدود خراسان مخیّم سرادقات اقبال و مضرب خیام عزّ و جلال شود آن سلطنت‌پناه نیز از ولایت خود متوجه شده بآن حدود تشریف شریف ارزانی دارند تا آن سرزمین مجمع البحرین عزّ و علا و مطلع السّعدین مجد و بها گردد و بالمشافهه بی‌وساطت قاصد و پیغام اساس محبّت و یگانگی مستحکم‌تر ساخته بعضی سخنان دلآویز و اسرار حقیقت‌آمیز که مخزون و مکنون خاطر است و شرح خداشناسی و حق‌پرستی که بقدر استعداد بافاضت فیّاض علی الاطلاق دریافته مذکور مجلس انس سازد و از نفایس حقایق الهی و شرایف دقایق آگاهی که بر خاطر آن ابّهت‌دستگاه پرتو انداخته باشد نیز استماع نماید.

خلاصهٔ زندگانی و زبدهٔ کامرانی صحبت اشباح انسانی و مؤانست اجسام روحانی است فکیف که این معنی در میان دو برگزیدهٔ خدا و نظرکردهٔ بارگاه کبریا متحقق شود! هرآینه این معنی باعث شمول فیض و عموم فضل خواهد بود. در آن زمان که بعنایت ایزدی این آرزو بوقوع آید چون همّت منظوران الهی و سرفرازکردگان خدائی بر تحصیل رضای حق تعالی است نه استحصال نام و تسلّط بر افراد انام، بنابران مرکوز خاطر حقجو آنست و امید که مطلب و مقصد ایشان نیز آن باشد که در یکی که حق‌شناسی و حق‌طلبی بیشتر باشد دیگر استرضای خاطر اورا لازم داند و در مقام یکجهتی بوده از صلاح او درنگذرد. و الحال که نسبت یگانگی و اتّفاق بر عالمیان ظاهر و آشکار شده است دربارهٔ امداد و کمک حاکم عراق و خراسان آنچه صلاحدید ما و شما خواهد بود از مکمن بطون بعالم ظهور خواهد آمد.

taken into view, and more particularly at this time, when it is heard that the ruler of Iran has sent diplomats with gifts and presents to request aid and assistance, it is incumbent upon us to turn our reins toward Persia and Khurasan. It likewise occurs to us that since the bond of love and the close relationship with that dynasty is of long standing, and the sending of an amicable epistle with Sayyid Naqib Mir Quraish has reaffirmed the bonds of friendship and the foundations of unity, when the imperial tents are pitched in Khurasan, that puissant monarch will come there from his territory so that two seas of power and majesty and two stars of glory and splendor may meet in that land, converse face to face without the intermediary of messengers, and make the foundations of love and unity even stronger by mentioning in an intimate setting delightful words and truthful secrets that lie hidden in our mind and by explaining the knowledge and worship of the deity that we have comprehended through the power of receptivity to the emanations of the Absolute One, and so that we may listen to the divine truths and minutiae of awareness that have occurred to your splendid mind.

The essence of life and the cream of success is the companionship of human spirits and intimacy of spiritual bodies: how much more so were such a thing to take place between two persons chosen of God and favored by the divine court! Of course it would bring about all-encompassing grace and general favor. When, with divine favor, this hope is attained, since the attention of divinely favored persons is focused upon the attainment of God's pleasure, not upon the acquisition of renown or domination over human beings, it is therefore the object and hope of a godly mind that their aim and goal is that the other should recognize the necessity for submitting to the one in whom there is more

و معذرتی که در باب قضیّهٔ فرزند ارجمند شاهرخ میرزا رقمزدهٔ قلم محبّت شده بود مستحسن خاطر انصاف‌گزین افتاد و الحق که مشارٌ الیه بواسطهٔ خردسالی و خودپسندی از بدمصاحبی منشأ چندین امور نالایق گردید. هرکدام از آنها بانفراده مستدعی آن بود که کار او باین حد رسد. اولاً بواسطهٔ اغوای بعضی کوتاه‌بینان از لوازم اطاعت و مراسم عبودیت ما بسیاری تساهل نمود و ثانیاً بآن عظمت‌دستگاه چنانچه باید آشنائی نکرد و ثالثاً بجد بزرگوار خود که چندین حقوق دینی و دنیوی بر ذمّهٔ او داشت آنچنان سلوک نمود. هر تنبیهی که نسبت باو واقع شد از قسم القای ربّانی و الهام یزدانی بود. الحال چون از خواب غفلت بیدار شده التجا بعروهٔ وثقای عاطفت ما نموده غیر از آنکه بتفقّدات عزّ امتیاز بخشیم امری دیگر مخطور نمیگردد. مأمول از مراسم مودّت آن عظمت‌دستگاه آنست که از زلات اقدام او اغماض نمایند.

و بجهت تشیید مبانی محبّت و استحکام قواعد مودّت افاضت و حکمت‌پناه زبدهٔ مقرّبان هواخواه و عمدهٔ محرمان کارآگاه حکیم همام‌را که مخلص راست‌گفتار و مرید درست‌کردار است و از ابتدای ملازمت ملازم بساط قرب بوده و دوری اورا بهیچ وجه تجویز نکرده بودیم برسم رسالت فرستادیم. چون در ملازمت ما اورا آن نسبت محقق است که مدّعیات‌را بی‌واسطه بموقف عرض میرساند اگر در مجلس شریف ایشان همین اسلوب مرعی باشد گویا فیما بین مکالمه بی‌واسطه خواهد بود.

و بجهت پرسش واقعهٔ غفران‌پناه رضوان‌دستگاه سکندر خان سیادت‌مآب نقابت‌نصاب صدر جهان‌را که از اعاظم سادات کبار و اجلّهٔ اتقیای این دیار است مقرّر کرده بودیم، بواسطهٔ امور در حیّز تراخی افتاده بود. درینولا برفاقت مشارٌ الیه فرستادیم و انموذجی از تحف و هدایا

cognition and search for the deity and in unity and loyalty not transgress what that person deems proper. At present, when a relationship of unity and agreement is apparent to the people of the world, with regard to aid and assistance of the ruler of Persia and Khurasan, that which we and you deem best will be done.

As for the apology relative to the case of our dear son Shahrukh Mirza that was written by your loving pen, it was approved by our equitable mind, and in truth he, on account of youth, conceit, and bad companionship, has been the source of so many improper things, every one of which in and of itself would have been enough to bring him to this pass. First, at the urging of some shortsighted men he has been much negligent of the necessity of obedience and subservience to us. Second, he has not recognized his acquaintance with your magnificence as he ought to have done. Third, he has conducted himself as he has with his own grandfather, to whom he owes so many religious and worldly obligations. Any chastisement that he has been given was by divine inspiration. At present, since he has awoken from his slumber of negligence, he has grasped the firm handhold of our favor and thinks of nothing but what he can do to make amends. It is hoped that in your kindness you will disregard his slips.

In an effort to strengthen the foundations of love and friendship, we sent as an emissary the best of our devoted courtiers, Hakim Humam, an honest devotee who has been attached to our retinue from the beginning of his service, separation from whom we can in no way allow. Inasmuch as in our retinue he holds a position that allows him to address us without intermediary, if in your noble assembly the same is maintained, it would be as though we were conversing directly.

بتحویل عمدة الخواص محمدعلی بموجب تفصیل علیحده ارسال یافت. باید که بمقتضای غرای «تَهَادُوا تَحَابُّوا» عمل فرموده همواره از طرفین طریق ارسال رسل و اتحاف تحف مسلوک باشد. و از فرغانه طلبداشتن و فرستادن کبوتران پری‌پرواز و حبیب عشقباز طایر ذی‌بال شوق‌را در انتعاش و اهتزاز آورد و استشمام شمایم یکجهتی و وداد نمود. اگرچه توجّه باین مشتی پرندها در نظر اوّلی از لهو و لعب مینماید، لیکن در نظر ثانوی چرخ و بازی یاد از نسبت شوقی و مناسبت ذوقی ارباب وجد میدهد و موجب توجه بمبدأ میشود وگرنه حضرت واجب تعالی بر سرایر ضمایر آگاه است که اشتغال صوری احیاناً بامثال این امور بر جمال توجه بمبدأ جلبابی بیش نیست و بر مجرّد بال و پر ظاهری اکتفای خاطر حق‌اندیش نه.

نامه بر حرفِ اختصاص تمام کرده شد والسّلام والاکرام

و از سوانح بزرگ سیل آمدن بسرهند. بیست و هشتم آغاز باران شد و ۱۱۱
سه شبانه‌روز پیوسته بارش بود و تند سیلی از شمالی کوه آمد. در شهر بلندی آب بسه گز رسید و در بیرون به پنج. نزدیک دو هزار خانه در آن موجخیز فرو ریخت و یک صد و پنجاه گز دیوار قلعه فرو افتاد و از کهن باغ پانصد گز و از نو صد ویران شد و فراوان مال‌را آب برد و صد کس بگرداب فنا شتافتند و دو هزار چاروا بسیل نیستی در شد و شاهراه دار الخلافه چندی از روانی بازماند. کارپردازان تقدیر چنین نموداری برسازند و فروماندگان بی‌پروا را آگهی بخشند و غنودگان پندار‌را از خواب درآرند. همانا اقبال کیهان‌خدیو بچنین روشها آگاه گرداند و اگر بادافراه

For conveying condolences upon the passing of Sikandar Khan, we had assigned Sayyid Naqib Sadr-i-Jahan, one of the great sayyids and most pious men of this realm, but it fell into abeyance because of certain affairs. Now we have sent him with the above-mentioned. Specimens of gifts and presents have been dispatched with Muhammad Ali as detailed separately. In accordance with the dictum, "The exchange of gifts creates mutual love," it is incumbent that on both sides emissaries and gifts be sent. Your summoning and sending fairy-flying doves from Fergana and Habib Ishqbaz, who flies on wings of yearning, delighted us exceedingly and reaffirmed the bonds of friendship. Although watching these fliers at first sight seems to be sport and play, at second glance their gamboling and sport reminds one of the yearning and ecstasy of ecstatics and calls one's attention to the origin. Otherwise the deity knows what is in all minds, that sometimes physical occupation with such things is no more than attention to the ultimate origin.

A devastating flood occurs in Sirhind

111

On the twenty-eighth [September 19] the rains started. It rained constantly for three days and nights, and a huge torrent came from the northern mountains. The depth of the water inside the city reached three cubits, and outside the city it was five cubits. Nearly two thousand houses were destroyed by the torrent, and one hundred fifty cubits of the fortress wall collapsed. Of the old garden fifteen cubits were destroyed, and of the new garden a hundred. The water carried away much property, a hundred persons were drowned, two thousand animals perished, and the highway to the capital was blocked for a time. The workers of destiny produce such a spectacle to make the heedless aware and

نکوهیده‌کاریها سرانجام یافتی هرآینه طوفانی از آتش و آب بایستی، لیکن خیربسیچی و حق‌پژوهی فرمانروای روزگار مردمزادرا بروز پاداش ننشاند.

گشایش یافتن آباد ملک کشمیر بنیروی اقبال شاهنشاهی

باستانی رسمیست چون پژوهندگان دولت‌را شایسته نیّت با گزین کردار ۱۱۲
فراهم آید هر آرزو که بخاطر اینان گذاره کند ایزد توانا بآسانی در کنار نهد و معشوقان اقبال‌را بآن دو سرمایهٔ بهروزی ناخواستهٔ دین و دنیا بپرستاری برخیزد چنانچه حال کیهان‌خدیو از آن بازگوید و این نامه قدری بسراید و بتازگی چهره‌گشای مقصود در آمدن این دیار است بدست اولیای دولت. هرکه لختی گریوه‌های راه شناسا گردد بداند که چیرگی یگانه اندیشهٔ او برنتابد. هر چهار طرف کوهها بر آسمان افراخته پاسبانی کند. اگرچه شش هفت راه دارد، لیکن گران لشکر نیارد شتافت و در هر یکی ازینها جایهاست اگر پیرزالی چند بلخشاندن سنگها نشینند مردان مرد از آن گذاره نتوانند کرد. ازین رو پیشین فرماندهان دل بگرفتن آن ننهاده‌اند و کارشناسی از آن خواهش برگذرانده. از دیر باز بر خاطر آسمان‌پیوند پرتو می‌انداخت که گشایش آن فرا پیش گیرند، لیکن سخن‌سرایان همایون بزم که از ظاهرنگهی یک پایه فراتر نمیشوند گشودن آن‌را بخاطر نمیآوردند. درین هنگام که رایات اقبال سایهٔ دادگری بر پنجاب انداخت آن سگالش افزایش گرفت و هرچند پیشکاران بارگاه لشکرهای نابسامان فرستادند کارسازان تقدیر بنیرنگسازی پای همّت افشردند. نخستین یعقوب بدگوهر نخوت افزوده سرتابی پیش گرفت

to wake sleepers from their slumber of delusion. The world lord's fortune creates awareness in much the same way, and if chastisement of evil were to be effected, it would take a torrent of fire and water, but the emperor's benevolence does not requite people.

THE FLOURISHING REALM OF KASHMIR IS CONQUERED THROUGH THE POWER OF IMPERIAL FORTUNE

It is an ancient custom that when seekers of fortune combine worthy intention with good action, the omnipotent deity easily grants every wish that occurs to their minds, as is illustrated by the history of the world lord and will be newly shown by the story of how the realm of Kashmir came into the hands of the friends of fortune. Anyone acquainted with the passes into Kashmir knows that it is unthinkable to gain dominance over that land. It is protected on all four sides by mountains that raise their heads to the heavens. Although there are six or seven roads in, a heavy-laden army cannot traverse them, and along every one of these roads are places in which a few old women could roll rocks down and prevent the manliest men from passing. For this reason former rulers have either not set their hearts upon it or wisely desisted in their desire. It had long been in the emperor's mind to undertake the conquest of Kashmir, but his courtiers who could not proceed one step past superficiality were unable to imagine any such thing. Now, when the imperial banners had cast the shadow of justice over the Punjab, the thought grew in his mind, and even when court administrators sent ill-equipped forces, the workers of destiny worked their magic. First, the evil,

112

225

و سراسیمگی فیروزی جنود شنوده آشتی‌را برهم زد و از ستایش‌سرایان خوشآمدگو خودرا «شاه اسمعیل» نام نهاد و نکوهیده خویها بنیکوئی برگرفته بپای خویش بادیه‌پیمای ناکامی گشت و بناسزا خواهشها درافتاد و بگرفت‌وگیر بیجا دلهای عامّه برشوراند و کار دنیا نساخته بآویزهٔ کیش و مذهب درافتاد و تندخوئی و مردم‌زاری فراپیش گرفت. در آن ملک اگرچه آئین برهمن و شاکمونی باشد، لیکن از دیر باز هنگامهٔ سنّی و شیعه گرمی دارد. از نیرنگی روزگار در هرچندی یکی بر دیگری افزون آید و دکانچهٔ خودفروشی برآراید. بنیکسگالی معامله‌شناسان پردهٔ مدارا فرو هشته بود و گرد شورشی برنخاستی. درین هنگام نقاب آزرم باز گرفت و بآزار سنّیان برنشست. قاضی موسی کهن‌سال‌را ازهم گذرانید و خان‌ومان او بتاراج رفت. غنوده شورش بیدار گشت و شمس چک باندیشهٔ سری و کینتوزی برآمد. محمد بهت که دمنهٔ نیرنگساز آن ملک بود قابو یافته عرصهٔ بدسگالی فراخ ساخت و آن جوان شوریده‌مغزرا برین داشت که شمس چک و علی شیر ماکری و سیّد حسین و دیگر بزرگان این روش‌را پنهانی کار بسازد. اینان آگهی یافته همان راهی که او اندیشیده بود پیش گرفت. محمد از آن هنگامه گریخته بر کناره شد و باندک پژوهش گرفتار آمد و چون آن فریبکار زندانی گشت شمس چک دل بسری نهاده هنگامه‌آرای شد. یعقوب نیز آویزه پیش گرفت. ناگاه آوازهٔ فیروزی جنود شکیب‌ربای خرد و بزرگ آمد و بسخنسرائی کارشناسان آشتی پذیرفتند. کامراج‌را بشمس چک بازگذاشت و در کمتر فرصتی یعقوب خوابیده‌بخت پیمان‌را فراموش کرده برو لشکر کشید و بچیره‌دستی غنیم‌را بچنگ آورد. فیروزی سپاه چون از درگاه روانه شد تا دریای چناب لختی هرزه‌لایان یافه‌درارا روزبازار بود و انجام کار بس دشوار می‌اندیشیدند. چون گذاره

arrogant Ya'qub became rebellious and, hearing of the disunity of the imperial forces, broke the truce and called himself "Shah Isma'il" at the suggestion of his sycophants. Considering his evil habits good, he launched himself on the path of failure as he fell into unsuitable desires and vexed the hearts of the common people with unwarranted strife. Having thrown the world into confusion, he entered the fray of religion and sectarianism and began to be abusive and vexatious. Although the religions of the Brahman and the Buddha reign in that land, strife between Sunni and Shiite has long waxed hot. Through the mysterious workings of fate every so often one of the two gains dominance over the other and becomes arrogant. Through the benevolence of tolerant people the veil of conciliation had been lowered and the dust of strife had not arisen, but at this time the veil of honor was taken away, and Ya'qub was tormenting Sunnis. He killed the aged Qazi Musa and plundered his household. Sleeping strife awoke. Shams Chak arose with thoughts of leadership and revenge. Muhammad Bahat, the sorcerer vizier of the realm, took advantage of the situation to vent his malevolence by convincing the foolish Ya'qub to deal secretly with Shams Chak, Ali Sher Makri, Sayyid Husain, and other nobles of Shiite persuasion. When they found out about it, they did what he had thought they would. Muhammad fled from the fray and retired to the sidelines, but with a slight search he was captured; and when that deceitful one was imprisoned, Shams Chak arrayed his troops with hopes of leadership. Ya'qub also went out to do battle. Suddenly news of imperial troops shattered everyone's reverie, and a truce was accepted. Kamraj went to Shams Chak, but in a short time the ill-starred Ya'qub forgot his pact and attacked him and captured his foe. After the imperial army set out from

شدند تباه‌رایی یعقوب و آویزهٔ یکدیگر و التجانامه‌های سران آن ملک خاصه علی شیر ماکری یکی پس دیگری رسید. کاراگاهان که آینده‌را از پیشانی حال برخواندند و از سرآغاز انجام کار شناسند داستان فیروزی برخواندند و به رده‌آرائی نشستند، و هر کس جای خودرا برشناخت: قول بسپه‌آرا و گروهی رادمردان آرایش یافت، و برانغاررا مسند عالی و فتح خان و مبارک خان و دیگر مبارزان همّتمنش رونق افزودند، و در جوانغار جلال خان و برخی دلآوران جویای نبرد گشتند، و میرزا علی اکبرشاهی و گوجر خان و شیخ دولت و شریف سرمدی و جوقی احدیان و دیگر یلان در پیشدستان هراول پای همّت افشردند. بیست و یکم شهریور گریوهٔ بهنبهر گذشتند. سلیم زمیندار کناره گرفت. قاسم خان از کارشناسی بهلول برادرزادهٔ اورا بکلانی برگرفته راه ایمنی پذیرفت. در اندک زمانی آن کجگرا نیز بلشکر فیروزی پیوست و در راجوری بهرام نایک و اسمعیل نایک و شنکی چارور راهبانان بزرگ کتل آمده دیدند و مبارکبادی گشایش ملک برگفتند و چنان برگذاردند که «یعقوب ناسپاس بکنج خمول شتافت و سران این دیار چشم بر راه فیروزی سپاه دارند. ازینجا دو راه است، یکی کپرتل و آن گشاده‌ترین راههاست، و دیگر پیرپنجال. و ما پاسبان هر دو. اگر گام فراخ برگرفته آید بدادگری زیردستان آرامش یابند.» ازین نوید نشاط درگرفت و جشنها برآراستند و بصوابدید کاراگهان خیرسگال راه کپرتل قرار گرفت. آیندگان چنان گذارش نمودند که از دشوارگذاری پخها و فزونی لشکر دیرتر رسیده خواهد شد و بزرگان کشمیر بر گریوه انتظار میبرند. شایسته آنکه برخی نیکبسیچان کارشناس‌را پیشتر روانه سازند. نخستین اینان‌را بخسروانی نوازش امید برافزایند و سپس بتیزدستی بشهر درآمده کوس فیروزی بلندآوازه گردانند. گذارده‌را بدوربینی برسخته پذیرفتند و شیخ یعقوب و جی تواچی‌باشی و شیر و سلیم‌را با برخی بندوقچیان پیش فرستادند و شنکی چارور همراه شد.

court, when they reached the banks of the Chenab, blathering fools had a field day and made the task look difficult. Once they were through the passes, Ya'qub's foolishness and the internecine strife were learned, and letters asking for refuge came one after another from the chieftains of the realm, particularly Ali Sher Makri. Competent persons who could see the future by assessing the situation and knew the outcome from the beginning saw signs of victory and got busy arraying their troops. Everyone took his station: the center was led by the commander-in-chief and a troop of warriors; the right wing was commanded by Masnad Ali, Fath Khan, Mubarak Khan, and others; in the left wing were Jalal Khan and pugnacious champions; Mirza Ali Akbarshahi, Gujar Khan, Shaikh Daulat, Sharif Sarmadi, and a troop of *ahadis* and other warriors formed the vanguard. On the twenty-first of Shahrewar [September 12] they went through the Bhimbar Pass. Salim the zamindar withdrew to the sidelines. Qasim Khan competently elevated his nephew Bahlul to his post and secured the road. It was not long before the wayward Salim also joined the imperials. In Rajauri, Bahram Nayak, Isma'il Nayak, and Shangi Charwar, the guards of the pass, came to pay homage and offer congratulations for the conquest of the land. They said, "The foolish Ya'qub has gone into hiding, and the chieftains of this realm are waiting for the imperial forces. From here there are two roads. One, Kapartal, is the wider of the two, and the other is Pir Panjal. We are guards of both ways. If you are bold, the subjects will enjoy peace through your justice." They rejoiced over this good news and held celebrations. Upon the advice of knowledgeable people the Kapartal route was chosen. The newcomers reported that because of the difficulty of the passes and large number of soldiers it would take the army a long

فیروزی سپاه نیز از پی رهگرا آمد. چون بر فراز کتل کپرتل برآمدند عالمی دیگر پدیدار گشت. در سر این گریوه سه دیوار بپهنای چهار گز و بلندی ده گز برآورده بودند و سی گزی چوبهارا در یکدیگر چیده و پیشینیان طلسمی برساخته‌اند که هنگام درآمدن لشکر بیگانه برف و باران و تگرگ پدید آید. بنابران شورشی شگرف برخاست و در آن ریزش نشیب و فراز بی‌هنجار درنوردیده نزدیک گریوهٔ اکرم‌بال فرود آمدند. باران افزوده گشت و بسیاری جانداران از سختی سرما بنیستی گرائید.

درین اثنا چندی تفنگ‌اندازان که همراه چی رفته بودند زخمی باردو پیوستند و از فریبکاری کشمیریان آگهی بخشیدند. درین راه سه گریوهٔ سترگ است که روزگار از دشوارگذاری آنها حرفسرا. گذارده بودند که کشمیریان بهستی[۴۲] وتر که سیوم گریوه است از سوی هندوستان و نخستین از جانب کشمیر چشم بر راه دارند. پیش‌فرستادگان در آنجا آن گروه‌را نیافتند و پیدا بود که جمعی آمده باز گشته‌اند. از شنکی چارور پرسیدند که «آمدن چه بود و رفتن چراست؟» پاسخ داد «همانا باندیشهٔ آنکه یعقوب سر گریوه‌را برگیرد برگردیده باشند.» درین میان محمد لند و دلاور خان و بهادر خان و جمعی سران کشمیر پیوستند و بآویزش درآمدند. شیخ یعقوب بدو زخم از پا درآمد و نزدیک بود که قالب تهی کند. آشنائی دستمایهٔ رهائی شد و چی نیز بدوازده زخم بر زمین آمد. چندی داد مردانگی داده بواپسین خواب در شدند. یکبارگی برف و باران بشورش درآمد و مردم‌را پراگنده ساخت. از چی شنیده شد که «در آن برفستان هوش رفت و در آن بیهوشی گیتی‌خدیو نمودار شد و دلدهی فرمود. همان زمان بخود آمدم و نیرو گرفتم، لیکن بسیاریِ زخم و فزونیِ برف و سختیِ تنهائی و بیتابیِ گرسنگی سراسیمه داشت. ناگاه چندی پدید

time to get there, and the chieftains of Kashmir were waiting at the pass. It would be better for some diplomats to be sent forward. They would reassure everyone of the emperor's good will, and then the army could enter the city and proclaim victory. After this suggestion was weighed, it was accepted, and Shaikh Ya'qub, Jai Towachibashi, Sher, and Salim were sent forward with some musketeers, accompanied by Shangi Charwar. The imperial army also set out in their wake. When they got to the top of the Kapartal Pass, a different world came into view. At the top of the pass three walls four cubits thick, ten cubits tall, and thirty cubits long had been made of interwoven planks, and the ancients had placed a talisman there so that any time a foreign army entered, rain, snow, and sleet would fall. Through the power of the talisman a great storm arose, but they made it across the rugged terrain in the midst of the storm and dismounted near the Akrambal Pass. The downpour increased in intensity, and many of the animals perished from the cold.

At this point some gunners who had gone with Jai returned to camp wounded to report the treachery of the Kashmiris. Along that road were three great passes more difficult to traverse than could be told. It had been reported that the Kashmiris were waiting at Hasti Watar, the third of the passes from the direction of Hindustan and the first pass from the direction of Kashmir. Those who had been sent forward found no one there, and it was clear that some had come and left. Shangi Charwar was asked why they had come and departed. "They probably left thinking that Ya'qub would take the pass," he replied. At this point Muhammad Land, Dilawar Khan, Bahadur Khan, and a group of Kashmiri chieftains showed up and did battle. Shaikh Ya'qub fell with two wounds and almost died. Wisdom provided him with

آمدند و مرا برگرفته پیش شمس چک بردند. او گرمخوئیها نموده بشهر فرستاد.»

۱۱۳ سرگذشت شگرفی تقدیر آنکه چون یعقوب از گرفتن شمس چک بگران خواب غرور درآمد سررشتهٔ خرد از دست واهشته بتباهکاری گرمتر شد و در برآوردن راهها کوشش نمود. ایبا برادر خودرا و ایبا پسر ابدال چک و نورنگ خان و ظفر خان و فتح خان و حسین خان و بهادر خان و دلاور خان که از خودسری آن فرومایگان بدگوهررا بدین گرامی خطابها نامزد کرده بود و دیگر مردمرا رخصت پیش داد و خود در شهر بسامان پیکار برنشست. پیش‌آمدگان در بند و بست تنگناها کوشش نمودند و لختی خاطر ازین کار واپرداختند. درین هنگام بسیچ بدگوهران دورنگی پذیرفت و هنگامه از رونق افتاد. حیدر چک که هوای مرزبانی آن ملک در سر داشت و در لشکر فیروزی بود حسین پور او آمدن پدررا شنوده در بیرم‌گله انتظار میبرد. بسیاری نامبردگان کشمیر بحسین انجمن دوستی آراسته قرار دادند که «اگر حیدر چک از پیمان درنگذرد همه باو بگرویم. او از آن سپاه برآمده بما پیوندد و لشکر بیگانه‌را بگوناگون پیشکش و لابه‌گری برگردانیم و کشمیر بآرامش گراید.» فتحعلی که بنورنگ‌خانی سر نخوت می‌افراخت بدان دل ننهاد. اورا بی‌آبرو گردانیدند و آن دو ایبا بدستانسرائی راه گریز پیش گرفتند و نایکان‌را که گریوه‌بان بودند بنیایشگری فرستادند. همگی بسیچ آن بود که چندی از فیروزی سپاه برده منبررا بنام کیهان‌خدیو بلندپایگی بخشند و امرارا بنیروی خواسته بازگردانند.

the means for escape, however. Jai too fell with twelve wounds, and others drew their last breaths valiantly. Suddenly the rain and snowstorm arose, causing confusion among the men. Jai was heard to say, "In that snowstorm I lost consciousness, and in my unconsciousness the world lord appeared and gave me courage. I came to and found strength, but I was anxious over my many wounds, the blinding snow, the difficulty of being alone, and hunger. Suddenly some people appeared, and they took me to Shams Chak, who received me graciously and sent me to the city."

As an instance of the mysterious workings of destiny, when Yaʻqub fell prey to conceit with the seizure of Shams Chak, he lost his senses and became even more vicious and attempted to block the roads. He sent forward his brother Aiba, Abdal Chak's son Aiba, Naurang Khan, Zafar Khan, Fath Khan, Husain Khan, Bahadur Khan, and Dilawar Khan, to all of which villains he had given those titles in his conceit, while he attended to getting ready for battle in the city. They did their best to block the passes and were satisfied with their work. At this point the villains became of two minds and were no longer so threatening. Haidar Chak, who had it in mind to become the ruler, was with the imperial army. When his son Husain heard that his father was approaching, he waited for him in Baramgala. Many of the above-named Kashmiris were friendly toward Husain and said, "If Haidar Chak does not break his promise, we will support him. Let him leave that army and join us. Together we will make the foreign army withdraw by giving them various presents and by pleading, and Kashmir will settle down." Fath Ali, who enjoyed the title Naurang Khan, refused to agree. They dishonored him, and the two Aibas fled, and the Nayaks, who were guards of the passes, were sent to pay homage, thinking they would take some

113

۱۱۴ کوتهی سخن آنکه یعقوب نافرجام بآهنگ پیکار بهیره‌پور رسیده بود که آگهیِ دل برگرفتنِ کشمیریان ازو سراسیمه گردانید، و حسین خان عموی او نیز جدا شده بآن کشمیریان پیوست. بکارپردازان بیدانش خود انجمن ساخت و بپژوهش چاره برنشست. رای بر آن قرار گرفت که شمس چک و محمد بهت‌را از بند برآورند و از بهدید این دو کس کارزار پیش گیرند. چون آن دو فتنه‌سازرا بیرون آورد از کینتوزی چنان برگذاردند که روزی چند از شورش بر کناره زید و بکشتواره[۴۳] پناه برد. چون زمانه آرامش پذیرد و دوست از دشمن باز دانسته آید کارسازی نموده شود. بهزاران ناکامی بدان خمولگاه روی آورد و از میانهٔ راه آن دو شورشمنش با بسیاری جدائی گزیدند.

۱۱۵ درین هنگام که کشمیریان بر گریوه راه حیدر چک میدیدند از نوشتهٔ او سراسیمگی اندوختند. گذارده بود که «مرا بچشم پاسبانی مینمایند. بیرون شدن من و بازگردانیدن امرا بس دشوار.» کشمیریان از آن اندیشه دل برگرفته بهیره‌پور هنگامه آراستند و حسین چک‌را بکلانی برداشته رو بپیکار نهادند.

درین میان شمس چک پیوست و مرزبان نورا از کار باز داشته بدو گرویدند و بیازش پیکار گروهی‌را بگریوه فرستادند و ازینان بشیخ یعقوب و چی آن گزند رسید. چون نزدیک اکرم‌بال حقیقت بدگوهران تباه‌بسیچ خاطرنشین اولیای دولت شد آمدگان‌را مقیّد گردانیدند و در پاس حیدر چک بیشتر اهتمام رفت. انجمن رازگوئی برآراستند و در گذشتن گریوهٔ هستی[۴۴] وتر و درآمدن ملک جانقی نمودند. لختی از برف و باران ستوه آمده در بازگشت یافه‌درا شدند و برخی سخن توقّف در میان آوردند. قاسم خان با چندی از والانگهان آهنگ پیش رفتن برگذارد. ناگزیر دیگران

of the imperial army, have the emperor's name read from the pulpit, and then send the commanders back.

To make a long story short, the ill-starred Ya'qub had gone to Hirapur to do battle when he was upset by the news that the Kashmiris had turned away from him and that his cousin Husain Khan had left him and joined those Kashmiris. Taking counsel with his own unwise men, he wondered what to do. The prevalent opinion was that Shams Chak and Muhammad Bahat should be released from prison and battle should be pursued under their direction. When those two troublemakers were brought out, they maliciously suggested that he should cease stirring up trouble for a while and take refuge in Kishtwar. When things calmed down and friend could be distinguished from foe, the situation could be dealt with. Ya'qub went off very unhappily into hiding, but along the way the two masters of sedition and many others left him.

At this point, when the Kashmiris were waiting for Haidar Chak at the pass, they were distressed by a letter from him. He had written: "They are keeping me under guard. It will be very difficult either for me to get away or to turn the commanders back." Changing their mind, the Kashmiris arrayed their troops in Hirapur and, elevating Husain Chak as their leader, they set out for the battlefield.

Now Shams Chak joined them and, dissuading the new leader from action, lent him his support. Some were sent to the pass to do battle, and they inflicted the injuries mentioned above on Shaikh Ya'qub and Jai. When in Akrambal the friends of fortune learned what the villains were up to, they put the emissaries in chains and kept watch over Haidar Chak even more intensely. Council was held, and they debated going through the Hasti

114

115

نیز بدین رای گرائیدند. درین هنگام شمس چک کاردانان فرستاده بلابه‌گری درآمد و همان صلحی که با میرزا شاهرخ قرار داده بود از سر گرفت. پاسخ چنان شد که «این بار افسون فریب بکار نیاید و افسانهٔ حیله بگوش در نشود. فرمان چنان است که کشمیر از خودسران شوریده‌رای باز ستانند. هرکرا بخت یاور باشد خودرا بلشکر فیروزی رساند و سایه‌نشین عاطفت گردد. سخن حقیقت بگوش در نیاورده آمادهٔ نبرد شود.۴۵» قاسم خان به نیّتی درست و همّتی بلند نوزدهم مهر متوجه پیکار شد و غنیم نیز فوجها آراسته در برابر آمد. در قول آن شوریده‌مغز جای داشت و دست راست ظفر خان و دست چپ شمس دولی، حسین چک طلیعه شد و محمد بهت چنداول. چون هراول فیروزی سپاه بگریوه درآمد از سرکوبها بندوق و سنگ انداختن پیش گرفتند. از هجوم بدگوهران و تنگی جا عنان‌تاب شده بجوانغار پیوست. قاسم خان ازین برگشتن برآشفته خود بدان سو روانه شد و شریف سرمدی و میر عبد الرزاق معموری و جلال الدین مسعود و حاجی محمد ترشیزی و میر شاه‌محمدرا پیشتر فرستاد و خنجری که از جوانغار بازمانده بود نیز همراهی گزید. محمد چک که از رادمردان کشمیر بود از برانغار دوید. لاکها نام مبارزی بدو آویخت و دست و گریبان بزیر افتادند. جهانی بشگفت‌زار در شد و غریو از نظارگیان برخاست. در گرمی آویزش ظفر خان تیردوز بندوق گردید و آن فوج یکبارگی ازهم پاشید. و هنوز دیگر فوجها بآویزه درنیامده بود که لطمهٔ یداللهی روی باطل‌ستیزان برگردانید و پراکندگی در آن بزرگ هنگامه افتاد و هر یکی از بخت‌برگشتگان به پیغولهٔ در شد و کوس فیروزی بلندآوازه گشت. و از نیرنگی اقبال روزافزون شاهنشاهی فتحی سترگ روی داد. هراول و جوانغار تکامشی نموده پایان کتل دایره نمودند. قاسم خان و

Watar Pass and entering the kingdom. Some, weary of the snow and rain, lobbied for a return. Others suggested stopping where they were. Qasim Khan and some other farsighted men proposed going forward, and the others were compelled to agree. Just then the emissaries Shams Chak had sent arrived to plead that the truce that had been concluded with Mirza Shahrukh be reimplemented. The following reply was given: "This time let there be no duplicity, and let no words of deceit be heard. It has been commanded that Kashmir be taken away from the foolish headstrong. Let all upon whom fortune smiles present themselves to the imperial army and enjoy the shadow of the emperor's favor. Let those who refuse to hear the truth get ready for battle."

On the nineteenth of Mihr [October 11] Qasim Khan set forth for battle with correct intention and high-mindedness, and the foe arrayed their troops opposite. In the center was the foolish Ya'qub; Zafar Khan commanded the right wing, and Shams Doli commanded the left. Husain Chak formed the vanguard, and Muhammad Bhat led the rear guard. When the imperial vanguard entered the pass, the enemy began to fire from their overhead positions. Overwhelmed by the villains and in such a tight spot, the vanguard pulled in their reins and joined the right wing. Angered by this retreat, Qasim Khan himself set out for there and sent forward Sharif Sarmadi, Mir Abdul-Razzaq Ma'muri, Jalaluddin Mas'ud, Hajji Muhammad Turshizi, and Mir Shah Muhammad. Khanjari, who had been left behind from the left wing, also joined them. Muhammad Chak, one of the champion warriors of Kashmir, ran from the right wing. A warrior named Lakha jumped him, and both of them fell grappling with each other. All were amazed. In the heat of the battle Zafar Khan was shot, and his troop fell to pieces. Scarcely had

دیگر سپاه از دوربینی بر گریوه منزل گزیدند و یادگار حسین و حاجی محمد ترشیزی و طوفان و عبدالله و سلیم و چندی تیزدستان عرصهٔ دلاوری‌را بسری‌نگر که دار الملک کشمیر است فرستادند. بیست و چهارم مهر منابررا بگرامی نام افسرخدا پایه برافراخته آمد و از دادگری و مهرافزونی بیگانگان وحشت‌گرا آرامش یافتند. چون چهار کروهی سری‌نگر لشکرگاه شد حیدر چک بی‌دستوری بشهر رفت و در لشکر قدری شورش پدید آمد و زود فرو نشست. بیست و پنجم قاسم خان و دیگر امرا در نزهت‌سرای سری‌نگر درآمدند و گوناگون نشاط اندوختند.

درین روز میانهٔ راه حیدر چک با فراوان مردم پیوست. قاسم خان از کارآگهی اورا از تصرف باز داشت و نقش تباه‌بسیچی از خاطرها بزدود.

پیش ازین بنهصد سال در زمان للت ایلائیل[۴۶] مرزبان کشمیر این ۱۱۶
فیروزمندی گذارده بودند چنانچه کهن نامه‌ها بازگوید. از نیرنگی روزگار باده‌فروشان بزرگی یافته بودند و هنگامهٔ ساغرکشی و ستمگاری گرمی داشت. سورت[۴۷] برهمن در سری‌نگر در برزن رتهپور بگزیده خویها طراز یکتائی داشت. اورا همخوابهٔ بود بخوبروئی و پاکدامنی کم‌همتا. همواره از هنگامه‌های تردامنان گرفته دل بودی و از ایزد بیهمال از آن مشتی ستمگار رهائی خواستی. یکی از شناسندگان کارآگاه اورا بَیتال سادهنه آموزش نمود (بفتح با و سکون یای تحتانی و تای فوقانی و الف و لام و سین و الف و دال و های خفی و فتح نون و های مکتوب). دانشوران هندوستان بیتال‌را از قدسی نفوس انگارند و سادهنه آئین حاضر ساختن او. هرگاه دررسد حقیقت هر کار بازگوید. هرکس در احضار او چندی بکردارهای خاص گراید و افسونهای مخصوص برخواند و در آخرین روز آدم مرده‌را که اعضای ظاهر او درست باشد در چردس تاریک بساعت

the other troops entered the battle when the hand of God smote the foolish villains with confusion, and every one of them crept off into hiding as the drums of imperial victory were sounded. A great triumph was achieved through the mysterious workings of ever-increasing imperial fortune. The vanguard and left wings were in pursuit and camped at the end of the pass. Qasim Khan and the other soldiers foresightedly camped at the top of the pass and sent Yadgar Husain, Hajji Muhammad Turshizi, Tufan, Abdullah, Salim, and several other warriors to Srinagar, the capital of Kashmir. On the twenty-fourth of Mihr [October 16], the emperor's name was read from the pulpits, and the terrified population calmed down with the prospect of imperial justice and clemency. After camp was made four leagues from Srinagar, Haidar Chak went into the city without permission, and there was some unrest among the soldiers, but it was quickly put down. On the twenty-fifth [October 17] Qasim Khan and the other commanders entered Srinagar amid great rejoicing.

That day Haidar Chak joined them with many men. Qasim Khan wisely prevented him from taking control, and thus rebellious thoughts were removed from all minds.

Nine hundred years prior to this, in the time of King Lalitapil of Kashmir,[12] this victory was predicted, as is recorded in old books. Through the mysterious workings of destiny wine sellers had achieved supremacy, and drinking and tyranny were rife. A man of good character named Shivadatta Brahman dwelt in the Rathpur quarter of Srinagar with his wife, a paragon of beauty and virtue. He was pained by the excesses of the libertines and constantly begged God for deliverance from the tyrants. One of his friends taught him *Baital sadhna*. The learned of Hindustan believe Baital is the name of a spirit, and *sadhna* is the charm

116

239

خجسته در زمینی که مرده‌را بسوزانند و آن‌را «سمسان[۴۸]» گویند خواباند و از هر چهار سو بآهنین میخها استوار کند و بر فراز پشت او نشیند و در کاسهٔ سر آدمی چراغ افروزد و فتیله از کفن سازد و روغن از چربی آدم و افسونها بر دندان مردم‌زاد دمیده آن‌را بر آن افتاده گل‌آسا افشاند. با نیروی نبرد در آن نزدیکی صورتها هولناک پدید آید. چون دلِ خواننده از آن نهراسد آن قالب بجنبش درآید و مهیب آوازها برکشد. سپس آن روحانی بشایسته پیکری رو نماید و برگوید «چرا برخواندی؟ و این همه رنج‌کشی بهر چیست؟» آنچه بازگوید پاسخ شنود و در شدنی کارها چاره برگذارد و در جز آن شکیبائی آموزد.

آن ستم‌رسیده بفراهم آوردن اسباب شد و پس از فراوان تکاپو چنان قالب بدست آورد و برخی فراهم نیامده بود چه در نگاهداشت آن سراسیمه شد. بشهر نیارست برد و در صحرا از گزند میترسید. بقچه‌آسا بسته بخانهٔ چرم‌سازی که پیوند آشنائی داشت بآئین امانت گذاشت تا در آن گنده بوهای خانگی راز بر ملأ نیفتد و خود در پس کار رفت. نیم شب آن روحانی بر حقیقت کار آگاهی یافته چرمسازرا آواز داد. او لختی بترسید. بآوای دلدهی اورا آرامش بخشید و گفت «فلان برهمن فراوان رنج می‌برد. اورا برگوی که زمان فرمانروائی آن بیدادگران دراز است. پای در دامن صبر کشیده از سراسیمگی بازآید. بیست تن از آن گروه یکی پس از دیگری بسری برنشینند و چون روزگار این ستمگاران سپری شود بزرگ این دیار بقوم کایته بازگردد و سپس مرزبانی آن باحمدی‌کیشان قرار گیرد (و هر طایفه‌را مدّت معیّن برگذارد) و چون نوبت چکان رسد چندی از آن گروه کامروائی کنند و مرتبهٔ هشتم سلطنت ازین گروه برگیرند و یکی از بزرگان صورت و معنی که سگالش و کردار و گفتار او گردآوری رضامندی

for summoning him. When he appears he tells the truth about everything. Anyone who summons him must perform certain actions and recite certain incantations for a number of days. On the last day, in the dark of the fourteenth day of the lunar fortnight at an auspicious hour, he must lay a dead man with sound limbs on the place where the dead are burned (called a *shmashan*), and he must secure the body on all four sides with four spikes and then sit on its back. Then he must light a lamp in a human skull with a wick made from a shroud and oil made from human fat, recite incantations over human teeth, and throw them onto the body as though scattering flowers. Soon terrifying apparitions will appear. If the caster of the spell keeps his fear under control, the corpse will begin to move and make horrible noises. Then the spirit will appear in a nice form and say, "Why have you summoned me? Why have you gone to all this trouble?" He will answer any query and tell how to deal with things that are going to happen; for other things he will instruct one to be patient.

The poor Shivadatta got all the materials together, and after much effort he obtained a body, but he still lacked certain things because he was afraid of keeping them. He could not take those things into the city, and he was afraid they would be harmed if left in the countryside. Putting everything into a sack, he deposited it in the house of a tanner he knew because with the stench of the house nothing would be suspected, and then he went off to complete his arrangements. At midnight the spirit realized what was happening and cried out to the tanner. The tanner was rather afraid, but the spirit reassured him and said, "A certain Brahman is going to a lot of trouble. Tell him that the time of the domination of the unjust will be long. If he exercises patience he will be delivered. Twenty of the unjust, one after another, will

241

الهی باشد بدادگری این دیار نشیند.» آن برهمن چون بخانهٔ چرمساز آمد از سرگذشت شناسائی اندوخت و دست از آن باز داشته بگوشهٔ خمول برنشست و مضمون آنرا بشعر هندی برگذارد. کهن نامه‌ها و سنگین الواح از آن بازگوید. سلطان زین العابدین که اورا «بدشاه۴۹» نیز گویند و از مرزبانان کشمیر بولایت زبانزد روزگار بود پیوسته میگفت که «زود حکومت این دیار بچکان رسد و از دست اینان باز ستانند.»

۱۱۷ در آن هنگام که خبر آمدن میرزا شاهرخ و راجه بهگونت داس در کشمیر بلندآوازه گشت یوسف خان مرزبان آنجا پیش واحد صوفی در بیجبراره۵۰ رفته دریوزهٔ همّت نمود. آن الهی بندهٔ روشن‌ضمیر پاسخ برگذارد «اگرچه این لشکر از میانهٔ راه برگردد، لیکن ایزد بی‌همال این ملکرا بپادشاه صوری و معنوی داده است. بزودی سپاه او درآید.»

چون مژدهٔ فیروزی بهمایون بارگاه رسید الهی سپاس افزوده شد و خدمتگذاران شایسته کار بگوناگون نوازش سربلندی یافتند و درست گوئی اخترشناسان هندوستان بر فراز پیدائی برآمد.

۱۱۸ غرّهٔ آبان شمسی وزن کیهان‌خدیو شد و بدوازده چیز برکشیدند. جشن والا آرایش یافت و تهیدستان روزگار کام دل برگرفتند. درین روز راجه بهگونت داس بسجود قدسی آستان رسید. گفتار سودائی شدن و یازش خویش کردن او نگارش یافت. چون از توجه کیهان‌خدیو بهی پذیرفت رو بدرگاه آورد.

چهارم منازل کرم الله کنبو از قدوم کشورخدا فروغ دیگر گرفت. بزرگ کاخها اساس نهاده بود و از دیر باز این خواهش در سر داشت. از آنجا که کامبخشی ستوده خوی شهریار است آرزوی او روائی گرفت و جاوید دولت اندوخت. نثار و پیشکش بجای آمد و لختی از آن پذیرفته شد.

rule, and when their time is over, the rule of this land will go to the Kayath caste and then to the Mohammedans." And he named a stipulated time for each group. "When it comes time for the Chaks to rule," the spirit continued, "several of them will enjoy rulership, but the rule will pass away from them with the eighth, and one whose thought, conduct, and speech are pleasing to God will rule over this land in justice." When the Brahman came to the tanner's house and learned what had happened, he gave up sorcery and went away into obscurity to put the content of the prediction in Hindi verse. Old books and stone tablets tell of it. Sultan Zainul-Abidin, who is also called "Baddu Shah" and is legendary among the rulers of Kashmir, used to say, "Soon the rule of this land will go to the Chaks, but it will be taken from them."

When it became known in Kashmir that Mirza Shahrukh and Raja Bhagwant Das were on their way, the ruler, Yusuf Khan, went to Wahid Sufi in Bijbiara and asked him for psychic assistance. The enlightened hermit replied, "Although this army will turn back halfway here, God has already given this kingdom to the physical and spiritual monarch. His army will soon enter."

When news of the victory reached the emperor, he gave thanks to the deity and rewarded his servants amply. Thus the astrologers' prediction came true.

On the first of Aban [October 23], the emperor's solar weighing was held, and he was weighed against twelve items. A great celebration was held, and the poor had their wishes come true. On that day Raja Bhagwant Das prostrated himself at the imperial threshold. He told about his fit of madness and how he had stabbed himself. Since he had recovered by virtue of imperial attention, he had come to court.

117

118

243

۱۱۹ و از سوانح شبخون آوردن یعقوب و بناکامی بازگشتن. فرومایگان کشمیر اورا از تنگناهای کستواره برآوردند و بسیاری در گرد او فراهم آمدند. بچندرکوت هفت کروهی بیج‌براره گرد شورش برانگیخت. مبارک خان و شیخ دولت و برخی رادمردان بدان سو شتافتند. او در خود نیروی آویزهٔ روز ندیده باندیشهٔ شبخون افتاد. میخواست که با پیش‌آیندگان آویزد. چندی برگذاردند که سپه‌آرا در شهر بفرستادن آن گروه لختی غفلت دارد. جوقی‌را روبروی آنان گذاشته خود آهنگ شهر پیش گرفت. بیستم از سعدی منزل گذشته نیم شب بشهر درآمد و برخی قراولان‌را در خواب ازهم گذرانید. یعقوب و بسیاری بدگوهران ببزرگ دروازه شورش نمودند. قاسم خان با برخی بهادران کارنامهٔ دلاوری بجای آورد و شریف سرمدی و حاجی محمد ترشیزی کارپرداز رادمردی آمدند و چون خاطر از حیدر چک ناایمن بود آن زندانی‌را ازهم گذرانیدند. برخی کشمیریان کشتی سوار بدریچهٔ که بدان سو میگشاید هجوم آوردند. طوفان کابلی و قاضیزاده و دیگر گندآوران بکارزار پا افشردند. جوقی بدروازهٔ که بشهر می‌برآید غوغا انداختند. میر عبد الرزاق معموری و چندی دلاوران ثبات‌پائی نمودند. سردار این گروه ببندوق درگذشت. برخی بر منزل میرزا علی اکبرشاهی دست چیرگی برگشودند. او برابر ایستاده شایسته آویزشها کرد و ایوب بیگ و یار بیگ و مؤمن از احدیان شگرفکاری نمودند. درین دستخیز صالح بیگ‌را نقد زندگی یغمائی شد و بر هر خانه سپاهی چیرگی یافتند. در هر گوشهٔ سترگ پیکار درگرفت. پس از فراوان زد و خورد بایزدی تأیید فیروزی چهره برافروخت. از آن روی آب فتح خان ازین آگهی محمد خان پور خودرا با جوقی فرستاده بود. او نقاره‌زنان میآمد و از سوی دیگر خنجری و شاداب و اسکرن و برخی دیگر کوس‌را بنوا داشته

On the fourth [October 26] Karamullah Kambo's quarters were graced by the emperor. He had built large palaces and had long wished for this honor. Inasmuch as it is the emperor's praiseworthy habit to grant wishes, he made this one come true. Gifts and presents were offered, and some were found acceptable.

Ya'qub launches a surprise attack but withdraws in failure　119
The blackguards of Kashmir brought Ya'qub out of the recesses of Kishtwar, and many gathered around him. He stirred up trouble in Chandarkot, seven leagues from Bijbiara. Mubarak Khan, Shaikh Daulat, and some warriors went off in that direction. Not finding within himself the strength to do regular battle, Ya'qub hatched the idea of making a surprise attack. He was on the verge of attacking the imperials who were coming, but some said that the commander in the city was somewhat negligent about sending that troop. Stationing a troop face to face with them, he set out for the city. On the twentieth [November 11] he passed by Sa'di Manzil, entered the city at midnight, and killed some guards as they slept. Ya'qub and many villains created an uproar at the great gate. Qasim Khan and some warriors performed valiantly, and Sharif Sarmadi and Hajji Muhammad Turshizi also fought outstandingly. Since his mind was not at ease with regard to Haidar Chak, he killed him in prison. Some of the Kashmiris in boats attacked the gate that opened on the river. Tufan Kabuli, Qazizada, and other warriors stood their ground. A group created a ruckus at the gate leading to the city. Mir Abdul-Razzaq Ma'muri and others held their ground, and the leader of the attacking group was shot and killed. Some gained possession of Mirza Ali Akbarshahi's residence, and he stood opposite and fought well. The *ahadis* Ayyub Beg, Yar Beg, and

راه میسپردند. ناگهانی بآوای آن بیرونی کوس غنیم‌را پای شکیب از جای رفت و از اقبال روزافزون آتش زدن کشمیریان در شهر شکسته‌تر ساخت. در فروغ آن موشکافان کارآگاه بسیاری‌را تیردوز گردانیدند و پایان شب بهزاران شرمساری رو بگریز نهادند و فراوان کس‌را در گریختن نقد زندگی از دست رفت. بامدادان میرزا علی اکبرشاهی و گوجر خان و محمد خان و جمعی تیزدستان بتکامشی گام فراخ برزدند و از بوم‌بیگانگی و راه‌نشناسی آن شوریده بصوب دینسو[51] بدر رفت.

۱۲۰ و از سوانح آمدن ایلچی مرزبان تتهه. اگرچه مسندنشین آن دیار میرزا پاینده‌محمد ارغون است، لیکن او سودائی‌مزاج شد. بکار ملک پرداختن نیارستی. بست و گشود آن میرزا جانی پور او نماید. بیست و هشتم سیّد جلال که از بزرگ‌زادگان آن سرزمین بود دولت بار یافت و تنسوقات و عرایض به پیشگاه نظر درآورد. در آن پرستاری نیاگان و عذر نیامدن خویش برگذارده بود. شاهنشاه پوزش‌پذیر آمده‌را نوازش فرمود و کامیاب خواهش دستوری داد.

پنجم آذر راجه باسو با روی شرمسار و دل پشیمان سعادت کورنش اندوخت. از زمینداران شمالی کوه پنجاب است. همواره فرمانپذیری و نیکوبندگی بجای آوردی. درین هنگام که رایات همایون سایهٔ فرّخی بدین دیار انداخت از بخت‌غنودگی سرتابی پیش گرفت. بنابران حسین بیگ شیخ‌عمری و حاجی سیندوک و قنبر بی و قرا بیگ و ناظر دولت‌را فرستادند. اگر اندرز نپذیرد مالشی بسزا دهند. راجه تودرمل نامهٔ بدو برنگاشت و بر زیانزدگی سرکشی آگاه ساخت. فیروزی سپاه به پتهان[52] رسیده بود که بگیرا سخن راجه از خواب درآمد و اولیای دولت‌را آمده دید و از آنجا بهمراهی بندگان اخلاص‌گرای بسجود قدسی آستان روشن‌پیشانی گشت.

Mu'min fought outstandingly. In the fray Salih Beg lost his life. As the soldiers took possession of every house, fighting broke out everywhere. After much combat, they gained victory with divine assistance. From the other side of the river Fath Khan learned of the attack and sent his son, Muhammad Khan, with a troop. He was coming with drums sounding, and from the other direction Khanjari, Shadab, Asikarn, and others were coming with their drums sounding. With the sound of the drums the enemy lost his nerve, and by imperial fortune the fires the Kashmiris were setting in the city rattled him even more. By the light of the fires the marksmen shot many, and at the end of the night the foe fled in humiliation. During the flight many lost their lives. At dawn Mirza Ali Akbarshahi, Gujar Khan, Muhammad Khan, and a troop of warriors went out in pursuit, but since they were strangers to the place and did not know the roads, the villain escaped in the direction of Dinsu.

An emissary comes from the ruler of Thatta

120

Although the holder of the throne of that territory was Mirza Payanda Muhammad Arghun, he was of unstable mind and was incapable of tending to the administration, which was handled by his son Mirza Jani. On the twenty-eighth [November 19], Sayyid Jalal, a scion of the nobility of that region, was admitted to court, where he presented gifts and a letter for the emperor's view. In the letter the ruler of Thatta represented his ancestors' allegiance and apologized for not coming himself. The all-forgiving emperor showed the emissary favor and gave him leave to depart with his wishes fulfilled.

On the fifth of Azar [November 26], Raja Basav saluted the emperor with an ashamed face and regretful heart. He was a

و از سوانح فرستادن زین خان کوکلتاش بمالش تاریکیان بدنهاد. ۱۲۱
هرکرا ستارۀ بخت فرو نشیند بتکاپوی خویش راه ناکامی سپرد و زود بپادافراه تباهبسیچی برسد چنانچه حال احشام مهمند و غوریه‌خیل از آن بازگرید. ده هزار خانه‌دار در پشاور بسر برند. پیوسته نیکوخدمتی‌را سرمایۀ رستگاری دانستی. درین هنگام که ستم‌رسیدگی خودرا بایستی بدرگاه همایون عرض داشت، از کوتاهبینی و بدگوهری جلالۀ تاریکی‌را بسری برداشتند و روزگار سیّد حامد بخاری در آویزۀ اینان سپری شد. او اقطاعدار پشاور بود. کُشکک[۵۳] کابل داشته بدانجا رسید و سپاه او بجایگیر هندوستان بازگردید. با چندی در حصار بگرام دم غفلت میشمرد و کاررا بموسی نام نابخردی باز گذاشت و بی‌آنکه اندازه‌های شناسائی او برگیرد سررشتۀ داد و ستد بدست او داد و ندانست که در آن دیرین خدمتی بکار نیاید. او از آزمندی بر آن گروه تنگ گرفت و بر مال و ناموس دست برگشود. الوس از نافهمیدگی بدان نافرجام همداستان شد. نزدیک بگرام غبار فتنه برخاست. از کمی مردم بر آن بود که تا آمدن سپاه کابل و اتک و رسیدن برادران حصاری شود، لیکن از سخنسرائی کوتاهبینان بر آن نیارست بود. یکی‌را فرستاده پژوهش احوال غنیم نمود. او از بیدانشی یا بداندیشی اندک و پراکنده وا نمود. بی‌آنکه ژرف‌نگاهی بکار برد با صد و پنجاه کس بیرون آمده گرم پیکار شد و با آنکه در آغاز نبرد تیری رسید دست از آویزش باز نداشت. در آن چپقلش اسپ او بجویی در شد و کارش بانجام رسید و چهل کس از خویشان اورا برادمردی روزگار بسر آمد. سپس افغانان قلعه‌را گرد گرفتند. سیّد کمال پسر خرد او با چندی پای همّت افشرده شایسته نگاهبانی نمود. ازین آگهی هفتم شاهقلی خان محرم، شیخ فرید بخاری، تاش بیگ خان و بسیاری منصبداران

zamindar from the hills north of the Punjab who had always been obedient and a good servant. When the imperial banners cast their felicitous shadow over that region, he had regrettably been recalcitrant, and therefore Husain Beg Shaikh-Umari, Hajji Sevindük, Qambar Biy, Qara Beg, and Nazir Daulat had been sent to crush him if he did not heed advice. Raja Todar Mal had composed a letter to him warning him of the dire consequences of being refractory. The imperials had only gotten as far as Pathan when the raja awoke from his slumber and went to see the friends of fortune. From there he accompanied them to prostrate himself at the imperial threshold.

Zain Khan Kükältash is sent to crush the evil Tarikis

121

Anyone whose lucky star sets will put himself on the path to failure and soon reap the rewards of his wrong-headedness, as is eloquently illustrated by the history of the Mohmand and Ghoriya Khel tribes. They were ten thousand households dwelling in Peshawar, and they always realized that obedience was the key to their success. At this time, when they should have reported their oppression to the court, they foolishly and shortsightedly elected Jalala Tariki as their leader, and Sayyid Hamid Bukhari lost his life battling them. He was the fiefholder of Peshawar, whither he had gone from Kushkak in Kabul, and his troops had returned to his estates in Hindustan. He took up with some people in Bigram and left affairs to a silly man named Musa, to whom he turned over everything without making any assessment of his ability and little knowing that despite his long service he would be of little use. In his avariciousness Musa put the squeeze on the Tarikis and deprived them of property and honor. In its ignorance the tribe turned to the ill-starred Jalala.

بسرکردگی کوکلتاش رخصت یافتند و فرمان شد که اگر احتیاج افتد کنور
مانسنگه از کابل نیز لشکری بکمک فرستد و مادهو سنگه‌را یرلیغ رفت
که خودرا از تهانهٔ لنگرکوت پیشتر از رسیدن افواج گیتی‌ستان با مردم
راجه بهگونت داس به بگرام رساند.

The dust of contention arose near Bigram. With few men at his disposal Sayyid Hamid decided to hole up in the fortress until reinforcements could come from Kabul and Attock and his brothers came, but he was dissuaded by some shortsighted men. One of them was sent to scout out the enemy, and he, in either ignorance or malice, reported that they were few and scattered. Without investigating any further, he set out with one hundred fifty men and engaged in battle. Even though he was shot at the beginning of the encounter, he kept on fighting. In the fray his horse fell into a stream, and he was killed along with forty of his relatives. The Afghans then surrounded the fortress, and Sayyid Hamid's son Sayyid Kamal stood his ground with a few men and held the fort. Learning of the situation, Shahquli Khan Mahram, Shaikh Farid Bukhari, Tash Beg Khan, and many others under the command of Kükältash were sent on the seventh [November 28]. They were told that if it was necessary, Kunwar Man Singh could also send reinforcements from Kabul, and an order was sent to Madhav Singh to take himself and Raja Bhagwant Das's men from his garrison in Lunggarkot to Bigram before the arrival of the imperial troops.

۱۲۲ و از سوانح آبیاری چهارچمن دولت. همگی والا همّت شاهنشاهی آسایش جهانیان میخواهد و پایه‌شناسی و دادگری در روزافزونی. پادشاهی‌را پاسبانی دانسته رنج از راحت باز نشناسد و دولت‌افزائی‌را سرمایهٔ ایزدی نیایش انگاشته خداوندی‌را هم‌آغوش پرستاری دارد. ازین رو راستیمنشان خردپژوه‌را در هر صوبه باز گذارد تا جای مالش‌را از نوازش برشناسند و از بی‌آزوری و بیمناکی بایست وقت‌را از دست ندهند و همچنان خامه‌پردازان درستکاررا بوالا منصب دیوانی و بخشیگری بلندپایگی دهد و رشتهٔ داد و ستدرا دوتائی بخشد. و از آنجا که آز و خشم سپنجی سرارا درهم دارد و نیکوان‌را از همنشینان بدروز بتیرگی گراید شهریار دیده‌ور در هر چندی دوربینی‌را تازه روائی بخشد و بگرفتن از یکی و باز سپردن بدیگری بستان‌سرای دنیا پیرایش یابد. ازین رو چهاردهم دو امیر کارآگاه بهر صوبه نامزد فرمود تا اگر یکی بدرگاه آید یا رنجور شود دیگری بکار او پردازد و دیوان و بخشی نیز همراه ساخت. الله‌آباد بشهاب الدین احمد خان و عبد المطّلب خان، رحمن‌قلی دیوان، جعفر بیگ بخشی. اوده بفتح خان و قاسم علی خان، ملا ناظر دیوان، تاراچند بخشی. اجمیر بجگناته و رای درگا، مجاهد دیوان، و سلطان‌قلی بخشی. احمدآباد بخانخانان و قلیچ خان، ابوالقاسم دیوان، نظام الدین احمد بخشی. بهار بسعید خان و میرزا یوسف خان، رای پترداس دیوان، عبد الرزاق معهموری بخشی. بنگاله وزیر خان و محب‌علی خان، کرم الله دیوان، شهباز خان بخشی. ملتان صادق خان و اسمعیل‌قلی خان، خواجه عبد الصمد دیوان، مقیم بخشی. دار الخلافه آگره شیخ ابراهیم و راجه اسکرن، محب‌علی دیوان، حکیم عین الملک بخشی. دهلی شاهقلی خان محرم و نگارندهٔ شگرفنامه، طیّب دیوان، حسن خان بخشی. کابل کنور

The garden of the state is irrigated   122

The emperor's total attention is focused on the welfare of the people of the world, and he wishes to ascertain everyone's level of accomplishment and to increase justice. Realizing that kingship means shepherding one's flock, he knows no rest, and considering increase of wealth as a divine gift, he combines lordship with service. To this end he stations in every province wise and honest men who can distinguish between chastisement and favor and who never lose sight of what needs to be done through avarice or intimidation. Likewise, he elevates honest scribes to the exalted positions of *divan* and *bakhshi* to reinforce commerce. In that avarice and wrath destroy the physical body, and good men are corrupted by evil companions, every once in a while the wise emperor reinforces foresight and adorns the world by taking from one and giving to another. To this end, on the fourteenth [December 5] he appointed two competent amirs to each province so that if one should come to court or fall ill, the other could execute his functions, and with them he sent a *divan* and a *bakhshi*. The following assignments were made:

PROVINCE	CO-GOVERNORS	*DIVAN*	*BAKHSHI*
Allahabad	Shihabuddin Ahmad-Khan	Rahmanquli	Ja'far Beg
	Abdul-Muttalib Khan		
Oudh	Fath Khan	Mulla Nazir	Tara Chand
	Qasim Ali Khan		
Ajmer	Jagannath	Mujahid	Sultanquli
	Rai Durga		
Ahmadabad	Abdul-Rahim Khankhanan	Abu'l-Qasim	Nizamuddin Ahmad
	Qilich Khan		

مانسنگه و زین خان کوکه، نظام الملک دیوان، خواجه شمس الدین بخشی. مالوه خان اعظم و نورنگ خان، مختار بیگ دیوان، فتح الله بخشی. لاهور راجه بهگونت داس و رای رایسنگه. و چون رایات اقبال در آنجا بود بدیوان و بخشی درگاه بسند شد.

PROVINCE	CO-GOVERNORS	*DIVAN*	*BAKHSHI*
Bihar	Sa'id Khan	Rai Pitar Das	Abdul-Razzaq Ma'muri
	Mirza Yusuf Khan		
Bengal	Wazir Khan	Karamullah	Shahbaz Khan
	Muhibb Ali Khan		
Multan	Sadiq Khan	Khwaja Abdul-Samad	Muqim
	Isma'ilquli Khan		
Agra	Shaikh Ibrahim	Muhibb Ali	Hakim Ainulmulk
	Raja Asikarn		
Delhi	Shahquli Khan Mahram	Tayyib	Hasan Khan
	Abu'l-Fazl		
Kabul	Kunwar Man Singh	Nizamulmulk	Khwaja Shamsuddin
	Zain Khan Koka		
Malwa	Khan A'zam	Mukhtar Beg	Fathullah
	Naurang Khan		
Lahore	Raja Bhagwant Das		
	Rai Raisingh		

Since the imperial banners were in the province of Lahore, the court itself sufficed for *divan* and *bakhshi*.

١٢٣ و از سوانح فرو شدن کله سیسودیه. از الوس راناست. با او بسر میبرد. از بیداربختی دولت ملازمت اندوخت و نوازشها یافت و از اخترتیرگی و خردغنودگی راه گریز پیش گرفت. صلاح الدین و رامچندرا فرمان شد که در پی آن کجگرای بدگوهر گام فراخ بردارند و بدو پیوسته اندرزگوئی فراپیش گیرند. اگر پذیرا گردد گزندی نرسانیده بدرگاه آورند، ورنه نقش هستی اورا بسترند. تیزدستان جدگزین صد و هشتاد کروه درنوردیده بقصبهٔ فتحپور رسیدند. او خاطر وا پرداخته سرگرم خوردن بود. پیغام نصیحت برگذاردند. آن نخوت‌فروش افسون مهربانی‌را افسانهٔ بیدلی پنداشت و با نُه تن بآویزه برخاست و با دو کس در گو نیستی فرو شد و دیگران بزینهار رستگاری یافتند.

Kala Sisodiya loses his life

123

Kala Sisodiya was a member of the Rana's tribe and lived with him. He was fortunate enough to pay homage to the emperor and receive favor, but he was misfortunate enough to flee from court. Salahuddin and Ram Chand were ordered to go after him and advise him when they caught up with him. If he accepted their advice they were not to harm him; otherwise, they should erase him from existence. After traveling a hundred and eighty leagues, they reached him in the town of Fatehpur. He was eating unconcernedly. They delivered their message of advice. The arrogant Kala perceived their kindness as cowardice and rose up to fight them with nine of his men. He and two others were killed, and the lives of the others were spared.

و از سوانح سپری شدن روزگار علی‌مراد. از شیخزادگان هندوستان شاه‌محمد نام دیرین ملازم او بود. نیروی برداشت ناملایم نداشت. پیوسته زیاده‌سری نمودی و آقا ازو گذراندی و قدرشناسی و بردباری نام نهادی. هرکه سزاگاه‌را از تحمّل جا باز نشناسد هرآئینه بزیانزدگی سترگ درافتد. در پرگنهٔ بروده از صوبهٔ اجمیر جایگیر داشت. روزی بشکار باشه عشرت می‌اندوخت. آن شیخزاده آمده بدست چپ کورنش کرد. چون از آن باز پرسیده شد پاسخ داد «دست راست برای شمشیرزنی است، نه نیایشگری.» و ناسزاها برگذارد. آن لبریز پیمانهٔ زندگی بدشنام سرزنش نمود و پیادگان جلو راندن و زدن برگرفتند. آن خون گرفته جمدهر کشیده دوید. پیادگان از شتردلی کناره گرفتند. زخمی برانِ راست رسانید و او باشه‌را برزده دست بحربه کرد تا بکار برد. گزندی دیگر رسید و با دو زخم کاری اورا بشمشیر از پا انداخت و یکی از همراهان کار آن ناسپاس بانجام رسانید و در کمتر زمانی روزگار آن یکتای عرصهٔ مردانگی نیز سپری شد.

۱۲۴ و از سوانح مالش یافتن تاریکیان. غرّهٔ مهر میرزا سلیمان بکابل آمد. چون آرزوی درگاه همایون در سر بود کنور مانسنگه خواجه شمس الدین خافی و چندی‌را بانتظام آن ملک گذاشته خود بدرقهٔ میرزا شد. نزد جلال‌آباد در بیش بولاق تپ درگرفت و سخت رنجور شد و فرومایگان که از فرو شدن سیّد حامد نخوت داشتند ازین استادن نابهنگام بسگالش دیگر شده بدمستی افزودند و از گرد قلعه برخاسته تباه‌اندیشی در سر گرفتند. الوس مهمند و غوریه‌خیل از پشاور تا تیراه هر دو راه خیبررا سنگچین ساخته استوار گردانیدند و یوسف‌زئی و دیگر افغانان هنگامهٔ غنوده‌بختان‌را گرم ساختند. (تیراه کوهستانیست بدرازی سی و دو کروه و پهنا دوازده کروه. خاوررویه پشاور و باخترسو میدان و شمالی جانب باره

Ali Murad passes away

For a long time a man named Shah Muhammad, a *shaikhzada* of Hindustan, had been in the service of Ali Murad, who had no tolerance for impropriety. Shah Muhammad always acted arrogantly, but his master forbore, calling it tolerance. Anyone who cannot distinguish between appropriateness and tolerance will suffer great loss. He had a fief in the district of Baroda in the province of Ajmer. One day he was out enjoying hunting with hawks. The *shaikhzada* came and saluted him with his left hand. When he was taken to task for doing that, he replied, "The right hand is for wielding the sword, not for saluting." And he continued with impropriety. Ali Murad—the cup of whose life was full—cursed him, and his footsoldiers started running forward and beating him. The villain pulled his dagger and ran toward Ali Murad. In cowardice the footsoldiers drew back, and he stabbed Ali Murad in his right thigh. Letting go of the hawk, he reached for his spear, but he received another wound. In spite of two mortal wounds, he brought the *shaikhzada* down with his sword, and one of his companions finished the villain off. Not long thereafter the brave Ali Murad also died.

The Tarikis are crushed

124

On the first of Mihr [September 23], Mirza Sulaiman arrived in Kabul. Since he wanted to go to court, Kunwar Man Singh left Khwaja Shamsuddin Khafi and some others in charge of the province and escorted the mirza himself. At Besh Bulaq near Jalalabad the kunwar developed a fever and fell seriously ill. The villains who had reared their heads in arrogance after the death of Sayyid Hamid now got even more malicious thoughts in their heads with this untimely halt and laid siege to the fortress.

و جنوبی‌رویه قندهار. تنگناهای پر نشیب و فراز دشوارگذار دارد.) چون فیروزی سپاه که از بارگاه اقبال دستوری یافته بود دیرتر رسید، و کنور مانسنگه در آن نزدیکی بیمار شد و یک و نیم ماه رنجوری کشید، افغانان پیکار کنوررا در سر گرفتند. درین هنگام تندرستی چهره برافروخت و دل بمالش آنها برنهاد. میر شریف آملی و جانش بهادر و اتالیق و خواجگی محمد حسین و غازی خان قزوینی و همّت سنگه پور خودرا با بسیاری در ملازمت میرزا گذاشت و تخته بیگ و محمدقلی و جگت سنگه و مبارک خان نوحانی و نورم کوکه و ولی بیگ ذوالقدر و دیگر مبارزان تا سه هزار سوار نبردآزما همراه گرفت. همگی بسیچ آنکه از راه نارون[۵۴] بتیراه درآیند و از آنجا الوس افریدی‌را که خمیرمایهٔ شورش است بتازند و از همان راه از گریوهٔ شادی یکبارگی بعلی‌مسجد فرود آیند تا لشکرها پیوندد و راه گشاده گردد. سکت سنگه پسر مانسنگه درباری و زین الدین علی که عزیمت کابل داشتند قضیهٔ سیّد حامد شنیده خودرا بایلغار ببگرام رسانیدند و از جهت بستگی راه آنجا عنان گرفته بودند و نیز مادهو سنگه لشکر راجه بهگونت داس‌را سر کرده نزدیک باتک رسیده بود.

بدین سگالش سیوم دی از بیش بولاق جریده روان شد و شبگیر کرده صبحدم بکتل چهارچوبه درآمد. آن گریوه‌را برف گرفته بود. نشیب و فراز سترگ‌را بسختی درنوشته در حدود بازارک دم آسایش برگرفت. روز دیگر فوجی از بهادران بسرکردگی محمدقلی بیگ الوس افریدی‌را تاختند و فراوان مال اندوختند. برخی‌را رای آن شد که بازگردند و غنیمت‌را بمنزلگاه رسانند و بار دیگر پیشین بسیچ بکردار گراید. این‌را نشنوده آهنگ پیش گرفتند و از درهٔ چوره[۵۵] بکوه‌نوردی درآمدند. گذاره بر بنگاه غوریه‌خیل افتاد و بدستاویز لابه‌گری رستگاری یافتند. چون بتنگناها

The Mohmand and Ghoriya Khel tribes blocked both ends of the Khyber Pass from Peshawar to Tirah, and the Yusufzai and other Afghans had a field day. (Tirah is a mountainous region thirty-two leagues long and twelve leagues wide. It is bounded on the east by Peshawar, on the west by Maidan, on the north by the Bara, and on the south by Kandahar. It has very difficult and narrow valleys with rugged terrain.) When the imperial forces that had been sent by the court were rather long in arriving, and Kunwar Man Singh had fallen ill in the vicinity and his illness lasted a month and a half, the Afghans took it into their heads to do battle with the kunwar. Around this time he recovered and set out to crush them. He left Mir Sharif Amuli, Janish Bahadur, Ataliq, Khwajagi Muhammad Husain, Ghazi Khan Qazwini, and his own son Himmat Singh with the mirza and took with him Tokhta Beg, Muhammadquli, Jagat Singh, Mubarak Khan Nohani, Nurum Koka, Wali Beg Dhu'l-Qadr, and three thousand other warriors, thinking they would enter Tirah via Narwan, raid the Afridis, who were the main source of all the unrest, and keep going through the Shadi Pass and descend upon Ali Masjid, where the troops would join them and clear the road. When Man Singh Darbari's son Sakat Singh and Zainuddin Ali, who were on their way to Kabul, had heard of Sayyid Hamid's death, they had galloped to Bigram, and because the road was blocked, they had halted there. Madhav Singh had led Raja Bhagwant Das's troops to near Attock.

With this plan in mind, he set out from Besh Bulaq on the third of Daimah [December 24], made a surprise attack, and entered the Chaharchoba Kotal. The pass was blocked by snow. Traversing the rugged terrain with great difficulty, he stopped to rest near Bazarak. The next day a troop of warriors led by Muham-

دررسیدند جلاله از پس نمودار شد و از هر طرف افغانان برجوشیدند. تخته بیگ و دیگر مجاهدان که چنداول بودند سخت آویزش نمودند و چون ستوه آمده درپیوستند کنور مانسنگه عنان باز کشید و برخی رادمردان تازه‌نیرورا بکارزار فرستاد. پس از فراوان پیکار غنیم از آن شوخی دست باز کشید. پسر بزرگ خود جگت سنگه‌را بچنداولی گذاشته راه علی‌مسجد پیش گرفت و بکمتر زمانی باز تیره‌روزان از هر سو سر برآوردند و کار دشوارتر گشت، نه میدان که شایسته نبرد چهرهٔ گندآوری برافروزد و نه پناهی که سنگ‌افکنی و تیراندازی بکار برده آید. بهادران بغنیم دست و گریبان میشتافتند و زمان زمان شگرف آویزه روی میداد. ناگاه اندک گشاده جائی پدید آمد. مانسنگه بر خلاف رای همراهان پای همّت افشرد و تخته بیگ و برخی کابلیان بکارزار درآمدند. و سپس محمدقلی بیگ و نورم کوکه و دیگر تیزدستان هراول پیوستند و کارنامهٔ یلی بر روی کار آوردند و در سخت دشواری نسیم فیروزی وزید. غنیم تباهکار شکست خورده به پیغوله‌ها در شد. ایزدی سپاس برگذاردند و شگرف نشاطمندی درگرفت. برخی بر آن بودند که چون روز بپایان رسیده درین نصرتگاه دایره شود و بسیاری رفتن علی‌مسجدرا که بدو کروهی بود سزاوار دانستند. و چون آب هم کمتر بود روانه شدند. محمدقلی بیگ با جوقی دلاوران بگشاده‌پیشانی چنداولی بر خود گرفت و از راه شادی یکبارگی اوایل شامگاه فیروزی جنود بدان منزل رسیدند. جلالهٔ تباه‌سرشت پاسی از شب گذشته در آن نزدیکی در کمین قابو نشست و افغانان تیره‌رای جابجا هنگامه آراستند. چندی‌را سگالش آن بود که بامدادان از قلعه بیرون شده دستبردی نمایند، لیکن از بسیاری ماندگی صورت نگرفت و پس از نیم روز مادهو سنگه با لشکر راجه بهگونت داس نمودار شد و

madquli Beg raided the Afridis and took a lot of booty. Some thought they should turn back, take their loot to the camp, and then proceed with their plan. Paying no attention to this suggestion, they went forward and started up the mountains through the Chora Valley. The route took them to the Ghoriya Khel's base, and they escaped harm by pleading. When they entered the narrows, Jalala appeared from the rear, and Afghans poured down from all sides. Tokhta Beg and the other warriors of the rear guard fought hard, and when they rejoined the main force battle weary, Kunwar Man Singh drew in his reins and sent fresh troops into battle. After much fighting the foe withdrew. Man Singh put his son Jagat Singh in charge of the rear guard and set out for Ali Masjid, but it was not long before the villains attacked again from all sides. They were in a perilous situation: there was no flat terrain on which they could do proper battle and no refuge from which rocks and arrows could be used. The warriors grappled hand to hand with the enemy, and a pitched battle was fought. Suddenly a bit of open ground appeared. Contrary to the opinion of his comrades, Man Singh made a stand there, and Tokhta Beg and other Kabulis entered the battle. Then Muhammadquli Beg, Nurum Koka, and other warriors of the vanguard joined them and fought valiantly. Suddenly, in the midst of such a difficult situation, the breeze of victory began to blow. The miserable foe crept away in miserable defeat, and thanks were given amid great rejoicing. Some were of the opinion that since the day was ending they should camp there on the battlefield, but most thought it would be better to proceed to Ali Masjid, which was only two leagues away. As there was little water, they set forth. Muhammadquli Beg and a group of warriors cheerfully accepted to form the rear guard, and the triumphant soldiers reached Ali Masjid

تاریکیان غنوده‌بخت یکبارگی پراکنده گشتند. بیشتری کارشناسان بر آن بودند که مانسنگه در همین جا بایستد و برخی امرا پیشتر رفته آن بزرگ کاروان‌را از راه خیبر آوردند. بخاطر میرزا سلیمان و فراوان بنه و بار مردم از راه خیبر به بیش بولاق رفت و میرزارا با کاروان از راه کرپّه[۵۶] ببگرام آورد و درین نزدیکی زین خان کوکه با فیروزی سپاه رسید و در کندن خاربن تاریکیان بیشتر کوشش رفت.

آمدن میرزا سلیمان بدرگاه والا بار دوم

۱۲۵ از آن باز که دستوری حجاز یافت لختی ناکامی او در پیشین داستانها گذارده آمد. چون میرزا شاهرخ بدرگاه آمد او در لمغانات بسر میبرد و در آرزوی بدخشان روز میشمرد. میرزا حکیم بر حال او بخشوده لختی بدخشی و کابلی‌را همراه ساخت. او بتیزدستی بدان کوهستان درآمد و بگرفتن تالقان روی آورد. محمود سلطان اوزبک به پیکار برخاست. او از فزونی غنیم کوه‌پایه‌را شاخبند کرده پای همّت افشرد و زمان زمان هنگامهٔ زد و خورد گرم‌تر میساخت و فیروزمندی‌را پایه بر می‌افراخت. از کامیابی بغرور در شد و سررشتهٔ دوربینی از دست وا هشت و آهنج بیرون شدن و آویختن در سر گرفت. کارآگهان گذارش نمودند که شتابزدگی شایستگی ندارد. هرچند درنگ میرود بندگان بایری[۵۷] می‌پیوندند و هنگامهٔ غنیم کمی می‌پذیرد. بی‌سببی چنین استوار پناه از دست گذاشتن و با افزون از خود به پیکار درآمدن از کارآگهی دور. از آنجا که خودکامی خرد صلاح‌اندیش‌را بر کناره نشاند و در گوش هوش سیماب ناشنوائی فرو

by the Shadi road in the early evening. The malicious Jalala lay in ambush nearby until the end of the first watch of the night, and the villainous Afghans provoked skirmishes here and there. Some were of the opinion that they should go out of the fortress at dawn and make a strike, but they were so exhausted that it did not happen. Madhav Singh and Raja Bhagwant Das's troops appeared in the afternoon, and the Tarikis scattered. Most of the experienced thought that Man Singh should make a stand there, and some of the officers went forward to escort the caravan through the Khyber Pass. For Mirza Sulaiman's sake much of the men's baggage went through the Khyber Pass to Besh Bulaq, and the mirza himself was taken with the caravan through Karappa to Bigram. Around this time Zain Khan Koka arrived with the imperial troops, and much more effort was made to eradicate the Tarikis.

MIRZA SULAIMAN COMES TO COURT
A SECOND TIME

Something of the misfortunes he experienced after receiving   125
permission to go to the Hejaz has been reported. When Mirza Shahrukh went to court, Mirza Sulaiman was living in Laghman, counting the days until he could go back to Badakhshan. Mirza Hakim had compassion on him and gave him some Badakhshis and Kabulis, and he set off for those mountains and turned his attention to taking Taligan. Mahmud Sultan Uzbek faced him in battle. Against the plethora of enemies Mirza Sulaiman had made a palisade around a hill, and there he made a stand, engaging in continual skirmishes and achieving some victories. His

ریزد پذیرای گفتار خیرسگالان نشد. تیز جلوی کرده برآمد و کارنامه‌های مردانگی بجای آورد. نزدیک بود که غنیم پراکنده شود و کامیاب خواهش گردد. ناگاه عبد المؤمن سلطان از بلخ خودرا رسانید و آویزه از سر گرمی پذیرفت. در لشکر میرزا ازین آگهی نبود. دلاوران جنگجو سرگرم کارزار بودند و دو بار غنیم‌را برداشتند. بار سیوم عنان دوربینی از دست وا هشته درآویختند و پیوست آن قورچی بیگ ناسپاس جوقی اوزبک‌را سر کرده بر سرکوبی آورد. میرزارا یکبارگی نیروی پیکار از دست بشد و توانائی ایستادن نماند. ناگزیر عنان تافته زابل‌رویه گام فراخ برزد. بختیار بیگ در آب باران بود. پذیرا شده بکابل آورد و کنور مانسنگه از جلال‌آباد بدانسو شتافت و گوناگون بزرگداشت بجای رسانید و بدرقه شده بولایت پشاور آورد چنانچه گذارده آمد. و از آنجا گجت سنگه و محمدقلی بیگ و مانسنگه درباری و هلال آفتابچی‌را همراه ساخته روانهٔ دار الخلافه گردانید. چون بدو کروهی رسید شهریار پایه‌شناس شاهزاده سلطان مرادرا به پذیرگی فرستاد و راجه تودرمل و شاهم خان و حکیم ابوالفتح و آصف خان و خداوند خان و راقم اقبالنامه و بسیاری امرارا همراه کرد. بحکیم و نگارندهٔ شگرفنامه حکم شد که نزدیک بوده در کمین پاسخ باشند. میرزا سلیمان از دور پیاده شد و آن نونهال دولت نیز از اسپ فرود آمد و بآئین بزرگان یکدیگررا دریافتند و سخنسرایان رهگرای درگاه شدند. چهاردهم اسفندارمذ بسجود قدسی آستان ناصیهٔ بختمندی برافروخت و بگوناگون نوازش کام دل برگرفت.

success went to his head and he lost his foresight, taking it into his head to go out and fight. The wise advised him that haste was inappropriate, and he should delay until his liege men arrived and the enemy's strength was sapped. Foolishly to abandon such an easily defensible place and engage an enemy more numerous than himself was far from wise. However, since success lays wisdom aside and puts quicksilver in one's ears to keep one from hearing, he refused to accept his well-wishers' advice. Out he charged and fought valiantly. The foe was almost dispersed, but suddenly Abdul-Mu'min Sultan arrived from Balkh and the battle grew heated again. Mirza Sulaiman's troops, unaware of this turn of events, fought hard, and twice they broke the enemy's lines. The third time they lost their foresight, and just as they plunged into the fray the ingrate Qorchi Beg led a troop of Uzbeks to a position above their heads. At once the mirza lost control of the battle and could not maintain his ground. With no alternative, he turned his reins and headed toward Zabul. Bakhtyar Beg, who was at the Baran River, went out to meet him and take him to Kabul. Kunwar Man Singh hastened thither from Jalalabad, met him with great honor, and escorted him to Peshawar, as has been reported. From there Jagat Singh, Muhammadquli Beg, Man Singh Darbari, and Hilal Aftabachi were assigned to him, and they took him to the capital [Lahore]. When they were within two leagues of the capital, the monarch dispatched Prince Sultan Murad to meet him, and Raja Todar Mal, Shahim Khan, Hakim Abu'l-Fath, Asaf Khan, Khudawand Khan, the author of this volume, and many officers were assigned as escort. An order was given to the hakim and this author to stay close and have a ready answer to any question he posed. Mirza Sulaiman dismounted from afar, the prince also got off his horse, and the two met with

۱۲۶ و از سوانح فرو نشستن شورش یعقوب. از شبخون ناگام برگشته بتنگناهای کشتواره پیغوله‌گزین بود. سپاه کشمیر اورا باستوار پیمان بیرون آورد و در نواحی برناگ[۵۸] بیست و پنج کروهی شهر گرد فتنه برانگیخت. قاسم خان برین شد که فوجی بچاره‌گری فرستد و خود بپاسبانی شهر نشیند. امرا خواهشگریهای بی‌هنجار پیش گرفتند. همانا گرم‌سیرتان رعنا از آن دیار سردسیر دل‌زده بودند و از نوردیدن گریوه‌ها و دست به پیکار کردن ستوه در شده. ناگزیر سپه‌آرا خود بدان پرداخت و فتح خان و چندی‌را در شهر گذاشت. و چون نزدیک آن نافرجام رسید بر زبانها افتاد که آن فرومایه بآهنگ شبخون بسوی شهر گام برگرفته. بسراسیمگی بازگردید و فوجی‌را بسرکردگی میرزا علی پیشتر روانه ساخت. در پنج کروهی شهر روشن شد که نزد کوه الر چهار کروهی شهر کمینجوست. فیروزی جنود عنان کشیده بچاره‌گری برنشستند. روز دیگر بدان کهسار پیوستند و قراولان لختی آویزش نموده فیروزی یافتند. غنیم نیروی آویزهٔ روز در خود ندیده شبخون آورد. و از ایزدی تأیید به نی‌بست خانه‌های آن سرزمین آتش افتاد و باطل‌ستیزان نافرجام آماجگاه رادمردان گشتند و از ناکامی شب و پای افشردن مبارزان اقبال و دوروئی و ناسازگاری یکدیگر پراکنده شدند و سخنسرائی اولیای دولت و استمالت‌نامه‌ها فرستادن نیز یاور افتاد. یوسف کشمیری که خانخانان خطاب داشت و محمد بهت با بسیاری جدا شده بکوهچه‌ای پناه بردند و داستان دیدن گذارش نمودند. بامدادان بیست و نهم آذر عساکر والا بدان کوه درآمد. یعقوب با چندی کستهواره‌رویه تیزپائی نمود و آباد جایها بغارت رفت و از آنجا جنود فیروزی بدان کوهچه که نامبرده‌ها بودند روی نهادند. روز دیگر آن مردم بمیانجی میرزا علی بیگ و خنجری سپه‌آرارا دیدند.

noble etiquette and proceeded to court in conversation. On the fourteenth of Isfandarmudh [March 5] he prostrated himself at the imperial threshold and was warmly received.

Ya'qub's rebellion is put down

Withdrawing in humiliation from his surprise attack, Ya'qub hid in the crannies of Kishtwar. The army of Kashmir lured him out with solemn promises, and he stirred up trouble in the vicinity of Vernag, twenty-five leagues from Srinagar. Qasim Khan decided to send a troop to deal with him while guarding the city himself. The amirs made unreasonable demands. Those delicate natives of a warm climate were tired of that cold region and weary of climbing mountains and fighting. There was nothing the commander could do but take charge himself, and he stationed Fath Khan and a few others in the city. When he was near the rebel it was rumored that the villain was headed for the city to launch a surprise attack. Turning back in panic, he sent forward a troop under Mirza Ali's command. Five leagues from the city it became clear that Ya'qub was lying in ambush near Wular Mountain, four leagues from the city. The imperial forces drew in their reins and set out to deal with him. The next day they reached the mountains, and the vanguard engaged in battle, emerging victorious. Lacking the strength to do battle by day, the foe attacked by night, but by divine assistance the wooden houses caught fire, by which the imperial sharpshooters made easy targets of the rebels, and they dispersed due to the inauspiciousness of the night, the stand of the imperial soldiers, and their own disloyalty and inability to get along together, though the enticements of the friends of fortune and the sending of offers of amnesty also helped. Yusuf Kashmiri, who had the title of khankhanan;

همه‌را بگوناگون دلدهی همراه خنجری رهگرای قدسی آستان گردانید و آن شورش فرو نشست. بیست و دوم اسفندارمذ فرستادگان بدولت بار سربلندی یافتند و بخسروانی نوازش چهرهٔ بختمندی افروخته شد بدین تفصیل: سیّد مبارک که بسری برداشته بودند چنانچه گذارش یافت و پنج برادر یعقوب، حیدرعلی، محمد حسین، احمد حسین، حسین خان چک که در آغاز شورش اورا بحکومت برگرفته بودند، حسین خان و ابراهیم خان پسران سیّد مبارک، محمد بهت با پسران علی حسن و بابا خلیل ، بابا مهدی که در لباس اهل سعادت پیشوای کشمیریان بودند، بهادر علی، بهکرو لوهر، ملا حسن. پسران حیدر چک هرچند در آغاز درآمد فیروزی جنود در آویزش و حیله‌اندوزی تکاپو داشتند لیکن شهریار هشیارخرام پاس پیمان داشته نوازش فرمود. و آوازهٔ نیکنامی جهان‌را در گفت.

و همدرینولا سیّد عبدالله خان و میرزاده علی خان‌را بکشمیر فرستادند. چون در شرق دیار شایسته خدمت بجای نیاورده بودند بیست و هفتم بکشمیر روانه گردانیدند تا خوب کرداری عذر گذشته باز جوید.

Muhammad Bahat, and many others deserted and took refuge on the mountain, from where they let it be known that they were ready to parley. The next morning, the twenty-ninth of Azar [December 20], the imperial troops entered the mountains. Ya'qub and some of his men had run off to Kishtwar. Flourishing villages were pillaged, and from there the imperial army set out for the hill where the above-mentioned men were. The next day they met with the commander through the mediation of Mirza Ali Beg and Khanjari. They were given much encouragement and sent to court with Khanjari, and thus the rebellion ceased. On the twenty-second of Isfandarmudh [March 13] the following were given audience and shown favor: Sayyid Mubarak, who had been elevated to the chieftainship, as has been reported, and his five brothers, Ya'qub, Haidar Ali, Muhammad Husain, Ahmad, and Husain; Husain Khan Chak, who had been elected ruler at the beginning of the rebellion; Sayyid Mubarak's sons Husain Khan and Ibrahim Khan; Muhammad Bahat and his sons Ali Hasan and Baba Khalil; Baba Mahdi, who led the Kashmiris in clerical garb; Bahadur Ali; Bhakru Lohar; and Mulla Hasan. Although Haidar Chak's sons had been active in battle and deceit when the imperials first entered Kashmir, the wise emperor kept his promise and showed them favor.

Around this time the emperor sent Sayyid Abdullah Khan and Mirzada Ali Khan to Kashmir. Since they had not performed well in the east, he sent them off to Kashmir on the twenty-seventh [March 18] so that good service there might make up for their past failures.

۱۲۷ و از سوانح پاسبانی بندگان سعادت‌گزین. اگرچه همواره باریافتگان همایون محفل از گران‌بار غم سبکدوش زیند و گفت و کرد افسرخدیو سرمایهٔ دین و دنیا گردد، لیکن بتازگی گذارش یافت که بر پیشطاق ضمیر آسمان‌پیوند چنان پرتو می‌افتد هرکه دولت حضور دارد بشمارهٔ سال عمر خود یک دام یا یک روپیه یا یک مهر بفلان خیرسگال سپارد تا بدان چاه و حوض و کاروانسرا و باغ سرانجام دهد و بدین کارکرد از هر گونه گزند رهائی یابد و سرمایهٔ بالش صورت و معنی گردد. فرموده حسن انجام گرفت و نیکسگالی چهره برافروخت.

The protection of holy men 127

While any act that lightens the burden of sorrow is always an adornment for those admitted to the imperial presence, and the emperor's speech and action form the basis of the state and religion, a new announcement was made that it had occurred to H.I.M. that everyone who attained the honor of admittance to court should give a *dam,* a rupee, or a *muhr* in the number of the years of his life to a charity so that a well, a reservoir, a caravansary, or a garden might be constructed, and thereby every sort of distress might be relieved and there would be spiritual and temporal growth. The order was executed, and benevolence increased.

آغاز سال سی و دوم الهی از جلوس مقدّس شاهنشاهی، یعنی سال آبان از دور سیوم

۱۲۸ درین هنگام که زمانه نیایشگر اقبال روزافزون بود و سپاس‌سرائی‌را روزبازار دیگر، عطرآمیزی بهار روزگاررا عنبرآگین گردانید و که و مه‌را تازه شادمانی فرو گرفت. دیهیم خدیو کیهان‌پیرا آذین‌را آئین دیگر برنهاد و زمین‌را رشک‌افزائی سپهر ساخت.

آراست جهانـــدار دگرباره جهـــان‌را   چون خلدِ برین کرد زمین‌را و زمان‌را[۵۹]

روز شنبه یازدهم ربیع الثانی سنهٔ نهصد و نود و پنج هلالی پس از سپری شدن پنج ساعت و بیست و هفت دقیقه سرچشمهٔ روشنی برج حمل‌را نورآگین ساخت. فرمانروای صورت و معنی بر سریر کامبخشی و دادگری برنشست. هر روز تازه بزمی پیرایش می‌یافت و یکی از بزرگان دولت بسالاری آن چهرهٔ سعادت بر می‌افروخت.

۱۲۹ شانزدهم خانخانان و عضدالدّوله از گجرات آمده ناصیهٔ بختوری برافروختند. فرمان شده بود که چون آن ملک آرامش پذیرد سپه‌آرا بپرستاری حضور شتابد و عضدالدوله و قلیچ خان و خواجه نظام الدین احمد بخشی مهمّات آن دیاررا روبراه کنند، و اگر بهدید در بودن خود داند قلیچ خان و خواجه نظام الدین احمدرا روانهٔ درگاه سازد. چون آن ملک ایمنی پذیرفته بود ازین نوید سعادت بر جمازهٔ تیزرو رهنوردی پیش گرفت و چنین راه درازرا در پانزده روز سپرد. و میر فتح الله از فزونی آرزوی ملازمت نیز رهگرای شد. نور قلیچ و قاضی حسن و دیگر سعادت‌اندوزان

The Thirty-Second Year after the Imperial Accession: Aban Year of the Third Duodecennial Cycle

In this season, when the world was praising daily-increasing fortune and gratitude was enjoying a field day, the perfume of spring gave the world the aroma of ambergris and great and small enjoyed a new happiness. The crowned lord of the world gave new meaning to the word "celebration," and the world became the object of the celestial sphere's jealousy.

The monarch of the world adorned the world again. He made the earth and time like eternal paradise.

On Saturday, the eleventh of Rabiʿ II 995,[13] after the elapse of five hours and twenty-seven minutes, the wellspring of light lit the constellation Aries, and the physical and spiritual ruler mounted the throne of success and justice. Every day there was a different celebration with one of the great of court in charge.

On the sixteenth [April 5], the khankhanan and Azududdaula came from Gujarat to pay homage. It had been ordered that when that territory was pacified, the commander-in-chief should come to the imperial presence, and Azududdaula, Qilich Khan, and Khwaja Nizamuddin Ahmad Bakhshi should tend to affairs there, or, if the khankhanan thought it was necessary to remain there, he should send Qilich Khan and Nizamuddin Ahmad to court. Since the province was secure, the khankhanan was delighted with the news and mounted a swift steed, traversing such a long road in fifteen days. Mir Fathullah was also so anxious to pay

128

129

275

که درین سبکروی همراهی داشتند بدولت بار رسیدند. و پایان این روز میرزا یوسف خان از بهار آمده بکورنش سعادت اندوخت. خدیو عالم بر اورنگ اقبال برآمد و فرزندان رضاجوی و خویشان سعادت‌پژوه و نوئینان بزرگ و دانش‌اندوزان عیانی و بیانی جابجا نشستند.

عجب بزمگاهی شد افلاک‌تاب　　که کم بیندش چشمِ اختر بخواب
بنظّاره‌اش دیده مدهوش بود　　خرد بی‌زبان و زبان گوش بود

گروهاگروه مردم کام دل برگرفتند و گوناگون نشاط برساختند. بامدادان شهریار آگاهدل بگلگشت باغ شهباز خان عشرت اندوخت و ایزدی سپاس را بتازه آئین بجای آورد.

١٣٠ و از سوانح بازگردیدن مرزبانی زابلستان بزین خان کوکه. چون آگهی شد که از الوس راجپوت بزیردستان آن سرزمین بیداد میرود و کنور مانسنگه در ستم‌رسیدگی ژرف‌نگهی بکار نمیبرد و از آن زمین سردسیر ستوه آمده، آن ملک‌را ازو برگرفته بمالش تاریکیان نامزد گردانیدند و تیول او بشرقی دیار قرار گرفت. روز شرف فرمان شد که کوکلتاش از حدود بگرام بکابل شتابد و در دادگری و پاسبانی دوربینی بجای آورد. فرموده طراز کردار گرفت و زابلستان آبادی پذیرفت.

homage that he joined him, and they were both received in audience. At the end of the day Mirza Yusuf Khan arrived from Bihar to offer a salute. The emperor mounted the throne, and his sons, relatives, great lords, and devotees sat around him.

> *A marvelous celebration lit the celestial sphere. Rarely had the*
>   *stars seen such a thing in their dreams.*
> *By the sight the eye was dazzled. Wisdom lost its tongue, and*
>   *the tongue became an ear.*

People in droves were granted their fondest wishes and enjoyed themselves in various pleasures. The next morning the august emperor enjoyed touring Shahbaz Khan's garden, elevating divine gratitude to a new level.

The governorship of Zabulistan is assigned to Zain Khan Koka   130
When it was learned that the Rajputs were exercising tyranny over the subjects of that province and Kunwar Man Singh was heedless of such injustice, as well as being tired of the cold climate, he was relieved of the province and assigned to crush the Tarikis, and his fief was fixed in the eastern realm. On the day of exaltation Kükältash was ordered to go from Bigram to Kabul and exercise his foresight in maintaining justice and protection. The order was put into action, and Zabulistan flourished.

آرایش عروسی بزم شاهزاده سلطان مراد

۱۳۱ خرد دوربین چنانچه از وارستگان پیغوله گزین بیوگانی نکوهیده داند همچنان تعلقیان شهربندرا مهین دستآویز کامروائی برشمرد، خاصه فرماندهان والاشکوه که بنیروی دل بسیاری‌را بگلگونهٔ یکتائی چهره برآرایند و غبار دورنگی بآب یگانگی فرو نشانند. ناگزیر آنکه بزرگ‌نژادی بهمخوابگی برگزینند و از آن تخمه فروغ شایستگی برگیرد. چون ژرف‌نگهی بکار رود که بچندین پشت سلسلهٔ آفرینش از نخستین پدر بدو رسیده چگونه در سیرابی آن چشمه‌سار ایزدی همّت نتوان گماشت و آن‌را برآموده داشتن چه نکوهیدگی دارد؟ گرفتم که چنین نبود. پیداست که مردم‌زادرا شورش خواهش بچه مایه سراسیمگی دراندازد و هرگاه در سرآغاز برنائی که بنگاه ناسزا آرزوهاست این سرمایهٔ عشرت سرانجام یابد. هرآینه لختی تباه‌اندیشی بکمی گراید. اگرچه نیکوئی گوهر و فرّخی نژاد در گل آدمی‌زاد سرشته‌اند و بنیاگان کمتر بازگردد، لیکن اگر در والا دودمانی پدید آید خجستگی دیگر دارد. در فراخنای هندوستان باین گزیده پیوند در خردسالی تیزدستی نمایند و خمیرمایهٔ نکوهیدگیها گردد. کشورخدای تواناخرد بهیچ گونه پیشتر از رسائی دل بر آن ننهد و بایست وقت‌را از دست نهلد. بنابرین چون گوهر اکلیل خلافت شاهزاده سلطان مراد بهفده‌سالگی رسید افسرخدیو بآهنگ آن برنشست و دوراندیشی فرا پیش گرفت. درین میان یکی از رازداران شبستان بعرض همایون رسانید که خان اعظم میرزا کوکه آرزوی آن دارد که فرزند پارساگوهر او این سرمایهٔ بختوری براندوزد و بر دودمان او پیرایهٔ دیگر بسته آید. شاهنشاه کامبخش بپذیرش برنواخت. کارپردازان بارگاه بگزین روشی

PRINCE SULTAN MURAD'S MARRIAGE
IS CELEBRATED

Just as farsighted wisdom recognizes the blameworthiness of   131
marriage in hermits, the worldly reckon boundaries as the best
assurance of success. This is especially true for exalted rulers, who
adorn the cheeks of many with the rouge of loyalty through the
power of their hearts and wash away the dust of disloyalty with the
water of allegiance. It is inescapable that a person of great lineage
choose a consort in order for offspring to possess appropriate
splendor. When one examines closely, one realizes that in however
many generations the continuum of creation has come down to
such a person from his first forefather: how could one not concen-
trate one's divine attention on the filling of that wellspring? How
improper would it be to allow that fountainhead to be stopped
up! It is obvious to what extent the fervor of desire fires a human
being, and how much such enjoyment is indulged in the first blush
of youth, which is the source of improper lusts. Of course, such
wrong-headedness decreases over time. Since essential beauty and
felicity of lineage were kneaded together in the very clay of human
beings and have nothing to do with ancestry, when they show up in
an exalted family, it gives an added luster. In the vastness of Hindu-
stan haste is made to effect marriage during youth, and it is the
source of many blameworthy things. The wise world lord in no way
approves of such a thing before the maturity of the mind, and he
never loses sight of what is exigent for the time. Therefore, when
Prince Sultan Murad reached the age of seventeen, the emperor
began to exercise his farsightedness in that regard. Around then
one of his confidants in the harem intimated that Khan A'zam
Mirza Koka was desirous that his chaste daughter should have that

سرانجام این دلآویز بزم نمودند و مراسم این بزرگ توی به بهین آئین آرایش گرفت. نشاط انجمنها فراهم آمد و عیشگذاران‌را روزبازار دیگر شد. بیست و پنجم اردی‌بهشت کشورخدا بوالا قصر مریم‌مکانی محفل شادکامی آراست و در پیشگاه حضور این مهین پیوند طراز فرّخی برگرفت.

خردمنـــدی طلب کردند هشـــیار | ز دل دریـــاوش و از لب گهربـــار
درآمـــــد کاردان و راز پرســـــید | دو یک دل‌را رضـــاها باز پرســـید
پس آنگه بر طریقِ آن دو همکیش | معیّن کرد کابیـــنی ز حد بیـــش
چو فارغ شد دل از تقریرِ این نقد | فرو خوانـــد از لطافت خطبهٔ عقد
بباریـــدن درآمـــد گوهر و دُر | چو دریـــا شد تهی‌گاهِ زمیـــن پُر

بمشکوی دولت بخسروانی روش فرستادند و عیش‌را پایه بلندی‌گرا شد.

١٣٢ و از سوانح امن پذیرفتن زابلی راه. از کابل تا رودبار سند گروهاگروه افغان بسر برند و در هر چندی از بیدانشی و خودکامی بگزند روندگان برخیزند و دست ستم بر زیردستان برگشایند. اورنگ‌خدیو دادخدا بر آن شد که درین بیمگاه سراها آباد گردد و در هر یکی جوقی دلاوران بنگاه گزینند. آبادی سرخ‌دیوار که نزدیک خردکابل است زین خان بر خود گیرد و میان دوآب و بادام چشمه خواجه شمس الدین و باریک آب حمزه عرب و جگدلک حیدر علی عرب و سرخ‌آب حیدر علی خویش و سفیدسنگ مظفر کوکه و تاریک‌آب درویش اسلام‌آبادی و بساول کفشی بهادر و دکه تخته بیگ و غریبخانه بنده‌علی میدانی و میان بگرام و اتک بنارس شاه بیگ. و گرانمند زری بدست هلال آفتابچی پیش کوکلتاش فرستادند که بنامبرده‌ها بخش نماید و بدیدبانی خویش این کاررا سرانجام

great good fortune and serve as another ornament to his family. The emperor agreed. The workers at court produced delightful decorations, and the grandest possible banquet was held. Assemblies of pleasure were held, and everyone enjoyed himself. On the twenty-fifth of Urdibihisht [May 15], the emperor hosted a happy gathering in Maryam-Makani's quarters, and the felicitous union was solemnized in his presence.

> *They sought an aware person of wisdom, like the ocean in heart*
> *and pearl-raining of lip.*
> *An expert entered and asked the secret. He investigated the*
> *pleasures of two loyal persons.*
> *Then in the manner of those two co-religionists he assigned a*
> *dowry beyond boundary.*
> *When the heart was finished reporting this cash, it recited the*
> *rite of marriage in kindness.*
> *Pearls and gems began raining down: the empty ground*
> *became as full as the ocean.*

They were sent to the royal harem, and celebration increased.

The road to Zabul becomes secure

From Kabul to the banks of the Indus live hordes of Afghans, and every so often they rise up in ignorance and arrogance to harm travelers and tyrannize their underlings. The just emperor decided that way stations should be built along the dangerous road with a troop of warriors stationed at each. Zain Khan took responsibility for the one at Surkh Dewar near Khurd Kabul; the one between Do Ab and Badam Chashma became the responsibility of Khwaja Shamsuddin; Hamza Arab took the one at Barikao; Haidar Ali Arab took the one at Jagdalak; the one at Surkhab

132

دهد. در کمتر زمانی فرموده فروغ کردار گرفت و بگلگونۀ دادگری چهرۀ روزگار افروزش یافت.

و همدرینولا الوس غوریه‌خیل از پیشین کردار پشیمان شده بمرزبان کابل پناه بردند و بخواهش او یرلیغ بخشایش نگاشته آمد. چندگاه بالتماس او نزد جلال‌آباد جای دادند و سپس در پشاور که بنگاه اینان بود آباد گشتند.

بیست و دوم خورداد جشن قمری وزن شد و آن آسمانی شکوه‌را بهشت چیز برسختند و آرزومندان روزگار کام دل برگرفتند. و درین روز صادق خان از بکر آمده بسجدۀ آستان اقبال سربلندی یافت.

و از سوانح زخمی شدن راجه تودرمل. شب هفدهم از درگاه بخانه ۱۳۳
میرفت. شوریده‌سری از کمین برآمده شمشیری انداخت. همراهان برگرفته ازهم گذرانیدند. هواخواهان او بر برخی پارسا مردم بدگمانی میکردند و از ناتوانبینی که در ابنای دنیا بهم رسد ساده‌لوحان باور میداشتند. چون دوربینان خسروی بارگاه به پژوهش مغز کار برنشستند روشن شد که کهتری‌زادۀ بدگوهر که اورا ببادافراه نکوهیده کردار سزا داده بود قابو یافته کین خود برتوخت و همزبانان او نیز بدست افتادند و هر یکی بپاداش رسید. از گیرا دم افسرخدیو در کمتر زمانی بهی یافت.

went to Haidar Ali Khwesh; Safedsang went to Muzaffar Koka; Tarikao went to Darwesh Islamabadi; Basawul to Kafshi Bahadur; Dakka to Tokhta Beg; Gharibkhana to Banda Ali Maidani; and the one between Bigram and Attock-Benares went to Shah Beg. The emperor sent an enormous amount of money with Hilal Aftabachi for Kükältash to distribute to those named above and supervise the task, and within a short time the command was carried out and the world brightened with justice.

Around the same time the Ghoriya-Khel tribe regretted their former ways and sought refuge with the governor of Kabul, and at his request an edict of pardon was issued. For some time they were given a place near Jalalabad at his request, and then they settled in Peshawar, their original homeland.

On the twenty-second of Khurdad [June 12], the lunar weighing ceremony took place, and the emperor was weighed against eight items. On this day Sadiq Khan came from Bhakkar to pay homage.

Raja Todar Mal is wounded 133

On the night of the seventeenth [July 8], Raja Todar Mal was returning home from court. A madman leaped from ambush and struck him with a sword. His companions seized the man and killed him. The raja's supporters suspected a group of innocent men, and out of jealousy, which afflicts the sons of the world, the simpleminded believed them. When farsighted men of court investigated the matter, it became clear that it was the deed of an evil-natured Khattri the raja had castigated for his conduct who had lain in wait and taken revenge. His henchmen were captured, and every one of them received his due. It was not long before the raja recovered by virtue of the emperor's healing breath.

283

فرستادن فیروزی سپاه بسرکردگی مطلب خان و ریخته شدن آبروی جلالهٔ تاریکی

۱۳۴ از آن باز که مان سنگه در آن تنگنا آویزش نموده بدان سختکاری فیروزمند آمد دیگر باره درون شدن در آن کهسار بخود راه نمیداد و در جمرود نزد گریوهٔ خیبر روزگار بسر میبرد و بدستانسرائی روز میگذرانید. گیتی‌خداوند نکوهش فرمود و در کندن خاربن تاریکیان کوشش نمود. لشکری دیگر نامزد شد که از راه بنگش بدان کوه در شود و مانسنگه از جانب بگرام درآید. هفتم اردی‌بهشت

بیگ نورین خان
شیرویه خان
سلیم خان
محمد حسین شیخ[60]
علی محمد الف
احمد بیگ
تاش بیگ
محمدقلی بیگ
مظفر کوکه
کفشی بهادر

شادی بی
حسن علی عرب
شیخ معروف
شیخ کبیر
ولی بیگ
موهن داس
الله‌بخش
خواجه قطب الدین
بسیاری دلاوران کارطلب‌را

بسرکردگی مطلب خان دستوری شد. چون بکنار سند نزدیک سنبله رسیدند زنگی خان و دیگر سران الوس نیازی که در آن نزدیکی بنگاه

INVINCIBLE IMPERIAL TROOPS ARE DISPATCHED UNDER THE COMMAND OF MUTTALIB KHAN, AND JALALA TARIKI IS DEALT A HUMILIATING DEFEAT

Ever since Man Singh had fought in the narrows of the Tariki region and emerged victorious, Jalala had not even thought of coming out of the mountains and spent his days in Jamrud near the Khyber Pass in boastfulness. The emperor castigated him and endeavored to eradicate the Tarikis. Another expedition was assigned to enter the mountains via Bangash, and Man Singh was to go in from the direction of Bigram. On the seventh of Urdibihisht [April 27], the following and many other brave warriors were sent under Muttalib Khan's command:

Beg Nurin Khan	Kafshi Bahadur
Sheroya Khan	Shadi Biy
Salim Khan	Hasan Ali Arab
Muhammad Husain Shaikh	Shaikh Ma'ruf
Ali Muhammad Alif	Shaikh Kabir
Ahmad Beg	Wali Beg
Tash Beg	Mohan Das
Muhammadquli Beg	Allahbakhsh
Muzaffar Koka	Khwaja Qutbuddin

When they reached the banks of the Indus near Sumbala, Zangi Khan and other chieftains of the Niyazi tribe, whose base was in the vicinity, joined the imperial forces. Crossing the Indus at the Chaupara crossing, they camped in Isa-Khel territory. Firoz Khan, Jamal Khan, Ali Khan, and other chief-

داشتند بفیروزی لشکر پیوستند. از گذر چوپاره آب سندرا گذشته بیورت عیسی‌خیل فرود آمدند. فیروز خان و جمال خان و علی خان و دیگر سرداران آن سرزمین آمده دیدند. بیشتری بر آن بودند که از جانب دور و نغر ببنگش بالا رفته شود و از آنجا ببنگاه تاریکیان گام فراخ برگرفته آید. جمال خان تاریکی برهنمونی روشن‌ستارگی خودرا بافواج کیهانستان رسانید و گذارش نمود که بهترین راهها آب دره است. در میان بنّو[61] و درسمند تنگنائیست که دریای بنگش از آنجا میگذرد و در دوازده کروهی آب چند جا گذشته بقصبهٔ درسمند میرود. چون راستی از گفتار او پیدا بود آن راه سپردند. نزدیک بلندخیل کشت‌وکار تاریکیان چرام ستور گشت و آگهی آمد که جلاله از لوچک[62] که قلب‌جا و دژنشین اوست فرود آمده بسه کروهی درسمند در بسیچ شبخون است. امرا شبانگاه از دایره بیرون آمده پاس داشتند. روز دیگر درسمند منزل شد. مخالف چون دانست که شب کاری از پیش نتوان برد و آوازهٔ رسیدن لشکر جمرود بیتاب داشت، بر آن شد که هنگام فرود آمدن اردو که سپاه توزک ندارد دستبردی نموده آید. بنابرین سگالش چهاردهم امرداد در نیمه روز که هوا سخت گرم بود آن غنوده‌خرد با هزار سوار و پانزده هزار پیاده ناگهانی دررسید و آن شوره‌پشت بشیرویه خان و بیگ نورین خان و سلیم خان که خدمت چنداولی داشتند آویزش نموده پیشتر آمد. درین اثنا محمدقلی بیگ و حسن‌علی عرب و برخی تیزدستان پیوستند و بنیروی اقبال پیش‌آیندگان‌را بر گردانیدند. آن تیره‌روزگار عنان تافته براه دیگر نزدیک اردو شد. محمد الف و احمد بیگ و شادی بی و موهنداس و دیگر بهادران پی یکدیگر پیوسته کارزار شایسته بجای آوردند و هنگامهٔ جان‌نثاری و دلشکری گرمی پذیرفت. هرچند رشتهٔ رده‌آرائی گسیخته

tains of that territory came to pay homage. Most believed they should go up into Bangash through Daur and Naghar and then go from there to the Tarikis' headquarters. Jamal Khan Tariki had the fortune to join the world-conquering troops as a guide, and he reported that the best road was through Abdarra, a valley through which the Bangash River flowed between Bannu and Darsamand. Along twelve leagues of the river there were several crossings, and then the road wound up in Darsamand. Since what he said seemed right, they took that road. Near Biland Khel the Tarikis' farms provided fodder for the animals, and then news came that Jalala had come from Luchak, where his impregnable fortress was, and was within three leagues of Darsamand, ready to launch a surprise attack. The commanders went out of their camp by night and kept watch. The next day they stopped in Darsamand. When the foe realized that it was impossible to gain an advantage by night, and the news of the approach of imperial troops had upset Jamrud, he decided to strike while they were pitching camp, when they would not be in battle ranks. With that thought in mind, at noon on the fourteenth of Amurdad [August 5], when the heat was at its worst, the villain poured down on them with a thousand horsemen and fifteen thousand footsoldiers and clashed with Sheroya Khan, Beg Nurin Khan, and Salim Khan, who were in command of the rear guard. Just then Muhammadquli Beg, Hasan Ali Arab, and several others joined and drove the attackers back. The ill-starred Jalala turned his reins and took another route to the camp. Muhammad Alif, Ahmad Beg, Shadi Biy, Mohan Das, and others banded together and fought self-sacrificingly and resolutely. Although the ranks were not arrayed and the commander had not been able to get to horse, and even though many warriors were unable to get to

بود و سپه‌آرا توفیق سواری نیافت و بسیاری بهادران خودرا نتوانستند رسانید، از نیرنگی بخت بیدار که نمونهٔ ایزدی تأیید است فیروزی چهره برافروخت. پانصد و پنجاه تن از غنیم درین ناوردگاه بگو نیستی در شدند و هزار کس در گریزپائی رخت هستی بای دادند. آن نابخرد بهزاران ناکامی بکوهستان پناه برد. و از فیروزی سپاه بروشناسی گزند نرسید و نه تن تورانی‌را پیمانهٔ زندگی پر شد و شانزده جوانمرد بزخم روشناس آمدند. اگر لشکر جمرود دررسیدی هرآینه آن نافرجام دستگیر گشتی، لیکن از پی شتافته بر بنگاه او دست تاراج گشودند و خان‌ومان اورا آتش زدند. همگی الوس افریدی و اورک‌زئی که پناه آن بدگوهر بودند یرغمال داده ایل شدند و لشکر فیروزی برگشته ببنگش آمد. اگرچه از گران‌ارزی آذوق در آنجا بودن دشواری داشت در سر مطلب خان شگرف سودائی ریخت. اورا بدرگاه فرستادند.

۱۳۵ و از سوانح فرستادن میرزا یوسف خان بپاسبانی کشمیر. قاسم خان بتکاپوی سخت و حوصلهٔ فراخ ملک دلگشای کشمیر گرفت و سترگ رنجها برکشید. بسیاری سرتابان کجگرای‌را مالشها بسزا داد و بسی سران‌را بدرگاه والا فرستاد و جمعی انبوه همراهی گزیدند. ولایت بدادگری آباد گشت و دشمن به پیغولهٔ ناکامی در شد. درین هنگام سپاسگذاری پای اندیشه لغزش یافت. از بدهمنشینی خواهشهای ناهنجار فرا پیش نهاد و بگرفت‌وگیر کشمیریان همّت بربست و آنچه سپاهیان آن بوم در هنگام چیره‌دستی از یعقوب برگرفته بودند بازخواست. در زمستان که زمان آمدوشد نبود مردم بتلخکامی گذرانیدند. چون هوا روی باعتدال آورد زنبورخانهٔ بدگوهران برآشفت. بیشتری جدائی گزیدند و یعقوبِ فرومایه‌را از خمولگاه برآوردند. در حوالی جنیر (؟) بیست و سه کروهی شهر هنگامهٔ

the battle, through the mysterious workings of good fortune—which is a foreshadowing of divine assistance—victory smiled upon them. Five hundred fifty of the enemy lost their lives in the battle, and a thousand died during the flight. Only with great difficulty did the foolish Jalala manage to take refuge in the mountains. None of the imperial troops was significantly injured. Nine Turanians were killed, and sixteen cavaliers were wounded. If the Jamrud garrison had arrived, the wretch would have been captured, but they tracked him to his lair, pillaged it, and set fire to his possessions. The entire Afridi and Urukzai tribes, who had been under the villainous Jalala's protection, submitted and pledged their allegiance, so the imperial troops withdrew to Bangash. Although it was difficult to remain there because of scarcity of supplies, an amazing melancholia afflicted Muttalib Khan. He was sent to court.

Mirza Yusuf Khan is sent to protect Kashmir
135

With great effort and vast competence Qasim Khan conquered the beautiful realm of Kashmir. He crushed many who foolishly resisted and sent many ahead to court, and a large number chose to join him. The realm flourished through justice, and the enemy disappeared into obscurity. At this point, however, his gratitude suffered a reversal, and due to bad company he developed unwarranted desires and set his sights on expropriating the Kashmiris' property and demanded what the soldiers of that land had taken during the time of Ya'qub's dominance. During the winter, a season during which there was no coming or going, the people experienced deprivation, but when the weather began to moderate, the beehive of villains started to buzz. Most departed, and the vile Ya'qub emerged from his hiding place. In the vicinity

شورش گرم شد. هرچند فوجها رفتند کاری از پیش نتوانستند برد. ناگزیر خود بدان روی آورد. چون نزدیک رسید او از راههای نهانی شهررویه شتاب آورد. امرا نیز چند جوق شده در پی گام سرعت برداشتند. آن غنوده‌رای در پهاک‌نگر[۶۳] سه کروهی شهر به پناه کوهچهٔ در کمین وقت نشست. افواج کشورگشا پی هم رسیدند. اگرچه دار الملک به تیز آمدن از یغما رهائی یافت، لیکن از استواری جا و دشواری راه کاری نیارستند برساخت. بایست کار گذشته بشهر آمدند و غنیم‌را نیرو افزود. پس از چندی قاسم خان باز بآویزه برآمد. اگرچه هر روز میان قراولان آویزش روی میداد، لیکن پنج بار چپقلش سترگ چهرهٔ رادمردی برافروخت و فیروزی روی داد. بار ششم در نوبت سیّد عبدالله خان چشم زخمی رسید و میرزاده علی خان‌را نقد زندگی بتاراج رفت. دلاوران تیزدست غنیم‌را برشکستند و بر فراز کوه برآمدند. درین هنگام بارش شد. کاردانان‌را رای آن بود که دایره شود. دل بدان ننهاده بازگردیدند. چون رو بنشیب نهادند تباهکاران از هر سو بتیر و سنگ درگرفتند. از نابهنگامی و تنگی و ناهمواری و لخشیدگی راه مردم از بیدلی و کارنشناسی در یکدیگر افتادند و روزگار میرزاده علی خان درین آشوبگاه بسر آمد. سری رنگ عمزادهٔ رای رایسنگه با چهل کس ایستاده گرم کارزار شد و بمردانگی جان سپنجی داده جاوید نیکنامی اندوخت. پای افشردن رادمردان همّتمنش سرمایهٔ رستگاری بسیاری گشت و نزدیک سه صد کس‌را روزگار سپری شد. روز دیگر قاسم خان با دل همّت‌گزین رو به پیکار آورد. کشمیریان دل بای داده پراکنده شدند. یعقوب بجانب کامراج رفت و امرا بازگشته انجمن نشاط برآراستند. یعقوب و شمس چک باهم پیمان یکجهتی بسته سر بشورش برداشتند. و از آنجا که یکتادلی در آن مرز ناپدید، نزد اندرکول باهم درآویختند و در کمتر زمانی بتکاپوی برخی

of Janir, twenty-three leagues from Srinagar, trouble broke out. No matter how many times imperial troops went, they could not manage to make any headway. With no alternative, Qasim Khan himself set out. As he approached, Ya'qub took secret roads to the city. The commanders divided themselves into several contingents and went in pursuit, but the villain took refuge and lay in ambush on a small hill at Phaknagar, three leagues from Srinagar. More and more imperial troops arrived. Although they came soon enough to prevent the capital from being looted, they were unable to make any headway against him on account of the impregnability of his place and the difficulty of the roads. With the opportunity lost, they returned to the city, and the foe's strength increased. After a while Qasim Khan went back out to do battle. There were skirmishes with the vanguard every day, and five times there were great clashes resulting in victory. The sixth time, on Sayyid Abdullah Khan's watch, the evil eye struck and Mirzada Ali Khan lost his life, but the warriors broke the enemy lines and got on top of the mountain. Just then it began to rain. Those with experience were of the opinion that they should bivouac. Refusing to agree, the soldiers withdrew, and once they started downhill, the villains rained down arrows and stones on them from every direction. At such a disadvantage, and given the narrowness and slipperiness of the path and rugged terrain, the men collided with each other like inexperienced cowards. It was in the midst of this confusion that Mirzada Ali Khan lost his life. Sri Rang, a cousin of Rai Raisingh's, was standing his ground, fighting with forty men, and he too sacrificed his life to his eternal glory. The bravery of some of the warriors saved the lives of many, but nearly three hundred perished.

بآشتی گرائیدند و قرار یافت که چون در یکجا بودن نزاعِ نوکر بناخوشیِ آقا میکشد، شایسته آنست که دو جا باشند. یعقوب بدین سگالش نزد کوه سلیمان رفته هنگامه‌آرای شد و شمس چک باندرکول. برخی بر آن بودند که فیروزی جنود نیز دو بخش شود و بیشتری دوربینی بکار برده پذیرا نشدند، مبادا از دو جا شدن گزندی رسد که چاره نپذیرد. همه دفع یعقوب‌را پیشنهاد ساخته بدانسو شتافتند. هر روز جوقی دلاوران هنگامهٔ پیکار بر می‌آراستند و بنیروی اقبال روزافزون فیروزی چهره بر می‌افروخت. روز پنجم قاسم خان با گروهی گندآوران رفت و سترگ آویزش روی داد. در آن زدوگیر فتح‌علی که سرگروه بود بگزند تیر جان سپرد و هنگامهٔ ناسپاسان پراکنده شد. اولیای دولت بفراوان عشرت بازگردیدند و یعقوب از آنجا خودرا بشمس چک رسانید و بکمتر زمانی باز نزدیک شهر آمده گرد فتنه برانگیختند. در یک کروهی شهر زمینیست بلند، بدرازی نیم کروه و پهنا چار یک، و کولابی چند در گرد آن، و در پیش خلابی دشوارگذار. آن دو فرومایه با بسیاری پناه اندیشیدند و گاه و بیگاه از آنجا بیرون شده دست بتاراج میگشودند و هر روز جوقی بهادران به پیکار باطل‌ستیزان برآمدی. قاسم خان نیز دل برگرفته عرض داشت و طلب خودرا خواهش نمود. شهریار دوربین پذیرفته میرزا یوسف خان‌را بسپه‌آرائی آن دیار روانه فرمود و جگناته و حسین بیگ شیخ‌عمری و سیّد بهاء الدین و قرا بیگ و محمد بهت و بابا خلیل و ملا طالب اصفهانی و بسیاری مجاهدان دولت‌را همراه گردانید. فرمان شد که چون تیره‌رایان نخون‌فروش مالش یابند قاسم خان بدرگاه والا بازگردد. کشمیریان از آوازهٔ فیروزی جنود برخی‌را بگریوه فرستادند که بیکجهتی نایکان راه‌را استوار گردانند. میرزا یوسف خان ازین آگهی محمد بهت و بابا خلیل و ملا طالب‌را بدستانسرائی پیشتر

The next day Qasim Khan set out for battle with determination. The Kashmiris lost heart and scattered. Ya'qub went in the direction of Kamraj, and the commanders turned back and celebrated. Ya'qub and Shams Chak formed an alliance and reared their heads in rebellion. Since fidelity is not to be found in that realm, they fell out near Indarkol, and it was not long before they agreed to a brokered truce. It was decided that since if they stayed in one place the disputes among their liege men would result in unpleasantness between their lords, it would be better for them to be in separate places. Ya'qub went to Mount Sulaiman, and Shams Chak went to Indarkol. Some thought the imperial troops too should be divided into two contingents, but most foresightedly refused to agree to this lest they be attacked on two fronts and not be able to deal with it. Concentrating their efforts on repulsing Ya'qub, they all set out in his direction. Every day some warriors engaged in battle and won through the emperor's fortune. The fifth day Qasim Khan and a group of brave warriors fought a great battle. In the midst of the fray Fath Ali, the leader of the company, was shot and killed, and the ingrates scattered. The friends of fortune returned happy. Ya'qub then betook himself to Shams Chak, and it was not long before they approached the city and stirred up trouble. Within one league of Srinagar is a high patch of ground half a league long and a quarter of a league wide. Around it are several lakes, and before it is a morass difficult to get across. From there the two villains emerged time and again to pillage and plunder, and every day a troop of warriors engaged in battle with them.

Qasim Khan grew tired of the affair and wrote to court asking that he be recalled. The farsighted emperor agreed and sent Mirza Yusuf Khan as commander-in-chief of that territory. With

روانه ساخت. اگرچه راهبانان نیارستند دید، لیکن بگفتار دلآویز اینان کناره گرفتند. جگناته‌را پای کتل گذاشته خود بآسانی برآمد. پیشتر از آنکه بدان لشکرگاه پیوندد هنگامهٔ بدسگالان پراکنده شد. یعقوب بکستهواره[64] شتافت و شمس چک بکوهستان کامراج پناه برد. قاسم خان‌را بدرگاه والا دستوری داد و جگناته‌را غایبانه وداع کرد و زبان مدارا گشاده بصید دلها برنشست و رمیدگی مردم‌را چاره‌گر آمد. مبارک خان و جلال خان و سیّد دولت و جمعی‌را بر سر شمس چک فرستاد. آن شوریده از تره‌گانو شبخون آورد و فراوان غنیمت برگرفت. بامدادان فیروزی سپاه تکامشی نموده چنان برشکستند که دیگر برنخاست و به پیمان سیّد بهاء الدین آمده دید. میرزا یوسف خان اورا با میر روانهٔ درگاه ساخت.

۱۳۶ و از سوانح چهرهٔ هستی برافروختن سلطان خسرو. ایزد جان‌آفرین گرامی ذات افسرخدیورا بهزاران خوی ستوده پیراسته دارد و از شایسته کرداری اقبال روزافزون شیفتهٔ او، لیکن رسیدگی هر کار بخرامش آسمان و پیوستن هنگام در گرو. درین زمان که سرآغاز بهار دولت است وجود نواده که از گزین نعمتهای ایزدی و بهین میوهٔ زندگی است عالم‌را شکفتگی دیگر بخشید و جهانبانی‌را نیروی دیگر پدید آمد. پس از سپری شدن ده ساعت و سی و شش دقیقه روز دین بیست و چهارم امرداد بشهر لاهور در شبستان شاهزاده سلطان سلیم از خدر پاک فرزند راجه بهگونت داس آن گوهر سعادت‌پرتو چهره برافروخت و بفرّخ ساعتی نوید خجستگی نشاط آورد. زمانه به تهنیت‌گذاری برنشست و روزگار بعشرت‌پیرائی برخاست. رازداران آسمانی چشم دوربین بازگشادند و لختی از شگرفکاری سپهر و اختر دریافته برگذاردند.

him were sent Jagannath, Husain Beg Shaikh-Umari, Sayyid Baha'uddin, Qara Beg, Muhammad Bhat, Baba Khalil, Mulla Talib Isfahani, and many warriors. The road guards were not able to join them, but they were persuaded to move aside. Jagannath went through the bottom of the *kotal* and went up easily, and even before he reached the camp site the villains scattered. Ya'qub ran off to Kishtwar, and Shams Chak took refuge in the mountains of Kamraj. Receiving permission to go to court, Qasim Khan sent his farewells to Jagannath and spoke compassionately about winning over hearts and taming the people. He sent Mubarak Khan, Jalal Khan, Sayyid Daulat, and others to attack Shams Chak, who launched a night attack from Trigaon and got a lot of booty. The next morning the imperial troops went in pursuit and dealt him such a defeat that he never recovered. Given quarter by Sayyid Baha'uddin, he came and paid homage. Mirza Yusuf Khan sent him to court with the sayyid.

The birth of Sultan Khusrau

136

The divine creator of the soul adorns the person of the emperor with thousands of praiseworthy habits, and ever-increasing fortune is charmed by his deeds, but everything depends upon the turning of the celestial sphere and has to wait for the proper moment. At this time, which was the beginning of the spring of fortune, the birth of a grandchild, which is one of the greatest of divine blessings and best fruits of life, gave a different joy to the world, and the world lord attained a different power. The pearl of happiness was born at an auspicious hour after the elapse of ten hours and thirty-six minutes of Din day, the twenty-fourth of Amurdad [August 15], in the city of Lahore in the harem of Prince Sultan Salim by Raja Bhagwant Das's chaste daughter.

بسـیرِ سپهر انجمن ساختند   ترازویِ انجــم برافراختـــند
چنان طالعی کامد آن پور ازو   چگویم زهی چشمِ بد دور ازو[۶۵]

طالع بآئین یونانیان نهم درجهٔ جدی است و بطرز آزمون‌پیشگان هندوستان بیست و دوم درجهٔ قوس. اگر روزگار عمرفرسا مهلتی دهد و منِ بادپیمای بهیچ شکیب‌را در تعلقیان بودن ناگزیر شود و از سخنسرائی دل گرفته نباشد و والا خاطر افسرخدیو خواهد، این زایچه‌را بسیرابی گذارش دهد. کیهان‌خدیو آن فرزانه فرزندرا بسلطان خسرو نامور گردانید. امید که ببهین دمسازان آگهی ببالد و شایسته خویها روزافزونی گیرد.

۱۳۷ و از سوانح فرو نشستن شورش گجرات. پنچانن[۶۶] برادرزادهٔ کهنگار مرزبان ولایت کچه فرومایگان‌را فراهم آورده بتاخت هلود[۶۷] آمد. رای سنگه جهالا بآویزش برخاست و برادمردی نقد زندگی درباخت. قلیچ خان با برخی امرا در احمدآباد بپاسبانی برنشست و سیّد قاسم، نظام الدین احمد، میدنی رای، ابوالمظفر، خواجه رفیع، حسین خان، معصوم بهکری، شریف سرمدی، میر شرف الدین، قابل خان، خواجه بابا، سیّد سالم بارهه و گروهی دیگر بسزای فتنه‌اندوزان گام سرعت برداشتند. از شکوه فیروزی جنود باطل‌ستیزان نافرجام بکهسار بری[۶۸] پناه بردند و بنگاه ناسپاسان بیغما رفت. جام و کهنگار نیایشگری فراپیش گرفتند. امرا بازگردیده انجمن نشاط آراستند. هفتهٔ نگذشته بود که مظفر از پیغوله برآمده سر بشورش برداشت و دولقه‌رویه غبار فتنه برانگیخت. نامبردگان روی همّت بدان سو نهادند. او ازین آگهی بجانب مولی پافرسای بادیهٔ گریز شد و از تن‌آسانی شایسته جست‌وجو بجای نیامد. از

Everyone offered congratulations, and the world rejoiced. Heavenly intimates opened their farsighted eyes and comprehended the mysterious workings of the celestial spheres and the stars.

> They formed an assembly to observe the sphere; they
> measured the stars.
> What can I say of the ascendant under which the child was
> born but "bravo" and "may the evil eye be far from him"?

The ascendant, by the calculation of the Greek astronomers, was the ninth degree of Capricorn, and according to Indian astronomers it was the twenty-second degree of Sagittarius. If life-sapping fate gives me respite from my worldly occupations, if I do not tire of writing, and if the emperor so desires, the horoscope will be given for the sake of completeness. The emperor named the child Sultan Khusrau. It is hoped that his wisdom will wax through the best companions and that he will flourish with good habits.

The dust of unrest in Gujarat settles

Khangar's nephew Panchanan, the ruler of the province of Cutch, gathered blackguards and attacked Halwad. Raisingh Jhala rose up in battle and lost his life fighting valiantly. Qilich Khan and other commanders remained to protect Ahmadabad, and Sayyid Qasim, Nizamuddin Ahmad, Medini Rai, Abu'l-Muzaffar, Khwaja Rafi', Husain Khan, Ma'sum Bhakkari, Sharif Sarmadi, Mir Sharafuddin, Qabil Khan, Khwaja Baba, Sayyid Salim Barha, and others went to chastise the troublemakers. Faced with the splendor of the invincible troops, the ill-starred villains took refuge in the Bari mountains, and their lair was plundered. The Jam and Khangar capitulated. The commanders withdrew in glee.

137

اقبال روزافزون ناموس مصطفی پور سیّد جلال بایزدی پاسبانی درآمد. بنه و بار خودرا به بیرم گانو میبرد. درین هنگام که امرا تکامشی داشتند و آن فرومایه سراسیمگی، او بدهی پناه آورد. آن شوریده‌بخت در گرفتن شد و آنجارا دست‌فرسود تاراج گردانید. او در خانه پای همّت افشرده بفرو شدن دل نهاد. درین میان آواز نقاره درگرفت. آن تباه‌اندیش فوج دانسته بتیزپائی بدر رفت. فیروزی سپاه اگرچه گام فراخ برنداشتند، لیکن چندی‌را فرستادند که در آن نزدیکی کوس بنوا دارند.

و همدرینولا الوس یوسف‌زئی مالش بسزا یافتند. از واژون‌بختی استواری جا و لغزش فیروزی جنود اینان‌را در سرکشی و بدگوهری دلیرتر ساخت. اگرچه در نیامدن یلان نصرت‌پیوند بکوه سرباری نخوت گشت، لیکن راه درآمد و بیرون شدن‌را بسته بتاخت و تاراج پرداختند و بسیاری بفروخت رفت و فراوان مردم‌را بیماریهای گوناگون از پای درآورد.

۱۳۸ و از سوانح فرستادن سعید خان بحکومت بنگاله. آگهی آمد که وزیر خان بیست و یکم امرداد بشکم‌روی جهان گذران‌را پدرود کرد. از آنجا که دیده‌وری بکار میرود و هشیارخرامی روزافرون، فرمان شد که سعید خان از صوبهٔ بهار بدان دیار روی خدمت آورد و پاینده خان‌را که در آنجا اقطاع داشت در گهوراگهات جایگیر کردند و راجه بهگونت داس و کنور مانسنگه‌را تیول از پنجاب باز ستده در بهار دادند. شانزدهم شهریور میر مرادرا دستوری شد که بزودی این دو جارا در تصرف جایگیرداران درآرد و سعید خان‌را ببنگاله برد. و مانسنگه‌را از حدود بگرام طلب داشتند که راجه بهگونت داس به یتاقداری شبستان اقبال باشد و او باقطاع نو رفته در آبادی آنصوب کوشد.

Not a week had passed when Muzaffar emerged from hiding and reared his head in rebellion, stirring up the dust of unrest in the direction of Dholka. Those named above set out intrepidly. Learning of this, Muzaffar fled to Moli,[14] and his pursuers were too pampering of themselves to search hard for him. By imperial fortune, Sayyid Jalal's son Mustafa came under divine protection. He was taking his baggage to Viramgam at the time the commanders were out in pursuit and the villain was fleeing, and he took refuge in a village. Muzaffar decided to take the village and loot it. Mustafa defended himself inside a house, determined to fight to the end. Just then the sound of drums could be heard, and the villain, realizing that it was the imperial troops, escaped. Even if the imperial troops did not make much effort, at least they sent some soldiers to beat their drums in that vicinity.

Around this same time the Yusufzai tribe received their due. The impregnability of their land and the failure of imperial troops had made them even more audacious and rebellious. Even if they prided themselves on the invincible warriors' inability to get into the mountains, the imperials blocked all entrances in and out and raided and plundered them. Many were sold and many others were felled by various diseases.

Sa'id Khan is sent as governor of Bengal

138

Word came that Wazir Khan had died of diarrhea on the twenty-first of Amurdad [August 12]. With foresight and awareness it was ordered that Sa'id Khan go from Bihar to [Bengal]. Payanda Khan, who had estates there, was enfeoffed in Goraghat, and Raja Bhagwant Das and Kunwar Man Singh were relieved of their fiefs in the Punjab and given estates in Bihar. On the sixteenth of Shahrewar [September 7], Mir Murad was given leave to depart

غرّهٔ آبان شمسی وزن گیتی‌خدیو شد و مهین بزمی پیرایش یافت و بآئین هر بار آن گرانبار آفرینش‌را بدوازده چیز برسختند. گرد خواهش از چهرهٔ روزگار برخاست و آرزومندان جهان عشرت کامیابی نمودند.

و همدرینولا شادمان بنوازش خسروانی سربلندی یافت و غزنین در جایگیر او دادند. او پسر مراد هزاره است. میان غزنین و قندهار بنگاه دارد. نیاگان او سعادت بندگی داشتند و او از کج‌اندیشی و کوتاهبینی تا حال صحرانشین بود. درین ایام روی نیاز بدرگاه همایون آورد. شهریار دیده‌ور بگوناگون روش برنواخت. غرّهٔ آذر رخصت یافت.

۱۳۹ بیست و هشتم کنور مانسنگه از جمرود آمده بسجود قدسی آستان سعادت اندوخت. و ششم دی ببهار فرستادند. و همدرین روز یوسف خان مرزبان کشمیررا از زندان برآورده نوازش فرمودند و اورا در حدود بهار جایگیر دادند. همگی بسیچ آنکه آداب برآموزد و رعیّت‌پروری و آگاهدلی اندوزد و چون هشیارخرامی از روزنامچهٔ احوال او خوانده آید عرصهٔ دلگشای کشمیر بدو سپرده شود.

to bring those two places under the control of their holders and to take Sa'id Khan to Bengal. Man Singh was summoned from Bigram and informed that Raja Bhagwant Das would guard the imperial harem and that he should go to his new fief and endeavor to make that territory flourish.

On the first of Aban [October 23], the emperor's solar weighing ceremony was held amid great celebration, and as usual he was weighed against twelve items. Need disappeared from the world, and the wishes of the hopeful were fulfilled.

Around the same time Shadman was shown imperial favor, and Ghazni was enfeoffed to him. He was the son of Murad Hazara, and his base was between Ghazni and Kandahar. His ancestors had the honor of serving the empire, but up until this time he had foolishly and shortsightedly chosen to live in the wilderness. Recently he had turned his face in need to the imperial court, and the insightful emperor showed him various favors. He received permission to depart on the first of Azar [November 22].

On the twenty-eighth [December 19], Kunwar Man Singh came from Jamrud to pay homage. On the sixth of Daimah [December 27] he was sent to Bihar. On the same day the emperor released Yusuf Khan, the ruler of Kashmir, from prison and showed him favor by giving him a fief in Bihar, thinking that he would acquire some manners and learn how to treat subjects with enlightenment. When wisdom was seen in his conduct, Kashmir would be given back to him.

و از سوانح فرستادن زین خان کوکه بگرفتن سواد و بجور. اگرچه ۱۴۰
الوس یوسف‌زئی شایسته سزاها یافتند، لیکن از رهزنی و بدکاری دست
باز نمیکشیدند. درینولا چون کار بر جلالهٔ تاریکی دشوار شد از تنگنای
تیراه بیرون شده ببنگاه اینان شتافت و فرومایگان واژون‌بخت اورا در
میان خود جای دادند. از آنجا که در ضمیر صافی چنان بود که کوکلتاش
از پیشین شرمندگی بیرون آید فرمان شد که خواجه شمس الدین و
جمعی‌را بنگاهبانی کابل گذاشته با امرای آنصوب روی بسواد و بجور
نهد و بفیروزی لشکر جمرود و بنگش نیز یرلیغ رفت که هرکدام آگاه بوده
بگرفتاری آن سرگروه تاریکیان همّت گمارد و آگاهی بکار برند که از آن
سو بدر نرود. و نیز اسمعیل‌قلی خان از اوهند برخاسته نزد قبیلهٔ ایازی
پیوست تا بپاسبانی اشنغر[۶۹] برنشیند. و صادق خان با برخی کارپژوهان از
درگاه رخصت یافت که در دشت سواد جای گیرد تا آن سرگروه تاریکیان
بهر سو که رود گرفتار گردد. و جگناته‌را که از راه کشمیر برگشته بود
حکم شد که با کوکه پیوندد. بیست و یکم کوکلتاش سرانجام نموده روی
دل بخدمت آورد و حیدرعلی خویش و تخته بیگ و بختیار بیگ و نادعلی
و حسن علی عرب و حمزه عرب و قاضی عزّت الله و جمعی دیگررا همراه
گرفت و از راه کامه و کشکه رو براه سمچ نهادند. تاریکیان نافرجام با
یوسف‌زئی گریوهٔ ناولی[۷۰] استوار کرده آمادهٔ پیکار شدند. فیروزی سپاه
عنان تافته دانش کول‌رویه چالش نمود و بر سر سه‌راههٔ بجور و اشنغر و
تیراه قلعهٔ اساس نهاد و از لمغانات غلّه آورده انبارها برساخت و دلهای
لشکری فراهم آمد و از ناشناسا راه ببجور درآمد. لختی آویزش روی داد
و گوهر رادمردی‌را تابش دیگر شد. بسیاری بدگوهران‌را روزگار سپری
گشت و برخی‌را زینهار دستمایهٔ رهائی آمد. نزدیک بود که تاریکی گرفتار

Zain Khan Koka is sent to take Swat and Bajaur   140

Although the Yusufzai nation had been appropriately chastised, they had not ceased their banditry and maleficence. At this time, when things had become difficult for Jalala Tariki, he emerged from the mountain crannies of Tirah and went to the Yusufzai base camp, and they, to their misfortune, took him in. Inasmuch as it was in the emperor's mind for Kükältash to make up for his former embarrassment, it was ordered that he should station Khwaja Shamsuddin and others to guard Kabul and go with the officers of that region to Swat and Bajaur. An imperial edict was also dispatched to the imperial forces at Jamrud and Bangash to be on the lookout to capture the chief of the Tarikis and not to let him escape. Isma'ilquli Khan left Ohand and joined the Ayazi tribe to guard Ashnaghar. Sadiq Khan and some administrators went from court to take up residence in the Swat plain so that no matter what direction the Tariki chief went, he would be captured. Jagannath, who had returned from Kashmir, was ordered to join Koka. On the twenty-first [January 11, 1588], Kükältash finished his preparations and departed on his mission, and Haidar Ali Khwesh, Tokhta Beg, Bakhtyar Beg, Nad Ali, Hasan Ali Arab, Hamza Arab, Qazi Izzatullah, and others accompanied him. They set out for Samaj via Kama and Kushka. The Tarikis and the Yusufzai had blocked the Nawagai Pass and were ready for battle. The imperial troops turned their reins and headed for the Danish Kol, and they built a fortress where the roads to Bajaur, Ashnaghar, and Tirah come together. Bringing grain from Laghman, they stored up provisions for a campaign. The soldiers bucked up their courage and entered Bajaur by an unfamiliar road. There were some skirmishes, and they performed valiantly. Many of the villains lost their lives, and others escaped death under quarter. The Tariki

303

آید، لیکن از درهٔ که اسمعیل‌قلی خان پاس میداشت بیرون شده بتیراه شتافت. او از تهانه‌داران دشت بود. از فرستادن صادق خان بدانجا تباهخیالی فراپیش گرفت و از سبکسری بدرگاه والا روانه شد و گذرگاه‌را خالی گذاشت. درینوقت آن فرصتجو از آن تنگنا خودرا بر کناره کشید و چون بیراهه‌روی اسمعیل‌قلی خان بسمع همایون رسید بعتابگاه داشتند و بجای او آصف خان‌را فرستادند.

۱۴۱ و از سوانح مالش یافتن راجه مدهکر. این کوهنشین غنوده‌بخت از همرهی فیروزی لشکر دکن سرباز زد و بجای پوزشگذاری سرتابی فرا پیش گرفت. شهاب الدین احمد خان با دیگر تیولداران روی بمالش آورد. بیست و سیوم چون بچهار کروهی قصبهٔ اونچه که بنگاه اوست رسیدند بلابه‌گری پیش آمد و بمیانجی راجه اسکرن و راجه جگمن فرمانپذیری‌را دستآویز رستگاری خود گردانید و سپه‌آرارا آمده دید و از کوتاه‌اندیشی بتباه خیالها درافتاد و بادیه‌پیمای گریز شد. چون داستان نصیحت سودمند نیامد یورت او بیغما رفت و از کم‌آذوقی نیارستند بود و بگرفتن قلعهٔ کجوه[۷۱] گام برداشتند. آن‌را اندرجیت و سترائی[۷۲] پسران آن خوابیده‌بخت و هردیو نبیرهٔ او استوار کرده بودند. در تنگناها بآویزش درآمدند و مالشها یافتند. روزی راگهوداس برادرزادهٔ او درآویخت. سمانجی خان و میرزا بیگ قاقشال داد مردانگی داده فیروزی اندوختند و آن فرومایه به نیستی‌سرا در شد و تا یک ماه بگرد قلعه نشستند. هر بار که بکارزار برخاستند غنیم شرمسار ناکامی گشت و چون نیروی پیکار نماند راه گریز پیش گرفتند و هر یک بتیول خویش بازگردید.

was almost captured, but he got out through a valley Isma'ilquli Khan was supposed to be guarding and went to Tirah. Isma'ilquli was the captain of a garrison on the plain. Much displeased by the sending of Sadiq Khan there, he foolishly set out for court and left the pass unguarded, and at that point the wily Tariki got himself through the pass. When Isma'ilquli Khan's dereliction of duty was heard by the emperor, he chastised him and sent Asaf Khan in his place.

Raja Madhukar is crushed 141

This ill-starred mountain dweller had refused to join the Deccan campaign and had taken to refractoriness instead of subservience. Shihabuddin Ahmad Khan and other fiefholders set out to chastise him. On the twenty-third [January 13], when they were four leagues from Orchha, where his stronghold was, he came forward to plead his case. Through the intermediary of Raja Asikarn and Raja Jagman, he saved himself by agreeing to obey and went to pay homage to the commander. However, in his shortsightedness he got wrong thoughts in his head and fled. The best of advice having been of little use, his territory was plundered. There was too little food for the expedition to remain there, so they set out to take the Kajwa fortress, which was manned by the raja's sons Indrajit and Satrai and his grandson Harideo. They did battle in the narrow passes and were defeated. One day Raghu Das, the raja's nephew, engaged in battle. Samanchi Khan and Mirza Beg Qaqshal performed outstandingly and gained the victory, and the villain was killed. For one month they sat around the fortress. Every time they engaged in battle, the foe was humiliatingly defeated. Finally, unable to fight any longer, they fled, and everyone returned to his estates.

و از سوانح بیاسا رسیدن میرزا فولاد پور خداداد برلاس است. از آنجا ۱۴۲
که کشورخدا بر فراز صلح کل جهانبانی کند هر گروهی قرارداد خویش‌را بی‌اندیشه بسراید و هر یکی بآئین خویش ایزدپرستی نامید و ازین رو ملا احمد تتوی که در رسمی دانش فراوان رنج برده بود و در امامی روش استوار پا و زبان دراز داشت پیوسته گفت‌وگوی سنّی و شیعه برگذاردی و از فرومایگی گذارش‌را به بی‌هنجاری رسانیدی. آن جوان شوریده‌مغز در تسنُّن بدان نمط راه بی‌آزرمی سپردی. از شورش برنائی و مستی مردانگی جانشکری اورا فرا پیش گرفت. شب بیست و یکم دی ماه آن تباه‌اندیش با یکی از همسران بتاریک کوچهٔ در کمین نشست و یکی‌را بعنوان چاوشان شاهی بطلب او روانه گردانید. در میان راه قابوطلبان بدسگال بشمشیر گرفتند. دست او از میان ساعد قلم شد و از فراز زین بر زمین افتاد. دلیران تباهکار جدائی سر اندیشیده پی گم کنان به پیغوله درآمدند. او دست برداشته با چنین زخم کاری خودرا بخانهٔ حکیم حسن انداخت. خواجه ملک علی عسس بپژوهش و جست‌وجوی سخت آن دو خودسر غنوده‌رای‌را بدست آورد. اگرچه بنیروی یابندگی برخی نشانهای خون و جز آن حال پیدائی داشت، لیکن چون ببارگاه آورد براستی نیامدند و هرچند آلایش شمشیر و جامه گویای درست گذار بود نمی گرویدند. خانخانان و آصف خان و خداوند خان و راقم اقبالنااامه‌را فرستادند که از آن روندهٔ ملک نیستی پرسش نمایند. چون لختی آگهی داشت درد دل وا گفت و سرگذشت‌را بازگذارد. شاهنشاه دادگر آن دو بدگوهررا از بند هستی رهائی داد و بپای فیل بسته تمام شهر گردانیدند. هرچند سران دولت در رهائی تکادو نمودند سودمند نیامد و سرمایهٔ رهنمونی بسیاری بیراهه‌رو گشت و آویزش سنّی و شیعه فرو نشست. و در همان نزدیکی ملا احمد نیز از آن گزند جانکاه رخت هستی بربست.

Khudadad Barlas's son Mirza Fulad is executed   142

Inasmuch as the emperor rules in universal peace, he allows every group to follow its own ways without worry and to worship in its own manner. Mulla Ahmad Tattawi, who had gone to a great deal of trouble to acquire formal learning and was firmly ensconced in the Imami sect, used to engage in discussions of Sunnism and Shiism, and often, in his villainy, he allowed his discussions to degenerate inappropriately. The addle-brained youth, [Mirza Fulad,] was just as fanatical about his Sunnism, and in his youthful exuberance and belligerent intoxication he decided to kill the mulla. On the eve of the twenty-first of Daimah [January 11], the fool and one of his comrades lay in ambush in a dark lane and sent an imperial sergeant to summon him. As he was coming down the lane they sprang from ambush and struck him with their swords. His hand severed halfway down his forearm, he fell from his saddle. The evil attackers, thinking his head had been cut off, sneaked off into hiding. The mulla picked up his hand and, despite such a serious wound, got himself to Hakim Hasan's house. Khwaja Malik Ali the night watchman made a thorough search and apprehended the miscreants. Even though traces of blood and other evidence were discovered, when they were taken to court they refused to admit the truth, and although their bloodstained swords and clothing bespoke their guilt, they would not admit it. The khankhanan, Asaf Khan, Khudawand Khan, and the author of this volume were sent to question the dying man. Since he still retained consciousness, he was able to give an account of what had happened. The just emperor delivered the two miscreants from the bonds of existence by having them bound to an elephant's leg and paraded through the city. No matter how much the grandees of state pleaded on their behalf,

و همدرینولا برهمنی در قصبهٔ سهنده[۷۳] به پخته‌کاری چنان وا نمود ۱۴۳
که راجه بیربر است. زخمی بدستگیری یکی از وارستگان از آن آشوبگاه یوسف‌زئی برآمده و بروش آن سرمایهٔ رستگاری بسر برده میشود. ساده‌لوحان آدم‌نشناس از اشتباه پیکری و فراوان دلیری پذیرفتند. با آنکه تیزنگاهان محفل همایون بر آن بودند که این فروغ راستی ندارد و بجز افسانهٔ حیله‌اندوزان دستانسرا نبود، دیده‌وران آگاهدل بوارسی مغز کار روانه فرمودند. مردم آن سرزمین ببارگاه اقبال میآوردند. پیشتر از آنکه رسد و پردهٔ بی‌آزرمی او دریده آید راه نیستی سپرد.

دهم اسفندارمذ قاسم خان از عرصهٔ دلگشای کشمیر آمده بسجود قدسی آستان سربلندی یافت و علی‌شیر ماکری و بسیاری از سران آن دیار بسعادت بار رسیدند و کامیاب خواهش آمدند.

it was of no use. It served as a warning to many who were on the wrong track, and the Sunni-Shiite controversy died down. Shortly thereafter Mulla Ahmad died of his wound.

Around the same time a Brahman in the town of Sihondi gave out that he was Raja Birbar, claiming that he had escaped wounded from the battle with the Yusufzai with the help of a mendicant and that he had joined the mendicant. The simpleminded who were no judges of character accepted his claim because of a physical resemblance and his great audacity. Because those of sharp vision at court believed that his story did not contain a shred of truth and was nothing but a pack of lies, they sent people of insight to investigate the case. The people of that region brought him to court, but he passed away before he got there and his imposture could be unmasked. 143

On the tenth of Isfandarmudh [March 1], Qasim Khan came from Kashmir to pay homage, and Ali Sher Makri and many chieftains of that realm were given audience.

آغاز سال سی و سیوم الهی از جلوس مقدّس شاهنشاهی، یعنی سال آذر از دور سیوم

درین هنگام خجسته‌آغاز فرخنده‌انجام کوس نوروزی گوش روزگار برافروخت. خاطر همیشه‌بهار شاهنشاهی ببزرگداشت این همایون جشن شهر و برزن‌را آذین بست.

بیرون و درون همه گلستان	عالـــم بهزار رنگ و دسـتان
بگرفت جهان جهان جمالش	بالیــد چمـــن چمن نهالش
اورنگ‌نـــگارِ کامـــرانی	شد صنعِ ازل چنـانکه دانی

روز یکشنبه بیست و دوم ربیع الآخر سنهٔ نهصد و نود و شش هلالی پس از سپری شدن ده ساعت و چهل و هشت دقیقه نوربخش صورت و معنی برج حمل‌را فروغ دیگر بخشید. هر روز تا شرف تازه بزمی برآراستی و کامروائی‌را پایه برتر نهادی.

در سرآغاز این فرخنده سال عروسی جشن شاهزاده سلطان دانیال نشاط آورد. از آنجا که بیوگانی پیوند آبیاری بستانسرای آفرینش و شهرآرائی جهان تعلق باشد، خاصه در دودمان فرماندهی، گیتی‌خداوند بر آن شد که آن بیداربخت‌را بفرزند عفّت‌نهاد سلطان خواجه این گزین نسبت دهد. پیشکاران بارگاه خلافت همایون بزمی برآراستند و گروهاگروه مردم‌را شادمانی درگرفت. بیستم خورداد در سعادت‌سرای مریم‌مکانی والا محفل انتظام یافت و بآئین خسروانی فرخنده عقد بستند و بخجستگی همدران فرّخ ساعت آن پرده‌نشین پارسائی‌را بشبستان اقبال سپردند.

The Beginning of the Thirty-Third Year after the Imperial Accession: Azar Year of the Third Duodecennial Cycle

At this felicitous time the ears of the world were gladdened by the sound of the drums of Nauroz, and the emperor had the city decorated to celebrate that regal festival.

144

> *The world with a thousand colors and stories, inside and out,*
> *   all like a garden.*
> *Saplings grew in every meadow, and beauty took over the*
> *   world.*
> *The craft of eternity, as well you know, adorned the throne of*
> *   success.*

After the elapse of ten hours and forty-eight minutes of Sunday the twenty-second of Rabi' II 996,[15] the illuminator of the physical and spiritual worlds gave a different splendor to the constellation Aries. There was a banquet every day until the exaltation.

At the beginning of this felicitous year the marriage of Prince Sultan Danyal was celebrated. Since the marital connection ensures the irrigation of the garden of creation and the splendor of the world, particularly in a ruling family, the world lord decided to marry the prince to the chaste daughter of Sultan Khwaja. The court decorators put together a splendid banquet, and on the twentieth of Khurdad [June 10] a regal gathering was held in Maryam-Makani's quarters and the happy knot was tied in royal fashion. Immediately thereafter the bride was taken to the imperial harem.

شه از بهرِ عروس آرایشی ساخت که چرخ از شرمِ آن آرایش انداخت
بدین رونق بدین آئین بدین نور چنین آرایشی از چشم بد دور

و همدرین روز جشن وزن کشورخدا پیرایش یافت و جهانیان کام دل برگرفتند.

۱۴۵ و از سوانح فرستادن سپاه بیاوری صادق خان. چون مهمّات دشت سوادرا زین خان بر خود گرفت اورا بتیراه فرمان شد و شاهم خان جلایر و برهان الملک و خواجه فیضی و حاجی محمد اردستانی و فرّخ و سیف الله و میر کلان بدخشی و احمد قاسم و دیگر مبارزان کارشناس‌را از پیشگاه حضور دستوری شد که بدو پیوسته رادمردی‌را بکاراگهی برآمیزند و بنیروی یکجهتی خاربن تاریکیان برکنند.

و همدرین روز فرمان مقدّس نفاذ یافت که در همگی قلمرو جز گز الهی بکار نرود چنانچه لختی در آخرین دفتر گذارش یابد.

۱۴۶ و از سوانح ولادت سلطان رستم. چهارم شهریور پس از هفت گهری شاهزاده سلطان مرادرا فرزند سعادت‌پیوند از پارسا دخت خان اعظم فروغ اقبال آورد. گیتی‌خداوند بدان نام روشناس گردانید. انجمنهای نشاط برآراسته شد و نیایشگریها بجای آمد.

طرب‌را باز نو شد روزبازار قدح خندان و ابریشم در آزار
بدینگونه بعیش و کامرانی بسر بردند خوش خوش زندگانی

The king was so beautifully bedecked for the bride that the
celestial sphere cast away its decoration in humiliation.
With such splendor, in such a manner, with such light, may
such decoration escape the evil eye.

On the same day the emperor's weighing ceremony was held to the delight of all.

Troops are sent to reinforce Sadiq Khan

145

When Zain Khan took responsibility for affairs in Swat, Sadiq Khan was ordered to Tirah, and Shahim Khan Jalayir, Burhanulmulk, Khwaja Faizi, Hajji Muhammad Ardistani, Farrukh, Saifullah, Mir Kalan Badakhshi, Ahmad Qasim, and other warriors were ordered from court to join him and together to uproot the Tarikis.

On the same day an imperial edict was promulgated that throughout the realm only the Ilahi cubit would be used, as will be explained in the last volume.

The birth of Sultan Rustam

146

On the fourth of Shahrewar [August 26], after the elapse of seven *gharis*, Khan A'zam's chaste daughter presented Prince Sultan Murad with a son. The world lord named him Sultan Rustam, and there was much celebration and thanksgiving.

Rejoicing experienced a heyday as goblets laughed and silks
were in torment.
In this manner they lived in pleasure and success.

فرخنده طالع بطور یونانیان و هندیان عقرب است و دگرگونگی درجه زائیچه‌ها بازگوید. اگرچه وقت‌را گنجائی نیست که شرح گرامی زائیچه‌ها نگاشته آید همانا بهدید وقت چنین است تا شادی و غم از اندازه نگذرد و سررشتهٔ هشیارخرامی گسیخته نیاید.

۱۴۷ و از سوانح آمدن شهباز خان بهمایون بارگاه. چون سعید خان از بهار بصوب بنگاله رفت او روی بآستان اقبال نهاد. دوم مهر بدرگاه والا رسید. کورنش نداده بعتابگاه داشتند و چون پدید آمد که در سرآغاز دستوری فرمان بود که هرگاه خاطر از ملک فراهم شود اگر خواهد سعادت بساطبوس اندوزد دولت بار یافت و بخسروانی نوازش برگرفتند. راجه تودرمل‌را با او لختی گفت‌وگوی داد و ستد شد. فرمودند که خانخانان و عضدالدّوله و حکیم ابوالفتح و راقم شگرفنامه ژرف‌نگهی بکار برند. چون پژوهش رفت هویدا شد که غرض‌پرستی پرده هر دورا بر چشم حقگذاری فرو هشته و بشایستگی غبار آویزش فرو نشست. گیتی‌خداوند نوزدهم بعشرت شکار برآمد و در نه روز از پنج‌گرامی تا قصور خرامش فرمود. بیست و هفتم که آهنگ درآمدن شهر بود نزدیک چک گوپال هفت کروهی لاهور چشم زخمی بدان قدسی پیکر رسید و بعافیت گرائید. گرگی‌را ببندوق زدند. او قالب تهی کرده مینمود. خدیو عالم آن‌را نگاه میفرمود. ناگاه پای راست گیتی‌خدیو برگرفت و دندان پایان فرو رفت. آن الهی شیر بپای دیگر چنان برزد که از کار برفت. اندک گزندی رسید و زود بهی یافت.

His ascendant, according to both the Greek and the Indian astronomers, was Scorpio, but there was disagreement over the degree. Although there is no time to explain the horoscopes, they seemed to indicate that joy and grief should not exceed their bounds and temperance should not break its reins.[16]

Shahbaz Khan comes to court

147

When Sa'id Khan went from Bihar to Bengal, Shahbaz Khan set out for court, arriving on the second of Mihr [September 24]. He was not allowed to salute the emperor, however, and was held in detention until it was realized that it had been in his orders to come to court if he wanted when his mind was at ease with regard to affairs in the province. Then he was admitted to court and warmly received. He and Raja Todar Mal had a quarrel, and the emperor ordered the khankhanan, Azududdaula, Hakim Abu'l-Fath, and this author to investigate the affair. After investigation it became clear that selfish motivation had clouded the vision of both of them, and the misunderstanding was cleared up.

On the nineteenth [October 11] the emperor went out hunting from Panj Girami to Qasur for nine days. On the twenty-seventh [October 19], as he was about to enter the city, the emperor suffered an accident near Chak Gopal, seven leagues from Lahore, but he was not seriously injured. He had shot a wolf, and it appeared dead, but when the emperor went to inspect it, the wolf suddenly bit the emperor's right leg. The Divine Lion gave it such a kick with his other foot that it let go. The emperor suffered a slight injury, but he soon recovered.

غرّهٔ آبان ماه الهی جشن وزن شد و آن آسمان‌شکوه‌را بآئین هر سال بدوازده چیز برکشیدند. هنگامهٔ شادکامی فراهم آمد و آرزومندان تهی‌دست کام دل برگرفتند.

و از سوانح فرو نشستن شورش گجرات. پنچانن و جسا[۷۴] برادرزادگان ۱۴۸
کهنگار با مهراون[۷۵] عمّ جام و مظفر ارغون سر بفتنه برداشتند و قصبهٔ رادهن‌پوررا گرد گرفتند. رادهن خان بلوچ و دیگر رادمردان در یتاقداری آن مردانگی‌را با آگاهی همدوش گردانیدند و بنیروی همّت و پامردی اخلاص دوبار شبخون آوردند و نیز در روز برآمده سخت آویزشها نمودند. سیّد قاسم و کامران بیگ و سیّد بایزید و قاضی حسین و میرزاقلی مغل و دیگر بهادران بیاوری گام فراخ برگرفتند و در کمتر زمانی بر زبانها افتاد که مظفر گجراتی و کایتهان سر بشورش برداشته‌اند. خواجه نظام الدین احمد بخشی و خواجه رفیع و میر معصوم بهکری و بهوپت رای و باگه راتهور و دیگر بهادران از پی روانه شدند و نورنگ خان بیرم کانورویه که فتنه‌اندوزان در آن بسر بردند شتافت. قلیچ خان با برخی مردم در احمدآباد پای آگهی افشرد و بایزدی تأیید همان نخستین فوج چون بده کروهی رسید کجگرایان شوریده‌مغز بناکامی پراکنده شدند. و چون فوج دیگر پیوست پرتال گذاشته بتیزرفتاری درآمدند و رن‌را درنوردیده قصبهٔ کتاریه[۷۶] بنگاه بدگوهران یغمائی ساختند و فراوان اولجا اندوختند. بهاره[۷۷] سرگروه آن ولایت بلابه‌گری درآمد. امرا پذیرفته بسوی قصبهٔ مالیه[۷۸] شتابروی فرا پیش گرفتند و عرصهٔ هولناک رن‌را از راه دیگر برگذشتند. شگفت آنکه رن در سیزدهم و چهاردهم و پانزدهم در افزایش باشد. باقبال گیتی‌خداوند آب افزونی نگرفت و فیروزی افواج بعافیت برگذشتند. اگرچه تیره‌رایان فتنه‌افزا بدست نیامدند، لیکن آنجا بتاراج

On the first of Aban [October 23], the weighing ceremony was held, and he was weighed, as he was every year, against twelve items. There was much celebration, and the poverty-stricken hopeful had their wishes granted.

The dust of unrest settles down in Gujarat

148

Khangar's nephews Panchanan and Jaisa, together with the Jam's uncle Mihrawan and Muzaffar Arghun, reared their heads in rebellion and laid siege to the town of Radhanpur. Radhan Khan Baluch and other warriors defended it with bravery and competence. Twice they made night attacks, and they also went out by day and fought hard. Sayyid Qasim, Kamran Beg, Sayyid Bayazid, Qazi Husain, Mirzaquli Moghul, and other warriors went to assist, and it was not long before it was rumored that Muzaffar Gujarati and the Kayaths were stirring up trouble. Khwaja Nizamuddin Ahmad Bakhshi, Khwaja Rafi', Mir Ma'sum Bhakkari, Bhupat Rai, Bagh Rathaur, and other warriors went out after them, and Naurang Khan set out for Viramgam, where the troublemakers were living. Qilich Khan and some men remained to protect Ahmadabad. By divine assistance, when the first troop had gone ten leagues, the foolish rebels scattered. When the other troop joined them, they deposited their baggage and went fast across the Rann to plunder the town of Katariya,[17] the rebels' base, and they acquired a great deal of booty. Bhara, the chief of that territory, came out to plead. The commanders accepted his plea and set out for the town of Maliya, recrossing the frightful expanse of the Rann by a different route. Amazingly enough, although the Rann is usually flooded on the thirteenth, fourteenth, and fifteenth [of every lunar month], by virtue of the emperor's good fortune it was not flooded and the impe-

رفت و فراوان غنیمت بدست افتاد و از آنجا بقصبهٔ موربی رو آوردند و در راه بسیاری از آباد جا یغمائی شد و سترگ سنگرها گشایش یافت. چون فیروزی سپاه نزدیک موربی شد بومیان بزینهار درآمدند. وزیر خان در زمان خود بکهنگار داده بود و خانخانان نیز بدو باز گذاشته.

۱۴۹ و از سوانح سپری شدن روزگار بهرجی. آباد ملکیست از مضافات گجرات. آن‌را بگلانه گویند. ریاستمند آن سرزمین‌را بدین نام خوانند. برادران او از بدگوهری درِ شورش زدند. او بقلعهٔ مولیر که بس استوار است پناه برد. چون غاشیهٔ بندگی بر دوش عقیدت داشت آلتون‌قلیچ و خواجه رفیع و برخی دلاوران بیاوری برآمدند. پیشتر از رسیدن اورا بدستآویز دشمنان دوست‌نما گذرانده بودند. رفتگان‌را مدارای تباه‌بسیچان از جای برد و بادافراه نیارستند آماده ساخت.

۱۵۰ و از سوانح فرو نشستن شورش گجرات. فتح خان پسر خرد امین خان غوری با پدر پیکار آراست و آلایش تخمه بر روی روز انداخت. مظفر نیز بدو پیوسته گرد فتنه برانگیخت. امین خان در خود نیروی آویزش ندیده کناره گرفت و باولیای دولت نیایشنامه فرستاده یاوری طلبید. نورنگ خان و خواجه نظام الدین احمد و میدنی رای و معصوم بهکری و قاضی حسین و کامران بیگ و دولت خان و برخی سادات بارهه بمددگاری گام همّت برگرفتند. مظفر از شکوه لشکر فیروزی بکوهستان در شد باندیشه آنکه مبادا ملک از دست برآید. و پسر با پدر راه آشتی سپرد. سیدی ریحان و لوکهن و کوهل و جوقی دیگر امرارا دیدند و بخواهش امین خان و جام میدنی رای رفته پسران هر دورا آورد و بیکبارگی شورش آن دیار فرو نشست. و همدرینولا اسمعیل‌قلی خان‌را بصوب گجرات فرستادند و فرمان شد که قلیچ خان بدرگاه والا بازگردد.

rial troops crossed in safety. Even if the foolish rebels were not caught, their lair was plundered and much booty was taken. Then they set out for Morbi, pillaging many villages along the way and conquering great strongholds. When the imperial troops were near Morbi, the locals came out under amnesty, for in his time Wazir Khan had given it to Khangar, and the khankhanan had also confirmed it upon him.

Baharji dies

149

There is a flourishing territory, a dependency of Gujarat, called Baglana, and the chief of that region is called Baharji. His brothers rose up in malicious contention, and he took refuge in the fortress at Mulher, which is particularly strong. Since he was in allegiance to the emperor, Altun Qilich, Khwaja Rafi', and other warriors set out to help him. Before they arrived, however, he was killed by enemies who had appeared in the guise of friends. The conciliatory stance of the perpetrators dissuaded the imperials from castigating them.

Rebellion dies down in Gujarat

150

To the dishonor of his race, Amin Khan Ghori's young son, Fath Khan, did battle with his father. Muzaffar also joined him, and the dust of unrest rose. Realizing that he did not possess the strength to fight, Amin Khan withdrew and sent a letter to the friends of fortune asking for assistance. Naurang Khan, Khwaja Nizamuddin Ahmad, Medini Rai, Ma'sum Bhakkari, Qazi Husain, Kamran Beg, Daulat Khan, and some of the Barha sayyids set out to help. Faced with the splendor of imperial troops, Muzaffar went into the hills, worried that he might lose his realm. The son then made peace with his father. Sayyidi Raihan, Lokhan,

319

۱۵۱ و از سوانح آواره شدن تاریکیان. گذارش یافت که صادق خان‌را به برانداختن فرومایگان تیراه نامزد گردانیدند. شاهم خان و برخی‌را از پی فرستادند. چون لشکر فراهم آمد او بدانجا رفته بچاره‌گری برنشست. بتنگناها در شدن بهدید ندانست، لیکن راه تدبیر سپرد و هر سو چندی‌را بپاسبانی برنشاند. شاه بیگ خان در موضع باره قلعهٔ اساس نهاد و احمد بیگ و محمدقلی بیگ در میدان بنگاهبانی برنشستند. شاهم خان جلایر و علی محمد الف و جانش بهادر و برهان الملک و بیگ نورین خان و سلیم خان در جنکی[۷۹] پای خدمتگذاری افشردند و همچنین جابجا کارآگهان قرار گرفتند. مجاهدان دولت دست تاخت گشوده گران‌ارزی آذوق‌را چاره‌گر آمدند. صادق خان زبان دلآسا و دست دهش برگشاد و الوس افریدی و اورک‌زئی‌را که بنگاه تاریکیان بدگوهر اند ایل ساخت. کشت‌وکار ربیع بومیان بدست سپاه فیروزی درآمد و خریف نیارستند کاشت. ملا ابراهیم‌را که جلاله خودرا پور او میشمرد بدست آورد و کار بر آن تباه‌بسیچ نافرجام دشوار شد و اورا بهمراهان و همنشینان اعتماد نماند. هر روز بقبیلهٔ میرفت و بصد ناکامی برمیآمد تا آنکه از راه کان کرم بصوب توران شتاب آورد. بیست وچهارم مهر افغانان زه‌وزاد اورا گرفته سپردند و خاطر اولیای دولت لختی فراهم آمد. افریدی و اورک‌زئی با چنین نیکوبندگی یرغمال داده ایمنی راه خیبر بر خود گرفتند و جنود اقبال نشاط فیروزی نموده بازگردیدند.

Kohal, and others went to parley with the commanders, and at Amin Khan's and the Jam's request Medini Rai went to bring their sons, and thus the dust of unrest settled down in the region. Around the same time Isma'ilquli Khan was sent to Gujarat, and an order was given for Qilich Khan to return to court.

The Tarikis are made homeless

It has already been reported that Sadiq Khan was dispatched to overthrow the villainous Tarikis of Tirah. Shahim Khan and others were sent after him. When the troops assembled, he went there to deal with the situation. He did not consider it wise to enter the narrows, but he did make a strategic plan, stationing troops in every direction to keep watch. Shah Beg Khan built a fortress in the village of Bara, and Ahmad Beg and Muhammadquli Beg kept watch in Maidan. Shahim Khan Jalayir, Ali Muhammad Alif, Janish Bahadur, Burhanulmulk, Beg Nurin Khan, and Salim Khan took up positions in Jangi, and others took up positions in various places. By making raids, the imperial warriors dealt with the scarcity of supplies. Sadiq Khan used his charming tongue and opened his hand in generosity to bring the Afridi and Urukzai tribes, the refuge of the evil Tarikis, into allegiance. The locals' spring crop was taken by the imperial troops, and they were unable to plant their autumn crop. Mulla Ibrahim, whom Jalala considered like his own son, was captured, and things became difficult for the foolish, ill-starred Jalala, who had no trust in his comrades and companions. Every day he went to a different tribe, but he came away in failure until he took the road through Kan-i-Karam to Turan. On the twenty-fourth of Mihr [October 16], the Afghans seized his household and turned them over, and the minds of the friends of fortune were fairly relieved.

۱۵۲ و از سوانح گشایش سواد. چون زین خان کوکه ببجور درآمد چند جا قلعه‌را اساس برنهاد و تیره‌روزان بدگوهر خودرا بتنگناها کشیدند. شبانگاه بیرون شدی و غلّه درو کرده بردی. کوکه از فروغ بینائی مقرّر گردانید تا بهر دره از عنفوان شب جوقی بهادران گام سرعت برمیداشتند و در دامنهٔ کوهستان در کمین قابو مینشستند و نیم‌شبان برخی دیگر روانه میساخت. چون افغانان باطل‌ستیز از فراز کوه فرود آمده غلّه برمیداشتند هر دو فوج از پس و پیش رسیده مالش بسزا میدادند. هشت ماه آویزش بود. بسیاری‌را نقد زندگی بتاراج رفت. ناگزیر بازماندگان غاشیهٔ بندگی بر دوش گرفتند. کوکلتاش بسیچ گرفتن سواد نمود. جگنّاته و آصف خان‌را که در دشت بودند پیش خود آورد و بدان صوب ره‌گرا شد. نخست بر ساحل دریای پنجکوره[۸۰] که سرآغاز درآمد آن ملک است استوار قلعهٔ برساخت. یوسف‌زئی راههارا سنگچین گردانیده آمادهٔ کارزار گشت. از نیرنگی اقبال پنهان راهی پی بردند. نهم آبان که غنیم سرگرم جشن عید قربان بود فیروزی سپاه بعرصهٔ دلگشای سواد درآمد. افغانان سراسیمه به پیغوله‌ها در شدند و چندی بمردانگی جان سپردند. فراوان اولجا بدست درآمد و فرومایگان دو بخش شدند. برخی در کوه بت‌خری سنگر کردند و لختی در کهسار مهره. کوکه در تلاش شد و در چکدره و ملکند و دیگر جایها قلعه‌ها برساخت و در دشت پیوست کوه نزد سروبی حصاری بنیاد نهاد و کاراگهان خدمت‌دوست جابجا گذاشت. راهها ایمنی پذیرفت و دشت و کوه‌را باهم پیوند شد. بازرگان از هر سو روی آورد و ارزانی پدید آمد. درینولا محمد بحری[۸۱] و ملک اصغر از کوه مهره براه شیرخانه بدشت آمدند و قلعهٔ سروبی‌را گرد گرفتند. از آنجا بسیاری جلال‌آباد رویه رفته بودند که قافله‌را بدرقه شوند. حمید خان

With such an act of servitude, the Afridi and Urukzai were given amnesty, and in return they guaranteed the safety of the Khyber Pass. With this, the imperial troops rejoiced and withdrew.

Swat is conquered

152

When Zain Khan Koka entered Bajaur, he built fortresses in several places, and the evil villains withdrew into the mountain crannies, but they would come down by night, reap their grain, and take it away. With foresight, Koka decided that a troop of warriors would go into every valley at nightfall and lie in ambush at the foot of the mountains, and then at midnight he would send out other troops. When the vengeful Afghans came down from the heights of the mountains to take grain away, the two groups of soldiers would catch them in a pincer and crush them. The fighting continued for eight months, and many lost their lives. Finally those who remained were forced to submit. Kükältash then decided to take Swat. He summoned Jagannath and Asaf Khan, who were on the plain, and set out in that direction. First he built a strong fortress on the banks of the Panjkora River, which is the entryway into that territory. The Yusufzai blocked the roads with stones and got ready to fight. Through the mysterious workings of fortune, they went by a secret way, and on the ninth of Aban [October 31], while the foe was busy celebrating the Feast of the Sacrifice, the invincible troops entered Swat. The Afghans scattered pell-mell into the crannies, and some bravely lost their lives. Many spoils were taken. The vile foe split into two groups: some holed up on Bat Khari Mountain, and others went into the Muhra mountains. Koka got to work and had fortresses built in Chakdarra, Malakand, and other places, and he built a stronghold on the plain next to the mountains near

با چندی بیرون آمده برادمردی فرو شد و فرزندان سعید خان‌را همّت یاوری نکرد و از شگرفی تقدیر نیارستند دست بقلعه گشود. اندوخته‌ها گذاشته راه گریز پیش گرفتند. چون در سواد کاری چندان نماند آصف خان رخصت درگاه گرفت و جریده از ملکند رو ببارگاه اقبال نهاد. چندی نوکران او از پی میآمدند. ناگهان کوس‌را بلندآوازه گردانیدند. فرومایگان تبه‌رای‌را سراسیمگی فرو گرفت و بیتابانه راه گریز سپردند و بسیاری اسباب خود نیز انداختند. سپس ابوالقاسم نمکین و شیر خان‌را بپاسبانی آنجا گذاشتند و شایسته کار بجای آوردند.

Sarobai, stationing administrators all around. The roads became safe, and plain and mountain were joined together. Merchants came from all directions, and there was plenty. Around this time Muhammad Bahri and Malik Asghar came onto the plain from the Muhra mountains via Sherkhanai and surrounded the Sarobai fortress, from which many had set out in the direction of Jalalabad to escort a caravan. Hamid Khan and some others came out and went down bravely, and Sa'id Khan's sons did not have the courage to assist. Nonetheless, through the workings of destiny they were not able to take the fortress and abandoned their loot as they fled. Since there was not much left to do in Swat, Asaf Khan obtained permission to go to court and set out unburdened from Malakand with some of his liege men coming in his wake. Suddenly they started beating their drums, and the foolish villains were scared and fled in a panic. Many abandoned their goods. Then Abu'l-Qasim Namakin and Sher Khan were stationed there, and they performed well.

۱۵۳ و از سوانح سزا یافتن کالو خان. همان تیره‌رای بدگوهر است که با آنچنان نوازشهای شاهنشاهی بگریخت و بشورشمنشان همرهی گزید. افغانان دمغار اورا بکلانی برگرفته بکوه مهره روانه گشتند، بو که کاری از پیش رود. کوکلتاش ازین آگهی شبگیر نمود. پیشدستان هراول نقاره نواختند و غنودگان بیخبری آگاهی یافته در پراکندگی تکاپو نمودند. اگرچه آن نافرجام بدر رفت، لیکن بیش از هفتاد گزیده مردرا روزگار سپری شد. و همدرین اثنا محمد بحری و ملک اصغر بر سروبی ریختند. میر ابوالقاسم بکارزار درآمد و شیر خان که برغنجی شده بود بهنگام تاخت و فیروزی روی داد. نزدیک چهار صد افغان بخاکدان نیستی غبارآلود گشتند و هنگامهٔ فرومایگان لختی ازهم پاشید.

۱۵۴ و از سوانح ناصیه‌سای آمدن راجه ردور مرزبان کوه کماؤن. از بزرگ بومیان هندوستان است. اگرچه از استواری بنگاه و فزونی نیرو و شنیدن داستان نیاگان خود بدرگاه همایون نیامدی، لیکن نیایشگری نمودی و پیشکشها فرستادی. درینولا که متهراداس سهکل بعمل بریلی رفت بدو پیوند یکجهتی نمود و در رفتن ببارگاه والا کوششها بجای آورد. او چنان نمود که «این دولت دیرین آرزوی من است، لیکن دستاویزی ندارم که بپشتگرمی او بدین سعادت رسم. اگر راجه تودرمل مرا در زینهار خود گیرد روانه میشود.» راجه پور خود کلیان داس‌را بدلآسا روانه ساخت و باعتضاد آن خدمت‌گزین والااعتبار رهگرای سجود آستان مقدّس شد. نهم آذر بدین سعادت رسید و کامیاب آمد.

Kalu Khan is chastised 153

He is the same crazy villain who, despite such imperial favor, had fled and joined the troublemakers. The Afghans of Damghar elected him as their leader and went into the Muhra mountains, thinking they might accomplish something. When Kükältash learned of this, he launched a surprise attack by night. The vanguard sounded their drums, and the unaware foe was made aware of their presence and scattered. Although the ill-starred Kalu escaped, more than seventy men of importance were killed. Around this time Muhammad Bahri and Malik Asghar attacked Sarobai. Mir Abu'l-Qasim went out to do battle, and Sher Khan, who was lying in ambush, attacked and won the victory. Near four hundred Afghans were killed, and the villains' resistance was diminished.

The Raja of Radaur, the ruler of the Kumaun Hills, 154
prostrates himself

He was one of the great local rulers of Hindustan. Although his keep was so strong, his power so great, and his ancestors' deeds of renown so well known that he did not come to court, he nonetheless claimed allegiance and sent tribute. Around this time, when Mathura Das Sahakal went to collect the taxes of Bareilly, he met the raja and made great efforts to persuade him to go to court. "Such has long been my fondest wish," he said, "but I have no supporter at court to introduce me. If Raja Todar Mal will take me under his protection, I will go." The raja sent his son Kalyan Das for consultation, and with the support of the highly placed imperial servant he set out to prostrate himself at the emperor's threshold, attaining that honor on the ninth of Azar [November 30].

۱۵۵ و از سوانح مالش یوسف‌زئی. از قلعهٔ که بر سر گریوه بنیاد نهاده بودند فراوان سراسیمگی داشتند و در کمین آن بودند که بران دستی برگشایند. درینولا بسیاری با مردم مهره یکجا شده بر آن قلعه هجوم آوردند. از بامدادان تا شامگاه آوردگاه بفروغ شمشیر آراسته بود. از زمین‌شکستگی و بلندی کوه‌پایه‌ها پیکار بدرازی کشید. انجام کار نسیم فیروزی طراوهٔ دولت‌را بجلوه درآورد و بسیاری بداندیش‌را خرمن هستی بآتش بلارک خاکستر شد و در کمتر زمانی آن دژ حسن انجام یافت و سرمایهٔ ایلی گردنکشان گردید.

۱۵۶ و از سوانح مهین بخشش شاهنشاهی. از اندیشهٔ آبادی و دادگری فرمانروا سترگ ارزانی چهرهٔ نشاط برافروخت چنانچه بر کشاورزان برخی صوبه‌ها گذاردن دستمزد جهانبانی دشوار شد. بنابران در ربیع از صوبهٔ دار الخلافه آگره و دهلی شش یک و در خریف از صوبهٔ الله‌آباد از چهار و نیم یکی و در دار الخلافه آگره و اوده و دهلی چهار یک بخشش یافت. در خالصه نوزده کرور و سی و دو لک و هشتاد هزار و یکصد و هفتاد و پنج دام شد، و ازینجا اندازهٔ اقطاعداران توان برگرفت.

و همدرینولا زین خان کوکه بسجود قدسی آستان ناصیهٔ بختمندی برافروخت. چون سواد و بجور لختی انتظام گرفت کوکلتاش‌را بدرگاه والا طلب داشتند و صادق خان‌را حکم شد که بدان دیار شتابد و باقیماندگان سرکش‌را ایل سازد. پانزدهم بهمن بکورنش کام دل برگرفت و گوناگون نوازش یافت.

The Yusufzai are crushed   155

The Yusufzai were in great trepidation over the fortress that had been constructed at the head of the pass, and they were waiting for an opportunity to take it. Around this time many of them united with the people of Muhra and attacked the fortress. The battlefield glistened with light from swords from dawn till evening. Due to the broken ground and the height of the mountains the battle lasted a long time, but in the end the zephyr of victory rippled through the imperial banners. Many of the malicious villains lost their lives. It was not long before the fortress was completed, and the rebellious tribesmen capitulated.

An instance of the emperor's great clemency   156

Through the emperor's concern for improvement and justice, such a great cheapness of prices occurred that it became difficult for the farmers in some provinces to pay the wages of protection. Therefore, on the spring harvest levy one sixth of it was forgiven in the province of the capital Agra and in Delhi, and on the autumn harvest 22 percent was forgiven in Allahabad and one fourth in Agra, Oudh, and Delhi. On the royal demesnes alone this amounted to nineteen crores, thirty-two lacs, eighty thousand one hundred and seventy-five (193,280,175) *dams,* from which the amount forgiven fiefholders can be estimated.

Around this same time Zain Khan Koka came to pay homage. Since Swat and Bajaur were somewhat under control, Kükältash was summoned to court, and Sadiq Khan was ordered to go there to bring the remaining rebels into submission. On the fifteenth of Bahman [February 4, 1589] he saluted the emperor and gained his heart's desire.

و از سوانح شورش نمودن صالح. چون روزگار وزیر خان سپری شد ۱۵۷
شهباز خان نوکران اورا به پیوند پسری بدو سپرد و ندانست که در سری و سپه‌آرائی نسبت آخشیجی و شایسته‌کرداری نیاگان کارگر نیاید. مزاج‌شناسی زمانه و فراخی حوصله و خیرسگالی و آگهی بر دوام تا فراهم نیاید سزاوار آن نگردد. در آن هنگام که شهباز خان به بساطبوس روی نهاد آن تباه‌گوهر بهمنشینی هرزه‌لایان یافه‌درا و نیروی خواسته اندیشهٔ کجگرائی فراپیش گرفت و در کمین عربده‌ناکی براه انتظار نشست. پیشتر از آنکه پردهٔ آزرم بردرد فرمان شد میر مراد که بسزاولی امرای بهار و بنگاله رفته است از سپاه وزیر خان هرکه از امیران آن سرزمین راضی باشد نوشتهٔ برگیرد و دیگران‌را با پور او بدرگاه آورد. او در رفتن دستانسرائی پیش گرفت. از آنجا که معامل دیده‌ور بود سودمند نیامد. کام و ناکام روانه شد و همه روز قابو میطلبید و بسیچ شورش بر می‌افزود. میر مراد باقطاعداران هر سرزمین نوشته‌ها میفرستاد و هنگامه‌ها میآراست. از فزونی بندگان شاهنشاهی هر مکری که اندوخت کارگر نیامد و چون پیوسته گربزت نمودی و لابه‌گری کردی امرای سر راه بر دشمنی یکدیگر فرود آورده گرفتار نساختی، لیکن از دوربینی مردم همراه گردانید. چون بجونپور رسید راجه‌را بفریفت. او از ساده‌لوحی و پاره‌اندوزی کس همراه نساخت. میر ناگزیر ازو دورتر شتافت و خواجه خلیل از سعادتمنشی ازو جدائی گزیده پیوست. درین هنگام آن فرومایه در پراکنده ساختن زر و فراهم آوردن سگ‌مگسان دون‌همّت پرداخت و بندوقچی بسیار گرد آورد و خان کمال و بهائی خان که دو افغان بدنهاد بودند با بسیاری پیوستند. نزدیک فتحپور هنسوه روزگاررا بکام خود اندیشیده با فوجی بدگوهران بر منزل میر روان شد. از پیشبینی نموده در قلعهٔ فتحپور هنسوه درآمد

Salih causes unrest

When Wazir Khan died, Shahbaz Khan entrusted Wazir Khan's liege men to Salih because of his filial connection, not knowing that ancestral worthiness in leadership and command is not inherited, and one is not worthy of such a position unless one possesses the ability to read the times, great competence, benevolence, and awareness. Then, when Shahbaz Khan went to court, this evil-natured wretch began to entertain wayward thoughts because of bad companionship and his own ambition, and he sat waiting for an opportunity to pick a fight. Before his dishonor could be discovered, it was ordered that Mir Murad, who had gone there as a bailiff for the commanders of Bihar and Bengal, should enlist any of the officers of that territory he chose and bring the rest, along with [Wazir Khan's] son, to court. [Salih] made excuses not to go, but since [Mir Murad] was insightful in his dealings, it was to no avail. Like it or not, [Salih] set out, lying in wait every day with rebellious thoughts growing in his mind. Mir Murad sent letters to the fiefholders of every region and made arrangements. Due to the overwhelming numbers of imperial servants, no plot [Salih] hatched came to anything, and since he constantly boasted and pleaded, he set the officers along the way to quarreling with each other, and nobody arrested him, but foresightedly a guard was set over him. When he reached Jaunpur, he seduced the raja, who in his simplemindedness and avarice did not send anybody with him. The mir was obliged to separate himself from him, and Khwaja Khalil also abandoned him. Around this time the villain began to spend money wildly and attract vile men like flies. He gathered many musketeers, and Khan Kamal and Baha'i Khan, two evil Afghans, joined him with many men. Near Fatehpur-Hanswa, he thought things were

331

و آن شوریده‌رای گرد گرفت و راهها سپرده دست بتاراج گشود. و از پوست گاو پناهها سرانجام نموده نردبانها ترتیب داد و آن قصبه‌را آتش درزد و یغمائی گردانید. نزدیک بود که بر قلعه چیره‌دستی یابد. ناگاه جایگیرداران اطراف شورش او شنیده پیوستند و از همه پیشتر اله‌بخش مرل بجمعیتی شایسته دررسید. پسر راجه چون شناسای بدگوهری آمد اورا از جونپور روانه گردانید و از کردهٔ خود شرمندگی کشید. چون کارآگهان سعادت‌سرشت دررسیدند هنگامهٔ ناسپاسان پراکنده شد و اورا بند کرده بدار الخلافه آوردند. شیخ ابراهیم از آنجا با مردم خود بدرگاه همایون فرستاد. بیستم بهمن به پیشگاه حضور آوردند و عاطفت شاهنشاهی آن شایان نیستی‌را بزندان برنشاند.

going his way and attacked the mir's quarters with a host of black-guards. With foresight the mir got inside the fortress at Fateh-pur-Hanswa, and the crazy [Salih] surrounded it and then started looting. Making shields of leather, he put up ladders, set fire to the town, and pillaged it. He also took the fortress, but suddenly the fiefholders of the surrounding areas heard of his rebellion and came. The first to arrive was Allahbakhsh Maral, who came with a good troop. When the raja's son learned of his villainy, he sent Allahbakhsh away from Jaunpur and was ashamed of what he had done. When the imperials arrived, the ingrates' field day was ended, and the miscreant was put in chains and taken to the capital. From there Shaikh Ibrahim sent him with his men to the imperial presence. On the twentieth of Bahman [February 9], he was brought before the emperor, who graciously sent him to prison, although he deserved to die.

غرّهٔ اسفندارمذ کیهان‌خدیو برادر راقم اقبالنامه شیخ ابوالفیض فیضی‌را که بسال و دانش بزرگ بود بخطاب ملک الشعرائی روشناس روزگار ساخت و از کارآگهی در هنگامهٔ سخنسرایان جهان برنواخت. الحق در همگی مراتب شعر طراز یکتائی دارد. بزبان فارسی و تازی دلآویز مضمون برگذارد و بیدرنگ گهرها برفشاند و از نیروی آگهی بحکمت‌نامه‌ها پردازد و بکارکرد روزگار آبادی بخشد. پیشتر ازین بدو سه روز قصیدهٔ ببدیهه گفته بود. این چند بیت ازوست:

آن روز که فیضِ عام کردند   مارا ملک الکــلام کردنــد
مارا بتـــمام درربـــودند   تا کارِ سخـــن تمـام کردند
از بهـرِ صعـودِ فکـرتِ ما   آرایـشِ هفـت بام کردند

۱۵۸ و از سوانح دستوری یافتن ایندر برهمن بدشت وارستگی. از سخنسرایان همایون محفل است. بگرم‌بازاری خویش آرزوی گسیختن سررشتهٔ تعلّق وانمود. بر زبان حقیقتگذار رفت «اگر خاطر هوس‌پیما ازین رنگین بساط دلفریب برگرفته خود چنین آزاده‌را باز داشتن سزاوار نبود و اگر چاره‌سگالیِ افزایشِ پایه است رخصت دادن پاداش سرانجام نمودن بود.» در اندک زمانی نقد عیار او برگرفتند و عاطفت شاهنشاهی پردهٔ آزرم اورا بردوخت. مرا ازین گفتار دلآویز لختی نشاط درگرفت و بر در امید نشستم، بو که عیار خاطر سودائی مرا برگیرند و بقدسی فرمان دیرین آرزو برآید و پیشتر از آنکه این دنیای بی‌وفا غنج و دلال نماید یا سفر نیستی‌ملک پیش آید، بگشاده پیشانی پشت پا برین عجوز عاجزکش زده باشد و از دید آدم‌پیکران صورت‌پرست وارهد. و چنانچه

On the first of Isfandarmudh [February 20], the world lord awarded this author's brother Abu'l-Faiz Faizi, who was his better in years and knowledge, with the title of poet laureate, singling him out for glory among all the poets of the world. Truly he is unique in all genres of poetry. He expresses charming conceits in both Persian and Arabic and scatters pearls of wisdom without hesitation. With his great knowledge he composes philosophical treatises and causes the practice of the day to flourish. Two or three days before now he composed an extemporaneous ode, from which these several lines are taken:

> *On the day the emperor bestowed general graciousness he*
> *made us king of poetry.*
> *He stole us away in order to complete the labor of poetry.*
> *For the ascension of our thought he decorated the seven*
> *spheres.*

Indar Brahman is sent into the wilderness of liberation　　　158

He was among the poets at the royal assembly. In his fervor he expressed his desire to break his worldly bonds. To the emperor's truth-expressing tongue came this: "If his passionate mind is disgusted by the charms of the colorful carpet of the world, it is not appropriate to restrain such a free spirit. On the other hand, if it is an attempt to gain promotion, to let him go would be a just reward." In a short while the emperor assessed his worth, and imperial graciousness kept him from being dishonored. I was heartened somewhat by this charming episode and sat at the gate of hope: perhaps he would assess the worth of my melancholic mind and grant my fondest wish with an imperial order. Before this faithless world displayed her charms and blandishments, or

از دولت پرستاری زنّار دانش گسیخته لختی دستانسرائی دشمن خانگی برشناخت از آلایش صورت وارسته چندی بآزادی زید. اگر نفسی چند پیمودنی بود در نکوهش نفس و پیرایش آن فهمیدگیها خویش‌را بکار برد و ستوده خویها گرد آورد و از آنجا فراترک شده در بستانسرای همیشه‌بهار بی‌خواهشی عشرت اندوزد. و اگر بدین والاپایگی نیارد رسید امید که بقیّهٔ دُردی که در ساغر زندگی گمان است اگر پیوند وقوع گیرد چون صافی سوابق اوقات بجرعهٔ ذهول بر خاک ترّهات ریخته نشود.

چشم دارم که دهی اشکِ مرا حسنِ قبول
ای که دُر ساختـــهٔ قطرهٔ بارانـــــی‌را

before I undertook my final journey to the realm of nonexistence, I wished to put this old woman, killer of the helpless, behind me with good cheer and be rid of the sight of superficial beings that looked like humans. To the extent that I had broken the bonds of learning by the felicity of service and recognized the blathering of the domestic enemy, I would escape from the defilement of form and live free for a while. If a few breaths were left, I would use my understanding to curb the concupiscent self and adorn it, and I would acquire some praiseworthy habits and then proceed to enjoy myself in the eternal springtime of the garden of desirelessness. If it was not possible to attain such a lofty rank, it was hoped that if the remaining dregs I suspected to be in the cup of my life actually came to be, they would not be spilled in foolishness—as all the pure wine of the moments of my life until now have been.

I look for you to grant my tears the favor of acceptance, O you who have turned raindrops into pearls.

آغاز سال سی و چهارم الهی از جلوس مقدّس شاهنشاهی، یعنی سال دی از دور سیوم

درین هنگام که زمانه بدادگستری افسر خدیو جوش نشاط برمیزد و ۱۵۹
روزگار کلاه عشرت بر آسمان می‌انداخت رسیدن بهار شادکامی‌را آئین دیگر نهاد و جهان کهن‌سال‌را آب برنائی بروی آورد. آذین بتازه روشی چهرهٔ نشاط برافروخت و پایهٔ خداشناسی برافراخته آمد. شب سه‌شنبه چهارم جمادی الاول سنهٔ نهصد و نود و هفت هلالی پس از چهار ساعت و سی و شش دقیقه چهره‌گشای جهان بحمل درآمد و آغاز سال دهم از دور سیوم نوید دولت جاوید آورد. کیهان‌خدیو بدستور هر سال تا شرف هر روز دلآویز جشنی برآراست و گروهاگروه کامیاب خواهش گشتند.

درخت غنچه برآورد و بلبـلان مسـتند
جهان جوان شد و مردم بعیش بنشستند
بسـاط سبزه لگدکوب شد بپـای نشـاط
ز بسکه عارف و عامی برقص برجستند[۸۲]

عنفوان این خجسته سال در شبستان شاهزاده سلیم دختری نیک‌اختر چهرهٔ هستی برافروخت. بیست و هشتم دختر سعید خان گکهر باین سعادت بلندپایگی یافت و بر خلاف زمانیان سرمایهٔ فرّخیها دانسته عشرت افزودند. اورا عفّت بانو نام نهادند.

The Thirty-Fourth Year
after the Imperial Accession:
Dai Year of the Third Duodecennial Cycle

At this time, when the world swelled with joy over the monarch's   159
justice and time tossed its hat joyfully into the air, the arrival of
spring established a new celebration of happiness and the ancient
world put on the air of youth. On the eve of Tuesday, 4 Jumada I
997,[18] after the elapse of four hours and thirty-six minutes, the
illuminator of the world entered Aries, and the beginning of the
tenth year of the third cycle brought the good news of eternal
fortune. According to his annual custom, the emperor held a feast
every day until the exaltation, and everyone got his heart's desire.

Trees brought forth buds, and nightingales were intoxicated.
The world became young, and people rejoiced.
Feet of rejoicing stamped the carpet of greenery as both
gnostic and commoner rose to dance.

At the beginning of this auspicious year a daughter was born to
Prince Salim on the twenty-eighth [April 17] by the daughter of
Sa'id Khan Gakkhar. Contrary to contemporary custom, there
was great rejoicing, and H.I.M. named the child Iffat Banu.

۱۶۰ و همدرینولا محب‌علی خان از رهتاس آمده سجود نیایش بجای آورد. از دیرگاه خاطر همایون میخواست که او سعادت حضور اندوزد. بنابران تیول اورا براجه بهگونت‌داس داده ملتان بجایگیر او خیال کردند. چون منشور والا بدو رسید بگشاده پیشانی روی بآستانبوس نهاد. چهاردهم اردی‌بهشت بدین والا دولت سربلندی یافت و بگوناگون نوازش کام دل برگرفت.

پانزدهم میان تانسین‌را روزگار سپری شد. بحکم مقدس همگی نغمه‌پردازان جادوکار نعش اورا بآئین عروسی نفس‌کوبان بخاک سپردند و گزندی بنشاط روزگار رسید. بر زبان قدسی گذشت که «نقاب گزیدن او ازین سپنجی‌سرای به نیستی گرائیدن نغمه است.» همانا درین هزار سال بدین شیرینی و خوشگوئی و نقشبندی کمتر کسی گذشته باشد.

نهضت رایات همایون بعرصهٔ دلگشای کشمیر

۱۶۱ گیتی‌خداوند از کارآگهی چشم بر نیرنگی ابداع واگشاید و کهن‌سال دنیارا تازه آرایش آفرینش داند. دل بیکجا ننهد و از هر سرزمین فیضی دیگر برگیرد، لیکن ژرف‌نگهی بکار برد و شناسائی بکارکرد آمیزد. هر جا که شگرفکاری تقدیر افزون خاطر دوربین بدان بیشتر کشد ازین رو همواره کشمیر بیاد آوردی و آب و هوای دلگشای او پیش نظر داشتی. چون ایزد بیهمال آن دلگزین ملک‌را بقلمرو شاهنشاهی درآورد خواهش گلگشت آن همیشه‌بهار افزایش گرفت. هرچند سخن‌سرایان بزم والا برگذاردند که اورنگ‌خدیورا چنین فراخنا گذاشته بی‌جهت ملکی بگوشهٔ

Around the same time Muhibb Ali Khan came from Rohtas to
pay homage. The emperor had long wanted him to be at court,
and therefore he gave his fief to Raja Bhagwant Das and put
Multan in fief to him. Once the royal edict reached him he set
out cheerfully to kiss the imperial threshold. On the fourteenth
of Urdibihisht [May 4] he attained that honor and received his
fondest wishes by imperial favor.

160

On the fifteenth [May 5] Mian Tan Sen passed away. By impe-
rial order all the musicians entrusted his body to the earth while
singing as though at a wedding, and an injury was done to the joy
of the time. The emperor himself said, "His passing from this
world means the death of music." In the last thousand years few
have possessed such a sweet or inventive voice.

THE IMPERIAL BANNERS SET FORTH FOR
THE HAPPY VALE OF KASHMIR

The world lord opens his eyes with enlightenment to the wondrous
workings of the earth and realizes that the end of the old year is
the new adornment of creation. Without fixing his heart upon
one place, he derives a different effulgence from every territory,
but he delves deeply and adds knowledge to his contemplation.
Since the wonder of destiny increases farsighted thoughts, he
was constantly thinking of Kashmir and imagining its delightful
climate. When the incomparable deity brought that beautiful
region into the imperial realm, it increased the emperor's desire
to tour that land of perpetual spring. As much as the chatterers at
court represented that it was not wise for a monarch to abandon
such a vast expanse and go off to a corner without an import-

161

در شدن خرد نپسندد، پذیرش نیافت و بر زبان گوهرآمود گذشت که «دادار کامبخش درین یازش بی‌اختیار دارد و نیز جنّت‌آشیانی این آرزو با خود بردند. همانا یورش ما بدانجا برآمدِ گرامی خواهش ایشان است.» بنابرین شب شانزدهم پس از سپری شدن دو ساعت و چهل و هشت دقیقه از آب راوی گذشتند و نزدیک سرای مادهو سنگه نزول همایون شد. یک کروه و دوازده بانس درنوردیدند. سه هزار سنگ‌تراشان کوهکن و خاراشکافان فرهادفن و دو هزار بیلداران کارگذار بسرکردگی قاسم خان دستوری یافتند تا نشیب و فراز این راه شگرف‌را هموار سازند. درین منزل سیالکوت و برخی جا در تیول زین خان کوکه دادند و سرکار سنبل جایگیر قلیچ خان شد و ملتان بمحب‌علی خان و شهباز خان‌را کوتوال اردو ساختند. راجه بهگونت‌داس و راجه تودرمل و قلیچ خان‌را بدار الملک لاهور گذاشتند تا همگی مهمّات به بهدید اینان سرانجام یابد. بیستم دو کروه و پنجاه بانس درنوشتند و نزدیک شاه‌دره شادروان عزّت برافراشتند. جهارم روز چهار کروه و چهل و یک بانس رفته نزد موضع جورا مخیّم همایون شد و پس از یک مقام سه کروه و ربع و هفتاد و دو بانس شتافته نزد ایمناباد فرود آمدند . درین روز راجه ردور دستوری بنگاه یافت. گزین خلعت و صد و یک اسپ بخشش شد و چند پرگنه بر اقطاع او افزودند. یک روز در میان چهار کروه و ربع پیموده در زمین سترام دایره شد. بامدادان پنج کروه پاو کم و سی و پنج بانس سپرده در تلوندی سرادقات دولت برافراختند. پس از یک روز از سودهره گذشته کنار دریای چناب لشکرگاه آمد. شش کروه و چهل و یک بانس راه بود. درین روز جشن قمری وزن گیتی‌خداوند نشاط افزود و بهشت چیز آن همسنگ آسمان‌را برکشیدند و روزگار کام دل برگرفت. سی و یکم از

ant reason of state, the emperor refused to agree, saying, "The divine Bestower gives me no choice in this desire, and furthermore Jannat-Ashyani took this wish to the grave with him. Our expedition there will be the fulfillment of his desire."

Therefore, on the eve of the sixteenth [May 6], after the elapse of two hours and forty-eight minutes, he crossed the Ravi and stopped near Madhav Singh's sarai. He proceeded one league and twelve rods. Three thousand stonecutters and two thousand shovel wielders under Qasim Khan were ordered to smooth out the roughness of the road. At this stopping place, Sialkot and some other places were enfeoffed to Zain Khan Koka, and the district of Sambhal was made Qilich Khan's fief. Multan was given to Muhibb Ali Khan, and Shahbaz Khan was made *kotwal* of the camp. Raja Bhagwant Das, Raja Todar Mal, and Qilich Khan were stationed in Lahore to carry out all affairs.

On the twentieth [May 10], two leagues and fifty rods were covered, and the imperial tent was pitched at Shahdara. On the fourth day four leagues and forty-one rods were traveled, and camp was made near the village of Chaura. After one halt, three and a quarter leagues and seventy-two rods were covered, and a stop was made near Eminabad. On this day the Raja of Radaur was given leave to return to his residence. He was awarded a fine robe of honor and 101 horses, and several parganas were put in fief to him. Two days later four and a quarter leagues were traveled, and camp was made in Sitaram. The next morning four and three quarters leagues and thirty-five rods were traveled, and camp was set up in Talwandi. A day later they went through Sodhra, and camp was made on the banks of the Chenab. It was six leagues and forty-one rods. On this day the emperor's lunar weighing was observed.

آب گذشتند و حکم شد که سپاه فیروزی چوکی بچوکی و قشون قشون از پل بگذرند. یک کروه و ربع و پنجاه و یک بانس سپرده آمد و پس از دو روز به گوناچور[۸۳] از مضافات سیالکوت منزل گزیدند. چهار کروه و پنج بانس راه بود. درینجا بعرض مقدس رسید که اللهبردی شقدار تیه[۸۴] هنو و رایج[۸۵] گماشتهٔ صادق خان دست ستمگری گشاده دارد و پردهٔ ناموس زیردستان برمیدرد. فرمان شد که عضدالدوله و شهباز خان و قاسم خان میرعدل بداوری برنشینند. در کمتر زمانی بیدادی او پیدائی گرفت و ببادافراه رسید. اگرچه روزگار او سپری شد لیکن سرمایهٔ زندگانی مردم سرانجام یافت. روز دیگر چهار کروه و ربع و پنجاه و یک بانس درنوشتند. در د[هر]یکری از اعمال سیالکوت عرشی خیام برزدند. بعد از دو روز چهار کروه و ربع و شصت بانس سپرده در موضع جیپور کهیری از اعمال بهنبهر فرود آمدند. نهم خرداد با چندی بدیدن گریوهٔ بهنبهر که کشمیریان آن‌را کاجیوار[۸۶] گویند و دیگر کوهیان ادی دت،[۸۷] خرامش شد و بر فراز آن نشاط اندوختند. ناگهانی اندیشهٔ جریده رفتن بر خاطر صافی پرتو انداخت. شاهزاده سلطان مرادرا دستوری شد که در همایون اردو بر سر اغروق بوده منتظم فیروزی جنود باشد و شیخ فرید بخشی‌بیگی‌را در سر گریوه گذاشتند که جز نامبردگان‌را از پی نگذارد و بهمعنانی ایزدی تأیید رخش اقبال‌را گرم‌رفتار ساختند و آن نشیب و فراز نابهنجار بسواری و پیادگی درنوشتند و نیمهٔ روز لختی بسایهٔ درختی دم آسایش برگرفتند. سعادت‌اندوزان رکاب همایون میرزا خان خانخانان، زین خان کوکه، عضدالدوله، حکیم ابوالفتح، جگناته، میر شریف آملی، قاضی حسن، نورقلیچ، رامداس، راقم شگرفنامه و چندی یکه‌جوانان.

On the thirty-first [May 21] he crossed the river, and an order was given for the imperial forces to cross the bridge squadron by squadron and unit by unit. One and a quarter leagues and fifty-one rods were traveled, and two days later he stopped in Gunachur, a dependency of Sialkot. The road was four leagues and five rods. Here it was reported that Sadiq Khan's appointee Allahberdi, the *shiqdar* of Tiya Hanu and Rayij, had been oppressive and was dishonoring his subjects. An order was given for Azududdaula, Shahbaz Khan, and Qasim Khan Mir Adl to deal with him. In a short time his injustice was proven, and he was punished for it. Although he died, it meant life for the people.

The next day four and a quarter leagues and fifty-one rods were covered. Camp was made in Dharekri, a dependency of Sialkot. After two days four and a quarter leagues and sixty rods were traveled, and the emperor dismounted in Jaipur-Kheri, a dependency of Bhimbar. On the ninth of Khurdad [May 30] the emperor went out with several others to see the Bhimbar Pass, which the Kashmiris call Kajiwar and other mountain people call Adi Dat. As he was enjoying himself at the top of the pass, it suddenly occurred to him to travel light, so he ordered Prince Sultan Murad, who was in charge of the imperial family in the camp, to take charge of the troops. Shaikh Farid Bakhshibegi was stationed at the top of the pass to prevent anyone other than those named from following, and the emperor charged off on his steed accompanied by divine assistance. Traversing the ups and downs on horseback and on foot, he stopped at midday to rest for a moment in the shade of a tree. Those lucky enough to be accompanying him were Mirza Khan Khankhanan, Zain Khan Koka, Azududdaula, Hakim Abu'l-Fath, Jagannath, Mir Sharif Amuli, Qazi Hasan, Nur Qilich, Ram Das, the author of this work, and several gentlemen.

۱۶۲ درین روز در سرآغاز گریوه برهان الملک‌را گرانبار اندرز گردانیده بگشایش دکن فرستادند. چون در زمان مرتضی نظام الملک مهین برادر او رعیّت و سپاه لختی بآسایش بودند و هرچند سودائی و خلوت‌گزین بود سررشتهٔ دادگری دوتائی داشت. بنابران برهان الملک‌را که بدرگاه والا پناه آورده بود لشکر داده بدانصوب رخصت نمیفرمودند. چون از فرو شدن او و شورش دکن آگهی آمد برهان‌را از لشکر تیراه باندیشهٔ فرستادن باز طلبیدند. سرگذشت آنکه شاهقلی گرجی‌را فرمانروای ایران شاه طهماسپ بارمغانی فرستاده بود. در دکن اعتبار یافت و بخطاب صلابت‌خانی سربلندی گرفت و در دوازده سال که از سودا خلوت‌دوست بود مهمّات مالی و ملکی بدو بازگردید. و ازینکه مرزبان خرد بر جا نداشت و بار ندادی آشوبی برخاست. از نیرنگی جنون آن شولیده‌مغز به بیرونیان برنوشت که صلابت‌را در فلان قلعه پایبند گردانند. آن شایسته‌خدمت ازین آگهی خودرا بدان دژ درآورد. هرچند سران برگذاردند که بگفتهٔ چنین بیخردی تن بزندان نتوان داد سودمند نیامد و گفت «از فرمودهٔ خداوند خود نتوان گذشت.» سپس ناپارسا زنی در سودائی مزاج او راه یافت و برادر او اسمعیل در شغل ملکی دست برآورد و بیاوری او میرزا خان سبزواری اعتبار گرفت. آن فرومایه پور آن شوریده‌را از قلعهٔ دولت‌آباد برآورده بسری برداشت و آن سودائی‌را ازهم گذرانید. و در کمتر زمانی گرد دوروئی بلند شد و بکین‌توزی یکدیگر نشستند تا آنکه میرزا خان قابو یافته اورا در قلعهٔ احمدنگر زندانی گردانید و اسمعیل پور برهان‌را بکلانی برگرفت. جمال خان دکنی با بسیاری مردم هجوم آورده قلعهٔ احمدنگررا گرد گرفت. آن تباهسگال سر زندانی بریده بیرون انداخت، بو که هواخواهان او از پا درآیند. از دید آن گرمتر شدند و

On this day, at the beginning of the pass, the emperor gave 162
Burhanulmulk good advice and dispatched him to conquer the
Deccan. During the reign of his elder brother, Murtaza Nizamul-
mulk, the military and civilian population had been somewhat
at ease, and although he was afflicted with melancholia and was
a recluse, he maintained justice. Therefore the emperor had not
given any soldiers to Burhanulmulk, who had taken refuge at
the imperial court, and had not granted him leave. When it was
learned that Murtaza had died and the Deccan was in confu-
sion, the emperor summoned Burhan from the Tirah expedition,
thinking of sending him to the Deccan.

What had transpired in the meanwhile in the Deccan is as
follows. Shah Tahmasp, the ruler of Iran, had sent a Georgian
named Shahquli as a gift. Shahquli had acquired importance in
the Deccan and been given the title of Salabat Khan, and during
the twelve years that Murtaza was in seclusion suffering from
melancholia, all administrative and fiscal functions had been
turned over to Shahquli. Since the ruler was not in his right mind
and never held court, unrest broke out. In his mad ravings he
wrote to those outside, saying that Salabat should be imprisoned
in a certain fortress. As a good servant, Salabat betook himself
to the very fortress, and, although those in charge insisted that
it was not necessary to imprison oneself upon the word of such
a madman, they could not prevail upon him, and he said, "One
cannot turn one's back on the orders of one's lord." Then an
unchaste woman wormed her way into influence over the mad
ruler, and her brother Isma'il took over the administration. With
his help Mirza Khan Sabzawari gained prominence. That vile
wretch got the madman's son out of the fortress of Daulatabad
and elevated him to the rule, and he (the son) did away with the

347

قلعه برشکستند. پنهانی برآمده رو بگریز نهاد. از راه گرفته به نیستی‌سرا فرستادند و همان اسمعیل‌را ناگزیر بسری برداشتند. او از کین‌توزی تورانی و ایرانی‌را جانشکری نمود و سه هزار کس بیگناه‌را رخت هستی بباد رفت. درین هنگام که افسرخدیو بتماشای عرصهٔ دلگشای کشمیر متوجه بود برهان از لشکر تیراه رسید. اندرزها فرموده بدکن روانه گردانیدند و بخان اعظم سپه‌آرای مالوه و راجه علی خان مرزبان خاندیس و دیگر امرا فرمان شد که گزین لشکری همراه سازند و چنان همّت برگمارند که بزودی بر آن ملک چیره‌دست آید.

۱۶۳ چون هوا باعتدال گرائید خدیو خداشناس گلگون اقبال‌را بخرامش درآورد و گریوهٔ که میان سرای جوگی[۸۸] و نوشهره است و آن‌را گهاتی‌بدو نامند گذشته پاسی از شب برایستاد. سیزده کروه و ربع درنوشتند. برخی مرزبانان کشمیر که با فرمانروایان هند آویزش میکردند نخستین گریوه‌را استوار کردی، لیکن بیشتری این پخ‌را. درین منزل پر نشیب و فراز اندک کسی همراهی توانست کرد. بامدادان گریوهٔ غازی‌کوت که در میان نوشهره و سرای جوگی است بدشواری نوردیده آمد. از راجوری گذشته در خیمه‌های قاسم خان که راه‌را پاک و هموار کرده میرفت فرود آمدند. هشت کروه و نه بانس راه بود. چون ازینجا چند راه میشد و هر یک برف‌آمود، کارآگهان‌را به پژوهش روانه گردانیدند و انجمن رازگوئی فراهم آمد. پیدائی گرفت که بهترین راهها برای لشکر گران گریوهٔ هستی وتر است. چون از بسیاری برف و باران دشوارگذار بود پیر پنجال برگزیدند و شاهزادهٔ بزرگ‌را فرمان شد که باردو رفته سلطان خسرو و چندی پردگیان شبستان اقبال‌را آورد. و چون میرزا کیقباد پور میرزا حکیم بیمار شد در همین منزل گذاشتند و ملک الشعرا شیخ فیضی به بیمارداری قرار گرفت.

mad king.[19] It was not long before hypocrisy surfaced and these two set out to wreak vengeance on each other. When Mirza Khan gained the upper hand he imprisoned him in the Ahmadnagar fortress and elevated Burhan's son Isma'il to the rule. Jamal Khan Dakkani and many others attacked and laid siege to Ahmadnagar. The wretch cut off the head of his prisoner and threw it outside, thinking it would undo his supporters, but at the sight they fought even harder and broke down the fortress. [Mirza Khan] escaped in secret and took flight. However, he was captured on the road and put to death. Isma'il was the only one left to elevate to the rule. In vengeance he executed Turanians and Iranians and put three thousand innocent people to death.[20]

At the time the emperor was turning his attention to his tour of Kashmir, Burhan arrived from the army of Tirah. The emperor filled his ears with good advice and sent him to the Deccan, and Khan A'zam the commander-in-chief of Malwa, Raja Ali Khan the warden of Khandesh, and others were ordered to join him with choice troops and to do their utmost to assure him of victory as soon as possible.

When the weather had moderated, the emperor set forth and went through the pass between Sarai Jogi and Naoshera that is called Ghati Badu and stopped after one watch of the night. Thirteen and a quarter leagues had been traversed. Some of the wardens of the marches of Kashmir who were struggling against the rulers of India used to fortify the first pass, but most of them fortified this pass. Few were able to accompany the emperor this far because of the rugged terrain. The next morning at dawn the Ghazikot Pass between Naoshera and Chingiz Sarai was traversed with difficulty. Passing through Rajauri, the emperor stopped in the tents of Qasim Khan, who had been leveling the

و پس از دو روز از راجوری پیشتر روانه شدند. سه کروه و ربع و نوزده بانس درنوردیدند و نزدیک لاها از مضافات راجوری لشکرگاه شد. روز دیگر دو کروه پاو کم راه رفته نزد تهنه دم آسایش برگرفتند. این موضیست پائین گریوۀ رتن پنجال. ازینجا زبان کشمیری‌را بنیاد شود. میفرمودند «ولایتها از یکدیگر بکوه و دریا و هامون و زبان جدا گردد.» بر نخستین بهنبهر سرحد کشمیر باشد و بر پسین این سرمنزل. با آنکه شهسوار عرصۀ اقبال تنهاروی دارد فر ایزدی از ناصیۀ همایون میدرخشد و در هر زمینی که میرسد جوق جوق مرد و زن هزاران نیایش و نیازمندی بجای آورند و هر یک دیرین نذوررا به پیشگاه حضور آورده جاوید سعادت می‌اندوزد. درینجا نایکان گریوه‌بانان این راه بسرکردگی بهرام نایک کورنش یافتند و محمد بهت و جمعی از سران کشمیر بدولت بار سربلندی گرفتند.

road. The distance was eight leagues and nine rods. Since there were several ways from there, and they were all covered with snow, scouts were sent ahead and council was held. It was discovered that the best route for laden soldiers was the Hasti Watar Pass, but since it was difficult to negotiate because of the snow and rain, they selected the Pir Panjal Pass. The eldest prince was ordered to go to the army and bring Sultan Khusrau and several of the ladies. Since Mirza Kay-Qubad, Mirza Hakim's son, was ill, he was left at this station, and the poet laureate Shaikh Faizi was assigned to take care of him.

Two days later the emperor proceeded from Rajauri, traveling three and a quarter leagues and nineteen rods and camping near Laha, a dependency of Rajauri. The next day a distance of one and three quarters leagues was traveled, and they stopped for rest at Thanna, a village at the bottom of the Ratan Panjal Pass. Beyond this place the language is Kashmiri. "Provinces are separated one from another by mountains, rivers, deserts, and languages," said the emperor. By the first criterion Bhimbar is the border of Kashmir, while by the last, it is here. Even when the cavalier of the field of fortune is traveling alone, divine glory shines from his regal brow, and every land he comes to, droves of men and women come forward with praise and need and attain felicity by presenting their vows to the imperial presence. At this place the *nayaks,* the guardians of the passes along this road, came under the leadership of Bahram Nayak and paid homage, and Muhammad Bhat and a group of Kashmiri chieftains were received.

۱۶۴ روز دیگر رو بگریوه نهادند. نخستین کتل رتن‌پنجال که بآسمان همسری دارد برگذشته به برم‌گله[۸۹] دایره شد. پاو کم سه کروه و پنج بانس راه بود. بس دلگشا جائیست. در آب و هوا و رنگارنگ گل کم‌همتاست. گلفام خاصگی‌را که کوتل میآوردند پا خطا شد و نشانی ازو نیافتند. بسیاری به پیادگی کوه مینوردیدند و درین روز از بکاولان خاصه لغزشی رفت و دیدبانیِ اینان نیز بر دیگر خدمتهای نگارندهٔ شگرفنامه افزوده آمد. در اثنای راه میرزا یوسف خان از کشمیر آمده سجود نیایش بجا آورد و گروهی انبوه از سران آن دیار سعادت بار اندوختند.

۱۶۵ بامدادان موکب همایون دو کروه و پنجاه و پنج بانس راه سپرد و در پوشانه لشکرجا گزید. شگرف کوههای پردرخت و بسیار گل و چشمه‌های جانپرور نشاط افزود و بر بسیاری جسر که بر جویها بسته بودند، و بزبان کشمیری «کدل» گویند، عبور شد. چون منزل بیش از دو کروه برف داشت همراهان بسترگ بیمناکی درافتادند و دلدهیهای کشورخدا لختی بآرامش آورد. چون رسم چنان است که روندگان فراز برف پاافزار از ریسمان علف شالی بافته بکار دارند بیشتری بدان نمط آماده شدند. شهریاررا چیزی که بخاطر نمیرسید آن بود.

بامدادان گریوهٔ پیرپنجال گذشته در موضع دوند نزدیک گریوهٔ ناری براری نزول فیروزی رایات شد. سه و نیم کروه و بیست بانس راه بود. بر فراز برف خرامش شد. از سختی سرما سخن سراید یا شگرفی برف و سراسیمگی هندی‌نژادان باز نماید؟ از بلندی گریوه حرف زند یا داستان تنگی راه برگذارد؟ از نشیب و فراز این مرحله باز گوید یا از چشمه و درخت و گل برنویسد؟ در هنگام گذشتن باران و تگرگ باریدن گرفت و از میامن قدسی ذات کیهان‌خدیو گزندی نرسید. چون منزل گرفته شد

The next day the emperor headed into the pass. First he 164
traversed the Ratan Panjal Kotal, which is as high as the sky, and
camp was made in Baramgala. Two and three quarters leagues
and five rods had been traveled. It is a delightful place. In climate
and colorfulness of the flowers it has few equals. The regal horse
Gulfam slipped as it was being brought up the *kotal*, and no trace
of it was found. Many scaled the mountains on foot. On this day a
mistake was made by the royal cooks, and oversight of them was
added to the duties of this author. Along the way Mirza Yusuf
Khan came from Kashmir to prostrate himself in homage, and a
large group of chieftains of the area was given audience.

The next morning the imperial train traveled two leagues and 165
fifty-five rods and camped in Poshiana. Amazing mountains full
of trees, many flowers, and refreshing springs delighted everyone,
and streams were crossed by the many bridges, which are called
kadal in the Kashmiri language. Since this stopping place had
more than two leagues of snow ahead, the emperors' compan-
ions were afflicted with great trepidation, but his encouragement
calmed them somewhat. Since it is customary for those who
travel across snow to use foot gear made of rope woven from
rice stalks, most got themselves so equipped. This was something
that had never occurred to the emperor.

The next morning the Pir Panjal Pass was traversed, and the
emperor's banners stopped in the village of Dund near the Nari
Brari Pass.[21] Three and a half leagues and twenty rods had been
traveled atop the snow. Should I speak of the cold and the amaz-
ingness of the snow, or should I report the anxiety of those who
had been born in India? Should I talk about the height of the pass
or report the narrowness of the road? Should I narrate the ups
and downs of this stage of the journey, or should I sing about the

سخت بارانی تا یک ساعت بارید. از پس‌آیندگان هرکه آن روز دوربینی نموده برگشت بعافیتگاه پیوست و چندی ناشناسندگان‌را که گرم‌رفتار بودند از شورش برف و باران نقد هستی بباد رفت.

۱۶۶

زبانزد که و مه این مرز آنست که پیشین حکما درین دو راه طلسمی گذاشته‌اند. هرگاه گران لشکری بگذرد یا اسپی یا گاوی بکشند یا نقاره بآواز درآید در کمتر فرصتی تیره ابرها فراهم شود و برف و باران بریزش درآید. و هر بار که لشکر ازین راه گذشت این گفته پیدائی گرفت. و چون اغروق همایون طلب شده بود و دشواری راه خاطرنشان گشت حکم شد که امرا که در رکاب سعادت حضور دارند کاردانان خدمتگذار خودرا منزل بمنزل برنشانند و از بهنبهر تا هیره‌پور هر منزل بیکی قرار گرفت که خیمه و هیمه و علق و اسباب خوردنی آماده دارند تا هنگام آمدن پردگیان اقبال‌را دل‌نگرانی نباشد.

۱۶۷

روز دیگر ناری براری که دشوارترین گیوه‌هاست درنوردیده در هیره‌پور دم آسایش برگرفتند. چهار کروه و ربع راه بود. چهل و چهار پل گذشته شد. میرزا یوسف خان اینجارا بخیمه و خرگاه آراسته بود. از بهنبهر تا این جا هر گریوه که پیش میآمد گذشته سختیها فراموش میشد. سخن کوتاه از بهنبهر تا هیره‌پور یک گریوه است که در تنگی و دشواری و نشیب و فراز نابهنجار بی‌همتا. از نیرنگی درخت‌زار و شکفتگی گلها و شگرفی هوا و نغمه‌سرائی آبشارها زمان زمان حیرت می‌افزود و آزردگی راه‌را از دل میبرد، لیکن امروز که از کوهستان بدشت گونه گذاره شد شگفت نمایشی کرد. جهانی دیگر پدید آمد و نو بهشتی نقاب از رو برگرفت. عادتیان سبب‌بین‌را محنت راه یکبارگی فراموش شد و ژرف‌نگاهان خداپرست بخرّمی دیگر در شدند. گروها‌گروه مردم از ریاضت کیشان خداپژوه و عمامه‌داران دانشگرا

springs, trees, and flowers? During the crossing it began to snow and hail, but no one was injured thanks to the emperor's blessed presence. After camp was made it snowed hard for an hour. All those following who had good sense turned back to a safe place, but a few ignorant ones who were too hasty in pressing forward lost their lives in the swirling snow and rain.

It is rumored by all in this region that ancient rulers put two 166 talismans on these two roads, and whenever a laden army passes through, whenever a horse or cow is killed, or whenever drums are sounded, black clouds soon form and snow and rain begin to fall. Every time the army passed along this road what they say came true. Since the imperial family had been summoned and now the difficulty of the road was known, it was ordered that the officers who were in the imperial presence should station competent servants at every station and put the entire way from Bhimbar to Hirapur under someone's command to make ready tents, firewood, fodder, and foodstuffs so that there would be no worry when the ladies came.

The next day Nari Brari, the most difficult of all the passes, was 167 negotiated and a rest stop was made in Hirapur. The road was four and a quarter leagues. Forty-four bridges were crossed. Mirza Yusuf Khan had set up tents and pavilions here. The difficulties of every pass that had been crossed between Bhimbar and here were forgotten. In short, from Bhimbar to Hirapur this is one pass that has no equal in narrowness, difficulty, and rugged terrain. Sometimes the enchanting forests, amazing flowers, freshness of the air, and singing of waterfalls so astonished everyone that the travails of the road were forgotten, but today, when the crossing was made from mountain to plain, there was an amazing sight to behold. A different world came into view; a new paradise

و هنرمندان نادره‌کار و خنیاگران جادونفس جوق جوق از دار الملک کشمیر آمده سعادت بار اندوختند و بخسروانی نوازش کام دل برگرفتند. درین روز خانخانان‌را دستوری شد تا در ملازمت شاهزاده بوده در آوردن پردگیان دولت یاور باشد. و همدرین منزل میرزا کیقباد و ملک الشعرا شیخ فیضی بسجدهٔ نیایش ناصیهٔ بختوری برافروختند. و پس از یک روز دو کروه و هفتاد و نه بانس شتافته در دیور فرود آمدند و آخرهای روز غباری بر چهرهٔ نشاط نشست. درین هنگام که گیتی‌خداوند چشم بر راه سرادقات اقبال داشت شاهزادهٔ بزرگ جریده رسید. از دشواری راه آوردن پردگیان سزاوار ندید و در نوشهره گذاشت. چون فرمان چنان نبود شاهزاده‌را کورنش ندادند و منشور نکوهش بخانخانان فرستادند. اگر شاهزاده‌را خواهش تباه برین داشت او چرا گذاشت که از پیش خود چنین دلیری نماید و از خشمناکی در ریزش ابر و لغزش پشته‌ها سواری فرمودند. همگی بسیچ والا آنکه خود رفته راهبری آیندگان نمایند. جگناته و رام‌داس و نقیب خان و چندی احدیان‌را همراه گرفتند و زین خان کوکه و حکیم ابوالفتح و راقم گرامی نامه‌را بانتظام اردو گذاشتند و فرمان شد نگذارند که غیر از نامبردگان کسی از پی شتابد. آن روز تا بهنگام شام ره نوردیده بهیره‌پور عنان برکشیدند. نزدیک بود که مرا سررشتهٔ خرد از دست رود و لباس تعلق از دوش افتد. از ایزدی تأیید جوشش طبیعت بر عقل معامله‌فهم چیره‌دست نیامد. همگی برهم‌خوردگی از آن بود که در چنین هنگام شاهنشاه عالم‌را چه سزاوار است که چنین بخشم در شود و این کار که از کمتر ملازمان سرانجام یابد چگونه بر خود گیرد و چرا حقگوئی بندگان اخلاص‌سرشت پذیرفته نیامد. شاهزاده درِ خیمه بسته دست از خورد و خواب بازکشید. چون بندگان عقیدت‌گزین عرض داشتند شهریار دانش‌پژوه بر مخلصان سعادت‌اندوز بخشوده بازگردید و فرمان شد که خانخانان اغروق همایون‌را بشایستگی آورد.

lifted the veil from its face. Those superficial persons who only see secondary causes immediately forgot the difficulties of the road, and God-worshiping ponderers entered a new sort of joy. Droves of people, from God-seeking ascetics to learned men in turbans, artists of rare accomplishment, and enchanting singers had come from the capital of Kashmir to catch a glimpse of the emperor. On this day the khankhanan was ordered to accompany the prince and assist in bringing the ladies. At this same stopping place Mirza Kay-Qubad and the poet laureate Shaikh Faizi paid homage. One day later two leagues and seventy-nine rods were traveled, and a stop was made in Dewar.

Toward the end of the day something happened to cast a pall over the general rejoicing. Although the world lord was expecting the arrival of the ladies, the prince arrived by himself. Given the difficulty of the road, he had not thought it appropriate to bring the ladies, whom he had left in Naoshera. Since that was not what he had been ordered to do, the emperor refused to allow him to pay homage, and a letter of chastisement was sent to the khankhanan: if a wrong notion had made the prince do this, why had the khankhanan allowed him to take such audacity upon himself? In anger the emperor got on his horse in the blinding rain and galloped across the slippery hills, his only thought being to prepare the way for the others. He took along Jagannath, Ram Das, Naqib Khan, and several soldiers, and he stationed Zain Khan Koka, Hakim Abu'l-Fath, and the author of this volume to keep order in the camp, ordering them not to let anyone—other than those named—follow him. All that day until nightfall he rode until he drew in his reins at Hirapur. I almost lost my mind, and the garb of worldly existence almost fell from my shoulders. However, thanks to divine assistance the churning of nature did

۱۶۸ سه کروه و ربع و هشتاد و یک بانس رفته در موضع گوسو فرود آمدند. روز دیگر ربع کم چهار کروه و سیزده بانس درنوشته نزدیک خانپور از قدسی قدوم فروغ یافت. و شگفت آنکه درختی هل‌تل نام در سر راه بنظر درآمد و سرمایهٔ حیرت دیده‌وران شد. با تنومندی تنه و بسیاری شاخ و انبوهی برگ اگر نزار شاخی از آن برجنبانند همگی آن درخت بجنبش درآید. این جنس درخت فراوان است لیکن چنین نبود.

درآمدن رایات اقبال بدار الملک کشمیر

۱۶۹ بیست و پنجم خرداد پس از هشت ساعت و بیست و چهار دقیقه یک و نیم کروه و هیژده بانس درنوردیده بشهر سری‌نگر رایات همایون برافراخته آمد. جوق جوق مردم پذیرا شده بنوازش کام دل برگرفتند و به نثار و پیشکش بهروزی اندوختند. بوالا کاخ یوسف خان مرزبان کشمیر قدسی نزول شد و سپاهی‌خانه‌ها بدیگر بندگان بخش کردند و فرمان شد که لشکری در منزل رعیّت فرود نیاید. از دار الملک لاهور تا این جا نود و هفت کروه و هفس بانس در بیست و چهار کوچ سپردند. اگرچه بشمارهٔ کروه دوری ندارد، لیکن از آن نشیب و فراز نابهنجار بس دور و دشوارنما. المنّة لله که دیرین آرزوی کشورخدا بآسان روشی برآمد و در خواهش آنچه فرماندهان باستانی فرو شدند بکمتر توجه فرا دست رسید. و از گریوه‌هائی که پیادگان نیارند سپرد خدیو عالم با گران لشکر و فراوان فیل برگذشت.

not overwhelm my mind. All my anxiety was from wondering how it could be appropriate for the emperor of the world to get so angry at such a time and to take upon himself a job that could have been done by the least of his attendants, and why the truthfulness of his devoted servants was not accepted. The prince shut the door to his tent and refused to eat or sleep. When loyal servants reported this, the wise emperor had compassion on his devotees and returned, and he ordered that the khankhanan should bring the royal family.

After traveling three and a quarter leagues and eighty-one rods, 168 the emperor stopped in the village of Kusu. The next day he covered three and three quarters leagues and thirteen rods and arrived near Khanpur. An amazing thing seen here beside the road was a tree called Halthal. Despite its enormity and its many branches and leaves, if the slenderest of its branches is shaken, the entire tree shakes.[22] The species of tree is common, but they do not all have this one's peculiarity.

THE IMPERIAL BANNERS ENTER THE CAPITAL OF KASHMIR

On the twenty-fifth of Khurdad [June 15], after the elapse of 169 eight hours and twenty-four minutes, and after traversing one and a half leagues and eighteen rods, the emperor's banners were unfurled in the city of Srinagar. The people turned out in droves to offer tribute. Quarters for the emperor had been prepared in the lofty palace of Yusuf Khan, the warden of Kashmir, and the barracks were turned over to his servants. It was ordered that no soldier should be quartered in the home of any civilian. From

۱۷۰ سری‌نگر بزرگ شهریست بدارز آباد. رودبار بهت از میان آن برگذرد و در آن بیشتر چوبین کاخها تا پنج آشیانه برسازند و بر فراز بامها لاله و رنگارنگ گل بکارند و در بهاران رشک‌افزای گلستان گردد. در هنگامی که بهند بارش شود در آنجا نیز بارد و چون توران و ایران در زمستان فراوان برف ریزش کند و در بهار باران و از کم‌بارش کشت‌وکاررا کمتر زیان رسد. ثناطرازی این ملک به تنگنای گفت درنیاید. لختی از آن در پسین دفتر برگذارد. مهین برادر صوری و معنوی در محمدت شاه و ستایش کشمیر بزرگ قصیدهٔ برطرازیده بیتی چند از آن برمینویسد:

هزار قافـلهٔ شوق میـکنـد شبـگیر   که بارِ عیش گشاید بعرصهٔ کشمیر[۹۰]

. . .

۱۷۱ همدرین روز شهباز خان از بزرگ اردو بسواد نامزد شد. میر مراد اسفراینی‌را فرستادند که اورا سزاولی نموده بدانجا رساند و صادق خان‌را بدرگاه والا آورد. درینولا گوهر صوفی بسعادت ملازمت رسید. آزاده‌ایست از درویشی گروه. پیش ازین بسی سال غازی خان مرزبان کشمیر مرشد اورا بتهمت آنکه چندی ناسپاسان بخانهٔ او پناه برده‌اند به نیستی‌خانه فرستاد. درویش ازین آگهی دل از زندگی برگرفت و کارد بشکم خود فرو برد و چندانی کارگر نیافتاد. بار دیگر بدیوار پیوسته شکم‌را بردوخت و شکاف‌را گشاده روده‌را ازهم جدا ساخت و بزندگی گزندی نرسید. لختی که درون است سرش خشک شده و از بخش بالائی نزدیک یکدست بیرون براز ازو برآید و اورا شسته در چوبین آوند باز گذارد. شهریار قدردان آن خسته‌دل‌را نوازش فرمود و ایزدی نیایش‌را پایهٔ دیگر افراخت.

Lahore to here, ninety-seven leagues and seven rods had been traveled in twenty-four stages. Although this does not seem so far in terms of leagues, in view of the rugged terrain it is quite far and difficult. Thank God the emperor's latest wish came true in the easiest manner, and with the slightest attention he attained that in which ancient rulers had failed. Passes that cannot be negotiated on foot had been crossed by the lord of the world with heavy-laden soldiers and many elephants.

Srinagar is a large city that is built up lengthwise. The Bahat River runs through the middle of it, and mostly the buildings, up to five stories in height, are made of wood. The roofs are planted with tulips and colorful flowers, and in the spring and fall they would make any garden jealous. During the season in which there is rain in India, it also rains here, and there is heavy snowfall in the winter, as in Turan and Iran. There is rainfall in the spring, and crops rarely suffer from lack of rain. It is impossible to praise this realm adequately in words, but something will be recorded in the final volume. My physical and spiritual elder brother has composed a long ode in eulogy of the king and in praise of Kashmir, and a few lines will be quoted here:

170

A thousand caravans of yearning travel through the night
to unload their burdens of delight in the expanse of
Kashmir.[23]

On this same day Shahbaz Khan was assigned from the great camp to Swat. Mir Murad Isfarayini was sent to escort him there and bring Sadiq Khan to court. At this time Gauhar Sufi paid homage. He belongs to a sect of dervishes,[24] and his master was executed thirty years ago by Ghazi Khan, the warden of Kashmir,

171

۱۷۲ بیست و هشتم بسیر شهاب الدین‌پور خرامش رفت. دلگشا جائیست بر ساحل دریای بهت. چنارهای او سر بآسمان برکشیده و سبزه‌زار او نظررا پالغز. چنان برگذارند هرگاه که از گذارهٔ مردم آلایشی یابد و استخوان و جز آن در آن نزهتگاه افتد بامدادان نشانی از آن پدید نباشد. گویند روحانی گروه آن‌را رفت‌وروب دهند. چون خدیو ژرف‌نگاه راستگذاران دیده‌وررا به پژوهش برگذاشت فروغ درستی برنگرفت. مبالغه‌سرائی پیشین ثناگران است و کوتاه‌بینان از سلیمدلی بدان گرویده. هنگام بازگشت بمیدان چوگان گذاره شد. جلگهٔ بدان سرسبزی و شادابی جهان‌نوردان کمتر نشان دهند. سی و یکم شاهزادهٔ بزرگ‌را رخصت فرمودند که در آوردن اغروق کوشش نماید. از آن پیشین لغزش شرمگین بود و همواره خواهش آنخدمت مینمود. شاهنشاه کامبخش پذیرفته دستوری داد و آصف خان و مادهو سنگه و برخی بندگان‌را بهمراهی نوشتند. و همدرین روز لختی بشکار مرغابی عشرت اندوختند و بس خوش آمد. در هر چندی بدان نشاط پرداختی میرشکاران بر زورقچه‌ها باز بر دست دارند و قابو یافته رها کنند. آن چابکخرام تیزپر مرغابی از هوا برگرفته بر سطح آب بزیر پا دارد و بر فراز آن نشیند تا آنکه برداشته بکشتی رساند.

on charges of having harbored rebels. When the dervish learned of this, he despaired of his own life and stabbed himself in the stomach, but the wound did not prove fatal. Then, leaning on a wall, he broke the wound open again and spilled his bowels out, but still he did not die. The head of the portion of the bowel that was left inside dried up, and there was a piece about a span long that was outside, and through that his excrement passed, and he would wash the outer portion and keep it covered with a wooden bowl. The appreciative emperor favored the poor man and raised divine worship to a new level.

On the twenty-eighth [June 18] he went to tour Shihabuddin- 172 pur. It is a pleasant spot on the banks of the Bahat. Lofty cypress trees lift their heads to the sky, and its green fields delight the eye. It is said that whenever it is defiled by the passage of men and a bone or anything else falls into that lovely spot, by the next morning it will have disappeared without trace. They say that a band of spiritual beings sweep it clean. When the emperor stationed a group of honest observers to investigate the claim, it was found to have no basis in truth—only the exaggeration of old storytellers believed by the simpleminded. On the return the emperor passed by the polo field. Rarely have world travelers seen a glen so green and lush.

On the thirty-first [June 21] Prince Sultan Salim was given leave to bring the royal family. He was ashamed of his former mistake and had been asking to perform this service. The forgiving emperor granted his wish and gave him leave, sending with him Asaf Khan, Madhav Singh, and several others. On this same day the emperor enjoyed hunting waterfowl. As long as he was engaged in that activity the falconers held falcons on their arms in boats, and when they spotted a strike, they let them fly. The

۱۷۳ و از سوانح رسیدن همایون اغروق. شاهزاده سلطان مراد و خانخانان و قاسم خان و دیگر بندگان سعادت‌پژوه در راست کردن راه و یاوری کهاران فراوان کوشش بجای آوردند. در پوشانه بزرگ شاهزاده پیوست. شاهزاده سلطان مراد بپاسبانی سترگ اردو بازگردید. و چون بدو کروهی رسیدند نهم تیرماه الهی کیهان‌خدیو پذیرا شد و بگوناگون مهربانی دلهای رسیدگان‌را نشاط بخشید و امرای خدمتگذار عزّتی تازه یافتند.

۱۷۴ و از سوانح شگرف سیل آمدن در اجّین مالوه. دوازدهم آغاز باریدن کرد و سه روز پیهم بارش داشت. دریای سپرا[91] بطوفانی جوش برآمد و کولاب درونی و برونی لبریز شد. هزار و هفتصد خانه بآب رفت. اگرچه آدمی کمتر راهی نیستی سپرد لیکن فراوان چهارپارا موجخیز برد. سیلاب بدروازهٔ شهر رسیده بود که کول بیرون شکست و آب پراکنده گشت.

۱۷۵ و از سوانح گرفتن ریع کشمیر. چون اماره‌نویسان کارآگاه در جمع سخن داشتند شهریار دادگر بپژوهش نشست. شیخ فیضی و میر شریف آملی و خواجگی محمد حسین‌را بژرف‌نگهی مرراج فرستادند و خواجه شمس الدین خافی که در آن روز از کابل رسیده بود و کنوررا بدوربینی کامراج. اگرچه خریف گذشته بود بکارآگهی اندازه برگرفتند. در هندوستان زمین‌را لخت لخت ساخته هر یکی‌را بیگهه خوانند. در عرصهٔ دلگشای کشمیر هر بخش‌را پَتَّه (بفتح بای فارسی و تای فوقانی مشدّد و های خفی) و آن یک بیگهه و یک بسوه بالهی گز شود. و کشمیریان دو و نیم پتّه و کسری‌را یک بیگهه دانند و بدیوان از قرار[92] سه توده جنس برگذارند و بشمارهٔ آن هر دیهی‌را چند خروار شالی اندازه گرفته‌اند و بی تازه‌وارسی همان خروار بازخواهند و خروار سه من و هفت سیر اکبرشاهی است و چندگی‌را به تَرَک (بفتح تای فوقانی و را و سکون کاف) برسنجند

falcons would catch the birds in the air and hold them in their talons on the surface of the water until they were retrieved and taken back on the boats.

The imperial aghruq *arrives* 173
Prince Sultan Murad, the khankhanan, Qasim Khan, and others had done their utmost to smooth the road and assist the *kahars*. The eldest prince had joined them in Poshiana. Prince Sultan Murad was left to guard the great camp. When they were within two leagues, the emperor went out to greet them on the ninth of Tir [June 30], and the newly arrived rejoiced and the officers were honored.

An amazing flood occurs in Ujjain in Malwa 174
On the twelfth [July 3] it began to rain, and it rained for three consecutive days. The Sipra River swelled to flood proportions, and the reservoirs inside and outside the town overflowed. One thousand seven hundred houses were carried away by the flood. Although few people were killed, many animals were swept away. The flood had reached the city gates when the outer reservoir broke and the water dispersed.

The spring harvest of Kashmir is assessed 175
Since the accountants were in dispute over the total taxation, the just emperor had the matter investigated. Shaikh Faizi, Mir Sharif Amuli, and Khwajagi Muhammad Husain were sent to investigate Miraj, and Khwaja Shamsuddin Khafi, who had just arrived that day from Kabul, and Kunwar [Man Singh] were sent to investigate Kamraj. Although the autumn harvest was over, they could make an estimate. In Hindustan land is divided into plots, each of which

و آن هشت سیر پادشاهی است. در ربیع از یک پتّه گندم و جو و عدس و سرشف دو ترک دست‌مزد جهانبانی باشد. فرستادگان در لار و جز آن از گندم یک من و بیست و شش سیر و از جو یک من و بیست و شش سیر و سه پاو و از عدس و سرشف یک من و سی و نیم سیر یافتند. و در خریف از آن مقدار شالی یک خروار و از مونگ و موته و ماش دو ترک و از گال و ارزن چهار. چون خام کاغذ هر موضع که حقیقت‌را برگذارد بدست آوردند در شالی پنج من پارنج فرماندهی برآمد و از مونگ و موته و ماش یک من و سی و نیم سیر و از کنگنی و ارزن دو من و بیست و دو نیم سیر. و بژوهندگان مرراج نیز بسان اینان برگذاردند.

چون هرزه‌لایان حقپوش فراوان بودند و مرزبان کشمیر بر آنکه راستی بروی روز نیفتد و شهریاررا نشاط تماشا در سر و برزگر بیشتر سپاهی، جمع از روی قرار واقع نشد و بر بیست لک خروار شالی دو لک افزودند. همانا نظر دورنگاه بر آن افتاده بود که جمع‌افزونی، هرچند از حساب نگذرد، برهم‌خوردگی کشاورز آورد، خاصه در ملک نوگشوده.

is called a *bigha*. In Kashmir every plot is called a *patta,* which is equivalent to one *bigha* plus one *biswa* in the imperial system. The Kashmiris reckon their *bigha* as two and a half *pattas* plus a fraction. In the *divan* three "heaps" of commodities are set, and according to that number every village is assessed a certain number of "loads" of rice. The same amount is demanded every year without any reassessment. The "load" is three Akbarshahi maunds and seven seers, although it is measured by the *trakh,* which is eight imperial seers. In the spring harvest the ruler's perquisite is two *trakhs* from one *patta* of wheat, barley, lentils, and mustard seed. In Lar and other places, those who had been sent found that one maund and twenty-six seers of wheat, one maund and twenty-six and three quarters seers of barley, and one maund and thirty and a half seers of lentils and mustard seed were taken. In the autumn harvest one load was taken from that much rice; two *trakhs* were taken of mung beans, vetch, and pulses; and four *trakhs* were taken of *gal* and millet. When they got hold of the draft report of every village, which told the truth, the ruler's perquisite turned out to be five maunds of rice; for mung beans, vetch, and mash beans it was one maund and thirty and a half seers; and for various types of millet it was two maunds and twenty-two and a half seers. Those who had been sent to investigate Miraj reported the same.

Since truth-concealing blatherers were legion, the warden of Kashmir did not want the truth to come to the light of day while the monarch was enjoying his tour, namely that the farmers were mostly military men, that the revenue was not collected according to agreement, and that two lacs were added to twenty lacs of rice. The emperor's farsighted gaze had seen that an increase of revenue, no matter how reasonable, would mean the ruin of farmers, particularly in a newly conquered territory.

۱۷۶ بیست و دوم راقم شگرفنامه‌را بدیدن واحد صوفی رخصت فرمودند. از آنجا که افسرخدیورا جویائی سره‌مردان ایزدپرست روزافزون است بندگان سعادتگرای در سراغگیری آن تکاپو دارند. درین هنگام ملک الشعرا شیخ فیضی بکمترین نوشتند که درینجا بیغوله گزینی آگاهدل بنظر آمد. سی سال است که در کنج ناشناسائی بر کهنه بوریا نشاط می‌اندوزد. ساختگی و خویشتن‌فروشی پیرامون نگشته از درون‌زدودگی لختی شاهنشاه‌را میشناسد و نادیده غاشیهٔ ارادت بر دوش دل دارد. چون بعرض همایون رسید این رهنورد حق‌پژوهی‌را فرمان شد که خود رفته ژرف‌نگهی بکار برد. اگر گذارده براستی پیوندد و دلنهاد آمدن شود همراه آورد. از بخت‌فرخندگی آن پی‌گم‌کرده‌را دریافت و ناسور ایزدی خواهش از سر تازگی گرفت. از دیر باز بسان اویس و کرخی خرابه‌نشین است و از آنکه بآئین زمانیان کمتر پردازد برخی دیوانه گویند و گروهی ملحد. و او از غم و شادی فراترک زید. جز نان ریزه از کس باز نستاند و کهن دلقی پس از چندین سال برگیرد. راز دیرین در میان آورد و صحبت درگرفت. اگرچه از کنج‌نشینی بخردی زبان کشمیر نداند از رسائی میانجی فراوان فیض اندوخت و گوش‌را روزبازار دیگر شد. و از آنکه از مردم‌زاد بس دل گرفته بود آهنگ بیرون شدن نداشت. گیتی‌خداوند از ین آگهی نشاط اندوخت و قرار یافت که خود رفته تاریک زاویهٔ اورا برافروزند.

On the twenty-second [July 13] the writer of this volume was given permission to visit Wahid Sufi. Since the monarch is always in search of good and godly men, he keeps his servants on the lookout. At this time the poet laureate, Shaikh Faizi, wrote to me that an enlightened hermit had come to his attention. He had been withdrawn from the world for thirty years, and with no thoughts of artificiality or self-aggrandizement, he knew the emperor somewhat through internal enlightenment, and, although he had not seen him, he was devoted to him. When this was reported to the emperor, I was ordered to investigate him. If what had been said was true and he would agree to come, I should bring him back. I was lucky enough to meet him, and his desire to meet the emperor was renewed. He had long dwelt among ruins after the manner of Uwais and Karkhi,[25] and since he paid scant attention to the customs of people some called him mad and others thought he was a heretic, but he lived beyond the reach of pain or joy. He took nothing from anyone except a crust of bread, and once in many years he would accept an old cloak. He spoke of his old desire, and we began to converse. Although he had lived so long in isolation that he knew only the Kashmiri language, we could communicate and my ears were filled. Since he was disgusted by human beings, he had no intention of going out. The world lord was delighted by this news and decided to go himself to illuminate the hermit's dark cell.

۱۷۷ و از سوانح نهفته‌دانی کیهان خدیو. بعرض رسیده بود که مرزبان کشمیر در مستی یکی از پردگیان خودرا از بلند بامی انداخته. روزی که تماشای کشمیری کاخها میفرمودند با چندین غرفه‌های والا و منظره‌های دلگشا بر زبان گوهربار گذارش یافت «همانا از فراز این بام یوسف آن بیگناه‌را افکنده باشد.» چون پژوهش رفت همچنان بود. و همدرین روز جگناته که از بی‌منزلی شکوه داشت و خواهشگری خانهٔ قرا بیگ در سر، درین میان از فراز بامی کورنش داد. زود بدو فرمودند که «دور فرود آمدهٔ. منزل قرا بیگ فراخ و نزدیک است. بنگاه تو باشد.» غریو از همگنان برخاست. و همدرین نزدیکی سحری آواز خنیاگری بگوش والا رسید. بنقیب خان فرمودند که «هیچ از آواز سالِ گوینده میتوان دانست؟» پس از فراوان اندیشه پاسخ داد «زیاده از چهل سال و کمتر از پنجاه مینماید.» فرمودند «همانا بیش از بیست سال و کمتر از سی باشد.» چون پژوهش رفت بیست و پنج سال برآمد.

۱۷۸ درین هنگام آمدن مریم‌مکانی خواهش رفت و بنگارش عرضداشت اشارت شد. بر زبان گوهربار گذشت «این بیت که همین نفس گفته شد عنوان سازند.

حاجی بسوی کعبه رود از برای حج   یارب بود که کعبه بیاید بسوی ما

بیست و سیوم هاشم بیگ پور قاسم خان‌را براست کردن راه پکلی دستوری شد. چون سگالش آن بود که بازگشت از آن سو شود بسیاری سنگتراشان خاراشکاف و بیلداران سخت‌بازو بهمراهی آن گزیده‌خدمت فرستادند و زین خان کوکه‌را فرمان شد که باز گردد و اردوی بزرگ و دیگر

The world lord's prescience

177

It had been reported that once in a state of intoxication the warden of Kashmir had thrown one of the women of his harem from a high roof. One day when the emperor was looking at the Kashmiri palaces with all their high chambers and belvederes, he said, "It was from that roof that Yusuf threw the innocent woman." When it was investigated it turned out to be true.

On that same day Jagannath, who was complaining of not having quarters and entertained a desire for Qara Beg's house, saluted the emperor from a roof. "You have camped far away," said the emperor. "Qara Beg's house is spacious and nearby. It should be your quarters." A cry arose from everyone.

Around the same time, a singer's voice was heard by the emperor one morning. To Naqib Khan he said, "Can you determine the singer's age?"

After much thought he replied, "More than forty and less than fifty."

"No," said the emperor. "More than twenty and less than thirty." When it was investigated, he turned out to be twenty-five years old.

Around this time the emperor had a desire for Maryam-
Makani to come, and an order was given for a letter to be written. "Put this line, which I have just composed, at the top of the letter," he said:

"The pilgrim goes toward the Kaaba for the pilgrimage. O
Lord, could it be that the Kaaba comes toward us?"

On the twenty-third [July 14], Qasim Khan's son Hashim Beg was ordered to smooth the Pakhli road. Since the emperor was

مردم‌را برهتاس برد. و خود از راه پکهلی بملازمت آید. و درین روز آگهی آمد که خداوند خان در پتن گجرات غرّهٔ خردادماه الهی درگذشت. از دلاوران جنوبی دیار است. بهمراهی امرای برار سعادت بار اندوخت و بخسروی عنایت سربلندی گرفت.

۱۷۹ و از سوانح خرامش فرمودن گیتی‌خدیو مرراج‌رویه بر فراز کشتی. ازین رو که دریانوردی نشسته ره پیمودن است و گوناگون نشاط‌را پیش‌آهنگ، بخاطر دوربین چنان پرتو انداخت که تماشای آنسو بدین روش شود و چون درین ملک از سی هزار کشتی افزون لیکن سزاوار نشیمن کشورخدای نبود کارآگهان خدمتگذار در کمتر فرصتی گزین کاخهای دریائی سرانجام نمودند و گلزاری بر سطح دریا اساس نهادند و نام‌آوران و نزدیکان نیز به بهین روشی آماده گردانیدند. افزون از هزار کشتی آراسته شد و شهرستانی بر فراز دریا آبادی گرفت. بیست و چهارم تیرماه الهی گیتی خداوند با همایون اغرق بکشتی برآمد. بامدادان لنگر گشوده بالا کشیدند. پاو کم شش کروه و چهارده بانس درنوردیده برابر پنپور[۹۳] دایره شد. هر دو روی دریا گلزارهای نظرفریب و سبزه‌های نشاطافزا چشم‌افروز بود و هر دو سو یتاقداران شایسته‌خدمت نامزد گشتند. در پاسبانی زیردستان و کشتکاران کوشش رفت. هرچند دستمایهٔ خوشدلی و کامروائی بیشتر پالغز خداوندان کارآگهی است جهان‌سالار هوش‌افزائی‌را پایه برتر نهد. دوربینان سعادتگرای که دولت‌وری و اقبالمندی‌را از کامبخش حقیقی دانند زندگی‌را چنین آباد دارند و آنان‌را که نگاه از سبب و صورت درنگذرد خواهش‌روائی بشولیده‌مغزی دراندازد. روز دیگر چهار و نیم کروه و شصت بانس شتافته نزدیک بیج[۹۴]براره دایره شد و بامدادان پنج کروه و ربع و هشتاد بانس درنوردیده برابر جلگهٔ نندی‌مرگ فرود آمدند.

thinking of returning that way, many stonecutters and shovelers were sent along with him, and Zain Khan Koka was ordered to return and take the great camp and the other men to Rohtas and then rejoin the emperor in Pakhli. The same day it was learned that Khudawand Khan had died in Patan, Gujarat, on the first of Khurdad [May 22]. He was a warrior from the southern realm who had been given audience with the Berar officers, and he had been shown princely favor.

The world lord travels toward Miraj by boat

Since to travel by boat is to move while seated, and one can experience various pleasures thereby, it occurred to the emperor to tour Miraj by this means. There were more than thirty thousand boats in the territory, but there was not one worthy for the emperor to sit in, so clever carpenters quickly built several houseboats. Men of renown and intimates also had boats made ready for themselves. On the twenty-fourth of Tir [July 15], the emperor and the ladies boarded. The next morning anchor was weighed. Five and three quarters leagues and fourteen rods were traveled, and camp was made opposite Pampur. On both sides of the river were delightful meadows and enchanting green fields, and watchmen were stationed on both banks to guard the subjects and farmers. While sport and enjoyment often cause even aware lords to make mistakes, they raise our emperor's level of awareness. The farsighted who know that their fortune derives from the true giver keep their lives flourishing in this manner, while those whose gazes do not go beyond secondary causes and the superficial are cast into foolishness by desire.

The next day four and a half leagues and sixty rods were traveled, and camp was made near Bijbiara. The following day five

اگرچه در هر منزلی گزین مرزها شگفت افزاید لیکن آن النگ چشم و دل‌را تازه بینشی برافروخت. بفراخی سه هزار بیگه، بس هموار و خرّم و شاداب. جهان‌نوردان دوربین همتای او کمتر نشان دهند. دیهیم‌خدا بتماشای آن عشرت اندوخت و به نیایش دادار جهان‌آفرین برنشست. نندی زنی بود از پرستاران مهادیو و «مرگ» میدان. افسانه‌سرایان چنان برگذارند که آن پارساگوهر بجوانی پیوند خاطر داشت. چون درین نشاطگاه بچوگانبازی درآمدی لختی از دیدار او برآسودی. مرزبان کشمیر بر آن شد که آن‌را کشت‌پذیر گرداند. از اندیشهٔ حرمان بگران ارز خرید و بهمان نشاط‌بازی واگذاشت و بر دگرگونگی آن نفرین‌نامه برنوشت و تا امروز که دورها سپری شده پاس آن دارند.

۱۸۰ و از سوانح درگذشتن میرزا سلیمان. از آن باز که بار دوم بسجود قدسی آستان روشن‌پیشانی شد بآسودگی و نشاطاندوزی گذرانیدی. درین یورش اورا در لاهور گذاشته بودند تا در آرامش آن سالخورد گزندی نرسد. درین منزل آگهی آمد که سیزدهم تیرماه الهی جهان گذران‌را پدرود کرد. گیتی‌خداوند آمرزش درخواست. تاریخ ولادت او «یخشی[۹۵]». هفتاد و هفت سال زندگی یافت. در مردانگی و رزم‌شناسی یگانه بود.

۱۸۱ صبح آن سه کروه و چهل و چهار بانس سپرده بموضع کهنه‌بل که کشتی ازین برنگذرد نزول سعادت شد و در راه زاویهٔ واحد صوفی‌را که لختی حال او گذارده آمد بقدسی قدوم روشنی افزودند و دلاویز سخنان گذارش یافت و آن درویش‌را توانگردل گردانیدند. فرمودند «همگی بسیچ آنست که باندازهٔ توانائی گرامی انفس در رضامندی ایزدی شمرده آید و در شغل جهانبانی سررشتهٔ بایست از دست نرود. امید که آن روشن‌ضمیر در انجام این خواهش همّت گمارد.» او نیایشگری

and a quarter leagues and eighty rods were traveled, and a stop was made opposite the Nandi Marg meadow. Although beautiful meadows had been seen at every stopping place, this one truly delighted the eye. It is three thousand *bighas* in extent, very flat, verdant, and lush. Those who have seen the world say that it has few equals. The monarch enjoyed seeing it and praised the creator. Nandi was the name of one of Mahadeva's nurses, and *marg* means field. Tellers of tales said that the pious woman fell in love with a youth who used to come to this meadow to play polo, and she would watch him. When the ruler of Kashmir decided to have it planted, at the thought of being deprived of the sight of her beloved, she bought it for a large sum and kept it as a polo field. She also placed a curse on anyone who would change it, and so it is maintained to this day, even after long eons.

The death of Mirza Sulaiman

180

Mirza Sulaiman had been living in ease and enjoyment ever since he prostrated himself before the emperor the second time. During this expedition he had been left in Lahore lest anything disturb the aged man's rest. At this place it was reported that he had bidden farewell to the world on the thirteenth of Tir [July 4]. The world lord prayed for mercy on his soul. The chronogram for his birth is *yakhshi*,[26] and he had lived for seventy-seven years. He was peerless in bravery and battle.

The next morning a distance of three leagues and forty-four rods was traveled, and Khanabal, beyond which boats cannot go, was reached. Along the way the cell of Wahid Sufi, something about whom has already been reported, was graced by the emperor. A delightful conversation was held, and the dervish's heart was enlightened. The emperor said, "Our only thought

181

نموده برگذارد که «لختی از والاپایگی خدیو عالم آگهی دارد. صوری شکوه نقابیست بر حسن روزافزون معنوی. دیرین آرزو در سر که از آن خدیو صورت و معنی دریوزهٔ فیض کنم.» درین هنگام شاهزادهٔ بزرگ از پی رسیدند. فرمان شد که به نیایشکدهٔ صوفی رفته فروغ نظر برگیرد و نگارندهٔ اقبالنامه‌را همراه ساختند. شاهزاده نخست برای کیهان‌خدیو دریوزهٔ توجه نمود و او همان پیشین پاسخ برگذارد و سپس دربارهٔ خویش دعا درخواست. جواب داد «آرزو از آن پیشوای صورت و معنی برآید.» ازین سرمنزل گیتی‌آرای بر بارهٔ اقبال برآمد و بدیدن سرچشمهٔ اینچ[۹۶] که نشاطجای دیده‌وران و عبادتگاه باستانیان است عشرت اندوختند. صافی حوضیست پیوسته ازو آب برجوشد. در هرچندی زرد ماهی خالدار خوشنما نمودار گردد و آن سال‌را فرّخ شمرند. درین نزدیکی نمودار گردید و شادی آورد. و از آنجا بشکار پرداختند. سگالش آن بود که تا سرچشمهٔ رودبار بهت خرامش رود، لیکن تراوش ابر و لغزش تنگناها از آن بسیج بازداشت.

۱۸۲ و از سوانح فرستادن ایلچی به تبت. چون آوازهٔ افواج گیتی‌گشا بآن دیار رسید مرزبانان آنجا همّت نداشتند که خودرا بوالا درگاه رسانند و در چاره‌گری سراسیمه‌وار بودند. چون پیوسته بفرستادن پیشکش فرمانپذیری میگذاردند میرزا بیگ‌را پیش علی رای حاکم تبتِ خرد فرستادند و ملا طالب اصفهانی و مهتر یاری‌را پیش مرزبان تبتِ کلان. و در دلدهی و آرامش‌افزائی اینان دلآویز سخنان نگاشته آمد.

بیست و نهم تیرماه الهی خدیو جهان‌را گرانی شد و آن روز بسخت دردمندی گذشت. روز دیگر کارساز حقیقی نشان بهی فرستاد. پس از دو روز دو قاشوق شوربا خوردند و در کمتر زمانی تندرستی شد. میفرمودند

is that, insofar as possible, one's precious breaths should be counted in being dutiful to the divine and that in the labor of ruling the world, the thread of necessity should not be lost. It is hoped that you, as an enlightened person, will concentrate your psychic ability on the realization of this wish." The hermit praised the emperor and said, "I possess a slight awareness of the exalted station of the lord of the world. Worldly glory is a veil over your ever-increasing spiritual beauty. It has long been my wish to request an outpouring of grace from your physical and spiritual lordship." At this point the eldest prince came up from the rear, and he was ordered to enter the Sufi's cell and bask in the splendor of his gaze. This author was ordered to accompany him. First the prince requested the dervish's attention upon the emperor, and he replied as he had before. Then he requested a prayer for himself. "The wish will be granted by that leader of the physical and spiritual," he responded.

Coming away from that place, the emperor went to see the Inch spring, a place that delights those of insight and which was a site of worship for the ancients. It is a limpid pool from which water bubbles continuously. Every so often yellow spotted fish appear, and that year is considered auspicious. They appeared around this time, and there was much rejoicing. From there the emperor went hunting, thinking he would go as far as the source of the Bahat River; however, the gathering clouds and the narrowness of the defiles prevented it.

An emissary is dispatched to Tibet 182

When news of imperial forces reached the land of Tibet, the rulers were not high-minded enough to present themselves at court, and they were at a loss what to do. Since they had

«بسا بیماری کشیده شد. بدشواری روز اوّل رنجوری پیش نیامد.» ایزد جانبخش جهان‌آفرین بدادگری و تنومندی دیر داراد!

مبادا دولت از بالینِ او دور　　مبـــادا تاج‌را بی‌فرقِ او نور
مقیـمِ جاودانی باد جانـش　　حریـمِ زندگانی آســتانش[۹۷]

بازگشت حضرت شاهنشاهی از کشمیر جنّت‌نظیر

۱۸۳ چون تماشای آن گلشن همیشه‌بهار که همگنان‌را بطبیعت‌پرستی برد دیهیم‌خدارا بنیایش دادار گرمتر ساخت و لختی از آن گلگشت نشاط اندوختند و سپاه و رعیّت کام دل برگرفتند، بسیچ بازگشت شد. هرچند سازگاری آب و هوا و فزونی گل و بسیاری میوه راه بیرون شدن بستی، لیکن شاهنشاه فراخ‌ملک از خرد چیرگی بیش ازین نیارست بود. غرهٔ امردادماه الهی لنگر برگرفته بادبان کشیدند و راه پکلی پیشنهاد خاطر دوربین شد. سه کروه و بیست و پنج بانس آمده برابر جلگهٔ ننندی‌مرگ همایون رایات برافراختند. و درین روز ایبا بدولت بار رسید و نوازش یافت. چون یعقوب کشمیری، که لختی غنوده‌رأیی او گذارده شد، بشکوه شاهنشاهی از خواب درآمد و آرزوی آن در سر گرفت که بدستاویز پیمان بسجدهٔ قدسی آستان چهرهٔ بختمندی برافروزد، شهریار پوزش‌پذیر آمدگان‌را کامروا بازگردانید. و چون اورا از گنه‌سترگی درگذشت باور نیافتادی. درین هنگام برادر خودرا فرستاد تا مژدهٔ بخشایش بدو رسانده نقش بیمناکی بسترد. کامیاب خواهش بازگردید.

maintained their obedience by constantly sending tribute, the emperor dispatched Mirza Beg to Ali Rai, the ruler of Lesser Tibet, and Mulla Talib Isfahani and Mihtar Yari to the ruler of Greater Tibet. Pleasing words were written to encourage them and to calm their fears.

On the twenty-ninth of Tir [July 20], the world lord was indisposed, and that day he suffered great discomfort. The next day the deity sent signs of recovery. Two days later the emperor ate two spoons of soup, and in no time he had regained his health. "Great illness has been endured, but nothing was so difficult as the first day's pain," he said. May the deity keep him long in justice and health!

May fortune never be distant from his pillow. May the crown be lit by no head other than his.
May his life last forever, and may his threshold be the inner sanctum of life.

H.I.M.'S RETURN FROM THE HAPPY VALE OF KASHMIR

The tour of that garden of eternal spring turned most people's thoughts to the worship of nature, but it made the emperor more determined to worship the creator. Once he had toured some of its delights and military and civilian had been granted their wishes, the emperor's thoughts turned to the return. However much the delightfulness of the climate and the abundance of flowers and fruit would keep one there, an emperor of such a vast realm could not remain there any longer. On the first of

183

روز دیگر همدران سرزمین عشرت فرمودند. صباح آن چهار کروه و ربع و نه بانس رفته نزد جورس[۹۸] خیمه‌گاه شد. و درین روز برخی پردگیان از بزرگ اردو آمده بدولت ملازمت رسیدند. آصف خان و خواجه دولت و چندی سعادت کورنش اندوختند و درینجا انجمن رازگوئی آراسته شد و یورش کابل قرار گرفت.

۱۸۴ پس از یک مقام پنج کروه شتافته نزدیک پنپور[۹۹] فرود آمدند و پس از یک روز چهار کروه و سی و شش بانس درنوردیده نزدیک کوه سلیمان سرادقات اقبال برافراشته آمد. درین روز بمنزل محب‌علی خان رفته پرسش فرمودند و آن آمادهٔ واپسین سفر لختی نشاط اندوخت و بزورقچه برآمده روی بشهر نهادند. همگی سگالش آنکه امیر فتح الله شیرازی‌را بپرسیدن بلندپایگی بخشند. از آغاز درآمد شهر رنجور شد و در سیر نیارست همرهی کرد. بر سر آن گزیده‌دودمان رسیده نوازشها فرمودند. روز دیگر مقام بود. محب‌علی خان‌را روزگار سپری شد. یکی گفته باشد لا اله الا الله بگوئید. از دیر زبان از سخن باز گرفته بود. پاسخ داد «هنگام لا اله گفتن نیست. گاه آنست که همگی دل به الله پردازد.» خدیو پایه‌شناس‌را لختی دل بدرد آمد و پس‌ماندگان اورا نوازش فرمودند.

Amurdad [July 23], anchor was weighed, sails were unfurled, and he set forth for Pakhli. Three leagues and twenty-five rods were traveled, and the imperial banners were raised opposite the Nandi Marg meadow. On this day Aiba was received in audience. When Ya'qub Kashmiri, something of whose foolishness has been reported, was awakened from his slumber by imperial magnificence and desired to promise to prostrate himself at the emperor's threshold, the all-forgiving monarch sent his emissaries back with what they desired. He could scarcely believe that such a great offense had been pardoned. Now the emperor sent Ya'qub's younger brother to deliver the news of his pardon and erase all trace of fear. He returned having succeeded in getting his fondest wish.

The next day there was a celebration. The following morning four and a quarter leagues and nine rods were traveled, and camp was made near Joras. On this day some of the ladies came from the great camp to pay homage. Asaf Khan, Khwaja Daulat, and several others saluted the emperor, and council was convened at which an expedition to Kabul was decided upon.

After a day's halt, five leagues were traveled and camp was made at Pampur. A day later a distance of four leagues and thirty-six rods was traveled, and the imperial tents were pitched near Mount Sulaiman. On this day the emperor went to Muhibb Ali's quarters to inquire after him. Muhibb Ali, who was on the verge of making his final journey, was delighted. Afterward the emperor got back on his boat and set sail for Srinagar, thinking he would honor Amir Fathullah Shirazi by inquiring about him. He had fallen ill when the emperor first entered the city and had not been able to accompany him on his tour. When he came to the nobleman's bed he asked after his health. There was a halt

۱۸۵ نهم امردادماه الهی سه کروه درنوشته گذشت سری‌نگر دایره شد. در راه کشتی بپل خورد و از ایزدی پاس آسیبی نرسید. و پس از دو روز چهار کروه و شصت بانس سپرده شهاب الدین‌پور لشکرگاه شد. درینجا قریش‌سلطان کاشغری بدرگاه همایون رسید و بخسروانی عنایت سربلندی یافت. والا نژاد او بقاآن بزرگ میرسد: قریش‌سلطان بن عبد الرّشید خان بن سلطان‌سعید خان بن سلطان‌احمد خان المشتهر بآلاچه[۱۰۰] خان بن یونس خان بن اویس خان بن شیرعلی‌اغلان بن خضرخواجه خان بن تغلق‌تیمور خان بن ایسابوقا خان بن دوا خان بن براق خان بن ییسون‌توا بن مواتکان بن چغتای خان بن چنگیز خان.

۱۸۶ لختی حال چغتای خان در نخستین دفتر گذارده آمد. مواتکان پسر دوم چغتاست. قاآن بزرگ پدر بزگوار اورا از همه فرزندان دوستر داشتی. سال ششصد و هیژده در پای قلعهٔ بامیان به تیر درگذشت. ییسون‌توا دوم پور مواتکان در خدمت قاآن بزرگ سعادت می‌اندوخت تا روزگارش بسر آمد. براق خان پیشتر نزد قاآن می‌بود. قاآن اورا بماوراءالنهر فرستاد. او بستمکاری چیره‌دستی یافت و در خراسان با اباق خان بن هلاگو خان نبرد آراسته شکست خورد و در بخارا باحمدی کیش درآمد و سلطان غیاث الدین نام کرد. و چون رخت هستی بربست دوا خان پس از مدّتی بر اورنگ سلطنت برآمد و شکوه سترگ بهم رسانید. ماوراءالنهر و ترکستان و بدخشان و کابل برگرفت و چند بار خراسان‌را تاخت کرده بازگشت و لشکرها بهندوستان روانه ساخت و ناکام بازگردیدند. ایسابوقا خان پس از پدر در ترکستان و کاشغر و مغولستان فرمانروائی یافت. تغلق‌تیمور خان گذارش نماید که ایسابوقا خان دو حرم داشت، بزرگ ساتیلمش[۱۰۱] خاتون خرد منگلیگ[۱۰۲]. از آنجا که آئین الوس مغل است که حرم کلان

the next day. Muhibb Ali passed away. Somebody must have said, "Say, 'There is no god but God.'" (He had long been unable to speak.) He replied, saying, "This is no time for saying 'there is no god.' It is time to focus one's entire heart on God." The emperor's heart was pained for a time, but he consoled those he had left behind.

On the ninth of Amurdad [July 31], a distance of three leagues was traveled, and camp was made at Srinagar. Along the way the boat hit a bridge, but with divine protection no damage was done. Two days later four leagues and sixty rods were traveled, and camp was made at Shihabuddinpur. Here Quraish Sultan Kashghari came to court and was received with princely favor. His exalted lineage goes back to the Great Qa'an [Genghis Khan] as follows: Quraish Sultan, son of Abdul-Rashid Khan, son of Sultan Sa'id Khan, son of the Sultan Ahmad Khan who was known as Alacha Khan, son of Yunus Khan, son of Uwais Khan, son of Sher Ali Oghlan, son of Khizr Khwaja Khan, son of Tughluq Temür Khan, son of Esän Buqa Khan, son of Dua Khan, son of Buraq Khan, son of Yesün Tö'ä, son of Mö'ätügän, son of Chaghatai Khan, son of Genghis Khan.

Something about Chaghatai Khan has been given in the first volume. Mö'ätügän was Chaghatai's second son. His grandfather, the Great Qa'an, loved him the most of any of his offspring. He died in the year 618 [1221 C.E.] of an arrow wound at the foot of the Bamian fortress. Yesün Tö'ä, Mö'ätügän's second son, served the Great Qa'an until his death. Buraq Khan had been with the Qa'an, but then he sent him to Transoxiana. He attained domination through tyranny, and he was defeated in battle in Khurasan with Hülägü Khan's son Ayaq Khan. He adopted Islam in Bukhara and took the name Sultan Ghiyasuddin. Some time after

185

186

در نگاهداشت دیگران اختیار دارد در زمانی که خان بیورشی رفته بود از آبستن بودن منگلیگ ازین سرگذشت آزرده شد و سودمند نیامد. پس از سپری شدن روزگار خان پراکندگی در الوس افتاد. امیر بولاجی دوغلت جدّ میرزا حیدر در مقام جست‌وجوی آن شد و تاشوتیمور[۱۰۳] نامی‌را بپژوهش فرستاد تا از منگلیگ و شکم او آگهی آورد. پس از تکاپوی بسیار پدید آمد که او نقد زندگی سپرده پور او تغلقتیمور خان‌را بهزاران رنج از ولایت قلماق برگرفته آورد و در شانزده‌سالگی بسریر خانی رسید و در بیست و چهار سالگی باحمدی دین درآمد و از شورش ماوراءالنهر عزیمت آن دیار نمود و بدادگری آرامش داد. و از ناصیهٔ صاحبقرانی اقبال جاوید دریافته ولایت کش‌را گذرانید و ماوراءالنهر بمردم خود سپرده بمغولستان بازگشت. پس ازو الیاس‌خواجه خان جانشین شد و چون پیمانهٔ زندگی او لبریز آمد الوس مغول پریشان شدند. امیر قمرالدین دوغلت هیژده تن‌را از فرزندان و خویشان تغلقتیمور خان ازهم گذرانید و بر سریر خانی نشست. از نژاد تغلقتیمور خان جز خضرخواجه خان کسی نمانده بود. امیر خداداد برادرزادهٔ قمرالدین باتّفاق والده آن گرامی فرزندرا پنهان داشت. صاحب‌قرانی‌را با قمرالدین جنگهای سخت روی داد و چون فرو شد خضرخواجه خان‌را بکلانی برداشتند. او با صاحب‌قرانی راه آشتی سپرد و بهشیاری او مغولستان آبادی پذیرفت. چند بار لشکر بختا برد و طرفان و قراخواجه‌را بدست آورد و دختر او تکل خانم در شبستان صاحب‌قرانی بلندپایگی یافت. و ازینجهت که دامادرا «کورگان» گویند بدین نامور شدند. شیرعلی اغلان پس از پدر همراه برادران بسر میبرد. در سرآغاز جوانی درگذشت و اویس خان در خدمت عمّ خود شیرمحمد خان که مرزبانی مغولستان داشت می‌بود. راه قزاقی فراپیش گرفت و نبردها نمود.

he died Dua Khan took the throne and attained great glory. He took Transoxiana, Turkistan, Badakhshan, and Kabul, and he raided Khurasan several times. He also sent armies into Hindustan, but they returned in failure. Esän Buqa Khan ruled in Turkistan, Kashgar, and Moghulistan after his father. Tughluq Temür Khan reports that Esän Buqa Khan had two wives, the elder Satilmish Khatun and the younger Menglig. Since it is Moghul custom for the elder wife to have the choice over whether the others are kept, once when the khan was off on a campaign, Satilmish Khatun got angry when she learned that Menglig was pregnant and sent her away. After the death of the khan, chaos erupted in the nation, and Amir Bolaji Dughlat, the ancestor of Mirza Haidar, tried to remedy the situation by sending someone named Tash Temür to investigate and bring word of Menglig and her infant. After a long search it was discovered that Menglig had died. Her son, Tughluq Temür Khan, was brought out of Qalmaq territory with much difficulty, and he attained the rule at the age of sixteen. At the age of twenty-four he converted to the Muslim religion. On account of the troubles in Transoxiana he set out for there and quelled the unrest with justice. Discerning traces of eternal felicity on the brow of the Sahib-Qiran, he gave him Kish. Turning over Transoxiana to his men, he returned to Moghulistan. Ilyas Khwaja Khan succeeded him, and when he died the Moghul nation dispersed. Amir Qamaruddin Dughlat put eighteen of Tughluq Temür Khan's sons and relatives to death and usurped the khan's throne. Of Tughluq Temür Khan's progeny only Khizr Khwaja Khan remained. Amir Khudadad, Qamaruddin's nephew, hid the child and its mother. The Sahib-Qiran fought many battles with Qamaruddin, and when he (Qamaruddin) died Khizr Khwaja Khan was elevated to the chief-

چون شیرمحمد خان‌را روزگار سپری گشت مسندآرای خانی شد. گویند
با قلماق شصت و یک جنگ کرد و یکبار چیره آمد و دو بار گرفتار شد.
تاشی سردار قلماق بزرگداشت دودمان نموده گذاشت. و چون ساتوق
خان بر سر او آمد به نبردآرائی شتافت و در آن زدوگیر از ملازمان خودش
تیری نادانسته رسید و درگذشت و پراکندگی در الوس مغول راه یافت.
یونس خان‌را پس از سانحهٔ پدر برخی بسمرقند پیش میرزا الغ بیگ بردند و
ایسابوقارا بسرداری الوس مغول برگرفتند. میرزا بسیاری‌را کشت و هرچه
داشتند برگرفت و یونس خان‌را پیش شاهرخ میرزا فرستاد و میرزا از روی
مهربانی بمولانا شرف الدین علی یزدی سپرد و ازو لختی آگهی اندوخت.
و چون روزگار مولانا سپری شد بعراق عرب و آذربایجان و فارس گذاره
نمود و شیرازرا بنگاه ساخت و زمین خرید و هنر آموخت و از دستمزد
خود باندکی بسر میبرد. و در چهل و یک سالگی سلطان ابوسعید میرزا
طلب داشته ساز بزرگی همراه ساخت و با لشکری فراوان بر سر برادرش
که بتاخت ولایت آمدی روانه فرمود. و پس از آویزش بسیار شکست
یافت و بمکر و تزویر پرداخته نزد فرغانه جا کرد و مردم فراهم آمدند.
درین اثنا میر سیّد علی از نبایر امیر خداداد که بزرگ امیر مغولستان بود
درگذشت و کار یونس خان رواج گرفت. در اندک فرصتی ایسابوقا نیز
بدان ملک شتافت. چون درگذشت دوست‌محمد خان پسر او سریرآرای
شد و در کمتر زمانی حکومت مغولستان باستقلال بیونس خان بازگردید و
از شکرگذاری سه دختر خودرا بفرزندان میرزا ابوسعید خان داد. مهرنگار
خانم بسلطان احمد حاکم سمرقند، و سلطان‌نگار خانم بسلطان‌محمود
(خان میرزا پدر میرزا سلیمان ازو بزاد)، و قتلق‌نگار خانم بعمرشیخ میرزا.
و حضرت گیتی‌ستانی از آن مطلع اقبال بظهور آمدند. هفتاد و چهار سال

tainship. He maintained a policy of peace with the Sahib-Qiran, and thanks to his intelligence Moghulistan flourished. Several times he led campaigns to Cathay and captured Turfan and Qara Khwaja. His daughter, Tükäl Khanim, attained the honor to be in the Sahib-Qiran's harem. Since a son-in-law is called *kürgän,* that became his title. Sher Ali Oghlan lived with his brothers after his father's death, and he died young. Uwais Khan was in service to his uncle, Sher Muhammad Khan, the warden of Moghulistan, and then he went off on his own and fought a number of battles. When Sher Muhammad Khan died he mounted the throne. They say he fought sixty-one battles with the Qalmaqs; he was victorious once and was captured twice but Tashi, the leader of the Qalmaqs, respected his lineage and let him go. When Satuq Khan attacked him he faced him in battle, during which he was inadvertently shot by one of his own men and died. Chaos erupted among the Moghuls once again. After his father's death Yunus Khan was taken to Samarkand, where he stayed for a while with Mirza Ulughbeg, and Esän Buqa was elevated to leadership of the Moghul nation. The mirza killed many of them and took everything they had, and then he sent Yunus Khan to Shahrukh Mirza, who kindly entrusted him to Maulana Sharafuddin Ali Yazdi, by whom he was educated. When the mawlana passed away he went to Arab Iraq, Azerbaijan, and Fars and settled in Shiraz, buying land, acquiring skills, and living from his handicraft. When he was forty-one Sultan Abusa'id Mirza summoned him, outfitted him, and sent him with a large force to attack his brother Esän Buqa, who had been raiding Sultan Abusa'id Mirza's territory. After much fighting he was defeated. Turning to deceit and deception, he settled near Fergana and gathered men. Around this time Mir Sayyid Ali, the

عمر یافت. در آخرها از بدگوهری نوکران گوشه برگرفت. سلطان‌احمد خان پسر دوم یونس خان است. ملک‌را نیک ضبط نمودی. با قلماق آویزشهای مردانه کرد و فتحهای شگرف روی داد و با اوزبک و قزاق دستبردهای گزیده نمود. چون شاه بیگ خان بر ولایت برادر بزرگ او سلطان‌محمود خان چیره‌دستی یافت بیاوری رفت و از نیرنگی روزگار شکست خورد و هر دو برادر گرفتار شدند. شاه بیگ خان پاس دیرین حقوق داشته گذاشت. سلطان‌احمد ازین اندوهناکی بیمار شده درگذشت. سلطان‌سعید خان سیومین پور سلطان‌احمد است از شانزده پسر. چندگاه در قید شاه بیگ خان بود. از آنجا گریخته پیش عمّ خود سلطان‌محمود خان رفت و ازو نیز جدا شده به پیش برادر خود خلیل‌سلطان بمغولستان روی آورد. و در میان این دو کس و منصور خان که برادر بزرگ بود آویزش رفت. سلطان‌سعید خان صحرا و هامون نوردیدن گرفت و بایزدی تأیید پیش گیتی‌ستانی بکابل آمد و نوازش یافت و مدّت سه سال در ملازمت آن قدردان عشرت اندوخت و لشکر همراه گرفت بفرغانه آمد و بیشتر ملک‌را برگرفت. میرزا ابابکر دوغلت که حاکم کاشغر بود به پیکار آمد و شکست یافت. و پس ازین سونچ خان حاکم ترکستان با لشکر بسیار آمد. خان پیش قاسم خان مرزبان دشت قپچاق رفت و از آنجا لشکر بکاشغر آورد و با میرزا ابابکر نبرد آراسته فیروزمند آمد. و با منصور خان برادر بزرگ آشتی نمود و خطبه و سکّه بنام او شد. گویند چندگاه اسم خانی بعد از منصور خان بشاه خان پسر او قرار گرفت. چون روزگار او سپری شد حکومت بسلطان سعید خان بازگشت. چند بار لشکر بر ولایت مغولستان کشیده نصرت اندوخت و باهل تبت آویزشها کرد و گشایشها روی داد. و اسکندر سلطان پسر خودرا باتّفاق میرزا حیدر از راه

grandson of the Amir Khudadad and the great commander in Moghulistan, passed away and things began to look up for Yunus Khan. It was not long before Esän Buqa also went there. When he died his son Dost Muhammad Khan took the throne, and shortly thereafter the governance of Moghulistan reverted autonomously to Yunus Khan, and in gratitude he gave three of his daughters in marriage to three of Mirza Abusa'id's sons. Mihr-Nigar Khanim was married to Sultan Ahmad the ruler of Samarkand; Sultan-Nigar Khanim was married to Sultan Mahmud (Mirza Sulaiman's father Khan Mirza came from this union); and Qutlugh-Nigar Khanim was married to Umar Shaikh Mirza. H.M. Giti-Sitani [Babur] was born of that union. Yunus Khan lived for seventy-four years, and toward the end of his life he retired on account of the ill nature of his liege men. Sultan Ahmad Khan was Yunus Khan's second son, and he consolidated his territory well. He fought bravely with the Qalmaqs and won amazing victories. He struggled fiercely with the Uzbeks and Kazakhs. When Shah Beg Khan[27] was gaining dominance over the territory of Sultan Ahmad Khan's elder brother, Sultan Mahmud Khan, he went to assist, but by the mysterious workings of fate he suffered defeat and both brothers were captured, but Shah Beg Khan recognized old obligations and let them go. Sultan Ahmad fell ill of grief and died. Sultan Sa'id Khan was the third of Sultan Ahmad's sixteen sons. For a time he was held in captivity by Shah Beg Khan, but he escaped and went to his uncle, Sultan Mahmud. Leaving him, he went to his brother Khalil Sultan in Moghulistan. There were great struggles between them and Mansur Khan, the eldest brother. Sultan Sa'id Khan began to roam the plains and wildernesses, and with divine assistance he went to Giti-Sitani in Kabul, where he was received favorably.

تبت بکشمیر فرستاد و آن ملک دلگشارا بدست آورد و از دوروئی مردم آشتی‌گونه کرده بازگردید و از دمگیری و ناسازگاری هوای تبت بیمار شده درگذشت. عبد الرشید خان این نام‌را فردوس‌مکانی بخواهش پدر او نهاده بودند. چون نوبت سلطنت بدو رسید داد و دهش پیش گرفت و بر اوزبک و قزاق چنیره‌دست آمد و پیوسته با جهانبانی سلسله‌جنبان دوستی بود. میرزا حیدر تاریخ‌را بنام او نوشته است. چون درگذشت عبد الکریم خان جانشین شد و بآزرم‌مندی و نیکسگالی سی سال فرماندهی نمود و شش برادر او (صوفی سلطان، محمود سلطان، قریش سلطان، ابوسعید سلطان، عبد الرحیم سلطان، عبدالله سلطان) بحکم وصیّت پدر و نیکوگوهری خدمت‌گزین آمدند. درین اثنا میان خدابنده پسر قریش سلطان و عمّ او محمد خان آویزش شد. او بدغوی شتافت و بیاوری آنها طرفان و آن نواحی برگرفت. خان ازو باندیشه در شد و قریش سلطان‌را دستوری حجاز داد. او با زه‌وزاد و هفت پسر (شاه‌محمد، عادل خان، مظفر خان، عبدالله خان، سنجر، احمد، غضنفر) ببدخشان آمد و از آنجا ببلخ بردند و برخصت عبدالله خان متوجه آستان اقبال شد و بملازمت کیهان‌خدیو شرف سعادتی یافت. و هشتمین پور خدابنده‌را در آن حدود ماند. سنجیدگی و نیکوئی از پیشانی او میدرخشید و چون عبد الکریم خان نقد زندگی سپرد و حکومت او به برادرش محمد خان قرار گرفت، عبدالله خان از ماوراءالنهر لشکر گران بر سر او فرستاد و شکست یافته برگشتند.

آبیاری سرابستان سخن‌سرائی کجا انجامید؟ اگرچه لختی بپهنا رفته شد لیکن گلشن سوانح‌نویسی شاداب گشت.

He was a member of his retinue for three years, and during that time he gathered an army with which he went to Fergana and recovered most of the province. Mirza Ababakr Dughlat, the ruler of Kashgar, came out to battle and was defeated. Afterward Sevinch Khan, the ruler of Turkistan, came out with a large army. The khan went to Qasim Khan, the warden of the Qipchaq Steppe, and took an army from there to Kashgar, where he did battle with Mirza Ababakr and emerged victorious. He made a truce with Mansur Khan, his eldest brother, and the *khutba* and coinage was put in his name. It is said that after Mansur Khan the title of khan went for a while to his son Shah Khan. When he died the governance reverted to Sultan Sa'id Khan. He led his troops to Moghulistan, where he was victorious, and he fought with the Tibetans. He sent his son Iskandar Sultan with Mirza Haidar through Tibet to Kashmir, and they conquered that delightful land, but the people were so hypocritical they were forced to conclude a truce and pull out. [Sultan Sa'id Khan] fell ill with altitude sickness in Tibet and died. His son, Abdul-Rashid Khan, was named by Giti-Sitani at the father's request. When the rule went to him, he ruled with justice and gained dominance over the Uzbeks and Kazakhs. He always maintained friendly relations with Jahanbani [Humayun]. Mirza Haidar named his history after him.[28] When he died Abdul-Karim Khan succeeded him, and he ruled for thirty years with honor and benevolence. His six brothers (Sufi Sultan, Mahmud Sultan, Quraish Sultan, Abusa'id Sultan, Abdul-Rahim Sultan, and Abdullah Sultan) chose to serve the imperial court both by their father's will and through their own good fortune. At this point a fight broke out between Quraish Sultan's son Khudabanda and his uncle Muhammad Khan. He went to the . . . ,[29] and with their assistance

391

۱۸۷ سیزدهم امردادماه الهی سه کروه و ربع و دوازده بانس درنرودیده نزد ست‌پور نزول همایون شد. در راه بباغ صفا که سبز کردهٔ میرزا حیدر بود تشریف بردند و بر فراز کوهچهٔ که بسیاری از ولایت کشمیر از آنجا بچشم درآید برآمده شگرف نشاط اندوختند.

روز دیگر چهار کروه و ربع و هفتاد و دو بانس راه پیموده نزد پتن لشکرگاه شد و از کشتی فرود آمده بخشکی پرداختند. و درین روز ملک الشعرا شیخ فیضی و میر شریف آملی‌را گرانمند زری همراه کرده بشهر فرستادند تا بوارستگان بیغوله‌گزین و حاجتمندان خاموش و دیگر خواهشوران بخش کنند.

he seized Turfan and that area. The khan began to worry about him and ordered Quraish Sultan to the Hejaz. He came to Badakhshan with his family and seven sons (Shah Muhammad, Adil Khan, Muzaffar Khan, Abdullah Khan, Sanjar, Ahmad, and Ghazanfar). From there they were taken to Balkh, and with Abdullah Khan's leave he set out for the imperial court and joined the retinue of the world lord. He left his eighth son, Khudabanda, there. Gravity and goodness radiate from his brow, and when Abdul-Karim Khan died and the rule went to his brother, Muhammad Khan, Abdullah Khan sent a large army against him from Transoxiana, but they returned in defeat.

Where has this digression taken us? Although we have gone rather far astray, it has been necessary to provide a full history.

On the thirteenth of Amurdad [August 4], three and a quarter leagues and twelve rods were traveled, and camp was made near Sitpur. Along the way the Safa Bagh, which had been planted by Mirza Haidar, was visited, and the emperor went up on a hill from which much of the province of Kashmir can be seen to enjoy the beautiful view.

The next day four and a quarter leagues and seventy-two rods were traveled, and camp was made in Pattan. The emperor disembarked and traveled by land. On this day the poet laureate Shaikh Faizi and Mir Sharif Amuli were given a large amount of money to take to the city and distribute to the needy.

187

۱۸۸ و از سوانح آمدن یعقوب خان کشمیری بدرگاه والا. از بادافراه خودسری و سرتابی ستوه آمده در تنگنای کشتوار سراسیمگی می‌اندوخت. از رسیدن موکب همایون بسترگ بیمناکی درشد، مبادا اورا زمینداران گرفته بسپارند. و چون برادر او مژدهٔ بخشایش رسانید لختی از آن آسیمه‌سری برآمد و در لابه‌گری افزود و رستگاری خودرا جز در آمدن ندید، لیکن چون از کارکرد خود فراوان هراس در سر داشت بمیانجی میرزا یوسف خان عرضداشت که «از مستی برنائی و دمسازی بدگوهران گذشت آنچه گذشت. اکنون گرداب پشیمانی فرو گرفتن دارد. آرزو آنست که پای‌افزار خاصه بفرستند تا آن‌را بر تارک نهاده بسجود قدسی آستان گرایم.» شهریار مهرباندل پذیرفته کامیاب خواهش گردانید. آن پریشان‌روزگار ازین مهربانی گام سرعت برنهاد و هیژدهم امردادماه الهی کام دل برگرفت.

۱۸۹ پس از سه مقام کوچ شد. سه کروه و ربع و شصت بانس رفته نزد نوپره خیام دولت برزدند. چون در آن ملک باربردار خشکی آدمی است بزرگ بارها بردارد و گریوه‌ها بسان هموار زمین درنوردد، بسیاری اسباب‌را این گروه برداشته بردند. شگرف نمایشی داشت. بامدادان دو کروه و بیست بانس رفته نزد بارهموله بارگاه دولت برافراختند. این دروازهٔ کشمیر است. یک طرف کوه فلک‌آسا، و از دیگر سو دریای بهت جوش برزده بهندوستان شتابد و در میانه تنگ راهیست. از دیر باز مرزبانان دری برنشانده پاسبانان بی‌نوشته نگذارند. درین روز زین خان کوکه راه پکلی بسجود نیایش سربلندی یافت و از همین منزل اورا پیش فرستادند تا رودبار سندرا استوار پلی بربندند. فیروزی سپاه هشت بخش شد. چندی خاصان‌را در رکاب همایون نوشتند. دیگر هفت فوج موافق کشک

Ya'qub Khan Kashmiri comes to court 188

In retribution for his headstrongness and rebelliousness he had grown weary and was in distraction in the hills of Kishtwar. When the imperial retinue arrived he went into great trepidation lest the zamindars capture him and turn him over. When his brother brought the good news of his reprisal he calmed down a bit and began to prattle that his only salvation lay in going to court. However, since he was still in fear over his past conduct, he used Mirza Yusuf Khan as an intermediary to say, "That which has happened happened on account of the intoxication of youth and the influence of bad companions. Now I am drowned in the whirlpool of regret. It is my wish that the emperor send his personal carpet so that I can put my head on it and prostrate myself at the imperial threshold." The kind monarch agreed to this. The miserable wretch then set out as fast as possible and attained his wish on the eighteenth of Amurdad [August 9].

After a halt of three days the emperor marched on. Three and 189 a quarter leagues and sixty rods were traveled, and camp was set up near Naupura. Since in that land portage over land is done by humans who take huge loads on their backs and cross mountains as though walking across flat terrain, many supplies were carried by such people. It was an amazing sight. The next morning two leagues and twenty rods were traveled, and camp was set up in Baramula, the gate to Kashmir. On one side lie mountains that scrape against the celestial sphere, on the other side the Bahat churns its way to Hindustan, and in between winds a narrow roadway. Long ago the rulers built a gate, and the guards do not allow anyone through without a pass. On this day Zain Khan Koka came from Pakhli and was dispatched to construct a bridge across the Indus. The imperial army was divided into eight divi-

هرروزه قرار یافتند و کارآگهان جدکار نامزد شدند تا بدوری درخور هر بخش‌را بشایستگی بگذرانند.

بیست و سیوم خدیو جهان از آب بهت گذشت و پاو کم یک کروه و ۱۹۰
بیست بانس سپرده منزل شد. و درین روز میر عارف اردبیلی بسجدهٔ نیایش روشن‌پیشانی گشت. میر از فهم و فطرت فراوان بهره دارد و بریاضتگری روشن‌ضمیر. پیشتر ازین بچند سال از گفتگوی ناتوان‌بینان هرزه‌لای از لاهور بکشمیر شتافت. علی خان مرزبان آنجا بس گرامی داشت و بدامادی برگرفت. حسدپیشگان سخنساز چنان رسانیدند که اندیشهٔ سری در سر دارد و با چندی بدان آهنگ است که چون مرزبان بدیدن آید در آن خلوتگاه ازهم گذرانند. میر از ناسازگاری زمانیان و آشفتگی روزگار شبی صحرای آوارگی پیش گرفت. از راه گرفته آوردند و بناسزاگوئی آزردند. از آنجا به تبت رفت و علی‌زاد حاکم آنجا خواهر خویش‌را بدو داد. در آن وقت که ایلچیان به تبت روانه گشتند حکم شده بود که میررا بملازمت رهنمونی کنند. از آنجا که غایبانه ارادتگرای بود با آنکه مرزبان رخصت نمیداد و دوستان و یکجهتان افسانهٔ بی‌دلی میخواندند پا از سر نشناخته قدم در راه نهاد و بخسروی نوازش روشناس آمد. پس از یکروز سه کروه و بیست بانس درنوردیده نزد خانپور فرود آمدند و درینجا آگهی شد که بیست و چهارم خواجه صندل رخت هستی بربست. چون آن نامور عشقبازان رنجور شد پیشتر روانه گردانیده بودند. در میان راه واپسین سفر پیش گرفت.

sions, and several intimates were assigned to the imperial retinue. The other seven divisions were assigned according to the daily roster, and officials were ordered to get them across in turn.

On the twenty-third [August 14] the world lord crossed the 190 Bahat, and three quarters of a league and twenty rods were traveled. On this day Mir Arif Ardabili paid homage. He was a very learned and intelligent man who was enlightened by asceticism. Several years ago he had gone from Lahore to Kashmir on account of jealous rumors. Ali Khan, the warden of Kashmir, appreciated him greatly and made him his son-in-law. Jealous spreaders of rumor reported that he was harboring thoughts of rule and had conspired with others to put the ruler to death when he paid a visit. Disgusted by the hatefulness of people and the vicissitudes of fortune, the mir escaped into the wilderness one night, but he was captured and brought back to torture. From there he went to Tibet, where the ruler, Alizad, gave him his sister. When the emissaries set out to Tibet they were ordered to bring the mir to pay homage. Since he was a devotee of the emperor in absentia, and even though the ruler of Tibet refused to give him leave and his friends and comrades told him how much they would miss him, he set forth and was received with imperial favor.

One day later three leagues and twenty rods were traveled, and camp was made in Khanpur. Here it was learned that on the twenty-fourth [August 15] Khwaja Sandal had died. Since he had fallen ill he had been sent ahead, but along the way he set out on his journey to the hereafter.

۱۹۱ و از سوانح سپری شدن روزگار عضدالدّوله. از بیماری در شهر گذاشته بودند. بسرنوشت آسمانی حکیم علی‌را در مداوا لغزشی رفت. جهان‌سالار حکیم حسن‌را بچاره‌گری فرستاد. درینولا او باردوی همایون پیوست و روشن شد که ازین سپنجی سرا دل برگرفت. پادشاه پایه‌شناس‌را از گذشتن آن یادگار حکمای پیشین اندوه درگرفت و بارها بر قدسی زبان رفت که «میر وکیل و حکیم و طبیب و منجّم ما بود. اندازهٔ سوگواری ما که تواند شناخت؟ اگر بدست فرنگ افتادی و همگی خزاین عوض خواستی بآرزو آن سودای فراوان سود کردمی و آن گرامی گوهررا ارزان اندوختمی.» این حیران انجمن هستی چنان میدانست که قافلهٔ دبستانی دانش‌را یکباره ره زده‌اند. از دیدن این معنوی بزرگ دریافته دگرگونگی پذیرفت. بآن مایه شناسائی در راستی و درستی و معامله‌دانی نایاب گوهری بود. فرمان شد که از خانقاه میر سیّد علی همدانی برداشته فراز کوه سلیمان که دلگشا جائیست نگاه دارند.

روز دیگر چهار کروه و شصت بانس سپرده بموضع کلان بیلا[۱۰۴] فرود آمدند. بیشتری تا اینجا برف بارد. دو طرف دو کوه بس بلند. در بازگشت یکی براست درخت ندارد و دیگری پر از سرو و صنوبر با آنکه دوری در میان این دو کهسار بس کم.

بامدادان چهار کروه ربع کم و شصت بانس درنوردیده نزد پاهونار[۱۰۵] از اعمال دچن‌کهاور[۱۰۶] موکب همایون نزول فرمود. از بارهموله تا دریای کشن‌گنگ دست راست‌را در بازگشت دچن‌پارو گویند و چپ‌را دچن‌کهاور.

روز دیگر کوارمست‌را که دشوارترین گریوه‌های این راه است درنوردیدند و موضع ماهی‌پره مخیّم اقبال شد. سه کروه و ربع و هشتاد

Azududdaula passes away

191

He had been left behind in the city on account of illness. By fate Hakim Ali made a mistake in treating him. The emperor sent Hakim Hasan to treat him. At this point Hakim Hasan joined the imperial camp, and it was learned that Azududdaula had departed this mortal world. The emperor was greatly aggrieved by the loss of this heir to the great sages of the past, and many times he said, "The mir was our agent, philosopher, physician, and astrologer. Who can realize the extent of our grief? If he had been taken captive by the Franks and they had asked for our treasury in ransom, I would have given it all to get him back. I realize now that the caravan of school knowledge has been waylaid: he was a unique pearl of wisdom in his honesty, correctness, and dealings." It was ordered that he be taken from Mir Sayyid Ali Hamadani's *khanaqah* and buried atop Mount Sulaiman, a delightful place.

The next day a distance of four leagues and sixty rods was traversed, and camp was made in the village of Kanpla. In this place it was mostly snowing. On either side rose very high mountains. Although the distance between the mountains on either side was very slight, one side did not have a single tree on it, and the other side was full of cypresses and pines.

The next morning three and a quarter leagues and sixty rods were traveled, and the imperial retinue camped near Pahunar, a dependency of Dachinkharo. From Baramula to the Kishanganga River the right-hand side is called Dachinparo, and the left side is called Dachinkharo.

The next day Kuwarmast, the most difficult of all the passes along this route, was crossed, and camp was made in the village of Mahipura. Three and a quarter leagues and eighty-nine rods

و نه بانس راه بود. چندین بار از نشیب بآسمانی فراز رفتند و در گذشت گریوه گیتی‌خداوند بر سر تربت خواجه صندل لختی عنان برکشید و بالقای آش که آئین عشقبازانست پرستش رفت. درین روز مردم همراه نتوانستند رسید. ناگزیر مقام شد. درینولا میر ابوالقاسم نمکین از سواد آمده بسجدهٔ نیایش روشن‌پیشانی گشت. کالو افغان‌را که گریخته شورش یوسف‌زئی‌را سرمایه شده بود همراه آورد. چون فیروزی سپاه آن کهساررا گرد گرفت و کار بر سرکشان آن سرزمین تنگ شد هر گروهی بیکی از امرا پناه برد. این بدگوهر میررا دستآویز رستگاری گردانید. گیتی‌خداوند آن نیستی‌سزاواررا بزندانی دبستان فرستاد.

۱۹۲   صبحگاه چهار کروه و ربع و بیست و شش بانس که تنگناها داشت درنوردیده نزدیک بولیاس سراپرده برافراختند. اینجا ولایت کشمیر انجام گیرد و ملک مستنگ‌ [۱۰۷] آغاز. از بولیاس تا دریای کشن‌گنگ بدین نام خوانند و نیز شیخ اسمعیل که الوس یوسف‌زئی بولایت او گردد و کرامات ازو برگذارند بپابوس رسید، بو که بلابه‌گری او گناهان آن گروه بخشوده آید. و درین روز گرانمند زری بمیر عارف اردبیلی سپردند که بآرزومندان تبت فرستد. حکیم ابوالفتح که شکم‌روی داشت سخت رنجور شد. سایهٔ عاطفت انداخته پرسش فرمودند. صباح آن چهار کروه راه آمده گریوهٔ بولیاس درنوردیدند و نزد نوپره دایره شد. در سختی و تنگی و نشیب و فراز ناهنجار کم‌همتا. و درین روز بخانهٔ حکیم رفته دلدهی فرمودند.

۱۹۳   روز دیگر چهار کروه و ده بانس درنوشته نزد پرک‌ [۱۰۸] منزل گزیدند. سلطان حسین پکلی‌وال با پیشکش بدرگاه والا رسید و نوازش یافت. غرّهٔ شهریورماه الهی از دریای کشن‌گنگ پل بسته گذاره شد و سه کروه و ربع و هشتاد و دو بانس راه نوردیده نزدیک سیکری فرود آمدند. دلکش

had been traveled. Several times we went up to the sky, and while crossing the pass the emperor pulled in his reins over the grave of Khwaja Sandal and performed an act of worship by distributing food, which is a Sufi custom. This day the men had been unable to keep up, so necessarily a halt was observed. Here Mir Abu'l-Qasim Namakin came from Swat to pay homage, bringing Kalu the Afghan, who had fled and was the major cause of the Yusufzai trouble. When the imperial troops had surrounded the mountain and besieged the rebels, every group took refuge with one of the officers. This wretch had turned to the mir for his salvation. The emperor sent him to prison, although he deserved to die.

The next morning a distance of four and a quarter leagues and twenty-six rods was traveled through the defiles, and the imperial tent was pitched near Buliyas. Here the province of Kashmir ends, and the region of Mastang begins. From Buliyas to the Kishanganga River it is called by this name. Shaikh Isma'il, whom the Yusufzai people believe to be a saint and about whom they report miracles, came to pay homage, thinking he could beseech the emperor to pardon the Yusufzais' offenses. On this day a large amount of money was turned over to Mir Arif to send to the needy in Tibet. Hakim Abu'l-Fath, who had diarrhea, was in great pain. The emperor paid him a visit to inquire after his health. The next morning a distance of four leagues was traveled across the Buliyas Pass, and camp was made near Naupura. This pass has few equals for its difficulty, narrowness, and ruggedness of terrain. On this day the emperor went to the hakim's tent to inquire about him.

The next day a distance of four leagues and ten rods was traversed, and camp was made near Barka. Sultan Husain Pakliwar came to court bearing tribute and found favor. On the first

192

193

رودیست صافی‌آب بس سرد و گوارا. از پایان تبت جوش برزند. ازین جویبار تا رود پکلی «مستنگ[۱۰۹]» خوانند و تا این منزل کنارهٔ دریای بهت گذاره بود. روز دیگر گریوهٔ سترگ که سه و نیم کروه بود گذشته نزد دریای نین‌سُکه لشکرگاه شد. این در شیرینی و گوارائی از پیشین آب کمی ندارد و برخی گزیده‌تر انگارند. و قاسم خان‌را دستوری شد که در بستن پل بر دریای سند کوشش نماید.

و پس از یکروز گریوهٔ بتراسی[۱۱۰]را گذشتند. پنج کروه و سی بانس درنوشته نزد گهی از مضافات پکلی خرگاه شد و میدانی نمودار گشت. و پس از گرانی شگرف ارزانی پدید آمد. سلطان حسین چنان آرزو کرد که از قدوم کیهان‌خدیو خانهٔ او نورآگین گردد. از مسکین‌نوازی پذیرفتند و بجاودانی سعادت رسید.

۱۹۴ روز دیگر چهار کروه و ربع و هشتاد بانس سپرده نزدیک دادهال فرود آمدند و صبحگاه سه و نیم کروه و نود بانس نوردیده نزد گدهسه دایره شد. شاهرخ زمیندار دمتور آمده بسجدهٔ نیایش ناصیهٔ بختوری برافروخت.

چون حکیم بس رنجور بود مقام فرمودند. شب هفتم شهریورماه الهی آن حدیقه‌پیرای نکته‌دانی دقیقه‌شناس دوربین بیداردل شبستان ضمایر هشیارمغز انجمن نهفته‌دانی نبض‌شناس روزگاررا هنگام بسر آمد و ازین آشوبگاه بر کناره شد. تا واپسین نفس آگهی بر جا بود و شورش فرو شدن به بیمناکی نبرد. چه نویسم که بر قدسی خاطر ازین حادثهٔ غم‌اندوز چه برآمد؟ هرگاه خرد و بزرگ‌را سوگواری درگرفته باشد حال آن قدردان بزم آگهی‌را که یارد اندازه شناخت؟ اخلاصمندی و شناسائی مزاج و خیراندیشی عام و شیوائی زبان و حسن منظر و امارت عالی و تمکین

of Shahrewar [August 23], the emperor had a bridge constructed over the Kishanganga River and crossed, and after traveling three and a quarter leagues and eighty-two rods, he dismounted near Sangri. It had a delightful torrent of clear water, very cold and tasty, that flows from the south of Tibet. From this stream to Pakhli is called Mastang. As far as this place the course of the Bahat River had been followed. The next day a great pass three and a half leagues long was crossed, and camp was pitched near the Nainsukh River. In sweetness and tastiness of its water it was no less than the previously mentioned river, and some thought it better. Qasim Khan was ordered to construct a bridge over the Indus.

A day later the Batrasi Pass was crossed. After traveling five leagues and thirty rods, camp was made in Gahi, a dependency of Pakhli, and a plain could be seen. After so much hardship there was plenty. Sultan Husain desired that the emperor would grace his abode, and in his desire to assuage the miserable, the emperor accepted his invitation to his eternal joy.

The next day a distance of four and a quarter leagues and eighty 194 rods was traveled, and camp was made near Dadhal. The next morning three and a half leagues and ninety rods were traversed, and camp was made in Gadhasa. Shahrukh, the zamindar of Dhamtor, came to pay homage.

Since Hakim Abu'l-Fath was so ill, a halt was called. On the evening of the seventh of Shahrewar [August 29], that farsighted, enlightened font of knowledge came to the end of his time, and he departed this world. He was alert until he drew his final breath, and he had no fear of dying. What shall I write of the grief that this event caused the emperor's mind? Who can appreciate the extent of the emperor's grief whenever anyone, great or small, is

خداداد و کرم ذاتی و دانش بزرگ بروزگاران فراهم آید. بحکم والا خواجه شمس الدین و جمعی بحسن ابدال برده در گنبذی که خواجه بنا کرده بود بخاک سپردند. نگارندهٔ اقبالنامه ابوالفضل بخود گمان آن داشت که از خارستان ناشکیبائی بدرآمده بنزهتگاه خرسندی آرامش گزیده باشد. آن روز پرده از روی کار برداشتند. نزدیک بود که بشورش بی‌آرامی درافتد. او خود جاودانی سعادت اندوخت و عاریتی جان در قدم خداوند سپرد. امید که همگی پرستاران نزدیک و دور در پیش او جان سپنجی بسپارند. ملک الشعرا شیخ فیضی قصیدهٔ در مرثیهٔ عضدالدّوله و حکیم برشتهٔ نظم کشیده بیتی چند از آن مینوسد و دل خالی میکند:

ایزد که ساخت عقلِ تو گنجینهٔ نهان — سی و دو قفل ماند ترا بر درِ زبان[111]
دانستهٔ که این همه قفل از برای چیست — تا گنجِ خانه‌را بگشائی زمان زمان
غافل مشو که نقب زنانند در کمین — ای هوش در سرِ تو چو بر بام پاسبان
در جدولِ قوافلِ امکان چو بنگرم — شایان دلِ تو بود باین گنجِ شایگان
ترکیبِ تست کشتیِ دریایِ معرفت — حبل‌الله از دوجانبِ کشتیست ریسمان
ای مخزنِ حیاتِ ترا دم کلیدوار — وی کشتیِ وجودِ ترا دیده دیدبان
مخزن مکش بدیدهٔ نقّاب هین و هین — کشتی مبر بورطهٔ گرداب هان و هان

. . .

bereaved? The hakim possessed devotion, a knowledge of temperament, general benevolence, eloquence, handsome features, exalted leadership, God-given steadfastness, innate generosity, and great learning. By imperial command Khwaja Shamsuddin and a group bore him to Hasan Abdal, where he was entrusted to the earth under the dome the khwaja had constructed. The writer of this volume, Abu'l-Fazl, thought he would die of grief, but he took refuge in submission to fate. But the day the veil was lifted from my face, I nearly gave in to hysteria. He attained eternal felicity by casting his borrowed soul at the feet of his lord. It is hoped that all servants near and far will also yield their mortal lives before their lord. The poet laureate, Shaikh Faizi, composed an ode in elegy of Azududdaula and the hakim, a few lines from which will be included here:

> God, who made your mind a hidden treasure house, placed
> thirty-two locks on the door of your tongue.
> You knew what all these locks were for: they were so you could
> open the treasure house from time to time.
> Be not unaware that there are tunnelers lurking to attack you,
> O awareness, while there are guards on the roof.
> When I look into the list of the caravans of possibility, I see that
> your worthy heart was placed over this kingly treasure.
> Your body was a ship on the sea of knowledge; "God's rope"
> was a line on either side of the ship.
> Breath is like a key to the treasury of your life. The eye is a
> watcher over the ship of your existence.
> Do not draw your treasury into the gaze of the veiler, and do
> not steer your ship to the brink of a whirlpool.[30]

۱۹۵ روز دیگر چهار و نیم کروه و ربع و هشت بانس که بس تنگ و پر آب بود رفته نزدیک دهگاری مخیّم اقبال شد. بامدادان پاو کم چهار کروه و هشتاد بانس شتافته در میان کهورا و مانک‌ژاله که اورنگ‌نشین است فرود آمدند. فردای آن چهار کروه و ربع گذشته نزد شیرخان منزل شد. صبح چهار کروه درنوشته نزد سرای سید دایره گزیدند. میرزا یوسف خان دستوری یافته بکشمیر بازگردید. روز دیگر از بابا حسن ابدال گذشته نزدیک سرای زین الدین علی سرادقات جلال برافراختند. چهار کروه و ربع و پنجاه بانس درنوشتند. بامدادان از دریای ترابردی و سرای بهادر خان گذشته فرود آمدند. پاو کم چهار کروه راه بود. چهاردهم شهریور چهار و نیم کروه سپرده بر ساحل دریای سند نزد اتک‌بنارس موکب همایون نزول اجلال فرمود. از سری‌نگر تا اینجا نود و شش کروه و هفتاد و هفت بانس باشد. درینجا زین خان کوکه و قاسم خان و شهباز خان سعادت کورنش دریافتند. روز دیگر شاهزاده سلطان مراد با پردگیان شبستان اقبال بسجود نیایش ناصیهٔ بختوری برافروخت. رای رایسنگه و بسیاری بندگان سعادتگرای بدولت زمینبوس رسیدند. شانزدهم صادق خان بسجدهٔ قدسی آستان سر بآسمان برافراخت. او بموجب فرمان والا بدرگاه شتافته بود. برای تنبیه افغانان دستوری یافت و از راه گریوهٔ ملکند بسواد درآمد. شاه بیگ خان و شاهم خان و جانش بهادر و احمد بیگ و تخته بیگ و دیگر بهادران بکمک پیوستند و بنیروی تدبیر و مردانگی افغانان‌را بفرمانپذیری درآورد و سواد لختی رعیّت‌نشین شد. درین اثنا میر مراد شهباز خان‌را بسزاولی نزدیک اتک‌بنارس آورد. صادق خان بدین اندیشه که دوچار او شود بس زود برآمد.

The next day four and three quarters leagues and eight rods   195
were traversed through a very narrow defile filled with water, and
camp was made near Dhakari. The next morning three and three
quarters leagues and eighty rods were traveled, and camp was
made between Khora and Manikzhala, which is a royal residence.
The next day four and a quarter leagues were traversed, and camp
was made near Sherkhan. The following morning four leagues
were traveled, and a camp site was chosen near Sarai Sayyid.
Mirza Yusuf Khan was given leave to return to Kashmir. The
next day, after going through Baba Hasan Abdal, the imperial
tents were pitched near Zainuddin Ali's caravansary. Four and a
quarter leagues and fifty rods were traveled. The following morn-
ing everyone dismounted after crossing the Taraberdi River and
Bahadur Khan's caravansary. The road had been three and three
quarters leagues long.

On the fourteenth of Shahrewar [September 5], four and a half
leagues were traveled, and the retinue camped on the banks of the
Indus near Attock-Benares. From Srinagar to here was a distance
of ninety-six leagues and seventy-seven rods. Here Zain Khan
Koka, Qasim Khan, and Shahbaz Khan saluted the emperor. The
next day Prince Sultan Murad and the ladies of the harem pros-
trated themselves before the emperor. Rai Raisingh and many
courtiers also had the good luck to kiss the ground before the
emperor.

On the sixteenth [September 7], Sadiq Khan raised his head to
heaven by prostrating himself at the imperial threshold. He had
come to court by command, and he was assigned to chastise the
Afghans and enter Swat through the Malakand Pass. Shah Beg
Khan, Shahim Khan, Janish Bahadur, Ahmad Beg, Tokhta Beg,
and other champions joined him as auxiliaries, and through the

407

چالش فرمودن گیتی‌خداوند بزابلستان

۱۹۶ از آنجا که قدسی بسیچ آرامش آن دیار و نواختن بابری‌بومیان بود نوزدهم شهریور از پلی که پایان اتک بسته بودند گذاره شد و بیست و هشت بانس درنوردیده نزد سرای خیرآباد فرود آمدند و فیلخانه و توپخانه و بزرگ اردورا در اتک گذاشتند. واماندگان راه و سایه‌پروردگان خانه‌دوست چشم داشتند که شهریار با چنین سفر دشوار بکابل نمی‌رود و همگی بسیچ سیر و شکار ساحل سند دارد. درین روز شهباز خان بسواد دستوری یافت. پس از سه مقام سه کروه و ربع و بیست بانس رفته نزد الیاس‌گده منزل شد. آگهی آمد که حسین پکلی‌وال راه گریز سپرد. کارپردازان دولت چون لختی فراوانی محصول آن ولایت برگذاردند آن روستائی به تبه‌سگالی افتاد. همان روز که رایات همایون از رودبار سند برگذشت رو به بنگاه خود نهاد. ازین رو بیست و سیوم پکلی و آن حدودرا به تیول حسین[۱۱۲] بیگ شیخ‌عمری نامزد فرموده روانهٔ آن سو گردانیدند و بنیروی اقبال روزافزون چیره‌دست آمد و آن بومی مالشها بسزا یافت. بیست و هفتم که دایره نزدیک گورکهتری[۱۱۳] بود شاه بیگ از سواد آمده در میان راه دولت بار یافت و بخواهش او لختی بگرام‌را که در اقطاع او بود سیر نمودند. بنگارندهٔ اقبالنامه فرمان شد که در آن پرستشگاه رفته بزاویه‌نشینان خواسته بردهد. هزاران مستمند بوایه رسید و گنجینهٔ دعا برآموده آمد.

strength of his strategy and courage he brought the Afghans into obedience, and Swat became somewhat consolidated. Around this time Mir Murad brought Shahbaz Khan near Attock-Benares. Sadiq Khan departed very quickly lest he meet Shahbaz Khan.

THE WORLD LORD JOURNEYS TO ZABULISTAN

Since it was in the emperor's mind that Zabulistan should be pacified and those who dwelt in Babur's land should be shown favor, on the nineteenth of Shahrewar [September 10] he crossed a bridge that had been made below Attock, traveled twenty-eight rods, and dismounted near the Khairabad caravansary. The elephants, artillery, and great camp were stationed in Attock. Those who were left behind in the lap of luxury expected that the monarch would not make such a difficult journey to Kabul but would tour and hunt along the banks of the Indus.

On this day Shahbaz Khan was assigned to Swat. After three stops, three and a quarter leagues and twenty rods were traveled and camp was made near Iliasgadh. News came that Husain Pakliwal had fled. When imperial administrators had reported the great amount of revenue from that territory, the rustic had fallen into maliciousness. The same day the imperial banners crossed the Indus, he turned back and went home. Therefore, Pakhli and that region were given in fief to Husain Beg Shaikh-Umari on the twenty-third [September 14] and he was sent there. By ever-increasing imperial fortune he gained domination, and Sultan Husain was properly punished.

۱۹۷ غرهٔ مهر گریوهٔ خیبر درنوردیده نزد دکه بارگاه اقبال برافراختند. این راه که اسپ و شتر بدشواری سپردی قاسم خان چنان راست کرده بود که ارابه بآسانی گذشت. چهارم نزدیک سرای خواجه یاقوت کرم الله از مالوه آمده دولت آستانبوس اندوخت و در منزل سفیدسنگ سگالش بایلغار شد. چون رنگ‌آمیزی بر خزان کابل نزدیک رسیده بود همایون اغروق و بزرگ اردورا بسرکردگی شاهزاده سلطان مراد گذاشتند که بآهستگی از پی آورد و آخرهای روز هشتم تکاور اقبال‌را بگرمروی درآوردند. نیمهٔ روز نزد باریک‌آب دم آسایش برگرفتند. در راه حکیم همام از توران آمده پیشانی نیایش بر زمین نهاد و تارک بختمندی بآسمان سود. در غمگساری او بر زبان گوهرآمود گذشت «ترا یک برادر از عالم رفت و مارا ده.»

از حسابِ دو چشم یک تن کم وز شمـــارِ خرد هزاران بیـــش[۱۱۴]

چون بدم گیرای شاهنشاهی دل برهم‌خوردهٔ حکیم بجای آمد ثنا و نثار فرمانفرمای توران بموقف عرض مقدس رسانید و چنان گذارش نمود که گرفتن هری و گشایش خراسان از فرّخی پرستش گیتی‌خدیو میداند و احمد علی اتالیق‌را که از دمسازان اوست با ارمغانی فرستاده نیایشگری میگذارد. او و میر صدر جهان از پی میآیند.

درین روز صحرانشینان این ملک گروه گروه بکورنش رسیده کامیاب خواهش گشتند. چون نیمی از شب گذشت رو به پیش نهادند.

On the twenty-seventh [September 18], when camp was made near Gor Khattri, Shah Beg came from Swat and was received on the road. At his request the emperor toured a bit of Bigram, which he held in fief. This author was ordered to go to the shrine at Gor Khattri and give the hermits what they desired. Thousands of the needy were given relief, and in return a treasury of prayers was received.

On the first of Mihr [September 23], the Khyber Pass was traversed, and the imperial court tent was set up near Dakka. The road, which horses and camels could scarcely negotiate, had been smoothed by Qasim Khan so that carts could travel on it with ease. On the fourth [September 26] near Khwaja Yaqut's caravansary Karamullah came from Malwa. While stopped at Safedsang the emperor decided to gallop. Since the autumn colorfulness of Kabul was approaching, the emperor left the royal family and the great camp under the command of Prince Sultan Murad to follow slowly, and toward the end of the eighth [September 30] he spurred his steed. At midday he paused for rest at Barikao. Along the way Hakim Humam arrived from Turan to pay homage. The emperor said, "You have lost one brother, but we have lost ten."[31]

By the reckoning of two eyes there is one person less, but by the counting of wisdom there are more than thousands gone.

When the hakim's broken heart had been comforted by the emperor's healing words, he delivered the good wishes and gifts from the ruler of Turan and reported that the Uzbek considered his seizure of Herat and conquest of Khurasan to have come from his devotion to the world lord, and he was sending Ahmad Ali

197

411

۱۹۸ دهم کابل بفروغ قدسی قدوم روشنی گرفت و در همگی راه ترک و تاجیک با پیشکش و نثار از دو سو میرسیدند. میر صدر جهان نیز امروز سجدهٔ نیکوبندگی بجای آورد. از اتک‌بنارس تا کابل پاو کم نود و سه کروه و چهل و یک بانس در بیست و یک روز بهیژده کوچ درنوردیده بر فراز ارگ برآمدند و بگلگشت باغ و جلگه چشم و دل فروغ دیگر برگرفت. که و مه‌را صلای بخشش دردادند و تا در آن شهر بودند هر روز گروهی بهره‌ور میگشتند. پانزدهم شاهزاده سلطان مراد به بنه‌وبار پیوست و آخرهای روز دیهیم‌خدا از ارگ فرود آمده در دولتخانهٔ والا که نزد سفیدسنگ برافراخته بودند نزول اجلال فرمودند. بامدادان که روز جشن بود لختی بآرایش پرداختند و بخشش و بخشایش‌را روزبازار شد. احمد علی اتالیق سعادت بار یافت و نیایشنامه‌را با گزیده کالای آن دیار بنظر همایون درآورد و بپذیرش و نوازش سربلندی یافت.

۱۹۹ حکیم همام عرضداشت شانزدهم آذرماه پیشین سال در توران زمین شگرف سانحهٔ پدید آمد تا پایان شب پرنده جانوران جانکاه آوازی داشتند چندانکه صیدگران بی‌مهررا دل بدرد آمد. بامدادان صحرا صحرا مرغابی و قو و قاز و لکلک و مانند آن نزد بخارا مرده و زخمی و کمرشکسته و پرریخته بنظر درآمدند و همچنین در کنار کول کوراک چندین لک جانور بدین حال تباه افتاده بود و آنان که از کنار جیحون و جز آن رسیدند نیز بهمین نمط گذاردند. گروهاگروه مردم بارابه و شتر و اسپ بار کرده بخانه‌ها کشیدند و تا شش ماه قاق آن میخوردند و از چربی چراغ می‌افروختند. تورانی وخشور بعرض رسانید [که] عبدالله خان کاراگهان فراهم آورده پژوهش نمود. چون برف و باران نبود در پاسخ فرو ماندند. برخی گفتند همانا لشکر بوم‌را گذاره افتاده باشد و چندی

Ataliq, one of his confidants, with tribute. He would be arriving soon with Mir Sadr-i-Jahan.

On this day the nomads of this region came in droves to pay their respects to the emperor. After midnight the emperor set forth.

On the tenth [October 2] Kabul was graced by his arrival, and both sides of the road were lined with Turks and Tajiks who had come bearing gifts and presents. Mir Sadr-i-Jahan also paid homage on this day. From Attock to Kabul ninety-two and three quarters leagues and forty-one rods had been traveled in twenty-one days in eighteen stages. The emperor went up into the citadel and was delighted by the view of the gardens and meadows. He ordered a distribution of generosity to all, and as long as he was in the city a different group was the beneficiary of his liberality every day. On the fifteenth [October 7] Prince Sultan Murad arrived with the baggage train, and toward the end of the day the monarch went down from the citadel and took up residence in the imperial tent that had been set up near Safedsang. The next morning, which was a day of celebration, the emperor adorned himself and indulged in generosity. Ahmad Ali Ataliq was received at court, and he presented a letter and choice gifts from that region for the emperor's inspection, and he was favored with acceptance. 198

Hakim Humam reported that on the sixteenth of Azar of the previous year [December 7, 1588] a strange thing had happened in Turan. All through the night flying monsters had screeched such that even intrepid hunters had been frightened. The next morning the plains were littered with ducks, swans, geese, storks, and the like near Bukhara. Some were dead, others were wounded, had their backs broken, or had been defeathered. On the banks of Kurak Lake many thousands of birds had also fallen in such a 199

413

سرائیدند شکاری جانوریست صدایق نام. چنین جانشکری از آن گروه دور ننماید. در پرنده‌ها به تناوری و زورمندی آن دیگررا نشان ندهند و چنان برگذاردند هنگامی که یکی پس از پرواز ماندگی داشت و نفس میزد میرشکاری بدو رسیده به بند زره بربست. چون آسوده گشت آن‌را برداشته هوا گرفت و از نظر ناپدید شد. و آن زره در آن دشت پس از زمانی از بالا افتاد.

هفدهم بسوی باغ جهان‌آرا چالش رفت و لختی عشرت شکار اندوختند. بامدادان بدیدن بنگاه ایماق خرامش شد و هر یکی‌را بنقد و جنس سرمایهٔ نشاط سرانجام یافت.

بیست و یکم از جلگهٔ سفیدسنگ کوچ فرموده بباغ خواجه حسن که در فراخی و دلگشائی گزیدگی داشت منزلگاه ساختند. میرزا سنجر و میرزاباشی و شادمان و دیگر سران هزاره که بشهر کمتر آمدی بدرگاه والا رسیدند و بدرخور نوازشها از رمیدگی برآمدند.

state. Those who came from the Oxus and other regions reported the same thing. People went out in droves with carts, camels, and horses to load them up and take them to their houses, and they dried their flesh and ate from them for six months and used their fat for their lamps. The Transoxanian ambassador reported that Abdullah Khan had gathered experts to investigate. Since there had been no rain or snow, they were stymied. Some said that an army of owls must have passed through, while others said there was a bird of prey called a *sadayiq,* and such devastation was not improbable from that animal. Among birds there was no other so large and powerful. It was reported that once one of them had grown tired of flying and stopped to rest. A falconer caught it and bound it with a belt of chain mail. When it was rested, it flew off into the air with the chain mail and disappeared from view. Later the chain mail fell onto the plain.

On the seventeenth [October 9], the emperor went toward the Jahanara Bagh and enjoyed a bit of hunting. The next morning he went to see a nomadic camp site and delighted every one of them with gifts of cash and goods.

On the twenty-first [October 13], he decamped from the Safed-sang glen and camped in Khwaja Hasan's garden, which was spacious and delightful. Mirza Sanjar, Mirza Bashi, Shadman, and other Hazara chieftains, who rarely ventured into the city, came to court and were tamed by appropriate shows of favor.

۲۰۰ و از سوانح دستوری دادن راجه تودرمل بصحرای وارستگی و بازداشتن. درین روز عرضداشت آن کارپرداز سلطنت رسید که پیری و بیماری چیره‌دستی نموده همانا زمان فرو شدن نزدیک باشد. اگر رخصت یابد دست از همه باز دارد و بر ساحل گنگ رفته واپسین نفس‌را بیادکرد ایزدی برآرد. شهریار دیده‌ور بخواهش‌روائی او فرمان فرستاد، بو که بدین دستمایه طبیعت از آن فروبستگی برآید. بعد از آن منشور اندرز روانه گردانید که هیچ ایزدی پرستش به تیمار زیردستان نرسد. همان بهتر که از آن آهنج باز مانده تا آخرین نفس بکار مردم پردازد و آن‌را زاد واپسین سفر برشمرد.

بیست و پنجم قاضی عبد السمیع از لاهور آمده بسجدهٔ نیایش سعادت اندوخت. دوم آبان گیتی‌خدیورا بدوازده چیز برسخته نشاطرا بارگاه دیگر برزدند و خرد و بزرگ کام دل برگرفت. روز دیگر بباغ شهرآرا و از آنجا بگذرگاه گذاره شد و زیارت تربت فردوس‌مکانی فرمودند. و میرزا هندال و میرزا حکیم‌را که در آن نزدیکی آسوده‌اند آمرزش خواستند و بقاسم خان فرمان شد که درین گل زمین بستانسرائی دلگشا بنا کند و باشندگان آن قدسی مکان بفراوان بخشش کامروا گشتند.

نهم رنگ‌آمیزی خزان ماما خاتون نشاط آورد و زمانی بباغ خواجگی محمد حسین بشادی پرداختند و شبانگاه بمنازل خواجه حسن برآسودند. بامدادان شکار تشقان زمّه[۱۱۵] فرموده بازگردیدند.

Raja Todar Mal is allowed to retire from court, 200
but then he is retained

On this day there came a petition from Raja Todar Mal, saying that he was suffering from old age and infirmity, and the time of his death was imminent. If granted permission, he would retire and draw his last breaths on the banks of the Ganges in remembrance of the deity. The insightful monarch allowed his request to leave, thinking perhaps he would change his mind. Later a letter filled with good advice was sent, saying that no act of divine worship was better than taking care of one's subjects, and it would be better for him to change his mind and work on behalf of the people until his last breath, for that would be considered as provisions for his final journey.

On the twenty-fifth [October 17], Qazi Abdul-Sami' came from Lahore to pay homage. On the second of Aban [October 24], the world lord was weighed against twelve items, and great and small received their hearts' desires. The next day the emperor went to the Shahrara Bagh, and from there he passed by Guzargah, where he visited the grave of Firdaus-Makani [Babur]. He prayed for mercy on the souls of Mirza Hindal and Mirza Hakim, who were buried nearby. Qasim Khan was ordered to construct a garden, and those who lived in that blessed place were made happy by great generosity.

On the ninth [October 31], the autumn colors of Mama Khatun were delightful, and the emperor spent some time in Khwajagi Muhammad Husain's garden, spending that night in Khwaja Hasan's quarters. The next morning he hunted hare in Zemmah and returned.

۲۰۱ و از سوانح رسیدن مریم‌مکانی. چون مهین بانورا شوق دیدار شاهنشاهی بیتاب ساخت باندیشهٔ کشمیر سفر گزیدند. گلبدن بیگم و بسیاری پردگیان بارگاه عفّت نیز بدین یازش برآمدند. قدسی توجه کیهان‌خدیو بکابل شنوده بدینصوب راه سپردند. از آنجا که قدردانی و هشیارخرامی خجسته آئین گیتی‌خداوند است نخستین شاهزاده سلطان دانیال‌را با برخی امرا پیشتر فرستادند. سپس شاهزادهٔ والاگوهر سلطان مرادرا با چندی ناموران رخصت دادند و پس از آن گوهر اکلیل خلافت شاهزاده سلطان سلیم با بسیاری از بزرگان دولت دستوری یافت. سیزدهم اورنگ‌آرای اقبال خود پذیرا شده نزدیک بگرامی رسیدگان‌را بدلگشا منازل خاصه فرود آوردند و گزین بزم آرایش گرفت.

۲۰۲ و از سوانح رفتن برهان الملک بدکن و ناساخته‌کار برگشتن. چون فرمان شاهنشاهی بخان اعظم میرزا کوکه رسانید او بر آن شد که گزیده لشکری باو همراه سازد. از آنجا که تباه‌سگالی در سر داشت چنان برگذارد از بسیاری سپاه دکنیان بزودی نخواهند گروید و کار آسان بدشواری خواهد کشید. بنابران از آن باز آمده چغتای خان و چنده خان و چندی‌را با هزار سوار و سه صد بندوقچی همراه ساخت. او از راه کالی‌پهیت ببرار درآمد و ایلچپوررا دست راست گذاشته بسوی داناپور شتافت. جهانگیر خان تهانه‌دار و برخی دیگر بلابه‌گری درآمدند. همراهان تنگحوصله از پذیرش بازداشته به پیکار ره نمودند. لختی آویزش رفت. ناگاه بندوقی بچغتای خان رسید و خرمن هستی او پاک بسوخت و چنده خان زخمی دستگیر شد و بادافراه تباه‌سگالی یافته ناکام بمالوه آمد.

Maryam-Makani arrives

201

Since the queen mother was eager to see the emperor, she had thought of journeying to Kashmir. Gulbadan Begim and many of the ladies of court also set forth on such a trip. Hearing that the emperor had gone to Kabul, they traversed the roads to there. In that appreciation and awareness are customs of the emperor's, he first sent Prince Sultan Danyal forward with some officers. Next he sent Prince Sultan Murad with some renowned personages, and then Prince Sultan Salim and many court nobles were sent to greet the ladies. On the thirteenth [November 4] the emperor himself greeted them and hosted the new arrivals at a banquet in his quarters near Bagrame.

Burhanulmulk goes to the Deccan, but he returns unsuccessful

202

When the imperial order was delivered to Khan A'zam Mirza Koka he decided to attach a select troop to Burhanulmulk. Since he was entertaining vicious thoughts, he said that the Deccanis would not join him because there were too many soldiers, and an easy task would become difficult. Therefore he changed his mind and sent with him Chaghatai Khan, Chanda Khan, and others with a thousand horsemen and three hundred musketeers. He entered Berar via Kalipith, and, putting Ellichpur on his right, headed off toward Danapur. Jahangir Khan Thanadar and others came out to plead. His impatient companions kept him from granting their pleas and advised him to do battle. There was a bit of fighting, but suddenly a bullet hit Chaghatai Khan and killed him on the spot. Chanda Khan was wounded and taken captive. Paying the price for his viciousness, Burhanulmulk returned unsuccessfully to Malwa.

۲۰۳ و از سوانح بهستی خرامیدن سلطان پرویز. نوزدهم آبان پس از نه و نیم گهری در مشکوی اقبال شاهزاده سلطان سلیم از دخت خواجه حسن عم زین خان کوکلتاش فرزندی فرخنده‌اختر پدید آمد و سترگ نشاطی چهره برافروخت و هنگامهٔ کامروائی رونق پذیرفت.

شه از مهرِ فرزنـدِ فیروزبـخت   درِ گنج بگشاد و بر شد بتخت
بفرزانه فرزنـــد شد سربلنـــد   که فرّخ بود گوهــرِ ارجمنـــد[۱۱۶]

کشورخدیو آن روشن‌ستاره‌را بدان نام روشناس گردانید. امید که از زندگی برومند گردد و از پرورش شاهنشاهی ناصیهٔ دولت برافروزد. بیست و پنجم ملا طالب و مهتر یاری و میرزا بیگ از تبت بازگردیده دولت بار یافتند و وخشور آن جارا با پیشکش بنظر اقدس درآوردند.

مراجعت رایات همایون حضرت شاهنشاهی پس از انتظام کابل بسوی هندوستان

۲۰۴ جهان‌شهریار درین دیرین بنگاه لختی نشاط اندوخت و عیش داروی که و مه آماده گردانید. سگالش آن بود که باریدن برف و یخ مالان رفتن جوانان تیزدست تماشا کنند و هندی‌نژادان‌را بدین دلگشا نمایش شادکام گردانند، لیکن چون شکوه کشورخدیو توران زمین‌را برهم ساخت و تورانیان‌را از خواب آسودگی برآورد بر اینان بخشوده بسیچ هندوستان شد.

Sultan Parvez is born

On the nineteenth of Aban [November 10], after the elapse of nine and a half *gharis,* a child was born under good auspices to Prince Sultan Salim by the daughter of Khwaja Hasan, Zain Khan Kükältash's uncle, amid great rejoicing.

> *With the love of a felicitous child the king opened the doors of*
> *the treasury and mounted the throne.*
> *Exalted he was by a beloved child, whose precious essence was*
> *felicitous.*

The world lord named the lucky child Sultan Parvez. It is hoped that he will enjoy long life and the fortune of imperial nurture.

On the twenty-fifth [November 16], Mulla Talib, Mihtar Yari, and Mirza Beg returned from Tibet to pay homage, and the ambassador of that country was brought before the emperor's gaze with his tribute.

H.I.M.'S REGAL BANNERS TURN BACK TOWARD HINDUSTAN AFTER PUTTING KABUL IN ORDER

In this latest stopping place the world lord enjoyed himself a bit and allowed relaxation to serve as a panacea for great and small alike. His idea was to watch the snow fall and see the young people skating across the ice and to have those of Indian extraction enjoy the delightful sight, but since the world lord's glory was upsetting Turan and awaking the Turanians from their slumber of ease, he took pity on them and decided to return to Hindustan.

چهارم آذرماه کوچ فرمودند و در جلگهٔ سفیدسنگ رایات اقبال برافراخته آمد. در راه پیدائی گرفت که یکی از فرومایگان بدگوهر پردهٔ ناموس کشاورزی بردریده. آن بدکیش بیاسا رسید و شریف پور خواجه عبد الصمد شیرین‌قلم که با او همراز و همداستان بود بسزا مالش یافت و سرمایهٔ هنجارگزینی بیراهه روان شد. درین روز قاسم خان‌را بمرزبانی کابلستان نامزد فرمودند.

دهم نزدیک بگرامی موکب همایون فرود آمد و بعرض رسید که بیست و ۲۰۵
هشتم آبان راجه تودرمل رخت هستی بربست و به نیکخواهی و هشیارخرامی ناپایدار زندگانی بسر آمد. چون قدسی فرمان دستوری رسید با دل تندرست و پیکر رنجور بهردوار رو آورد. بآبگیری که نزد لاهور ساختهٔ اوست یرلیغ بازگردیدن سایهٔ شکوه انداخت. از آنجا که نافرمانی افسرخدیورا نارضامندی ایزدی میدانست بازگردید. یازدهم روز جهان‌پرورده پیکررا پدرود کرد. در راستی و درستی و مردانگی و معامله‌شناسی و سربراهی هندوستان یگانهٔ روزگار بود. اگر تعصب‌پرستاری و تقلیددوستی و کینه‌توزی نداشتی و بر گفتهٔ خود نتنیدی از معنوی بزرگان بودی. کارسازی بیغرض‌را چشم زخمی رسید و چارسوی معامله گذاری بدان گرمی نماند. گرفتم دیانت‌ور که هم‌آشیان عنقاست بدست افتد: آن اعتماد که بروزگاران کمتر روی دهد بچه افسون فرا چنگ آید و بدستمایهٔ کدام طلسم فراهم شود؟

سیزدهم در یورت پادشاه بارگاه والا برافراختند. در راه بر پارچهٔ زمینی یخ‌آگین گذاره شد. گیتی‌خداوند یخ‌مالان رفت و برخی جوانان چابکدست پیروی کردند. چون در پیش هیمه کم نشان میدادند فرمان شد که و مه چوبی بردارد. همگنان فرموده‌را بکار بستند و شگرف نمایشی بر روی کار آمد.

On the fourth of Azar [November 25], he decamped and stopped in the Safedsang glen. Along the way it was learned that a malicious villain had dishonored a farmer. The perpetrator was executed, and Khwaja Abdul-Samad Shirin-Qalam's son Sharif, who was an accessory to the crime, was appropriately punished as an example to those who would go astray. On the same day Qasim Khan was assigned the governorship of Kabul.

On the tenth [December 1], the imperial train stopped near Bagrame, and it was reported that Raja Todar Mal had passed away on the twenty-eighth of Aban [November 19], beginning his eternal life with benevolence and awareness. When the imperial order arrived, he had set out with sound heart and body wracked with pain for Hardwar. At the pool he had built near Lahore he received the edict commanding his return. Since he knew that to disobey the emperor's order was tantamount to disobeying the deity, he turned back. Eleven days later he bade farewell to the world. In honesty, correctness, manliness, savvyness, and governing Hindustan he was unique in his time. Had he not been so fanatical, hidebound to tradition, and vengeful, and had he heeded his own advice, he would have been among the spiritual great. However, his impartial service was struck by the evil eye, and his ability to interact with others suffered. I take it that it is like an honest person who shares a nest with the phoenix. With what charm or talisman can that trust so rare in the world be acquired?

On the thirteenth [December 4] the imperial court tent was set up in Yurt-i-Padishah. Along the way there was a patch of icy ground, and the emperor went skating with some nimble warriors. Since it was reported that there was little kindling ahead, it was ordered that everyone gather wood. The order was carried out, and it was an amazing spectacle.

205

درین روز خانخانان وقایع فردوس‌مکانی‌را که از ترکی زبان بفارسی آورده بود بهمایون نظر درآورد و فراوان آفرین براندوخت.

۲۰۶ پانزدهم نزدیک باریک‌آب خبر درگذشتن راجه بهگونت‌داس بعرض رسید و از اسبهبدی جهان تعلق لختی باندوه در شدند. روزی که راجه تودرمل‌را بآتش میسپردند همراه بود. چون بخانه آمد استفراغ کرد و حبس بول شد و پس از پنج روز سیوم آذر ازین سپنجی سرا رخت هستی بربست. از راستی وگرانسنگی و مردانگی بهره داشت. کنور مانسنگه مهین پور اورا بخطاب راجگی و والا منصب پنجهزاری برافراختند. همانا بسرآمدن روزگار این دو کارگذار بر صافی باطن پرتو انداخته بود. پیوسته شهریار بهنگام یورش در دار السلطنه بیش از دو امیر بزرگ نگذارد و قرار گرفته بود که راجه بهگونت‌داس و راجه تودرمل در دار الملک لاهور باشند. در همان روز کوچ قلیچ خان نیز دستوری یافت و امروز سرّ آن آشکارا شد.

۲۰۷ و از سوانح شکار قمرغهٔ دشت ارزنه. چون رایات جهانگشا بگندمک رسید بسیچ نخچیرافکنی شد. بفرمان والا کارپردازان در بخش مورچلها شدند. روز دیگر از باغ وفا گذشته بزمین کوشکل[۱۱۷] فرود آمدند و از راه پاتاق بر عربان صحرانشین گذاره فرمودند و بهرکدام از نقد و جنس بخشش رفت. و از آنجا بموضع بهار که بروزگار سلطان محمود غزنوی آباد بود رسیدند و حکم آبادی و قلعه ساختن شد و آن‌را شهباز نام نهادند. درین روز شاه بیگ خان از سواد آمده نوازش یافت.

نوزدهم نعمت خان‌را روزگار سپری شد. ملا میر نام داشت و بشایستگی زندگی بسر برد. از آبادسگالی مهین منصب بکاول‌بیگی داشت.

On this day the khankhanan presented for the emperor's inspection Firdaus-Makani's memoirs he had translated from Turkish into Persian, and he received many accolades.

On the fifteenth [December 6] near Barikao, news of Raja Bhagwant Das's passing was reported to the emperor, who was saddened in his capacity as commander-in-chief of worldly involvement. The raja had been there the day Raja Todar Mal's body was consigned to the flames. When he went home he vomited, and his urinary tract was blocked. Five days later, on the third of Azar [November 24], he departed this ephemeral world. He possessed a large share of honesty, dignity, and manliness. His eldest son, Kunwar Man Singh, was given the title of raja and elevated to the rank of 5,000. It was as though the passing of two administrators had been foreshadowed in the emperor's mind. While traveling, the emperor had never stationed more than two officers in the capital, and this time he had decided that Raja Bhagwant Das and Raja Todar Mal would stay in Lahore. That very same day Qilich Khan received his orders, and today the mystery became clear.

A qumargha *hunt is held on the Arzana Plain*

When the imperial banners reached Gandumak, it occurred to the emperor to hold a hunt. By exalted command the workers were assigned stations, and the next day the emperor went from the Wafa Bagh and camped in Kushkal. Along the way to Pa Taq he passed by Arab nomads, and to every one of them he gave cash and goods. From there he went to the village of Bahar, which had flourished in the days of Sultan Mahmud of Ghazna. An order was given to restore it and to build a fortress, and he named it Shahbaz. On this day Shah Beg Khan came from Swat and was favorably received.

و همدرین سال مادهو سنگه‌را دستوری شد که با قلیچ خان در مهمّات ملکی و مالی یاور باشد. بامدادان نزدیک دیه ولید لشکرگاه شد. در میانهٔ راه بباغ صفا عشرت اندوختند.

روز دیگر مقام شد و خواجه شمس الدین‌را بوالا منصب دیوانی برنواختند و تازه آبروئی چهرهٔ روزگار او برافروخت و همگی امرا دستوری یافتند که بمورچلهای خود رفته رشتهٔ پاسبانی‌را دوتائی بخشند. یکطرف نیمله و دیگر سو دکه که دوازده کروه باشد جانوران‌را از کهسار رانده بدشت ارزنه آوردند. چون جرگه‌ها بهم دست داد بیست و هفتم آن شهسوار عرصهٔ اقبال با شاهزادگان و برخی نزدیکان بصیدافکنی نشاط اندوخت و بشکفتگی بانجام رسید. غرّهٔ دی جلال‌آباد گذشته بارگاه والا زدند و از میانهٔ راه بسیر لمغانات خرامش رفت. از تومان مندراور[۱۱۸] تا مسعودآباد گذاره فرمودند.

On the nineteenth [December 10], Ni'mat Khan passed away. His name was Mulla Mir, and he had served well. On account of his cleverness he had been promoted to the office of chief cook.

Madhav Singh was ordered to assist Qilich Khan in administrative and fiscal affairs. The next morning camp was made near Deh-i-Walid. Along the way the emperor had enjoyed the Safa Bagh.

The next day a halt was observed, and Khwaja Shamsuddin was promoted to the office of *divan*. All officers were ordered to go to their stations and be vigilant. On one side was Nimla, and on the other was Dakka, twelve leagues away. Animals were driven from the mountains into the Arzana Plain. When the circles were formed on the twenty-seventh [December 18], the emperor and the princes, together with some intimates, enjoyed hunting.

On the first of Daimah [December 22], the emperor passed through Jalalabad and camped. Along the way he toured Laghman. His route took him from the Mandrawar district to Mas'udabad.

۲۰۸ و از سوانح نیایشگری نمودن محمد زمان. عبدالله خان چون کولاب‌را برگرفت نخستین پور شاهرخ میرزا که بدان نام روشناس بود دستگیر شد و بزندانسرا درگذشت. درین هنگام دستان‌فروشی در قراتگین خودرا محمد زمان وانمود. چنان برگفت که «خواجه کلان خواجه پسر خواجه جویباری بخیربسیچی دودمان والا مرا از دست جانشکران رهائی داد و بجای من خردسال دیگررا عنصری پیوند گسیختند.» بسیاری ساده‌لوحان بدو گرویدند و در آن کهسار گرد شورش برخاست و بآویزه کولاب و بسیاری جا برگرفت. محمود سلطان سپاه آراسته به پیکار شد و زخمی راه گریز سپرد و الله‌داد بیگ و نورم بیگ‌را روزگار بسر آمد. دوم عرضداشت او با سرهای اینان رسید. پس از نیایش و لابه‌گری نگاشته بود «چون بخیراندیشی خواجه کلان خواجه از آن بیمگاه رستگاری شد بهندوستان آمد و در آئین وارستگان بسجود قدسی آستان پیشانی روزگار خود برافروخت. چون با خواجه پیمان بود که در زندگی او آشکار نشود سرگذشت خودرا بعرض مقدّس نرسانیده بحجاز شتافت. اکنون به بنگاه آمده با اوزبک آویزش دارد و شمشیر خدیو عالم میزند. اگر توجه والا بدستگیری برخیزد بآسایش‌جای بهروزی برنشینند.» اگرچه در پیشگاه شاهنشاهی فروغ راستی نداد، لیکن آمدگان‌را امیدوار ساختند و فرمودند «مرزبان توران پیمان یکجهتی بسته بآویزهٔ او برخاستن بزرگی ما برنتابد. همان بهتر که خودرا بدرگاه والا رساند» و فرستادگان‌را بنوازش بازگردانیدند و لختی نقد و جنس‌را همراه ساختند و سرمایهٔ کامروائی او شد.

Muhammad Zaman pledges his allegiance

When Abdullah Khan took Kölab, he took captive Shahrukh Mirza's eldest son, Muhammad Zaman, who died in prison. At this point an impersonator represented himself as Muhammad Zaman in Karategin, claiming, "Khwaja Kalan Khwaja, the son of Khwaja Juybari, in allegiance to our exalted dynasty rescued me from the clutches of the bloodthirsty Uzbeks, who killed another young man in my place." As many of the simpleminded believed him, turmoil broke out in those mountains, and he took Kölab and many other places. Mahmud Sultan arrayed his ranks and did battle, but he fled after being wounded. Allahdad Beg and Nurum Beg passed away. On the second [January 22, 1590] his letter reached their chiefs. After humble greetings he had written: "When I escaped the brink of death through Khwaja Kalan Khwaja's benevolence, I went to Hindustan and was exalted by prostrating myself at the imperial threshold. Since I had promised the khwaja that I would not divulge to the emperor what had transpired during his lifetime, I went to the Hejaz. Now I have returned to my homeland to fight the Uzbeks and wield my sword in the emperor's service. If the emperor is of a mind to assist me, I will count myself lucky." Although none of this appeared true in the emperor's sight, he gave hope to the emissaries and said, "Having made a pact of unity with the ruler of Turan, our majesty cannot tolerate doing battle with him. It would be better for him to present himself at court." The emissaries were sent back with favor and some cash and goods to assist him.

On the ninth [January 29] camp was made near Allahbaqa Mountain. Qazi Ali, who had been imprisoned by Raja Todar Mal, was released. Although he was perfectly honest, he had been brought down by highly placed enemies. When it became

نهم نزدیک کوه اللّه‌بقا دایره کردند. قاضی علی که بکوشش راجه تودرمل در زندان بود رهائی یافت. با آنکه در راستی طراز یکتائی داشت، لیکن از بلنداقبالیِ دشمن ناکامی کشید و چون بیکسیِ او پیدائی گرفت نوازش فرمودند. دوازدهم نزدیک باریک‌آب سرای خواجه یاقوت بقدوم شاهنشاهی روشنی پذیرفت.

۲۰۹ و از سوانح بازگردیدن وکالت بخانخانان. چون کاردانی و بی‌آزی از ناصیهٔ حال آن گزین دودمان آگهی پیدائی داشت سیزدهم بدین والا پایه سربلندی گرفت و جونپور اقطاع او شد و گجرات ازو برگرفته بخان اعظم میرزا کوکه دادند. و مالوه ازو باز ستده بشهاب الدین احمد خان سپردند. پانزدهم بدار السلطنه لاهور در شبستان شاهزاده سلطان سلیم از دخت دریا ملبهاس فرزندی نیک‌اختر نوید فرّخگی آورد. کیهان‌خدیو نام آن‌را دولت‌نسا برنهاد.

۲۱۰ و از سوانح چشم زخم رسیدن بقدسی پیکر. هیژدهم که لشکرگاه دکه بود در شکار کفتاری نمودار شد و در آن سنگلاخ پی آن تاختند. بارگی بسر شد و از خانهٔ زین بزمین آمدند و روی مقدّس نیز بر سنگها رسید و جراحتهای دلشکن که و مه‌را باندوهناکی درآورد. آن شیر خدا بدستیاری ایزدی نیرو برخاست و زخمها بربست. بینندگان‌را نزدیک بود که قالب تهی شود. خدیو آگهی بدلآویز سخنان دلدهی فرمود. حکیم علی گیلانی ریشهارا بروغنی که از هندی پزشکان فراگرفته بود اندود. در همان روز نشان تندرستی پدید آمد. بزرگان دولت بر آن بودند که روزی چند دایره برندارند. از دوربینی کوچ شد و بر سکهپال چالش رفت. مهین برادر شیخ ابوالفیض فیضی درین سانحهٔ غم‌اندوز این قطعه گفته:

obvious that he had no one to take his part, the emperor showed him favor.

On the twelfth [February 1] Khwaja Yaqut's caravansary near Barikao was graced by the imperial presence.

The office of deputy is given to the khankhanan

20

Since competence and lack of greed were obvious in the conduct of this scion of such a great family, he was promoted to that exalted position on the thirteenth [February 2], and Jaunpur was enfeoffed to him. Gujarat was taken from him and given to Khan A'zam Mirza Koka, from whom Malwa was taken and given to Shihabuddin Ahmad Khan.

On the fifteenth [February 4], in Lahore, in Prince Sultan Salim's harem an auspicious child was born to the daughter of Darya Malbhas (?). The world lord named her Daulat-Nisa.[32]

The imperial body is struck by the evil eye

210

On the eighteenth [February 7], while camped in Dakka, a hyena appeared during the hunt, and the emperor galloped off after it over the rocky ground. His steed stumbled, and he fell from the saddle, hitting his blessed head on the stones. His piteous wounds cast everyone into grief. However, the lion of God arose through his divine strength and bound his wounds. The onlookers almost died of fright, but the world lord comforted them with words of encouragement. Hakim Ali Gilani treated the wounds with an oil he had gotten from Indian physicians, and that very day signs of recovery began to show themselves. The elite of court suggested not decamping for several days, but foresightedly a move was made with the emperor in a litter. My elder brother, Shaikh Abu'l-Faiz Faizi, composed the following ode upon the tragic occasion:

431

دوش از آســمان ضمیـــرِ مرا   گرهِ غصّه بر جبـــین افـــتاد
حالـــتی رفـــت کز تصوّرِ آن   لرزه در چرخِ هفـتمین افـــتاد
هم بروی زحل غبار نشـــست   هم در ابروی زهره چین افـــتاد
خاکم اندر دهن نگر[۱۱۹] کز رخش   شاهِ والا جلالِ دیـــن افـــتاد
بیـخود افتـادم از فتـادنِ من   در جهان عقل سهمگین افـــتاد
آسـمان بانگ زد که غصّه مخور   نورِ خورشـید بر زمین افـــتاد
چه زیـــان نوررا ز افـــتادن   نوررا جوهر این چنیـن افـــتاد
مُلک روشـــن کند جهـان یکسر   بزمیـن نور چون قریـن افـــتاد
گفـتم احســنت نکتهٔ گفـتی   که دلت نکتهآفریـــن افـــتاد
عالـــم‌افـروز باد آن جوهـــر   که بخورشید دلنشـین افـــتاد
برخـــورد یا رب از فروغِ نظر   هرکرا دیده دوربیـــن افـــتاد

۲۱۱ چنان برگذاردند که پیش ازین بنه روز نراین مصر در اتک‌بنارس و پیم‌ناته بجلال‌آباد رخت هستی بربستند. این دو پزشک آزمون‌کار در فراخنای هندوستان یکتائی داشتند. فالگیران بزم همایون بی‌نیازی از طبیب دانسته جاوید نشاط اندوختند. بیست و پنجم تندرستی چهره برافروخت و بدیوانخانهٔ والا برنشستند. فرمودند «ازین سرگذشت شگرف بیداری روی داد و بخاطر رسید اگر واپسین سفر پیش آید تهیدست باید رفت. خواب هرکس باندازهٔ بیداری او بود. مهین خوی که سرمایهٔ اسبهبدی صورت و معنی باشد آنکه از رنگینی جهان دل برگرفته جز بدریافت دادار جان‌آفرین نشکیبد و با گنجینه‌داری حقیقت خودرا تهیدست انگارد. ازین رو درد خداپژوهی انجام پذیرد و این رنجوری‌را جاوید صحّت اندیشد.»

Yesterday from heaven a knot of grief fell upon the forehead of
my mind.

Something happened, to imagine which cast trembling upon
the seventh celestial sphere.

Even upon Saturn's face sat dust, and upon Venus's brow sat
a wrinkle.

Be there dust in my mouth to say it, but from his steed fell the
exalted monarch, the splendor of religion.

I fell unconscious; from my falling the mind became sad in the
world.

Heaven cried out, "Grieve not! The light of the sun has fallen
upon the earth."

What harm can befall light by falling? Such is the essence of
light.

When light fell to the earth, his kingship illuminated the
world.

"Bravo!" said I. "You have said a wonderful thing. Your heart
has become productive."

May that essence that sat in the sun's embrace illuminate the
world.

O Lord, may anyone whose eye has become farsighted enjoy
the splendor of his gaze.

It was reported that nine days prior to this Narayan Misar 211
had died in Attock-Benares and Pemnath had died in Jalalabad.
These two experienced physicians were unique throughout the
vast expanse of Hindustan. Courtiers took this as a good omen
that the emperor would not be in need of a physician and rejoiced.

On the twenty-fifth [February 14] the emperor had fully recov-
ered and sat at court. "By virtue of this adventure I have been

درین روز قاسم خان دستوری کابل یافت و بهین اندرزها آویزهٔ گوش هوش او گردانیدند و تخته بیگ‌را غزنین جاگیر داده رخصت فرمودند.

۲۱۲ و از سوانح گشایش بنیر. فیروزی سپاه بمالش یوسف‌زئی پیهم رفت و از بوم استواری چیره نیارستند شد. درین هنگام عرضداشت شهباز خان از سواد رسید. غرّهٔ بهمن که یازش آویزش نبود سحرگاه گیتی‌خداوند در عالم مثال رهنمونی پیکار فرمود. بکارزار برآمد و چهرهٔ فیروزمندی برافروخت و بآسمانی نیرو آن سرزمین بدست درآمد. بسیاری از تیره‌بختان رخت هستی بربستند. علی محمد الف جان سپنجی در نیکوخدمتی سپرد.

دهم دریای سندرا بر پل گذاره فرمودند و بخشیان‌را فرمان شد که فیروزی سپاه‌را چوکی بچوکی بشایستگی بگذرانند. حسین بیگ شیخ عمری با پیشکش از پکلی بدرگاه والا درآمد و نوازش یافت.

given an amazing awareness," he said, "and it occurs to us that if a final journey has to be made, one must go empty-handed. Every person's sleep is in proportion to his wakefulness. The greatest virtues that can form the basis of physical and spiritual leadership are to take no delight in the attractions of the world, to have patience with nothing other than comprehending the all-giving creator of the world, and to know that, despite possession of treasures, one is empty-handed. In this manner one reaches one's goal in the search for the deity and realizes that this painful existence is eternal health."

On this same day Qasim Khan was dismissed to Kabul, and his ears were filled with good advice. Tokhta Beg was given a fief in Ghazni and given permission to go thither.

The conquest of Buner

212

Imperial troops went off one after the other to crush the Yusufzai, but they were unable to achieve control on account of the rugged terrain. At this point a letter came from Shahbaz Khan in Swat. On the first of Bahman [January 21], when he was not intending to do battle, at dawn the world lord had appeared in a vision advising him to engage in battle. Going out to the battlefield, he achieved victory and conquered that land with heavenly assistance. Many of the ill-starred rebels had died, and Ali Muhammad Alif had sacrificed his life during outstanding action.

On the tenth [January 30], the Indus was crossed by bridge, and the *bakhshis* were ordered to have the soldiers cross troop by troop. Husain Beg Shaikh-Umari came with tribute from Pakhli and was favorably received.

On the same day this writer went beside himself somewhat and suffered various griefs. News came that the mistress of the house

درین روز نگارندهٔ اقبالنامه لختی از خود رفت و بگوناگون غم در شد. آگهی آمد پنجم در لاهور کدبانوی خاندان سعادت و خاتون دودمان عصمت مادر مهراندوز از جهان ناپایدار بعلوی عالم شتافت.

چون مادرِ من بزیرِ خاکست　　گر خاک بسر کنم چه باکست
دانم که بدین شغب فزائی　　زانجا که تو رفتهٔ نیائی
لیکن چه کنم که ناشکیبم　　خودرا ببهانه می‌فریبم

سزاوار آن بود که رخت هستی بربستی و خودرا بدین سفر گزین همراه ساختی. همانا از خامکاری سرنوشت آسمانی نبود، لیکن در سنگلاخ ناشکیبائی سراسیمه گشت.

صد هزاران دیده بایستی دلِ ریشِ مرا
تا بهر یک خویشتن بر خویشتن بگریستی[۱۲۰]

آن بخت کجاست که از آگهی ردّ ودایع‌را استردادِ مواهب نام نهد؟ و از کارکرد ایزدی کالیوه نگردد؟ لیکن از خرد یاوری اندرزسرائی با خود داشت و ماتم‌گساری میکرد. شهریار غمگین‌نواز سایهٔ عاطفت انداخت و بر زبان گوهربار رفت «اگر جهانیان طراز پایندگی داشتندی و جز یکی راه نیستی نسپردی دوستان شناسادل‌را از رضا و تسلیم گزیر نبودی. هرگاه درین کاروانی‌سرا هیچکس دیر نماند نکوهش ناشکیبائی‌را کجا اندازه توان برگرفت؟» ازین دلآویز گفتار مرا دل بخود آمد و بایستِ وقت‌را فراپیش گرفت.

of felicity, my loving mother, had gone from the ephemeral world to the world above on the fifth [January 24] in Lahore.

> Since my mother is beneath the earth, what does it matter if I
> pour dust on my head?
> I know that you will never return to this chaotic world from
> the place to which you have gone.
> What am I to do? I cannot endure it, yet I try to distract
> myself with any pretext.

It would have been proper for me to tie up my existential belongings and accompany her on that blessed journey. It did not happen because it was not so planned by heavenly destiny, but I am disconsolate.

> My wounded heart needs a hundred thousand eyes so that
> every one might weep.

Where is that luck that would give me the awareness that the return of a loan is the recall of a gift so that I would not be perplexed by divine acts? From wisdom I had the assistance of good advice, and so I mourned. The consoling emperor cast his shadow of favor over me and said, "If the people of the world lived forever and only one person died, friends with aware hearts would have no choice but to submit and give in. Since no one lasts long in this caravansary, how can anyone take the measure of the blameworthiness of inconsolability?" My heart was consoled by these charming words, and I did what needed to be done.

۲۱۳ بیست و دوم نزدیک سرای زین الدین علی دایره شد و دو روز بعشرت شکار پرداختند. روز دیگر نزدیک حسن ابدال خسروانی بارگاه برافراختند. کشورخدا بخوابگاه حکیم ابوالفتح گذاره فرمود و آمرزش خواست.

بیست و چهارم ازین منزل خواجگی محمد حسین بکابل رخصت گرفت. دوم اسفندارمذ نزد کهریه آگهی آمد راجه گوپال‌جادون‌را روزگار سپری شد. بسربراهی صوبهٔ اجمیر نامزد شده بود. در شهر بیانه ناگهانی درگذشت. نهم زندیک رهتاس فرود آمدند. چنان برگذاردند که مسند عالی فتح خان در اوده به نیسیتی‌خانه در شد. از راستی فراوان بهره داشت. چون بارش بود مریم‌مکانی خواهش فرمود که گیتی‌خداوند روزی چند در گزین نشیمنهای این دژ برآساید. پاسخ رفت «مردمی برنتابد که ما بآسایش و جهانی در آزار.»

۲۱۴ دوازدهم در آن نزدیکی لختی بشکار قمرغه نشاط اندوختند. شانزدهم دریای بهت‌را از گذر رسولپور دو جا پل بسته گذشتند. بیستم که دایره نزد هیلان بود در راه چشم زخمی بقدسی پیکر رسی و جهانی در غم شد. نوبت فیل ملول‌رای بود. با تبه‌کاری و بدمستی او خدیو عالم بر ماده فیل سوار شده بر فراز آن برآمد. پیش از آنکه پا بکلاوه استوار شود آن عربده‌کش بر ماده دوید. شهسوار عرصهٔ آگهی بزمین برآمد. اگرچه حقیقی نگهبان آن شوریده‌مغزرا نابینا کرده بدیگر سو برد، لیکن از افتادگی لختی بیهوشی روی آورد.

On the twenty-second [February 11], camp was made near   213
Zainuddin Ali's caravansary, and two days were spent hunting.
The following day the imperial tent was pitched near Hasan
Abdal. The emperor passed by Hakim Abu'l-Fath's resting place
and prayed for his soul.

On the twenty-fourth [February 14], Khwajagi Muhammad
Husain was given leave to go to Kabul. On the second of Isfan-
darmudh [February 21], near Khariya news was received that
Raja Gopal Jadon had passed away. He had been assigned to
the governorship of Ajmer, and he died suddenly in the city of
Bayana. On the ninth [February 28] camp was made near Rohtas.
It was reported that Masnad Ali Fath Khan had passed away in
Oudh. He was very honest and correct.

Since it was snowing, Maryam-Makani requested that the
world lord rest for a few days in the chambers of the fortress
here. He replied, "It is intolerable for us to be at ease when the
people of the world are not."

On the twelfth [March 3], the emperor enjoyed a small *qumar-*   214
gha hunt in the vicinity. On the sixteenth [March 7] the Bahat
River was crossed at the Rasulpur ford by bridges in two places.
On the twentieth [March 11], while camped near Helan, the
emperor suffered an injury, and the world was thrown into grief.
It was the elephant Malwal Rai's turn to be ridden, but he was
so nasty and uncontrollable that the emperor got onto a female
elephant and then got on him. Before he could get his foot into
the *kalawa,* the feisty elephant attacked the female, and the
emperor fell to the ground. Although the Almighty Keeper kept
the elephant from seeing him and led him in another direction,
the emperor lost consciousness momentarily as a result of the fall.

رفتــم برِ فیل تا به تیغـش بکشـــم   گفته بشنو نخست این عذرِ خوشم
نی گاوِ زمیـــنم که جهـــان بردارم   نی چرخِ چهارمم که خورشـید کشم

در آن زمان از فدائیان کسی نیارست رسید و شگرفی سرنوشت بروی کار آمد. با دادگری و هشیارخرامی چگونه گزند رسد؟ بناشایست نسازد تا بادافراه شمرده آید. راه غفلت نسپرد که پیام آگهی نام نهاده شود. از آنجا که یزدانی کبریا پیدائی دارد و حال پیشین بزرگان روشن، لختی این دشوار مشکل بآسانی گراید و اگر بدوربینی نزول صعودی گیرند کار آسان‌تر گردد. در کمتر زمانی آن قدسی ذات بخود آمد و بایزدی نیرو سمند اقبال‌را بجلوه آورد. اگرچه در نخستین افتادگی زخمها رسید، لیکن این سخت‌تر بود. فتنه‌اندوزان نافرجام سخنها برساختند و بسیاری پرگنات دوردست بتاراج رفت. چون بدایره رسیدند شگرف دردمندی روی داد. پزشکان فراهم آمدند و بچاره‌گری انجمن ساختند. افسرخدیورا بچاره‌سگالی هیچیک دل نگرائید و بر زبان رفت «همانا خون گرفتن سودمند باشد.» کارآگهان پسندیده رگ دست برگشادند و هماندم آسودگی چهره برافروخت و از کارآگهی مقام نشد.

۲۱۵ بیست و دوم دریای چناب‌را از گذر بانی کابین از دو پل عبور شد. بامدادان تندرستی روی داد و فیلسوار چالش رفت. روز دیگر میانهٔ راه آن یکتای آفرینش‌را درد شکم برخاست و زمانی بندگان‌را تباه حالی گذشت و زود بصحّت گرائید.

I went to an elephant to stick it with my sword. Hear what
  nice excuse it said to me:
"Neither am I the ox of the earth to hold up the world nor am I
  the fourth celestial sphere to bear the sun."

None of the emperor's self-sacrificing guards was able to reach
him, but an amazing act of fate took place. How could such a just
and aware person be harmed? He is incapable of any inappropri-
ate act that it could be reckoned as chastisement. He had never
trod the path of negligence that it could be called a wake-up call.
In the light of divine might and the history of great men of antiq-
uity, it should have been obvious that this difficult predicament
would pass easily. It was not long before the regal person came
to and remounted his steed. Although he had been injured in his
first fall, this time it was more serious. Troublemakers stirred
up rumors, and many faraway districts were pillaged. When the
emperor reached the camp, he suffered great pain. The physi-
cians gathered and deliberated treatment. The world lord did not
approve of any of their suggestions, saying, "Bloodletting would
be beneficial." The doctors approved of this, and they opened a
vein in his arm. Instantly relief was apparent in his countenance,
and he saw no necessity to halt the procession.

On the twenty-second [March 13], the Chenab was crossed by   215
two bridges at Bani Kabin. The next morning the emperor had
fully recovered and proceeded riding an elephant. Along the way
the next day the emperor had a stomachache, and his servants
were distressed for a while, but he soon recovered.

بیست و پنجم نزد ایمناباد قلیچ خان و مادهو سنگه جبین نیاز بر آستانهٔ اقبال سودند. از آن روز که آب چناب برگذشتند هر روز جوقی از ملازمان آمده نیایش پذیرا بجای میآوردند. درین منزل بسیاری باین سعادت رسیدند.

بیست و نهم در دو کروهی لاهور فیلان بنظر همایون میگذشتند و بهرکدام در پیشگاه حضور چیزی بخورش میدادند. در نوبت یکی فرمودند «همانا فیلبان این غلام باشد.» آن نپذیرفت. آن وحشی خودرا از خوردن بازگرفت. چون پژوهش رفت و گروید باز بخورش پرداخت.

On the twenty-fifth [March 16], near Eminabad, Qilich Khan and Madhav Singh prostrated themselves at the imperial threshold. From the day the Chenab was crossed, a group of courtiers came every day to pay their respects. At this station many attained that felicity.

On the twenty-ninth [March 20] the elephants were paraded before the emperor two leagues from Lahore, and every elephant was given something to eat in the emperor's presence. When it came the turn of one, the emperor said, "The keeper must be this fellow." The keeper did not admit the fact, and the elephant refrained from eating. When an investigation was made and the truth was ascertained, the elephant started eating again.

آغاز سال سی و پنجم الهی از جلوس مقدّس شاهنشاهی، یعنی سال بهمن از دور سیوم

در آن دلگشا صحرا که بسیچ درآمدی شهر داشتند و چشم بر گزین ساعت بود، کوس نوروزی بلندآوازه شد و نشاطی تازه در دماغ روزگار پیچید. بهار شکفته‌رو بپذیره آمد و نوید شادمانی دولت آورد. اگرچه کارپردازان سلطنت دستوری یافتند که دولتخانهٔ شهررا بآذین بیارایند آن دشت طربناک‌را نیز آئین بستند و عیش‌جاها ساختند. ۲۱۶

آراست دگر بار جهـــاندار جهـــان‌را هم خُلـدِ برین کرد زمیـن‌را و زمان‌را
گوئی که همه غالیه آمیخت بخروار پر کرد از آن غالـیه‌ها غالـــیه‌دان‌را

شب چهارشنبه چهاردهم جمادی الاول سنهٔ نهصد و نود و هشت هجری پس از ده ساعت و بیست و هفت دقیقه خدیو نورستان پرتو سعادت ببرج حمل انداخت و آغاز سال یازدهم از دور سیوم شد. کشورخدا داد و دهش‌را پایه فراتر نهاد و چهرهٔ شادمانی آب و رنگ دیگر گرفت. دوم فروردین بشهر درآمدند. از کابل تا لاهور یکصد و نود و شش کروه و بیست و هشت بانس در چهار ماه دو روز کم به پنجاه و سه کوچ درنوردیدند و همگی یورش بده ماه و چهارده روز کشید. شهریار بر فراز اورنگ برآمد و کامیابی چهره برافروخت. نوروزرا روز نو پدید آمد و تازه بهاررا بهاری تازه شکفت. هر روز یکی از بزرگان دولت بجشن‌آرائی برنشست و گوناگون سعادت اندوخت. دهم میرزا یوسف خان از کشمیر آمده جبین نیایش بزمین برنهاد و تارک بختمندی بآسمان برافراخت.

The Thirty-Fifth Year after the Imperial Accession: Bahman Year of the Third Duodecennial Cycle

In the delightful countryside from which the emperor had decided to enter the city and had an eye on the auspicious hour, the Nauroz drums sounded. A new joy reverberated in the mind of the age; a blossoming spring came forth to be met, bringing glad tidings of happy fortune. Although the court workers had been ordered to decorate the court in the city, the joyous plain was also decorated for celebration and places of enjoyment were erected.

216

> The lord of the world adorned the earth again, turning both
>   time and space into an eternal paradise.
> You would say that all perfumes had been mixed by the bushel,
>   and receptacles had been filled with the perfume.

After the elapse of ten hours and twenty-seven minutes of the eve of Wednesday, the fourteenth of Jumada I 998,[33] the lord of light shed his rays of joy on the constellation Aries, and the eleventh year of the third duodecennial cycle began. The emperor elevated generosity to a new level, and the countenance of joy showed ever more splendidly.

On the second of Farwardin [March 22] he entered the city. From Kabul to Lahore, one hundred ninety-six leagues and twenty-eight rods had been traveled in two days short of four months in fifty-three stages. The entire expedition had taken ten months and fourteen days. The monarch mounted the throne

۲۱۷ و از سوانح چیرگی یافتن محمد زمان بر عبد المؤمن سلطان پور فرمانروای توران. چون فرزندی میرزا شاهرخ بر خود بست و خودرا از عقیدتمندان بارگاه والا برشمرد در کمتر زمانی فراوان مردم فراهم آمدند و بسیاری سپاه اوزبک بر شکست عبد المؤمن به پیکار او برآمد. عباس سلطان و دستم بی و حمید قراول و بسیاری‌را پیشتر فرستاد و از آب آمویه گذشته بجرکان کولاب سنگر نمود و استوار گریوه‌هارا پناه اندیشیده پای همّت افشرد. با نخستین جوق عرصهٔ نبرد آراسته درهم شکست و در تکامشی اینان بعبد المؤمن رسید و نزدیک بود که در آن تنگنا اورا دستگیر گرداند. بدستیاری هواخواهان برآمد.

۲۱۸ و همدرینولا پیشکش راجه مانسنگه رسید. چون از درگاه والا بصوبهٔ بهار دستوری یافت آگهی‌را با مردانگی همدوش گردانید و همّت‌را با جدکاری هم‌آغوش. باقبال کیهان‌خدیو آنسو گزیده انتظام یافت و سرکشان تباه‌سگال رو در فرمانپذیری نهادند. پورنمل گیدهوریه بخودبینی و نخوت‌فروشی در شد. راجه بچابکدستی بر بنگاه او شتاب آورد و فراوان اولجه بدست درآمد و قلعه‌را که پناه روز ناکامی می‌اندیشید نیارست نگاه داشت. شورش بدمستی او بافسردگی خمار کشید. بلابه‌گری در شد و زینهار خواست. نامور فیلان و گزیده کالا بسپاسگذاری آورد. دخت خودرا بچندربهان برادر راجه پیوند داد. از آنجا بیازش راجه سنگرام چالش نمود. او پذیرا شد و بآئین نیکوان پیش آمد و فیلان و تنسوقات آن دیار برگذرانید. راجه به پتنه بازگردید و از آنجا بر سر اننت چروه تاخت برد و فراوان غنیمت اندوخت. درین هنگام جگت سنگه پور راجه خدمتی شایسته بجای آورد. در قصبهٔ بهار یتاق‌داری کردی. ناگهانی سلطان‌قلی قلماق و کچکنهٔ بدگوهر از ناسپاسان بنگاله دست فتنه دراز

to the delight of everyone, and the new year was celebrated as spring burgeoned anew. Every day one of the nobles hosted a banquet. On the tenth [March 30], Yusuf Khan came from Kashmir to pay homage.

Muhammad Zaman gains victory over Abdul-Mu'min Sultan, son of the ruler of Turan

217

Claiming to be Mirza Shahrukh's son and in allegiance to the imperial court, this Muhammad Zaman quickly gathered a large following. Many Uzbek soldiers came out under Abdul-Mu'min to do battle with him. He sent forward Abbas Sultan, Dastam Biy, Hamid Qarawul, and many others, and then he crossed the Oxus and fortified himself in Jarkan in Kölab. Thinking the remote valleys would be a refuge, he stood his ground, and he broke the first troop that came into battle. During the pursuit he came across Abdul-Mu'min and almost captured him in the valley, but he escaped with the help of his supporters.

Around the same time Raja Man Singh's tribute arrived. When he was sent from court to Bihar, he combined awareness with bravery and kept high-mindedness at a level with seriousness. Thanks to the emperor's fortune the province was put in order, and foolish rebels submitted to obedience. Puran Mal of Gidhaur began to behave arrogantly, so the raja attacked his base and took much booty. Puran Mal was unable to hold the fortress he had thought would be his refuge in bad times, and so his rebelliousness cooled down and he pleaded and begged for quarter, presenting renowned elephants and choice goods in return and giving his daughter in marriage to Chandrabhan, the raja's brother. Then he set forth on an expedition against Raja Sangram. He gave up, coming forward as a good servant and presenting elephants and gifts from that

218

کردند و از راه گهوراگهات تاجپور و پرنیه‌را یغمائی ساختند و از آنجا بدربهنگه شدند. فرّخ‌را همّت یاوری نکرد و به پتنه آمد. جگت‌سهگه از نیک‌اختری بکارزار برخاست و فرّخ خان و دیگر اقطاعداران دل یافته همرهی گزیدند. چون بهفت کروهی حاجی‌پور رسیدند غنیم در خود نیروی آویزش ندیده راه گریز سپرد. او به تیزدستی گام تکامشی برگرفت و اندوخته‌های اینان بدست درآمد. راجه نفایس غنیمت‌را با پنجاه و چهار فیل روانهٔ درگاه والا گردانید. بیست و سیوم بنظر همایون گذشت.

۲۱۹ بیست و ششم پادری قرملیون[۱۳۱] از بندر گووه بدرگاه والا رسید و از قدردانی بلندپایگی یافت. فراوان عقلی کلام و نقلی مقال میدانست. برخی خردان تیزهوش‌را بآموزگاری سپردند تا سرمایهٔ ترجمه کردن یونانی‌نامه‌ها فراهم آید و گوناگون دانش بهمه فرا رسد و نیز گروهی انبوه از فرنگی و ارمنی پارچهٔ چینی و دیگر کالای آن دیار آوردند و لختی بتماشای آن گذشت.

۲۲۰ و از سوانح شورش پکلی. هندال بومی از خامکاری خودرا سلطان نصیر نام نهاد و چندی فرومایه بدو پیوستند. مردم حسین بیگ شیخ عمری‌را همّت یاوری نکرد و پکلی‌را بزور برگرفت. بیست و هشتم اورا با بسیاری ایماق بدخشان روانه فرمودند. در کمتر زمانی رفته مالشی بسزا داد.

غرّهٔ اردی‌بهشت شاهقلی خان محرم‌را بمیوات فرستادند. در آن هنگام که گیتی خداوند از فیل بزمین آمد برخی راجپوتان شیخاوت‌را[۱۳۲] خرد تباه گشت و با آنکه سران اینان در پرستاری حضور سعادت می‌اندوختند بیراته‌را تاراج کردند و نزد ریواری گروهی درازدستی نمودند. شهباز خان عملگذار آنجا بیدلی کرده بکول رفت و دیاله نزدیک میرته بیغما برخاست. ازین آگهی آن گزین‌خدمت‌را بمالش بدگوهران دستوری دادند. در اندک فرصتی خاربن فتنه برکنده آمد و جهانی برآسود.

region. Then the raja returned to Patna, from which he attacked Anant Charwa, from whom he took many spoils. In this affair the raja's son Jagat Singh performed well. While he was maintaining guard over Bihar, without warning Sultanquli Qalmaq and the evil Kichkina, ingrates from Bengal, stirred up unrest, coming from Goraghat and pillaging Tajpur and Purnia. From there they went to Darbhanga. Farrukh could not stand his ground and went to Patna. Jagat Singh went out to do battle, and Farrukh Khan and other fiefholders took courage and accompanied him. When they were within seven leagues of Hajipur, the enemy realized he did not have the strength to face them in battle and fled. Jagat Singh went in pursuit and got hold of their booty, the best items of which he sent to court along with fifty-four elephants. On the twenty-third [April 12], they were viewed by the emperor.

On the twenty-sixth [April 15], Padre Qrimileon came to court from the port of Goa and was elevated by the emperor's assessment.[34] He was erudite in rational dialectic and traditional learning, and some clever youngsters were entrusted to his instruction to learn how to translate Greek books in order that various learning might be available to all. A large group of Europeans and Armenians brought Chinese fabrics and other items from there, and some of it was shown to the emperor.

Unrest in Pakhli

A local proprietor called Hindal stupidly named himself Sultan Nasir and attracted a following. Husain Beg Shaikh-Umari's men did not perform well, and he took Pakhli by force. On the twenty-eighth [April 17] Husain Beg was dispatched with many Badakhshan tribesmen, and it was not long before he crushed the rebellion.

نهم غزنین خان‌را نوازش فرمودند و جالور مرحمت شد. از آن باز که سرتابی نمود خانخانان بنگاه اورا بتیول دیگری داد. پس از چندی بدرگاه والا روی آورد. همواره پرستاری کردی. چون پشیمانی از ناصیهٔ او برخوانده آمد گیتی‌خدیو دیرین بنگاه‌را بدو باز بخشید.

بیستم جشن قمری وزن پیرایش یافت و بهشت چیز آن همسنگ آسمان‌را برسختند و تهیدستان‌را سرمایهٔ فراخ روزی آماده شد.

۲۲۱ دوم خرداد زین خان کوکه باتالیقی گلدستهٔ اقبال سلطان پرویز سربلندی گرفت و آن نوباوهٔ بستانسرای دولت‌را بمنزل او فرستاده عزّت افزودند. چهارم مهین بخشش از بارگاه خلافت چهرهٔ نشاط برافروخت و سرمایهٔ آسودگی فراوان مردم فراهم آمد. از اندیشهٔ آبادی و شایسته‌کرداری اورنگ‌نشین بس ارزانی شد و برخی کشاورزان‌را گذاردن پارنج فرماندهی دشوار گشت. از صوبهٔ الله‌آباد و دار الخلافه آگره و اوده و دهلی و سرکار سهارنپور و بداؤن هشت یک بخشیدند و از سرکار سهرند و حصار ده یک. و آن در خالصه هفت کرور و نود و هفت لک و هشتاد و یک هزار و هشتصد دام شد.

پنجم در شبستان شاهزاده سلطان دانیال از دخت سلطان خواجه فرّخ فرزندی چهرهٔ هستی برافروخت. امید که مهین بانوی روزگار شود و قدوم او خجستگی افزاید.

دهم ولایت پکلی بدیرین مرزبان عنایت فرمودند. از دیر باز او با زه‌وزاد بدرگاه والا آمده بود و از پیشین لغزش شرمساری داشت. درینولا آگهی آمد که حسین بیگ از ناشناسائی به تنگناهای کوهستان در شده و هندال تبه‌کار برو چیرگی یافته. گیتی‌خداوند بسیچ فرستادن فوجی دیگر بسرکردگی یکی از شایسته‌کاران نمود. درین هنگام شاهزاده سلطان سلیم

On the first of Urdibihisht [April 21], Shahquli Khan Mahram was sent to Mewat. When the emperor fell from the elephant, some of the Shekhawat Rajputs became foolish and pillaged Bairat despite the fact that their chiefs were in attendance at court. One group also plundered near Rewari. Shahbaz Khan, the tax collector there, proved cowardly and went to Koil. Dayala also rose up and plundered near Merta. When this was learned, Shahquli Khan was dispatched to crush the rebels. It was not long before he had uprooted the rebellion, and everyone drew a sigh of relief.

On the ninth [April 29], Ghazni Khan was favored with the gift of Jalor. From the time he was disobedient, the khankhanan had given his fief to another. After a while he went to court, where he served well. When regret was recognized in his demeanor, the emperor gave him his old place back.

On the twentieth [May 10], the lunar weighing ceremony was held, and the emperor was weighed against eight items. The poor were enriched with the proceeds.

On the second of Khurdad [May 23], Zain Khan Koka was elevated to the office of tutor to Prince Parvez, who was sent to his house. On the fourth [May 25], a great act of charity was performed at court for the relief of the people. Due to improvements and good action on the part of the emperor, prices had fallen, and some farmers experienced difficulty in paying their share to the ruler. One eighth was forgiven in the provinces of Allahabad, Agra, Oudh, and Delhi and in the districts of Saharanpur and Budaun, and one tenth was forgiven in the districts of Sirhind and Hissar. In the royal demesnes this amounted to seven crores, ninety-seven lacs, eighty-one thousand, eight hundred (79,781,800) *dams*.

221

بخشایش حسین درخواست. آن پایه‌شناس پذیرفته نوازش فرمود. او کامیاب به بنگاه رفت.

چهاردم دهارو پور راجه تودرمل از جونپور آمده دولت بار یافت و نوکران پدررا بنظر همایون درآورد و بشایسته روش کارسازی شد.

بیست و هشتم فرستادهٔ عبد المؤمن سلطان به نیستی سیل در شد. در گذشتن دریای بهت کشتی بغرقاب فرو رفت. اگرچه نامه خوانده نشد لیکن برخی گذارش نمودند که از مستی برنائی ایماق بدخشان‌را که رو بدرگاه آورده‌اند درخواسته بود. همانا کارسازان آسمانی آن بدمست‌را رهنمونی میکنند. و همدرین روز خواجگی محمد حسین و خواجه عبد الصمد کاشی از کابل رسیدند و بسعادت کورنش کام دل برگرفتند.

۲۲۲ و از سوانح ریزش ابر بخواهش گیتی‌خداوند. چند روز بارش نشد و نزاردلان‌را سراسیمگی درگرفت. یکی از نزدیکان عرضه داشت «اگر از دادار توانا خواسته آید بس درخور.» فرمودند «جهان‌آفرین بهبود بندگان نیکو داند» و سخنی چند که نیروی شناسائی برنتابد برگذاردند. او همچنان زاری میکرد و خواهش می‌افزود. شهریار آرزوپذیر سیوم تیر ایزدی نیایش فراپیش گرفت. در کمتر زمانی ابر برجوشید و جهانی‌را شاداب ساخت.

هشتم خان اعظم میرزا کوکه باحمدآباد درآمد. پایان پیشین سال گجرات از خانخانان برگرفته بدو نامزد شده بود. او باندیشهٔ آنکه مالوه بهتر باشد در رفتن درنگ نمود و بدرگاه والا عرض داشت. چون بمغز کار رسید بدان سو روی آورد و گزیده سامان نمود.

On the fifth [May 26], a felicitous child was born to Prince Sultan Danyal by Sultan Khwaja's daughter. It is hoped that she will become a great lady and that her birth will bring happiness.

On the tenth [May 31] the territory of Pakhli was given back to its old ruler. He had come to court with his kith and kin long ago and was ashamed of his former slips. Around this time it was learned that Husain Beg had ignorantly entered the mountain defiles, and the rebel Hindal had gained domination over him. The world lord thought of sending another troop under the command of a worthy leader. At this point Prince Sultan Danyal made a request that Husain [of Pakhli] be forgiven, and the emperor granted his request. He went home happy.

On the fourteenth [June 4], Raja Todar Mal's son Dharu came from Jaunpur and was admitted to audience. He brought his father's liege men for the emperor's inspection.

On the twenty-eighth [June 18], Abdul-Mu'min Sultan's emissary drowned when his boat sank while he was crossing the Bahat. Although the letter he bore was not read, some reported that in the arrogance of youth he was demanding the return of the Badakhshan tribes that had taken refuge with the court. Heavenly operatives must have been teaching him a lesson.

On the same day Khwajagi Muhammad Husain and Khwaja Abdul-Samad Kashi arrived from Kabul to pay homage.

Rain falls at the emperor's behest

222

It had not rained for some time, and the meek were upset. One of the intimates at court said, "It would be quite appropriate if a request were made of the Almighty Giver."

"The creator of the world well knows what is best for his servants," the emperor replied, and he spoke other words too

۲۲۳ و از سوانح سزا یافتن کشمیریان کجگرا. شانزدهم حسین خان و محمد خان و ابوزید خان و غازی خان و لوهر چک و حسین دیو باندیشهٔ فتنه‌اندوزی از بارگاه والا گریختند و از راه جمّو بدان کهسار درآمده بعلی رینا پناه بردند. پیش از آنکه دست و پای برگشایند کارپردازان کشمیر بدست آورده در شهر بیاسا رسانیدند و سرمایهٔ پندپذیری هرزه‌سگالان شد.

درینولا قاضی علی بناظری بیوتات سربلندی یافت. اگرچه صادق خان در میرسامانی کارآگهی داشت و خواجه غیاث الدین بیگ دیوان بود، لیکن چون هر کارخانه فراوان دخل و خرج دارد هرچند یاور بیشتر کار شایسته‌تر. ازین رو چهارم امرداد آن کاردان راستی‌پیشه‌را بدان شغل نامزد فرمودند و چون میان قلیچ خان و صادق خان ناسازگاری بود فرمان رفت که در کار بیوتات قیلچ خان درنیاید.

pregnant with mystical knowledge to repeat. The courtier kept whining and begging. Finally, on the third of Tir [June 24], the wish-granting emperor prayed to the deity, and shortly thereafter clouds rolled in to the delight of the world.

On the eighth [June 29], Khan A'zam Mirza Koka entered Ahmadabad. At the end of the last year Gujarat was taken from the khankhanan and assigned to him. Thinking that Malwa would be better, he procrastinated in going and petitioned the court. When he came to his senses, he set off in that direction well equipped.

The wayward Kashmiris are punished

223

On the sixteenth [July 7], Husain Khan, Muhammad Khan, Abuzaid Khan, Ghazi Khan, Loharu Chak, and Husain Deo fled from court with seditious thoughts on their minds. Taking the Jammu road, they entered the mountains of Kashmir and took refuge with Ali Rina. Before they could accomplish anything, however, imperial administrators captured them and executed them in the city as an example to the malevolent.

Around this time Qazi Ali was promoted to the office of overseer of the workshops. Although Sadiq Khan had competently executed the office of Mir Saman and Khwaja Ghiyasuddin Beg was the *divan,* since every workshop had a large income and expenditures, the more assistants there were, the better things went. Therefore, on the fourth of Amurdad [July 26], Qazi Ali was assigned to that post. Since Qilich Khan and Sadiq Khan did not get along, it was ordered that Qilich Khan should not interfere in the operations of the workshops.

۲۲۴ و از سوانح ریزش باران بخواهش شاهنشاهی. اخترشناسان گذارده بودند هشتم[۱۲۳] کسوف است و همگی آفتاب گرفته شود. آزمون‌پیشگان دانش‌اندوز هندوستان چنین گذارند. اگر هفت روز پیش یا پس بارش شود نکوهیدگی آن بر روی کار نیاید. ایشان هرچند کوشش نمودند سودمند نیامد و از شرمساری کناره گرفتند. چون هنگام دررسید گیتی‌خداوند به نیایشگری دادار بی‌همال برنشست و از دم گیرا ابرها فراهم آمد و بارش درگرفت. چندانکه آن ساعت درگذشت و جهانی بشگفت‌زار افتاد فرمودند «ایزد توانا خواهش این نیازمندرا پذیرفت و پرده بر حال اخترشماران یافه‌درا آویخت. اگر گذارده طراز راستی داشتی تاریکی افزودی.»

سیزدهم شریف خان از مالوه آمد و بسجود قدسی آستان سر برافراخت.

۲۲۵ و از سوانح عروسی بزم عبد الرحمن. از آنجا که گیتی‌خداوند نگارندهٔ اقبال‌نامه‌را بگوناگون نوازش سربلند دارد خواست پور اورا که آگهی و آزرم از لوحهٔ پیشانی او میتابد بیکی از شایستگان درگاه بیوگانی پیوند دهد. بیست و هشتم ببرادرزادهٔ سعادت‌یار کوکه که بپارسائی نامور بود عقد یگانگی بستند و هنگامهٔ شادمانی آراسته گشت. امید که ایزدی چشمه سیرابی پذیرد و بسعادت‌سگالی و بختمندی تخمه‌افزونی گیرد.

سیم قاسم علی خان از خیرآباد آمده دولت بار یافت.

Rain falls at the emperor's behest

224

The astrologers had reported that there would be a total solar eclipse on the eighth [July 31].[35] Experienced sages of India also reported that if it rained seven days prior to or after the eclipse, the ill effects of the eclipse would not take place. No matter how hard they tried, their attempts came to naught and they retired in humiliation. Now that the time was approaching, the emperor performed divine worship, and thanks to his effective breath clouds gathered and it began to rain. As the hour passed and everyone was amazed, he said, "The almighty deity has found the request of this needy one acceptable and veiled the blathering astrologers. If what they said had been true, it would have been darker."

On the thirteenth [August 4], Sharif Khan came from Malwa to pay homage.

The marriage of Abdul-Rahman

225

Inasmuch as the world lord honors the author of this volume in various ways, I made bold to request that he would join my son, from whose brow shine awareness and honor, in marriage to one of the court worthies. On the twenty-eighth [August 19] he concluded a joyous marriage between him and Sa'adatyar Koka's niece, who was known for her piety. It is hoped that the divine wellspring will be filled and they will be blessed with children in benevolence and felicity.

On the third [August 25], Qasim Ali Khan came from Khairabad to pay homage.

۲۲۶ و از سوانح بآشتی بازگردیدن فیروزی سپاه از اودیسه. چون صوبهٔ بهار از کاردانی راجه مانسنگه انتظام یافت و گردنکشان بایلی گرائیدند پایان سال گذشته از راه جهارکهند گشایش اودیسه‌را فراپیش گرفت و نزدیک بهاگلپور درنگ نموده بسعید خان حاکم بنگاله سگالش برگذارد و همراهی خواست. او از نزدیک رسیدن بارش بهنگام دیگر انداخت. راجه از کارپژوهی سرآغاز این سال از راه بردوان روانه شد. پهار خان، بابوی منگلی، رای پتر داس با توپخانه از بنگاله همراهی گزیدند. در جهان‌آباد بنگاه ساخت. بسیچ آنکه تا سپری شدن بارش سعید خان و مخصوص خان و زمینداران و دیگر مردم خواهند پیوست. قتلو که در اودیسه سر نخوت برافراخته بود بدهرپور بیست و پنج کروهی فیروزی جنود آمد و در سرانجام پیکار شد و بهادر گوروه‌را با بسیاری برائی‌پور فرستاد. راجه فوجی بسرکردگی جگت سنگه بمالش او روانه ساخت. آن نافرجام حصاری شده بلابه‌گری درآمد و دیوافسانه‌ها برخوانده آن نوجوان کم‌آزمون‌را بشادخواب بی‌پروائی برد و از قتلو مددکاری خواست. دهم خرداد هنگامی که از سرخوشی باده غنودگی داشت ناگهانی آن بدگوهر با فراوان لشکر برو ریخت و چیره‌دست آمد. قتلو جلال خان و بسیاری دلاوران‌را بسرکردگی عمر خان برادرزادهٔ میرو پور کاسو و خواجه عیسی وکیل روانه ساخت. هرچند حمیر بومی حیله‌سازی بهادر و روان شدن لشکر بیاوری او گذارش مینمود بگوش در نمیآورد. بهزاران کوشش چندی‌را بقراولی فرستاد. غنیم بدرخت‌زار فرود آمد و خیمه و پرتال‌را آنجا گذاشته از نهفته راه شتاب آورد. پیش‌آیندگان کم‌بین فرود آمدنِ غنیم برگذارده بی‌پروائی افزودند. پایان روز غنیم دررسید. از گسیختن رشتهٔ تدبیر و توزک بیشتری بی‌آویزه پراکنده شدند و برخی پای همّت افشرده به پیکار

Imperial troops withdraw from Orissa in truce

226

When the province of Bihar had been put in order by Raja Man Singh and the rebels had submitted to allegiance, at the end of the previous year the raja went via Jharkhand to conquer Orissa. Stopping near Bhagalpur, he informed Sa'id Khan, the governor of Bengal, of his intentions and asked him to join him. Because the monsoon was approaching, he put it off to a later time. The raja then set out at the beginning of this year through Burdwan. Pahar Khan, Babu Mängli, and Rai Pitar Das joined him from Bengal with artillery, and they set up camp in Jahanabad, thinking that Sa'id Khan, Makhsus Khan, and the zamindars and others would join them when the monsoon was over. Qutlu, who had reared his head in arrogance in Orissa, went out to Dharpur, which was twenty-five leagues from the imperial troops, and got ready to do battle. He sent Bahadur Gaurua with many soldiers to Raipur. The raja sent a troop out under Jagat Singh's command to crush him. The ill-starred [Bahadur] holed up in a fortress and pleaded, lulling the young inexperienced raja into a reverie of carelessness while he requested assistance from Qutlu. On the tenth of Khurdad [May 31], when the raja was sleeping off a drunk, the malicious [Bahadur] swept down on him with many soldiers and took control. Qutlu sent Jalal Khan and many warriors commanded by Umar Khan, the nephew of Kasu's son Miru, and his deputy Khwaja Isa. However much the local proprietor Hamir spoke of Bahadur's deceptiveness and reported that troops were on their way to reinforce him, the raja refused to listen, but finally he sent some men out to reconnoiter. The foe camped in a forest, left their tents and baggage there, and took a secret way. The myopic men who had been sent out reported that the enemy had camped and did not take precautions. At the end of the day the foe arrived.

ایستادند. بیکه راتهور و مهیس‌داس و نرو چارن بمردانگی نقد زندگی درباختند. اگرچه چشم زخمی بفیروزی سپاه رسید، لیکن عمر خان و میرو و پسران همایونقلی با چندی خویشان بگو نیستی فرو رفتند. حمیر آن نوجوان مدهوش‌را برآورده بیورت خود بشن‌پور برد و آوازه افتاد که روزگار او بسر آمد. راجه انجمن رازگوئی برساخت و بچاره‌گری برنشست. بیشتری گذارش نمودند «سزاوار آنست که بسلیم‌آباد که زه‌وزاد سپاهی آنجاست بازگشته آمادهٔ پیکار باید شد.» پاسخ داد «بازپس شدن غنیم‌را دلیر ساختن و مهم‌را پای دادن است.» اغروق‌را طلب داشت. و سگالش آویزه فراپیش گرفت. درین میان اقبال شاهنشاهی شگرفی نمود. پس از ده روز قتلوی نافرجام درگذشت. بیمار بود از شتاب‌روی پیمانهٔ زندگانی او لبریز شد. خواجه عیسی نصیر خان خرد پور اورا بسری برداشت و هنگامهٔ افغانان لختی از افسردگی برآمد. بلابه‌گری و حیله‌سازی جویای آشتی شدند. فیروزی سپاه از نزاردلی و بارش فزونی پذیرفتند و پیمان شد که بخطبه و سکّهٔ شاهنشاهی روزگار اینان پیرایه برگیرد و جز فرمانپذیری و خدمتگذاری سگالش نرود و جگنّاته که مهین پرستشکده است با توابع بخالصه بازگردد و زمینداران دولتخواه‌را آسیبی نرسد. از زمانه‌سازی و فریبکاری همه‌را خط سپردند. چهارم شهریور خواجه عیسی پسر قتلورا نزد راجه آورد و صد و پنجاه فیل و دیگر گزیده کالا پیشکش درگاه مقدس سپرد. او گوناگون دلدهی داده به بهار بازگردید.

Having lost the thread of tactical advantage, most were scattered without fighting, although a few stood their ground and gave battle. Although the imperial troops were struck by the evil eye, Umar Khan, Miru, and Humayunquli's sons and some of their relatives were killed. Hamir got the stupefied young raja out and took him to his home in Bishanpur, although it was rumored that he had died. The raja held council to deliberate his next move. Most were of the opinion that it would be better to return to Salimabad, where the soldiers' families were, and get equipped for battle. In reply he said, "To retire would be to embolden the foe further and to put ourselves at a disadvantage." Summoning his *aghruq*, he developed a strategy for battle. Just at this point imperial fortune worked a miracle: ten days later the ill-starred Qutlu died. He had been ill, and travel had brought his life to an end. Khwaja Isa elevated his son Nasir Khan to the leadership, and since things were looking up for the Afghans, they deceptively pleaded for a truce. The imperials accepted the offer both out of cowardice and because of the rains. It was agreed that the *khutba* and coinage would be in the emperor's name, and they would contemplate nothing other than obedience and allegiance; Jagannath, a great temple, and its dependencies would become royal demesne, and loyal zamindars would not be harmed. In deceit and opportunism they signed their pledges. On the fourth of Shahrewar [August 26] Khwaja Isa brought Qutlu's son to the raja and sent a hundred fifty elephants and other choice items in tribute to the court. Having given much encouragement, the raja returned to Bihar.

۲۲۷ بیست و سیوم میرزا یوسف خان‌را دستوری کشمیر شد. گیتی‌خداوند در نخستین منزل رفته گرانبار اندرز گردانید. سیم زین خان کوکه‌را بشمالی کهسار فرستادند. چون زینداران آنسو از جااستواری و خردزبونی سرتابی فراپیش گرفتند آن شایسته‌کاررا به پندگذاری و شمشیرآرائی با فراوان سپاه فرستادند.

بیست مهر تردی خان از اقطاع خود آمد و دولت بار یافت.

بیست و سیوم پس از سه ساعت و سیزده دقیقه در شبستان شاهزاده سلطان سلیم از دخت کیسوداس راتهور فرزندی روشن‌اختر پرتو انداخت. گیتی‌خداوند بهار بانو نام نهاد. و همدرین شب از دخت موته راجه گزین گوهری چهرهٔ اقبال برافروخت. کشورخدا به بیگم سلطان نامور ساخت.

۲۲۸ و از سوانح روانه شدن مریم‌مکانی بفتحپور. بآرزوی دیدار حضرت شاهنشاهی جریده آمده بودند و بخاطر چنان بود که شهریار دیده‌ور بزودی باز خواهد گردید. چون نقش آن سگالش سترده دیدند بیست و چهارم آن مهین بانو بسرانجام بنه‌وبار خود دستوری گرفتند. بیست و هشتم افسرخدیو پایه‌شناس در نخستین منزل بنیایشگری رفتند و شبی بروز آورده دستوری گرفتند. بزرگ شاهزاده‌را فرمان شد که چند منزل همرهی گزینند.

دوم آبان عارف پور شریف خان در آگره فرو شد. از تباه‌خوئی دل‌آزاری کنیزان او ستوه آمده بهنگام مستی ازهم گذرانیدند و بادافراه ناسپاسی برگرفتند.

سیوم جشن شمسی وزن شد و کشورخدیورا بدوازده چیز برسختند و صلای بخشش دردادند و که و مه بکام خویش رسیدند. هفتم رای رایسنگه‌را به بیکانیر دستوری شد و مسیح الملک از گجرات آمد.

On the twenty-third [September 14], Mirza Yusuf Khan was   227
sent to Kashmir. Having gone out as far as the first stage, the
emperor gave him good advice.

On the thirtieth [September 21], Zain Khan Koka was sent to
the northern mountains. Since the zamindars of that region had
become arrogant in their inaccessibility and lack of wisdom, he
was sent with many soldiers to deliver advice and display the
sword.

On the twentieth of Mihr [October 12], Turdi Khan came from
his estate and was received in audience.

After the elapse of three hours and sixteen minutes on the
twenty-third [October 15], a child was born under good auspices
in Prince Sultan Salim's harem to Kesav Das Rathaur's daugh-
ter.[36] The world lord named her Bahar Banu.[37] The very same
night a child was born to Mota Raja's daughter,[38] and the world
lord named her Begim Sultan.[39]

Maryam-Makani goes to Fatehpur   228

She had come unencumbered in her eagerness to see the emperor,
and she had thought that he would return soon. When she found
that plan canceled, the great lady received leave to tend to her
equipage on the twenty-fourth [October 16]. On the twen-
ty-eighth [October 20], the emperor went out to the first stage
and spent the night there with her before giving her leave to
depart. The eldest prince was ordered to accompany her for
several stages.

On the second of Aban [October 24], Sharif Khan's son Arif
was killed in Agra. Having become exasperated with his nasti-
ness and abuse, his women killed him while he was drunk—as
he justly deserved.

یازدهم در مشکوی شاهزاده سلطان مراد از دختر خان اعظم نیک‌اختر فرزندی چهرهٔ هستی برافروخت. گیتی‌خداوند عالم‌سلطان نام برنهاد.

هفتم آذر میدنی‌رای از گجرات آمده بسجود نیایش سربلندی گرفت. در پیشکش او آهو و یوز بود. آهورا بصید صحرائی گذاشته بودند. یوز از کمین بیازش او برخاست و پا در دام افتاد و آهورا سراسیمه ساخت و گرفتار شد. در جشن این ماه بادهٔ هوش‌افزا می‌پیمودند. میر صدر جهان مفتی و میر عبد الحی میرعدل نیز ساغری درکشیدند. گیتی‌خدیو‌را این بیت بر زبان رفت.

در دورِ پادشاهِ خطابخـشِ جرم‌پوش   قاضی قرّابه کش شد و مفتی پیاله‌نوش

۲۲۹   یازدهم احمد علی اتالیق وخشور توران‌را روزگار سپری شد. نابهنگام خورش بیمار ساخت و ناپرهیزی سرباری آمد. از آگهی و گرانسنگی فراوان بهره داشت. سیزدهم خانخانان‌را سویم پور نشاط افزود. او همواره خواهش فرزند میکرد و در جویائی بیتابی داشت. هنگامی که در گجرات بود شبی براقم اقبال‌نامه فرمودند «در فرمانی که بخانخانان نامزد شود برنگارد که ایزد جان‌آفرین اورا درین زودی سه پسر دهد، ایرج و داراب و قارن نام برنهد.» در کمتر فرصتی گفته پیدائی گرفت و بتازگی نهفته‌دانی شاهنشاهی‌را که و مه دانست. بزرگ جشنی برآراست و قدسی قدوم‌را خواهشگر آمد. آرزو پذیرش یافت و پایه برافراخته‌تر شد.

درین روز آگهی آمد که شیر خان فولادی که در گجرات شورافزائی داشت به نیستی‌خانه شتافت و فتنه‌اندوزان به بیغولهٔ ناکامی در شدند. چهاردهم دخت میرزا سنجر بپرستاری شاهزادهٔ بزرگ سعادت اندوخت.

On the third [October 25], the solar weighing ceremony was performed, and the world lord was weighed against twelve items. An invitation to receive charity was given, and everyone received his heart's desire.

On the seventh [October 29], Rai Raisingh was posted to Bikaner, and Masihulmulk came from Gujarat.

On the eleventh [November 2], a child was born in Prince Sultan Murad's harem to Khan A'zam's daughter. The world lord named her Alam Sultan.

On the seventh of Azar [November 28], Medini Rai came from Gujarat to pay homage. Among his tribute were a deer and a cheetah. The deer had been placed in a field as a lure. The cheetah sprang from ambush, got caught in a net, and was captured.

During the celebrations this month sobriety-increased wine was measured out. Mir Sadr-i-Jahan Mufti and Mir Abdul-Hayy Mir Adl also took a goblet. The world lord recited this line of poetry:

In the reign of the offense-forgiving monarch the qadi wielded a sword and the mufti drank a goblet.

On the eleventh [December 2], Ahmad Ali Ataliq, the Turanian ambassador, passed away. Eating at the wrong time made him ill, and his lack of abstinence did him in. He was quite competent and dignified.

On the thirteenth [December 4], the khankhanan's third son was born. He had constantly prayed for sons and was most anxious about it. While he was in Gujarat the emperor said to this author, "In the letter you are writing to the khankhanan include that the deity will soon give him three sons, and he should

229

او پور خضر خان هزاره است. بفرمان افسرخدیو از بنگاه آورده بود. درین روز بآرزوی خویش رسید.

۲۳۰ و از سوانح گرفتار آمدن یعقوب و فرو شدن ایبا. این دو برادر در کمین گریز بودند. زمانه فرصت نداد. شهریار مهرباندل زنهاردادگان‌را بادافراه نپسندید و با حسین[۱۲۴] بیگ گرد نزد راجه مانسنگه فرستاد تا از بنگاه دور باشند و هم لختی بآسایش گرایند. هیژدهم در قصبهٔ که نزد بابرپور است راه میسپردند. حسین بیگ همراهان‌را سه توپ ساخته بود. جمعی با زه‌وزاد و جوقی بپاسبانی یعقوب. از آنکه بیمار وانموده بود بسکاسن میرفت و گروهی با خود داشت. چندی از حیله‌سازان تباهکار بفریاد شدند که رهزن دست بپرتال درآورد. حسن بیگ همراهان‌را بدانسو فرستاد. درین هنگام ایبا که درین سخن بود ناگهانی مشعلچیی‌را بشمشیر جان بشکرد و حسن بیگ‌را زخمی ساخت. او درآویخته بزمین آورد و ازهم گذرانید. در آن افت‌وخیز محمد کوکهٔ یعقوب گزند بلارک رسانید. آن‌را نیز برگرفته بر زمین زد. درین هنگام مردم رسیدند و یعقوب با دیگر غنوده‌بختان گرفتار آمد.

name them Iraj, Darab, and Qaran." It was not long before the emperor's pronouncement came true. Once again his prescience was proven to all. A great celebration was held, and the emperor was invited. The invitation was accepted, and the khankhanan was greatly honored.

The same day news arrived that Sher Khan Fuladi, who had been making trouble in Gujarat, had died and the rebels had disappeared into obscurity.

On the fourteenth [December 5], Mirza Sanjar's daughter was married to the eldest prince. Mirza Sanjar was the son of Khizr Khan Hazara. By imperial command he had come from his land, and on this day his wish came true.

Ya'qub is captured, and Aiba dies

230

These two brothers were waiting for an opportunity to flee, but they never got the chance. The kindly emperor did not approve of punishing those who had been given amnesty, so he sent Husain Beg Gurd to Raja Man Singh so that they would be far from their homes and have some rest. On the eighteenth [December 9] they set out in the town that was near Babarpur. Husain Beg had divided his comrades into three troops: one went with the kith and kin, and another guarded Ya'qub, who was traveling in a palanquin because he had feigned illness, and he kept a group with him. Some troublemaking plotters cried out that robbers were attacking the baggage. Husain Beg sent his comrades in that direction. At this point Aiba, who was in on the plot, killed a torchbearer with his sword and wounded Husain Beg, but Husain Beg grabbed Aiba, pulled him to the ground, and killed him. During the struggle Ya'qub's *koka* Muhammad started wielding his sword, but Husain Beg got it away from him and

٢٣١ درینولا راوت دت پیکاررا که ده کیای مؤ از ولایت بکسر[١٢٥] بود دشمنان جانستان زخمی بر پشت و بن گوش رسانیدند. در آن نزدیکی رام‌داس خویش اورا فرزندی بزاد. بدانسان دو زخم داشت. بر زبان روزگار افتاد که «فرو شده پیکر گرفت» و برخی نشانهای اورا میسرائیدند. بآوردن او فرمان رفت. بیست و ششم آن چهارساله‌را آوردند و بفروغ دوربینی گیتی‌خداوند هرزه‌سرائی اینان بروی روز افتاد. فرمودند «در تناسُخ پیکرها دگرگون بود. آن تن زخمی بود نه جان. همانا چنین شگرفی بیاوری مخیّله و مصوّره چهره افروزد. دور نیست که مادر او اندیشیده باشد که آن فرو شده از شکم او پدید آید. در هنگام بستن نطفه زخمها در خیال داشت. مصوّره برگرفته همان نقش بربست و داستانی بر جای خود داشتند.» فرمودند «روزی پیش از زادن من مریم‌مکانی در پا خالی چند بسوزن نقش میکردند. جهانبانی از آن پژوهش نمود. عرضه داشتند آرزو آنست که یادگاری در پای پسر من پدید گردد. چون هستی چهره برافروخت همان طرز خالها در پا پیدائی گرفت» و ساق پا گشاده بباریافتگان نمودند.

threw it to the ground. Just then some men arrived and seized Ya'qub and his henchmen.

Around this time Rawat Dat Paikar, the headman of Mau in the province of Buxar, was wounded by assassins on his back and earlobe. Shortly thereafter a child was born to his son-in-law, Ram Das, that bore marks of those wounds. Everyone said that he had taken on a new body after death, and they pointed to the marks. An order was given for him to be brought, and on the twenty-sixth [December 17] the four-year-old child was produced at court. The emperor with great farsightedness revealed the blathering of these people, saying, "In metempsychosis the body is something else. It was the man's body that was wounded, not his soul. Such a miraculous thing must have happened with the assistance of the imagination. It is not unlikely that its mother thought that the dead man would reappear from her womb and had a mental image of the wounds in her mind when the fetus was formed. When the image took, it came to be." He also said, "One day, before I was born, Maryam-Makani was making a tattoo on her foot. Jahanbani asked her what she was doing. She replied, 'I hope a memento may appear on my child's foot.' When I was born those very spots appeared on my foot." And, revealing his foot, he showed it to those at court.

۲۳۲ و از سوانح رسیدن زین خان کوکلتاش بدرگاه والا. گذارش یافت که آن پسندیده‌خدمت‌را بشمالی کوهستان فرستادند. از نزد پتهان[۱۲۶] درآمد و تا کاهلور کنار دریای ستلج تکاپو رفت و همگی بوم‌نشینان فرمانپذیر گشته پیشکشها آماده ساختند. راجه بدهی‌چند از نگرکوت، پرسرام از کوه جمّو، راجه باسو از مؤ، راجه انروده از جسوال، راجه تیله از کاهلور، راجه جگدیس‌چند از گوالیار، راجه سیسپال‌چند از ده‌پال، رای سنسارچند از سیهه، رای پرتاب از مانکوت، رای بهنر از جسروته، رای بلبهدهر از لکن‌پور، رای دولت از شیرکوت بهرته، رای کرشن از قلعهٔ بهیلا، رای نراین بومی سُکیت[۱۲۷]، رای کرشن یلادیه، رای اودیه بهمری‌وال[۱۲۸]. اگرچه سوار اینان بده هزار کشد، لیکن پیاده از یک لک فزون. هفتم دی با همگی بومیان سعادت کورنش اندوخت و هر یکی بگوناگون نوازش سربلندی یافت. هیژده فیل و صد و پانزده اسپ و دویست و پنج شکاری جانور از باز و شاهین و جز آن و قطاسها و دیگر تنسوقات آن سرزمین و گرانمند خواسته بنظر همایون درآورد و آفرین برگرفت.

۲۳۳ و از سوانح آمدن ایلچی توران. مرزبان آنجا از آن باز که شگرفی جاوید دولت دریافته دوستی و نیایش فراپیش دارد و در هرچندی بتازه روشی لابه‌گری نماید و داستان یکجهتی برخواند. از باز نگردیدن احمد علی اتالیق دل‌نگرانی داشت. درین هنگام از ناهنجاری پور خود که ایماق بدخشان درخواسته بود آشفته‌تر شد و آن شوریده‌مغزرا سرزنشها کرد و نفرینها نمود و پوزش آن سرنامه ساخته در برآمد پیشین کارها سخن برگذارد و مولانا حسین خراسانی‌را که از بایریان او بود با گزین ارمغانی بدرگاه والا فرستاد. پانزدهم سعادت بار یافت و دلاویز گفتار آرامش آورد.

Zain Khan Kükältash comes to court

232

It has been reported that this good servant was sent to the northern mountains. Entering the hills from near Pathan, he proceeded as far as Kahlur on the banks of the Sutlej, and the following local rulers submitted and made ready their tribute: Raja Badhi Chand from Nagarkot, Parasram from the mountains of Jammu, Raja Basav from Mau, Raja Anroda from Jaswal, Raja Tila from Kahlur, Raja Jagdis Chand from Gwaliyar, Raja Sispal Chand from Dahpal, Rai Sansar Chand from Siha, Rai Pratap from Mankot, Rai Bhanar from Jasrota, Rai Balbhadhar of Lakkanpur, Rai Daulat from Sherkot-Bharta, Rai Krishan from Bhila Fortress, Rai Narayan the proprietor of Suket, Rai Krishan Yaladiya, and Rai Udaya Bhamriwal. If these rulers' cavalry was no more than ten thousand, their footsoldiers numbered more than a hundred thousand. Zain Khan paid homage on the seventh of Daimah [December 28], accompanied by all the rulers, and every one of them received various signs of favor. They presented eighteen elephants, one hundred fifteen horses, two hundred five falcons and hawks, yaks, and other things from that country.

Arrival of the Turanian ambassador

233

Ever since the ruler of Turan perceived the marvelous workings of eternal fortune, he had comported himself with friendliness and subservience, and every once in a while he humbled himself anew and proclaimed his unity. He was, however, worried by the fact that Ahmad Ali Ataliq did not return. Now, with the misconduct of his son, who had demanded the tribes of Badakhshan, he became even more upset and chastised and cursed his foolish son. Apologizing for that incident, he renewed discussions of prior matters and sent Maulana Husain Khurasani, one of his

و همدرین سال شهاب الدین احمد خان در اجین رخت هستی بربست. درین بزرگ سلطنت فراوان شایسته‌کاری بجای آورد. در ملک‌آبادی از یکتایان زمانه بود. خدیو روزگار برای غمخواری پس‌ماندگان او خواجه محب‌علی خان‌را دیوان مالوه ساخته فرستادند و اقطاع اورا بنوکران بازگذاشتند.

۲۳۴ و از سوانح فرستادن شهباز خان بزندانی دبستان. هژدهم بی‌فرمان از سواد آمد و در کشاکش عتاب افتاد و نیز روشن شد کالپی‌را که در تیول او بود از زرمستی بازگذاشت. گرانی خاطر اقدس برافزود و قابوچیان کین‌توز دیگر کجرویهای او بروش درست‌گویان بی‌غرض رسانیدند. شهریار اورا در بندخانه بازداشت و دوربینی‌را بشناسائی فرستاد.

درین روز حکیم عین الملک سعادت کورنش دولت اندوخت. هندیه و مالوه جایگیر او بود. چون بی‌فرمان بدرگاه رسید بار نیافت و از آگهی آنکه خان اعظم میرزا کوکه جایگیر اورا گرفته است و بدادخواهی آمده به پیشگاه حضور طلبیدند.

بیستم خاصه کبوتری پرواز داشت. چرغی بدو یازش کرد و نزدیک بود که درشکرد. چون نظر همایون بر آن افتاد بر زبان گوهربار گذشت «بزنید و برگیرید!» ناگاه جوقی از صحرائی زاغ فراهم شده آن‌را گرد گرفتند. او چنگ از کبوتر بازداشته بسراسیمگی افتاد و از نظارگیان غریو برخاست. والا همّتی که جز ایزدی رضا نپژوهد آسمان‌را بکام او گردانند. پذیرائی مشتی جانور چه شگفت؟

liege men, to court with valuable gifts. On the fifteenth [January 5, 1591], he was given audience, and the emperor's charming speech put him at ease.

This same year Shihabuddin Ahmad Khan passed away in Ujjain. In this great empire he had performed extraordinary service and was unique for his ability to govern. The emperor sent Khwaja Muhibb Ali Khafi, the *divan* of Malwa, to console those he had left behind and settled his estates upon his liege men.

Shahbaz Khan is sent to prison to learn his lesson   234

On the eighteenth [January 8], he came from Swat without orders and was rebuked for so doing. It was also learned that he had given up Kalpi, which was in his fief, out of avarice. This weighed heavy on the imperial mind, and vengeful detractors represented his acts of misconduct in the manner of disinterested, honest reporters. The monarch sent him to prison.

The same day Hakim Ainulmulk attained the honor of audience. Handia and Malwa formed his jagir. Since he had come to court without orders, he was not received, but when it was learned that Khan A'zam Mirza Koka had seized his jagir and that he had come for a ruling in the matter, he was summoned to the emperor's presence.

On the twentieth [January 10], a royal dove was being flown. A hawk attacked it and almost killed it. When the emperor saw this, he said, "Shoot the hawk and get the dove!" Suddenly a flock of wild crows surrounded the birds, and the hawk let the dove go and flew from view in terror. Naturally, the heavens are made to revolve according to the wishes of a person of exalted mind who seeks nothing but divine pleasure. What is strange about the recepticity of a handful of birds?

۲۳۵ و از سوانح فرستادن فیروزی جنود بگشایش قندهار. جنّت‌آشیانی بفرمانروای ایران شاه طهماسپ گذاشته بود. ازین رو دیهیم‌خدا بگرفتن آن دل ننهادی. درینولا که ایرانیان‌را ستارهٔ بختمندی بدان تابش نماند و مظفر حسین میرزا و رستم حسین میرزا فرزندان سلطان حسین میرزا بشورش برنائی از مرزبان ایران سر باز زدند و در فرمانپذیری شاهنشاهی گفتار اینان بکردار نمیگرائید، بخاطر همایون رسید که گزیده لشکری بدانسو فرستاده یاوری کارکنان ایران نموده آید. اگر میرزایان رو بدرگاه نهند نواخته الکای دیگر داده شود و آن آباد بوم بپاسبانی یکی از طرزدانان دادگر بازگراید و اوزبک از اندیشهٔ گرفتن بازماند و آن یاوری دلخواه صورت بندد. بیست و چهارم خانخانان‌را دستوری شد و

شاه بیگ خان	فریدون برلاس
سیّد بهاء الدین	سرمدی
بختیار بیگ	میر معصوم بهکری
گوردهن راول	حسن‌علی عرب
بهیم دلپت	خواجه حسام الدین
جانش بهادر	سیّد درویش
بهادر خان قوردار	قاسم کوکه
محمد خان نیازی	خاکی گله‌بان
علی‌مردان بهادر	نورمحمد خواجه‌خضری
بلبهدهر راتهور	عبد الغنی
شیر خان	الغ بیگ النگی
قرا بیگ	خاکی بیگ

Invincible troops are sent to conquer Kandahar   235

Jannat-Ashyani [Humayun] gave Kandahar to Shah Tahmasp, the ruler of Iran, and therefore the emperor would never consent to taking it back. Now the Iranians' lucky star was not shining so brightly, and Sultan Husain Mirza's sons Muzaffar Husain Mirza and Rustam Husain Mirza were in youthful rebellion against the ruler of Iran. Even though their talk about being in obedience to the emperor was never put into action, it occurred to the emperor that a choice troop should be sent there to help the Iranians. If the mirzas turned to the court, they would be favored with the gift of another territory, and protection of the flourishing region of Kandahar would be assigned to one of the emperor's just administrators. Such assistance would also result in keeping the Uzbeks from thinking about taking it. On the twenty-fourth [January 14], the khankhanan was dispatched, and the following were assigned to him:

Shah Beg Khan	Mir Ma'sum Bhakkari
Sayyid Baha'uddin	Hasan Ali Arab
Bakhtyar Beg	Khwaja Husamuddin
Govardhan Rawal	Sayyid Darwesh
Bhim Dalpat	Qasim Koka
Janish Bahadur	Khaki Gallaban
Bahadur Khan Qordar	Nur Muhammad
Muhammad Khan Niyazi	Khwajakhizri
Alimardan Bahadur	Abdul-Ghani
Balbhadhar Rathaur	Ulugh Beg Alangi
Qara Beg	Khaki Beg
Faridun Barlas	Sayyid Mir Ali
Sarmadi	Mirza Beg

سیّد میر علی — عبد اللطیف
میرزا بیگ — بهادر ملک
سالارقلی — عزّت علی کابلی
میرزا محمد — الله‌بردی تولکچی
سیّد بنده علی — الیاس توپچی
ابراهیم بیگ — محمدقلی
مرشدقلی جولک — تنگری‌بردی
شمشیر عرب — فرّخ بیگ
محمدزمان — قل‌محمد
باقی چهاردانگی — بسیاری رادمردان کارآگاه‌را

بهمرهی نوشتند و خواجه مقیم به بخشیگری سربلندی یافت. فرمان شد که از بلوچستان بدان سو گراید. اگر فرمانپذیری فراپیش گیرند آن آباد ملک بآنان واگذارد و همراه گیرد، ورنه بسزا برمالد و بدادگران سعادت‌پژوه بسپرد. و نیز مرزبان تتهه بناصیه‌سائی درگاه نیامده است. کارآگهی فرستاده داستان اندرز برخواند: اگر خود پیوندد یا فوجی همراه سازد بهتر. ورنه بمدارا بگذراند و در بازگشت مالش بسزا دهد.

۲۳۶ غرّهٔ بهمن گیتی‌خداوند کشتی سوار به نخستین منزل خانخانان که بیک فرسخی بود سایهٔ عاطفت انداخت و والا بزم آراسته شد و به نثار و پیشکش سعادت اندوخت و بهین پندها آویزهٔ گوش آگهی گردانیدند.

و همدرین روز سلطان پرویزرا خواهری نیک‌اختر بزاد. امید که قدوم او فرّخی افزاید.

Salarquli	Bahadur Malik
Mirza Muhammad	Izzat Ali Kabuli
Sayyid Banda Ali	Allahberdi Tüläkchi
Ibrahim Beg	Ilyas Topchi
Murshidquli Chulak	Muhammadquli
Shamsher Arab	Tangriberdi
Muhammad Zaman	Farrukh Beg
Baqi Chahardangi	Qul-Muhammad
Abdul-Latif	and other warriors

Khwaja Muqim was assigned as *bakhshi* of the campaign, and it was ordered that they should go there via Baluchistan. If the mirzas accepted obedience, the realm should be left under their control and they should be brought to court; otherwise, they should be crushed and turned over to administrators of justice. The ruler of Thatta had also omitted to prostrate himself at court, so warriors were dispatched to advise him that it would be better for him to join them himself or at least send a troop with them; otherwise, they should treat him with conciliation and punish him suitably upon their return.

On the first of Bahman [January 21], the emperor boarded a ship, went one league to the khankhanan's first station, and gave a banquet at which the khankhanan was honored to present tribute and gifts and to receive good advice.

236

On the same day a sister was born to Sultan Parvez. It is hoped that she will enjoy great felicity.

On the sixth [January 26], Isma'ilquli Khan came from Gujarat to pay homage. On the ninth [January 29], Qasim Ali Khan was sent to Kalpi, which had been enfeoffed to him.

ششم اسمعیل‌قلی خان از گجرات آمده بسجدهٔ قدسی آستان ناصیهٔ بختمندی برافروخت. نهم قاسم‌علی خان‌را بکالپی که در اقطاع او بود دستوری شد.

بیست و دوم گیتی‌خداوندرا دندان بدرد آمد و زلوک برنهاده چاره‌گر آمدند.

سیوم اسفندارمذ خدیو جهان از آب راوی برگذشت و هشت روز بعشرت شکار پرداخته از گلگشت صحرا نشاط اندوخت.

On the twenty-second [February 11], the emperor had a tooth-ache. Leeches were applied, and he was given relief.

On the third of Isfandarmudh [February 22], the world lord crossed the Ravi and spent eight days hunting and enjoying the countryside.

آغاز سال سی و ششم الهی از جلوس مقدّس شاهنشاهی، یعنی سال اسفندارمذ از دور سیوم

۲۳۷ روز پنجشنبه بیست و چهارم جمادی الاول سنهٔ نهصد و نود و نه پس از چهار ساعت و شانزده دقیقه نورافزای نشیب و بالا حمل‌را نوراگین ساخت. کارپردازان سلطنت دولتخانه‌را آئین بستند. صورت‌را حسن معنوی پیرایه دادند و روزگار آخشیجان چون جهان خرد سرسبز و شاداب شد.

ای عروسِ طرب از بخت شکایت منمای
حجلهٔ حسن بیارای که داماد آمد
بویِ بهبود ز اوضاعِ جهان می‌شنوم
شادی آورد گل و بادِ صبا شاد آمد[۱۲۹]

هر روز جشنی دیگر آراسته گشت و الهی سپاس‌را روزبازار دیگر شد. ششم زین خان کوکه‌را پایه افزودند و بوالا منصب چهارهزاری و نقاره سربلندی یافت. نهم با برخی پردگیان کشتی سوار به بستانسرای میرزا کامران خرامش رفت و تماشای رنگ‌آمیزی بهار عشرت افزود.

هفدهم پیشکش خان اعظم میرزا کوکه بنظر همایون درآوردند. لختی گزیده فیل و دیگر تنسوقات از گجرات فرستاده بود و خودرا بدین دستاویز بیاد داده.

The Thirty-Sixth Year after the Imperial Accession: Isfandarmudh Year of the Third Duodecennial Cycle

On Thursday, the twenty-fourth of Jumada I 999,[40] after the elapse of four hours and sixteen minutes, the sun cast its light upon Aries. Court workers decorated the court tent, form was given the beauty of inner meaning, and the earth became as green and lush as the world of wisdom.

237

> O bride of entertainment, complain not of luck. Adorn your
>   beautiful bridal chamber, for the bridegroom has arrived.
> I detect the scent of well-being from the condition of the world.
>   The rose has brought happiness, and the zephyr has come
>   merrily.

Every day there was a celebration, and gratitude to the divinity was elevated to a new height.

On the sixth [March 25], Zain Khan Koka was promoted to the high rank of four thousand and given the privilege of drums.

On the ninth [March 28], some of the ladies of the harem boarded boats to tour Mirza Kamran's garden and enjoy the colors of spring.

On the seventeenth [April 5], Khan A'zam Mirza Koka's tribute was brought for the emperor's inspection. He had sent some fine elephants and other gifts from Gujarat to remind the emperor of him.

روز شرف که بزرگ جشن بود ایلچیان تتهه بار یافتند و عرضداشت با پیشکش گذرانیدند. همگی گذارش آنکه از خردغنودگی گذشت آنچه گذشت. اگر نوید بخشایش رسد پیشین لغزشها چاره پذیرد. شهریار پوزش‌پذیر آمدگان‌را امیدوار ساخت و منشور دلدهی برنگاشت.

نهم اردی‌بهشت بزم قمری وزن شد. افسرخدیورا بهشت چیز برسختند و داد ودهش‌را هنگامه برساختند.

۲۳۸ و از سوانح بهی یافتن نگارندهٔ اقبالنامه. چهارم بهمن ماه پیشین سال بیماری افزایش یافت. پزشکان روزگار سنگ مثانه پنداشتند و دوای آن بکار میرفت و زمان زمان رنجوری می‌افزود چندانکه کارآگهان گسسته‌امید شدند. ازین آگهی لختی شادی می‌اندوخت. از سرآغاز آگهی سر و برگ زندگی نبود و از تقلیدروائی و خلق‌پرستی ناسور دل بیتاب داشت، لیکن چون بآئین سپاه بود طبیعت از فرمان خرد بیرون رفته باندوه در میشد. این اکدش غم و شادی‌را همواره بدل درگذرد که داستانی چند بزبان شمشیر گذارده آید و گوهرشناسی گیتی‌خداوندرا بتازگی دلنشینِ که و مه گرداند و تنگحوصلگان‌را که از نخوت مردانگی ناهنجار روند و دستارچهٔ لافگذاری کج نهاده عشوه فروشند بزبان کردار خموش گرداند. دیهیم‌خدا هر بار که برین رنجور سایهٔ عاطفت انداختی نوید تندرستی رسانیدی. دیگران داستان دلدهی نام نهادی. دو روز از نوروز مانده بود که دانش‌اندوز حکمت‌آمود حکیم مصری از دکن آمد و بسجود قدسی آستان سربلندی یافت. همان دم شهریار مهرباندل اورا بر سر این آمادهٔ سفر واپسین فرستاد. از شکفته‌روئی او تازه نشاطی پدید آمد. آن پزشک آزمون‌کار نارسائی پیشینیان دریافت و بمغز بیماری وارسیده بچاره‌گری برنشست. در کمتر زمانی نشان بهی پیدائی گرفت

On the day of exaltation, when a great celebration was held, the emissaries from Thatta were admitted to audience, and they presented a letter along with tribute. The gist of the letter was that what had transpired had happened through lack of wisdom. If pardon were granted, past faults would be made up. The all-forgiving monarch made the emissaries hopeful and gave them encouragement.

On the ninth of Urdibihisht [April 29], the lunar weighing ceremony was held, and the world lord was weighed against eight items. The proceeds were given away in charity.

The author of this volume recovers 238

On the fourth of Bahman of the previous year [January 24], this author fell ill. The physicians of the day thought it was a kidney stone and treated me for that. The pain continually increased to the point that even expert physicians gave up hope. With this I rejoiced somewhat, since from the beginning of my enlightenment I had ceased to care about life and hated the traditionalism and materialism that festered in my heart. However, since I was in the military, my nature revolted against the orders of wisdom and grew sad. With this mongrel combination of joy and grief it continually passed through my mind that some tales should be told by the tongue of the sword, that the emperor's assessment of me should be proven to one and all, and that those incompetents who go astray in arrogance over their bravery and boast of their deeds should be silenced by action. Every time the monarch visited me in my illness he told me I would recover, and others also gave me encouragement. Two days before Nauroz, when the learned Hakim Misri came from the Deccan and prostrated himself at the imperial threshold, the emperor immediately sent

و نفس نفس تندرستی افزود. پانزدهم صحّت یافته بکورنش رفت و نهفته‌گذاری افسرخدیو بتازگی خاطرنشان خرد و بزرگ شد. ایزدی نیرو درین رنجوری شگرف یاوری نمود. فراوان سال در شناسائی نفس ناطقه سراسیمگی داشت و هر دلیلی که گذاردهٔ پیشینیان بود ناخن‌زده آمدی و احتمال آنکه دانائی باعتدال اخشیجان مزاج بازگردد. از سراپای خاطر برنیامدی. در آشوب بیماری بر من پیدائی گرفت و بنورستان آگهی آرامش یافت.

۲۳۹ و از سوانح چیره‌دستی برهان الملک بر جنوبی دیار. چون نخستین بار ناکام برگشت، چنانچه لختی گذارده آمد، در مالوه باقطاع خود بسر میبرد. درینولا که خان اعظم بجگرات رفت و شهاب خان‌را روزگار سپری شد نزد راجه علی خان مرزبان خاندیس رفت. او بقدسی فرمان شاهنشاهی سرگرم یاوری شد و بعادل خان بیجاپوری قرار داد که چون باحمدنگر روی آورد ازانسو نیز لشکر دررسد و بدین سگالش برخی سپاه او روانه شد تا بسرحد خویش انتظار برد. جمال خان که سپه‌آرای احمدنگر بود از اندیشهٔ فراهم شدن هر دو سپاه تیزدستی نمود و پیشتر از آنکه برهان الملک نزدیک شود اسمعیل پور اورا برداشته به پیکار بیجانگریان شتافت و بکمتر آویزه چیرگی یافت. برهان الملک چون ببرار آمد امجد الملک و عظمة الملک و سیف الملک و سجاعت خان و جهانگیر خان و صدر خان و عزیزالملک و دیگر سران پیوستند و بی‌جنگ خاطر از آن الکا واپرداخت. و همانروز که جمال خان‌را باد نخوت بسر افتاد ازین آگهی در سبکروی شد و سررشتهٔ تدبیر از دست داده بی‌شایسته آمادگی گام فراخ برزد و از گریوهٔ فرداپور برگذشت. هفدهم در آن نزدیکی عرصهٔ نبرد برآراست. راجه علی خان از دوربینی برهان الملک‌را با امرای برار

him to me, who was on the verge of making my final journey. His cheerfulness gave me some joy. Comprehending the incompetence of the physicians who had treated me and diagnosing the cause of my illness, he set about treating me. It was not long before signs of recovery appeared, and I steadily regained my health with every breath I took. On the fifteenth [March 4] I was fully recovered and went to salute the emperor. Once again the emperor's prescience was proved to all. Divine might assisted amazingly in this illness. I had spent many years in perplexity in order to know my rational soul, and everything the ancients had said was scratched, but the likelihood that knowledge would result in a balance of the elements of temperament never entered my mind. During my illness it was revealed to me, and I found repose in the light of awareness.

Burhanulmulk achieves success over the southern region   239

After returning unsuccessful from his first venture, as has already been reported, Burhanulmulk spent his days on his estates in Malwa. At this time, when Khan A'zam went to Gujarat and Shihabuddin Ahmad Khan passed away, he went to Raja Ali Khan, the ruler of Khandesh, who, as commanded by the emperor, gave him much assistance. He also made an agreement with the Adil Khan of Bijapur that if he went to Ahmadnagar, he would also send an army from Khandesh. With this idea in mind he sent some soldiers to wait on the borders. Apprehensive that the two forces would unite, Jamal Khan, the general of Ahmadnagar, took action. Taking Burhanulmulk's son Isma'il, he hastened off to fight the Bijapuris before Burhanulmulk could join them. He achieved victory after a little conflict. When Burhanulmulk arrived in Berar, he was joined by Amjadulmulk, Azamatulmulk,

دورتر داشت و خود بکارزار درآمد و هنگامهٔ آویزش گرمی پذیرفت. در آن زدوخورد بندوقی بجمال خان رسید و خرمن هستی او پاک بسوخت. لشکر دکن پراکنده گشت و سترگ فیروزی چهرهٔ نشاط برافروخت. در کمتر زمانی اسمعیل‌را گرفته آوردند و زندانی شد. سپس مرزبان خاندیس برخی مردم‌را همراه ساخته خود بازگردید و در کمتر فرصتی باحمدنگر شتاف و بر همگی ملک چیره‌دست آمد.

۲۴۰ و از سوانح رسیدن ایلچی فرمانروای ایران شاه عباس. از کارآگهی و نیکسگالی افسرخدیو هرگونه مردم بدرگاه والا بار خواهش برگشایند و فروبستگیها گشایش یابد. دگرگونگی کیش راه کارسازی نگیرد و آشنائی و بیگانگی گرد دوئی نینگیزد. که و مه دوستداری اورا جویا و هر یک بآرزوی خود کامیاب. در آن هنگام که دارائی ایران بپدر او سلطان‌محمد خدابنده رسید فتنه‌اندوزان خویشتن‌بین اورا ببزرگی برگرفته در هری غبار شورش انگیختند و آن برنای ناآزمون‌را دستمایهٔ خودکامی ساختند. اورنگ‌نشین ایران بخراسان آمد و از نابینائی خود و نخوت‌فروشی دستور و دورنگی سپاه کار ناساخته برگشت. او مرشد تبریزی‌را بدرگاه والا فرستاده یاوری درخواست. شاهنشاه دادگر سزاوار پاسخ ندانست و بر زبان گوهرآمود گذشت «هرگاه آویزش با مجازی خدا رود چگونه دستیاری نموده آید؟» درینولا پاکدامنی خود و چیره‌دستی بدسگالان خودکام بتازگی برگذارد و تازه و کهن پیوند نیاگان فرایاد اقدس داده از ناپرسیدن شکایت‌گونه نمود و دریوزهٔ همّت کرد. ششم خرداد یادگار سلطان روملو که کهن‌سال نوخرد بود و از بایریان آن دودمان بسعادت کورنش سربلندی یافت و نیایشنامه‌را با گزین ارمغانی گذرانید. شهریار پوزش‌پذیر فرستاده‌را بنواخت و در برآمد کار او جانقی رفت. برخی بر آن بودند که یکی از

Saifulmulk, Shaja'at Khan, Jahangir Khan, Sadr Khan, Azizul-mulk, and other leaders, and he secured Berar without doing battle. The very day Jamal Khan was boasting arrogantly, he received the news and went off hastily without adequate preparation. He passed through the Phardapur defile, and a battle was fought nearby on the seventeenth [March 6]. Farsightedly, Raja Ali Khan kept Burhanulmulk and the Berar officers far away and entered the battle himself. In the midst of the fighting a bullet hit Jamal Khan and killed him. The Deccan army scattered, and a great victory was achieved. Shortly thereafter Isma'il was captured and put in prison. The ruler of Khandesh departed after leaving some men there with Burhanulmulk, who went soon afterward to Ahmadnagar and became victorious over the entire realm.

An ambassador arrives from Shah Abbas, the ruler of Iran   240
In his benevolence the world lord admits to his court every sort of person and grants their fondest wishes. Difference in religion is of no importance, and they are treated alike whether they are friends or strangers. Great and small seek the emperor's affection, and everyone attains his wishes. When the rule of Iran came to Shah Abbas's father, Sultan Muhammad Khudabanda, conceited troublemakers elevated Abbas to the rule and stirred up unrest in Herat, making the inexperienced youth the means to achieve their own selfish goals. The monarch went to Khurasan, but on account of his blindness and arrogance he was unable to deal with the fractiousness of the army and returned unsuccessful. Then he [Abbas] sent Murshid Tabrizi to the imperial court to request assistance. The just emperor did not consider it worthy of response and said, "When he is fighting with his metaphorical

فرزندان بختوررا با فیروزی سپاه فرستاده خراسان از اوزبک برگیرند و
بگزین روشی دستگیری نیکنامی آورد. چون فرمانروای توران پی در پی
گزیده مردم فرستاده پیمان یکجهتی استوار ساخته بود پذیرائی نیافت.
فرمودند «سزاوار آنکه نخست داستان اندرز فرو خوانده شود، بو که
آویزه از میان برخیزد.»

۲۴۱ لختی حال صفوی سلسله بر میطرازد و سرابستان سخن‌را شاداب
میگرداند.

او بهشت پشت بشیخ صفی اردبیلی میرسد و آن آگاهدل به بیست
واسطه بامام موسی کاظم. شاه عباس بن سلطان محمد خدابنده
بن شاه طهماسپ بن شاه اسمعیل بن سلطان حیدر بن سلطان
جنید بن شیخ صدرالدین موسی بن شیخ صفی الدین ابواسحق بن
شیخ صدرالدین ابراهیم بن شیخ خواجه علی بن شیخ امین الدین
جبرئیل بن شیخ صالح بن شیخ قطب الدین بن صلاح الدین رشید
بن محمد حافظ بن عوض بن فیروزشاه زرین‌کلان بن شرف‌شاه
بن محمد بن حسن بن محمد بن ابراهیم بن جعفر بن اسمعیل
بن محمد بن احمد غزالی ابومحمد بن ابوالقاسم حمزه بن امام
موسی کاظم. فیروزشاه در زنگان نزدیک سلطانیهٔ اردبیل میبود.
بفراخ‌روزی و نیکنامی بسر می‌برد. عوض در اسفرنجان اردبیل بنگاه
ساخت. قطب الدین باردبیل خانه گرفت و خداپرستی از ناصیهٔ
شیخ صفی تابش دیگر داد. او با خود درآویخت و فیروزمند آمد.
بهنرپژوهی بشیراز رفت و شیخ سعدی و دیگر نیکوان‌را دریافت.
برخی صافی‌درونان نهفته‌بین گشایش کار بگیرا دم شیخ زاهد در
گیلان نشان دادند. او چراغ شناسائی از شیخ جمال الدین گیلانی

lord, how can assistance be given?" Then he wrote anew of his own honor and the domination of selfish malevolents, reminding the emperor of the old and new bonds of their forebears and making something of a complaint of the emperor's omission of inquiring about him, and besought his attention. On the sixth of Khurdad [May 26], Yadgar Sultan Rumlu,[41] an aged sage and a servant of that dynasty, was honored to salute the emperor and presented a letter and choice gifts. The monarch received the emissary with favor and took counsel on the outcome of his proposal. Some were of the opinion that one of the princes should be sent with imperial forces to take Khurasan from the Uzbeks and attain a good name by giving assistance. Since the ruler of Turan had sent a stream of emissaries to reaffirm his unity, that proposal was not accepted. "It would be best," the emperor said, "for advice to be given. Perhaps battle can be avoided."

A short account of the Safavid dynasty

241

Here I shall give some account of the Safavid dynasty to refresh the garden of my narrative:

Abbas is at eight removes from Shaikh Safi of Ardabil, who in turn is at twenty removes from Imam Musa Kazim. Shah Abbas is the son of Sultan Muhammad Khudabanda, the son of Shah Tahmasp, the son of Shah Isma'il, the son of Sultan Haidar, the son of Sultan Junaid, the son of Shaikh Sadruddin Musa, the son of Shaikh Safiuddin Abu-Ishaq, the son of Shaikh Sadruddin Ibrahim, the son of Shaikh Khwaja Ali, the son of Shaikh Aminuddin Jibrail, the son of Shaikh Salih, the son of Shaikh Qutbuddin, the son of Salahuddin Rashid, the son of Muhammad Hafiz, the son of Iwaz, the son of

افروخته داشت و سرچشمهٔ او شیخ جنید بغداذی. ناگزیر بدانسو روانه شد و در دیه هلک‌گران دیدار یافت و سعادت اندوخت. شیخ عنصری دخت خودرا بدان معنوی فرزند سپرد و نژادرا فرّخی افزود. در آن هنگام که صاحبقرانی روم برگرفته بازگردید شیخ صدرالدین موسی‌را باردبیل دریافت و دریوزهٔ همّت نمود و از خواهش باز پرسید. شیخ آزادی بندیان روم درخواست و پذیرفته آمد و فراوان کس از استجلو و تکلو و رستاق و روملو و ذوالقدر و افشار و قاجار[۱۳۰] و اغلو و جز آن‌را بند برگشودند و بسیاری از اینان بسپاسگذاری غاشیهٔ عقیدت بر دوش دل کشیده صوفیگری گزیدند. شیخ جنیدرا خواهش اسباب‌آرائی از گوشهٔ وارستگی بیرون آورد و فراهم آمدن گروندگان یاور افتاد. جهانشاه قراقوینلو مرزبان عراقین و آذربایجان هنگامه باندیشه در شد و شیخ‌را از قلمرو برآورد. او بحلب رفت و از آنجا بدیاربکر. حاکم آن اُزُن‌حسن آق‌قوینلو به نیایشگری برخاست و بخدیجه بیگی آغا خواهر خود پیوند بیوگانی بست. سلطان حیدر ازو بزاد و چون در پیکار شیروان شاه بساط زندگی درنوردید پور او در اردبیل در پناه درویشی سروری‌پژوه شد و کلاه دوازده ترکی قرمزی از سقرلاط بر سر گروندگان خود برنهاد. و چون ازن‌حسن بر جهانشاه چیره‌دستی یافت فرزند خودرا حلیمه بیگی آغا یا علم شاه خاتون بسلطان حیدر که خواهرزادهٔ او بود داد. و ازو سه پسر شد، سلطان‌علی میرزا، ابراهیم میرزا، اسمعیل میرزا. او بکین‌توزی شیروان رو آورد و فرخ افشار که شروانشاهی باو رسیده بود پیکار نموده شکست یافت. دیگر بار آویزش رفت. روزگار سلطان‌حیدر سپری شد و یعقوب بیگ هرسه پسر اورا در اصطخر

Firozshah Zarrinkulah, the son of Sharafshah, the son of Muhammad, the son of Hasan, the son of Muhammad, the son of Ibrahim, and son of Ja'far, the son of Isma'il, the son of Muhammad, the son of Ahmad Ghazali Abu-Muhammad, the son of Abu'l-Qasim Hamza, the son of Imam Musa al-Kazim. Firozshah lived in Zangan,[42] near Sultaniyya in Ardabil, and he passed his days in comfort and good repute. Iwaz made his home in Isfaranjan in Ardabil. Qutbuddin established himself in Ardabil proper. Piety glowed at a new level from the brow of Shaikh Safi, who strove with and attained domination over his carnal self. He went to Shiraz to acquire learning, and there he made the acquaintance of Shaikh Sa'di and other good men. Some prescients of pure minds indicated that he might attain his goal with the help of Shaikh Zahid in Gilan, who tended the lamp of learning he had inherited from Shaikh Jamaluddin Gilani, the source of whose knowledge was Shaikh Junaid of Baghdad.[43] Of course, he went there and made the master's acquaintance in the village of Halkgaran.[44] The shaikh gave the daughter of his loins to his spiritual son, thereby increasing the glory of his own family. When the Sahib-Qiran [Temür] was on his way back from conquering Anatolia, he visited Shaikh Sadruddin Musa in Ardabil and asked him for psychic assistance. When he asked the shaikh what he desired, he requested the liberation of Anatolian prisoners. His request was granted, and many from the Ustajlu, Täkälü, Rustaq, Rumlu, Dhu'l-Qadr, Afshar, Qajaroghli, and other tribes were released. In gratitude many of them adopted formal devotion to the shaikh and became Sufis. Shaikh Junaid chose to tread the path of glory rather than to remain in

زندانی ساخت. امیر قرا عثمان در زمان صاحبقرانی و شاهرخ میرزا ایالت دیاربکر داشت. چون روزگار او بسر آمد اُزُن‌حسن بجای پدر برنشست و با امیر جهانشاه بن قرایوسف آویزشها نمود و به نیستی‌سرا برنشاند. دو پسر داشت، سلطان‌خلیل و میرزا یعقوب. نخستین جانشین شد، لیکن از دوست‌نشناسی سپاه ازو برگشته ببرادر گرائید و در آویزۀ او قالب تهی کرد. چون یعقوب بیگ‌را واپسین خواب درگرفت فرماندهی برستم بیگ بن مقصود بیگ بن ازن‌حسن رسید. او هر سه پسر سلطان‌حیدررا از زندان برآورد. روزی چند نگذشته بود که از فزونی مردم و نیایشگری اینان به بیمناکی افتاد و در بسیچ دیگر شد. برادران اردبیل‌سو گام ناکامی برگرفتند. لشکری از پی فرستاد و سلطان‌علی میرزارا در پیکار نقد زندگی یغمائی شد و آن دو برادر بگیلان شتافتند و کارکیا علی مرزبان آن دیار دستگیری نمود و در محرم نهصد و پنج شاه اسمعیل بایران شد و صوفیان برو گرد آمدند. او بکین‌توزی فرّخ‌افشار برآمد و در پیکار روزگار او سپری شد. آن ملک برگرفته روی بآذربایجان آورد و چیره‌دستی یافت و بنهصد و هفت در پانزده‌سالگی در تبریز خطبه بنام خود ساخت و بجای کلاه حیدری تاج دوازده ترکی برساخت. اورا پنج پسر شد: طهماسپ میرزا، القاس میرزا، سام میرزا، رستم میرزا، بهرام میرزا. با سلطان مراد پور یعقوب بیگ نزد همدان کارزار نموده فیروزمند آمد و عراق و فارس و کرمان برگرفت و بر علاءالدوله ذوالقدر چیرگی یافت و بغداد و برخی عراق عرب‌را بر قلمرو افزود. و خوزستان بدست آورد و شاه بیگ خان اوزبک‌را نزد مرو ازهم گذرانید و خراسان تا کنار جیحون ازو شد. بیست و

a corner of spiritual liberation, and in this he was assisted
by hordes of adherents. Jahanshah Qaraqoyunlu, the ruler
of the two Iraqs and Azerbaijan, became apprehensive and
drove the shaikh from his realm, so he went to Aleppo and
then to Diyarbekir. The ruler there, Uzun Hasan Aqqoyunlu,
became his disciple and gave him his sister, Khadija Begi
Agha, in marriage. Sultan Haidar was born of her, and when
Shaikh Junaid was killed in battle with the Shirvanshah,[45] his
son Sultan Haidar took over leadership of the dervishes in
Ardabil, and on the heads of his followers he placed a twelve-
gored red cap. When Uzun Hasan gained victory over Jahan-
shah, he gave his daughter Halima Begi Agha, also known as
Alamshah Khatun, in marriage to Sultan Haidar, who was
his nephew. They had three sons, Sultan Ali Mirza, Ibrahim
Mirza, and Isma'il Mirza. Sultan Haidar then headed for
Shirvan in vengeance, and Farrukhafshar,[46] who was then
the ruler of Shirvan, did battle with him and was defeated.
Another battle was fought, and this time Sultan Haidar died.
Ya'qub Beg imprisoned Haidar's three sons in Istakhr.

During the time of the Sahib-Qiran and Shahrukh Mirza,
Amir Qara Usman governed Diyarbekir, and when he died
he was succeeded by his son Uzun Hasan, who fought many
battles with Qara Yusuf's son Jahanshah and killed him.[47]
Uzun Hasan had two sons, Sultan Khalil and Mirza Ya'qub.
The first of these two succeeded his father, but, because he
was so little appreciative, his soldiers left him and joined
his brother. Sultan Khalil was killed while fighting his
brother, and then when Ya'qub Beg died,[48] the rule went
to Rustam Beg, the son of Maqsud Beg, the son of Uzun
Hasan.[49] He released Haidar's three sons from captivity, but

چهار سال بفرمانروائی برنشست و در سی و هشت سالگی عالم‌را پدرود کرد. دوشنبه نوزدهم رجب نهصد و سی که واپسین روزگار او بود شاه طهماسپ در دوازده‌سالگی بر اورنگ سلطنت برآمد. لفظ «ظل» از آن سال بازگوید. در زورآباد جام با عبدالله خان کارزار نموده فیروزی یافت. سلطان سلیمان فرمانروای روم بیازش ایران برآمد. شاه‌را آویزه بهدید نیامد و بتاخت الکای او تیزدستی نمود و گزیده قلمرو خودرا از گزند رومی سپاه نگاهداشت. گرجستان و گیلان بدست آورد و خان احمدرا بقلعهٔ قهقهه زندانی ساخت. و اسمعیل میرزا دومین پور خودرا چون کجرو و بی‌آزرم بود از هرات طلب داشته بزندان فرستاد و فراوان سال در قزوین بکاردانی و آهستگی فرمانفرمائی نمود و بسا نیکوئی چهرهٔ روزگار او برآراست جز آنکه در نهصد و شصت و شش سلطان بایزید پور سلطان سلیمان با چهار پسر و دوازده هزار کس پناه آوردند. او از هرزه‌درائی خوشامدگویان خانه‌برانداز بخون گرامی مهمانان دست برآلود. اگر شکوه سلطان روم برین داشتی در برابر زر و سیم برنگرفتی. پنجاه و چهار سال بر اورنگ فرماندهی برنشست. چهارم خرداد بیست و یکم سال الهی پایان شب از ناسور درگذشت. برخی بر آنکه بکوشش سلطان‌حیدر مسموم شد و ازهم گذراندن صوفی حکیم ابونصر پور صدر شریعه‌را در محفل شاهی یاور آن. و گروهی گویند ابراهیم میرزا از دشمنی و از دمسازی بدان بدین روز نشاند. چون رنجوری افزود سلطان‌حیدر از دمسازی خوشامدگویان یافه‌درای اندیشهٔ بزرگی در سر گرفت و با وکالت بی‌انباز گرامی پدر بسیچ سروری جوهر عقل اورا تباه گردانید. بسیاری زربندگان بدو گرویدند.

it was not long before he experienced trepidation over the large numbers of their followers, and he began to formulate other ideas. In distress, the brothers went to Ardabil with an army on their heels. Sultan Ali Mirza was killed in battle, and the other two brothers fled to Gilan, where they obtained the assistance of Kargiya Ali, the ruler of that country. In Muharram 905 [August 1499], Isma'il went to Iran, and the Sufis gathered around him. Then he proceeded to take vengeance on Farrukhafshar, who was killed in battle. Isma'il took possession of that country and went on to Azerbaijan, where he was successful. In 907 [1502], at the age of fifteen, he had the *khutba* read in his name in Tabriz, and in place of the Haidari cap he introduced the *taj* of twelve gores. He had five sons, Tahmasp Mirza, Alqas Mirza, Mirza, Rustam Mirza, and Bahram Mirza. He did battle with Ya'qub Beg's son Sultan Murad near Hamadan and was victorious, and he took possession of Persia, Fars, and Kirman. He prevailed over Ala'uddaula Dhu'l-Qadr and added Baghdad and part of Arab Iraq to his territory, and he took possession of Khuzistan. He killed the Uzbek Shah Beg Khan near Merv,[50] and Khurasan as far as the Oxus became his. Shah Isma'il I reigned for twenty-four years and departed this world at the age of thirty-eight on Monday, 19 Rajab 930 [May 23, 1524].

His son Tahmasp succeeded him at the age of twelve, a chronogram for the year of which is *zill* (930). He did battle with Abdullah Khan in Zorabad in Jam and was victorious. The Ottoman Sultan Süleyman made an expedition into Iran. The shah did not consider it proper to do battle and so attacked Sultan Süleyman's territory to protect his own from injury by the Anatolian soldiery. Both Georgia and Gilan fell

درین هنگام شاه تندرستی یافت. اگرچه اورا از دوربینی ببازپرس درنیاورد، لیکن در وکالت آن پایه نماند. و چون روزگار او سپری شد پریخان خانم دخت او دومین پسر او اسمعیل میرزارا طلب داشت و بدستان‌سرائی سلطان‌حیدررا درون حرمسرا آورد و خلفای روملو و شمخال چرکس و شیب خان و ولی سلطان و امیران تکلو و دیگر هواخواهان اسمعیل میرزا کشک داشتند. درآمد و برآمد دولتخانه‌را بسته یازش سلطان‌حیدر نمودند. پریخان خانم از درون بجانستانی برخاست. درین هنگام سلطان‌مصطفی میرزا و زال بیگ و حسین بیگ و پیر خان و دیگر امرای استجلو نزدیک ده هزار کس فراهم شده به برآوردن سلطان‌حیدر روی آوردند. شمخال به تیزدستی درون شده کار او بانجام رسانید و سر اورا بیرون انداخت و شورش فرو نشست.

into his hands, and he imprisoned Khan Ahmad [the ruler of Gilan] in Qahqaha Fortress. Since his second son, Isma'il Mirza, was wayward and dishonorable, he had him brought from Herat and imprisoned him. Tahmasp ruled from Qazwin for many years with skill and moderation, and his reign was adorned with many good deeds. One exception is an episode in 966 [1558–59], when he gave shelter to Sultan Süleyman's son Bayezid and his four sons and twelve thousand followers, and then, at the instigation of home-wrecking sycophants, he stained his hands with the blood of his guests. Even if the might of the Ottoman sultan forced him to do it, he should not have taken gold and silver for it.[51]

Shah Tahmasp ruled for fifty-four years and died of gangrene at the end of the night of the fourth of Khurdad of the twenty-first regnal year [May 14, 1576].[52] Some say he was poisoned at Sultan Haidar's instigation, which is supported by the execution of Sufi Hakim Abu-Nasr the son of the Sadr-i-Shari'a in the royal assembly.[53] Others say that Ibrahim Mirza brought about the execution on account of his and his evil companions' hatred of the physician. Be that as it may, when Tahmasp's illness became worse, Sultan Haidar was encouraged by flatterers to entertain thoughts of greatness. Since he was his father's sole deputy, his mind became unhinged by dreams of supremacy and many money-loving mercenaries gathered around him. Then the shah got better, and, although he farsightedly did not call Haidar for a reckoning, he ceased to be his father's deputy. When Tahmasp died, his daughter Parikhan Khanum sent for Isma'il, the second son, and lured Haidar into the harem. Khulafa Rumlu, Shamkhal the Circassian, Shib Khan, Wali Sultan, the Täkälü officers, and

۲۴۲ اسمعیل میرزا باورنگ فرماندهی برآمد و نزد قم خطبه بنام خود کرد. آن سودائی‌مزاج‌را بدمستی دنیا بقدرنشناسی و خونریزی برد. یک و نیم سال و چهارده روز طبیعت‌پرستاری نموده سیوم آذر سال بیست و سیوم الهی درگذشت. و درین کوتاه دولت در جانشکری برادران و خویشان و دیگر بزرگان درازدستی نمود. از شش برادر خود سلیمان میرزا، سلطان‌محمود میرزا، امامقلی میرزا، سلطان‌احمد میرزارا روزگار بسر آورد و سلطان‌علی میرزارا فروغ چشم برگرفت و سلطان‌ابراهیم میرزا و بدیع الزمان میرزا پسران بهرام میرزا و سلطان‌حسین میرزا نخستین فرزند سلطان‌محمد خدابنده‌را رهنمای نیستی شد. و در روائی آئین سنّیان کوشش نمود و بجائی نیارست رسانید. سلطان‌محمد خدابنده برادر بزرگ او در سال بیست و سیوم الهی اورنگ‌نشین آمد و جهانی بشگفت‌زار افتاد. شاه خونریز چندی‌را بجانگزائی او فرستاد و نزدیک بود که کار او بانجام رسانند که آوازهٔ فرو شدن او جهان‌را برگرفت و ناگهانی بدولت رسید. و داد و ستد بر فخرالنّسا بیگم دختر میر عبدالله والی مازندران که همخوابهٔ او بود قرار گرفت. او نیز گسیختن پیوند دلها فراپیش نهاد و چون رومی سپاه بشروان رو آورد و ایرانیان شکست خورده برگشتند شاه‌را در قزوین گذاشته بدان سو گرائید و بگزین آویزه‌ها اولکای خود برگرفت. چون بازگردید قزلباش از بی‌آزرمی برآشفت و آن مهین بانورا به نیستی‌سرا فرستاد. آغاز دولت اینان بدستیاری اخلاص بود. اکنون که چنین بیراهه میروند ندانم که حال این غنودگان بکجا کشد. باز شورش روم بلندی‌گرا شد. شاه به نیروی نیکوخدمتی میرزا سلمان[۱۳۱] وزیر آن یورش‌را بحسن انجام رسانید.

other supporters of Isma'il Mirza were on guard. They closed all entrances and exits from the palace and attacked Sultan Haidar.[54] Meanwhile, Parikhan Khanum set about contriving to bring about his death from within. Outside, Sultan Mustafa Mirza, Zal Beg, Husain Beg, Pir Khan, and other officers of the Ustajlu clan, some ten thousand in all, assembled to get Sultan Haidar out. Shamkhal got inside first, put him to death, and flung his head outside, which ended the uproar.

Isma'il Mirza became king and had the *khutba* read near Qum. Worldly intoxication led the madman to the utter disregard of propriety and to bloodshed. He indulged his whims for one year, six months, and fourteen days and died on the third of Azar of the twenty-third regnal year [November 14, 1578].[55] During his short reign he slew his brothers, other relatives, and grandees. Of his six brothers he put to death Sulaiman Mirza, Sultan Mahmud Mirza, Imamquli Mirza, and Sultan Ahmad. He deprived Sultan Ali Mirza of his sight, and he killed Bahram Mirza's sons Sultan Ibrahim Mirza and Badi'uzzaman and Sultan Muhammad Khudabanda's eldest son, Sultan Hasan Mirza. He made every effort to promote the tenets of the Sunnis, but he did not succeed. His elder brother, Sultan Muhammad Khudabanda, assumed the throne during the twenty-third regnal year [1578] to the amazement of all.[56] The bloodthirsty shah had sent some men to dispose of him, and they were on the verge of killing him when word arrived that Isma'il was dead. Unexpectedly Khudabanda came to power, and the administration of justice fell to his wife, Fakhrunnisa Begüm, the daughter of Mir Abdullah the ruler of Mazanderan. She too took to alienating ways, and when Anatolian soldiers set out

242

499

درین هنگام امرای خراسان عباس میرزارا دستآویز شورش گردانیده در گرفتن مشهد دلیری نمودند. اگرچه مرتضی‌قلی آویزش نموده شکست یافت، لیکن در نگهبانی شهر کاراَگهی بجای آورد. شاه لشکر بدانسو کشید و تربت‌را که سر راه هری بود و مرشدقلی خان داشت گرد گرفت و از دوروئی ناسپاسان پس از شش ماه آشتی کرده بعراق بازگردید. درین میان آگهی یافت که عباس میرزا بیازش پیکار میآید و از بازگشت شاه خواب بی‌پروائی دارد. پرتال گذاشته بشبگیر بوم‌وار بر آن اردو ریخت. بسیاری سران لشکررا روزگار سپری گشت و برخی گرفتار آمدند و فراوان غنیمت بدست افتاد. میرزا با چندی در هرات حصاری شد. آن‌را گرد گرفتند. از یافه‌درائی هرزه‌سگالان نافرجام درونیان و برونیان بر فراز بیحیائی بر شدند و میرزا سلمان‌را بزور از دولتخانه برآورده رهگرای نیستی گردانیدند. ناگزیر شاه گرگ‌آشتی نموده بازگشت و بفرو نشاندن رومی شورش لشکر بآذربایجان کشید و سپه‌آرائی بحمزه میرزا بازگردید. ترکان بی‌حقیقت با میرزا نیز راه ستیره فراپیش گرفتند و کاری نیارستند ساخت. جدا شده بقزوین آمدند و طهماسپ میرزا خرد پور شاه‌را بکلانی برگرفتند. حمزه میرزا بنگاه‌را گذاشته بن پیکار اینان تیزدستی نمود و فیروزی یافته به پیشین شغل بازگردید. درین میان مرشدقلی مشهدرا بدستانسرائی برگرفت و عباس میرزا برهنمونی علیقلی به پیکار برخاست و هزیمت یافته بهری رفت. او اتالیق میرزا مرشدقلی شد. درین هنگام حمزه میرزارا دلاک[۱۳۲] پسری ازهم گذرانید و امرا ابوطالب میرزا پسر خرد شاه‌را پیشوا گردانیدند. آوازهٔ آمدن عبدالله خان بگشایش هری جهان‌را درگرفت. مرشدقلی

for Shirvan and the Persians were defeated, she left the shah in Qazwin and went off herself to regain possession of her territory in outstanding performances in battle, but when she came back, the Qizilbash rose up dishonorably and put the grand lady to death. The prosperity of these people had begun with devotion, but now that they have gone so astray, I know not what their end will be. There was more unrest in Anatolia, but Khudabanda put an end to it through the good offices of Mirza Salman, his vizier.

Around this time the officers of Khurasan used Abbas Mirza to stir up strife and had the audacity to attack Mashhad. Although Murtazaquli was defeated in battle, he performed valiantly in defending the city. The shah led an army in that direction and laid siege to Turbat, which is on the way to Herat and was held by Murshidquli Khan.[57] Because of the duplicity of disloyal men, the shah was forced to make peace after six months and return to Persia. Around this time it was learned that Abbas Mirza was coming to do battle, having been duped into thinking himself secure by the shah's withdrawal. The shah left his baggage and attacked Abbas's camp by night like an owl. Many were killed, and some were taken prisoner. Much booty was taken. The prince shut himself up with some men in Herat, and there he was besieged. Due to the folly of intriguers within and without, men shamelessly took Mirza Salman from the palace by force and killed him.[58] The shah was obliged to make a strategic truce and withdraw. He led his army into Azerbaijan in order to put down the Anatolian commotion.[59] Hamza Mirza served as his general, and the disloyal Turks behaved badly toward Mirza Hamza and prevented the success of the campaign. Then

501

خان عباس میرزارا گرفته بعراق رو آورد. قزلباش روز بروز جدا شده می‌پیوستند تا آنکه شاه سلطان‌محمود و ابوطالب میرزا نیز با چندی رسیدند. هر دورا بگوشهٔ بازداشت و در سال سی و دو الهی خطبه بنام او شد و بسیاری‌را ببدگمانی ازهم گذرانید. اگرچه آذربایجان نیارست گرفت و چندی خراسان بای داد، لیکن چون فرمانروای توران درگذشت خراسان‌را برگرفت و آنکه از شورش برنائی بی‌محابا خون ریختی و بناموسها گزند رسانیدی از توجه گیتی‌خدیو لختی فرو نشست. امید که روزبه آید.

۲۴۳ و همدرین سال مهتر ابراهیم عرضداشت مظفر حسین میرزا از قندهار آورد. پیشکش‌را بر لابه‌گری افزوده بود. شاهنشاه پوزش‌پذیر آمده‌را نوازش فرمود.

هیژدهم پیلانی که راجه مانسنگه در آشتی اودیسه برگرفته بود بدرگاه والا رسید و لختی بتماشای آن عشرت اندوختند.

و از سوانح رسیدن مریم‌مکانی از دار الخلافه آگره. چون از نزدیک شدن آگهی آمد خدیو عالم فرزندان والاگوهررا یکی پس از دیگری به پذیرگی فرستاد. بیست و یکم خرداد اورنگ‌آرای هشیارخرام کشتی‌سوار پذیرا شد و در سراپردهٔ آن مهین بانو رفته نیایشگری نمود. بامدادان بدریائی کاخها عشرت گزیده بازگردیدند.

they left him and went to Qazwin, where they elevated the shah's young son Tahmasp to the leadership. Hamza left his quarters and attacked them, and when he achieved victory over them he returned to his former enterprise. Meanwhile, Murshidquli succeeded in taking Mashhad by stratagem, and Abbas Mirza was persuaded by Aliquli to do battle,[60] but he was defeated and went to Herat, where Murshidquli became his *ataliq*. Around this time Prince Hamza was killed by a barber's son, and the officers made the shah's young son Prince Abutalib their leader. Now it was rumored in all quarters that Abdullah Khan [the Uzbek] was advancing upon Herat. Murshidquli Khan took Abbas Mirza to Persia, and the Qizilbash deserted and joined him. Finally Shah Sultan Mahmud and Abutalib also joined, and both were placed in confinement.[61] In the thirty-second regnal year [1587], the *khutba* was read in Abbas's name. He put many people to death on mere suspicion. Although he was unable to take Azerbaijan and lost Khurasan for a while, when the ruler of Turan died he regained Khurasan. In a frenzy of youthful exuberance he shed blood and disgraced many, but he backed down somewhat when chided by the world lord. It is to be hoped that he will prosper.[62]

Also during this year Mihtar Ibrahim brought a petition from Muzaffar Husain Mirza in Kandahar and conveyed presents and supplications. The all-forgiving emperor showed kindness toward the envoy.

On the eighteenth [June 7] the elephants Raja Man Singh had obtained in the Orissa truce arrived at court, and H.I.M. took great pleasure in seeing them.

243

503

فیروزی یافتن خان اعظم میرزا کوکه
و ریخته شدن آبروی مظفر گجراتی

۲۴۴ چون گجرات از خانخانان برگرفته بکوکلتاش نامزد ساختند و او دیرتر بدانسو رفت و رایات همایون بصوب پنجاب برافراخته آمد، تباه‌سگالان آن دیار از کوته‌اندیشی و کمبینی طیلسان آزرم دریده از فرمانپذیری سر باز زدند. جام که سرگروه آن گروه بود در فراهم آوردن فرومایگان بدنهاد شد و اندوختهٔ روزگاران بیرون آورده مظفر گجراتی‌را که از بیدانشی سر سروری خاریدی سپه‌آرای ساخت و دولت خان پسر امین خان غوری مرزبان جونه‌گده و سورت و کهنگار بزرگ کچه‌را بیاوری برخواند. پیش از آنکه هنگامهٔ بدگوهران گرمی پذیرد کوکه بدانجا رسید. لختی پروا نکرد و چندی آسان برشمرد تا آنکه مشتی ناسپاسان بشورافزائی برخاستند. دست از همه باز داشته بچاره‌گری برنشست. برادران قلیچ خان و فرزندان اسمعیل‌قلی خان که از بزرگ اقطاعداران بودند بناشایست عذرها همرهی نگزیدند. همانا نرسیدن آن گروه ایزدی تأیید بود. هرچند در سپهکشی خودسران کجگرا کمتر، کار شایستگی بیشتر. بیدلی یک کس گروهی‌را از جای برد و ناهنجار سخنی جهانی برهم زند. با افزونی غنیم و هرزه‌لائی هواخواهان کارنشناس باقبال روزافزون شاهنشاهی جنگ ورزید و در مالش فرصتجویان کمبین شد. نزد بیرم‌گانو فتح خان پسر امین خان غوری و چندرسین زمیندار هلود و کرن‌پرمال کلانتر موربی و بسیاری نخوتمندان بفیروزی جنود پیوستند. نورنگ خان و سیّد قاسم و خواجه سلیمان و برخی رادمردان‌را پیشتر روانه گردانید. اینان در موربی بیست و پنج کروهی ولایت غنیم بیافه‌گذاری نشستند. گرفتم

Maryam-Makani arrives from Agra

When the news of Maryam-Makani's approach reached the emperor, he sent his sons, one after the other, to greet her. On the twenty-first of Khurdad [June 10], H.I.M. embarked on a boat and went to the great lady's quarters to do reverence. The next morning they enjoyed themselves in river palaces and came to the city.

KHAN A'ZAM MIRZA KOKA TRIUMPHS, AND MUZAFFAR GUJARATI IS HUMILIATED

When Gujarat was taken from the khankhanan and assigned to Khan A'zam, he delayed going. Then, when the emperor's banners were raised for the Punjab expedition, rebels in Gujarat shortsightedly showed their true colors and refused to obey. The Jam, the ringleader of that group, gathered vile men around him, and by spending the money he had amassed he appointed Muzaffar Gujarati, who was so ignorant that he thought he could rule, as his general. Daulat Khan, the son of Amin Khan Ghori, the ruler of Junagadh and Saurath, and Khangar, the ruler of Cutch, also assisted him. Before the rebels could achieve anything, Koka arrived. For a time he was indifferent, and for a while he underestimated the threat until some ingrates created disturbances and Koka had to leave everything and deal with them. The brothers of Qilich Khan and the sons of Isma'ilquli Khan, the two largest landlords in the area, refused to join Koka with inappropriate excuses. Actually, their not joining him must have been an act of divine providence because the fewer headstrong leaders there are on a campaign, the better things go. The cowardice of one

244

سگالش خدمتگذاری نبود. شگرفی جاوید دولت چرا در پرده ماند؟ از کجبینی داستان آشتی در میان آوردند و کار نشناخته رو بفروتنی نهادند. بدگوهران نخوت‌فروش نپذیرفته آهنگ پیکار در سر گرفتند. کوکلتاش از بیداربختی و روشن‌ستارگی بچاره‌سگالی نشست و با آنکه فیروزی سپاه از ده هزار کم و غنیم از سی هزار بیش بود آمادهٔ آویزه شد و از هفت کروهی رده برآراست. قول خرم خواجه، ابوالقاسم دیوان، حکیم مظفر اردستانی، قرل ابدال، و دیگر بهادران دو هزار کس. برانغار نورنگ خان با هزار و پانصد. جوانغار رفیع محمد حسین، شیخ قاضی، حسین سیّد ابواسحق، چندرسین، هزار و هشتصد. هراول سیّد قاسم، سیّد بایزید، سیّد بهادر، سیّد عبد الرحمن، سیّد سلیم، میر شرف الدین، سیّد مصطفی، هزار و چهارصد کس. التمش هزار و ششصد فروهیده مرد. کوکلتاش و کامران بیگ و محمد توقبای و خواجه بابا و قادرقلی کوکه با چهارصد آزمون‌کار ناموس‌دوست طرح شدند و گوجر خان با ششصد جوان طرح برانغار قرار گرفت، و خواجم‌بردی با همان قدر دلاور طرح جوانغار. و از آن سو در قلبگاه مظفر با چهار هزار از گروه لونبه کاتهی و جز آن، برانغار دولت خان با چهار هزار و پانصد کس، جوانغار جام با هشت هزار سوار، مقدّمه آجا پسر رشید جام با منیه عموی او و دیگر برادران و جسا با خویشان چهار هزار و پانصد کس. قرارداد آن بود که از سُیه‌آب گذشته سیم تیر آویزش رود و عیار همّتها برگرفته آید. چون از آن آب گذاره شد غریدن تندر و باریدن ابر چنان درگرفت که دو شبانه‌روز یکدیگررا نیارستند دید. غنیم بفرازگاه فرود آمده بود. اولیای دولت از نشیب زمین و آب‌فزونی و کم‌آذوقی ستوه آمدند. دو بار شبخون آوردند و ناکام بازگردیدند.

person can lead an entire troop astray, and one misplaced word can spoil everything. Despite the overwhelming numbers of the foe and the blathering of his incompetent supporters, he did battle, relying on imperial fortune, and succeeded in crushing the shortsighted opportunists. Near Viramgam, Amin Khan Ghori's son Fath Khan, Chandrasen the zamindar of Halwad, Karan Paramal the chieftain of Morbi, and many other arrogants faced the invincible troops. Naurang Khan, Sayyid Qasim, Khwaja Sulaiman, and some other warriors were sent forward, and they took up a provocative position in Morbi, twenty-five leagues from enemy territory. I take it that they had no intention of doing worthy action. Why should the mysterious workings of eternal fortune remain veiled? They stupidly initiated truce talks and incompetently humbled themselves. The arrogant rebels refused to accept their offer and decided to do battle. Fortunately, Kükältash decided to deal with the matter, and although the imperial troops numbered fewer than ten thousand and the enemy was more than thirty thousand, he prepared himself for battle and drew up his battle lines seven leagues away from the foe. In the center were Khurram Khwaja, Abu'l-Qasim Divan, Hakim Muzaffar Ardistani, Qaral Abdal, and two thousand other warriors. The right wing was commanded by Naurang Khan, who had fifteen hundred men. The eighteen hundred men of the left wing were under Rafi' Muhammad Husain, Shaikh Qazi, Husain Sayyid Abu-Ishaq, and Chandrasen. There were fourteen hundred men in the vanguard under Sayyid Qasim, Sayyid Bayazid, Sayyid Bahadur, Sayyid Abdul-Rahman, Sayyid Salim, Mir Sharafuddin, and Sayyid Mustafa. The *altmish* consisted of sixteen hundred battle-tried men. Kükältash, Kamran Beg, Muhammad Tuqbai, Khwaja Baba, Qadirquli Koka, and four

۲۴۵ چون سختی از اندازه گذشت ناگزیر نوانگررویه بنگاه جام کوچ کردند تا هنگامهٔ مخالف پراکندگی یابد و روزی فراخی پذیرد. چهار کروه سپرده بآباد دهی فرود آمدند. علق و فراوان غنیمت بدست افتاد. ناچار مخالف برخاست و در سه کروهی رودی در میان داده جای گرفت و بسیاری بپاسبانی بنگاه جدا شدند. چهارم امرداد فوجها بآویزش درآمدند و عرصهٔ کارزار گرمی پذیرفت. تیزدستان جوانغار از هراول برگذشتند. دولت خان سخت درآویخت. خواجه شیخ بگزیده آئین خودرا بر غنیم زد و خواجه رفیع به پیوند دوستی با چندی همپائی نمود. جلوگیر کرده ازهم گذرانیدند و پانزده دلاور از خویشان او بناموری درگذشتند. شیخ کبیر پور مکمّل خان نیز بمردانگی فرو شد. طرح این فوج کاری برنساخت. بسیاری از اینها راه گریز پیش گرفتند و چندی پس قول آمدند. محمد حسین شیخ زخمی درین مردم بود. بزودی درگذشت. و برخی از میان قول و التمش عنان کشیدند. غنیم از چیره‌دستی بنخوت درآمد و دنبال کرده دست در پرتال زد. درین میان پردلان التمش تیزدستی نموده بدولت خان درآویختند و برخی گریختگان بازگردیده بجنگ پیوستند. برانغار مخالف که به تیزدستی میآمد لختی عنان کشید و در سرآغاز آویزه هراول غنیم با پیشدستان فیروزی سپاه درآویخت و سخت کوششها در میان آمد.

hundred experienced fighters formed the reserve. The right-wing reserve was commanded by Gujar Khan with six hundred men, and Khwajamberdi commanded the same number in the left-wing reserve. Opposing them was Muzaffar himself in the center with four thousand Lomba-Kathis and others. The right wing was commanded by Daulat Khan, who had forty-five hundred men, and the Jam had eight thousand in the left wing. The vanguard was led by Aja, the son and heir of the Jam, his uncle Maniya and his brothers, and Jaisa and his relatives, forty-five hundred in all. It was decided that they would cross the Sui River, and battle would be engaged on the thirtieth of Tir [July 20]. When the river was crossed, there came such roaring of thunder and downpour of rain that they could not even see each other for two days and nights. The enemy had the advantage of high ground, and the friends of fortune grew weary of the broken terrain, the water, and the lack of provisions. Twice night attacks were made, but they returned without success.

When hardship had gone beyond all bounds, they decamped 245 toward Nawanagar, the Jam's home, in order to break the rebels' unity and to get provisions. After going four leagues they reached a flourishing village where they got fodder and much booty. The foe was forced to take up a position three leagues away with a river separating them, but many left to protect their homes. On the fourth of Amurdad [July 25], the forces clashed and battle waxed hot. The warriors of the left wing got past the vanguard. Daulat Khan attacked with vigor. Khwaja Shaikh hurled himself at the enemy, and Khwaja Rafi' and a few men rode with him out of friendship. They slew indiscriminately, but fifteen of his brave relatives went down in valor. Mukammal Khan's son Shaikh Kabir died fighting bravely. The imperial reserve was unable to

دلِ تیــــغ گفــتی ببــالد همی
زمیــن زیرِ اسپــان بنالد همی[۱۳۳]
پر از نالهٔ کوس شد مغــزِ میــغ
پر از آبِ شنگرف شد جامِ تیغ[۱۳۴]

۲۴۶ کار از تیر و شمشیر برگذشت و بکارد و خنجر درهم آمیختند. میر شرف الدین برادمردی جان نثار کرد. نزدیک بود که چشم زخمی باین فوج رسد. بهادران التمش برانغار غنیم‌را برشکسته بیاوری پیوستند. راجپوتان غنیم بآئین خویش از اسپان فرود آمده بخون‌گرفتگی ایستادند. درین میان کوکلتاش رسید و فیروزی چهره برافروخت. مهراون با برادر و دو پسر و جسا با پانصد راجپوت یکجا نقد زندگی سپردند. ظریف الملک وکیل دولت خان دستگیر شد. جام و مظفر بی‌آویزش راه گریز فراپیش گرفتند و دولت خان زخمی بجونه‌گده رفت. دو هزار گندآوران از غنیم جان سپردند و از فیروزی سپاه صد کس بواپسین خواب غنودند و پانصد جوان‌را نمایان زخمها چهرهٔ مردانگی برافروخت و هفتصد اسپ فرو شد. توپخانه و فیلخانه و دیگر اسباب غنیمت اندوختند. سپه‌آرا بسپاسگذاری برنشست و که و مه‌را دل بدست آورد. بیست و هشتم نوید فیروزی بعرض همایون رسید و الهی سپاس افزایش گرفت. کوکلتاش نگاشته بود که از هرزه‌سرائی که و مه ناامیدی داشت. در آن نزاردلی کیهان‌خدیو بعالم مثال همّت‌را نیرو بخشید و آبِ رفته بجوی آمد. اگر شگرفی این نمودار یک یک برگذارد گوش ظاهرنگهان برنتابد.

do anything, and many of them fled while others went behind the center. Muhammad Husain Shaikh was among them, but he was wounded and soon died. Some of the center and *altmish* drew in their reins. The foe reveled in their domination of the field and pursued them to get at their baggage. Just then the warriors of the *altmish* rushed in and grappled with Daulat Khan, and some of those who had fled returned to the battle. The foe's right wing, which was rapidly approaching, drew in their reins. The enemy vanguard clashed with the imperial vanguard, and much valor was shown.

> *You would say the sword's heart is swelling; you'd say the*
> *earth is groaning under horses' hooves.*
> *The brains of clouds were filled with the sound of drums; the*
> *goblet of the blade was filled with crimson liquid.*

The time for fighting with arrows and swords was over, and it came to hand-to-hand combat with knives and daggers. Mir Sharafuddin sacrificed his life with valor, and our troops were almost struck by the evil eye, but the warriors of the *altmish* broke through the enemy's right wing and joined the fray. As is their custom, the enemy Rajputs got off their horses and stood murderously. At this point Kükältash arrived, and victory smiled. Maharawan and his brother and two sons, and Jaisa and five hundred Rajputs all lost their lives in one place. Daulat Khan's deputy, Zarifulmulk, was captured. The Jam and Muzaffar fled without fighting, and Daulat Khan was wounded and went to Junagadh. Two thousand brave enemy warriors sacrificed their lives, while only one hundred of the imperial troops closed their eyes in their final slumber. Five hundred men had serious

246

511

۲۴۷ درینولا قاضی نورالله و قاضی علی‌را بکشمیر فرستادند. بر طوطه که از رازداران میرزا یوسف خان بود دشمنان برو سخنی چند برساختند و دامن‌آلود خیانت وانمودند. میرزا ناکرده پژوهش بشکنجه درکشید. او ستوه آمده راه گریز پیش گرفت و ببارگاه اقبال دادخواه آمد. چنان برگذارد که حاصل کشمیر بیست و دو لک خروار بود و هر یک بنرخ شانزده دام تن یافته. اکنون شمارهٔ خروار ده پانزده افزودگی دارد و هر یک‌را بیست و هشت دام شد. و دریافتِ همواره برگشت. شانزدهم آن دو کاردان کم‌آزرا بوارسی فرستادند.

هیژدهم عرفی شیرازی رخت هستی بربست. دری از سخن‌سرائی برگشوده بود. اگر در خود ننگریستی و زندگی‌را بشایستگی سپردی و زمانه لختی فرصت دادی، کار او بلندی‌گرا شدی. درین نزدیکی این رباعی برسنجیده بود:

wounds, and seven hundred horses were lost. The enemy's artillery and elephants were taken as booty. The commander offered his gratitude, and everyone rejoiced.

On the twenty-eighth [August 18], the good news was conveyed to the imperial presence, and he thanked the deity. Kükältash had written that he had despaired of every one of his blathering companions, but even in the midst of such cowardice the emperor had given him heart in the world of ideals, and a contest that was all but lost was won. If the miraculousness of this were to be explained in detail, the ears of the superficial would not be able to tolerate it.

Around this time Qazi Nurullah and Qazi Ali were sent to Kashmir. Enemies accused Tota, one of Mirza Yusuf Khan's confidants, of treachery. Without bothering to investigate, the mirza tormented him, and finally, tired of such treatment, he fled to take his plight to court. He reported that the income of Kashmir had been fixed at twenty-two lacs of *kharwars*, each of which was assessed at a rate of sixteen *dams*. Now the number of *kharwars* had increased by 50 percent, and every *kharwar* had become worth twenty-eight *dams*. Thus the amount realized was constantly becoming less.[63] On the sixteenth [August 6] the two incorruptible experts were sent to make a report.

On the eighteenth [August 8], Urfi Shirazi passed away. He opened a new door to poetry, and if he had not been so conceited and had led his life with appropriateness, and if fate had given him a chance, he would have achieved renown. Recently he composed the following quatrain:

247

عرفی دمِ نزع است و همان مستی تو　آیا بچه مـــایه رخـــت بربســـــتی تو
فرداست که دوست نقدِ فردوس بکف　جویــایِ متـــاع است و تهیـدستی تو

۲۴۸ سیم بی‌بی روپه از آشوبگاه گیتی رو پوشید و شهریار مهراندوزرا دل بسوخت و از ژرف‌نگهی برضا گرائیده آمرزش خواست. از گزین دایگان افسرخدیو بود. همواره وقت‌را ببایست گذرانیدی. از خیرسگالی دراز زندگانی یافت.

درین روز احدیان گزین خدمت نموده بدرگاه والا آمدند. پیشتر ازین برخی راجپوتان کرم بیگ پور شیر بیگ‌را ازهم گذرانده گام فراخ برزدند. حمزه عرب در بهنبهر جاگیر داشت و امرا برادر رای رایسنگه از فرمانپذیری بیرون شده درازدستی میکرد. از آن تیولدار مالشهای درخور یافت. درینولا کیسوداس برادرزادهٔ او بکمین برنشست. شبی آن لبریز پیمانهٔ هستی‌را پسر حمزه عرب پنداشته جان بشکرد و با چندی راه گریز پیش گرفت. چون ازین آگهی آمد دیده‌وران چابکدست هر سو روانه ساختند. شیخ آدم و شیخ عزیزالله احدی براه ملتان پویان گشتند. میان دیپالپور و قنولا[۱۳۵] نزد قصبهٔ نوشهره رسیدند و چندی راجپوتان رای رایسنگه و برخی ملازمان خانخانان نیز پیوستند. کیسوداس با پنج کس در آویزه فرو شد و سه کس‌را زنده بدرگاه والا آوردند و نوازش یافتند.

درین شب پس از سه پهر و یک و نیم گهری عبد الرحمن پور نگارندهٔ شگرفنامه‌را فرزندی روشن‌ستاره فروغ افزود و گوناگون نشاطرا هنگامه شد. گیتی‌خداوند بشوتن نام نهاد. امید که فرّخی افزاید و در اندک مدّتی بشایسته‌کاری پیوندد.

Urfi, here is the moment of death, and you are still that same
  drunkard. With what goods are you going to pack your
  bags?
Tomorrow, when the beloved stands with the cash of paradise
  in hand, he will ask for commodities and you will be
  empty-handed.

On the thirtieth [August 20], Bibi Rupa departed this world.   248
The emperor grieved, but he farsightedly realized that it was the
divine pleasure and prayed for mercy on her soul. She had been
one of the emperor's nurses, and she had lived her life with honor,
and thanks to her benevolence she had lived a long life.

On the same day some *ahadis* paid homage at court. Some
Rajputs had killed Sher Beg's son Karam Beg and run away.
Hamza Arab held a fief in Bhimbar, and Rai Raisingh's brother
Umra had ceased being obedient and was acting aggressively.
He was appropriately chastised by Hamza. After that, Umra's
nephew Kesav Das lay in wait to take revenge. One night he killed
[Karam Beg], thinking he was Hamza Arab, and fled with some of
his men. When this was learned, nimble men were sent out in all
directions. Shaikh Adam and Shaikh Azizullah Ahadi went out
to look for them via Multan. When they arrived near the town
of Naushahra between Dipalpur and Qabula, they were joined
by some of Rai Raisingh's Rajputs and some of the khankhanan's
attendants. Kesav Das and five men went down fighting. Three
men were taken to court alive, where they received clemency.

This same night, after the elapse of three *pahrs* and one and a
half *gharis,* a son was born to this writer's son Abdul-Rahman, and
there was great joy. The emperor named him Bishotan. It is hoped
that he will increase in felicity and soon perform worthy service.

و همدرینولا روزگار شیخ ابراهیم سپری شد. از معامله‌دانی فراوان بهره‌مند بود و بدیدبانی و کارشناسی او صوبهٔ دار الخلافه آگره انتظام داشت. چهارم شهریور درگذشت. گیتی‌خداوند آمرزش درخواست و پس‌ماندگان او نوازش یافتند. شاهقلی خان محرم بفرمان والا از میوات بدانجا شد و در کمتر فرصتی بدادگری و نیکوکاری ازو برگذراند.

۲۴۹ و از سوانح فرستادن وخشور بجنوبی دیار. چون برهان الملک بر احمدنگر چیره‌دستی یافت جای آن بود که بپرستاری و سپاسگذاری برافزاید و سرمایهٔ فرمانپذیری دیگر مرزبانان آن سرزمین گردد. بادهٔ کامروائی هوش اورا بربود و گوناگون نوازش شاهنشاهی بفرامش رفت. از بخت‌برگشتگی آزار زیردستان فراپیش گرفت و سود خودرا در زیان دیگران اندیشید. گیتی‌خدیو از بخشایش‌منشی و مهرافزونی بر آن شد که نخست کاراگهی نزد راجه علی خان که برهان دست‌نشاندهٔ اوست فرستاده آید و بصلاحدید او بآن غنوده‌خرد و دیگر مرزبانان آن سو اندرزها رود. اگر نیوشند و پوزش فراپیش نهند دست از بادافراه بازکشیده آید. ورنه، فیروزی جنود نامزد گردد و مالش بسزا داده شود. چهاردهم ملک الشعرا شیخ ابوالفیض فیضی‌را پیش راجه علی خان و برهان الملک دستوری دادند و امین الدین‌را همراه ساختند و میر محمد رضوی‌را نزد عادل خان و میر منیررا نزد قطب الملک رخصت فرمودند و بسا پیغام آگهی گذارش یافت.

۲۵۰ و از سوانح رفتن امرا بجونه‌گده. چون میرزا کوکه فیروزی یافت بامدادان بنوانگر شتاب آورد و فراوان غنیمت اندوخت. جام و مظفر بکهسار برده[۱۳۶] گام فراخ برزدند. کوکلتاش برای مالش بدگوهران ایستاد و بچاره‌گری برنشست. نورنگ خان، سیّد قاسم، خواجه سلیمان و

Around this time Shaikh Ibrahim passed away. He was extremely competent, and the province of Agra was kept in order by virtue of his protectiveness and service. He died on the fourth of Shahrewar [August 25]. The world lord prayed for mercy on his soul and consoled those he had left behind. Shahquli Khan Mahram was ordered to go to Agra from Mewat, and shortly thereafter he took Shaikh Ibrahim's place in just administration.

An ambassador is sent to the southern region 249

When Burhanulmulk took possession of Ahmadnagar, he should have been gratefully obedient and served as a model for the other rulers of that land to be obedient too, but the wine of success robbed him of his senses and he forgot the emperor's many favors. In his ill fortune he began to torment his subjects and thought he would profit from others' losses. The emperor charitably and kindly decided that first he would send a diplomat to Raja Ali Khan, under whose thumb Burhanulmulk was, to obtain his approval to give the ill-starred Burhanulmulk and other rulers some good advice. If they listened, there would be no penalty, but if not, invincible troops would undertake an expedition and they would pay the price. On the fourteenth [September 4], the poet laureate Shaikh Abu'l-Faiz Faizi was sent to Raja Ali Khan and Burhanulmulk, accompanied by Aminuddin; Mir Muhammad Rizawi was sent to the Adil Khan, and Mir Munir was sent to Qutbulmulk.

Officers go to Junagadh 250

The morning after Mirza Koka achieved victory he went to Nawanagar and got a lot of booty. The Jam and Muzaffar had run off to the Barda Hills, so Kükältash made preparations for

برخی‌را بگشایش جونه‌گده فرستاد. همگی بسیچ آنکه خاطر از آن سرزمین واپرداخته خود نیز از پی شتابد. فرستادگان از ملک‌ویرانی و گران‌ارزی فراوان رنج کشیدند و چون با افسردگی و گرانپائی نزدیک شدند دولت خان پور امین خان که زخمی برآمده بود فرو شد و لختی آهنگ دژگشائی تازگی پذیرفت. بدرونیان برگذاردند «دژکیا فرو شده و فیروزی سپاه دررسیده. آن سزاوار که بدستآویز پیمان کلید بسپارند.» پاسخ آمد «یکی از معتمدان بفرستند تا خواهش بر گفته دلجمعی بدست آوریم.» درین هنگام آگهی شد که گروهی کاتهی دست بپرتال در زده‌اند. ناگزیر بدان سو ره سپردند و پیوستِ این مظفر خودرا بدانجا رسانید و دژنشینان نخوت از سر گرفتند. خان اعظم برآشفت و بسیچ گشایش فراپیش نهاد. مظفر بیرون رفت و بر زبانها افتاد که احمدآبادرویه گام فراخ برزده است. کوکلتاش فوجی بسرکردگی خرّم از پی فرستاد و خود میخواست که دژرا گرد برگیرد. درین میان روشن شد که جام از نزدیکی ببنگاه میرود. بدانسو گام سرعت برگرفت. او برگشته بلابه‌گری نشست. درین هنگام شورش نظر بی و فرزندان او برخاست. ناگزیر پوزش پذیرفته بازگردید. در دندوقه میر ابوتراب از درگاه والا رسید و قدسی منشور و گزین اسپان و گرانمایه خلعتها برای بندگان خدمتگذار آورد. امرا نوید بهروزی شنوده بسپاسگذاری برنشستند و پیوست این فرو شدن ناسپاسان مالوه بچهرهٔ شادمانی آب و رنگ دیگر درآورد. کوکلتاش‌را سگالش آن بود که بگشایش دژ باز گردد. واماندگی همراهان سنگ راه شد.

crushing them. He sent Naurang Khan, Sayyid Qasim, Khwaja Sulaiman, and others to conquer Junagadh, thinking that when that land had been consolidated he would follow them. They suffered from the devastation of the land and the lack of supplies, but when they drew near, dejected and tired as they were, Amin Khan's son Daulat Khan, who had been wounded, died, and the prospects for victory looked up. They sent a message in to the defenders, saying, "Your lord is dead, and imperial forces are here. It would be better for you to negotiate to turn over the keys." The reply came, saying, "Send one of your trusted men so that we may be assured you will do what you say." Just then it was learned that a band of Kathis had attacked the baggage train, so they were forced to go there. Immediately thereafter Muzaffar got himself there, and the defenders started behaving arrogantly again. Khan A'zam flew into a rage and decided to take the fortress. Muzaffar got out, and it was rumored that he was going to Ahmadabad. Kükältash sent a troop after him under Khurram and was going to invest the fortress himself, but just then it was learned that the Jam was nearby on his way home. As Kükältash rushed off in that direction, the Jam backed down and pleaded for quarter. Then came news of the insurrection of Nazar Biy and his sons, and Kükältash had to deal with that. Mir Abuturab went to Dhandhuka from court, bearing an imperial edict, fine horses, and valuable robes of honor for all the emperor's servants. Encouraged, the officers expressed their gratitude, and immediately thereafter news of the death of the ingrates of Malwa caused great rejoicing. Kükältash thought he would turn back to take the fortress, but the intractability of his companions prevented him from doing it.

روانه شدن شاهزاده سلطان مراد بدارائی صوبهٔ مالوه

۲۵۱ بهین پرستش کارگیا آنکه شایستگان خیرسگال‌را برگزیند و به تیمارداری زیردستان بازگذارد، خاصه که نژاد بزرگی پیرایهٔ شایسته‌کاری شود چنانچه خوی ستودهٔ افسرخدیو ماست. همواره عیار خویش و بیگانه برگیرد و فروهیدگان‌را پایه برتری بخشد و از نیک‌بسیچی در مرزبانان همسایه ژرف‌نگهی رود. اگر غمخور جهانیان باشند بدادگری و آباد زندگی بایشان گزندی نرساند و بیاوری دل برنهد. ورنه، لابه‌گری از بادافراه باز ندارد، لیکن نخست اندرزگوئی رود و داستان بیم و امید برخواند. چون سران دکن ناهنجاری پش گرفتند کارآگهان‌را به پندگذاری فرستادند و شاهزاده سلطان مرادرا که بشایستگیها آراسته بود برنواختند و بعلم و نقاره و چتر و توغ اعتبار افزودند و صوبهٔ مالوه در اقطاع او قرار گرفت. شب چهارم مهر پس از سپری شدن دو ساعت گرانبار اندرز بدان سو دستوری شد. همگی بسیچ آنکه اگر بمرزبانان جنوبی دیار نصیحتگری سودمند نیاید سرمایهٔ مالش اینان آماده باشد. از مهین پندها که آویزهٔ گوش هوش آن گرامی فرزند شد لختی مینویسد و دستمایهٔ هوشمندی برمیگذراد. نخست اندیشه‌را بپژوهش ایزدی رضا آباد دارد تا کارکرد بشایستگی گراید. سپس بیرونی پیرایش فراپیش نهد. خور و پوشش‌را مقصود نپندارد و ژرف‌نگهی بکار برد. از کار ستم‌آلود بپرهیزد و از هنگام و اندازه برنگذراند. هر عضوی‌را بگزین کار باز دارد و از بسیارگوئی و خنده‌افزونی بر کنار زید و خواب از سیوم بخش شباروزی برنگذراند. در آبادی سپاه و ملک و ایمنی راه و فرمانپذیری سرتابان و برانداختن دزد و رهزن کوشش رود. پس از آن بافروزش درونی پردازد. خواهش و

PRINCE SULTAN MURAD GOES TO GOVERN
THE PROVINCE OF MALWA

The best act of worship a ruler can do is to select benevolent men   251
of worth and station them to protect the subjects, particularly
men who combine great lineage with personal ability, and this
is one of our emperor's finest habits, for he continually assesses
the worth of kin and stranger, promotes the worthy, and reflects
deeply on his neighboring rulers. If they are compassionate to the
people, he inflicts no harm on them; if not, he makes no distinc-
tion between pleading and chastisement, but first he sends them
advice. Since the rulers of the Deccan had chosen to be wayward,
he sent diplomats to advise them, and he favored the worthy
Prince Sultan Murad with the gift of a banner, drums, a parasol,
and a yak tail and assigned Malwa as his fief. After the elapse of
two hours of the eve of the fourteenth of Mihr [October 5], he
filled his ears with good advice and sent him thither. It was his
sole thought that if the southern rulers did not respond to advice,
the means for crushing them would be ready at hand. Some of the
precious items of advice with which he filled the prince's ears will
be recorded here to serve as a source of enlightenment.

First, keep the mind flourishing by seeking to please the deity
so that one's actions may be worthy. Next, pay attention to one's
external appearance. Do not think that food and clothing are
the ultimate goals, but reflect deeply. Avoid any act that may be
stained with injustice, and do not go beyond your ability. Keep
every limb to its proper function. Avoid talking and laughing too
much, and do not let the hours of sleep exceed the third portion
of a day and night. Strive for the welfare of soldiers, and endeavor
to make the countryside and roads safe, to bring the recalcitrant

خشم‌را بفرمان خرد دارد که دادار جهان‌آفرین استخوانی کاخ‌را دو پاسبان پدید آورد. بنخستین درخور برگیرد و بدوم از ناسزا بپرهیزد. آدمی‌زاد از خردغنودگی آن دورا عنان گسسته دارد و پیرایهٔ زندگی‌را مایه‌دهِ مردگی گرداند. شناسائی‌را از بایست نگذراند و نیروی کارفرمائی‌را بشایستگی تنومندی دهد. و برین چهار اعتدال‌گرا شود و از کمی و فزونی که سرمایهٔ نکوهیدگی است دوری جوید. درین روز بازار تقلید و دوروئی انصاف و هوشمندی بکار برد. پرستش بیغوله‌گزینان علاقه‌گسل دیگر است و نیایش دلبستگان جهان‌آرا دیگر. اگرچه اندیشهٔ آبادی ناگزیر هر دو، لیکن نخستین از آگهی درنگذرد و پسین‌را غفلت سزد. کار مایهٔ هر یک دریابد و بدید ناملایم از جا نرود و مهر و کین و بیم و امیدرا از اندازه و جا برنگذراند. بسا کس‌را چین پیشانی آن کند که دیگری‌را شمشیر و دشنه. دگرگونگی کیش از کارسازی باز ندارد و در بادافراه شورش نیندازد. انجمن رازگوئی بکاردانان برآراید. اگر پوزش رود بپذیرد و بر رای خود غرّه نشود و جز دوربین خیرسگال که بر خویشتن نلرزد شایان این کار نداند. خوشخوئی‌را عادت خود نگرداند و دستگیری‌را بروز ناکامی نیندازد و از فزونی آن شکوه برنشکند و پاس پیمان بر همه سود برگزینند. و چنان زید که گروهاگروه مردم بیگانه دلگرفته نباشند، خاصه بازرگان که آوازهٔ نیکنامی ازو بلند گردد. از هرکس باندازهٔ نیرو چشم خدمت دارد و در شناسائی بچرب‌زبانی فریفته نگردد. دوستداری بیکی از چهار چیز پیدائی گیرد: دنیوی سود اگرچه بگمان باشد و این دیر فراچنگ آید و زود از دست رود، دینی بهره و آن بر عکس نخستین، سیوم نیکذاتی و آن با جان همدوش پایندگی و ناپایداری آن بخرد باز گردد، چهارم اخلاص. ازین جویبار چهارگانه در عقیدت‌گذاران ژرف‌نگهی بجای آرد و باندازهٔ

into obedience, and to get rid of thieves and robbers. Then turn to internal betterment. Keep lust and wrath under the command of wisdom, for the creator of the world has made it the keeper of our bony castles. It will hold the first, lust, to what is proper, and it will prevent the second, wrath, from acting improperly. A human being allows those two free rein at his own peril. Do not let knowledge exceed what is proper, and bolster the power of rule with propriety. Maintain a balance of the four elements, and avoid too much or too little, which will bring about unworthiness. Make use of equity and sobriety when traditionalism and hypocrisy are enjoying a field day. The worship performed by hermits is one thing, and the praise performed by those who live in the world is another. Although both types necessarily think about bettering themselves, the former never ceases his vigilance while the latter may indulge in negligence. Study the actions of every person, and do not be disturbed by the improprieties you may see. Do not allow affection, vengeance, fear, or hope to go beyond their limits. Many people are as affected by a wrinkled brow as others are by a sword or dagger. Difference in religion should not detract from a person's ability, and it should not make chastisement more severe. Consult with men of good counsel. If their advice is good, accept it. Do not be proud of your own opinion, and do not consider anyone worthy of advising who is not farsighted and benevolent and has no reason to fear for himself. Do not make joviality your custom, and do not put off a helper until you experience a time of need, for one's dignity is not lessened by being assisted, and the keeping of promises is beneficial for all. Comport yourself such that no strangers have reason to complain of you, particularly the great, who can ensure your renown. Expect service from every person in accordance with his ability, and in assessment do not

شناسائی کارکردرا بنیاد نهد. در آموزش آگهی نامه‌ها برکوشد و دانش‌را بکردار رساند. گوشه‌نشینان خرسند و ژولیده‌مویان برهنه‌پارا دل بدست آورد و در دیدِ ربودگانِ جلال دلیر نباشد. بر غمگساری سپاه همّت گمارد و ماهوار بهنگام رساند. و از هرکس درخور آن ستور و سلاح و خیمه طلب دارد. نیکوخدمت‌را پایه افزاید و دیرین پرستاررا از نظر نیندازد. از کشاورز آبادی نغنود و بهر شغلی راستی‌منشان آگاهدل برگذارد تا بی‌خواهش بادهٔ بزرگی فروختن و آرزوی ستایش کارها بشایستگی گراید، و دیدبانی خودرا از اینان باز ندارد. حق‌سگالان‌را پایه برافرازد و باطل‌بسیچان‌را بنصیحت و مالش پیرایش دهد. در داوری بسوگند و گواه بسند نکند. پرسشهای گوناگون و خواندن پیشانی نامه یاور سازد و تازه رسمی که سود آن اندک و زیان بسیار بود در میان نیارد. ثغوررا برادمردان آزمون‌کار بسپارد و از ایمنی راهها زمانی نشکیبد. هنگام عافیت زمان ناکامی بیاد آورد و هر چیزرا چاره آماده دارد. همنشین شایسته‌کردار برگزیند و از راست‌گوئی که رود درهم و دلگرفته نگردد و در فرمان خرد بوده از شورش طبیعت بر کناره زید.

۲۵۲ و بسا دلآویز اندرزها فرموده گرانبار آگهی ساختند. امید که بخت یاوری نماید و لختی گفته بکردار رسد.

اسمعیل‌قلی خان

جگناته

رای درگا

عبدالله خان

حاجی سیندوک

رضاقلی

میرزا خان

مختار خان

قابل بیگ

قاسم بی تبریزی

be taken in by a glib tongue. Amiability is evident in four things. First is worldly profit, even if it is suspect—and it comes late and soon departs. Second is religious profit, and this is the opposite of the first. Third is a good nature, which, together with the soul, is dependent upon wisdom for its endurance or lack thereof. Fourth is devotion. One can delve deeply into those who claim to be one's followers by means of this fourfold stream and then base one's action on one's knowledge. In order to learn, read books, and then put your knowledge into action. Curry favor with contented hermits and barefoot dervishes, and be not overly bold in dismissing those who have been snatched away by divine glory. Concentrate your attention upon commiseration with your soldiers and pay them their salaries on time. Expect of every person appropriate mounts, weapons, and tents. Promote those who serve well, and do not disregard old servants. Do not neglect the welfare of farmers, and appoint honest and aware men to every task so that all labors may proceed appropriately without any desire to sell the wine of greatness or wish for praise, and never let your guard down against these. Promote right thinkers, and either advise or punish those of idle thoughts. In rendering judgment do not rely on oaths and testimony, but undertake various investigations and be aided by reading people's brows. Do not allow any new custom that has little benefit and much detriment. Entrust borderlands to experienced warriors, and do not neglect the safety of the roads for a moment. In good times think forward to bad times, and keep ready a remedy for any eventuality. Choose companions of good conduct. Never get angry over an honest report. Obey wisdom, and avoid the chaos of nature.

The emperor gave many such pieces of valuable advice. It is hoped that fortune will come to the prince's aid and he will act

252

قاسم بیگ ذوالقدر
محمود خان
اتم بهادر
سیدی ریحان
عالم خان
نصیب دیوانه
شیخ معروف
میرزا محمد
شیخ عبدالله
بختیار
سعید
میر کلان کولابی
ضیاء الدین یوسف
رایسنگه
افضل تولکچی
بهوپت
عارف
عماد
عبد الرحیم
لعل بیگ
کانه
امیر بیگ
انفاس بیگ

قیا بیگ
کلیانداس
کوچک
زمان بیگ
محمد ویس کولابی
بایزید
امام‌قلی
سلطان محمود
محمد اتم
محمود بیگ
رنجیت
ایسرداس
امیر قراول
خواجه مبارک
بنوالی‌داس
وفادار
حسن بیگ
محمد بیگ ترکمان
نیرم سال
ساردو سال
لکهمیداس
و بسیاری‌را

in accordance with them. The following, and many others, were assigned to accompany the prince:

Isma'ilquli Khan	Abdul-Rahim
Jagannath	La'l Beg, Kana
Rai Durga	Amir Beg
Abdullah Khan	Anfas Beg
Hajji Sevindük	Qaya Beg
Rizaquli	Kalyan Das
Mirza Khan	Küchik
Mukhtar Khan	Zaman Beg
Qabil Beg	Muhammad Wais Kölabi
Qasim Beg Tabrizi	Bayazid
Qasim Beg Dhu'l-Qadr	Imamquli
Mahmud Khan	Sultan Mahmud
Atam Bahadur	Muhammad Atam
Sayyidi Raihan	Mahmud Beg
Alam Khan	Ranjit
Nasib Dewana	Isar Das
Shaikh Ma'ruf	Amir Qarawul
Mirza Muhammad	Khwaja Mubarak
Shaikh Abdullah Bakhtyar	Banwali Das
Sa'id	Wafadar
Mir Kalan Kölabi	Hasan Beg
Ziya'uddin Yusuf	Muh'd Beg Türkmän
Raisingh	Niram Sal
Afzal Tüläkchi	Sardu Sal
Bhupat	Lakhmi Das
Arif	
Imad	

همراه آن نونهال اقبال دستوری شد و اقطاعداران مالوه نیز بخدمت گزینی نامزد گشتند. ازین میان بمهین پایهٔ وکالت اسمعیلِ‌قلی خان سربلندی یافت و ببخشیگری مختار بیگ.

۲۵۳ روز دیگر نگارندهٔ شگرفنامه‌را فرستادند که لختی از آن اندرزها بازگوید و معنوی پیوند گذارده در صوری جدائی دل بردهد و خواهشهای آن گوهر اقبال عرضه دارد و در برآمد آن کوشش بکار برد. انجمن خلوت پیرایش گرفت و دلآویز سخنان آن درّة التاج خلافت‌را خوشوقت گردانید. شهریار از شنود مسرّت اندوخت و بر زبان گوهربار رفت «امید که کامیابی بغنودگی نبرد و آمیزهٔ نیکوان بپاسبانی نشیند.»

۲۵۴ بیست و یکم افسرخدیو بآهنگ نخچیر برآمد و برخی پردگیان‌را همراه گرفت. تا ساحل دریای چناب چالش رفت و گوناگون نشاط اندوختند. اگرچه بسیچ شکار بود لیکن فراوان ستمزده بداد رسیدند و بسیاری سرتابان مالش یافتند.

۲۵۵ بیست و پنجم نزدیک شاهم علی از بیراهه رفتن نظر بی و فرو شدن او آگهی رسید. اورا با فرزندان منصب والا داده سرکار هندیه جایگیر کرده بودند. از آنجا که بادهٔ خودکامی هر تنگحوصله برنتابد در کمتر زمانی بستمگاری برنشستند. چون برهان الملک بدکن روانه شد فرزندان او بی‌فرمانی همرهی گزیدند و خود گجرات‌را خالی پنداشته بدانسو گام فراخ برزد. میرزا کوکه ازین آگهی با جام آشتی کرده بازگردید. چون آن کجگرا روزگاررا بکام خود ندید حالگذاری‌را دستآویز آمدن برساخت. کوکلتاش شنوده بر رو نیاورد و بشایستگی گسیل کرد. او بجایگیر نیامده راه دکن فراپیش گرفت و چون بخاندیس رسید راجه علی خان لختی گرمخوئی نمود، لیکن از دوربینی بناکام بازگردانید. نزدیک ساولی[۱۳۷] کولیان سر

The fiefholders of Malwa were also assigned to his service. Isma'ilquli Khan was given the exalted office of deputy, and Mukhtar Beg was appointed *bakhshi*.

The next day the writer of this volume was sent to repeat some of the advice, to establish a spiritual bond in the face of physical separation, to report the prince's wishes, and to make every effort to effect them. A private session was held, and those wonderful words delighted the prince. The emperor rejoiced in what he heard and said, "I hope success does not lead him into slumber, and I hope mingling with good people will keep him aware."

253

On the twenty-first [October 12], the emperor went hunting, and some of the ladies went along. They went as far as the banks of the Chenab and enjoyed themselves. Although he had only intended to hunt, in fact many who had suffered injustice received justice and many recalcitrants were punished.

254

On the twenty-fifth [October 16], near Shaham Ali, Nazar Biy's going astray and his death were reported. He and his sons had been given high ranks and estates in Handia, but since few incompetents can tolerate the wine of independence, it was not long before they began to tyrannize. When Burhanulmulk went to the Deccan, Nazar Biy's sons chose to accompany him without orders to do so, and Nazar Biy himself, thinking Gujarat was unguarded, set out in that direction. When Mirza Koka learned of this, he made a truce with the Jam and returned. Not finding the world going according to his wishes, Nazar Biy claimed he had come to make a report. Kükältash listened to him, said nothing, and let him go, but instead of going to his estate he set out for the Deccan. When he reached Khandesh, Raja Ali Khan welcomed him cheerfully, but he foresightedly sent him back unsuccessful. Near Sawal, Kolis blocked the road,[64] and

255

راه گرفتند. در آویزه کار او سپری شد. درین هنگام فرزندان او از برهان الملک جدا شده بمالوه گرد شورش برانگیختند. خواجه محب‌علی دیوان، جمال الدین حسین و دیگر اقطاعداران آنصوب‌را فراهم آورده بچاره‌گری برآمد. بدگوهران ازین آوازه راه پراکندگی سپردند و نزد بیجاگده با بومیان آن سرزمین درآویختند و آبروی ناسپاسان ریخته آمد. قنبر بی [و باقی بی] زخمی[۱۳۸] هر دو فرو شدند و شادی بی با چندی بندربار افتاد. گماشتگان قلیچ خان بسته بدرگاه آوردند. گیتی‌خداوند از مهرافزونی نواخته ببنگاله فرستاد.

غرّهٔ آبان شمسی وزن‌را جشن آراستند و در زمین بادلگده آن گرانبار دین و دنیارا بدروازده چیز برسختند. عالم‌را شادمانی درگرفت و هر گروهی کامیاب خواهش آمد و فرمان شد سختنگاه‌را زین خان کوکه که اقطاعدار است گزین باغی برسازد و آن‌را زیناآباد نام نهادند.

۲۵۶ درینولا بخاطر همایون رسید که بر کنار دریای چناب والا شهری اساس نهاده شود و دیرین سگالش بکارکرد گراید. کارآگهان چند جارا گذارش نمودند. ششم حکیم مصری و حکیم علی و خواجه محمد حسین و میر طاهررا فرستادند که هر دو رویهٔ آن رودبار ژرف درنگرند. فرستادگان دو جا برگزیدند. یکی آن رو میان پرگوّوال و حاج‌وال از مضافات بهلولپور، دیگر این سو نزدیک قصبهٔ سودهر. فرمان شد که اخترشناسان یونانی و هندی فرّخ ساعتی براندیشند. چون دورتر گذاردند بدان کار پرداخته نشد.

۲۵۷ درین روز میر شریف‌را دستوری بهار و بنگ شد و بچهارهزاری منصب والا سربلندی یافت. امینی و صدارت داد و ستد و پایهٔ قضا و شریف سرمدی ببخشیگری آن صوبه نامزد شد.

he lost his life in battle. At this point his sons deserted Burhanulmulk and stirred up trouble in Malwa. Khwaja Muhibb Ali Diwan assembled Jamaluddin Husain and other fiefholders of the region and went to deal with them. The rebels scattered when they learned of that. Then, when they fought with the landlords in Bijagarh, they were humiliated. Qambar Biy [and Baqi Biy][65] died of their wounds, and Shadi Biy wound up in Nandurbar with some others. Qilich Khan's men caught him and took him to court, where the emperor treated him kindly and sent him to Bengal.

On the first of Aban [October 22], the solar weighing ceremony was held, and the emperor was weighed against twelve items in Badalgarh. Everyone rejoiced, and a command was given for Zain Khan, the fiefholder there, to make a fine garden at the weighing place and name it Zainabad.

Around this time it occurred to the emperor to found a city 256 on the banks of the Chenab. Experts reported on several sites. On the sixth [October 27], Hakim Misri, Hakim Ali, Khwaja Muhammad Husain, and Mir Tahir were sent to inspect both sides of the river. They selected two sites. One was on the other side between Par Goval and Hajwal, dependencies of Bahlolpur; the other was on this side near Sodhra. The Greek and Indian astrologers were ordered to ascertain an auspicious hour. When they reported that there would be no such hour for a long time, nothing was done.

On the same day Mir Sharif was sent to Bihar and Bengal and 257 promoted to the rank of four thousand. He was assigned the posts of *amin* and chief justice, and Sharif Sarmadi was appointed as *bakhshi* of that province.

531

بیست و هشتم مهچهٔ همایون رایات بدار الملک لاهور برافراخته آمد و گروهاگروه مردم بدیدار خسروانی نشاطها اندوختند. روزی درین شکارگاه آهوبرهٔ نمودار شد. بفرمان خسرو تیزتک قَنچِقی در پی او رها کردند. نزدیک بود که دریابد. مادر آگهی یافته حیله‌آرا شد و خودرا لنگ وانموده نزدیک او رسانید. آن درنده چیره‌دستی برو آسان دانسته بدو یازید.[۱۳۹] آهوبره از نادانی ازو جدا نشدی. از پخته‌کاری اورا بگله رسانید و خاطر از آن واپرداخته از لنگی برآمد و به تیزپائی بدررفت. میفرمودند «چنین شگرفکاری در شکار قمرغه در بدرک دیده شد، لیکن ماده آهو رهائی نیافت.»

۲۵۸ و از سوانح شکست یافتن ارغونیان. گذارش یافت که گزین لشکری بسرکردگی خانخانان بگرفتن قندهار نامزد شد. چون ملتان و بهکر در اقطاع او بود راه نزدیک غزنین و بنگش گذاشته باندیشهٔ سربراهی جایگیر دراز راهی فراپیش نهاد. درین میان زربندگان کارنشناس خواسته فزونیِ تتهه و کمیِ قندهار باز نمودند. سپه‌آرا بگشایش سند دستوری گرفت. نزدیک ملتان سران بلوچ به پیمان دیدند و نزد بهکر رده‌آرائی شد. درین هنگام ایلچیان میرزا جانی بیگ نزد خانخانان رسیده چنین برگذاردند «فیروزی سپاه‌را گشودن قندهار در پیش است. سزاوار آن بود که درین یورش همرهی میکرد، لیکن چون شورش فتنه‌اندوزان باز میدارد فوجی بخدمتگذاری میفرستد.» آمدگان‌را بکنجی برنشاندند و در رفتن لختی تیزتر شدند. پیوست این آگهی آمد درون قلعهٔ سیهوان آتش افتاد و آذوقه بسوخت. فیروزی جنود شنیده از دشت و دریا گام فراخ برزدند. دریانوردان پایان قلعهٔ سیهوان گذشته لکهی‌را برگرفتند. او چون گدهی بنگاله و بارهمولهٔ کشمیر است. از توپ و بندوق دژنشینان آسیبی نرسید

On the twenty-eighth [November 18], the imperial banners were raised at Lahore, and droves of people rejoiced at the sight of the emperor. One day a fawn appeared on the hunting grounds. At the monarch's order, a fast-running bitch was turned loose after it, and she almost caught it, but the fawn's mother saw what was happening and deployed a trick. Pretending to be lame, she got herself near. The raging beast considered her to be an easy prey and attacked her. The fawn was too scared to leave its mother, but she managed to get the fawn to the herd. Once she was assured of its safety, she ceased pretending to be lame and ran off. "Such a marvelous trick was seen once during a *qumargha* hunt in Badrak," the emperor said, "but the doe did not escape."

The Arghuns are defeated

258

It has been reported that a select troop was sent under the khankhanan's command to take Kandahar. Since Multan and Bhakkar were in his fief, he left the shorter route through Ghazni and Bangash and took the longer road in order to see to his estates. Around then, incompetent mercenaries represented the desirability of Thatta and the poverty of Kandahar. The commander received permission to conquer Sind. Near Multan the Baluch chieftains pledged their assistance, and battle lines were drawn up near Bhakkar. Then emissaries from Mirza Jani Beg came to the khankhanan and said, "The conquest of Kandahar is the goal of the invincible troops. It would have been better if [the mirza] had accompanied you on this expedition, but he is prevented by unrest caused by troublemakers. However, he will send a troop to serve." The emissaries were held in detention, and the troops advanced more quickly. Just then information was received that fire had broken out inside the Sehwan fortress and all the provi-

و دروازۀ ملک بدست درآمد. خانخانان نزد قلعه رسیده بچاره‌گری گشاد برنشست. لختی این ملک‌را سیوستان گویند و این حصار حاکم‌نشین بر ساحل سند فراز پشتۀ اساس یافته. خاکریز آن چهل گز و دیوار هفت گز. نزد او کولابیست بدرازی هشت کروه و پهنا شش. سه شاخ دریا بدو پیوندد و پناه‌جای حصاریان است و مردم برخی در جزیره و لختی در کشتی آباد. قرا بیگ با برخی در غرابها رو بدانسو نهاد و ناگهانی رسیده فراوان غنیمت اندوخت. بومیان بزینهار درآمدند. میرزا جانی بیگ ازین آگهی بیازش پیکار برآمد و در گذشت نصیرپور جائی که از یک سو دریا و دیگر جانب رودهاست حصاری برساخت و آن‌را بکشتیهای جنگی و توپخانه استوار گردانید. فیروزی سپاه در پیش رفتن دودله شد. درین هنگام راول بهیم بزرگ جیسلمیر و دلپت پور رایسنگه برگذاردند «بسیچ آن بود که از راه بهکر رسیده شود. از گمراهی براه امرکوت میآئیم.» باندیشۀ آنکه مبادا غنیم بر آن فوج چیره‌دستی نماید کار قلعه و راه ناساخته بخشکی و دریا روانه شدند و مقصود آقا و برخی‌را در معابر گذاشتند تا دژنشینان در خدوک باشند و راه لختی ایمنی پذیرد. هژدهم آبان شش کروهی غنیم رسیدند و از دوراندیشی چهاردیواری اساس نهادند. بیست و یکم خسرو چرکس کشتیها آماده ساخته به پیکار آمد. با آنکه بالارویه میراندند از تیزی آب سر در نشیب داشت. از درآمدن شب آویزه بیامداد افتاد و از آوازۀ آنکه میرزا جانی براه خشکی میآید فریدون برلاس، سیّد بهاء الدین، سکندر بیگ، قرا بیگ، بهادر خان در آن تاریک شب از آب گذشتند. صبحگاه توپ‌اندازی گرمی پذیرفت و شگرف آویزه در میان آمد. غنیم از کمی آب نتوانست نزدیک شد. آب گذشته‌ها از آن کنار رسیده به تیر درگرفتند و پردلان فیروزی سپاه در جنگی غرابها در

sions had been burned up. When they heard this, the troops rushed by land and river. Those who went by river passed Sehwan and took Lakhi, which is [to Sind] what Gadhi is to Bengal and Baramula is to Kashmir. No one was injured by the defenders' cannon and muskets, and the key to the region was taken. The khankhanan arrived near the fortress and planned his strategy for conquest. Some call this region Siwistan, and this fortress, the ruler's residence, sits atop a hill on the bank of the Indus. The glacis is forty cubits, and its walls are seven cubits. Nearby is a lake eight leagues long and six leagues wide. Three branches of the river join where it is located, providing refuge for the defenders, and some of the people live on the island and others in boats. Qara Beg and some men set out for there in galleys, arriving unexpectedly, and got a lot of booty. The natives entered into amnesty. When Mirza Jani Beg learned of this, he set out to do battle. He built a fortress past Nasirpur, at a site where the Indus is on one side and there are fast-flowing streams on the other, and reinforced it with battleships and cannon. The invincible troops hesitated to go forward. At this point Rawal Bhim, the ruler of Jaisalmer, and Raisingh's son Dalpat said, "The plan was to arrive from Bhakkar, but due to having gone astray we will come via Amarkot." Lest the enemy gain dominance over that troop, they set out via land and river without having done anything about the fortress or the road. Maqsud Aqa and some others were stationed at the crossings to confuse the defenders and to provide safety for the roads. On the eighteenth of Aban [November 8], they came within six leagues of the enemy and foresightedly constructed a stockade. On the twenty-first [November 11], Khusrau Charkas got his boats ready and went out to do battle. Although they were headed upstream, the water was so rough that it propelled them.

سر نشیب آب گرم رفتن شدند چندانکه آویزش به تیر رسید و در اندک
فرصتی به برچه و جمدهر کشید.

درخشـــیدنِ تیغِ المـاس‌گون   سنـان‌هایِ آهار داده بخون
تو گفتی که بر شد ز گیتی بخار   برافــروخت زان آتـشِ کارزار.[۱۴۰]

غنیم دست از کار باز داشته راه گریز سپرد و سترگ فیروزی نشاط آورد.
پروانه[۱۴۱] که از ناموران بود بگو نیستی فرو رفت و میرزاقلی زخمی بدست
افتاد و چهار غراب پر از آدمی و خواسته غنیمت برگرفتند. در یکی از آن
وخشور هرموز بود. آئین چنان است که حاکم هرموز یکی‌را بشهر تتهه
گذارد تا در بازرگانان امن باشد. میرزا جانی برای چنین آوازه که چندین
گروه بکمک آمده‌اند همراه آورده بود و چندی نوکران خودرا بپوشش
اینان درآورده. دویست کس از مخالف در موجخیز فنا افتاد و بیش از
هزار کس زخمی رفت و بایزدی پاس از فیروزی سپاه کم کسی‌را گزند
رسید. تیزدستان غرابی رسانیده خسرورا زخمی گردانیدند و نزدیک بود
که گرفتار گردد. ناگهانی توپ بشکست و کشتی ازهم ریخت و خرمن
هستی برخی خاکستر شد. دوربینان کارشناس بر آن بودند که از راه
خشکی و دریا بر بنگاه میرزا جانی دست چیرگی برگشایند. چون در شام
ناامیدی صبح کامرانی دمیده بود بیشتری‌را دل بدان نگرائید و کار آسان
شده‌را دشوار گردانیدند. سیزدهم آذر دیهیم‌خدا پژوهش حال تتهه
داشت و چندین بار فرمود «نیک بجوئید که کسی از آنسو آمده باشد.»
ناگاه تیزروی بختی‌سوار نوید فیروزی رسانید. ایزدی سپاس‌را تازه آئین
برنهادند.

With the onset of night the battle was put off until the next day. With the report that Mirza Jani was coming by land, Faridun Barlas, Sayyid Baha'uddin, Sikandar Beg, Qara Beg, and Bahadur Khan crossed the river in the dark of night. At dawn artillery fire began and a pitched battle broke out. The foe could not get near because the river was too shallow. Those who had crossed the river started firing when they reached the other side, and the brave warriors of the imperial forces came downstream fast in their battleships. Scarcely had projectiles been fired when it turned into an encounter with spears and daggers.

> *Glittering of adamantine blades; spears greased with blood.*
> *You would say there arose from the earth steam from which*
>   *leaped the fire of battle.*

The foe ceased fighting and took flight, and a great victory was achieved. Parwana, a renowned champion, went down, and Mirzaquli was wounded and captured. Four galleys full of men and loot were taken. In one of them was the ambassador of Hormuz. (It is customary for the ruler of Hormuz to station someone in Thatta to assure the safety of their merchants. Mirza Jani had brought him along for such a battle, in which many troops had come for reinforcement, and he had put some of his liege men in Hormuzi costume.) Two hundred of the enemy were killed, and more than a thousand were wounded. Thanks to divine protection few of the imperial forces were injured. The warriors in galleys wounded Khusrau and almost captured him, but a cannon exploded and the ship broke apart, killing several. The farsighted were of the opinion that they should proceed by land and sea to take control of Mirza Jani's headquarters. Since

بیست و ششم آصف خان‌را بسوی دریای چناب و بهت فرستادند. چون آگهی شد که بومیان آن سرزمین بآزار زیردستان برخاسته‌اند آن شایسته‌کاررا دستوری شد تا مالشی بسزا دهد. جابجا کاردیدگان بفوجداری برگذارد. ضیاءالملک در مونگ نامزد شد. الله‌بخش مرل در رسول‌پور، و از جنداله تا لاهور حافظ ولی. در کمتر زمانی بسیاری بادافراه برگرفتند و برخی‌را دستگیر بدرگاه آورد و نام‌برده‌هارا سامان نموده بجا گذاشت.

۲۵۹ و از سوانح فرستادن مرزبان تبت دخت خودرا بدرگاه والا. از آن باز که الکای کشمیر بر قلمرو افزود پیوسته حاکم آن جا نیایشگری کردی. علی رای حاکم تبت خردرا در سر افتاد که فرزند او در شبستان بزرگ شاهزاده پرستاری نماید. کشورخدیو پذیرش فرمود. بیست و دوم دی اورا با تنسوقات آن دیار آوردند و کامیاب خواهش گردید.

درینولا فرّخ فرزندی چهرهٔ هستی برافروخت و بزم شادمانی برآراسته شد. از آنجا که دادار بیهمال آبیاری چهارچمن جاوید دولت میکند فرزندان سعادتگرا و نوباوه‌های فرّخ‌بخت یکی پس از دیگری کرامت میفرماید و بستانسرای اقبال‌را سرسبز و شاداب میگرداند چنانچه این شگرفنامه بازگوید. و بتازگی بیست و ششم پس از چهار ساعت و بیست و چهار دقیقه بطالع میزان در مشکوی شاهزاده سلطان سلیم از دخت موته راجه فرزندی نیک‌اختر پدید آمد و شادی‌را هنگامه‌ها برساختند و سلطان خرّم نام برنهادند.

538

victory had dawned in the midst of a night of despair, most were not so inclined, which only made a task that would have been easy more difficult. On the thirteenth of Azar [December 3], the emperor was inquiring about Thatta, and several times he said, "Go see if anyone is coming from that direction." All of a sudden someone riding a swift dromedary brought the good news, and thanks were given.

On the twenty-sixth [December 16], Asaf Khan was sent to the banks of the Chenab and Bahat. Since information had been received that the proprietors were tyrannizing their underlings, the worthy Asaf Khan was dispatched to chastise them. He dispatched experienced warriors with troops to various places. Ziya'ulmulk was assigned to Mong, Allahbakhsh Maral was sent to Rasulpur, and Hafiz Wali was dispatched to the area between Jandala and Lahore. It was not long before many had been punished. Some were arrested and brought to court. Those named above were equipped and stationed.

The ruler of Tibet sends his daughter to court

259

After Kashmir was added to the realm, the ruler of Tibet constantly sent messages of praise. Ali Rai, the ruler of Lesser Tibet, took it into his head that his daughter might serve in the eldest prince's harem. This was acceptable to the emperor, and on the twenty-second of Daimah [January 11, 1582] she and gifts from that land were brought, and Ali Rai got what he wanted.

Around this time an auspicious child was born amid great rejoicing. Since the divine giver waters the meadow of eternal fortune, he bestows felicitous children one after another and keeps the garden of fortune green and verdant, as this volume testifies. On the twenty-sixth [January 15], the daughter of Mota

و از سوانح نامزد شدن فیروزی سپاه بقندهار. چون خانخانان گشایش ۲۶۰
تتهه برگزید بیست و نهم شاهزادهٔ والامنش سلطان دانیال‌را با گران لشکری بدانسو دستوری دادند. فرمودند «اگر میرزایان از نیک‌اختری پرستاری برسگالند بپذیرد و بخسروانی نوازش امیدوار سازد. ورنه، آن ملک برستاند و بیکی از کارشناسان دادگر سپرد.» برخی اولیای دولت در باز گردانیدن داستان برطرازیدند و از مداراپژوهی پذیرائی یافت.

چهارم بهمن خدمت رای مکندی[۱۴۲] از اسهال درگذشت. از گروهی بود که در هندوستان به بدکاری اینان کسی نرسد. باوی و چندال نیز گویند. افسرخدیو اورا نواخته سرگروه ساخت و از گیرا دم براستی رهنمونی شد. لختی دریچهٔ دل برگشودند و از همزبانی او بسیاری از تباه‌روی برآمدند و امروز در هر خانه پاسبان از آن گروه است. و چون خطاب خدمت‌رایی یافت هر یکی‌را از آن قوم خدمتیه گویند.

ششم گزین کالای کهسار که بهادر سنگه راجهٔ کهتوار فرستاده بود بوالا نظر درآمد و آمدگان نوازش یافتند.

بیستم نونهال اقبال سلطان خسرورا بدبستان برنشاندند. نخست ایزدی نیایش نموده خود حرف الف درآموختند و بنگارندهٔ گوهرین‌نامه فرمان شد که هر روز لختی بآموزگاری برنشیند و انجام آن‌را ببرادر خرد شیخ ابوالخیر که در نیکذاتی و دانش‌اندوزی غازهٔ یکتائی بر رو دارد واگذارد. ایزد توانا دولت صوری آموزش‌را دستمایهٔ حقیقی دریافت گرداناد و از گزند رسمی علوم که لغزشگاه جهانیان است نگاهداراد.

Raja gave birth to a child of good auspices in Prince Sultan Salim's harem and there was great rejoicing. The child was named Sultan Khurram.[66]

Invincible troops are assigned to Kandahar   260

After the khankhanan accepted the assignment to conquer Thatta, Prince Sultan Danyal was sent with a large number of troops to Kandahar on the twenty-ninth [January 18]. "If the mirzas are fortunate enough to submit, you should accept, and they can be made hopeful of imperial favor," the emperor said. "Otherwise, you should take that territory and turn it over to one of our just administrators." Some of the friends of fortune lobbied to call him back, and to conciliate them their proposal was accepted.

On the fourth of Bahman [January 23], Khidmat Rai Mukundi died of dysentery. He was from a tribe that has no equal in Hindustan for evil. They are called both Bavi and Chandal. The emperor had shown him favor and made him leader of a troop, leading him to correctness with his advice. For a while the aperture in his heart was opened, and many of his comrades ceased their malevolence, and today there is a guard from that tribe in every house. When he was given the title of Khidmat Rai, all the members of the clan became known as Khidmatiya.

On the sixth [January 25], goods from the hills that Bahadur Singh, the raja of Kishtwar, had sent were displayed before the emperor, and he received those who had brought them with favor.

On the twentieth [February 8], Prince Khusrau was sent to school. After divine praise, he was taught the letter *alif.* The author of this volume was ordered to teach him something every day, but in the end my younger brother, Shaikh Abu'l-Khair, who

۲۶۱ و از سوانح یغمائی شدن بنگاه راجه مدهکر. چون شاهزاده سلطان مراد دستوری مالوه یافت سران هر جا و بومیان هر سرزمین به نیایشگری میآمدند و نوازش یافته باز میگردیدند. در دار الخلافه آگره آگهی آمد که این بومی‌را از نخوت‌فروشی بسیچ دیدن در سر نیست. اندرزنامه فرستادند. نزد نرور آن غنوده‌رای پورزادهٔ خودرا فرستاد و در نیامدن پوزش‌گذار شد. دیگر بار نصیحتگذاری رفت و داستان امید و بیم برخواندند. از گران خواب بیخبری برآمده روانهٔ ملازمت شد. چون بچهار کروهی رسید خواهش نمود که اسمعیل‌قلی خان و جگناته بزینهار خود درآورده ببرند و پذیرش یافت. اسمعیل‌قلی خان نیز برآمد و جگناته‌را لختی درنگ رفت. آن بومی از بیمناکی بازگردید و گام فراخ برزده بتنگناها پناه برد. شاهزاده برین خامکاران لختی برآشفته فرمود که از پی رفته بازگردانند یا مالش او بر خود گیرند. از خردکوتهی سر باز زدند. پایه نشناخته خود بدان یازش راهگرا شد. او لابه‌گری فراپیش گرفت و پور خود رام‌ساه و رنجیت‌را بملازمت فرستاد و تاخت بنگاه او بدرنگ افتاد و نزد قلعهٔ کرهره پسر همیرسین زینهار درخواست. پذیرفته آمد و بهرزه‌سرائی کارنشناسان پیمان برگسیخته بگشایش آن برنشستند. زینهاری راه گریز پیش گرفت و شاهزاده قلعه‌را بچیره‌دستی برگشود. چهارصد راجپوت بر بنگاه خود بمردانگی فرو شدند. رامساه از دیدن این سست‌پیمانی نیم شبی گریخت و جگناته که دیدبان بود از شرمساری پاسخی نداشت. شاهزاده همان پیشین آهنج در سر گرفت. آن بیم‌زده خودرا بکناره کشید و یورت او دست‌فرسود غارت شد و در آن سرزمین رخت اقامت انداختند. شهریار پسند نفرمود و فرمان شد «پایه‌شناسی و قدردانی‌را چه گزند رسید؟ و نافرموده ببومی چرا درآویخت؟ و همراهان‌را فراوان نکوهش رفت. اکنون

is uniquely good-natured and learned, was assigned that task. May God Almighty grant that the fortune of formal learning be the basis of true comprehension and keep him from injury by rote learning, which has caused many people to slip.

Raja Madhukar's home is pillaged

When Prince Sultan Murad was sent to Malwa, the rulers of every place and proprietors of every region came to pay him homage, returning home after being well received. News was received in Agra that Raja Madhukar [of Orchha] was acting arrogantly and refusing to go. A letter of advice was sent. When the prince was near Narwar, the ill-starred raja sent his grandson to apologize on his behalf for not coming. Once again an epistle was sent to advise him, this time with threats and enticements. Awaking from his slumber of ignorance, he set out to pay homage. When he was within four leagues he sent a request that Isma'ilquli Khan and Jagannath would place him under their protection and escort him to court. This request was granted. Isma'ilquli Khan went out, but Jagannath delayed a bit. In fear the raja turned back and rushed off to take refuge in the hills. The prince got angry and told them to go after him and either bring him back or punish him. They stupidly refused, so the prince went out himself. The raja pleaded and sent his son Ram Sah and Ranjit to pay homage, and so the pillage of his home was delayed. Near the Karhera fortress Hamir Sen asked for quarter. This was granted, but at the advice of some blathering incompetents he broke his word and set out to take the fortress. Hamir Sen, even though he had amnesty, fled, and the fortress was taken. Four hundred Rajputs went down bravely defending their home. Seeing the unreliability of the prince's promises, Ram Sah fled during the night, leaving his

بچاره‌گری آن از شرمساری برآیند و شاهزاده‌را بزودی بمالوه برند. اگر او سر بفرمان درنیاورد گران لشکری نامزد خواهد شد.» شاهزاده سیّد راجو و جوقی‌را در آنجا گذاشته خود بمالوه آمد و آن بومی ازین آگهی لابه‌گذار شد. صادق خان پوزش او بعرض همایون رسانید و پذیرفته آمد. بیست و هفتم باز بهادررا فرستادند که اورا به نیایشگری شاهزاده برد.

۲۶۲ درین ایام تازه رسمی بکار رفت. شهریار کیهان‌پیرا از کارآگهی و هشیارخرامی دوم اسفندارمذ خالصات قلمرورا چهار لخت برساخت و هر یکی‌را بکاردانی سپرد. صوبهٔ پنجاب و ملتان و کابل و کشمیر بخواجه شمس الدین، و صوبهٔ اجمیر و گجرات و مالوه بخواجه نظام الدین احمد بخشی، صوبهٔ دهلی برای پترداس، و صوبهٔ دار الخلافه آگره و الله‌آباد و بنگ و بهار برای رامداس. اگرچه قلیچ خان وامیرسید، لیکن از فراوانی ملک این دوربینی شد و لختی بکار نقود پرداختند و کهن بیماری زر و سیم چاره پذیرفت چنانچه در آخرین دفتر گذارده آید.

دوازدهم بلرام‌را زندگی بسر آمد. او برادرزادهٔ راجه بهگونت داس است. چون برنائی اورا بناهنجاری بردی از قدسی خاطر افتاد و بصوب بهار نزد راجه مانسنگه گسیل کردند. در بنارس نشاء باده در سر فیل‌سوار بود از بدمستی خواست بیجا فرود آید. مصری خنیاگر بجای فیلبان بود. چون لختی هشیاری داشت نپذیرفت. برآشفته زبان‌را بدشنام بیالود. او بدشنه کار او سپری ساخت و خودرا بزیر افکنده بیرون رفت.

guard, Jagannath, with no excuse. The prince went ahead with his plan, and the frightened raja withdrew, leaving his home to be pillaged and occupied. The monarch was not pleased and said, "What has happened to appreciation? Why has he clashed with the proprietor without orders?" And he chastised his companions greatly and ordered them to make up for their shame by dealing with the situation and taking the prince as soon as possible to Malwa. If he did not obey orders, a large army would be sent. The prince stationed Sayyid Raju with a troop there and went to Malwa. The proprietor, learning of this, started pleading. Sadiq Khan conveyed his apologies to the emperor, and they were accepted. On the twenty-seventh [February 15], Baz Bahadur was sent to take him to pay homage to the prince.

Around this time a new custom was instituted. On the second of Isfandarmudh [February 20], the monarch in all kindness divided the royal demesnes into four sections and assigned an administrator for each one. The provinces of the Punjab, Multan, Kabul, and Kashmir were given to Khwaja Shamsuddin; the provinces of Ajmer, Gujarat, and Malwa went to Khwaja Nizamuddin Ahmad Bakhshi; the province of Delhi went to Rai Pitar Das; and the capital province of Agra and the provinces of Allahabad, Bengal, and Bihar went to Rai Ram Das. Although Qilich Khan had been dealing with coinage, the empire was so huge the emperor took this foresighted precaution to turn his attention to coinage, and the ancient problem of gold and silver was dealt with, as will be reported in the final volume. 262

On the twelfth [March 2], Balram died. He was Raja Bhagwant Das's nephew. When youth was causing him to act up, he fell from favor and was sent to Raja Man Singh in Bihar. He was riding an elephant while intoxicated in Benares, and he was so drunk that

۲۶۳ و از سوانح بدست آمدن امرکوت. چون دلپت و راول بهیم با گزین فوجی بعزیمت تتهه بدانسو گذارده کردند آن زادگاه گیتی‌خداوند بی‌آویزش بدست درآمد و رای آنجا بخدمتگذاری همرهی گزید. نیرنگی اقبال آنکه در آن راه برخی بومیان چاهها برانباشتند و زهرآلود گردانیدند. در آن ریگزار کم‌آب کار بر سپاه دشوار شد. بختمندان قدسی ذات‌را سرمایهٔ یادکرد ایزدی گردانیده بر در انتظام نشستند. ناگهانی باران بی‌موسم دررسید و خشک کولابها لبریز آمد.

۲۶۴ و از سوانح فرستادن رای رایسنگه بصوب تتهه. چون فیروزی جنود در آویزهٔ دریا چیره‌دست آمد و از هرزه‌سرائی کوتاه‌بینان پیش رفتن بدرنگ افتاد غنیم که آسیمه‌سر بود پا استوار کرد. پس از فراوان گفت‌وگو نهم آذر قلعهٔ که میرزا جانی اساس نهاده بود گرد گرفتند و هنگامهٔ آویزه گرمی پذیرفت و هر روز رادمردان هر سو داد مردانگی میدادند. روزی ازین جانب سکندر بیگ‌را که از ناموران بود تیری بر ران رسید و پس از چندی نقد حیات سپرد. مخالف از جااستواری و سپه‌فزونی و آذوق‌فراوانی و رعیّت‌یاوری بیغم بوده چشم بر بارش داشت که آب همه جا فرو گیرد و بیگانه لشکر بی‌آویزه برخیزد. و در فیروزی سپاه شگرف گرانروزی پدید آمد و نزاردلان‌را سراسیمگی درگرفت. خانخانان سرگذشت عرضه داشت و خواهش مددگاری نمود. بیست و یکم رای رایسنگه‌را دستوری دادند و خاکی گله‌بان و خواجه حسام الدین و برخی دلاوران‌را از راه دریا روانه گردانیدند و آذوق و توپ و دارو و دیگر دستمایهٔ نیرو فرستادند.

he wanted to get down improperly. Misari the singer was serving as his driver, and since he had some sense he would not let him do it. Balram flared up in anger and cursed him. Misari drew his dagger and killed him. Then he jumped down and ran away.

Amarkot is acquired

263

When Dalpat and Rawal Bhim set out with troops for Thatta, they passed by Amarkot, and that birthplace of the world lord was taken without a fight. The rai of Amarkot joined them. In the mysterious workings of destiny, along the way some locals filled in the wells and poisoned the water. Things became very difficult for the troops in the midst of that waterless desert, but they used the image of the emperor as a means to recollect the deity and sat waiting. Suddenly it began to rain unseasonably, and the dry pools filled with water.

Rai Raisingh is sent to Thatta

264

When the invincible troops won the naval battle and allowed shortsighted blatherers to delay their advance, the foe dug in. After much discussion, on the ninth of Azar [November 8] they surrounded the fortress Mirza Jani Beg had built, and battle broke out. Every day warriors from both sides performed valiantly. One day Iskandar Beg, one of our renowned warriors, got shot in the leg and died shortly thereafter. The foe was not worried because they had an impregnable stronghold, many soldiers, plenty of supplies, and the support of the citizenry, so they waited for the rains, when everything would be flooded and the foreign army would have to leave without doing battle. Meanwhile, among the imperial troops there was much shortage, and the faint of heart began to despair. The khankhanan reported the situation

۲۶۵ و از سوانح سپری شدن روزگار گوردهن پور راجه اسکرن. راجه پرتهیراج بزرگ الوس کچهواهه هیژده پسر داشت، ده از یک مادر. چون این جهان پدرود کرد پورنمل مهین پوررا براجگی برداشتند. در آویزۀ میرزا هندال زندگی او پر شد. سوجا پسر او خردسال بود. رتن‌سی برادر اورا بسری برگرفتند. او از آشوب برنائی و شورش خودکامی و بدهمنشینی پردۀ ناموس مردم دریدن گرفت. برخی اسکرن برادر مایندری اورا بامید سری بر جان‌شکری او داشتند. بیاوری تبه‌سگالان اندیشه بکردار گرائید و روزی چند بکام خود رسید. در اندک فرصتی بارهمل عم او ببزرگی برنشست. فرزندان او همواره در کمین اسکرن بودندی. کرن بکین بزرگ نیاگ خود نوکری اسکرن برگزید. بیست و سیوم قابو یافته پور راجه‌را در پیش پدر ازهم گذرانید و بیازش او روی آورد. ستون از آسیب نگاهداشت. تیزدستان رسیده نامۀ زندگی او درنوردیدند. شهریار غمگین‌نواز بمنزل او سایۀ عاطفت انداخت و بدلآویز پرسش ناسور مأتم‌زدگان لختی بهی پذیرفت.

to court and asked for assistance. On the twenty-first [March 11], Rai Raisingh was sent, and Khaki Gallaban, Khwaja Husamuddin, and some others were dispatched by river, and food, artillery, gunpowder, and other supplies were sent.

Raja Asikarn's son Govardhan loses his life

265

Raja Prithiraj, the head of the Kachhwaha clan, had eighteen sons, ten of whom were from one mother. When he died his eldest son, Puran Mal, was elected raja. He died in battle with Mirza Hindal. His son Suja was young, so the raja's brother Ratansi was elected to the chieftainship. His judgment was clouded by youth, arrogance, and bad companionship, and he began to dishonor his own people. Some of them persuaded his brother Asikarn to kill him in hopes of being chosen chief. With their assistance he put the plan into action, and for a while he was successful. It was not long, however, before his uncle Bhari Mal took over the chieftainship, and his sons were always lying in wait for Asikarn. In vengeance for his ancestor Karan chose to become Asikarn's liege man. On the twenty-third [March 13], he found an opportunity to kill the raja's son before the raja's eyes and then turned to attack the raja. A column protected him from injury. Soldiers came in and put him to death. The consoling monarch went to the raja's quarters and soothed the bereaved somewhat with his sympathetic condolences.

آغاز سال سی و هفتم از جلوس مقدّس حضرت شاهنشاهی، یعنی سال فروردین از دور چهارم

۲۶۶ روز جمعه پنجم جمادی الاخری سنهٔ هزار هجری پس از سپری شدن ده ساعت و پنج دقیقه خورشید والا دولتسرای حمل‌را برافروخت و جهان‌را بگوناگون نشاط برآمود. جمال بجلوهٔ دیگر درآمد و روزگاررا نوا آئین بستند.

کشـــیده تا بگـردون سایـــبانها   فرو پوشـــیده عیبِ آســـمانها
بهر دیـــوار نقـــشی کرده پرگـــار   فلک حیران شده چون نقشِ دیوار

بیاوری آباد اندیشه و دستیاری اقبال دور سیوم غازهٔ انجام گرفت و چهارم‌را سرآغاز شد. به تنومندی دل و فروغ صبحگاهی لختی آگهی دریچه گشودند و منِ تاریک‌درون‌را روشنائی درگرفت. بسیچ سخنگذاری تازگی یافت و نیروی گذارش برافزود.

دگـر بار بخـتم سیـک‌خیز شد   نشـاطِ سخن بر دلـم تیـز شد
چو دولت دهد بر گشایش کلید   ز سنـگِ سیه گوهر آید پدیـد[۱۴۳]

از نوروز تا شرف بنوبنو روش بزم شادمانی برآراستند و افزون از خواهش بخشش و بخشایش رفت. باده‌پیمائی‌را هنگامه گرمی پذیرفت و تازه نقابی بر معنوی جمال فرو هشتند. جام بجهتمندی و غمگساری آمد، لیکن باقبال شاهنشاهی مایهٔ هوش‌افزائی گشت. آن روز عقل دشمن عربده‌آموز

The Thirty-Seventh Year after the Imperial Accession: Farwardin Year of the Fourth Duodecennial Cycle

After the elapse of ten hours and five minutes of Friday, the fifth of Jumada II 1000,[67] the sun illuminated Aries and gave joy to the world. Beauty manifested itself differently, and time was renewed.

266

> *Canopies were stretched to heaven, hiding the flaws of the skies.*
> *On every wall a compass drew a design at which the celestial sphere was struck dumb like a drawing on a wall.*

Thanks to good fortune the third duodecennial cycle was completed, and the fourth began. By virtue of strength of heart and splendor of dawn a little window was opened onto enlightenment, and, though suffering from melancholia, I received some illumination. My determination to write was renewed, and my power to report was increased.

> *Once again luck smiled on me. The joy of writing became sharp in my heart.*
> *When fortune gives a key to success, gems will emerge even from black stone.*

Celebrations continued from Nauroz until the exaltation, and generosity and liberality were manifested beyond anyone's imagination. Wine drinking had a field day, and a new veil was drawn

هرزه‌لای پارسائی دزد بود؛ امروز خردافزا حکمتگذار درستی در بر است.
۲۶۷ درینولا آگهی آمد. جلاله از توران ناکام بازگردید و به تنگنای تیراه سر شورش میخارد و الوس افریدی و اورک‌زئی فرمانپذیری گسیخته‌اند و آن شوریده‌را جا داده. فرمان شد قاسم خان زابلی سپاه‌را فراهم آورده بمالش آن آشفته‌سران رو نهد. روز نوروز آصف خان و سعید خان گکهر و برخی از درگاه والا دستوری یافتند. فرمودند اقطاعداران سند و پیشاوررا یکجا ساخته بلشکر تیراه پیوندند. بکمتر فرصتی آن کهساررا گرد برگرفتند. افغانان بدستانسرائی و لابه‌گری نشستند و برگذاردند آن نافرجام جا نیافت و بناکام بازگردید. قاسم خان بی‌آنکه ژرف درنگرد و سرگذشت بدرگاه عرضه دارد بکابل بازگردید. آصف خان و دیگر امرا در آن نزدیکی چشم براه فرمان داشتند. گیتی‌خداوندرا شتاب‌زدگی قاسم خان پسند نیامد و فرمان شد که بازگردیده در پژوهش کوشش نماید.

over spiritual beauty. Goblets came to remove sorrows, and by imperial fortune they increased sobriety. Previously wine was an enemy to the mind, ready to pick a fight, blathering, and a robber of piety, but today it increases wisdom, is sage, and holds truth dear.

Around this time news was received. Jalala had returned from Turan unsuccessful and gone into the crannies of Tirah, contemplating insurrection. The Afridi and Urukzai tribes had broken their promise of obedience and given refuge to the crazy Jalala. An imperial order was given for Qasim Khan Zabuli to gather an army to crush the mad villains. On Nauroz day Asaf Khan, Sa'id Khan Gakkhar, and others were sent from court. The emperor commanded the fiefholders of the Indus and Peshawar to assemble and join the Tirah expedition. In a short time the mountains were surrounded, and the Afghans begged and pleaded, claiming that Jalala had not been given refuge and had turned away in failure. Without bothering to investigate the matter much and without reporting the situation to the court, Qasim Khan returned to Kabul. Asaf Khan and other officers were waiting for orders in the vicinity. The emperor was displeased by Qasim Khan's haste and ordered him to return and make an effort to ascertain the truth.

267

فیروزی یافتن اولیای دولت و شکست خوردن میرزا جانی بیگ باقبال شاهنشاهی

۲۶۸ چون خانخانان قلعه‌را گرد برگرفت از بوم‌بیگانگی و راه‌بستگی آذوقه گران‌ارز شد و بر فیروزی سپاه لختی کار بدشواری کشید. ناگزیر بیست و هفتم دی پیشین سال از گرد حصار برخاستند و بیش از ناگزیر در کشتیها انداخته بسیهوان فرستادند و سیّد بهاء الدین، بختیار بیگ، قرا بیگ و جمعی دیگررا بپاسبانی همراه ساختند و بیشتر سپاه تتهه‌سو روان شد تا بتاخت و تاراج سرمایهٔ فراخ‌روزی آماده شود و پراکندگی در هنگامهٔ مخالف افتد و ملک بدست درآید. در قصبهٔ جون که میانه جائیست خانخانان بنگاه ساخت و شاه بیگ خان، محمد خان نیازی، قاسم کوکه، مرتضی‌قلی دادمال، دوده بیگ و جمعی باگهم نامزد شدند که آن آباد زمین بگیرند و در حال میرزا جانی دیده‌بانی رود و دهارو [و] بهادر خان قوردار و چندی‌را بسوی بدین[144] روانه کردند. و میرزا فریدون برلاس، جانش بهادر، علی‌مردان بهادر سرمدی، غازی خان بلوچ بشهر تتهه رونهادند و هر گروهی بناحیتی رفته برآسود. غنیم از غم زه‌وزاد لختی بپراکندگی درآمد. بسیاری زمینداران سر بفرمانپذیری درآوردند و هر گروهی به نیکوکاری چهرهٔ سعادت برافروخت مگر فوجی که بسوی تتهه رفته بود آنجا نیارست رسید. بدگوهران نافرجام شهررا آتش درزدند. میرزا فریدون و راول بهیم برخی‌را بامرکوت فرستادند و بشایستگی پوزش پیشین کمخدمتی برگذاردند. میرزا جانی بیگ از آن قلعه بیرون شده سیهوان‌رویه شتاب آورد بدان سگالش که بر کشتیها فرستاده دست یابد. ازین آگهی خانخانان خواجه مقیم بخشی، دهارو، بهادر خان، محمد خان

THE INVINCIBLE FORCES ACHIEVE VICTORY, AND MIRZA JANI BEG IS DEFEATED BY IMPERIAL FORTUNE

When the khankhanan laid siege to the fortress, provisions became very expensive on account of the alienation of the locals and the closed roads, and things became rather difficult for the invincible army. With no alternative, they decamped from around the fortress on the twenty-seventh of Daimah of the previous year [January 18], loaded what they had into ships, and sent them to Sehwan. Sayyid Baha'uddin, Bakhtyar Beg, Qara Beg, and others were sent along as guards, while most of the army set out in the direction of Thatta in order to ensure a good supply of provisions through plunder and pillage and also in order to cast confusion among the foe and gain territory. In the town of Jun, which is halfway there, the khankhanan established a base, and Shah Beg Khan, Muhammad Khan Niyazi, Qasim Koka, Murtazaquli Dadmal, Doda Beg, and others were assigned to take Agham and watch out for Mirza Jani Beg. Dharu, Bahadur Khan Qordar, and several others were sent to Badin. Mirza Faridun Barlas, Janish Bahadur, Ali Mardan Bahadur Sarmadi, and Ghazi Khan Baluch set out for Thatta, and every troop went to a different place to rest. Worried about their families, the enemy dispersed somewhat. Many of the zamindars entered into obedience, and every group served well except for the one that had set out for Thatta but could not make it there because evil, ill-starred men set fire to the town. Mirza Faridun and Rawal Bhim sent some men to Amarkot, and they made up for their past poor performance. Mirza Jani Beg came out of his fortress and set out in the direction of Sehwan, thinking that he might get hold of

268

نیازی، دولت خان لودی، سعید خان کررانی، و برخی کارآگهان‌را بدانسو روانه ساخت و خود نیز از پی رهگرا شد. در آن هنگام که کشتی‌نشینان سراسیمه بودند فرستادگان رسیده بچاره‌گری نشستند. بسیاری بر آن اندیشه که لکهی استوار کرده انتظار کمک رود. بگفتار دلآویز رادمردان آویزش قرار یافت و بگزین روشی رده‌آرائی شد. قول: محمد خان نیازی، بهادر خان قوردار، شیر خان، کلان خان، دولت خان لودی، سعید خان کررانی، خواجه مقیم بخشی. برانغار: دهارو، میر معصوم بهکری و گروهی از دلاوران نامور. جوانغار: سیّد بهاء الدین، ناهر خان، و دیگر دلاوران. هراول: بختیار بیگ، قرا بیگ، شمشیر عرب، ابراهیم بیگ، جولک بیگ، مرشدقلی، شاهقلی ترکمان بیاوری دل و رهنمونی ستاره از لکهی گذشته شش کروهی غنیم دایره کردند. بیست و یکم بآهنگ پیکار چهار کروه پذیرا شدند و پیش از آویزه مژدۀ فیروزی نشاط آورد. درین چند روز باد از آنسو می‌وزید. درین هنگام ازین سو نوید کامرانی داد. در کمتر زمانی کارزار درگرفت. نخست هراول مخالف بسرکردگی خسرو بر برابر خود چیرگی نموده برانغاررا نیز پراکنده گردانید. شمشیر عرب در هراول بشایستگی درآویخت. هواخواهان اورا زخمی بیرون بردند و دهارو با چندی داد مردانگی داد و زخم نیزه بر پیشانی خورده از اسپ جدا شد و در کمتر زمانی نقد زندگی سپرد. برانغار غنیم بکارفرمائی ملک محمد مقابل خویش‌را از جای برد و جوقی ناهر خان‌را برداشته تا دایره رفتند و دست تاراج برگشودند. سیّد بهاء الدین با گروهی جدا شده بر هراول غنیم که از چیره‌دستی نخوت‌فروش بود رسید و جوئی در میان داده به نبرد ایستاد. از شورش باد و خاک از یکدیگر آگهی نبود. در آن آشوبگاه قول فیروزی سپاه‌را گذاره بر برانغار غنیم افتاد. بسخت آویزه برشکستند، لیکن از

the goods that had been sent by ship. The khankhanan learned of this and sent Khwaja Muqim Bakhshi, Dharu, Bahadur Khan, Muhammad Khan Niyazi, Daulat Khan Lodi, Sa'id Khan Karrani, and some others in that direction, and then he himself set out in their wake. Just as those in the ships were being threatened, those who had been dispatched arrived to deal with the situation. Many thought they should reinforce Laki and wait for aid, but the warriors persuaded them that battle should be engaged in. Battle lines were drawn with Muhammad Khan Niyazi, Bahadur Khan Qordar, Sher Khan, Kalan Khan, Daulat Khan Lodi, Sa'id Khan Karrani, and Khwaja Muqim Bakhshi in the center; the right wing was commanded by Dharu, Mir Ma'sum Bhakkari, and other renowned warriors; in the left wing were Sayyid Baha'uddin, Nahar Khan, and others; the vanguard was led by Bakhtyar Beg, Qara Beg, Shamsher Arab, Ibrahim Beg, Julak Beg, Murshidquli, and Shahquli Türkmän. Passing through Laki, they camped six leagues from the enemy. On the twenty-first [April 9], they met the foe on the battlefield, but before they clashed an omen of victory was perceived: for the last several days the wind had been blowing from the other direction, but just at this juncture it changed, bringing the aroma of success. Then the battle began. First the enemy vanguard led by Khusrau triumphed over those they faced, and they scattered the right wing. Shamsher Arab fought bravely in the vanguard, but he was injured and his supporters had to get him out. Dharu and his men also performed valiantly, but he received a wound on his forehead and was unhorsed. He died shortly thereafter. The enemy right wing led by Malik Muhammad broke through the lines facing him, and another troop removed Nahar Khan and drove all the way to the camp, where they plundered. Sayyid

هواتیرگی رادمردان این فوج ازهم جدا شدند. بهادر خان، دولت خان و چندی دیگر در ناوردگاه پای همّت افشرده نظارگی بودند. ناگاه محمد خان نیازی، سیّد بهاء الدین، میر معصوم بهکری، خواجه مقیم پیوستند و بزرگ هنگامه فراهم آمد. و همچنان غنیم پراکندگی یافته از یکدیگر آگهی نداشت. میرزا جانی با چهارصد کس در نبردگاه سراسیمه بود. فیروزی سپاه بدانسو گام همّت برداشت. میرزا باندیشۀ آنکه قول اکنون میرسد سراسیمه‌تر شد و درین میان فیلی از آنسو درشوریده هنگامۀ خویش‌را پراکنده ساخت. لختی آویزش شد و بایزدی تأیید غنیم راه گریز پیش گرفت تا سه صد کس مخالف‌را روزگار بسر آمد و از فیروزی سپاه تا صد کس به نیک‌فرجامی درگذشت. اگرچه میرزا چند بار برگشته درآویخت، لیکن ستیزه باقبال روزافزون چه سود دهد. با آنکه غنیم از پنج هزار افزون و فیروزی سپاه هزار و دویست بود به نیروی جاوید دولت چیره‌دستی روی داد و نیرنگی سماوی تأیید همگنان‌را دلنشین آمد. سپه‌آرا دور و بزرگ امیری در میان نه. در سرآغاز جنگ آنچنان برهمزدگی و دلپت با گزین فوجی از بیدلی نپیوست. درین فیروزی نشاط از تاراج اردو آگهی رسید. چندی تیزدستان بدانسو گام فراخ برزدند و غارتگران گرفته‌را فرو هشته رو بگریز نهادند و لشکرگاه ایمنی یافت. خانخانان ازین مژده بقلعۀ که میرزا جانی بیگ پناه خود ساخته بود رسید و آن را خراب ساخت.

Baha'uddin and his troop detached themselves and got to the enemy vanguard, which was celebrating its domination of the field. Putting a stream between them, they stood their ground in fierce battle. There was so much dust that they could not tell who was who. In the midst of the fighting the imperial center came across the right wing of the enemy, and they fought hard, but the air was so dark that these warriors got separated from each other. Bahadur Khan, Daulat Khan, and some others stood their ground, waiting for reinforcements. Suddenly Muhammad Khan Niyazi, Sayyid Baha'uddin, Mir Ma'sum Bhakkari, and Khwaja Muqim arrived, and a pitched battle broke out. The foe was scattered in all directions. Mirza Jani and four hundred men wound up in a bad position on the battlefield; imperial troops set out in their direction. The mirza, imagining that the imperial center would come any moment, got even more nervous. Just then an elephant from the enemy lines went berserk and scattered its own lines. There was some more skirmishing, but thanks to divine assistance the enemy took flight. Three hundred of the enemy had been killed, and of the imperials only one hundred had perished in valor. Although Mirza Jani Beg turned back and engaged in several more skirmishes, what use was vengeance against imperial fortune? Though the foe had numbered more than five thousand and the imperial troops had been only twelve hundred, thanks to eternal destiny and fortune victory smiled and the day was won—even with the commander far away and without any high-ranking officer around. At the commencement of the battle there had been such confusion, and Dalpat and his troop had been too cowardly to join in. In the midst of the celebration news arrived that the camp had been plundered. Some went off in that direction, and the pillagers were caught,

۲۶۹ بیست و دوم فروردین گیتی‌خداوند کشتی‌سوار بباغ میرزا کامران خرامش فرمود و از تماشای بهار نیرنگی چشم و دل روشن شد. بامدادان در شبستان بزرگ شاهزاده از خواهر ابیای کشمیری نیک‌اختر دختی بزاد و نوید سعادت آورد.

درینولا آگهی آمد که قریش سلطان در حاجی‌پور بشکم‌روی درگذشت و پس‌ماندگان اورا شاهنشاهی نوازش از تیره روز سوگواری برآورد.

بیست و پنجم نگارندهٔ اقبالنامه‌را بمنصب دوهزاری برنواختند و بی گزین خدمی بدین والا پایه برآوردند. امید که بزبان کردار لختی سپاس برگذراد و گوهرشناسی بینش خدا بروی روز افتد.

بیست و نهم جشن قمری وزن شد و دور و نزدیک کام دل برگرفت.

گشایش آباد ملک اودیسه باقبال روزافزون شاهنشاهی

۲۷۰ همواره درین الکا جداگانه مرزبانی کارگیائی کردی. ازین پیش چندی جاگا پرتاب دیو فرمانروا بود. پور او نرسنگه‌دیو از بدگوهری و تباه دمسازی بیازش پدر برخاست و بخواندن افسانهٔ بی‌پروائی برنشست. هنگام یافته زهر برخوراند و جاوید مُردگی اندوخت. در آن نزدیکی مکنددیو از تلنگانه آمده ملازم راجه شده بود. از دید این کجروی برآشفت و در سگالش بادافراه شد. چنان وانمود که زن او بدیدن میآید. دولتیهای سلاح‌آمود بدان روش روانه ساخت و پیشکش و کالا بدست کاردیدگان پردل داده بحصار در شد و از آنجا که پدرآزار دیر نپاید کار او زود بانجام رسید و بزرگی بدیگری گرائید. رسم نبود که راجه اندوختهٔ نیاگان و پیشین بزرگان

relieved of their loot, and sent running. The camp was safe. The khankhanan went to the fortress Mirza Jani Beg had built as his refuge and destroyed it.

On the twenty-second of Farwardin [April 10], the world lord got into a boat to tour Mirza Kamran's garden, and he enjoyed the beauty of spring. The next morning a daughter was born to the eldest prince by the sister of Aiba of Kashmir amid great rejoicing.

At this point news arrived that Quraish Sultan had passed away from dysentery in Hajipur. The emperor sent his condolences to those he had left behind.

On the twenty-fifth [April 13], this writer was promoted to the rank of two thousand without having performed any great service. It is hoped that he will be able to put his gratitude into deeds to justify the emperor's assessment.

On the twenty-ninth [April 17], the lunar weighing ceremony was held, and everyone's hopes were fulfilled.

THE CONQUEST OF ORISSA THROUGH HIS IMPERIAL MAJESTY'S EVER-INCREASING FORTUNE

An independent ruler had always ruled Orissa. For some time prior to this time Jaga Pratap Deo had been the ruler.[68] His son, Nar Singh Deo,[69] was so malevolent and had such evil advisors that he fearlessly rose up in contention with his own father and beguiled him into heedlessness. After succeeding, he poisoned his father, to his eternal damnation. Around then Mukund Deo came from Telingana and joined the raja's retinue.[70] Seeing the

برگیرد. هفتاد باستانی گنجینه‌را قفل بشکست و نهادهٔ چندین گذشتگان برگرفت. اگرچه دست بخشش برگشود لیکن از فرمانپذیری خرد سر برتافت و بطبیعت پرستاری گردن برنهاد. در آن هنگام که سکندر خان اوزبک از جاوید دولت برگشته نزد سلیمان کررانی رفت، او پسر خود بایزیدرا از راه جهارکهند بیازش آن ملک فرستاد و سکندررا نیز همراه گردانید. راجه از تن‌آسانی دو گزیده امیر خودرا چهته رای و درگه بهنج با گزین ساز پیکار بآویزش فرستاد. آن ناسپاسان بدگوهر سران لشکررا بزر بفریفتند و بیاوری زربندگان تباهکار بکارزار خداوند بازگردیدند. سخت آویزه‌ها روی داد. راجه بناکامی تن درداده بایزیدرا دید و بدستیاری او سترگ پیکار چهره برافروخت. راجه و چهته رای بمردانگی نقد زندگانی سپردند و مرزبانی بدرگه بهنج بازگردید. سلیمان اورا بدستانسرائی نزد خود آورده ازهم گذرانید و بر آن ملک چیره‌دست آمد. و در زمان منعم خان خانخانان و خانجهان اگرچه بسیاری ازین ملک بر قلمرو افزود از بسیچ‌پراکندگی و کارنشناسیِ امرا قتلوی لوحانی چیرگی داشت و بروبه‌بازی او گزندی بدانجا نرسیدی. چون درگذشت راجه مانسنگه از ناشناسائی بآشتی بازگردید. هرچند پسند خاطر دوربین نبود پیمان برگسیختند.

son's wayward ways, he flared up and plotted ways to make him pay. He gave out that his wife was going to see him, and in that way he sent armed men. Having handed over gifts and presents, they got into the fortress, and inasmuch as a parricide will never last long, he was quickly done in, and the rule went to another. It had not been customary for a raja to touch the treasures amassed by his forefathers and predecessors, but this one broke the locks on seventy ancient treasure troves and took possession of everything so many former rulers had stored away. Even though he opened his hand in liberality, he refused to submit to the dictates of wisdom and placed his neck in the yoke of base nature. When Sikandar Khan Uzbek turned his back on eternal fortune and went over to Sulaiman Karrani, Sulaiman sent his son Bayazid through Jharkhand to make war on that land, and he took Sikandar with him. The self-indulgent raja sent two of his finest commanders, Chhota Rai and Durga Bhanj, out to do battle. The evil ingrates bought off the commanders with money and then returned with the assistance of these wrong-headed slaves to make war on their own lord. Great battles took place, and the raja finally had to give in and pay homage to Bayazid, with whose aid he fought a large-scale battle. The raja and Chhota Rai lost their lives, and the rule went to Durga. Sulaiman lured him into coming to see him and killed him, and then he took over the rule himself. During the time of Mun'im Khan Khankhanan and Khan Jahan, although much of this land came into the empire, Qutlu Nohani gained dominion through the carelessness and incompetence of the officers, and he used his wiles to ensure that no harm came to his territory. When he died, Raja Man Singh foolishly made a truce, and although it did not please the emperor, the truce was broken.

چون تبه‌کاررا هنگام بادافراه رسد در برانداختن خویش تکاپو نماید. ۲۷۱
تا خواجه عیسی وکیل قتلو زنده بود سررشتهٔ پیمان از دست نمیداد. چون روزگار او بسر آمد افغانان تیره‌رای پرستشکدهٔ جگنّاته برگرفتند و بر ولایت حمیر که از دیر باز فرمانپذیر بود دست غارت گشادند. راجه مانسنگه که از آشتی پشیمان بود آهنج گشایش آن در سر گرفت و از درگاه والا دستوری یافت و سپاه بنگ و بهاررا بدین خدمت نامزد گردانیدند. بیست و سیوم آبان پیشین سال راجه از راه دریا روانه شد و تولک خان، فرّخ خان، غازی خان میدانی، میر قاسم بدخشی، رای بهوج، سنگرام سنگه، اگّر پنچانن، چترسین، بهوپت سنگه برخوردار و یگر مبارزان گیتی گشا راه خشکی پیمودند و مادهو و لکهی‌رای کوکره و پورنمل کیدهوریه و روپ‌نراین سیسودیه و برخی زمینداران‌را بسرکردگی یوسف خان مرزبان کشمیر از راه جهارکهند روانه ساخت. چون فیروزی سپاه به بنگاله درآمد سعید خان سپه‌آرای آن دیار بیماری داشت. راجه از کارطلبی پیشتر روانه شد و چون اورا تندرستی روی داد با مخصوص خان، بهادر خان، طاهر خان، بابوی منگلی، خواجه باقر انصاری، مخدوم‌زاده پسر ترسون خان، میرزا محمد دیوانه، و دیگر اقطاعداران آن ملک با شش هزار و پانصد سوار پیوست و بسیاری از آن الکا بدست درآمد. افغانان تبهکار داستان آشتی برخواندند. از آنجا که آزموده‌را بآزمایش بردن دوربینی برنتابد گوش بدان دیو افسانه ننهادند و نکوهش پیمان گسیختن برگذاردند، لیکن بهدید امرای بنگاله در آشتی بود. تیره‌رایان کجگرا بدرخت‌زار بیناپور[۱۴۵] که میان‌جای اودیسه است رودباری گرد گرفته پای آویزش افشردند و از گفت‌وگوی صلح و جنگ گزین رده‌آرائی نشد. لشکر بنگاله دورتر فرود میآمد و ازینان مخصوص خان و پهار خان

When the time for retribution comes to a man of evil deeds, everything he does conspires to effect his downfall. As long as Khwaja Isa, Qutlu's vizier, was alive, he did not let the truce be broken, but when his days came to an end, the foolish Afghans seized the Jagannath temple and pillaged the territory of Hamir, who had long been in allegiance. Raja Man Singh, regretting having made the truce, took it into his head to conquer Orissa, and he received permission from the court and was given the army of Bihar and Bengal as reinforcements. On the twenty-third of Aban of the previous year [November 14, 1590] the raja set out by river, and Tüläk Khan, Farrukh Khan, Ghazi Khan Maidani, Mir Qasim Badakhshi, Rai Bhoj, Sangram Singh, Akkar Panchanan, Chitr Sen, Bhupat Singh, Barkhordar, and other world-conquering warriors set out by land. Madhav Lakhi Rai of Kokra, Puran Mal of Gidhaur, Rup Narayan Sisodiya, and other zamindars were dispatched via Jharkhand under the command of Yusuf Khan, the ruler of Kashmir. When the imperial forces entered Bengal, Sa'id Khan, the governor of that province, was ill. Seeking battle, the raja drove forward, and when Sa'id Khan recovered he joined him with Makhsus Khan, Bahadur Khan, Tahir Khan, Babu Mängli, Khwaja Baqir Ansari, Tursun Khan's son Makhdumzada, Mirza Muhammad Dewana, and other fiefholders of that province with sixty-five hundred cavalrymen. After they took much of the territory the foolish Afghans proposed a truce. Since those with experience are immune to temptation, they paid no attention to their blandishments and spoke of the dishonor of breaking a truce. However, the Bengal officers opted for the truce. The wayward fools took up a position in the forests of Benapur, which is in the middle of Orissa, and got ready to do battle, and with the peace talks there was no chance to draw up

271

و طاهر خان و بابوی منگلی لختی پیش دایره میکردند و سپاه بهار آمادۀ پیکار.

قول:
راجه مانسنگه

دست راست:
رای بهوج راجه سنگرام باقر خان

دست چپ:
تولک خان فرّخ خان

هراول:

درجن سنگه	سجان سنگه
سبل سنگه	نورم کوکه
میر قاسم بدخشی	برخوردار
شهاب الدین کور	پسران الغ خان حبشی
مظفّر ایجی[۱۴۶]	خواجگی عنایت الله

battle lines. The Bengal army camped far away, but Makhsus Khan, Pahar Khan, Tahir Khan, and Babu Mängli went forward a little way and made camp. The Bihar army got ready for battle in the following formation:

Center

Man Singh

Right Wing

Rai Bhoj   Raja Sangram
Baqir Khan

Left Wing

Tüläk Khan   Farrukh Khan

Vanguard

Durjan Singh   Sujan Singh
Sabal Singh   Nurum Koka
Mir Qasim Badakhshi   Barkhordar
Shihabuddin Kor   Ulugh Khan Habashi's sons
Muzaffar Iji   Khwajagi Inayatullah

هر روز چندی تیزدستان هر سو میآویختند و سرتابان نخوتفروش
شرمسار گریز میشدند. سی و یکم فروردین راجه هراول خودرا دستوری
داد سرکوبیرا که نزد غنیم است برگرفته قلعهٔ اساس نهند و اگر بسیچ
پیکار در سر گیرند بآویزش درآیند. ما نیز خواهیم پیوست. مخالف ازین
آگهی بآسیمهسری درآمد و فوجها آراسته از آب گذشت.

قول:

نصیب خان و جمال خان پسران قتلو

دلاور خان	الله داد خان
حبیب خان	سه هزار سوار
بیست و پنج فیل	

برانغار:

جلال خان خاصهخیل

تاتار خان غازی	مبارک خان
خواجه ویس	دو هزار سوار
بیست و پنج فیل	

جوانغار:

بهادر گوروه	شیر خان لوحانی
حبیب خان	سه هزار و چهار صد سوار
بیست و پنج فیل	

Every day some of the warriors from both sides engaged in skirmishes, and the arrogant rebels always retreated in humiliation. On the thirty-first of Farwardin [April 19], the raja sent his vanguard to take high ground overlooking the enemy and construct a fort. "If the enemy takes it into his head to fight, you should engage them in battle," he said, "and we will join you." Learning of this, the foe rushed in headstrong and crossed the river with lines drawn as follows:

Center

Qutlu's sons Nasib Khan and Jamal Khan

Allahdad Khan	Habib Khan
3,000 cavalry	25 elephants
Dilawar Khan	

Right Wing

Jalal Khan Khassa-Khail	Tatar Khan Ghazi
Mubarak Khan	Khwaja Wais
2,000 cavalry	25 elephants

Left Wing

Bahadur Gaurua	Sher Khan Nohani
Habib Khan	3,400 hundred cavalry
25 elephants	

Vanguard

Khwaja Sulaiman	Usman
Isa Khan Awliya'I	Sultan Sur's sons
1,200 cavalry	80 elephants

هراول:

خواجه سلیمان	عثمان
عیسی خان اولیائی	بنی سلطان سور
هزار و دویست سوار	هشتاد فیل

در کمتر زمانی هر دو لشکر باهم درآویختند و سپر و دشنه‌را روزبازار شد.

یلان گرمِ کین، غرقِ جوشن همه   نهفـــته چو آتـش در آهـن همه
ز هنـــدی‌نژادانِ فولادپـــوش   چو ابرِ سیه گرمِ جوش و خروش

۲۷۲ برخی بتوپ‌اندازی و آتشبازی هنگامهٔ آوردگاه برافروختند و لختی با یکدیگر آویخته مردانگی‌را تازه رسمی برنهادند. سری[۱۴۷]را که گوز و گوپال کارگر نشدی پلارک‌انداز فیروزی سپاه از فراز گردن برانداختی. توپی که نخست برگشودند میان لهوری‌را که سرآمد فیلان غنیم بود با دیگر فیل خرمن هستی بسوخت. دلیران آنسو فیل کنهر که بس نامور بود در پیش داشته آمدند. پردلان پای همّت افشرده کارنامهٔ گندآوری بجای آوردند. میر جمشید بدخشی درآویخته بتهمتنی جان سپنجی درباخت. آن فیل در شده لختی هنگامه پراکند. اوقچیان فیروزی سپاه از هر سو به تیر درآمدند. فیلبان قالب تهی کرد. چندی پیاده شده پای پیل‌را افگار ساخته برگرفتند. درین میان بهادر گوروه بر فرّخ خان چیرگی نمود. رای بهوج و راجه سنگرام بیاوری او گام فراخ برزدند. جگت سنگه با جوقی بهادران بدرجن سنگه پیوسته غنیم‌را برداشت. درین هنگام برانغار مخالف بسپاه بنگاله درآویخت. بابوی منگلی آویزش نموده بازپس

Soon the two sides clashed, and shields and daggers were brought into play.

> *Warriors bent on vengeance, drenched in armor, like fire*
> *   hidden in flint they were.*
> *Steel-clad Indians were clambering and shouting like a black*
> *   cloud.*

The battlefield was lit up with cannon and musket fire, hand-to-hand clashes took place, and bravery was elevated to a new level.[71] Any head that mace and battle ax did not work on was lobbed off by a sword-wielding imperial warrior. The first artillery fire that was launched killed Mian Lahauri, the chief of the enemy's elephants, and one other. The brave warriors of that side drove forward Kunwar, a very famous elephant, but the imperials stood their ground and performed deeds of valor. Mir Jamshed Badakhshi got into the fray and lost his life valiantly. The elephant entered the lines and scattered a few, but the imperial archers rained down arrows from all sides, and the driver was killed. Some dismounted and managed to shackle the elephant and get it away. At this point Bahadur Gaurua gained dominance over Farrukh Khan. Rai Bhoj and Raja Sangram went to assist. Jagat Singh and a troop of warriors joined Durjan Singh and drove the enemy away. At this point the enemy's right wing clashed with the army of Bengal. Babu Mängli fought hard but had to fall back. Bahadur Khan came up after him and fought amazingly. Twice he was knocked to the ground, and the second time a young warrior gave him his horse. "You have not yet tasted of the fruit of life," he said. "Get back on your horse and be successful! It is better for me, whose life has come to an end in valor, to die in service

272

571

رفت. بهادر خان از پی رسیده شگرف آویزه نمود و دو بار بر زمین آمد. بار دوم نوجوانی اسپ خودرا پیش آورد. پاسخ داد «تو از زندگی بری نگرفتهٔ. سوار شو و کام دل برگیر! مرا که در کار مردانگی عمر بپایان شده آن بهتر که در کار خداوند سپری گردد.» از نیکسگالی بارگی او دررسید و بایزدی پاس در شد. مخصوص خان بشایستگی رسید و نمایان کارزار بجای آورد. نزدیک بود که پای همّت از جای شود. خواجه عبد الحلیم با جوقی پیوست و سرمایهٔ فیروزمندی گشت. خواجه ویس برادمردی درگذشت و سلطان سور زنده بدست افتاد. در کمتر زمانی بایزدی یاوری سرتابان کجگرا آبله‌پای دشت گریز شدند. افزون از سه صد افغان در آوردگاه افتاد و از فیروزی سپاه چهل کس به نیکنامی نقد زندگی سپرد.

۲۷۳ درینولا زین خان کوکه آرزو نمود که خسروی سایه بتازه منزل او برافتد و بدین نوازش روزگار او پیراسته شود. سیوم اردی‌بهشت خواهش پذیرائی یافت و آن نیکوپرستاررا کام دل برآمد.

غرّهٔ خرداد گیتی‌خداوند بآهنگ کشمیر دریای راوی گذاره نمود. چون شکرنسا بیگم سخت رنجور شد شهریار مهراندوزرا دل از شهر برگرفت و بدان آهنج بیرون شد. چون ایزد جانبخش بهی زود فرستاد بخواهشگری که و مه بازگردیدند.

دوم زین خان کوکه بسواد و بجور دستوری یافت. آگهی آمد که افغانان شوریده‌بخت باز کهسار دشوارگذاررا پناه انگاشته اندیشهٔ سرتابی دارند. کوکلتاش بمالش اینان نامزد شد.

چهارم پس از سپری شدن ده ساعت و چهار دقیقه در شبستان شاهزاده سلطان دانیال از دخت سلطان خواجه فرّخ فرزندی پدید آمد. شهریار دوربین سعادت بانو بیگم نام برنهاد.

to my lord." Because of his benevolence his horse came back, and he got away under divine protection. Makhsus Khan also fought outstandingly, and he was about to go down when Khwaja Abdul-Halim arrived with his men and turned it to a triumph. Khwaja Wais fell valiantly, and Sultan Sur was taken prisoner. It was not long before, with divine assistance, the wayward rebels were put to flight. More than three hundred Afghans fell on the battlefield, while only forty of the imperial troops surrendered their lives in valor.

At this time Zain Khan Koka expressed a wish that H.I.M. would honor his quarters. On the thirtieth of Urdibihisht [May 19], his wish was granted, and he got his heart's desire. 273

On the first of Khurdad [May 21], H.M. crossed the Ravi with the intention of proceeding to Kashmir, but since Shakarunnisa had become quite ill, the emperor took a dislike to the city and left. When she was restored to health, he returned at the behest of all.

On the second [May 22], Zain Khan Koka was sent to Swat and Bajaur. News arrived that the turbulent Afghans had once again taken refuge in their impregnable mountains and were contemplating insurrection. The Kükältash was assigned to chastise them.

After the elapse of ten hours and four minutes of the fourth [May 24], a daughter was born to Prince Sultan Danyal by Sultan Khwaja's daughter. The emperor named her Sa'adat Banu Begim.

آشتی کردن میرزا جانی بیگ و سپردن سیوستان

۲۷۴ چون بروزافزون اقبال که جلوه‌گاه ایزدی یاوری است فیروزی سپاه چیره‌دست آمد هنگام آن بود که میرزا از گران خواب بیدانشی درآمده به نیایش برنشستی و پوزش‌را دستمایهٔ فرمانپذیری ساختی. از خردغنودگی و طبیعت‌پرستاری آن‌را ناگهانی گزند پنداشته بسیچ آویزش تازه گردانید و آن یازش داشت که تیزتر شتافته در همان پیشین پناه‌جا گیرد. در میانهٔ راه شنود که لشکر فیروزی سپاه است. باندیشهٔ دراز در شد و در پژوهش استوارجا انجمن برساخت. پس از فراوان نگریستن نزد اُنَرپور[۱۴۸] چهار کروهی هالاکندی[۱۴۹] چهل کروهی سیهوان دلپذیر جائی بدست آورد. در آن سرزمین بر ساحل سند قلعه اساس نهاد و ژرف خندق پهناور برکند. بیست و ششم فروردین خانخانان بدانجا رسیده گرد گرفت و به تیر و بندوق پاسخگذاری شد و هنگامهٔ جانفشانی و جانستانی گرمی پذیرفت. نخوت‌مایهٔ غنیم دیرین بنگاه بسیاری لشکر افزونی کشتی نبرد و نزدیکی بارش بود. درینولا نیرن‌کوت[۱۵۰] که گزین قلعهٔ آن دیار است بدست افتاد و سترگ نبرد چهرهٔ فیروزی برافروخت. جوقی عرب و کرد که در آن حصار میبودند از قاسم‌علی دژبان ستوه آمدند و سر او آورده دولتخواهی دلنشین گردانیدند. اولیای دولت‌را نشاط درگرفت و در گشایش آن کوشش افزودند و بآئین روم ریگ تودها برافراشته مورچال پیش بردند و خندق‌را برآمودن گرفتند. از درون رخنه‌ها برساخته تهی میکردند و سخت کوشش از هر دو سو میرفت. چند بار بیرون شده آویزش نمودند و بناکامی بازگردیدند، لیکن از بوم‌بیگانگی و رعیّت‌سرتابی آذوق بفیروزی جنود کم میرسید و باز شگرف گرانی روی آورد و سخت بیماری پدید

MIRZA JANI BEG SUES FOR PEACE AND SURRENDERS SIWISTAN

When, by daily-increasing fortune, which is a manifestation of divine assistance, the invincible troops gained dominion, it was time for Mirza Jani Beg to wake from his slumber of ignorance and pledge his obedience. Since his wisdom was fast asleep and he was a pawn to base nature, he did the opposite and entertained thoughts of battle once again, thinking he would go even faster and get to his former place of refuge. Halfway there he heard that the imperial troops were there, so he went into long contemplation and held council to discuss possible places to fortify. After much searching he got hold of a suitable place near Unarpur, four leagues from Balakandi and forty leagues from Sehwan. There he built a fortress on the banks of the Indus and dug a wide ditch. On the twenty-sixth of Farwardin [April 14], the khankhanan arrived there to lay siege, and arrows and bullets were exchanged as the fray grew heated. The foe relied on his long-term residence in the area, the great numbers of his soldiers, his many warships, and the approaching rains. At this point, Nirankot, a choice stronghold of the area, fell and a great battle broke out. The Arab and Kurdish troopers who were in the fort had grown weary of Qasim Ali, the warden, and so they brought his head in. The friends of fortune rejoiced and redoubled their efforts to take Mirza Jani Beg's stronghold. Using the Ottoman method, they made piles of sand, drove their trenches forward, and began to fill in the ditch, while from within the men made breaches and emptied the sand out as efforts were made on both sides. A few times defenders got out and fought skirmishes, but they returned without success. However, few provisions reached the imperial

274

آمد. شگفت آنکه جز سندی رنجور نشدی. در آن آشوبگاهِ جانکاهی چندی بیغوله‌گزینان ریاضتگررا بخواب نمودند «امروز سکّهٔ ولایت بنام شاهنشاهی میزنند و آسمان بکام او میگردد. مردم بادافراه ناسپاسی می‌بینند و بسزای نافرمانی میرسند. جان‌داروِی که و مه آنکه شناسا گردد و به نیایش آن یگانهٔ روزگار سعادت اندوزد و باندازهٔ دسترس نذری بربندد و بمستمندان بردهد.» بامدادان راز بر ملأ افتاد و نموده بکردار آمد و رنجوری رو در کمی نهاد. چون بعرض همایون رسید فرمودند «حقیقی کارساز پیرزنی‌را دستآویزِ تندرستیِ گروهی گردانید. اگر بندهٔ‌را که بوالا پایهٔ فرماندهی برنشانده مایهٔ بهی برسازد چه شگفت؟»

در زمان قاآن بزرگ چنگیز خان شش صد و بیست و سه فیروزی سپاه قلعهٔ کرک سیستان‌را گرد گرفته بود. شگرف وبائی پدید آمد. رنجور نخستین روز تب میکرد، دوم دندان برجنبیدی، سیوم پیمانهٔ زندگی برآموده گشتی. پیرزالی دختری داشت. در آرزوی کدخدائیش شبها بروز آوردی، بو که بزرگ شود و بحنابندی او نشاط اندوزد. درین هنگام آن کهن‌سال‌را بیماری درگرفت. روز دوم که جنبش دندان بود از مهربانی و ساده‌دلی بحنا بستن جگرگوشهٔ خود پرداخت و بآئین عامّه لختی آب دهن بکار برد و در خیال عروسی شب بروز آورد و اشک حسرت ریخته دل بناکامی درداد. بامدادان که آمادهٔ گذشتن بود دندان از جنبش بازماند و نشان بهی پدید آمد. همسایگان بشگفت درافتادند و چون پژوهش رفت جز رسیدن حنا درنیافتند. که و مه بکار بردند و جهانی از جانکاهی رهائی یافت. حنا نرخ مروارید گرفت و بازرگانان فراوان سود اندوختند.

troops because they were strangers to the stubborn natives. Once again they were faced with severe shortages, and illness broke out. What is amazing is that only the Sindis fell ill. Amid the plethora of death, several hermits had the same vision in which they were told: "Today the coinage of the realm will be in the imperial name, and the heavens will revolve as he desires. Men will be punished for their ingratitude, and they will pay for their disobedience. The only remedy for great and small is that they realize that they must attain felicity by praising that uniquely chosen one of fate and gather together what they can to donate as charity to the destitute." The next morning the mystery was revealed, and the prediction came true. The illness subsided, and when it was reported to the emperor, he said, "The true effecter of everything can make an old woman the means for the health of a host of people. If he makes a servant he has elevated to the exalted position of emperor the means for health, why should that be strange?"

During the great emperor Genghis Khan's time, in the year 623 [1226 C.E.], warriors surrounded the fortress of Kark in Seistan. A great pestilence broke out in which those afflicted got a fever the first day, their teeth chattered the second day, and on the third day they died. An old woman had a daughter she had long hoped to see married, thinking that when she grew old she could rejoice at her henna ceremony. At this point the old woman was afflicted with the pestilence. The second day, while her teeth were chattering, she started applying henna to her daughter with love and care, and, as the common people do, she used some of her saliva to wet the henna. Her dreams of the wedding got her through the

شهریار کارآگاه از پیشبینی فراوان آذوق و خزینه با الله‌بخش و قزاق بهادر روانه ساخته بود. در جوش تنگدستی دررسید و دلهارا تازه نیرو برافزود. آهنجها فروغ دیگر یافت و کارکرد افزایش گرفت. در کمتر زمانی قلعه‌را تنگ‌تر گرفتند و مورچالها چنان نزدیک شد که سنان از دست یکدیگر میربودند. درونیان ستوه آمدند و بهزاران لابه‌گری آشتی داستان برخواندند. فیروزی سپاه از کم‌آذوقی پذیرفت بدان پیمان که سیوستان‌را با قلعهٔ سیهوان و بیست غراب بسپارد و ایرج پور خانخانان‌را بدامادی برگیرد و چون هنگام بارش بسر آید بسجود قدسی آستان روی آورد. و قرار گرفت که نخست دست از محاصره بازدارند و سپس پیوند خویشی استوار گردد. چون سیهوان بسپارد موسم بارش بدانجا بگذرانند. شانزدهم خرداد مورچالها برخاست و رسوم نامزد بیوگانی بجای آمد و مردم بسپردن و گرفتن قلعه شتافتند.

هفدهم قاضی حسن‌را بشمالی کوه فرستادند. چون تموز لاهور بس گرم بود بپژوهش ییلاق بدانسو روانه کردند. نزدیک قصبهٔ پتهان[151] شایسته جاها برگزیدند، لیکن برخی سگالشها از آن بازداشت.

night, but she shed tears of regret and gave her heart up to disappointment. The next morning, although she was ready to die, her teeth stopped chattering and signs of recovery appeared. The neighbors were amazed, and when they investigated they could find no cause other than the use of henna. Everyone then took henna, and they all escaped death. Henna became as expensive as pearls, and merchants made great windfall profits.

With prescience, the wise emperor had already sent abundant provisions and money with Allahbakhsh and Qazaq Bahadur. It arrived at the height of deprivation and spurred the men on to greater action. It was not long before they invested the fortress even more resolutely, and their trenches were driven so near that they could snatch spears from each other's hands. The beleaguered grew weary and pleaded for a truce. The imperial troops had so few provisions that they accepted the offer on the following conditions: Mirza Jani Beg would turn over Siwistan, the Sehwan fortress, and twenty galleys, he would make the khankhanan's son Iraj his son-in-law, and when the rains ended he would go to prostrate himself at the imperial threshold. It was settled that the imperials would first lift their siege, and then the nuptials would be solemnized. On the sixteenth of Khurdad [June 5], the trenches were abandoned, the marriage was concluded, and the fortress was yielded and taken over.

On the seventeenth [June 6], Qazi Hasan was sent to the northern mountains. Since midsummer in Lahore was very hot, the emperor sent him out to look for summer quarters there. A suitable place was located near the town of Pathan, but several considerations precluded the emperor's going there.

۲۷۵ و از سوانح ایل شدن سرتابان شرقی دیار. چون فیروزی سپاه چیره‌دستی نموده از پی شتافت دیگر روز بجلیسّر که از گزین شهرهای اودیسه است درآمد و بخسروی نام درهم چهره برافروخت و منبر پایه برافراخت. هر گروهی از افغانان تیره‌رای به بیغوله در شد. راجه بکندن فتنه‌بن پیشتر چالش نمود. سعید خان از دلنگرانی به بنگاله بازگردید و لابه‌سرائی راجه درنگرفت. پهار خان، بابوی منگلی، باقر خان، میر غازی، باقر انصاری از آن لشکر جدا شده پیوستند. در کمتر زمانی بومیان زینهار خواسته دیدند و آن آباد ملک بدست درآمد. در قصبهٔ بهدرک آگهی شد که پسران قتلو، خواجه سلیمان، دلاور خان، جلال خان، بهادر گوروه، الغ خان، عبد الغفور، ملک هیبت، ملک داؤد، کهم‌کرن، راجه مانو، ملک سکندر، و پرکهوتم با سه صد فیل در قلعهٔ کتک فراهم شده‌اند. آن حصاریست پایان ملک کنار شور دریا. از راجه رامچند که بزرگ بومی آن دیارست سارنگده میخوانند. راجه مانسنگه، سجان سنگه و برخی‌را در آن شهر گذاشته بیازش آنجا ره نوردید. افغانان بجنگلی که پیوست شور دریاست پناه بردند و بی‌آویزه حصار بدست آمد. علاؤل خان خاصه‌خیل قتلو قلعهٔ آل سپرد و نزد کلکل کهاتی تیله راجه که گزین بومی آن سرزمین است بفیروزی سپاه پیوست. راجه رامچند پناه‌بردگان‌را بسارنگده راه داد. چون راجه مانسنگه بکتک رسید یوسف خان حاکم کشمیر و پسران الغ خان حبشی و مظفّر ایجی و گروهی‌را بگرد آن گذاشته خود بزیارت جگنّاته شد بدان بسیچ که براجه رامچند نزدیکتر شود و هنگام یافته دست دربازد. چون اندیشه بکردار رسید بازگردیده نزد سلی بنگاه ساخت. هر روز تیزدستان بدان سرزمین رفته مالش میدادند. باندرزگذاری دل بفرمانپذیری برنهاد و بیربل پور خودرا با پیشکش روانه

The rebels in the east submit

275

When the invincible troops gained dominion and went in pursuit, the next day they entered Jellasore, one of the great cities of Orissa, and coins and pulpits were adorned with the regal name. Every band of malevolent Afghans crept off into hiding. The raja turned his attention to uprooting sedition. The worried Sa'id Khan returned to Bengal, unmoved by the raja's pleading. Pahar Khan, Babu Mängli, Baqir Khan, Mir Ghazi, and Baqir Ansari also left the army and joined him. In a short time the local proprietors requested amnesty and paid homage, and that flourishing realm was taken. In the town of Bhadrak it was learned that Qutlu's sons, Khwaja Sulaiman, Dilawar Khan, Jalal Khan, Bahadur Gaurua, Ulugh Khan, Abdul-Ghafur, Malik Haibat, Malik Daud, Kaham Karan, Raja Manu, Malik Sikandar, and Purukhottam and three hundred elephants had gathered in the fortress of Cuttack, a stronghold called Saranggarh on the sea at the extremity of the territory, and it belonged to Raja Ram Chand,[72] the great lord of that region. Raja Man Singh stationed Sujan Singh and some others in Bhadrak and set out for Cuttack. The Afghans took refuge in a jungle next to the sea, and the fortress fell without a battle. Ala'ul Khan, Qutlu's Khassa-Khail, turned over the fortress at Aul; and near Kulikalkhati, Tila Raja, the great proprietor of that region, joined the imperial forces. Raja Ram Chand let those taking refuge go to Saranggarh. When Raja Man Singh reached Cuttack, he stationed the Kashmiri Yusuf Khan, Ulugh Khan Habashi's sons, Muzaffar Iji, and others around the fortress and went to visit Jagannath, thinking he would get closer to Raja Ram Chand and strike when he had an opportunity. After his plan was put into action he returned and built a base near Sali. Every day the warriors went to that region and crushed the

ساخت. راجه بکتک بازگردید و نزد قلعۀ سارنگگده پای گشایش برفشرد. درین هنگام آگهی آمد که حبیب خان، دریا خان، سجاول خان، میوه خان که پناه بفتح خان هجلی برده بودند بر جلیسر ریختند و بابوی منگلی نیروی آویزش ندیده کناره گرفت. پهار خان‌را با برخی دلاوران بدانسو فرستاد و باقبال یاوری در کمتر زمانی بی‌آویزه پراکنده شدند و جلیسّر باز بدست افتاد. غنودگان سارنگگده از خواب غفلت درآمدند. بیستم زینهار گرفته راجه‌را دیدند و هر یکی‌را بخسروانی نوازش امید برداد.

۲۷۶ درینولا فیروزی سپاه سند لختی بغم در شد و زود شادی اندوخت. چون آشتی شد و مورچلها برخاست میرزا جانی بیگ پیش ازآنکه دستوری گیرد و سیهوان بسپارد راه تتهه فراپیش گرفت. فیروزمندان فریبکاری دانسته باندیشه در شدند و کاراگهی فرستاده پژوهش نمودند. میرزا برگذارد «از فزونی فروشدگان هوای قلعه جانگزا شد و کار بر زندگان تنگ. برخی سپاه و رعیّت آرزوی بنگاه نمود. بر آنها بخشیده دستوری دادم و همگی اردو از ستوه‌آمدگی ناگفته از پی رفت و با من کسی نماند. ناگزیر بدانسو شتافته در نصیرپور عنان کشیدم و حاشا که سررشتۀ پیمان از دست واهشته آید و گفته بکردار نگراید.» سی و یکم قصبۀ سنّ بنگاه ساختند. درین روز رستم دژبان سیهوان آمده تازه پیمان برگرفت و قلعه بحسن‌علی عرب و مقصود آقا بسپرد و همگی سیوستان بر قلمرو افزود.

opposition. Accepting good advice, [Raja Ram Chand] decided to yield and sent his son Birbal with tribute. The raja returned to Cuttack and pressed conquest near the Saranggarh fortress. At this point it was learned that Habib Khan, Darya Khan, Sajawal Khan, and Mewa Khan, who had taken refuge with Fath Khan of Hijili, had attacked Jellasore, and Babu Mängli had lacked the strength to oppose them and withdrawn. He dispatched Pahar Khan and some warriors there, and in no time the Afghans were dispersed without battle and Jellasore was retaken. Those who were in Saranggarh awoke from their heedlessness, and on the twentieth [June 9] they went under amnesty to pay homage to the raja, and they were all made hopeful of imperial clemency.

Progress in Sind

276

Around this time the imperial forces in Sind came to grief somewhat, but they were soon rejoicing. When the truce was made and the trenches were abandoned, Mirza Jani Beg set out for Thatta before receiving permission and before turning over Sehwan. Suspecting treachery, the victorious imperials took council and dispatched someone to investigate. The mirza reported, saying, "There were so many dead that the air of the fortress was foul, and those who were still alive were having a hard time. Some of the soldiers and peasantry wanted to return to the base camp. Having mercy on them, I gave them permission to leave, and everyone in the camp was so weary that they followed without saying anything. I was left alone. There wasn't anything I could do but go too, and I drew in my reins in Nasirpur. God forbid the treaty would be broken and promises not kept!" On the thirty-first [June 20], they made camp in the town of Sann, and that same day Rustam, the warden of the fortress of Siwistan, came

۲۷۷ بیست و دوم تیر شاهزاده سلطان دانیال بگشایش قندهار دستوری یافت. چون نگهبانی آن ملک نه باندازهٔ نیروی میرزایان بود آن گوهر اقبال‌را بدانسو فرستادند. از آب راوی برگذشته در باغ رامداس فرود آمد.

بیست و چهارم گیتی‌خداوند بتماشای کشمیر روان گشت و در همان باغ نخستین منزل شد.

بیست و هفتم سه صد ستارچه از خاور بباختر افتاد. اخترشناسان هندی برگذاردند اگر بدین سان نمودار نخستین منزل رو دهد بازگشته بگزیده ساعتی برآیند. ناگزیر شاه و شاهزاده بازگردیدند.

چالش فرمودن کیهان‌خدیو بگلگشت همشیه‌بهار کشمیر

۲۷۸ از دیر باز جهان‌سالاررا دل بدانسو میکشید. بیشتری مردم از راه‌دشواری از آن سگالش باز داشتی و آنان که دل گرو نشاط‌گزینی خداوند داشتند سختی گریوه آسان برشمردی، لیکن چنان برگذاردی که جهان‌خدیورا از هر سو که یکساله راه قلمرو باشد کناره شدن و بدان کهسار درآمدن چگونه سزد؟ و برخی دوربین‌را از نهفته‌دانی دیهیم‌خدا دلنشین بود که درین والا بسیچ نهانی رازیست و این یورش سرمایهٔ فرّخیها. دوازدهم امرداد با ریزش ابر و بازداشت مردم بدان آهنج کج شد و برخی پردگیان‌را همراه گرفتند.

هفدهم از رام‌باری پیشتر چالش رفت و از آب‌فزونی جای پیشخانه نیافتند. اردو و سپاه‌را بسرکردگی شاهزاده سلطان سلیم گذاشتند که بآهستگی بیاورد و خود با چندی خاصان فیل‌سوار ره نوردیدند. از آنجا

to renew the treaty. He made over the fort to Hasan Ali Arab and Maqsud Aqa, and all of Siwistan was added to the empire.

On the twenty-second of Tir [July 12], Prince Sultan Danyal was given leave to take Kandahar. As the guardians of that territory were not equal in strength to the mirzas, this prince was sent. The emperor crossed the Ravi and stopped in Ram Das's garden.

277

On the twenty-fourth [July 14], H.M. set off to Kashmir, and the first stage of his journey was this same garden.

On the twenty-seventh [July 17], three hundred meteors fell from east to west. Indian astrologers reported that if such a phenomenon happened at the first stage of a journey, the emperor should turn back and set out again at an auspicious hour. Both the emperor and the prince were obliged to return.

THE WORLD LORD GOES ON AN EXPEDITION TO THE HAPPY VALE OF KASHMIR

The commander of the world's heart had long been drawn in the direction of Kashmir. Most of his men dissuaded him from going on account of the difficulty of the roads, and even those who were inclined to indulge the emperor and made light of the difficulty of the passes wondered how it could be appropriate for an emperor whose realm extended a year's journey in every direction to go off into such mountains. Some of the farsighted convinced themselves that given the emperor's prescience, there was a mystery behind his wish to go and that the journey would bring much felicity. On the twelfth of Amurdad [August 2], despite the fact that it was raining and in spite of his men's objections, he set out with some of the ladies.

278

شاهم‌علی قلیچ خان و خواجه شمس الدین دستوری شهر یافتند. درین نزدیکی زنی پور خودرا به پیشگاه حضور آورد و چنان برگذارد که هر سال سر او می‌بالد و گردن نزار میگردد و از پزشک و دیگر چاره‌گر ناامید. فرمودند چرمین کلاهی تنگ بر سر او باز گذارد. همچنان کرد و سودمند آمد. کارآگهان‌را ازین چاره‌سگالی شگفت درگرفت.

بیست و هشتم نزد خیمهٔ چهته شورش کشمیر بروی روز افتاد. از قدسی آهنج پرده برگرفته آمد و جهانی چشم سرمه اندوخت. شگفت‌تر آنکه چون دریای راوی میگذشتند چنان پرسش فرمودند که این شعر دربارهٔ که گفته‌اند:

کلاهِ خسروی و تاجِ شاهی　　　بهر کل کی رسد حاشا وکلّا

٢٧٩ چون رازدار میرزا یوسف خان جمع‌فزونی کشمیر برگذارد قاضی نوراللّه و قاضی علی‌را بپژوهش فرستادند. چون گماشتگان میرزا از پاره‌پذیری ناامید گشتند تباهسگالی پیش گرفتند. قاضی نوراللّه بدرگاه آمد و ناسازگاری مردم و تباه‌بسیچی وانمود. ازین آگهی برخی بدنهادان‌را طلبداشتند و حسین بیگ شیخ‌عمری‌را بیاوری فرستادند. چون لختی حال بدگوهران پیدائی گرفت درویش‌علی ، عادل بیگ، یعقوب بیگ ترکمان، امام‌قلی چولاق، قیا بیگ و دیگر نوکران میرزا یوسف خان همداستان شده بفتنه‌سازی برنشستند. نخست نزد کمال الدین حسین اسکو که از احدیان است رفتند تا اورا بسرداری برگرفته شورش برافزایند. از سعادتمندی نپذیرفت. یادگار عمزادهٔ میرزا یوسف خان‌را دستآویز آشوب گردانیدند. هر روز اندیشهٔ فتنه در سر گرفتی و زیان‌زده بازگشتی. روزی وله‌زدگان بر

On the seventeenth [August 7] he proceeded through Rambari, but there was so much water that the *peshkhana* could not find a place to camp. Leaving the camp and soldiers under the command of Prince Sultan Salim to proceed slowly, the emperor and a few of his elite set forth on elephants. At Shaham Ali, Qilich Khan and Khwaja Shamsuddin were given leave to go to the city. Around this time a woman brought her son to the imperial presence and said that every year his head grew and his neck became thinner, and she had despaired of doctors and all remedies. The emperor suggested that she tie a leather cap tightly around his head. She did it, and it helped. Even experts were amazed at such a cure.

On the twenty-eighth [August 18], near Khaima-i-Chhatta, the emperor revealed that there was unrest in Kashmir and he was going there. Even more amazing is the fact that while crossing the Ravi the emperor asked about whom this line of poetry had been composed:

> *How could royal cap and regal crown have sat on a bald head? God forbid!*[73]

When Mirza Yusuf Khan's confidential secretary reported the increase of revenue in Kashmir, Qazi Nurullah and Qazi Ali had been sent to investigate. When the mirza's appointees despaired of getting more money, they took to entertaining evil thoughts. Qazi Nurullah came to court and reported the intractability and malevolence of the people. With this information, the emperor summoned some of the malevolents and sent Husain Beg Shaikh-Umari to reinforce. When some of the situation of these malevolents was discovered, Darwesh Ali, Adil Beg, Ya'qub Beg Türkmän, Imamquli Chulaq, Qaya Beg, and other liege

279

خانۀ حسین بیگ شیخ‌عمری تیرباران کردند. یکی از نوکران او درین گروه پیوند بیوگانی کرده بود. برهنمونی بدگوهران از آن سر باز زد. هنگامه برساخته ناگهانی بر منزل او ریختند. مردم او بجاها رفته بودند. در فراز کرده پای همّت افشرد. قاضی علی و شیخ بابا در میان شده شورش فرونشاندند. از آنجا بر گریوۀ ماران هنگامه آراستند. حسین بیگ مردم فراهم آورده بآویزۀ اینان شد. لختی کارزار رفت و بآشتی گرائید و چندی‌را به پیمان ازهم گذرانیدند. نزدیک بود که تبهسگالش اینان بکردار رسد. ناگزیر حسین بیگ و قاضی علی از شهر برآمده بقلعۀ ناگرنگر منزل گزیدند و لختی بشادخواب ناپروائی درشدند. دوازدهم امرداد رهگذرها بسته بناسپاسی برنشستند و شگرف آنکه کیهان‌پیرای نهفته‌دان درین روز از لاهور برآمد. چندی ببهانۀ سیر فالیز فراهم شده پیمان یکجهتی بربستند. حسین بیگ و قاضی علی‌را همّت یاوری نکرد که به تیزدستی این شورش فرونشانند.

۲۸۰ ازین آگهی شهریار دیده‌ور تیزتر روانه شد. غرّۀ شهریور کنار دریای چناب بارگاه اقبال برافراختند و با آنکه طوفانی جوش میزد و باران در ریزش، خود بر ساحل نشسته سپاه‌را بشایسته آئین برگذراندند. بامدادان بگذر چوگانی کشتی‌سوار برگذشتند. چهارم پیدائی گرفت که همگی سپاه میرزا با کشمیریان درساختند و قاضی علی نقد زندگی در نیکوپرستاری سپرد و حسین بیگ بسخت تکاپو رستگاری یافت. چون یادگار از شهر برآمد و اینان فرصت و قابو از دست دادند بکامراج رفت و هنگامۀ بدگوهران افزایش گرفت. درین هنگام از گران خواب ناپروائی درآمده از پی شتافتند و ناساخته کار برگردیدند. اگرچه فرزندان میرزا بدو نپیوستند و اولیای اقبال نیز یاوری نکردند آن نافرجام کالیوه‌سر بشهر باز آمد و نزد

men of Mirza Yusuf Khan conspired to revolt. First they went
to Kamaluddin Husain Asku, the *bakhshi* of the *ahadis,* to offer
him the leadership and further their revolt. Fortunately for him
he refused, so they used Mirza Yusuf Khan's cousin Yadgar to stir
up trouble. He thought up some new trouble every day, but he
always came back in failure. One day the rebels fired on Husain
Beg Shaikh-Umari's quarters. One of his liege men had a marital
connection to someone in that group, but he had been persuaded
by evil men to reject the connection. The rebels gathered and
attacked his house. His men had gone elsewhere. Opening the
door, he stood his ground. Qazi Ali and Shaikh Baba intervened
to put down the ruckus. Then they gathered at the Maran Pass.
Husain Beg assembled his men and went out to do battle. There
was a bit of a skirmish, but it ended in a truce. Several were killed
despite the amnesty. The rebels' sedition almost succeeded, but
suddenly Husain Beg and Qazi Ali arrived from the city and took
up residence in the Nagarnagar fortress. For a while they slum-
bered in negligence. On the twelfth of Amurdad [August 2], the
rebels blocked the passes and revolted. Amazingly, the prescient
world lord departed from Lahore on that very day. Some pledged
their unity on the pretext of touring the melon patches. Husain
Beg and Qazi Ali were not assisted by high-mindedness to put
down the unrest quickly.

Learning of this, the insightful emperor proceeded more
swiftly. On the first of Shahrewar [August 22], the emperor's
tent was pitched on the banks of the Chenab, and, although the
water was stormy and it was raining, he stood on the bank and
supervised the soldiers' crossing. The next morning the emperor
crossed by boat at the Chaugani crossing. On the fourth [August
25] it was learned that all the mirza's soldiers were in cahoots with

280

باغ الهی بکمتر آویزه چیرگی یافت. ناگزیر از آب گذشته بشهر در شدند و پل‌را هر دو گروه ویران کردند. ناسپاسان از بیم آنکه مبادا همراهان جدا شوند و اینان بدان اندیشه که از پی بیایند قاضی علی بر آن بود که بفتح خان جنگلی پناه برند و بانتظار کمک برنشینند. حسین بیگ پاسخ داد «مردم میرزا یوسف خان همگی در ناسپاسی، بدانجا رسیدن بس دشوار.» ناگزیر بهندوستان گام فراخ برزدند. نزد هیره‌پور یکی از کم‌شناسائی نقاره بآواز درآورد. راه‌بانان آگهی یافته پلها برشکستند. ناکام خودرا بآب درزدند. برخی فرو شدند و لختی گرفتار آمدند. حسین بیگ و قاضی علی و چندی بدخشی برآمده ره نوردیدند. چون راه پیر پنجال بسته بودند گریوهٔ هستی‌وتر سپردند و بسخت تکاپو و کارنامهٔ تیراندازی رهائی یافتند. از نشیب و فراز ناهنجار قاضی علی‌را نیرو از دست بشد. دستگیر کرده جان بشکردند. چون حسین بیگ با چندی از آن گریوه پایان شد زمیندار آنجا تاراج کرده بجانشکری برخاست. بهبو رئیس راجوری دررسیده دستمایهٔ رستگاری گشت. ازین آگهی گیتی‌خداوند بدانسو تیزتر راند و فرمان رفت زین خان کوکلتاش با سپاه آنسو از راه سواد درآید و صادق خان با جوقی بهادران براه پونچ[۱۵۲] شتابد و بومیان شمالی کهسار از جمّو رهگرا شود و اقطاعداران و عملگذاران پنجاب لختی کشاورزان پردل‌را دلآسا نموده روانه کنند. پنجم شهریور شیخ فرید بخشی‌بیگی از والا درگاه دستوری یافت و

the Kashmiris, that Qazi Ali had lost his life in service, and that Husain Beg had only barely escaped: when Yadgar emerged from the city and Qazi Ali and Husain Beg had lost their advantage, he went to Kamraj, and the rebels enjoyed a field day. Finally awaking from their slumber, Qazi Ali and Husain Beg went out after him, but they returned without having accomplished anything. Although the mirza's son did not join him and the friends of fortune did not assist, the ill-starred man went in confusion to the city and gained dominion with only a little fighting near the Ilahi Bagh. There was nothing they could do but cross the river and enter the city, and both groups broke the bridge. The ingrates feared their companions would desert them, and the latter were worried that they would follow them. Qazi Ali was of the opinion that they should take refuge with Fath Khan Jangali and wait for assistance. Husain Beg replied, "Mirza Yusuf Khan's men are all in revolt. It would be very difficult to get there." With nothing else to do, they turned back toward Hindustan. Near Hirapur some fool beat the drum, and the guards became aware of them and cut the bridges. They had to throw themselves into the river, where some drowned and others were captured. Husain Beg, Qazi Ali, and a few Badakhshanis got away. Since the Pir Panjal route had been blocked, they had to take the Hasti Watar Pass, escaping only by means of great effort and feats of archery. In the rugged terrain Qazi Ali became exhausted, and he was captured and killed. When Husain Beg and a few others made it to the bottom of the pass, the zamindar there plundered them and tried to kill them, but Bhabu, the chieftain of Rajauri, arrived in the nick of time to save them.

When the emperor learned of all this, he proceeded even faster than before and ordered Zain Khan Kükältash to enter with his

میر مراد

میر عبد الحی

خواجگی فتح الله

شیخ عبد الرحیم

رحمت خان

مظفر کوکه

قاضی عزّت الله

سیّد کمال

خواجه اشرف

چی تواچی

سیّدقلی

ابوالفتح

دوست محمد هروی

شیخ ابوزید

شیخ کبیر

نصیب ترکمان

شیخ ولی

شیخ مراد

شیخ معصوم

شیخ حسین هاشم

شیخ زین

شیخ آدم

هزاره بیگ

شیخ جنید

یحیی بیگ

میرک جلایر

کلب علی

شیخ جمال عوض

ولی بیگ

خان‌قلی

سیّد مصطفی

سیّد عبد الهادی

شیخ ابوالخیر

شیخ مودود

ایماق بدخشان

تاج خواص

ملک زربخش

جلال عالم دولت

ملک جوهر

شیخ عبد الرحمن

شیخ حیدر

سیّد کمال الدین

سیّد جلال

دولت بلوچ

کلیان رای

بسیاری رادمردان

army from Swat, Sadiq Khan and his warriors to come via Punchh, the locals of the northern mountains to set out from Jammu, and the fiefholders and tax gatherers of the Punjab to assemble some intrepid farmers and set forth. On the fifth of Shahrewar [August 26], Shaikh Farid Bakhshibegi was dispatched by the court, and the following accompanied him:

Mir Murad
Mir Abdul-Hayy
Khwajagi Fathullah
Shaikh Abdul-Rahim
Rahmat Khan
Muzaffar Koka
Qazi Izzatullah
Sayyid Kamal
Khwaja Ashraf
Jai Towachi
Sayyidquli
Abu'l-Fath
Dost Muh'd Harawi
Shaikh Abuzaid
Shaikh Kabir
Nasib Türkmän
Shaikh Wali
Shaikh Murad
Shaikh Ma'sum
Shaikh Husain Hashim
Shaikh Zain
Shaikh Adam
Hazara Beg

Shaikh Junaid
Yahya Beg
Mirak Jalayir
Kalb Ali
Shaikh Jamal Iwaz
Wali Beg
Khanquli
Sayyid Mustafa
Sayyid Abdul-Hadi
Shaikh Abu'l-Khair
Shaikh Maudud
the *aymaq* of Badakhshan
Taj Khawass
Malik Zarbakhsh
Jalal Alamdost
Malik Jawhar
Shaikh Abdul-Rahman
Shaikh Haidar
Sayyid Kamaluddin
Sayyid Jalal
Daulat Baluch
Kalyan Rai
many other warriors

بهمرهی، نامزد گشتند. از نزدیکی برف‌ریزی فیروزی سپاه از هر سو فرستاده شد تا در بادافراه درنگ نرود. در آن روز نگارندهٔ شگرفنامه از دیوان لسان الغیب فال برگرفت. این دو بیت نوید فیروزی رسانید:

آن خوشخبر کجاست کزین فتح مژده داد
تا جان فشـانمش چو زر و سیـم در قدم
از بازگشـتِ شاه درین طرفه منزل است
آهنـــگِ خصمِ او بســـراپردهٔ عدم[۱۵۳]

۲۸۱ درین روز از دوربینی میرزا یوسف خان‌را براقم اقبالنامه سپردند. چون زه‌وزاد او از کشمیر برآمد رهائی یافت. نزد گجرات شاهزادهٔ والاگوهر با بزرگ اردو پیوست و شادمانی برافزود.

شانزدهم صادق خان دستوری پیش یافت و چون منزلی چند سپرد بناهنجار خواهش افتاد. از نیرنگی روزگار رنجور شد و از میانهٔ راه برگردانیدند.

گشایش جونه‌گده و سومناته و چیره‌دست آمدن اولیای دولت بر ولایت سورته

۲۸۲ آباد سگالش و شایسته کردار فرّخیها بردهد و کامروائی‌را پایه برتر نهد. پرستاران‌را چهرهٔ خواهش برآراید و گوناگون نصرت چهرهٔ دولت برافروزد و شگرفکاریها دور و نزدیک‌را بشگفت اندازد. و بتازگی این فیروزی

Since the snows were imminent, imperial troops were sent from every direction lest there be any delay in retribution. On that day this writer took an augury from the Divan of Hafiz, and these two lines announced impending victory:

> *Where is that bearer of good news who gave tidings of this victory, that I may offer my life like gold and silver at his feet?*
> *With the return of the king to this wonderful place, his foe sets off for the tent of nonexistence.*[74]

On this day the emperor farsightedly turned Mirza Yusuf   281
Khan over to this writer. When his kith and kin left Kashmir, he escaped.

Near Gujrat the prince and the great camp joined the emperor, and there was great rejoicing.

On the sixteenth [September 6], Sadiq Khan was given permission to go forward, and after he had gone several stages he made unreasonable requests. Through the mysterious workings of fate he fell ill and had to be brought back from halfway there.

JUNAGADH AND SOMNATH ARE CONQUERED, AND THE FRIENDS OF FORTUNE GAIN DOMINION OVER THE PROVINCE OF SAURATH

Good thought and correct action yield joy and elevate the level of   282
success. The countenances of servants are illuminated, triumphs give joy to the face of fortune, and amazing feats amaze every-

داستان از آن برگوید. چون خان اعظم به نیروی اقبال روزافزون فیروزی یافت آن بسیچ داشت که آن دژ برگشاید و ملک برگیرد، لیکن از دل‌نزاری همراهان بدرنگ افتاد. درین هنگام چون سپاه لختی برآسود آن یازش تازگی یافت و روی بدان کار آورد. پسر جام کهوکهن جلال خان غازی ملک راجن ملک امن و بسیاری سرکشان آن مرز نیایش‌کنان پیوستند و سومناته و کوکه و منگلو[ر] و مهوه و بیرو[۱۵۴] و جز آن تا شانزده بندر بی‌آویزش بدست درآمد و سپس بگشایش قلعهٔ جونه‌گده که نبایر امین خان غوری داشتند روانه شد. آن نامور دژیست، ولایت سورته وابسته بدو. از پیشین فرمانروایان کم کسی برو دست یافته. بیست و دوم خرداد فیروزی سپاه بدان نزدیکی پیوست و آن آسمانی پایه‌را بهفده مورچال گرد برگرفت. نورنگ خان و چندی بمالش گروه کاتهی که بدرونیان مددگاری نمودی رو آوردند و درین روز درون حصار آتش افتاد و فراوان دستمایهٔ دژاستواری بسوخت و فرنگی توپ‌انداز که احمدی کیش برگرفته بود و در آن پیشه بس چابکدست، از سراسیمگی بخندق افتاد. اولیای دولت مژدهٔ فیروزی برگرفتند و ترانهٔ شادی برکشیدند، لیکن درونیان از آذوق‌فزونی و جااستواری نخوت‌فروشی داشتی و هر روز صد توپ که برخی‌را تیر یک و نیم منی بود چند بار برگشادی و زبان بنکوهش برآلودی و پاسخ یافتی. هرچند سپاه ستوه آمدی کوکلتاش بگوناگون روش دل دادی و سررشتهٔ کوشش وانهشتی. برهنمونی اقبال بر کوهچهٔ آگهی یافتند. لختی بلند ساخته سرکوبی آماده گردانیدند و از فراز آن دیگ‌اندازی آغاز شد. غنودگان از خواب برآمده لابه‌گری فراپیش گرفتند. هفدهم شهریور پس از آویزش شباروزی سه ماه دژنشینان بزینهار آمده دیدند و کلید سپردن‌را دستآویز گشایش بستگیها دانستند. میان خان، تاج خان (نبایر

one far and near. This episode bespeaks all that. When Khan A'zam achieved victory through the power of imperial fortune, he thought he would conquer the fortress and take the territory, but he was delayed by the cowardice of his companions. At this point, when the soldiers had rested a bit, he proceeded with that plan. The Jam's son, Khokhan, Jalal Khan Ghazi, Malik Rajan, Malik Aman, and many of the rebels of that territory pledged their allegiance, and Somnath, Ghogha, Manglor, Mahuva, Beru, and other places, sixteen ports in all, were taken without a battle. Then he set out to take the fortress at Junagadh, which was held by Amin Khan Ghori's grandsons. It is a renowned stronghold next to the territory of Saurath. Few rulers in the past were ever able to take it. On the twenty-second of Khurdad [June 11], the imperial troops invested it, and the towering fortress was surrounded with seventeen trenches. Naurang Khan and some others set out to crush the Kathis, who were assisting the defenders. That same day fire broke out inside the fortress, and much of the defensive matériel was burned. A European artilleryman who had adopted the Islamic religion and was an expert at his craft fell, in his confusion, into the trench. The friends of fortune took this as an omen of victory and rejoiced. However, the defenders were arrogant on account of their many provisions and the impregnability of their stronghold, and several times a day they fired a hundred cannons, some of which had cannonballs one and a half maunds in weight. They also loosed their tongues in revilement, and they received replies. No matter how weary the troops grew, the Kükältash encouraged them in various ways so that they never gave up their endeavor. Guided by fortune, they took possession of a hill they built up until it overlooked the fortress, and then they fired mortars from atop the hill. The

امین خان غوری، پسران دولت خان، اوّلین هفت‌ساله جانشین پدر، دوم دوازده‌ساله از قما)، همّت برادرزادهٔ امین خان، محمد کدخدای خانه، ملک دهن، ریحان حبشی، لونبه کاتهی، محمد میرک، محمد افضل و دیگر مردم از آن پنجاه و هفت کس نامور از درست‌پیمانی کوکلتاش مال و جان و ناموس این گروه بپاس درآمد و هرکدام‌را بآباد جایگیر و مهین خلعت و گزین بارگی شکفته‌دل و کامروا ساخت. سلطان محمود بیگره فرمانروای گجرات با گران لشکر و شایسته سامان دو بار بگشاد این دژ یازش نمود و فراوان رنج کشید. بار دوم پس از روزگار دراز بدست آورد.

گیتی‌خدیو بآهنگ مالش یادگار نزد بهنبهر بود فیروزی نوید رسید و ایزدی سپاس‌را پایه برتر شد.

فرو نشستن شورش کشمیر و آوردن سر یادگار کل بدرگاه والا

۲۸۳ هرکه بناسپاسی برنشیند آسمان بکین‌توزی او برخیزد، روز او بشب گراید و بخت اورا خواب درگیرد، بتکاپوی خویش ببادافراه شتابد و بسبکسری و بیدلی جان و ناموس دربازد و حال این شوریده‌مغز دور و نزدیک‌را از آن آگاهی بردهد و که و مه‌را پندپذیر گرداند. چون مگس‌خویان زرپرست فراهم گشتند و اولیای دولت‌را آن پیش آمد فرزندان میرزا یوسف خان بدو لابه‌گری نمودند و او بگرمخوئی و تازه‌روئی بهندوستان گسیل کرد و از آب گذشته بمنزلگاه میرزا فرود آمد. خزینه و زرینه و فیل و اسپ و توپ و دیگر مال برگرفت و پردهٔ آزرم بردریده بجای بزرگان نشست

heedless defenders awoke and began to plead for mercy. On the seventeenth of Shahrewar [September 7], after three months of ceaseless battle, the defenders came out under amnesty and paid homage, turning over the keys. The two sons of Daulat Khan and grandsons of Amin Khan Ghori, the seven-year-old Mian Khan, who was his father's successor, and Taj Khan, who was twelve years old but the son of a concubine, came out together with Amin Khan's nephew Himmat, Muhammad the household steward, Malik Dahan, Raihan Habashi, Lumba Kathi, Muhammad Mirak, Muhammad Afzal, and others of note—fifty-seven in all. Due to the Kükältash's meticulous observance of treaties, their lives, property, and dignity were spared, and each one of them was placated with a flourishing fief, a fine robe of honor, and a horse. Sultan Mahmud Begra, the ruler of Gujarat, tried twice to take this fortress with a large and well-equipped army, and he experienced great difficulty. On the second try he took it after a long siege.

The emperor was in Bhimbar, intent upon punishing Yadgar, when he received the news of the victory and rendered heartfelt thanks to the deity.

THE UNREST IN KASHMIR IS QUELLED, AND YADGAR KAL'S HEAD IS BROUGHT TO COURT

When a person dares to be ungrateful, the heavens rise up to take revenge on him, his day turns into night, his luck goes to sleep, he is overcome by slumber, his every endeavor leads to his own retribution, he foolishly loses his life and honor, and the condition of such a crazed one is made known to all far and near and

283

و فراز منبر و روی سکّه‌را برآلود. از شگرفی اقبال در آن هنگام اورا تب لرزه درگرفت و چون مهرکن نگین او میکند فولادریزه برجسته بچشم او در شد و دیده‌وران ژرف‌بین‌را بر ناپایداری این تبه‌رای رهنمون گشت. از نابخردی فرومایگان نافرجام‌را گرامی خطابها برنهاد: بهرام نایک خانخانان، درویش‌علی خان‌جهان، عادل بیگی عادل‌خان، مقصودعلی احدی مخصوص خان، خواجه‌محمد مؤمن آصف‌خان، موسی میرزا خان، درویش مسکین بابا خان، جمّن پور او مصاحب‌خان، شاه‌علی بیگ ترکمان شهبازخان، شاه‌منصور بهادر خان، میر صالح نقیب‌خان، نظام الدین نظام الملک، داؤد چکنی بجلی‌خان، قیا بیگ قیا خان، و همچنین هزاری و بازاری‌را نام بزرگان نهاده نخوت‌آرای شد.

ز دارنده نتوان ستد بخت‌را   نشاید خرید افسر و تخت‌را
کلاغی تگِ کبک‌را کوش کرد   تگِ خویشتن‌را فراموش کرد

غافل از نهفته‌دانی کشورخدیو چنان برسگالیدی که چون راهها بربسته‌اند بدرگاه والا زود آگهی نرود و اگر برسد باور نیفتد. و چون دلنشین آید در چنین ریزش ابر سپاه دیرتر فراهم گردد و چون زمستان دررسد بدین سردسیر درآمدن بس دشوار. و چون سالی بگذرد گزین سامان نیرو افزاید. از دیر باز مرزبان کشمیر چنین دستگاه نداشت. از نهفته‌دانی کشورخدیو آگاه نبود. از آن باز که زمانه بدو زهرخندگی کرد همواره با هیچکسان بزم باده‌گساری برآراستی و هرزه درائیدی. اورا بافشاندن اندوخته‌ها و دستبازی بناموس میرزا رهنمون شدی و او از دوستی و پیوند خویشی ببهانه گذراندی. چون شنید که میرزارا بزندان برنشانده‌اند ناچار زه‌وزاد

causes them to heed advice. When the mercenaries gathered like flies and the friends of fortune were faced with what happened, Mirza Yusuf Khan's sons began to plead with [Yadgar Kal], and he cheerfully allowed them to go to Hindustan. Having crossed the river, he stopped at the mirza's camp. There he acquired a treasury, elephants, horses, artillery, and other equipment, and, revealing the extent of his dishonor, he played the part of a great noble by defiling the pulpit and coinage with his own name. Through the mysterious workings of destiny, around that time he fell ill with a trembling fever, and when his seal maker was carving his seal, a sliver of steel flew off and hit him in the eye, which the insightful took as an omen of the instability of his fortune. In his lack of wisdom he gave vile men grand titles: Bahram Nayak—Khankhanan, Darwesh Ali—Khan Jahan, Adil Begi—Adil Khan, Maqsud Ali Ahadi—Makhsus Khan, Khwaja Muhammad Mu'min—Asaf Khan, Musa—Mirza Khan, Darwesh Miskin—Baba Khan, his son Jumman—Musahib Khan, Shah Ali Beg Türkmän—Shahbaz Khan, Shah Mansur—Bahadur Khan, Mir Salih—Naqib Khan, Nizamuddin—Nizamulmulk, Daud Chakani—Bijli Khan, Qaya Beg—Qaya Khan, and so on as he showed his arrogance by giving titles of nobility to commanders of a thousand merchants.

> *Luck cannot be taken from its possessor; crown and throne*
> *cannot be bought.*
> *A raven tried to walk like a partridge and in the process forgot*
> *its own way of walking.*

Heedless of the emperor's prescience, he imagined that if he blocked the roads, news would not quickly reach the court, and

اورا گسیل کرد. هنوز از آمدن اینان آگهی نبود گیتی‌خداوند از نهان‌بینی حاجی میرک‌را که از بایریان میرزاست با برخی بآوردن آن مشتی ناتوان فرستاد. نزد تهتّه بدنهادان آن سرزمین بسیچ تاراج داشتند. ناگاه فرستادگان دررسیدند. جان و خواسته‌را یتاقداری شد و یکبارگی آوازهٔ رسیدن همایون رایات جهان‌را فروگرفت و آن تبه‌سگال لختی بخود آمد. و عرض داشت که «حسین بیگ شیخ‌عمری‌را در سر بود که پور میرزا شاهرخ‌را از بدخشان بدین دیار درآورد و دستآویز شورش گرداند. بآویزش او برخاستم. او بسخنسازی مرا بدنام گردانید.» بحکم والا نگارندهٔ شگرفنامه نادرست گفتار اورا پاسخ برنگاشت.

۲۸۴ و چون دستان‌فروشی او کارگر نیافتاد درویش‌علی‌را با بسیاری روانهٔ گریوه ساخت و در استواری آن کوشش نمود. اگرچه سپاه از هر سو برسید شیخ فرید بخشی‌بیگی با همراهان پایان گریوه قلعهٔ برساخت و پرتال گذاشته رده‌آرا شد. بیست و ششم شهریور هراول بدرهٔ پیش روان شد و برانغار و جوانغار آمادهٔ پیکار گشتند. درویش‌علی با گروهی دو دیوار بر فراز گریوه برآورده بسیچ آویزش داشت و جابجا مردم گذاشته نخوت میفروخت. بایزدی تأیید پیش‌دستان هراول بکمتر آویزه غنیم‌را برشکستند و دلیران جوانغار به تیزدستی محکمهٔ پیش خودرا برگرفتند و شگرف کارزار شد و فراوان مخالف روانهٔ خراب‌آباد نیستی گردید و چهار کس‌را از فیروزی سپاه روزگار بسر آمد. و برانغار سرکوبی که غنیم داشت بی‌جنگ گرفت و چون پیشتر راه نبود برگردیده پس هراول آمد. دیگر روز غنیم از پناه دیوارها بی‌آویزش بازپس رفت. سران سپاه از واگویهٔ هرزه‌درایان فیریبکاری انگاشتند. هراول و جوانغار تیزدستی نموده گریوهٔ کپرتل برگرفتند و لختی چاروا بدست درآمد. یکی نادانسته اسپ در آن

even if it did it would not be believed. By the time it was believed, it would take a long time to assemble troops on account of the rains, and when winter settled in, it would be very difficult to enter that cold land. By the time a year had passed he would be better equipped than any ruler of Kashmir had been for a long time. He was totally unaware of the emperor's prescience. Ever since fate had begun to smirk at him, he had been cavorting over wine with nobodies and blathering. Fate had made him throw away hoarded treasures and play foul with the mirza's honor, and the mirza had excused him out of his love for him and their bond of kinship. When he heard that the mirza had been imprisoned, he had no alternative but to send his family. Even before he was aware that they were coming, the emperor in his prescience had sent Hajji Mirak, one of the mirza's liege men, with some others to bring that handful of helpless people. Near Thanna, just as some malevolents from that land were about to pillage them, those the emperor had dispatched arrived and put them under their protection. Suddenly the world was filled with the news of the arrival of the imperial banners, and the wrong-headed Yadgar came to somewhat, saying, "Husain Beg Shaikh-Umari had it in his head to bring Mirza Shahrukh's son here from Badakhshan and use him to stir up trouble. I rose up in battle with him, and he has bad-mouthed me." By imperial command, the writer of this volume wrote a reply to his lying words.

When his guile failed to work, he sent Darwesh Ali and many 284 men to the pass to fortify it. With soldiers pouring in from all directions, Shaikh Farid Bakhshibegi and his companions constructed a fortification at the foot of the pass where they stashed their baggage and then drew up their lines. On the twenty-sixth of Shahrewar [September 16], the vanguard set out into

پخ بکشت و از بارش تگرگ فراوان رنج رسید. بامدادان گریوهٔ اکرم‌بال گذشته دایره کردند. سگالش آن بود که پنج کروهی گریوهٔ هستی‌وتر فرود آیند. پیشروان خالی دانسته بیازش آن تیزدستی نمودند. شیخ فرید چندی‌را ببازداشت اینان فرستاد. کارآگهان قابو دانسته تا سر گریوه عنان باز نکشیدند و فرستادگان نیز همرهی گزیدند و شبانگاه پیدائی گرفت که غنیم در کمر این گریوه بسیچ پیکار دارد. آن شب بایستادگی و هشیاری گذشت. چون صبحگاهی فروغ چهره برافروخت جوق جوق کشمیری بکوهچه‌ها بر شدن گرفت، بسیاری بدان اندیشه که بآهنگ کارزار برمیآیند. در کمتر زمانی پراکندگی اینان دلنشین شد. پایان روز شیخ با برخی مردم رسید. چون لشکر پس بود و ستاره در پیش، فرود آمدن بدرنگ افتاد. درین میان محمد کاشی بزینهار آمد و چنان برگذارد که یادگار شکیب از دست داده راه گریز سپرد و هر گروهی به بیغولهٔ در شد. بامدادان دوم مهر گریوه درنوردیده بهیره‌پور فرود آمدند. در آن نزدیکی تنی بی‌سر بنظر درآمد و گمان بردند که کلِ زیاده‌سر بادافراه یافته است و در کمتر زمانی سر او آوردند و بیقین گرائید.

the first valley, and the right and left wings got ready for battle. Darwesh Ali and his troop had raised a wall at the top of the pass, thinking they would battle there, and with men stationed all around, he was overly confident. With divine assistance the warriors of the vanguard broke through the enemy lines with only a little fighting, and the brave men of the left wing took control of the fortification in front of them. An amazing battle was fought, and many of the foe were killed, while only four of the imperial troops lost their lives. With a battle the right wing took the high ground the enemy had held, and since there was no way forward from there, they turned back and went behind the vanguard. The next day the foe retreated with battle from their protective walls. Urged by blathering companions, the leaders of the army thought up a deceptive tactic. The vanguard and the left wing pressed forward, took the Kapartal Pass, and got hold of some animals. In ignorance someone killed a horse in the pass, and they suffered from a rain of hail. The next morning they went through the Akrambal Pass and camped. The plan was to camp five leagues from the Hasti Watar Pass. Thinking it undefended, the vanguard went forward. Shaikh Farid sent some men to stop them. Thinking they had the advantage, the warriors did not pull in their reins until they reached the top of the pass, and those who had been sent to turn them back also joined them, but as night fell it became apparent that the foe was standing ready for battle on the cliffs overlooking the pass. That night passed in watchfulness. When dawn broke, droves of Kashmiris were scrambling up the hills, many thinking they were going into battle. It was not long, however, before it became obvious that they were scattering. By the end of the day Shaikh Farid arrived with many men. Since the army was behind and the star was in front, dismounting was

۲۸۵ چون آن نافرجام از گرفتن گریوه آگهی یافت عادل بیگی‌را با گروهی بسری‌نگر گذاشته بهیره‌پور آمد. دیگر روز لختی خواسته بمردم داده پیشتر روانه ساخت. سی و یکم شهریور نیم‌شبان فوجی الله اکبر گویان فرو ریخت و آوازهٔ رسیدن افسرخدیو جهان‌را درگرفت. همگی اردو یغمائی شد و آن تبه‌سگال‌را به نیستی‌سرا فرستادند. شهباز خان نیازی، ابراهیم خان کاکر، ابراهیم خان میانه، سارو بیگ شاملو، حسین بیگ مصلو، یار بیگ اوزبک، ملک محمد و چندی دیگر از نوکران میرزا یوسف خان پیمان بسته در کمین بودند. چون نیمی از شب سپری شد سورن الله اکبر انداخته دست غارت برگشادند. آن بدکیش از زیر سراپرده بیرون شده راه صحرا گرفت و جز یوسف نام پرستاری همرهی نگزید. لختی راه سپرده ببوتهٔ پناه برد و همراه‌را بآوردن اسپ بازپس فرستاد. برخی هواخواهان جاویددولت چندانی به یغما نپرداخته بپژوهش او کوشش داشتند و از ناپیدائی حیرت می‌اندوختند. ناگاه سارو بیگ‌را نظر بر یوسف افتاد. اورا بشکنجه درکشید. ناچار سرگذشت برگذارد و برهنمونی او گرفتار آمد مدارا فراپیش گرفت. شهباز خان از پی رسید و دوش اورا از بار سر سبک گردانید.

delayed. At this point Muhammad Kashi came under amnesty and reported that Yadgar had lost patience and taken flight, and every group had gone into hiding. On the morning of the second of Mihr [September 23], they went through the pass and camped at Hirapur. In the vicinity a headless body was discovered, and it was thought that the arrogant Kal had received his retribution. The head was taken in, and it was soon verified to be his.

When the ill-starred Yadgar Kal had learned of the taking of the pass, he had stationed Adil Begi with a group of soldiers at Srinagar and gone to Hirapur. The next day he had given money to his men and gone forward. At midnight on the thirty-first of Shahrewar [September 21], a troop crying "*Allahu akbar*" had poured down on him, with everyone saying that the world lord had arrived. The entire camp had been plundered, and the wrong-headed Yadgar had been killed. Shahbaz Khan Niyazi, Ibrahim Khan Kakar, Ibrahim Khan Miana, Saru Beg Shamlu, Husain Beg Mosullu, Yar Beg Uzbek, Malik Muhammad, and several others of Mirza Yusuf Khan's liege men had pledged their allegiance and had been lying in ambush. When half the night had passed, they gave the signal, which was *Allahu akbar,* and started pillaging. The malicious Yadgar came out of his tent and headed out into the fields, taking no one other than a servant named Yusuf. After going a short way, he took refuge in a bush and sent his servant back for a horse. Some of the supporters of the empire who were not involved in the plunder were out looking for him, perplexed by their inability to find him. Suddenly Saru Beg spied Yusuf, and when he put him to torture he told everything and led them to Yadgar, who was captured. He pleaded, but at that point Shahbaz Khan arrived and relieved his shoulders of the burden of his head.

285

607

سر کشـــد با سرو در بســـــتان کدو   یعنی این سر برکشیدن همسریست
آســـــمان دانـــــد که از سرو و کدو   خود کدامین سر سزایِ سروریست

۲۸۶ ششم مهر نزد بهنبهر متهراداس سر آن تهی‌مغزرا بدرگاه آورد و ایزدی سپاس‌را روزبازار شد. نهفته‌دانی کشورخدا دلنشین خرد و بزرگ آمد و جهانی‌را چشم سرمه بدست افتاد. روزی که از شورش این فرومایه آگهی رسید این بیت بر زبان گوهربار رفت:

ولدالزّناست حاسد منم آنکه طالعِ من   ولدالزّنـاکش آمد چو ستـــارهٔ یمـانی

A pumpkin raises its head to vie with the cypress in the garden,
   thinking it is equal to the cypress.
Heaven knows, between a cypress and a pumpkin, which head
   is worthy to rule.

On the sixth of Mihr [September 27], near Bhimbar, Mathura   286
Das brought the head to court, and there was much expression
of gratitude to the deity. The world lord's prescience was again
proven to all. The very day news of the vile Yadgar's insurrection
was received the emperor had quoted this line:

The envious one is a bastard, and I am he whose ascendant
   slays bastards like the Yemeni star.[75]

مادر این آشفته‌سر دختر نقره در بدکاری و بی‌آزرمی در لولیان همتا نداشت. فرمودند «بر پیشگاه باطن پرتو می‌اندازند که فرو شدن این نافرجام و برآمدن سهیل نزدیک هم باشد.» بفرمان والا اخترشناسان یونانی و فارسی و کشمیری و هندی آسمانی سیر نموده برگذاردند از دو ماه تا سه به تیره روز بادافراه نشیند. فرمودند «بخاطر آسمان‌پیوند چنان میریزند از چهل روز کم و از دو ماه افزون نباشد.» امروز روشن شد که همگی ناسپاسی پنجاه و یک روز بود. همان روز که یمانی ستاره برآمد این بداختر فرو شد و نهان‌بینی گیتی‌خداوند بتازگی دلنشین که و مه گردید و شگفت آنکه در همان نزدیکی شانهٔ در نظر آمد آن استخوان صفحه برخوانده فرمودند که «این شورش بزودی فرونشیند و جز آن ناسپاس گزند نیابد.» گفته بکردار آمد و کارآگهان ازین دانش بحیرت فرو رفتند.

٢٨٧ درین فرخنده سال از چهار سو بزرگ فیروزی چهرهٔ نشاط برافروخت: فرمان پذیرفتن مرزبان تتّهه و سپردن سیوستان، گشایش ادیسه و ایل شدن سرتابان شرقی دیار، گشایش جونه‌گده و سومنات و گرفتار شدن مظفر، سزا یافتن یادگار کل و چیره‌دستی بر کشمیر. چون شورش فرو نشست سیزدهم افسرخدیو بگلگشت آن سرابستان چالش فرمود و بر زبان حقیقت‌سرا رفت «بار نخست جلوهٔ بهار دیده‌افروز بود. اکنون عشوهٔ خزان بینش‌زدا. آن روز پرده‌گشائی جمال بود، امروز نمایش جلال.» همایون اغرق و بزرگ اردورا بسرکردگی شاهزاده سلطان دانیال گذاشتند که تا بازگشت در رهتاس بسر برند. چون سلطان خسرورا لختی پیکرگرانی بود بایزدی پاس سپرده دل بجدائی نهادند. چنان خواهش بود که چندی پردگیان همراه باشند، لیکن راه‌دشواری و سرمافزونی لختی از آن بازمیداشت. شاهزاده سلطان سلیم‌را بژرف‌نگهی فرستادند. آن روز

(The crazed Yadgar's mother was a bought woman whose equal in maleficence and disrepute was not to be found even among prostitutes.) "It appears in our mind that the fall of this ill-starred rebel and the rising of Canopus will occur close to each other," the emperor said. At the emperor's command the Greek, Persian, Kashmiri, and Indian astronomers took readings from the heavens and reported that he would suffer retribution in two to three months. "It is being put into our heaven-traversing mind that it will not be less than forty days and not more than two months," replied the emperor. And this day it became clear that the full extent of Yadgar's ingratitude was fifty-one days, for the very day the Yemeni star rose, the ill-starred one went down and the world lord's prescience was once again proven to all. What is amazing is that around that time the emperor spied a comb and, reading what was etched on the bone, said, "The unrest will soon be quelled, and no one other than that ingrate will be injured." What he said came true, and everyone was amazed by his prescience.

During this glorious year great triumphs came from four directions: the submission of the ruler of Thatta and the turning over of Siwistan, the conquest of Orissa and the submission of the eastern rebels, the conquest of Junagadh and Somnath and the capture of Muzaffar, and the punishment of Yadgar Kal and domination over Kashmir.

287

After the unrest settled down, on the thirteenth [October 4], the world lord set out to tour that happy vale, saying, "The first time our eyes delighted in the beauty of spring. Now we will enjoy autumn. Then there was an unveiling of beauty; this time there will be a revelation of majesty." The royal family and the great camp were put under the command of Prince Sultan Danyal to remain in Rohtas until the emperor returned. Since Sultan

گریوهٔ بهنبهر گذشته دایره شد. بامدادان از باد ناهنجار دایره برنگرفتند. فرمودند «همانا امروز در کابل ریزش برف باشد.» چون سال و مه‌را پاسبانی شد نهان‌بینی پیدائی گرفت و شناسائی سرمهٔ بینش افزود.

۲۸۸ دیگر روز نزد نوشهره سراپرده برافراختند. درین روز شاهزاده بازگردید. از راه هستی‌وتر بکشمیر درآمد و از پیر پنجال بازگشت شد. دشواری و برف‌آمودگی راه برگذارد و اندیشهٔ بردن پردگیان از دل بیرون شد. و چون راه پیر پنجال لختی آسان‌تر وانمودند، همایون یورش بدانسو قرار یافت. روزی که پشانه منزل شد میان راه پای تکاور شهریار از جای رفت. آن چابک‌سوار خودرا بچستی بر زمین گرفت. بامدادان گریوهٔ پیرپنجال گذشته نزد ناری براری بارگاه والا برزدند. درین روز نیز بدان سان لغزش رفت و الهی پاس پیدائی گرفت. بیست و سیوم که ساعت فرخنده بود سری‌نگر دار الملک کشمیر بقدسی قدوم روشنی پذیرفت. میان راه پیش‌رفتگان فیروزی سپاه سجدهٔ نیایش بجای آوردند. به تنهٔ چناری که بروزگاران تهی شده بود بفرمان والا سی و چهار کس در شد و اگر تنگتر می‌نشستند چندی دیگر نیز برمی‌نشست. با آنکه ناسپاس بُن برکنده آمد از آوازهٔ آنکه گیتی‌خدیو بجانشکری خرد و بزرگ فرمان داده که و مه پراکنده بود و هیچ دیهی آبادی نداشت. هرچند پیش‌روندگان دلآسا مینمودند باورشان نمیشد. چون بسیچ شاهنشاهی پیدائی گرفت و مهرافزونی دلنشین آمد از دشت آوارگی رو بشهر نهادند و از دید بخشش و بخشایش گوناگون نشاط اندوختند. کارشناسان راستی‌منش بهر سو نامزد شدند و برگرفتهٔ ناسپاسان در پارنج فرماندهی شمردند. چندی که خمیرمایهٔ شورش بودند بادافراه برگرفتند. جز عادل‌بیگ که بآئین قلندری دکن‌رویه شتافت و آنان که از دوربینی خویشتن‌را بر کناره گرفتند بلندپایگی اندوختند. جهان‌سالار نیایشها بجای آورد و سپاسگذاری‌را

Khusrau was suffering a slight illness, he was entrusted to divine protection and bidden farewell. There was a request that the ladies be allowed to accompany the emperor, but the difficulty of the roads and the cold kept him from acceding to their request. Prince Sultan Salim was sent forward to investigate the roads. That day the Bhimbar Pass was negotiated and camp was made. The next morning camp was not packed up on account of an adverse wind. "Today there will be snow in Kabul," the emperor said. Later, when reports were investigated, his knowledge of the unseen was revealed.

The next day, the imperial tent was pitched near Naoshera. This day the prince returned. He had entered Kashmir via the Hasti Watar Pass and returned by the Pir Panjal Pass. He reported the difficulty of the snow-blocked roads and dissuaded the emperor from taking the ladies. Since he represented the Pir Panjal road as being a little easier, it was decided that the emperor would go that way. The day camp was made at Poshiana; the emperor's steed lost its footing on the road, but the nimble horseman jumped to the ground.

The next morning the Pir Panjal Pass was negotiated, and the emperor's tent was pitched near Nari Brari. This day too there occurred another such slip, but divine protection intervened.

At an auspicious hour on the twenty-third [October 14], Srinagar was graced by the imperial advent. Along the way the imperial soldiers who had been sent ahead prostrated themselves in praise. By imperial order thirty-four men got into the trunk of a plane tree that had been hollowed out by time, and if they had squeezed themselves in more tightly, even more could have fit. Although ingratitude had been eradicated, with the rumor that the world lord had ordered young and old to be killed, everyone

288

تازه اساس برنهاد. شکار مرغابی اگرچه نخستین بار عشرت آورد، لیکن از نابهنگامی دلپذیر نشد. درین بار بگزین روشی نشاط افزود.

۲۸۹ دوم آبان والا جشنی برآراسته شد و شمسی وزن گیتی‌خداوند شادمانی‌را آب و رنگ دیگر داد. آن همسنگ آسمان‌را بدوازده چیز برسختند و که و مه بنوال شهنشاهی کام دل برگرفت. چندی‌را بزربخشی برنشاندند. نگارندهٔ شگرفنامه در عیدگاه چهارده هزار آرزومندرا خواسته برداد. درین آباد بوم دزد و گدا کم بود. درین هنگام از نکوهیده آمیزش دامن‌آلود خیانت گشتند و بسیاری‌را شکیبائی و خرسندی نماند.

۲۹۰ و از سوانح فیروزیمند شدن زین خان کوکه. با آنکه شورشی برنخاسته بود از نهان‌بینی ازین پیشتر بسواد و بجور نامزد شد. درین آشوب کشمیر افغانان تبه‌سگال بناسپاسی برخاستند. چون در آنجا گزین سپاه نبود الوس گگیانی و محمدزئی که پیوسته راه دولتخواهی سپردی با تاریکیان و یوسف‌زئی همداستان شدند و بجانشکری محمدقلی ترکمان که نزد بگرام بود برنشستند تا بر همگی آن ملک دست چیرگی برگشایند. ناگاه کوکلتاش دررسید و هر گروهی از ناسپاسان به بیغولهٔ در شد. یوسف‌زئی با لختی تاریکی بسرکردگی وحدت‌علی بکهسار بجور درآمد و جلاله زه‌وزاد خودرا همراه او ساخته به تیراه رفت. همگی بسیچ آنکه وحدت‌علی ولایت کافران که پیوست کاشغر است برگرفته پناهی آماده گرداند و هرگاه از فیروزی جنود کار بسختی گراید خویشتن‌را بدانجا رساند. کوکه هفتم امرداد از گریوهٔ ملکند بسواد درآمد و آن آباد جای دشوارگشارا بآسانی برگرفت و از راه میدان ببجور شد. تیره‌رایان بدگوهر نیروی آویزش در خود نیافتند. ناگزیر بولایت کافران شتاب آوردند و در اندک زمانی کهسار هردل[155]را از آن گروه برگرفتند (خاورروبهٔ او سواد، باخترسو کنر و نورگل، شمال کاشغر و بدخشان،

had fled and no village was inhabited. No matter how those who had been sent ahead tried to placate the people, they refused to believe them. Once what the emperor had in mind became obvious and everyone was convinced of his clemency, they all came to the city and rejoiced at the sight of the emperor's various acts of mercy and generosity. Honest administrators were sent in every direction to calculate how much the ingrates had taken in taxes. Several of those who had fomented the rebellion were punished, and, with the exception of Adil Begi, who had gone to the Deccan in the guise of a dervish, and those who had farsightedly removed themselves, they were elevated to high positions. The world lord gave thanks to the deity and raised gratitude to a new level. Although he had enjoyed duck hunting during his first visit, he had not been pleased by the untimeliness. This time he really delighted in it.

On the second of Aban [October 23], the lunar weighing ceremony was held amid great celebration, and the emperor was weighed against twelve items. Everyone reaped the benefits of imperial charity. Several persons were singled out to receive money, and the writer of this volume granted the wishes of fourteen thousand needy persons at the idgah. There had been few thieves or beggars in this delightful territory, but during this time of treachery many had been deprived of happiness. 289

Zain Khan Koka triumphs 290

Although no insurrection had arisen, Zain Khan had been presciently assigned to Swat and Bajaur. During the Kashmir rebellion the crazy Afghans had risen up in ingratitude. Since there was no good garrison there, the Gagiani and Muhammadzai tribes, who had always trod the path of allegiance, banded

جنوب بجور) و قلعهٔ چنگاری استوار کرده بنخوت‌فروشی برنشستند. کوکه برانداختن اینان فراپیش نهاد و با رادمردان آزمون کار بدانسو شد و منزل بمنزل قلعه ساخته گریوه مینوردید. هرگاه شبخون آوردند زیان‌زده برگشتند. کوکه آن قلعه‌را گرد برگرفت و غرّهٔ آبان بسترگ آویزش برگشود و هنگامهٔ ناسپاسان بپراکند.

۲۹۱ نهم کیهان‌خدیو بآهنگ تماشای زعفران‌زار بکشتی برنشست و بامدادان بدان نشاطگاه عشرت اندوخت گلزاری بدین شادابی و نشاطبخشی و بویائی کارآگهان جهان‌نورد نشان ندهند. اگرچه به نلیوفر ماند لیکن دل‌افروزی و شوق‌افزائی بگذارش درنگنجد. بزم نشاط آراسته گشت و ایزدی فیض‌را درِ دیگر گشودند.

و هم درینولا ملا حسین وخشور توران درگذشت. اورا بلاهور گذاشته بودند که بازگشت‌را آماده شود و چون رایات همایون بازگردد دستوری یابد. امتلا بواپسین روز برنشاند و بفرمان والا بنه و بار اورا بوطنگاه رسانیدند. و همدرین روز خواجه شمس الدین بسجود قدسی آستان سربلندی یافت. اورا از لاهور طلبیدند که کشمیر چندی بخالصه بازگردد و بغمخواری او روی بآبادی نهد.

دوازدهم جشن دیوالی عشرت آورد و بحکم والا کشتیها و کنار دریا و بامها بچراغ آراستند و شگرف نمایشی بروی کار آمد. و همدرین روز دخت شمس چک در پرستاران مشکوی والا درآمد. او از بزرگان این سرزمین است. از دیر باز این آرزو در سر داشت. درین هنگام بر فراز خواهش‌روائی برآمد. و نیز برای رام ساختن بومیان دخت مبارک خانِ حسین چک‌را بشبستان شاهزاده سلطان سلیم سپردند و همچنین برخی نزدیکان‌را بدلگزین پیوندها مسرّت بخشیدند.

together with the Tarikis and Yusufzais to kill Muhammadquli Türkmän, who was near Bigram, in order to gain dominion over the entire territory. Suddenly the Kükältash arrived, and all groups of ingrates went into hiding. The Yusufzai and some of the Tarikis led by Wahdat Ali went into the hills of Bajaur, and Jalala took his kith and kin to Tirah, thinking that when Wahdat Ali took control of the Kafirs' territory near Kashkarai it would provide him with a refuge when he was hard pressed by imperial troops. On the seventh of Amurdad [July 28], Koka entered Swat through the Malakand Pass and easily took control of that land of difficult access. Then he went through Maidan to Bajaur. The evil-natured rebels realized that they were no match for him in battle, so they went to Kafir territory and soon took the Hardal mountains from them. (It lies with Swat to the east, Kunar and Nur Gul to the west, Kashkarai and Badakhshan to the north, and Bajaur to the south.) There they fortified the Changari fortress and sat in arrogance. Koka decided to root them out and set out with experienced warriors, establishing fortifications at every stage and negotiating the passes. Every time the rebels launched a surprise attack they returned in failure. Koka laid siege to the fortress, and on the first of Aban [October 22], he engaged in a large-scale battle and defeated the ingrates.

On the ninth [October 30], the world lord went out to tour the saffron fields by boat, and the next morning he delighted in a meadow the delightfulness and fragrance of which are unmatched anywhere. Although saffron resembles the lotus, its intoxicating and exhilarating effects are beyond description. Around this time Mulla Husain, the Turanian ambassador, passed away. He had been left in Lahore to await the emperor's return, at which time he would have been given leave to depart.

291

617

درین سال میرزا قباد بزرگ پور میرزا حکیم لختی سزا یافت و بدانشگاه زندان برنشست. از ناشناسائی خویشتن‌را باده‌گساری داده بود. بادافراه او بسیاری‌را براه آورد. ۲۹۲

و درین هنگام سیاهیی در پیشگاه حضور آوردند. هرچه بدو نگارش یافتی برسیدن آب و مالش دست محو نشدی و بنگاشته گزندی نرسیدی. شهریار دریافته بکارآگهان بیاموخت.

بازگشت رایات جهان‌افروز بصوب هندوستان

از گزیدگی آب و هوا و سازگاری آن بقدسی مزاج و دید شگرفیهای آفرینش سگالش آن بود که زمستان عشرت درین دیار کرده آید، لیکن ازین رو که گران‌ارزی آذوق که و مه‌را ستوه داشت و سخت سرمای این مرز بگرم‌سیریان اردو دشوارتر شد، کشورخدیو بسیچ بیرون شدن فرمود. خواست که کشمیررا بمیرزا یوسف خان بردهد. او در جمع آن باز سخنسرا گشت و از نیرنگی روزگار آنکه نسخهٔ که قاضی علی فراهم آورده بود بدست آمد و گذاردهٔ رازدار میرزا آشکارا شد و شرمندگی ناپذیرنده چهره برافروخت. جهان‌خداوند بدان پیشین آهنگ کشمیررا خالصه فرموده سربراهی بخواجه شمس الدین سپرد و سه هزار سوار همراه ساخت. و چون قدسی خاطر از آن ملک واپرداخت بفرّخی و فیروزمندی بیستم آبان کشتی‌سوار رو بهندوستان نهادند و فیروزی سپاه از راه خشکی. در آن روز باندرکول گذار افتاد. بنگاه میرزا حیدر بود، والا عمارتی ازو یادگار. بخواهشگری شاهزاده سلطان سلیم کشمیر در اقطاع میرزا یوسف خان ۲۹۳

By imperial order his possessions were sent to his homeland. On this same day Khwaja Shamsuddin prostrated himself at the imperial threshold. He had been summoned from Lahore to take charge of the royal demesne in Kashmir and restore it to order.

On the twelfth [November 2], Divali was celebrated, and by imperial order the boats, banks of the river, and roofs were decorated with lamps. It was an amazing sight. On this same day Shams Chak's daughter entered the imperial harem. Shams Chak was a noble of this land who had long entertained this hope, and at this time his wish was granted. Also in order to tame the locals, the daughter of Husain Chak's son Mubarak Khan was entrusted to the harem of Prince Sultan Salim, and some of the emperor's intimates also made marital connections.

During this year Mirza Hakim's eldest son, Mirza Qubad, 292 was rebuked by being sent to prison. In ignorance he had given himself over to wine-drinking. His punishment straightened out many.

A type of ink that no amount of washing with water or rubbing with the hand could efface or damage was brought to the emperor, who learned how to make it and taught it to others.

THE WORLD-ILLUMINATING BANNERS TURN IN THE DIRECTION OF HINDUSTAN

It had been thought that winter would be spent in this region 293 with its fine climate, which agreed with the imperial temperament, but everyone was tired of the high price of food, and the severe cold of Kashmir became even more difficult for the people of the camp who were used to warmer weather, so the

داده آمد و بدانسو رخصت برگرفت و جاگیر هندوستان و زعفران‌زار و ابریشم و جانور بخالصه بازگردید و دیگر افزونی بخشش یافت.

۲۹۴ بیست و سیوم بکول الر[۱۵۶] گذاره افتاد و از تماشای آن الکا آگهی برگرفتند. فراخ آبگیریست گرد او بیست کروه. رود بهت بدو در شده بهند شتابد. سلطان زین العابدین در میان آن بهزاران رنج سنگین صفّهٔ برساخته بدرازی صد و نوزده گز و پهنا هشتاد و دو. بر فراز آن گزین کاخها یادگار ازو. سپس دیگر مرزبانان نشیمنها برافراخته. همواره تندباد برخیزد و کشتی بطوفانی موج درشود. امروز از قدوم فرّخی آب آرامش داشت. که و مه‌را شگفت درگرفت. بامدادان والا بارگاه نزد بارهموله برافراختند. با آنکه دو ماه است هیچ روزی برنگذرد که چندی دستوری هند نیابند سپاه‌انبوهی بر همان نمط بود. گیتی‌خداوند از هفت چوکی برخی‌را بهمرهی برگزید و دیگر کارآگهان جدّآوررا بهر جوقی نامزد گردانید که بدوری درخور یکی پس از دیگری روانه شود.

world lord decided to leave. He wanted to turn Kashmir over to Mirza Yusuf Khan, but he made more difficulties about the revenue, and, miraculously, the report Qazi Ali had drawn up was obtained and the mirza's confidential report was made public, to Mirza Yusuf Khan's humiliation. The emperor therefore did what he had intended before and made Kashmir royal demesne and turned the stewardship over to Khwaja Shamsuddin, assigning him three thousand horsemen. When the emperor's mind was at ease concerning the realm, he embarked triumphantly on the twentieth of Aban [November 10] in a boat and set sail for Hindustan, the army following by land. That day he passed by Indarkol, which had been Mirza Haidar's residence, and there was a grand structure left there by him. At Prince Sultan Salim's request Kashmir was given in fief to Mirza Yusuf Khan, and he was given leave to depart. His estates in Hindustan, the saffron fields, silk production, and falcons were made royal demesne, and the excess revenue was given to him.

On the twenty-third [November 13], the emperor passed across Lake Wular and enjoyed seeing the area. The lake is twenty leagues in circumference, and the Bahat River enters it on its course to India. Sultan Zainul'abidin went to a lot of trouble to build a platform one hundred nineteen cubits long and eighty-two cubits wide in the middle of it. Fine pavilions atop the platform remain as mementos of him. Later other rulers added other places to sit. There is always a strong wind blowing there, and boats have to get across choppy water. Today, by virtue of the imperial arrival, the water was calm, and everyone was amazed. The next morning the imperial tent was pitched near Baramula. Although not a day had passed for two months that some people were not given leave to go to Hindustan, there still remained a

294

۲۹۵ سیوم آذر که دایره گذشت پکلی شد همه شب بارش بود و گرد اردو برف بارید. پیشخانه نیارست رفت. گیتی‌خداوند بسگالش منزل گزیدن سواری فرمود و چون دلخواه جائی بدست نیامد بنه و باررا گذاشته با چندی تیزروی فراپیش گرفتند. میانهٔ راه برف و باران بریزش درآمد و در ده مانگلی از مضافات پکلی برآسودند. زمانی دراز شگرف بارش بود و خرد و بزرگ در تماشا. پیشتر ازین بیک ماه که سرما چیرگی داشت و هندیان از برف‌ریزی هراسان، افسرخدیورا بر زبان رفت «امید که چون همایون رایات از پکلی برگذرد و نشان هندوستان نمودار گردد ریزش برف نشاط آورد و گرمسیریان بسراسیمگی درنشوند و بتماشای آن عشرت اندوزند.» گیرا دم پیدائی گرفت و چراغ رهنمونی برافروخته شد. بامدادان هوا برگشود. رهنوردی فراپیش گرفتند و در آن روز بخواهش پور میرزا شاهرخ لختی در دمتور که بنگاه اوست فرود آمدند.

۲۹۶ هفتم چنان تیز راندند که از راولپندی و رباط و نگرکوت و تهنّه و سرای چروه[157] برگذشتند و دشوار گریوه درنوردیده نزد سرای هر فراز کوهچهٔ لختی برآسودند. در میان راه صادق خان بسجود نیایش سربلندی یافت. در آغاز یورش رنجور شد. اورا بلاهور بازگردانیدند. چون بهی یافت رو بکشمیر آورد. ناگهانی بدین سعادت کامروا آمد و باز پور او با رام‌ساه بآستانبوس والا فرّخی اندوخت. دستوری یافته بود که راجه مدهکر و این بوم‌نشین‌را از رمیدگی برآورده نزد شاهزاده بمالوه برد و آن وحشیان بیم‌زده‌را از آن شرمساری برآورد. بومیان ازین خسروانی نوازش تازه جانی یافته بنیایشگری درآمدند و راجه با رنجوری بسیج همرهی داشت. از سخت بیماری درگشت. رام‌ساه پور اورا باجین برد و از آنجا بدرگاه والا آورد و نوازش یافت. چون دایرهٔ صادق خان بر پا بود آرزو کرد که شهریار

large number of soldiers. The emperor chose several from each of the seven brigades to accompany him and assigned leaders to each troop to see that they set out by turn one after the other.

On the third of Azar [November 23], when camp was made past Pakhli, it stormed all night and there was snow all around the camp. The *peshkhana* could not leave. The emperor rode out to select a site for camping, and when he could not find a suitable spot, he left the baggage and rode off with a few men. Along the way it started snowing and raining, so they rested in the village of Manglai, a dependency of Pakhli. It snowed amazingly hard for a long time, and young and old sat watching. One month prior to this, when the cold set in and the Indians were in trepidation over the snow, the world lord had said, "When the imperial banners pass through Pakhli and signs of Hindustan appear, I hope snowfall will bring joy and the hot-weather Indians will not get nervous but will enjoy watching it." What he said came true. The next morning the weather cleared up, and they set forth. That day, at the request of Mirza Shahrukh's son, the emperor stopped for a while at his home in Dhamtor.

On the seventh [November 27], the emperor rode so fast that he passed through Rawalpindi, Rabat, Nagarkot, Thanna, and Sarai Charwa. Having negotiated the difficult pass, he rested for a while atop a hill near Sarai Har. Along the way Sadiq Khan came to pay homage. He had been ill when the expedition began and had been left in Lahore. When he recovered he set out for Kashmir and attained the felicity of paying homage unexpectedly. Once again he was pleased to kiss the imperial threshold with his son Ram Sah. Sadiq Khan had been assigned to tame Raja Madhukar and Ram Sah and take them to the prince in Malwa to make up for their shame. They were pleased with this act of royal

295

296

شب درینجا بگذراند. چون شامگاه درآمد اورا دستوری داد که آهسته از پی آید و ره نوشتن فراپیش گرفتند. بزرگ شاهزاده و دیگر بندگان لابه نمودند که لختی بسکاسن برآسایند. پذیرش نیافت. شباروز بیست و دو کروه درنوردیدند. هشتم ناگهانی برهتاس که اغرق همایون در آنجا بود سایهٔ عاطفت انداختند. گروهاگروه مردم که تکاپوی کشمیر داشتند در راه بدولت کورنش رسیدند. شاهزاده دانیال و سلطان خسرو نزد شهر بسجدهٔ نیایش پیشانی برافروختند.

گرفتار شدن سلطان مظفر گجراتی و بسرآمدن روزگار او

۲۹۷ چون جونه گده گشایش یافت و بومیان بفرمانپذیری و لابه گری برنشستند کوکلتاش رادمردی‌را بکارآ گهی همدوش گردانید و همگی همّت بگرفتاری مظفر که خاربُن فتنه بود برگماشت. آن تباه‌اندیش بناکامی تن درداده بسیوآ بادهیل پناه برد. او بزرگ ولایتهای لار است و پرستشکدهٔ دوارکا بدست او. کوکلتاش، نورنگ خان، گوجر خان، انور، نظام الدین احمد، بابا خواجه، قادرقلی کوکه، سادات کنبایت، میرزاقلی مغول و دیگر سپاه‌را بدانسو فرستاد. شانزدهم مهر بیست و پنج کروهی غنیم اردو گذاشته چاشت بدوارکا رسیدند و بی‌آویزش برگرفتند. در آنجا آگهی شد که مظفر در بسینه بنگاه سیواست و در قصبهٔ ارام‌ره[۱۵۸] سنگرام خویش آن بومی خیره‌سری دارد. قادرقلی و چندی‌را در آن پرستشگاه گذاشته دو لخت شدند. نورنگ خان با بسیاری بمالش مظفر رو آورد و نظام الدین احمد، بابا خواجه و جوقی بهادران بدانسوی دیگر رفتند. پایان

clemency, and the raja, despite his severe illness, wanted to go along, but he died of his illness. [Sadiq Khan] took his son, Ram Sah, to Ujjain and from there he brought him to court to receive favor. Since Sadiq Khan's camp was already set up, he invited the emperor to spend the night there. When night fell he was given leave to follow behind slowly, and the emperor set forth. The eldest prince and other servants pleaded with the emperor to rest in a palanquin, but he refused to agree to this. That night and the next day twenty-two leagues were traveled. On the eighth [November 28], the emperor arrived in Rohtas, where the royal family was. Flocks of people who were on their way to Kashmir saluted the emperor along the way. Prince Danyal and Prince Sultan Murad paid homage near the city.

SULTAN MUZAFFAR OF GUJARAT IS CAPTURED, AND HIS DAYS COME TO AN END

When Junagadh was conquered and the local rulers accepted obedience, the Kükältash combined bravery with competence and concentrated his attention on capturing Muzaffar, the root of all trouble. In failure he had taken refuge with Siwa Bad Hil. He was the chief of the territories of Lar, and the temple at Dwarka was in his hands. The Kükältash sent Naurang Khan, Gujar Khan, Anwar, Nizamuddin Ahmad, Baba Khwaja, Qadirquli Koka, the sayyids of Cambay, Mirzaquli Moghul, and other troopers there. On the sixteenth of Mihr [October 7], they left their baggage twenty-five leagues from the enemy and arrived in Dwarka at midmorning, taking it without a battle. There it was learned that Muzaffar was in Basina, Siwa's home. In Aramra,

297

روز به بنگاه او دررسیدند و سترگ آویزش رفت. لختی ازین پیشتر آوازۀ فیروزی سپاه آن بوم‌نشین‌را کالیوه ساخت. آن شورش‌مایه‌را با زه‌وزاد او بکشتی برنشاند و بجزیرۀ که استوار کرده بود فرستاد و خود نیز از پی روانه شد. تیزدستان فیروزمند دررسیدند. از خونگرفتگی بازگردیده درآویخت. از نشیب و فراز ناهنجار بهادران از بارگی فرود آمده بکارزار در شدند. نورنگ خان بر پشتۀ تماشاگر بود. گروهی کم دانسته بدو رسیدند و بالهی تأیید شرمسار برگشتند. تا شام دست و گریبان بجنگ بودند. درین زدوخورد تیری بدان شوریده رسید و به نیستی‌سرا در شد. تیره‌رایان پراکنده شدند و بسیاری‌را روزگار بسر آمد. آنان که مالش سنگرام فراپیش داشتند نیز روی چیرگی برافروختند و بایزدی نیرو نسیم فیروزی بر طراوۀ دولت وزید و در هر دو جا فراوان غنیمت برگرفتند و بر زبان این و آن افتاد که مظفّر در موجخیز فرو شد. او از سراسیمگی نیارست بود. بولایت کچه شتافت. بهارا چاربچه کلانتر آن سرزمین اورا به بیغوله برنشاند. بیست و ششم خان اعظم از جونه‌گده رو بدانجا نهاد و عبدالله پور خودرا با برخی دلآوران پیشتر روانه ساخت. میر عبد الرزاق معموری که ببخشیگری آن ملک نامزد شده بود امروز پیوست. نه آذر پنجاه و پنج کروه بده کوچ سپرده بموضع امران که خوابگاه داور آن ملک است رسید. جام با فرزندان و خویشان آمده پیوست و پیمان نیکوبندگی‌را تازه استواری بخشید. مرزبان کچه کاردیدگان فرستاده بلابه‌گری درآمد و در آنکه سر بفرمانپذیری درآورد و پور خودرا بپرستاری فرستد سخن برگذارد. کوکلتاش‌را افسانه‌سرائی او بغنودگی نبرد. پاسخ داد «اگر از فیروزی سپاه رستگاری خواهد مظفّررا بسپارد ویا خود پیوندد.» درینولا لوکن کوهل از نارسیدگی و تباه‌سگالی بی‌دستوری به بنگاه شتافت و سپاه

Sangram, Siwa's relative, was entertaining ridiculous notions. Qadirquli and several others were stationed at the temple, and the troops were divided into two brigades. Naurang Khan set out with many soldiers to crush Muzaffar, and Nizamuddin Ahmad, Baba Khwaja, and a troop of champions set out in the other direction. At the end of the day they reached his base, and there was a great battle. Not long before the news of the arrival of imperial troops had upset the local chieftain, and he had loaded his family in a boat and sent them to an island he had fortified, and then he set out after them. The imperials arrived, and he turned back, murderously intent on doing battle. Because of the uneven terrain the soldiers got off their horses and started fighting. Naurang Khan was watching from a hill. A group, thinking he was undefended, attacked, with divine protection humiliating them. There was hand-to-hand fighting until evening. In the midst of the fray an arrow hit the crazy chief and killed him. His men scattered, and many were killed. Those who had set out to crush Sangram also achieved a victory, and much booty was taken from both places. Many claimed that Muzaffar had been drowned, but in fact he had been too upset to stay and had gone to Cutch, where the ruler, Bhara Charbachh, had hidden him. On the twenty-sixth [November 16] Khan A'zam set out from Junagadh for there and sent his son Abdullah forward with some soldiers. The same day Mir Abdul-Razzaq Ma'muri, who had been appointed *bakhshi* of that land, joined. On the ninth of Azar [November 29], fifty-five leagues were traversed in ten marches, and he arrived in the village of Amran, the seat of the ruler of that region. The Jam and his sons and relatives came and joined, and they renewed their promises to serve well. The ruler of Cutch sent experienced men to plead on his behalf, and

جونه‌گده خان ومان او یغمائی ساخت و هر سه پور اورا زنگی بسر آمد. خان اعظم از دوربینی خرّم پور خودرا با برخی دلاوران بدانسو فرستاد و خود از مورپی به پنج کوچ سی و یک کروه درنوردیده بموضع چارباره فرود آمد. چون گفت آن بومی در آن دو کار بکرد نمیگرائید خواست که اقطاع او بجام بردهد. از دستانسرائی بازآمده پیغام گذارد «اگر قصبهٔ مورپی که از دیر باز نیاگان من داشتند بجلدو بردهند مظفررا بسپرم.» پذیرفته بخواهشگری او چندی‌را از پیشین فوج فرستاد. سیزدهم دی بدانجا رسیدند. گماشتگان بومی بدان شورش مایه رسانیدند که بهارا بدیدن میآید. خوشوقت گشته بپذیره برآمد و چون نزدیک رسید اورا برگرفته بازگردیدند و آن شب برهنوردی گذشت. بامدادان آن شولیده ببهانهٔ خلاخانه بپناهی در شد و استره که با خود نهان داشتی بگلو راند و بادافراه خود بدست خویشتن سرانجام داد. همانا بهدید چنین بود، ورنه خان اعظم بی‌فرمان والا بنیستی‌سرا برننشاندی و اگر در پیشگاه حضور میآوردند فزون مهربانی افسرخدیو جانشکری او برنمیتافت. بکین قطب الدین خان سر از تن برگرفته بر در نورنگ خان درآویختند و نظام الدین احمد بدرگاه والا آورد. پیشتر ازین بدو روز میفرمودند «از آنجا که ایزدی یاوری دربارهٔ این نیازمند روزافزون است هرکه از فرمانپذیری سر برتافت زود بگو نیستی فرو شد. ناسپاسی مظفر دیر کشید. چنان بقدسی خاطر بگذرد که درین نزدیکی قالب تهی کرده باشد.» از دید ان آگهی چشم سرمه ارزانی گرفت و بسیاری‌را سعادت درباز شد.

he offered to lower his head in obedience and to send his son to serve. The Kükältash was not beguiled by his words and replied, "If he wants to be safe from imperial troops, either let him turn over Muzaffar or let him join us himself." Around this time Lukan Kohal went home without permission, and the army of Junagadh plundered his home and killed all three of his sons. Khan A'zam farsightedly sent his son Khurram with some warriors in that direction while he himself traveled thirty-one leagues in five marches from Morbi and stopped in the village of Charbara. Since the local ruler's two promises were not kept, he wanted to give his estates to the Jam. Once again he sent a message, saying, "If I am awarded the town of Morbi, which my ancestors have long held, I will turn over Muzaffar." This offer was accepted, and at his request some soldiers were sent from the first troop. On the thirteenth of Daimah [January 2, 1592], they arrived there. The local ruler's men sent word to the troublesome Muzaffar that Bhara was coming to see him. Happy with this, he set out to greet him, and when he was nearby, they captured him and returned. That night was spent traveling, and the next morning the crazy Muzaffar went off on the pretext of relieving himself and slit his throat with a razor he had hidden on his person. Thus his retribution was effected by his own hand. It was better that way, because otherwise Khan A'zam would not have killed him without a direct order from the emperor, and if he had been brought to court, the emperor's clemency would not have allowed him to be killed. In revenge for Qutbuddin Khan, his head was cut off and hung at Naurang Khan's gate, and then Nizamuddin Ahmad took it to court. Two days prior to this the emperor had said, "Because divine assistance to this needy one increases daily, everyone who has refused to obey has gone to his death. Muzaffar's ingratitude

درآمدن همایون رایات بدار السلطنه لاهور

۲۹۸ ایزدرا سپاس که از نهان‌بینی جهان‌سالار بتازگی پرده برگرفته شد و که و مه‌را سرمایهٔ ره‌یابی فرا دست آمد، درین بازگشت سگالش آن بود که چندی بکنار سند لشکر برنشیند و لختی بشکار آن سرزمین نشاط برگرفته آید. سپاه آنسورا نیرو برافزاید و سرتابان راه فرمانپذیری سپرند. ازین رو خواجه شمس الدین خافی بژفت‌وروب نشیمنگاه اتک دستوری یافته بود. از آنجا که دوربینی و رای‌سختگی ستوده خوی افسرخدیو است در رهتاس عنان باز کشیدند و از زین خان کوکلتاش و دیگر امرا که بمالش تاریکیان نامزد بودند بهدید پژوهی رفت. و چون چالش بدانسو گزیدگی نگرفت دوم آذر لاهورسو خرامش شد و بشانزده کوچ نوزدهم دی آن مصر اقبال‌را فرّخی برافزودند. گروهاگروه مردم بپذیره شدن سرمایهٔ بختوری برگرفتند و نثارافشانی‌را روزبازار شد. از سری‌نگر تا رهتاس صد و دوازده کروه و سی بانس بهیژده کوچ درنوشته آمد و تا لاهور صد و شصت و دو و نیم کروه و شانزده بانس بسی و چهار [کوچ]. مناشیر والا بهر سو روانه شد و شمارهٔ ایزدی عنایت که درین یورش چهرهٔ دولت برافروخت نگاشته آمد. جهانی بنشاط‌اندوزی برنشست و روزگار بکامبخشی برخاست.

has gone on too long. It occurs to our mind that he will die soon."
Many attained felicity by seeing this instance of his prescience.

THE IMPERIAL BANNERS ENTER LAHORE

Praise God that once again the world lord's prescience was 298
proven and served to guide great and small alike. On the return
it had been thought that camp would be made for a while on the
banks of the Indus and a hunt would be held in that region to
reinforce the military there and to lead the rebellious into obedi-
ence. To this end Khwaja Shamsuddin Khafi was sent to prepare
the royal quarters at Attock. Inasmuch as farsightedness is the
emperor's praiseworthy habit, he drew in his reins at Rohtas
to investigate Zain Khan Kükältash and the other command-
ers who had been sent to crush the Tarikis. Since this had not
been done, the emperor set out in the direction of Lahore on
the second of Azar [November 22], reaching that metropolis in
sixteen marches on the nineteenth of Daimah [January 8]. People
came out in droves to greet him. From Srinagar to Rohtas one
hundred twelve leagues and thirty rods had been traveled in
eighteen stages, and to Lahore one hundred sixty-two and a half
leagues and sixteen rods had been covered in thirty-four stages.
Royal edicts were sent out in all directions detailing the divine
favor that had happened during the expedition.

۲۹۹ درینولا بلبهدر پور راجه رامچند، مرزبان پنّه،[۱۵۹] بلندپایگی یافت. پدر اورا بپرستاری حضور گذاشته بود. درین هنگام آگهی آمد که بیست و هفتم شهریور درگذشت. گیتی‌خداوند بیست و هفتم دی اورا بمهین پایهٔ راجگی برآورد و نوازش فرموده بدان آباد ملک فرستاد.

۳۰۰ درین روز خواجه سلیمان بخشی گجرات‌را بار دادند. پیشکش میرزا کوکه بنظر درآورد. بیست و نهم گیتی‌خدیو بر خلاف عادت صبحگاهی بدولتخانه برآمد و معتاد دیده بشبستان اقبال خرامش فرمود. کبوترخانهٔ که فراوان جاندار در سایهٔ آن برآسودی فرو ریخت و نابهنگام برآمدن‌را سبب پیدائی گرفت. دوم بهمن آگهی آمد غازی خان قزوینی در بنگاله بشکم‌روی درگذشت. چهارم ماده فیلی که مورچهٔ نیازردی برشورید و نگهبان‌را با چهارده کس جان بشکرد.

۳۰۱ و از سوانح فرستادن لشکر بشمالی کوه. چون بومیان آن سرزمین سرکشی فراپیش گرفتند و در یورش کشمیر همرهی نگزیدند شانزدهم گیتی‌خداوند بخواهشگری قلیچ خان پور او سیف الله‌را دستوری داد و قاضی حسن‌را بیاوری همراه گردانید. اگرچه برخی بومیان آمده دیدند لیکن لال‌دیو بزرگ جمّو از سرتابی برنگذشت. زین خان زینهار داده اورا بدرگاه آورد و شمالی شورش فرو نشست.

درینولا لختی بنگاه راجه رام‌چند یغمائی شد. او از نامور بومیان ادیسه است. بروشن‌ستارگی فرمانپذیر شد و پور خودرا بپرستاری فرستاد. راجه مانسنگه آمدن اورا طلبگار شد. او سر باززد. راجه از قدرنشناسی نیکوئیهای او بفراموشی داد و جگت سگنه، میر شریف سرمدی، میر قاسم بدخشی، برخوردار، ابوالبقا، محمود بیگ شاملو، شهاب الدین دیوانه و جوقی‌را باَویزهٔ او فرستاد و گرد شورش برخاست. رام‌چند بقلعهٔ

Around this time Balbhadra, the son of Raja Ram Chand, the 299
ruler of Panna, was promoted. His father had sent him to court,
and at this time news arrived that the raja had passed away on
the seventh of Shahrewar [August 28]. The world lord promoted
him to the rank of raja on the seventh of Daimah [December 27]
and dispatched him to that territory.

On the same day Khwaja Sulaiman, the *bakhshi* of Gujarat, was 300
given audience. He had brought Mirza Koka's tribute.

On the twenty-ninth [January 18], the world lord, contrary to
custom, went to the court tent early in the morning and then
went to the harem. The dovecote containing numerous birds
collapsed, and the cause was thought to be the emperor's having
gone out at an unaccustomed time.

On the second of Bahman [January 21] news was received that
Ghazi Khan Qazwini had died of dysentery in Bengal.

On the fourth [January 23], a female elephant that would not
have harmed an ant went berserk and killed its driver and four-
teen other persons.

The army is dispatched to the northern mountains 301
Since the locals of that territory were being refractory and refused
to participate in the expedition to Kashmir, on the sixteenth
[February 4] the world lord sent Qilich Khan's son Saifullah
at Qilich Khan's request, and Qazi Hasan was sent with him as
reinforcement. Although some of the locals had paid homage,
Lal Deo, the chief of Jammu, had been too stubborn to go. Zain
Khan had given him amnesty and brought him to court, and thus
the unrest in the north died down.

Around this time Raja Ram Chand's home was pillaged. He
was among the renowned rulers of Orissa. With his good luck

خورده[۱۶۰] که استوارترین قلاع اوست در شد. فیروزی سپاه نزد آن بنگاه ساخته بتاخت آن ملک پا افشردند و قلعهٔ سهجپال و کهاراگده و کالوپاره و کهنان و لون‌گده و بهون‌مال و بسیاری آباد جا بدست آوردند. ازین آگهی شهریار پایه‌شناس برآشفت و نکوهش فرمود. راجه سپاه برگردانید و بپوزش برنشست. رامچند از دید مهربانی افسرخدیو سگالش دیدن در سر گرفت. بیست و یکم بهمن براجه پیوست و فراوان سربزرگی برگرفت.

۳۰۲ و از سوانح بی‌راهه رفتن افغانان تیره‌رای. چون سرتابان ادیسه سر بفرمان درآوردند راجه از کاردانی خواجه سلیمان، خواجه عثمان، شیر خان و هیبت خان‌را در خلیفه‌آباد تیول برداد و طاهر خان و خواجه باقر انصاری‌را بهمرهی برگزید و از کم‌بینی و هرزه‌درائی خامکاران جایگیر اینان برگرفته نزد خود طلبید. از بیدانشی به بیمناکی در شدند و فتنه‌افزائی‌را دستآویز رهائی اندیشیدند. بیست و هفتم نزد کهرگپور[۱۶۱] باقر با فیلی چند باقطاع خویش میرفت. آن گروه کوته‌اندیش پردهٔ آزرم بردریده دست تاراج گشودند و او زخمی کناره گرفت. اگرچه پهار خان، تولک خان، فرّخ خان با مردم سعید خان بچاره‌گری فراهم آمدند، لیکن از کم‌یاوری همّت دل باویزه ننهادند. راجه پور خود همّت سنگه‌را با فوجی روانه ساخت. افغانان غنوده‌بخت تاراج‌کنان به بندر ستگانو[۱۶۲] رفتند و چون دستی نیارستند یافت ناکام برگشته ببنگاه چاند رای روی آوردند. امرا از جهان‌آباد هر یکی بناحیتی رو نهاد. همّت‌سگنه لختی پیشتر رفته بازگردید. چون نزدیک بدان یورت رسیدند چاند رای بگفتِ پدر در بسیچ گرفتن شد و از خام‌دستی خودرا درباخت. چون دلاور و سلیمان و عثمان در چهار کروهی دایره گرفتند طرح مهمانی انداخت. غرّهٔ اسفندارمذ دوی نخستین ببنگاه او شتافتند. دلاور چون بکاری برخاست دستگیر

he had chosen to pledge his allegiance and sent his son to court. Raja Man Singh summoned him but he refused to go. Mistaking his intentions, the raja forgot the good acts he had performed and sent Jagat Singh, Mir Sharif Sarmadi, Mir Qasim Badakhshi, Barkhordar, Abu'l-Baqa, Mahmud Beg Shamlu, Shihabuddin Dewana, and a troop to do battle with him, and chaos broke out. Ram Chand went into the fortress at Khorda, one of his strongest fortifications. The imperial troops established a base nearby and went out to raid the territory. The fortresses of Sahjpal, Kharagadh, Kalupara, Khanan, Longadh, Bhonmal, and many flourishing places were taken. When he received news of this, the monarch grew angry and chastised them. The raja recalled his forces and offered an apology. Seeing the emperor's clemency, Ram Chand took it into his head to go to pay homage. On the twenty-first of Bahman [February 9] he joined the raja and was received with great honor.

Crazy Afghans go on a rampage

When the rebels of Orissa bowed their heads in obedience, the raja wisely gave Khwaja Sulaiman, Khwaja Usman, Sher Khan, and Haibat Khan fiefs in Khalifatabad, and he chose Tahir Khan and Khwaja Baqir Ansari to escort them. Then, through the shortsightedness of silly blatherers, he took their jagirs away and summoned them back. In ignorance they gave way to fear and thought they could save themselves by rebellion. On the twenty-seventh [February 15], near Kharagpur, Baqir was on his way to his estate with several elephants. That shortsighted group cast off the veil of honor and started pillaging him, and he withdrew wounded. Although Pahar Khan, Tüläk Khan, and Farrukh Khan gathered with Sa'id Khan's men to deal with the situation, they

گردانیدند. سلیمان ازین آگهی بشمشیر درآمد و مردم‌را پراکنده ساخت و سه کس‌را جان بشکرده خودرا بدروازهٔ قلعه رسانید و چندی‌را پیوند زندگانی گسیخته بمردانگی بیرون شد. در راه برخی پیوستند و فراز اسپ بر شده بمنزل گام فراخ برزد. چاند رای از پی درآمد. عثمان ازین آگهی بیاوری روانه شد و در راه سلیمان گرفتاری دلاور و رهائی خویش و درآمدن غنیم برگذارد. ناگزیر دل بفرو شدن برنهادند و هنگامهٔ آویزش گرمی پذیرفت. نوکران آن بومی که بیشتر افغانان بودند از بیوفائی بدان گروه پیوستند و روزگار او بسر آمد. یغما برگرفته رو بهمان قلعه نهادند. درونیان چاند رای پنداشته دروازه برگشادند و بدین شگرفکاری دست چیرگی برگشودند. بافسانه‌سرائی عیسی زمیندار بدو پناه بردند و قلعه و ولایت‌را به کیدا رای پدر چاند رای سپردند. درینولا قلعهٔ مانپور گشوده آمد. میان اودیسه و تلنگانه است. فوجی بیازش آن رفت و بکمتر کوششی برگرفت. راجه مانسنگه اورا برام‌چند داد.

were not high-minded enough to do battle. The raja dispatched his son Himmat Singh with a troop. The ill-starred Afghans kept pillaging as far as the port of Satgaon, but when they were unable to get hold of it they turned back and went to Chand Rai's base [at Bushna]. From Jahanabad the officers went out in all directions. Himmat Singh went on a little farther and then turned back. When the Afghans were near his territory, Chand Rai was persuaded by his father to try to capture them, but due to his own lack of skill he lost his life. When Dilawar, Sulaiman, and Usman camped within four leagues [of Bushna], he held a celebration, and Dilawar and Sulaiman came to his house on the first of Isfandarmudh [February 19]. When Dilawar got up to relieve himself, they seized him. Seeing this, Sulaiman resorted to the sword and drove the men away, killing three, and then he got himself to the fortress gate and escaped after killing several others. Along the way several joined, and he mounted and went to his camp. Chand Rai came out in pursuit. Learning of this, Usman went out to help and along the way Sulaiman reported the capture of Dilawar, his own escape, and the enemy's going out. With no alternative, they set their hearts on death and battle broke out. The liege men of the local ruler, most of whom were Afghans, deserted and joined the others, and Chand Rai's days came to an end. Taking their loot, they headed toward the fortress. Those inside the fortress thought it was Chand Rai and opened the gate. With this, they gained control. Through the wiles of Isa the zamindar, they took refuge there, and the fortress and territory were turned over to Keda Rai, Chand Rai's father. Around this time the fortress of Manpur was conquered. It lies between Orissa and Telingana. A troop went against it, and with only a little fighting it was taken. Raja Man Singh gave it to Ram Chand.

۳۰۳ و از سوانح بیوگانی جشن شاهزاده سلطان سلیم. همچنان که دیگران‌را
زناشوئی پویند جز بیکی نسزد بزرگان والا دستگاه‌را افزایش آن ناگزیر تا
منزل‌آبادی فروغ دیگر گیرد و فراوان کس‌را دست‌آویز پناه آماده گردد،
خاصه که با بزرگی نژاد گزین خویها زیور روزگار باشد. سرآغاز این نوبهار
کدبانوی عصمت گلرخ بیگم فرزند میرزا کامران آرزو کرد که دخت او
بشبستان مهین پور شاهنشاهی درآید. شهریار پایه‌شناس بپذیرفت. بزم
نشاط پیرایش گرفت و رسوم نثار و ساچق‌را آئین دیگر برنهادند. شب
هفتم اسفندارمذ خدیو عالم بقدسی منزل مریم‌مکانی انجمن برساخت و
بفرخنده ساعت پیوند بیوگانی بربستند و بمشکوی دولت سپردند.
بیست و سیوم در بردوان روزگار پهار خان سپری شد و پس‌ماندگان
بخسروانی نوازش برآسودند.

The marriage of Prince Sultan Salim 303

For others only one marital bond is suitable, but for the great more than one is inescapable in order that one's house become more splendid and provide shelter for many people, especially when good character is combined with greatness of lineage. At the beginning of this spring the great lady Gulrukh Begim, the daughter of Mirza Kamran, made a request that her daughter enter the eldest prince's harem. The emperor granted the request, and a celebration was prepared and the rituals of *nisar* and *sachiq* were held. On the eve of the seventh of Isfandarmudh [February 25], the world lord hosted a gathering in Maryam-Makani's quarters, and at an auspicious hour the marriage was concluded and the bride was entrusted to the harem.

On the twenty-third [March 13], Pahar Khan died in Burdwan, and condolences were offered to those he left behind.

آغاز سال سی و هشتم الهی از جلوس مقدّس حضرت شاهنشاهی، یعنی سال اردی‌بهشت از دور چهارم

شب یکشنبه هفدهم جمادی الآخر سنهٔ هزار و یک هلالی پس از سه ساعت و پنجاه و پنج دقیقه روشنی‌افزای صورت و معنی ببرج حمل پرتو انداخت. افسردگان خاکی‌را افلاکی شوق هم‌آغوش شد و زمینیان‌را با آسمانیان همرنگی پدید آمد. ۳۰۴

دستِ صبا برفروخت مشعلهٔ نوبهار — مشعله‌داری گرفت کوکبهٔ شاخسار
گشت ز پهلوی باد خاکِ سیه سبزپوش — گشت ز پستانِ ابر هر خزفی شیرخوار

گیتی‌خدیو بیاوری نوبهار برنشست و دولتخانه‌را پایه‌دهِ فروردین برساخت و تا شرف هر روز والا جشنی پیرایه برگرفت و کامروائی که و مه چهره برافروخت.

هشتم فروردین خانخانان از سند آمده بسجود نیایش سربلندی یافت. میرزا جانی بدولت بار نشاط اندوخت و جبین نیایش بر زمین نهاد و تارک بختوری بآسمان برافراخت. فیروزی سپاه پس از آشتی در قصبهٔ سنّ بیست کروهی سیهوان بنگاه ساخت. چون هنگام بارش بسرآمد انتظار آمدن میرزا و روان شدن بدرگاه والا میبردند. ناگاه پیغام رسید که چون لختی پریشانی روی داده و دراز راهی در پیش، پس از گرفتن محصول خریف رو بدرگاه والا خواهد نهاد و نیز پیمان بود که این روی سیهوان بما باز گذارند و هنوز نیرن کوت[۱۶۳] و هالاکندی نگذاشته‌اند. اولیای دولت آمده‌را نگاه داشته

The Thirty-Eighth Year after the Imperial Accession: Urdibihisht Year of the Fourth Duodecennial Cycle

After the elapse of three hours and fifty-five minutes of the eve   304
of Sunday the seventeenth of Jumada II 1001,[76] the sun cast its
rays upon Aries: the frozen things of the earth rejoiced like the
celestials, and the peoples of the earth marched in step with the
denizens of the heavens.

> *The hand of the zephyr lit the torch of spring; the finial of the*
> *   branch became a torchbearer.*
> *From the breeze the black earth clad itself in green; every aged*
> *   thing drank milk from the breast of the clouds.*

The world lord celebrated the advent of spring and had
the imperial quarters decorated for the commemoration of
Farwardin. There was a celebration every day until the exalta-
tion, and everyone rejoiced.

On the eighth of Farwardin [March 28] the khankhanan came
from Sind to pay homage. Mirza Jani Beg was honored to be
admitted to court. After the truce, the imperial troops took up
residence in the town of Sann, twenty leagues from Sehwan.
When the monsoon began they waited for the mirza to come
to set out for court. With no warning a message arrived saying
that since there was some trepidation and the way was so long,
he would set out for court after he had collected the taxes on
the autumn harvest. He also said that a promise had been made
to give him everything that side of Sehwan, but Parankot and

تیزدستی فراپیش گرفتند. شاه بیگ خان، غازی خان، جانش بهادر، نورم خواجه‌خضری و برخی بهادران از آب سند گذشته براه خشکی تتهه‌سو روانه شدند و بختیار بیگ، قرا بیگ، محمد خان نیازی، بهادر خان قوردار، خواجه مقیم بخشی، علی‌مردان بهادر، خواجه حسام الدین، سالار بیگ سرمدی، مبارز بیگ، سبحان‌قلی، تاج خان، نورالدین، سعید بیگ و جوقی دیگر بجنگی غرابها دریانوردی گزیدند و شیر خان، خولکان لنکاه ،دده بیگ، علی آقا و چندی کنار دریا پای همّت در راه نهادند و قرار یافت که هر سه فوج از یکدیگر آگاه بوده راه بسپرند و به تیزدستی نصیرپوررا که میانه‌جای اُلکاست بدست آورند. همگی بسیچ آنکه میرزا یازش درگاه پیش گیرد. پس از روزی چند خانخانان ایلچی‌را گرانبار اندرز فرستاده خود نیز ازپی درآمد و فوجها بر نصیرپور چیره‌دستی یافت. میرزا از تتهه برآمده در سه کروهی منزل داشت بدان آهنج که عقبات تا جویباررا استوار گرداند. چون خانخانان بنصیرپور رسید آن سه فروج‌را بر همان آئین پیشتر روانه ساخت. چابکدستان بر اردوی میرزا دست تاخت برگشادند و چندی ارغونیان نیز پیوستند. میرزا بلابه‌گری درآمد و کاردیدگان‌را فرستاده از پیمان‌شکنی بازپرسید. پاسخ دادند «عهد ما گسیختگی برنتابد و اندیشهٔ دیگر پیرامون خاطر نیست، لیکن چنان شنوده شد که فرنگی سپاه هرموز یازش این سرزمین دارد. ازین رو یورش بندر لاهری در پیش است.» و یغمارا پوزش برگذارده برگرفته باز فرستادند. خانخانان نیز پیوسته بپیام یکجهتی گرمخوئیها نمود. دهم آبان پیشین سال سواره یکدیگررا دیدند از دوربینی خانخانان بشهر تتهه روان شد. بظاهر آهنگ سیر آنجا بود، لیکن همگی اندیشه آنکه پایان آب برگیرد و دگرگونگی در خاطر ارغونیان راه نیابد. چون لختی بدانسو رفت و خاطر فراهم آمد برگذارد «چون پیوند دوستی شد سزاوار آنست که نواره بسپرند

Halakandi had not been vacated. The friends of fortune detained the messenger and set out. Shah Beg Khan, Ghazi Khan, Janish Bahadur, Nur Muhammad Khwajakhizri, and other warriors crossed the Indus and took the land route to Thatta, while Bakhtyar Beg, Qara Beg, Muhammad Khan Niyazi, Bahadur Khan Qordar, Khwaja Muqim Bakhshi, Ali Mardan Bahadur, Khwaja Husamuddin, Salar Beg Sarmadi, Mubariz Beg, Subhanquli, Taj Khan, Nuruddin, Sa'id Beg, and another troop went by river in battleships. Sher Khan, Khulkan Lankah, Dädä Beg, Ali Aqa, and some others kept to the riverbank. It was decided that the three divisions would keep in touch with one another as they proceeded and get hold of Nasirpur, which is at the midpoint of the territory. Their only thought was to get Mirza Jani Beg to go to court. After several days the khankhanan gave the emissary good advice and sent him back, and then he set out in his wake, and the troops gained dominion over Nasirpur. Mirza Jani Beg left Thatta and camped three leagues away, thinking he would fortify the summits as far as the canal. When the khankhanan reached Nasirpur, he sent the three divisions forward just as they were. They raided the mirza's camp, and several Arghunians joined them. The mirza began to plead and sent diplomats to complain of the breaking of the truce. "Our pact is unbreakable," came the reply, "and we have no other thought in mind. However, it has been heard that the European garrison at Hormuz is coming on an expedition to this land, and therefore we are proceeding to Bandar Lahori." Apologizing, they sent back what had been plundered. The khankhanan joined and cheerfully promised unity. On the tenth of Aban of the previous year [October 21, 1592], the khankhanan and Mirza Jani Beg met each other on horseback, and then the khankhanan set out with foresight for

تا دور و نزدیک‌را جای سخن نماند و یافه‌درایان بکنج خموشی درکشند.» میرزا ناگزیر پذیرفته همگی ملک بفیروزی سپاه بازگذاشت و در سامان رفتن والا درگاه شد. خانخانان پس از سیر تتهه ببندر لاهری رفت و شاه بیگ خان، بختیار بیگ، فریدون برلاس و برخی کارآگهان‌را رخصت کرد که با میرزا روانهٔ پیش گردند. و جوقی در تتهه گذاشته براه خشکی بازگردید و نزد باغ فتح خود نیز پیوست. بیست و نهم بهمن

سیّد بهاء الدین	سالار بیگ
حسن علی عرب	محمد زمان بدخشی
محمد خان نیازی	نور محمد خواجه‌خضری
خواجه مقیم بخشی	خاکی گله‌بان
بهادر بیگ	خولکان
مبارز بیگ	دولت خان

و بسیاری‌را بر آن ملک یتاقی گذاشته با میرزا روانهٔ درگاه شد. هرچند خواست که اهل و عیال‌را به تتهه بگذارد نپذیرفت. زه‌وزاد خود و نوکررا از راه دریا و خشکی راهی ساخت و خود همراه خانخانان بتیزروی میان بربست و بآستانبوس کام دل برگرفت. شاه بیگ خان، میرزا فریدون برلاس، جانش بهادر، بختیار بیگ، قرا بیگ، شیر خان، علی‌مردان بهادر، شریف سرمدی، بهادر خان قوردار، میرزا حسام الدین، شمشیر عرب، سیّد درویش، تنگری‌بردی، تاج خان و از اعیان تتهه شاه‌قاسم ارغون، خسرو بائی خان، ایل دستم، سیف الله عرب، ندیم کوکه بدولت بار رسیدند و هر یک بخسروانی نوازش سربلندی یافت.

the city of Thatta. Ostensibly he was going to tour the place, but on his mind was to take everything downriver and not allow the Arghunians to change their minds. When he had gone a little way in that direction and his mind was at ease, he said, "Now that there is a bond of friendship, it would be appropriate for you to turn over your fleet to keep people from talking and to silence idle prattle." There was little the mirza could do but accept and turn over his entire territory to the imperial forces while he got ready to go to court. After touring Thatta, the khankhanan went to Bandar Lahori, and he sent Shah Beg Khan, Bakhtyar Beg, Faridun Barlas, and others to accompany the mirza. After stationing a garrison in Thatta he returned by land, and he joined the others near the Fath Bagh. On the twenty-ninth of Bahman [February 18, 1593], he stationed Sayyid Baha'uddin, Hasan Ali Arab, Muhammad Khan Niyazi, Khwaja Muqim Bakhshi, Bahadur Beg, Mubariz Beg, Salar Beg, Muhammad Zaman Badakhshi, Nur Muhammad Khwajakhizri, Khaki Gallaban, Khulkan, Daulat Khan, and many others to protect the territory and set out with the mirza for court. The mirza wanted to leave his household and family in Thatta, but the khankhanan refused to allow it, so he dispatched his people and liege men both by water and by land and set out together with the khankhanan for court. Shah Beg Khan, Mirza Faridun Barlas, Janish Bahadur, Bakhtyar Beg, Qara Beg, Sher Khan, Ali Mardan Bahadur, Sharif Sarmadi, Bahadur Khan Qordar, Mirza Husamuddin, Shamsher Arab, Sayyid Darwesh, Tängriberdi, Taj Khan, and the nobles of Thatta, Shah Qasim Arghun, Khusrau Bai Khan, El Dastam, Saifullah Arab, and Nadim Koka, were given audience, and every one was exalted by regal favor.

میرزا جانی پور پاینده‌محمد بن میرزا باقی بن میرزا عیسی بن عبد ۳۰۵
العلی بن عبد الخالق از نژاد شکل بیگ ترخان. چون پدر او ایگوتیمور
در آویزهٔ تقتمش خان جان سپنجی مردانه برفشاند صاحبقرانی اورا
در خردسالی برنواخت و بپایهٔ ترخانی برآورد. بچهار پشت بارغون خان
بن اباغه[۱۶۴] خان بن هلاگو خان بن تولی خان بن چنگیز خان میرسد.
فرمانروایان دادگر از چندی بلندگان سعادت‌سرشت برخی کن و مکن
برگرفتی و بدان نام روشناس گردانیدی. ترخان صاحبقران چنان بود
که چاوشان اورا از هیچ جا بازنداشتی و تا نه گناه ازو و فرزندان او
بازنپرسیدی. قاآن بزرگ چنگیز خان قشلیق و باتا[۱۶۵]را بپاداش آنکه از
غنیم آگهی داده بودند بدان پایه نوازش فرمود و از عاطفت‌فزونی
از بار فرمایش نیز سبکدوش گردانید و از یغمای او شهنشاهی بخش
بدو بازگذاشت. و برخی ترخان‌را بهفت چیز سربلند گردانیدی. طبل
تمن توغ و نقاره دو کس‌را از گزیدگان خود قشون توغ بردهد و
چِپَر[۱۶۶] توغ و قور نیز بردارد. و آئین مغول آنست که جز فرمانروا ۳۰۶
ترکش هیچ یک بروی دست نگیرد و شکارگاه او نیز قُرُق باشد و
هرکه بدانجا درشود تن بنوکری دهد. خواه بزرگ الوس خود باشد.
در سر دیوان امرا از هر دو سوی او و کمانداری دورتر نشینند. چون
تغلق‌تیمور امیر بولاجی‌را بدین نوازش سر برافراخت داد و ستد تا
هزاری نیز برای او بازگردانید و فرود که از فرزندان او تا نه شکم
بازخواست نباشد و چون گناه از نه بگذرد به بازپرس درآیند و در
پاداش چون بر اسپ نقرهٔ دوساله برنشانند تا پای اسپ سفید نمد
اندازند. گذارش اورا یکی از بزرگان برلاس عرضه دارد و پاسخ‌را یکی از
سران ارکیوت بدو بازرساند. سپس شهرگ او بگشایند و آن دو بزرگ

Mirza Jani is the son of Payanda Muhammad, the son   305
of Mirza Baqi, the son of Mirza Isa, the son of Abdul-Ali,
the son of Abdul-Khaliq, who was descended from Shäkäl
Beg Tarkhan. When Shäkäl Beg's father, Eygü Temür, died
bravely in battle with Toqtamish Khan,[77] the Sahib-Qiran
[Amir Temür] elevated him despite his youth and promoted
him to the rank of *tarkhan*. He was four generations removed
from Arghun Khan, the son of Abaqa Khan, the son of
Hülägü Khan, the son of Tolui Khan, the son of Genghis
Khan.[78] Just rulers exempted some of their high-ranking
officers from certain obligations and restrictions and called
them by the name *tarkhan*. The Sahib-Qiran's *tarkhan* was
one whom the sergeants-at-arms would not prohibit from
any place and who—and whose progeny—could commit
up to nine offenses with impunity. The great Genghis Khan
elevated Qishiliq and Bata to that level as a reward for having
informed him of his enemies,[79] and in his great kindness he
exempted them from the burden of obeisance and relieved
them of having to pay the ruler's share of booty. Some
tarkhans had seven privileges: (1) *tümän tugh;* (2) *naqara;*
(3) the right to confer a *qushun tugh,* also called a *chapar
tugh,* on two persons of his own choosing; (4) [commander-
ship of the entire Moghul nation]; (5) the right to carry arms
into the khan's assembly—it is a Mongolian custom that no
one other than a ruler can carry a quiver in his hand; (6) his
hunting ground was sacrosanct, and anyone who entered
it, even a chieftain, made himself liable for service; and (7)
in council other commanders would sit a bow length away
from him on both sides.[80] When Tughlugh Temür elevated
Amir Bolaji to this rank,[81] he gave him two additional priv-

از دو سو نگاهدارند تا کار او بانجام رسد. آنگاه از پیشگاه حضور برآورده بسوگواری برنشینند. خضرخواجه امیر خدادادرا بدین پایه برآورد و سه دیگر برافزود. روز توی که همگی بزرگان پیاده باشند و یک یساول فرمانروا سواره مردم‌را بهنجار دارد هنچنان ازو نیز سواری هنگامه‌را بیاراید، و چنانچه در آن بزم شادکامی در طرف راست در پهلوی کورگا پیالهٔ خان‌را[۱۶۷] داشته باشد از دست چپ آن نیز ساغری بدانسان دارند. و مُهر او نیز بر روی فرامین باشد، لیکن سکّهٔ فرمانروا بر سر آخرین سطر بود و ازو در پایان آن.

۳۰۷ همگی نوازشها اگر از روی فهمیدگی بود رضامندی جهان‌آفرین‌را همدوش. و آنکه تا نه گناه هرگونه باشد نپرسند همانا بشایستگی پیوندی ندارد. و اگر بزرگان دوربین بآزمون فراگرفته باشند که ازو نکوهیده‌کاری سر برنزند و برای سرفرازی چنین حکم رفته باشد لختی گنجائی دارد، لیکن آنکه از نه شکم بازپرس نرود همانا ایزد توانا اورا آینده دانی کرامت فرموده باشد. سخن کجا بود؟ برای شادابی کجا کشید؟

ileges, that of appointing and demoting commanders up to the level of a thousand and that his progeny would not be held accountable for nine generations. When the number of offenses went past nine, they would be called to account, but even when retribution was to be made, they would be seated on a two-year-old silver horse, and white felt would be spread to the horse's feet. His representation would be read out by a noble of the Barlas clan, and the sentence would be communicated by one of the heads of the Ärkä'üt.[82] Then his jugular vein would be opened, and the two nobles would hold him up on either side until he died, and only then would he be removed from the presence of the emperor and mourning would be held. Khizr Khwaja also elevated Amir Khudadad to this rank, adding three more privileges: (1) on banquet days, when all the nobles were standing and only one of the ruler's sergeants-at-arms was mounted to keep everyone in order, he too would be allowed to ride; (2) at celebrations, just as someone holds the ruler's goblet of wine to the right of the royal drum, one would be held for him on the left; (3) his seal could go on edicts, but the seal of the ruler would be above the last line while his went below it.[83]

If all favors were conferred with perfect understanding, they would be at the same level as the pleasure of the world creator, but that a person would not be questioned for any sort of offense up to nine has no connection whatsoever to propriety. If farsighted nobles have undertaken to test people and discovered that no unpraiseworthy act has been committed, and if such an order is given for the sake of ennobling that person, then it is somewhat understandable, but that there should be no inquiry for nine generations! It would

307

چه میگفتم؟ سخن محمل کجا راند؟ کجا رفتـیم؟ و رختِ ما کجـا مانـد؟

میرزا عبد العلی نزد سلطان محمود میرزا پور سلطان ابوسعید میرزا بوالاپایگی رسید و دارای بخارا شد. شیبک خان اوزبک پیش او میبود. چون بسلطنت گرائید از تبه‌رایی خدیو خودرا با پنج پسر ازهم گذرانید و سرمایهٔ جاوید زیان فراهم آورد. میرزا عیسی شش‌ماهه بود. الوس ارغون از بی‌سری ماوراءالنّهررا گذاشته لختی بخراسان آمد. میر ذوالنّون بیگ ارغون نزد سلطان حسین میرزا بزرگ بود. قندهار و سیستان و زمین‌داور باقطاع او داد. چون بدیع الزّمان میرزا ببدگوهری از سلطان حسین میرزا رو برتافت میر ذوالنّون با او همراه بود و دخت خود بدو داد. چون روزگار سلطان حسین میرزا سپری شد دو پور او بدیع الزّمان و مظفّر میرزا سریر آراستند و پراکندگی در آن دیار راه یافت. شیبک خان بآویزه آمد. میر ذوالنّون در پیکار او فرو شد. شاه بیگ پور او قندهاررا نگاه میداشت. فردوس‌مکانی‌را از کابل برخواند که در خدمت بوده بخراسان رود. چون نزدیک رسیدند بآویزه درآمد و بسترگ آویزش شکست یافت و قندهار و اندوختهٔ سالها از دست رفت. فردوس‌مکانی ناصر میرزارا گذاشته بکابل برگشت. او برهنمونی مقیم برادر شیبک خان بقندهار آمد و ناصر میرزا بگزین روش یتاقداری نمود. چون شورش خراسان بلندآوازه شد بآشتی بازگردیده و پس از چندی ناصر میرزا قندهاررا بی‌جهت گذاشته بکابل رفت. شاه بیگ خان تیزدستی نموده برگرفت و چون شیبک خان در آویزهٔ شاه اسمعیل صفوی بباد‌افراه خداوندکشی رسید شاه بیگ بطلب شاه بهری رفت و

look as though God Almighty had given him the power of knowing the future. Where has this digression taken us?

What was I saying? Where has the narrative got to? Where were we going? Where has our baggage been left?

Mirza Abdul-Ali attained high rank with Sultan Abusa'id Mirza's son Sultan Mahmud Mirza and became the governor of Bukhara. Shaibak Khan the Uzbek lived with him. When Shaibak Khan attained the rule he viciously killed his lord and five of his sons—to his eternal damnation. Mirza Isa was six months old at the time. Because they had no leader, the Arghun clan abandoned Transoxiana and went into Khurasan. Mir Zu'n-Nun Beg Arghun was a noble under Sultan Husain Mirza, and Kandahar, Seistan, and Zamin Dawar were enfeoffed to him. When Badi'uzzaman Mirza rebelled against Sultan Husain Mirza, Mir Zu'n-Nun joined him and gave him his daughter. When Sultan Husain Mirza died, his two sons Badi'uzzaman and Muzaffar Husain Mirza mounted the throne together, and chaos erupted in the kingdom. Shaibak Khan invaded, and Mir Zu'n-Nun died fighting him. His son Shah Beg held Kandahar.[84] He invited Firdaus-Makani [Babur] from Kabul so that he might enter his service and go to Khurasan. When they were near there fighting broke out, and he was defeated in a large-scale battle and lost both Kandahar and what he had amassed over the years. Firdaus-Makani stationed Nasir Mirza in Kandahar and returned to Kabul. At the instigation of Shah Beg's brother Muqim, Shaibak Khan went to Kandahar, but Nasir Mirza defended it well. Then,

651

زندانی شد. سنبل نام غلامی از نیکذاتی و حقیقتمنشی با چهل سره مرد ارغون پیمان بربست و بهرات رفته بازرگانی فراپیش گرفت و دکانی چند برآراست. بخجسته روشها ببهانهٔ خبر رساندن بزندان شدی و به پخته‌کاری راز برگذاردی. شاه بیگ دیگر بندیان‌را بخود یاور گردانید آن وفاکیش کارآگاه تکاوران تنومند جنگ بدست آورد و واژگون نعل برزد. شبی داروی بیهوشی بخورد نگاهبانان داده از زندان برآورد و از خردرهنمونی بقندهار آمد و پس از چندی فردوس‌مکانی بیازش پیکار او رفت. او در خود نیرو ندیده بقلعه در شد و پس از دو سال بآشتی برگرفتند و او بسوی شال[۱۶۸] رفته در کمین میبود. از آنجا بسیهوان آمد و از جام ننده[۱۶۹] که از الوس جادون بود و برهمه زبان‌زد روزگار، سیوستان برگرفت و در زمان پور او جام فیروز بر همگی سند چیره‌دستی یافت و ملتان‌را از لنکاهان بدست آورد. و چون رخت هستی بربست میرزا شاه حسین پور او جانشین شد. جنّت‌آشیانی در آن ناکامی بسر وقت او رسیدند. از خردغنودگی بستیزه درآمد چنانچه لختی در نخستین دفتر گذارش یافت. از بادافراه تباه‌کاری سررشتهٔ شناسائی از دست داده نیکوخواه از بداندیش نشناختی و عیار نیکوئی بچرب‌زبانی و حرفسرائی گرفتی. پیوسته شش ماه پایان‌پویهٔ آب شدی و شش ماه بالارویه شتافتی. در آن هنگام که بهکررویه رفت کستک میر شاهم و کوچک که در الوس ارغون نامور بودند میرزا عیسی‌را که در پیشین زمان بزرگی الوس در نیاگان او بود برداشتند و تغلق‌آباد و تتهه برگرفت. میرزا شاه حسین ازین آگهی ببهکر نارسیده برگردید و بیاوری سلطان محمود کوکلتاش او که ایالت بهکر داشت نزدیک کوه هفت دختر

when chaos erupted in Khurasan, he made a truce and withdrew. A little while later Nasir Mirza abandoned Kandahar for no good reason and went to Kabul. Shah Beg leaped into the breach and got control of it, and when Shaibak Khan paid the price for killing his overlord in battle with Shah Isma'il the Safavid, Shah Beg went to Herat at the shah's request and was imprisoned. A faithful slave named Sumbul banded together with forty good Arghun men and went to Herat, where he engaged in commerce and established several shops. With clever methods and on the pretext of delivering a message, he got into the prison and revealed his plan. Shah Beg got the other prisoners to cooperate, and the faithful servant got several strong war horses and had them shod with the horseshoes backward. One night he put a sleeping draught in the guard's food, got Shah Beg out of prison, and went to Kandahar. A little while later Firdaus-Makani went to do battle with him. Realizing that he did not have the power to resist, he holed up in the fortress. Two years later a truce was made, and he went to Shal, where he lay in wait. Then he went to Sehwan and took all of Siwistan from Jam Nanda of the Jadon clan, who was known to all as Brahma. During the time of Nanda's son Jam Firoz, Shah Beg attained dominion over all of Sind, and he took Multan from the Lankahs. When he died he was succeeded by his son Shah Husain. Jannat-Ashyani [Humayun] went to him during his misfortunes, but Shah Husain foolishly went to war with him. (Some account of this has been given in the first volume.)[85] In retribution for his wickedness he lost his power of discrimination and could not distinguish friend from foe, taking flattery and sycophancy to be marks of

رودباری بر رو داده بآویزه نشست و شش ماه پیکار کشتی در میان بود. از بدگوهریِ سلطان محمود آشتی گونه کردند و ملک تتهه پنج حصّه شد: سه بخش بمیرزا عیسی بازگردید و دو بمیرزا شاه حسین. و سپس آن ناسپاس سراب‌را از خداوند خویش که بآن خود داشت بازگرفت. در آن سال که جنّت‌آشیانی بعلوی‌سرا خرامید درگذشت و همگی آن ملک بمیرزا عیسی بازگردید. چون پیمانهٔ هستی او پر شد پور او میرزا باقی جانشین گشت. سودا بر مزاج او چیرگی یافت. قبضهٔ شمشیر بدیوار بند کرد و نوک آن‌را بر شکم خلانده فرو شد. ارغونیان بر پسر او میرزا پاینده که پیغوله‌دوست و دیوانه‌وش بود نام سری برنهادند و کار ملک بمیرزا جانی بیگ پور او گرائید. پیشین سال آن ربودهٔ خاموش رخت از دنیا برداشت.

برای سخن شادابی لختی بپهنا رفت و باز بهمان راستی داستان که پایان مباد میگراید.

۳۰۸ پانزدهم فروردین شاهم خان جلایر و قاسم خان نمکین از تیول آمده دولت بار یافتند و بخسروانی نوازش سر برافراختند.

روز شرف جشن قمری وزن نشاط افزود و آن والاگوهررا بهشت چیز برسختند و فراوان آرزومند کام دل برگرفت.

درین روز ولایت تتهه در اقطاع میرزا شاهرخ دادند و میرزا جانی بیگ‌را منصب سه هزاری و صوبهٔ ملتان عنایت شد و هرکدام از خدمتگزینان سند پاداش نیکوکاری برگرفت. شاه بیگ خان دو هزار و پانصدی گشت و سیّد بهاء الدین هزاری. و همچنین هر یک درخور نوازش یافت. درین روز میرزا قبادرا که بزندانی دبستان آگهی میآموخت رهائی شد.

support. For six months he went upriver, and for six month
he went downriver. When he went to Bhakkar, Kastak,
Mir Shaham, and Küchik, who were renowned among the
Arghuns, elevated Mirza Isa, whose forefathers had held the
leadership of the clan, and seized Tughluqabad and Thatta.
When Mirza Shah Husain learned of this, he turned back
before reaching Bhakkar, and with the help of his *kükältash*
Sultan Mahmud, who held the governorship of Bhakkar, he
got ready for battle near Haft Dukhtar Mountain, position-
ing himself with a stream in front. There were naval battles
for six months. Through the evil machinations of Sultan
Mahmud a sort of truce was arranged, and the territory of
Thatta was divided into five portions, three going to Mirza
Isa and two going to Mirza Shah Husain. Then the wretched
[Sultan Mahmud] took away the wine to which his overlord
had become addicted. He died the same year Jannat-Ashy-
ani passed away, and the entire realm went to Mirza Isa.
When he died, he was succeeded by his son Mirza Baqi, but
he was mad. He stuck the hilt of his sword in a wall and then
drove the point into his belly. The Arghuns gave the nomi-
nal position of ruler to his son, Mirza Payanda, who was a
mad recluse, but the administration of the realm devolved
upon his son, Mirza Jani Beg. The mad Mirza Payanda died
during the previous year. We have digressed somewhat in
order to give the background to what has happened. Let us
now return to our history, which hopefully will have no end.

On the fifteenth of Farwardin [April 4], Shahim Khan Jalayir   308
and Qasim Khan Namakin came from their estates to pay homage,
and they were warmly received.

۳۰۹ و از سوانح رفتن میرزا کوکه بحجاز. از دیر باز واهمه برو چیره‌دستی داشت. چنان پنداشتی که دیهیم‌خدا ازو دلگرانی دارد و نوازش‌را بنکوهش برگرفتی. درین هنگام که نیکوپرستاری نمود از مهرافزونی به پیشگاه حضور برخواندند. کهن سودا برجوشید و بنادرست اندیشه‌ها فرو رفت، نه همّت یاور که واهی خیال‌را واقع شمرده بدرگاه آورد و نه فروغ شناسائی که چاره‌ساز کنج‌اندیشی گردد. نورنگ خان، گوجر خان، خواجه اشرف و بسیاری شاهی بندگان‌را رخصت جایگیر داد و خود بجونه‌گده روان شد و بدانجا نرسیده دوارکاسو بازگردید که برسم پخته‌کاران راه غربت گزیند و سربسته رازرا پیش چندی دمسازان برگشود و بپوربندر شتافت. آن معموره‌ایست بر کنارهٔ شور دریا، سنگین حصار، بیشتر دیوار خانه از سنگ، و از آنجا ببنگلور شد. چنان وانمودی که گشایش بندر دیو در سر است و از همگی بنادر گجرات که آبادی دیو از آنست آمد و شدِ بازرگانان بازداشت. گروه ترسا ستوه آمده بآشتی گرائید و پیمان شد جهاز الهی که پیوسته در دیو برآمایند امسال نیمه پر سازند و نیمهٔ دیگر هر جا که خدیو آن خواهد برآموده گردد و ده هزار محمودی از خراج آن باز نخواهند و در آینده هر جا که خواهد رود و هیچکس‌را بدو بازخواستی نباشد. و برای غلط‌اندازی بجام و بهارا نوشت که از راه سند بدرگاه والا میشتابد، آمادهٔ همرهی باید شد. و آن راه‌را منزل بمنزل برنوشت و آب و آذوق‌را اندازه برگرفت. چون به پتنِ سومنات رسید میر عبد الرزاق بخشی و سیّد بایزیدرا پابند گردانید و با سپاه پیمان بست که از رفتن باز ندارند. پانزدهم فروردین از بندر بلاول که نزدیک سومنات است بجهاز الهی درآمد و شش پسر (خرّم، انور، عبدالله، عبد اللطیف، مرتضی، عبد الغفور) و شش دختر و مامکان اینان‌را بکشتی

On the day of exaltation the emperor's lunar weighing ceremony was held amid great rejoicing, and he was weighed against eight items. Many hopeful persons had their fondest wishes granted.

On the same day the territory of Thatta was enfeoffed to Mirza Shahrukh, Mirza Jani Beg was awarded the rank of three thousand and the province of Multan, and every one of those who had served in Sind received a reward for his performance. Shah Beg Khan was promoted to the rank of two thousand five hundred, Sayyid Baha'uddin was promoted to the rank of one thousand, and so on. The same day Mirza Qubad, who had been imprisoned, was released.

Mirza Aziz Koka goes to the Hejaz

For a long time Mirza Aziz Koka had been suffering from an overactive imagination, and, thinking the emperor was angry with him, he took every act of favor as a rebuke. At this point, when he had served well, he was kindly summoned to the imperial presence, but his chronic madness flared up and he was seized by improper thoughts. He had neither the courage to consider his imaginings as real and go to court nor the awareness to treat his retirement. He gave Naurang Khan, Gujar Khan, Khwaja Ashraf, and many imperial servants leave to go to their estates while he himself set out for Junagadh, but before he got there he turned back to Dwarka in order to go into exile. He revealed his secret to some of his confidants and went to Porbandar, which is a flourishing place on the seacoast. It has a stone fortress and most of its walls are stone. From there he went to Manglor. Giving out that he was going to conquer the port of Diu, he stopped the comings and goings of merchants from all the ports of Gujarat, among

درآورد و خواجه بابا حافظ، عبد الرحمن، ملا یوسف، حکیم مسعود، محمد حسین، قاسم‌علی و جز آن تا صد کس‌را همراه گرفت. شب لنگر برداشته از قبلهٔ امید دوری جست. گیتی‌خداوند ازین آگهی بر کج‌بینی و تبه‌رایی او بخشود و رستگاری و راه‌یابی او از ایزد درخواست و بر قدسی زبان رفت «هرگاه با جهود و نصاری و دیگر مردم راه آشتی سپرده میشود چگونه بآزار پروردگان خویش برخیزیم؟ عزیزرا چنان دوست میداریم که اگر یازش کج‌اندیشی نماید ما بجز نیکوئی برنسگالیم. اگر مام اورا در رنج دوری کارسپری شود رهائی او از سختی روزگار دشوار مینماید. ورنه زود از کرده پشیمان گردد.» فرمودند «پیشتر ازین مادر میرزا بحضور آمد تا آگاه شدن کاسهٔ آب‌آمود بگرد سر من گردانیده برآشامید. چون پژوهش رفت پاسخ داد امشب چنان بخواب نمودند که ناملایمی بروزگار شاهنشاهی راه یافته. آن‌را بر خویشتن برگرفتم. همانا پور خودرا در پیکر من دیده بود.» فرزندان و منسوبان او که بدراز اندیشه آسیمه‌سر بودند بخسروانی نوازش نشاط اندوختند. شمسی بزرگ پور اورا بهزاری سرفراز گردانیدند و شادمان پسر دیگررا پانصدی. و آباد جایگیر مرحمت شد. از دید مهربانیها تازه زندگانی یافتند و ازکردار پدر بشرمساری برنشستند.

which is the prosperous Diu. The Christians were hard pressed and sued for a truce, promising that this year the ship *Ilahi*, which is loaded at Diu, would be only half filled, the other half being loaded wherever the captain wanted, and they would not ask for the ten-thousand-Mahmudi fare. It would land wherever he wanted, and no questions would be asked. In order to deceive the Jam and Bhara he wrote to them saying that he was going to court via Sind and they should be ready to accompany him. He traveled the route stage by stage and had sufficient water and provisions. When he arrived in Patan-Somnath, he arrested Mir Abdul-Razzaq Bakhshi and Sayyid Bayazid and extracted a promise from the soldiers that they would not prevent him from leaving. On the fifteenth of Farwardin [April 4] he embarked on the ship *Ilahi* from the port of Veraval near Somnath, and he put six of his sons—Khurram, Anwar, Abdullah, Abdul-Latif, Murtaza, and Abdul-Ghafur—and six of his daughters and their nurses onto the ship and also took Khwaja Baba Hafiz, Abdul-Rahman, Mulla Yusuf, Hakim Mas'ud, Muhammad Husain, Qasim Ali, and a hundred others. Anchor was weighed by night, and he sailed away from the *kiblah* of hope. When the emperor learned of this, he forgave his lack of vision and erroneous thinking and asked God to deliver him and lead him aright. The emperor was heard to say, "When we tread the path of peace with Jews, Christians, and other peoples, how can we rise up to harm one of those nurtured by ourselves? We love Aziz so much that even if his thinking is crooked, we can think nothing but good of him. If his mother should die of grief in his absence, it will be difficult for him to escape a harsh fate. Otherwise, he should soon repent of his action." He also said, "Awhile ago the mirza's mother came to us. Before we knew what she was doing, she passed a bowl of water

٣١٠ و از سوانح بازگردیدن مرزبانی گجرات بشاهزاده سلطان مراد. چون میرزا کوکه راه نافرمانی سپرد و آن ملک بی‌پاسبان ماند دهم اردی‌بهشت بدان نونهال اقبال فرمان شد که کاردیدگان سیرچشم فرستاده آن‌را بدادگری خویش برگیرد و چون پاسدار مالوه برسد آن‌را بدو سپرده بآن دیار شتابد.

بیست و هشتم یادگار حکمت‌پژوهان ملک الشّعرا شیخ فیضی از دکن بازگردید و پس از یک سال و هشت ماه و چهارده روز بسجود قدسی آستان فرّخی برگرفت و بگوناگون نوازش سر برافراخت. او بوخشوری رفته بود. برهان از بدمستی و خودکامی اندرزپذیر نشد و نادرخور پیشکش فرستاده سرمایهٔ زیان‌زدگی فراهم آورد. و راجه علی خان لختی فرموده نیوشید و دخت خودرا با گزین عروسی رخت بخواستگاری بزرگ شاهزاده فرستاد.

٣١١ و از سوانح گشایش گنشان[١٧٠]. چون زین خان کوکه قلعهٔ چنگاری برگشود بقلعهٔ فتح‌آباد که در بجور اساس نهاده بود برنشست و مبارک خان، جلال خان و برخی سپاه‌را بدیدبانی سواد فرستاد. درین هنگام نگاهبانی آنروی سند تا هندوکوه بدو بازگردید و اقطاعداران آنجا بیاوری نامزد گشتند. بکندن خاربُن تاریکیان دست برگشود و به تیراه رو آورد. قاسم خان نزد جلال‌آباد جریده آمد و بزم یکجهتی آراسته قرار داد که او از راه بازارک بکهسار در شود و لشکر بنگش از آن سو درآید. کوکه از ایلم گذر بدین سگالش بکابل بازگردید. نزد گگیانی آصف خان از بنگش برآمد و همرهی گزید و در بگرام خواجه شمس الدین و دیگر امرا که از درگاه دستوری یافته بودند پیوستند. کوکه در آن گذر بنگاه ساخت. قاسم خان سپاه کابل‌را سر کرده از راه بازارک به تیراه درآمد و یاران‌را که از سران افریدی بود در آویزش کار سپری شد و با آنکه دیگر سپاه نرسیده بود الوس

around our head and then drank it. When we asked her about it, she said, 'I had a dream that something untoward happened to the emperor, so I took it upon myself.' She must have seen her own son in my body." Mirza Koka's children and family, who were very upset, were consoled by the emperor. His eldest son, Shamsi, was promoted to the rank of one thousand, and Shadman, his second son, was promoted to five hundred and given a flourishing estate. With the sight of such acts of kindness they got a new lease on life and were thoroughly ashamed of their father's action.

The governorship of Gujarat is assigned to Prince Sultan Murad   310
When Mirza Koka took to disobedience and left his territory without a guardian, Prince Sultan Murad was ordered on the tenth of Urdibihisht [April 30] to send incorruptible administrators and take charge, and when the new governor of Malwa arrived he was to turn that province over to him and go to Gujarat.

On the twenty-eighth [May 18], Shaikh Faizi returned from the Deccan to prostrate himself before the emperor after an absence of one year, eight months, and fourteen days during which he had been there on an embassy. Burhanulmuk was too intoxicated by success and conceited to take advice and had sent some paltry tribute, which would surely be to his detriment. Raja Ali Khan, on the other hand, had listened to a bit of what had been communicated and sent his daughter with a fine dowry to be married to the eldest prince.

Ganshan is conquered   311
When Zain Khan Koka conquered the Changari fortress, he took up residence in the fortress at Fathabad, which he had established in Bajaur, and sent Mubarak Khan, Jalal Khan, and some

افریدی و اورک‌زئی لابه‌گری فراپیش گرفتند و بفرمانپذیری تن درداده چندی‌را بیرغمال سپردند. جلاله تاریکی تیراه گذاشته رو بولایت کافران نهاد. در آن هنگام که کوکه قلعهٔ چنگاری برگرفته بازگردید وحدت‌علی خویش او بیاوری یوسف‌زئی بر قلعهٔ گنشان و برخی ولایت کافران چیرگی یافته بود. قاسم خان‌را در جلال‌آباد و محمدقلی و حمزه بیگ اتالیق‌را در بگرام گذاشت و آصف خان و خواجه شمس الدین و سعید خان گکهر و تخته بیگ و برخی‌را همراه گرفته بدانسو ره نوردید. پیشتر از آنکه تاریکی غنوده‌بخت از آب کابل بگذرد فیروزی سپاه برگذشته راه برگرفت. ناکام بکهسار تیراه بازگردید. برخی‌را سگالش آن بود که بمالش او کوشش رود. کوکلتاش برگفت «بومیان تیراه فرمانپذیری فراپیش گرفته‌اند. همانا بدانجا راه نیابد و سر بآوارگی برنهد. اکنون همگی یازش بر آن شود که وحدت‌علی از پا درآید و پیش از آنکه این کهسار دشوارگذاررا استوار کند بآسانی ازو خاطر واپرداخته آید.» همه‌را دلپسند آمد. پرتال گذاشته از راه شاهزادی بکافربوم درآمدند و نزد موضع کندی‌کهار از دریای بجور که پهنای آن هفتاد گز و بس ژرف و تند بود بتازگی پل بسته برگذشتند. تاریکیان بهنگام گذشتن برشکسته بودند. خواجه شمس الدین‌را بپاسبانی پل و ایمنی راه گذاشتند و هفده منزل نشیب و فراز درنوردیده بکتل بزرگ هشت کروهی غنیم رسیدند. او قلعهٔ گنشان استوار کرده نخوت‌آرا بود. نیمهٔ راه بدان تنگی و ناهمواری که یک سوار بدشواری گذشتی و چهار کروه تیغه بود ده جا سنگچین کرده یازش پیکار داشتند. ششم خرداد کوکه با چندی پیش رفته در پژوهش منزلگاه بود. تخته بیگ، سعید خان، حیدرعلی عرب و دیگر رادمردان هراول‌را پیشتر فرستاد که گزین جائی گرفته بنشینند و دست بآویزش نیالایند. افغانان بر سر

others to guard Swat. At this point the responsibility for protecting that side of the Indus as far as the Hindu Koh was given to him, and the fiefholders in the area were assigned to assist him. He set out for Tirah to uproot the Tarikis. Qasim Khan went to the Jalalabad vicinity and joined him, and it was established that he would enter the mountains via Bazarak and the Bangash army would enter from that direction. Koka returned through the Ilam Pass to Kabul with this plan in mind. Asaf Khan emerged from Bangash near Gagiani and joined him, and in Bigram, Khwaja Shamsuddin and other commanders who had been sent from court also joined. Koka established his headquarters in the pass. Qasim Khan took command of the Kabul forces and entered Tirah through Bazarak, and Yaran, an Afridi chief, was killed in battle. Even before the other troops arrived, the Afridi and Urukzai tribes capitulated and accepted obedience, turning over a few hostages. Jalala Tariki abandoned Tirah and set out for Kafiristan. When Koka took the Changari fortress and turned back, Jalala's relative Wahdat Ali took the Ganshan fortress and gained dominion over part of Kafir territory with the help of the Yusufzai. Koka stationed Qasim Khan in Jalalabad, and Muhammadquli and Hamza Beg Ataliq in Bigram, and he took Asaf Khan, Khwaja Shamsuddin, Sa'id Khan Gakkhar, Tokhta Beg, and some others and set out in that direction. Before the ill-starred Tariki could cross the Kabul River, the imperial troops crossed and blocked his way, so he headed back into the mountains of Tirah. Some were of the opinion that they should endeavor to crush him, but the Kükältash said, "The locals of Tirah have accepted obedience. He won't be able to make his way there and will have to roam around. We should concentrate our efforts on bringing down Wahdat Ali and relieve our minds of him before he can

آن گروه هجوم آوردند و ناگزیر آوردگاه فروغ دلاوری برگرفت و غنیم‌را چهار بار برداشتند. کوکه ازین آگهی بهمان اندک مردم پیوست. آوای کرنا دل‌بای‌دادگان هراول‌را بخود آورد. بسیاری جا گذاشته بودند. تخته بیگ، سعید خان، حیدرعلی عرب با چندی پا از میدان بیرون ننهاده گرم پیکار بودند. از رسیدن کوکلتاش جانفشانی و جانستانی از سر گرفتند و دلیران آزمونکار از پی هم رسیده بآویزه می‌پرداختند. نخست آصف خان خودرا بچستی و چالاکی رسانید. تنگی جای و سه پهر آویزش برچه و جمدهر شگفت می‌افزود. ناگاه وحدت‌علی از تیغه نیارست برآمد. با گروهی انبوه بژرف‌نشیبی فرو رفت و بایزدی تأیید هنگامهٔ غنیم پراکنده شد و فیروزی دلهارا ببالش آورد و قلعهٔ گنشان و بسیاری آباد جا بدست درآمد و نیایشگری‌را روز بازار شد. بدگوهران بکوه بزرگ رسیده فرود آمدن گرفتند. این کهسار داروغه‌نشین مرزبان کاشغر است. همه سال برف‌آمود باشد. تیزدستان از پی رفته فراوان مرد و زن ببند گرفتند. بسیاری سران کافر پیوسته بسپاسگذاری درآمدند و در ناکامی افغانان کوشش نمودند. برخی بسوی چغان‌سرا بدخشان‌رویه شدند که از دریای بجور گذشته بدیگر کافرزمین پناه برند. جوقی از فیروزی سپاه به تیزدستی پل آنسو برشکستند. ناگزیر سران یوسف‌زئی (حاتم، بابا علی، هندال، شیخ حسین) قاسم خان و چندی‌را بزینهار دیدند. وحدت‌علی‌را نیز از آمدن گزیر نماند. از غنیم چهارصد کس‌را روزگار بسر آمد و هفت هزار کس گرفتار شدند و ازین سو سی کس به نیکنامی رخت هستی بربستند و صد و پنجاه کس‌را شگرف زخمها غازهٔ روشناسی گشت و تا کاشغر و بدخشان برگرفتند.

fortify the mountains, which are of such difficult access." This seemed like a good idea to everyone. Stashing their baggage, they took the Shahzadi road into Kafir territory, built a new bridge at Gandi Ghar across the Bajaur River, which is eighty cubits wide and very deep and swift, and crossed over. (The Tarikis had broken the bridge after they crossed.) Khwaja Shamsuddin was stationed to guard the bridge and assure the safety of the road, and after traversing eighteen stages of rugged terrain, they came to a great *kotal* eight leagues from the enemy. The foe had raised the defenses of the Ganshan fortress and was sitting there in arrogance. Halfway along the way, a road so narrow and tortuous that a single rider could scarcely negotiate it, and which was like a knife's edge for four leagues, the enemy had built a barricade of stone and was waiting to do battle. On the sixth of Khurdad [May 27], Koka and several others went forward looking for a place to stop. Tokhta Beg, Sa'id Khan, Haidar Ali Arab, and other warriors of the vanguard were sent forward to secure a position but not to engage in hostilities. The Afghans attacked them, and without warning a battle broke out. Four times they drove the enemy back. When Koka was informed, he and his few men set out to join them. Although they had already despaired of their lives, the sound of the trumpet brought them around. Many had abandoned their positions, but Tokhta Beg, Sa'id Khan, Haidar Ali Arab, and several others had not budged and were busy fighting. With Koka's arrival the fighting was renewed, and battle-scarred warriors leaped into the fray one after another and engaged in battle. First Asaf Khan got himself nimbly into the fray. The site was cramped, and it was the third watch, but hand-to-hand combat raged with spears and daggers. Suddenly Wahdat Ali could not get out of the pass. He and many others slid

۳۱۲ درینولا شهباز خان رهائی یافت. از کامروائی گوهر هوشمندی لختی به تیرگی گرائید. شهریار مهرباندل اورا بدسبتان پندپذیری برنشاند و چون نشان آموزش پیدائی گرفت پس از دو سال و چیزی بیست و چهارم خرداد برنواختند.

سی‌ام شیر بیگ تواچی‌باشی از بنگاله رسید و صد و بیست و هفت فیل و دیگر کالا که در گشایش اودیسه راجه مانسنگه گرفته بود بهمایون نظر درآورد.

درینولا نقیب[۱۷۱] خان بهمایون عرض رسانید که «قاضی عیسی عم من دخت خودرا نذر آنحضرت کرده بود و از دیر باز آن پرده‌نشین پارسائی بدان آرزو بسر میبرد.» گیتی‌خداوند با آنکه درین هنگام کمتر بدین پردازد پذیرفت فرمود. دوازدهم تیر به نیایشخانهٔ نقیب خان بآئین بزرگان آن پاکدامن برگرفتند و کهن آرزوی نیکوان برآمد. درین روز موته راجه دستوری سروهی یافت تا بومی آنجارا بفرمانپذیری درآورد، ورنه بادافراه سرتابی آماده گرداند.

down the slope, and with divine assistance the enemy's command of the field was broken and victory gladdened imperial hearts. The Ganshan fortress and many choice places were taken, and submission enjoyed a field day. The wicked enemy went into the high mountains, where they began to perish. These mountains are the abode of the ruler of Kashkarai, and they are covered with snow all year. The pursuing warriors took many men and women captive. Many chieftains of the Kafirs joined them, pledging their allegiance, and made great efforts to foil the Afghans. Some set out for Chighan Sarai in the direction of Badakhshan, crossed the Bajaur River, and took refuge in Kafir territory. A troop of imperial soldiers broke the bridge leading there, and some of the chiefs of the Yusufzai like Hatim, Baba Ali, Hindal, and Shaikh Husain were forced to request amnesty and pay homage to Qasim Khan. Wahdat Ali was also left with no alternative to coming out. Four hundred of the enemy were killed, and seven thousand were taken prisoner. Only thirty men from our side died in glory, and a hundred fifty had serious injuries. The entire territory from Kashkarai to Badakhshan was taken.

Shahbaz Khan is released from prison 312

He had descended somewhat from the enjoyment of good fortune into misfortune. The kind emperor had sent him to school to learn how to accept advice, and now that it was clear that he had learned his lesson, he was released after a confinement of a little over two years on the fourth of Khurdad [May 25].

On the thirtieth [June 20], Sher Beg Tovachibashi arrived from Bengal to show the emperor 127 elephants and other goods that Raja Man Singh had taken during the conquest of Orissa.

Naqib Khan said to the emperor, "My uncle, Qazi Isa, pledged

۳۱۳ و از سوانح فرستادن صادق خان باتالیقی شاهزاده سلطان مراد. چون اسمعیل‌قلی خان بدین کار نیارست نیک پرداخت سیزدهم بدین والا پایه برآورده رخصت فرمودند و بکارآگهی او و مهمّات آنسو بشایستگی گرائید.

دوازدهم امرداد گیتی‌خداوند بخانهٔ رای رایسنگه سایهٔ مهر بگسترد و دلاویز پرسش درد اورا مرهم شد. دوستدار دخت او پور راجه رامچند داشت. چون راجه‌را روزگار بسر آمد اورا نواخته بدان بوم فرستادند. در راه از سکاسن افتاد و بچاره‌گری خون گرفت و از شست‌وشوی نابهنگام نزد بنگاه در قصبهٔ کهوره درگذشت. ازین آگهی دخت رایسنگه بسیچ سوختن در سر گرفت. از خردسالی فرزندان از آن سگالش باز آوردند.

۳۱۴ و از سوانح بازگردیدن ملک تتهه بمیرزا جانی بیگ. اگرچه شهریار دوربین شایستگی از پیشانی میرزا برخوانده بسیچ آن داشت، لیکن از واگویهٔ ناشناسندگان لختی بدرنگ کشید. درینولا آگهی آمد که الوس ارغون تا ده هزار مرد و زن بکشتی بالارویه میآیند و از ملک‌رفتگی کشتیبانان و خدمتگذاران باز مانده‌اند و خودها بدست و دندان میکشند. افسرخدیورا مهربانی بجوش آمد. هفدهم میرزا بدان والا نوازش کام دل برگرفت و هرچند برخی نزدیکان بازداشتن بآئین پخته کاران گذارش نمودند سودمند نیامد. بندر لاهری بخالصه بازگردید و سیوستان‌را که نخست پیشکش کرده بود جایگیر بختیار بیگ و چندی شد. آیندگان درمانده تازه جانی یافته از نزدیک بهکر بازگردیدند.

his daughter to Your Majesty, and she has been waiting for a long time to have that wish fulfilled." Although the emperor paid scant attention to such matters at this time, he agreed, and on the twelfth of Tir [July 3] he married her at Naqib Khan's house in a regal ceremony.

On the same day the Mota Raja was given leave to go to Sirohi to bring the ruler into obedience or else to make him pay for his stubbornness.

Sadiq Khan is sent as Prince Sultan Murad's ataliq 313

When Isma'ilquli Khan was incapable of discharging this post satisfactorily, Sadiq Khan was elevated to the exalted post on the thirteenth [July 4] and given leave to depart.

On the twelfth of Amurdad [August 3], the emperor went to Rai Raisingh's house to give balm to his pain by offering condolences. His beloved daughter had been married to Raja Ram Chand's son. When the raja died, the emperor elevated the son and sent him there. Along the way he fell out of his palanquin, and as a remedy he was bled. From an untimely washing he died near his home in Khora. When Raisingh's daughter learned of this, she wanted to burn herself, but she was dissuaded on account of the young age of her children.

The realm of Thatta reverts to Mirza Jani Beg 314

Although the farsighted emperor had read worthiness in Mirza Jani Beg's demeanor and wanted to restore him to Thatta, there had been some delay on account of ignorant prattle. Now it was learned that some ten thousand men and women of the Arghun clan were headed upriver in boats. With their realm lost, their captains and servants had been left behind and they were trying

۳۱۵ بیستم زین خان بسجود قدسی آستان ناصیهٔ بختمندی برافروخت. چون گنشان و آن نواحی برگرفت و همگی سرتابان بدست درآورد سران کافررا بدلدهی آباد گردانید و دل از آن سرزمین واپرداخته بازگردید. میان راه آگهی شد که جلاله بدو منزلی رسیده همانا از شنید فیروزمندی و گرفتاری وحدت‌علی بازگشته به تیراه میشتابد، کوکه بر آن شد که گروهی بپاسبانی اردو گذاشته تیزروی فراپیش گیرد یا لختی سپاه بدانسو فرستد. از ناشناسائی همراهان هیچ یک بکرد نیامد. نزد بجور روشن شد که جلاله از نزدیکی میگذرد. راهها برگرفته در پژوهش او برنشستند. او ازخوابناکی برخی شبی از نواحی اردو برگذشت. کوکه چندی از نوکران خودرا بسرکردگی طالب بیگ بدخشی از پی فرستاد. او باندک کس پیوست و جان درباخت. پایان روز که آن تیره‌روز بکوه بر شده بود خود با چندی رسید و آن بدگوهر بسخت تکاپو به تیراه رو آورد. بوم‌نشینان چون یرغمال سپرده بودند راه نیافت. سراسیمه‌وار بکان کرم رفت. کوکه ببگرام آمد و اندیشهٔ در شدن آن کهسار داشت. درین هنگام فرمان طلب رسید و راه قدسی آستان فراپیش گرفت. و درین سال کامیاب خواهش آمد. آصف خان و خواجه شمس الدین و برخی از همراهان او سعادت بار یافتند و هر یکی بشاهی نوازش سربلندی شد.

to get along on their own. The emperor was stirred by his innate kindness, and on the seventeenth [August 8] he granted Mirza Jani Beg's fondest wish, and the strenuous objections of some intimates were ignored. Bandar Lahori was retained as royal demesne, and Siwistan, which the mirza had first offered in tribute, was given in fief to Bakhtyar Beg and some others. The distressed refugees were relieved and turned back near Bhakkar.

On the twentieth [August 11] Zain Khan prostrated himself at the imperial threshold. After taking Ganshan and that territory and capturing all the rebels, he had encouraged the Kafir chieftains and withdrawn. Along the way it was learned that Jalala was within two leagues, having turned back when he heard of the imperial victory and the capture of Wahdat Ali and setting out for Tirah. Koka decided to station some to guard the camp and either set out himself or send a troop. On account of his comrades' foolishness neither plan was put into action. Near Bajaur it was learned that Jalala was passing nearby. They blocked the roads and went out searching for him. While the guards were sleeping he sneaked past the camp by night. Koka sent some of his liege men in pursuit under the command of Talib Beg Badakhshi, but he engaged in battle with too few men and lost his life. By the end of the day, when Jalala had made it into the mountains, Koka arrived with a few men and Jalala only barely managed to escape to Tirah. Koka went to Bigram, thinking he would enter the mountains. Just then an imperial summons arrived, and he set out for court. Asaf Khan, Khwaja Shamsuddin, and some of his other companions were given audience, and everyone was given a regal reward.

315

۳۱۶ و از سوانح نشستن نگارندهٔ شگرفنامه بروز دل‌آسیمگی. پایان بیست و چهارم موافق یکشنبه هفدهم ذی العقده گرامی پدر اوستاد روزگار رهنمون کارآگاه رخت بعلوی عالم کشید. دنبلی بگردن برآمد و پس از یازده روز ازین سپنجی‌سرا دل برگرفت. خرد بسوگواری برخاست و دانش بسیه روز بیکسی برنشست.

امامِ علم و دستورِ معظّم، اوستادِ کل
که در نظمِ جهان با عقلِ کل میکرد دمسازی
دو صد بونصر رفت و بوعلی تا او پدید آمد
بسی دارد قضا در نه دکان زینگونه بزّازی
گهی با محمل مشّائیان کردی زمینگردی
گهی با موکبِ اشراقیان کردی فلک‌تازی
مباهات از وجودِ کاملِ او بود دوران‌را
بدورانِ جلال الدّین محمّد اکبرِ غازی

کرا گمان بود که دریا بدو گز زمین فرو نشیند؟ و کوهی بدمی از جای برخیزد؟ اگر بدل پذیرفتی فراوان هستی‌دوست جان برفشاندی، چه جای هستی‌دشمن. مرا با لختی شناسائی حال دگرگون گشت و نزدیک بود که دست از زندگی برفشانم.

The author of this volume is bereaved 316

At the end of the twenty-fourth, corresponding to Sunday, the seventeenth of Dhu'l-Qaʻda [August 15, 1593], my dear father and preceptor passed away. An abscess appeared on his neck, and eleven days later he departed this life. Wisdom sat in mourning, and erudition was bereaved.

> *Leader of learning, great minister, master of all, who*
> *conversed with the prime intellect on the order of the*
> *world.*
> *Two hundred 'Bu-Nasrs and 'Bu-Alis had departed ere he*
> *was born,*[86] *and many such transactions has destiny*
> *conducted in her nine shops.*
> *Sometimes he traversed the world with the caravan of the*
> *Peripatetics, and sometimes he charged the celestial*
> *sphere with the retinue of the Illuminationists.*
> *The world was justly proud of his perfect being during the era*
> *of Jalaluddin Muhammad Akbar Ghazi.*

Who could have supposed that the ocean could be swallowed up by two cubits of earth? Who would have thought that a mountain could be moved by one breath? Had he been willing, many who love existence would have given their lives for him—not to mention those who hate existence. With my scant learning I was bereft, and I almost gave up my own life.

دل خون شد و خون از کمرِ من بگذشت
کآن جانِ جهـان از نظرِ من بگذشـت
غم بهرِ کدام روزِ ماتـــــم کامـــــروز
هم پیــــرِ من و هم پدرِ من بگذشـــت

در عقلی و نقلی دانائی والا پایه داشت و گذارش حکیم و متکلم و صوفی و هر نهج مذهب بر زبان هرگونه شنافت‌را از مهین آموزگار برگرفت و بر معنوی جمال پردهٔ رسمی دانش واهشته خلوت در انجمن داشتی و رسوم زمانیان دامن دل برنیالودی. بشگرف بینش نظر و تألّه خودرا ندیدی و کالای خویش‌را بازار نبردی. حالت نفروختی و حیلت ندانستی و برنگ‌آمیزی دنیا دل در نبستی. دلیل‌پژوهی او بزرگ‌را از خرد باز نشناختی و از کاراگهی با دل‌گرفتگی راه مدارا سپردی. حق‌را از توانا باز نداشتی و در اندرزگذاری بر خویشتن نلرزیدی. پایان زندگی بخواهشگری دوستداری باندک روزگار بزرگ تفسیری برنوشت و در هر گونه دانش فراوان یادگار گذاشت و کاردیدگان بشگفت ماندند. در صدسالگی گرمی برنائی جوش میزد و سالخوردگی از گدازش جان و تن باز نداشتی. سرآغاز رنجوری این حیران انجمن هستی‌را طلبداشته در بر گرفت و برخی دلاویز سخنان گذارده وداع فرمود. از خامکاری سراسیمه شد و بقدسی توجّه لختی برخموشید. پیش ازین بده سال سخت بیماری درگرفت. کشورخدیو فرمود «اگر در ده گهری کار بانجام نرسد اندیشهٔ ده روز در میان است، وگرنه در ماه دهم خطری در راه، ورنه آخرین روز دهم سال.» پسین پیدائی گرفت و نهفته‌دانی کیهان‌خدیو بتازگی نقاب برگرفت. از سنگدلی و گرانجانی قالب تهی نکرد و بار هستی بر دوش ناتوانی کشید. قضا نه آن

My heart turned to blood, and the tide of blood rose above my
waist because that soul of the world has departed from
my view.
For whom should I grieve on the day of mourning? Today both
my master and my father have departed.

He held an exalted position in both rational and traditional
learning, and he had on the tip of his tongue the views of philos-
ophers, theologians, Sufis, and every religion, which he had
learned from the Great Teacher. He had cast the veil of formal
erudition over spiritual beauty and chosen the path of *khalwat
dar anjuman.*[87] The ways of the people of the world never sullied
the skirt of his heart. Despite his amazing insight he did not see
his own perception and realization and never carried his goods to
market. He did not peddle his wares, he did not know the mean-
ing of the word "deception," and he was totally disinterested in
the attractions of the world. In his search for ultimate causes he
made no distinction between great and small, and, his knowl-
edge notwithstanding, he trod the path of conciliation. He did
not withhold the truth from the powerful, and in giving advice
he never feared for himself. Toward the end of his life, when
little time was left to him, he wrote a great Koranic commentary
at the request of one of his friends and left behind a great and
amazing memorial to his erudition in every branch of knowledge.
At the age of one hundred he still had the vitality of youth, and
great old age did not restrain him from great efforts of mind and
body. At the onset of his illness he summoned me, embraced me,
gave me some good advice, and bade me farewell. In my imma-
turity I became upset, but thanks to the emperor's attention I
calmed down somewhat. Ten years ago he fell seriously ill, and

چیره‌دستی است که با وی توان آویخت و جانشکری و شکیب‌ربائی اورا چاره توان برساخت.

رفت آنکه فیلسوفِ جهان بود از جهان　درهـایِ آسـمانِ معانی گشـوده بود
بی او یتـیم و مرده‌دل اند اقربـایِ او　کو آدمِ قبـایل و عیـسیِ دوده بود[۱۷۲]

کجا یارا که ماتم آن یگانه ایزدی بنده برگیرد؟ بسوگواری خویش دلی میخراشد. منِ خلوت‌گزینِ رضا و تسلیم‌را سیلی زده کام و ناکام بهنگامهٔ ناشکیبائی آوردند. نمیدانم که این نزولی گردش است یا از تخیّل فزونی واقع پنداشته بود. این داستان درد و عزا بس دراز است و این حکایت ناسور فراوان جانسوز. همان بهتر که درین اقبالنامه این جانکاه سرگذشت درنوردد و بهمین تفسیده خاطر برگیرد.

خوش آن گروه که تلخ آبهـایِ زهرِ اجـل
سبـو سبـو ببم و زیـرِ ارغنـون زده‌اند
زبان ببـند که ناسـوریان زخـمِ قضا
ز خود برون شده و نعره از درون زده‌اند

the world lord said, "If he does not die within ten *gharis,* one should think of ten days. If not, there will be danger in the tenth month; and if not, it will be in the last day of the tenth year." It was the last prediction that came true, and once again the emperor's prescience was proven. In my hardheartedness and dullness I did not die but rather took the burden of existence on my weak shoulders. No one has the power to contend with destiny, and it is impossible to contend with its stalking and entrapment of life.

> *He who was the philosopher of the world has departed the*
> > *world. He opened the gates to the heavens of intrinsic*
> > *meaning.*
> *Without him his relatives are orphaned and dead of heart, for*
> > *he was the Adam of his tribe and the Jesus of his family.*

Where is there one who could undertake to mourn for that unique divine servant? I, who wanted to dwell in the privacy of submission to fate, was taken kicking and screaming to a celebration of immoderation. I do not know whether all this was sent down by destiny or whether I only imagined it. This story of pain and bereavement is a long one and very agonizing. It would be better to wrap up this painful episode and return to the narrative.

> *Happy are they who have filled pitchers full of the bitter*
> > *waters of death to the treble and bass of the organ.*
> *Close your lips, for those suffering from the gangrene of fate*
> > *are beside themselves, and they wail from within.*

677

بیست و ششم میر منیر که باندرزگوئی مرزبان گلکنده دستوری یافته بود با ایلچی و پیشکش رسید و سعادت بار اندوخت.

۳۱۷ و از سوانح بفرزند گرفتن شاهرخ میرزا. یازدهم شهریور آن گوهر دودمان بزرگی‌را که آزرم‌مندی با شناسائی همدوش دارد سر برافراختند و در منزل مریم‌مکانی شکرنسا بیگم که دوستدار فرزند شاهنشاهی است بدو نامزد شد و چون این خجسته انجمن بانجام رسید والا بزمی دیگر برآراستند و دیگر فرزند خانم سلطان‌را بمظفّر حسین میرزا پور ابراهیم حسین میرزا پیوند یگانگی بستند. نوزدهم دخت راجه علی خان‌را بشبستان بزرگ شاهزاده سپردند. آن دودمان‌را گزین پناهی سرانجام یافت.

بیست و سیوم ادهم پور نیابت خان‌را روزگار سپری شد. کشورخدیو ماما آغارا پرسش فرمود و از آنجا بمنزل زین خان لختی برآسودند. بامدادان میرزا یوسف خان از کشمیر آمد و بدولت کورنش سعادت اندوخت.

On the twenty-sixth [August 17], Mir Munir, who had gone to advise the ruler of Golconda, arrived back at court with an emissary and tribute.

Shahrukh Mirza is taken as a son-in-law

On the eleventh of Shahrewar [September 2], that pearl of the family of greatness who combined honor with allegiance was exalted, and Shakarunnisa Begim, the emperor's beloved daughter, was married to him in Maryam-Makani's quarters. When the ceremony was at an end, another banquet was held, and Khanim Sultan was married to Muzaffar Husain Mirza, the son of Ibrahim Husain Mirza.

On the nineteenth [September 10], Raja Ali Khan's daughter was conveyed to the eldest prince's harem, and that family was given shelter under the imperial aegis.

On the twenty-third [September 14], Adham, the son of Niyabat Khan, passed away. The world lord gave his condolences to Mama Agha, and then he rested for a while in Zain Khan's quarters. The next morning Mirza Yusuf Khan came from Kashmir and was received at court.

۳۱۸ و از سوانح فرستادن شاهرخ میرزا بدیدبانی مالوه. از آن باز که گجرات بشاهزاده سلطان مراد بازگردید پژوهش سپه‌سالار مالوه داشتند. چون کاردانی و رعیّت‌پروری ازو پیدا بود هفتم مهر بوالا پایهٔ پنجهزاری برآوردند و گرانبار اندرز بدان سو دستوری شد. شهباز خان‌را بمنصب اتالیقی برنواخته همراه گردانیدند و

حیدردوست
سیف الله
درجن کچهواهه
رامچند چوهان
کله راتهور
مقصود میرآب
فتح الله کنبو
محمد زمان
نرهرداس
صالح علی دوست
میر فاضل
یار محمد قوردار
رانا سانگا
دوست محمد
سورجمل
دیگر رادمردان
نامزد شدند.

جبین‌افروزی رستم میرزا بسجود قدسی آستان

۳۱۹ از آن باز که بوالا فرمان شاه‌محمد خان قلاتی قندهاررا بگماشتگان فرمانفرمای ایران شاه طهماسپ واگذاشته بهندوستان آمد شاه ببرادرزادهٔ خود سلطان‌حسین میرزا پور بهرام میرزا داد. او همواره نیایشنامه با تنسوقات بهمایون درگاه فرستادی و خویشتن‌را از بندگان برشمردی. و

Shahrukh Mirza is sent to protect Malwa   318

Ever since Gujarat had been assigned to Prince Sultan Murad, the emperor had been searching for someone to govern Malwa. Since competence and consideration for subjects were obvious in Shahrukh Mirza's conduct, he was awarded that post on the seventh of Mihr [September 29], elevated to the rank of five thousand, given good advice, and sent there. Shahbaz Khan was given the post of *ataliq* and accompanied him. Also assigned were the following:

Haidar Dost	Narhar Das
Saifullah	Salih Ali Dost
Durjan Kachhwaha	Mir Fazil
Ram Chand Chauhan	Yar Muh'd Qordar
Kala Rathaur	Rana Sanga
Maqsud Mir Ab	Dost Muhammad
Fathullah Kambo	Suraj Mal
Muhammad Zaman	other warriors

RUSTAM MIRZA RUBS HIS FOREHEAD ON THE IMPERIAL THRESHOLD

When, by imperial order, Shah Muhammad Khan Qalati turned   319
Kandahar over to the appointees of Shah Tahmasp of Iran and came to Hindustan, the shah gave it to his nephew Sultan Husain Mirza, the son of Bahram Mirza. Ever since that time Sultan Husain Mirza had been sending respectful letters and presents to the imperial court and reckoning himself as one of the emperor's servants. Since he was always reminding the emperor of

چون همواره سلسله‌جنبان پرستاری بود با آنکه شاه‌را روزگار بسر آمد برنگرفتند. سال بیست و یکم الهی از میگساری درگذشت. ازو چهار پسر ماند: مظفرحسین میرزا، رستم میرزا، ابوسعید میرزا، سنجر میرزا. از مردمی و پایه‌شناسی آن آباد ملک بدینان بازگذاشتند. شاه اسمعیل خونریز از مغزشولیدگی بجانشکری برادران و خویشان برنشست و چندی‌را بجانستانی اینان نامزد گردانید. فرستدگان بدست آوردند و آزمندی و خواهش‌پذیری سرمایهٔ زندگی شد. شاه ازین آگهی برشورید و قندهاررا بشاهقلی سلطان ذوالقدر نامزد گردانید. او بُداغ بیگ‌را بزندگی گسیختن و ملک برستدن روانه ساخت. جانشکران بر خویشتن لرزیده بر آن شدند که بامدادان ازهم گذرانند. ناگاه آوازهٔ فرو شدن آن خونریز جهان‌را درگرفت و آن بیگنهان رستگاری یافتند. و چون مرزبانی ایران بسلطان‌محمد خدابنده رسید آن ملک‌را بدیشان واگذاشت. میرزا مظفرحسین مهین برادر در قندهار بودی و رستم میرزا با دو برادر دیگر بزمین‌داور بسر بردی. از خودکامی و شورش برنائی و بدهمزبانی بهم درآویختند. مظفرحسین میرزا شکست یافته بقلعه در شد. چهل روز رستم میرزا گرد برگرفته بود. بحرفسرائی یکدیگررا دیده بآشتی بازگردید. و چون فرمانروای توران عبدالله خان بگرد هرات برنشست یگان سلطان افشار که ایالت فراه داشت رستم میرزارا بنیایشگری نزد خود آورد. او بتورانی سپاه درآویخته فراه‌را نگذاشت و از دوست‌نشناسی و غنوده‌رایی یگان سلطان‌را جان بشکرد. سلیمان خلیفه از خراسان بدو پیوست که میرزارا شورش مایه برسازد. از سعادت‌اختری نپذیرفت، لیکن بیاوری او بر سیستان که بملک نیمروز زبانزد روزگار است دست چیرگی برگشود. مظفرحسین میرزا قابو یافته بیازش داورزمین شتاب آورد. رستم میرزا بدانسو شد و سترگ آویزه درگرفت. مظفرحسین میرزا تاب

his fealty, even when the shah died, the emperor did not take Kandahar from him. During the twenty-first regnal year, though, he died of overindulgence in drink, leaving four sons, Muzaffar Husain Mirza, Rustam Mirza, Abusaʻid Mirza, and Sanjar Mirza. In his graciousness the emperor allowed them to retain that flourishing territory. The bloodthirsty Shah Ismaʻil, on a mad rampage to kill his brothers and relatives, sent some men to murder Sultan Husain Mirza's sons. Those he sent got hold of them, but in their avarice they gave in to their pleas and offers and spared their lives. When the shah found out, he flared up in anger and gave Kandahar to Shahquli Sultan Dhu'l-Qadr, who dispatched Budagh Beg to kill the princes and take the territory. The original assassins then feared for their own lives and decided to kill the princes the next morning, but just then the news of the bloodthirsty shah's death arrived and the innocent princes were spared. The rulership of Iran then went to Sultan Muhammad Khudabanda, and he allowed them to keep the territory. Mirza Muzaffar Husain, the eldest brother, lived in Kandahar. Rustam Mirza and the other two brothers dwelt in Zamin Dawar, but the frenzy of youth and bad companionship drove them to fight with each other. Muzaffar Husain Mirza was defeated and holed up in his fortress. Rustam Mirza invested the stronghold for forty days. Finally they were persuaded to meet and arrange a truce and withdraw. When the ruler of Turan, Abdullah Khan, laid siege to Herat, Yegan Sultan Afshar, the governor of Farah, coaxed Rustam Mirza to come help him. Rustam Mirza clashed with the Turanian forces and did not yield Farah, but in his ignorance of his friends and stupidity he killed Yegan Sultan. Sulaiman Khalifa offered to join him from Khurasan to bolster his ambitions and stir up trouble. Fortunately for him he did not

نیاورده بقندهار بازگردید. همواره زرپرستان مگسخو از یکی بدیگری رفتی و آرمیده روزگاررا برشوراندی. و چون دیرین دشمنی بچیرگی برنشست از بخت‌خفتگی کهن پیوند ایران‌خدیو برگسیختند و بووالا درگاه شاهنشاهی نیز خویشتن‌را بشایستگی برنبستند تا آنکه بزرگ برادر دست چیرگی برگشاد و زمین‌داور گرفت. میرزا رستم به هری آمد و قلات بستد. درین میان آوازهٔ رسیدن فیروزی جنود جهان‌را درگرفت. میرزا رستم از سعادت‌سرشتی بشریف خان اتکه حاکم غزنین دوستی‌داستان برخواند و بدین دستآویز نیایشنامهٔ بووالا درگاه فرستاده بسیچ آستانبوس نمود. بدلدهی او منشور والا با میرک جلایر و مهتر ابراهیم فرستادند و باقطاعداران سر راه فرمان شد که رسیدن میرزارا گرامی دانسته درخور بزرگداشت نمایند. چون بقلمرو درآمد قرا بیگ و حکیم عین الملک و بختیار بیگ‌را پایه پایه بپذیره فرستادند و چون نزدیک رسید شریف خان اتکه و شاه بیگ خان و آصف خان و برخی امرا دستوری یافتند. دوازدهم مهر که جشن دسهره بود خانخانان و زین خان و برخی دیگر پذیرا شده به پیشگاه حضور آوردند و بسجود نیایش پیشانی بخت برافروخت. سنجر میرزا خرد برادر او و چهار پسر (مراد، شاهرخ، حسن، ابراهیم) با چهارصد ترکمان دولت بار یافتند و هر یکی بخسروانی نوازش سربلندی یافت. شهریار پایه‌شناس والا منصب پنجهزاری و ملتان و بسیاری پرگنات و بلوچستان که افزونتر از قندهار است عنایت فرمود.

هیژدهم قاسم خان از کابل آمده بسجود قدسی آستان روشن‌پیشانی گشت و بشاهنشاهی نوازش کام دل برگرفت.

accept, but with Sulaiman's help he took over Seistan, which is known as the kingdom of Nimroz. Muzaffar Husain Mirza took advantage of his absence to go to Zamin Dawar. Rustam Mirza headed back, and a large-scale battle broke out. Muzaffar Husain Mirza could not offer effective resistance and so retired back to Kandahar. There were mercenaries constantly buzzing back and forth like flies stirring up mischief between the two of them. When the old enmity between the two brothers flared up again, they foolishly not only broke their bonds with the ruler of Iran but also failed to conduct themselves appropriately toward H.I.M.'s court. Finally the elder brother gained dominion and took Zamin Dawar. Mirza Rustam went to Herat and took Qalat. At this point the world was filled with the news of the arrival of imperial troops. Mirza Rustam possessed enough good luck to make friendly overtures to Sharif Khan Atäkä, the governor of Ghazni, and through him he sent a letter to court asking to be allowed to kiss the imperial threshold. A communiqué of encouragement was sent with Mirak Jalayir and Mihtar Ibrahim, and all the fiefholders along his route were ordered to welcome him with honor. When he entered the realm, Qara Beg, Hakim Ainulmulk, and Bakhtyar Beg were sent out to greet him, and when he was nearer, Sharif Khan Atäkä, Shah Beg Khan, Asaf Khan, and other commanders were dispatched. On the twelfth of Mihr [October 4], which was the festival of Dasehra, the khankhanan, Zain Khan, and some others met him and conducted him into the emperor's presence, where he prostrated himself. His younger brother Sanjar Mirza and his four sons, Murad, Shahrukh, Hasan, and Ibrahim, along with four hundred Turcomans, were received, and everyone was exalted by imperial favor. The emperor assigned him the rank of five

۳۲۰ و همدرین سال شاهزاده سلطان دانیال از ناگهانی گزند بایزدی پاس درآمد. سترگ غوغائی از شبستان اقبال برخاست و جان بندگان بگدازش افتاد و گیتی‌خداوند بیرون آمده بسپاسگذاری برنشست. دیدبانان قدسی آستان‌را شامگاهان لختی غفلت رفت. یکی از سودائیان آشفته‌سر بار عام دانسته بشبستان اقبال در شد. بنظر شاهزاده درآمد و از پی او گام سرعت برزد. نزد کبوترخانهٔ درون بر زمین انداخته فراز او برنشست و باندیشهٔ آنکه حربهٔ بکار برد دو دست اورا استوار برهم پیچید. درونی پرستاران از چرکس و قلماق و اروس[۱۷۳] و حبشی از پی هم ریختند و شاهزاده‌را بیگانه پنداشته بخشت و چوب درگرفتند. از کارآگهی دست از آن باز نکشید. درین هنگام گیتی‌خداوند رسید و حال پیدائی گرفت. میفرزودند «چون نزدیک شدم ببسیچ شمشیراندازی کنیزان‌را از پیش راندم. چوبی که بر آن دام کبوتران گذاشته بودند از آن باز داشت. شاهزاده‌را بخیال بیگانه مو گرفته بکشیدم و خواستم که سنجگی پلارک رسانم. ناگاه شورش خشم فرو نشست و سترگ مهری دامن دل برگرفت. هماندم پدید آمد که شاهزاده دیوانهٔرا عاقل تباه‌گوهر دانسته در زیر دارد و آن ربوده‌خرد رهائی یافت.»

thousand and gave him Multan and many districts in Baluch-
istan, holdings worth much more than Kandahar.

On the eighteenth [October 10], Qasim Khan came from Kabul
and was warmly received.

Prince Sultan Danyal is protected by divine providence from an unexpected injury

That same day a ruckus arose in the imperial harem, and the lives
of the inmates were in peril. The emperor had gone out for divine
worship. The guards of the imperial threshold were somewhat
inattentive because it was night, and a madman, thinking it was
the public court, walked past them into the harem. The prince
spied him and went after him. Near the inner dovecote he threw
him to the ground and sat on top of him, twisting both his hands
hard while trying to get hold of his spear. The inner servants,
Circassians, Qalmaqs, Russians, and Abyssinians, came running
out and, taking the prince for an intruder, began to hit him with
bricks and clubs, but he refused to turn the man loose. At this
point the world lord arrived and discovered what was happening.
"When I got near," he said, "I thought I would use my sword and
drive the girls away. Then I picked up a stick to which the dove net
had been attached. Taking the prince to be an intruder, I grabbed
him by the hair and dragged him away before using my sword on
him. Suddenly my anger subsided and great affection seized my
heart. That very moment it became clear that it was the prince
who had pinned the madman down, thinking he was a malicious
intruder in possession of his senses." The madman was let go.

۳۲۱ و از سوانح فرستادن شاهزاده سلطان دانیال بمالش برهان الملک. چون آگهی‌داستان بگوش او در نشد و اندرزگذاری‌را بافسانه‌سرائی برگرفت قدسی بسیچ آن بود که تا دار الخلافه آگره خرامش رود و از آنجا فیروزی سپاه نامزد گردد، لیکن چون در آن سو لختی گران‌ارزی بود اندیشه بکردار نیامد. ناگزیر بانجام این کار شب بیست و پنجم مهر شاهزاده سلطان دانیال‌را دستوری شد و خانخانان و رای رایسنگه و بسیاری امرا و خزانه و توپخانه و فیلخانه همراه گردانیدند و بشاهرخ میرزا و شهباز خان و دیگر اقطاعداران مالوه فرمان شد که سپاه‌را سربراه ساخته بشاهزاده همرهی گزینند. و براجه مانسنگه نیز حکم شد که اگر از بنگاله دل واپرداخته باشد ازانسو بدکن درآید. و فرمان والا بشاهزاده سلطان مراد نگارش یافت که آمادهٔ گشایش دکن شود. و چون سپاه از هر سو نزد آن گرامی فرزند فراهم آید از کارشناسی و گرمخوئی فرموده بانجام رساند.

چهارم آبان همایون جشن شمسی وزن شد و بدوازده چیز گیتی‌خدیورا برسختند و جهانی کام دل برگرفت.

۳۲۲ درینولا عروسی بزم شاهزاده سلطان دانیال آراسته شد. از دیر باز قدسی بسیچ آن بود که دخت قلیچ خان بآن درّة التّاج سلطنت پیوند یابد. درین هنگام سگالش تازگی یافت. پنجم بیرون شهر بزرگان دولت فراهم آمدند و خجسته عقد بانتظام گرائید. گوناگون خرّمی بجای آمد و نشاطرا روزبازار شد. قلیچ خان‌را در سر افتاد که جهان‌خداوند خانهٔ اورا بقدسی قدوم فرّخی بخشد و بسپاسگذاری این مهین نوازش جشن آراید. پذیرش یافت و سیزدهم هنگامهٔ عشرت پیرایش گرفت.

Prince Sultan Danyal is sent to crush Burhanulmulk 321

When Burhanulmulk refused to listen to reason and accept advice, the emperor decided to go to Agra and send imperial troops from there, but since there was some scarcity in that area, the plan was not put into action. Therefore, to accomplish the task, on the twenty-fifth of Mihr [October 17], he dispatched Prince Sultan Danyal, the khankhanan, Rai Raisingh, and many officers with artillery and elephants. Shahrukh Mirza, Shahbaz Khan, and other fiefholders of Malwa were ordered to take command of their army and accompany the prince. Raja Man Singh was also ordered to enter the Deccan from Bengal if he could detach his heart from that territory. Orders were also written to Prince Sultan Murad to get ready for the conquest of the Deccan and to carry out the task with competence and good cheer when the troops from all directions had gathered in his presence.

On the fourth of Aban [October 26], the solar weighing ceremony was held, and the emperor was weighed against twelve items. Everyone's fondest wish was granted.

Prince Sultan Danyal is married to Qilich Khan's daughter 322

Around this time the marriage of Prince Sultan Danyal was celebrated. For a long time the emperor had thought of marrying the prince to Qilich Khan's daughter, and now the thought renewed itself. On the fifth [October 27], a great celebration was held outside the city and the marriage was concluded amid great rejoicing. Qilich Khan invited the emperor to grace his house, and he arranged a fine banquet in gratitude for the honor. The emperor accepted the invitation, and on the thirteenth [November 4], he enjoyed himself.

بیستم بباغ رام‌باری لختی دل‌شکفتگی اندوختند و میرزا یوسف خان بکشمیر دستوری یافت. و کارپردازان بفرمان والا آغاز جهاز کردند.

هفتم آذر سلطان خسرو بآموزش هندی‌دانش برنشست. شیودت برهمن که ببهتاچارج زبانزد روزگار بود و در فنون دانشوری کم‌همتا، بدین خدمت نامزد شد. سلطان رستم و سلطان پرویزرا بدانش‌اندوزی برنشاندند و بفرمان شاهنشاهی نگارندهٔ اقبالنامه لختی حروف تهجی بیاموخت.

هفدهم فیلان میرزا کوکه که در گجرات گذاشته بود آوردند و به پیشگاه نظر درآمد.

۳۲۳ سیوم دی بآهنج شکار سلطانپور خرامش رفت. هشتم نزدیک هیبت‌پور آگهی شد که شاهزاده دانیال هنوز در سهرند است و آن سپاه بکارطلبی گام همّت برنمیدارد. قدسی خاطر نپسندید و پیشین بسیچ تازگی پذیرفت. خانخانان‌را باسپ یام برخواندند. نزد قصبهٔ شیخ‌پور بدولت بار رسید و عرضداشت «هنگام در شدن فیروزی سپاه بدکن پس از سپری شدن بارش است. آب و گیاه فراوان و غلّه ارزان. ازین رو در رفتن درنگ میرود.» چون برازگوئی برنشستند سگالشها برین یکتائی گرفت که شاهزاده دانیال برگردد و پس از آنکه ریزش ابر بانجام رسد رایات اقبال چالش فرماید و شاهزاده بپاسبانی پنجاب برنشینند. و نیز بر زبان گوهربار رفت «چون این خدمت بشاهزاده سلطان مراد فرموده‌ایم مبادا ازین فرستادن اورا دلگرانی رو دهد.» قلیچ خان دستوری شد که شاهزاده‌را بازگرداند.

۳۲۴ درین روز بشکارگاه بزرگ آهوئی سیه‌فام پدیدار شد. شهریار چنان به تیر برزد که از جا برنخاست. چون پژوهش رفت استخوان کمر شکسته بود. پیکان بدشواری برآمد. برخی برگذاردند که در یورش اجمیر بزرگ

On the twentieth [November 11], the emperor relaxed in the Ram Bari, and Mirza Yusuf Khan was given leave to go to Kashmir. Carpenters began work on an imperially commissioned ship.[88]

On the seventh of Azar [November 28], Sultan Khusrau began to study Indian learning. Shiv Dat Brahman, who was known as the Bhattacharya of the age and had few equals in erudition, was assigned to this task. Sultan Rustam and Sultan Parvez were sent to school, and by the emperor's command the author of this volume taught them the alphabet.

On the seventeenth [December 8], the elephants Mirza Koka had left in Gujarat were brought and shown to the emperor.

On the third of Daimah [December 24], the emperor went hunting in Sultanpur. On the eighth [December 29], it was learned near Haibatpur that Prince Danyal was still in Sirhind and that the army had not yet set out. The emperor was displeased and decided to implement his former plan. The khankhanan was summoned by post horse, and he was given audience near Shekhupura. "The time for the army's entrance into the Deccan will be after the monsoon," he said. "At that time water and fodder will be plentiful and grain will be cheap. That is the reason for the delay." In private consultation with the emperor it was decided that Prince Danyal should return and after the rainy season the imperial banners would set out and the prince would be left to guard the Punjab. The emperor said, "Since we had given that task to Prince Sultan Murad, hopefully he will not be disappointed by our sending Prince Danyal." Qilich Khan was dispatched to bring the prince back.

On the same day a large black deer appeared on the hunting field. The monarch shot it, and it did not move. When it was

323

324

691

شیری‌را باین روش از پا درآوردند و سرمایهٔ شگفت دیده‌وران شد.

پانزدهم نزد سلطانپور خانخانان دستوری یافت که در آگره سپاه‌را فراهم آورد و خود دردولت بازگردیدند. هفدهم نزدیک پتیاله شاهزاده سلطان دانیال بسعادت ملازمت رسید و شگرف آنکه درین روز عرضداشت شاهزاده سلطان مراد آمد. برگذارده بود ششم آذر باحمدآباد دررسید و یورش دکن‌را آماده میگردد. چنان شنوده که شاهزاده سلطان دانیال نیز بدین خدمت نامزد میشود. والا سگالش سرمایهٔ ایزدی رضاست، لیکن اندیشه‌ناک است که مبادا نابایستی از من سر زده باشد یا سخنسازی ناسزائی برگذارده. افسرخدیو از نهفته‌دانی پیشتر ازین آرزی او برآورده بود. بیست و دوم بدار السلطنه لاهور همایون نزول شد و روزگار آرامشی دیگر گرفت.

۳۲۵ و از سوانح افزونی زعفران در عرصهٔ دلگشای کشمیر. در پیشین زمان هر تخم کم از سه گل افزودی و پارنج فرماندهی از بیست هزار ترک برنگذشتی و از هفت هزار کمتر نشدی مگر یک بار در مرزبانی میرزا حیدر افزایش به بیست و هشت هزار رسید. درین سال چون بخالصه بازگشت نود هزار ترک دستمزد جهانبانی آمد. اگرچه زمین لختی بیشتر کشتمند شد لیکن گل افزونی کرد. از هر تخمی تا هشت برشکفت. هژدهم بهمن آگهی رسید و ایزدی سپاس برگذاردند.

investigated it was found that its backbone had been broken. It was difficult to get the arrow out. Some said that during the Ajmer expedition a large lion had been felled in the same way, to the amazement of all who saw it.

On the fifteenth [January 5, 1594], near Sultanpur, the khankhanan was given leave to assemble troops in Agra, and the emperor set forth upon his return. On the seventeenth [January 7], near Patiala, Prince Sultan Danyal rejoined the retinue, and amazingly Prince Sultan Murad's report also arrived on the same day. In it he reported that he had entered Ahmadabad on the sixth of Azar [November 27] and was making preparations for the Deccan campaign. He had also heard that Prince Sultan Danyal was going to be assigned to the task. The emperor's wish was equivalent to a divine command, but he was worried that he might have offended the emperor and that someone had been making false reports about him. The emperor in his prescience had already anticipated his wishes.

On the twenty-second [January 12], the emperor entered Lahore to the relief of everyone.

An increase in saffron production in Kashmir　　　325

Previously every bulb produced fewer than three flowers, and the government's share was never more than 20,000 *trakhs* or less than 7,000, except for one time during Mirza Haidar's rule when it was 28,000. This year, when saffron had become royal demesne, the emperor's share was 90,000 *trakhs*. Although cultivated land had increased slightly, the flowers had also increased and every bulb yielded up to eight blossoms. The news arrived on the eighteenth of Bahman [February 7], and thanks were given.

و از سوانح فرو شدن باربرداران کشمیر. فراوان بازرگانی کالا میآوردند. ۳۲۶
نزد پیر پنجال برفریز شد و کوهچهٔ ازو جدا گشت و صد و پانزده کس در زیر آن جان سپردند. از روزبازار دادگری کالا بخداوند رسید و تیره‌روزان نومید کام دل برگرفتند.

درینولا رای پتر‌داس‌را بگشایش قلعهٔ باندهو فرستادند. از گزین دژهای روزگار است. چون راجه رامچند و پور اورا سپهر گردش بانجام رسید بدگوهران نبیرهٔ خردسال اورا دستمایهٔ سرتابی گردانیدند و برعیّت‌آزاری برنشستند. شهریار دادگر غرّهٔ اسفندارمذ آن خدمتگذاررا بآبادی ملک و مالش اینان و برگرفتن قلعه دستوری داد.

دیگر روز ابوسعید میرزا دولت بار یافت. برادر رستم مرزاست. در قندهار مانده بود. درین هنگام بسجود قدسی آستان سرافرازی اندوخت و بخسروانی نوازش کام دل برگرفت.

سیزدهم راجه مانسنگه بسجدهٔ نیایش پیشانی بختمندی برافروخت. ۳۲۷
پس از گشایش اودیسه برهتاس آمد. شهریار مهرباندل اورا نزد خود برخواند. چون بیک منزلی دار الملک لاهور رسید بزرگ شاهزاده‌را رخصت شکار فرمودند و فرمان شد که چون در سوگواری راجه بهگونت داس اورا نپرسیده است از شکارگاه بمنزل او شتابد. فرموده طراز کردار گرفت و آن گزیده‌خدمت بلندپایگی یافت.

Porters in Kashmir are killed 326

Many merchants were bringing goods to Kashmir. There was a snowstorm near Pir Panjal, and an avalanche buried a hundred fifteen people. In an act of justice the goods were delivered to the emperor, and the wishes of the hopeless were granted.

Around this time Rai Pitar Das was sent to conquer the fortress at Bandho, one of the greatest strongholds of the day. When Raja Ram Chand and his son both died, evil men used the raja's young grandson as a pretext to rebel and harass their subjects. On the first of Isfandarmudh [February 20], the just emperor sent Rai Pitar Das to administer the region, crush the rebels, and take the fortress.

The next day Abusa'id Mirza, Rustam Mirza's brother, was admitted to court. He had remained in Kandahar, but now he prostrated himself at the imperial threshold and was shown regal favor.

On the thirteenth [March 4], Raja Man Singh paid homage. 327
After conquering Orissa he went to Rohtas. The kind emperor summoned him, and when he was within a league of Lahore the eldest prince was given leave to hunt. Since the prince had not offered his condolences for the death of Raja Bhagwant Das, he was commanded to go from the hunting field to the raja's quarters. The order was carried out, and the raja was honored. The following leaders of Orissa were brought to court, and every one of them was given a suitable reward:

Qutlu's sons Nasib, Lodi, and Jamal	Kaham Karan Chauhan
	Balu Lohani
Jalal Khan Khassa-Khail	Khwaja Mandauri
Mubarak Khan	Malik Sikandar

نصیب و لودی و جمال پسران قتلو، جلال خان خاصه‌خیل، مبارک خان، کهمکرن چوهان، بلوی لوحانی، خواجه مندوری، ملک سکندر، محمد خان نیازی، محمود خان، میرک نصو سروانی، علی خان ارمز، نظام خان سور، شمس خان لوحانی، سلیم خان مندوری، یوسف کاشی پاندی، پرسوتم‌را که سران اودیسه بودند راجه به پیشگاه بار آورد و هر یکی‌را درخور نوازش شد.

چهاردهم اسمعیل‌قلی خان از گجرات آمد و دولت کورنش اندوخت.

بیست و دوم میرزا یوسف خان از کشمیر رسید و کام دل برگرفت.

Muh'd Khan Niyazi

Mahmud Khan

Mirak Nasu Sarwani

Ali Khan Urmuz

Nizam Khan Sur

Shams Khan Lohani

Salim Khan Mandauri

Yusuf Kashi Pandi

Purusottam

On the fourteenth [March 5], Isma'ilquli Khan came from Gujarat to pay homage. On the twenty-third [March 14], Mirza Yusuf Khan came from Kashmir and was granted his wish.

NOTES TO THE TEXT

Emendations made to the Bibliotheca Indica text. "MSS" indicates one or more viable variants in the manuscripts used by the editions of the Bibliotheca Indica text.

۱   جلال الدین رومی، دیوان شمس، غزل شماره ۵۹۳، ص ۲۳۷.

۲   جسور] A و K «خسرو.

۳   کهین] F کهسن.

۴   بکتراپره] بکرابوه؛ G بکترابوه؛ بعضی نسخ: بکسراتو.

۵   بجسراپور] B بجهراپور.

۶   بتکروهی] بیک کروهی.

۷   دهرم‌پور] هرپور؛ G دهرپور؛ K دهرم‌پور.

۸   پتلاد] پیلاد.

۹   راج‌پیپله] راج پیله.

۱۰   بهار] L بهادر.

۱۱   راج‌پیپله] راج لیله.

۱۲   بنار] پنار.

۱۳   خیری] G چیزی.

۱۴   هداله] بعضی نسخ: هژاله.

۱۵   راج‌کوت] راجوت کوت.

۱۶   برده] برره.

۱۷   برده] برره.

۱۸   با] یا.

۱۹   شعر از ابوالفرج رونی.

۲۰   مهتری] مشتری.

۲۱   فردوسی، شاهنامه، بخش ۱۴، پادشاهی اردشیر.

۲۲   منبه] بعضی نسخ: ملبه.

۲۳   ساکتی] ساکنی؛ G ساکتی.

۲۴ سربنی] A سرمنی؛ G شیربنی.

۲۵ بهادر] بهار.

۲۶ مرچه] سرچه؛ G مرچه.

۲۷ انبریلی] G بریلی.

۲۸ پانزده‌ساله] G یازده‌ساله.

۲۹ نردان] در جاهای دیگر «نروان».

۳۰ شهرگیران] شهر گبران؟

۳۱ بنیر] نبیر؛ A و K تیر؛ بعضی نسخ: تیراه.

۳۲ تنگ‌چشمی] تنک‌خشمی.

۳۳ بخشی] B بدخشی.

۳۴ اوهند] سند.

۳۵ همی] همین.

۳۶ رعد] وعد. پرجهیز] در جهیز. جلال الدین رومی، دیوان شمس، غزل شماره ۵۹۴، ص ۱:۲۳۷.

۳۷ ساولی‌گده] سانولی‌کده؛ بعضی نسخ: سالولی‌کده.

۳۸ نظامی گنجوی، خمسه، خسرو و شیرین، ص ۲۳۸.

۳۹ برتق] بعضی نسخ: برتتق، برونق.

۴۰ بنیر] نبیر.

۴۱ شعر منسوب به علی بن ابی طالب.

۴۲ بهستی] بستی.

۴۳ بکشتواره] بکتهواره؛ L بکشتواره.

۴۴ هستی] ستی.

۴۵ شود] شد.

۴۶ للت ایلائیل] A ات بلاییل؛ G اس بلابیل؛ K آت بیلابیل.

۴۷ سورت] B و K سورت؛ IO سیوت.

۴۸ سمسان] سسان.

۴۹ بدشاه] بدّو شاه.

۵۰ بیج‌براره] پنج براره.

۵۱ دینسو] دیسو.

۵۲ پتهان] بتهان؛ I.O. 236 پتهان.

۵۳ کشکک] کشک.

۵۴ نارون] A ناردان؛ K: ناروان.

۵۵ چوره] A خوره.

۵۶ کرپّه] کهریه»؛ G کریه.

۵۷ بایری] بابری.

۵۸ برناگ] هرناک؛ A بربک؛ G برنگ.

۵۹ سنائی، دیوان اشعار، قصیده شماره ۹.

۶۰ حسین شیخ] حسین و شیخ.

۶۱ بنو] بنود؛ L بنون.

۶۲ لوچک] K نوجک؛ بعضی نسخ: نوخاک.

۶۳ پهاک‌نگر] بهارک؛ B پهاگ‌نگر..

۶۴ کستهواره] کتهواره.

۶۵ نظامی گنجوی، کلیات خمسه، شرفنامه، ص ۸۷۹.

۶۶ پنچانن] B بجابن؛ بعضی نسخ: بجاین.

۶۷ هلود] پیلود.

۶۸ بری] B بربری.

۶۹ اشنغر] اشنغر.

۷۰ ناولی] بعضی نسخ: ناوکی.

۷۱ کجوه] A کچوه؛ B کجهوه.

۷۲ سترائی] G سرائی؛ L بینی رای.

۷۳ سهنده] سنده.

۷۴ حسا] B جیسا.

۷۵ مهراون] A مهراو؛ L مهروان.

۷۶ کتاریه] B و L کناریه.

۷۷ بهاره] بمهاره»؛ A پهاره.

۷۸ مالیه] مالنه؛ A مالیه.

۷۹ جنگی] نسخ‌بدل: چمنکی.

۸۰ پنجکوره] بجکوره.

۸۱ بحری] بعضی نسخ: لانجری.

۸۲ سعدی، کلیات، غزل ۲۲۶، ص ۴۹۳.

۸۳ گوناچور] G کولاجور.

۸۴ تیه] B پته.

۸۵ هنو و رایج] L حیو و ریج.

۸۶ کاجیوار] نسخه‌بدلها: کاجیدار، کاچهیوار.

۸۷ ادی دت] B دهکت.

۸۸ سرای جوگی] G سرای چنگیز.

۸۹ برم‌گله] بیرم کله؛ بعضی نسخ: پرم کله.

۹۰ فیضی، دیوان، ص ۴۲.

۹۱ سپرا] شپرا.

۹۲ قرار] فراز.

۹۳ پنپور] مینور؛ بعضی نسخ: پنتور، پینور.

۹۴ بیج] پنج.

۹۵ یخشی] بخشی.

۹۶ اینچ] النج؛ B پنج.

۹۷ نظامی گنجوی، کلیات خمسه، خسرو و شیرین، بخش ۷، ص ۱۳۲.

۹۸ جورس] A خورین.

۹۹ پنپور] مینور؛ بعضی نسخ: پینور.

۱۰۰ آلاچه] آلنجه؛ بعضی نسخ: الانجه.

۱۰۱ ساتیلمش] سابتلمش.

۱۰۲ منگلیگ] منسلک.

۱۰۳ تاشوتیمور] B تارسوتیمور.

۱۰۴ کلان بیلا] کانپلا؛ A کانیلا؛ B کلان پلا.

۱۰۵ پاهونار] A پاهوار.

۱۰۶ دچن‌کهاور] دچن‌کهارو.

۱۰۷ مستنگ] نسخه‌بدلها: هستنگ، پشنگ، ممنگ.

۱۰۸ پرک] برکه.

۱۰۹ مستنگ] نسخه‌بدلها: هستنگ، مهک، پشنگ.

۱۱۰ بتراسی] بتراس.

۱۱۱ فیضی، دیوان، ص ۷۳-۶۶.

۱۱۲ حسین] حسن.

۱۱۳ گورکهتری] کورکهتر.

۱۱۴ رودکی، در رثای شهید بلخی، قصیده شماره ۷۴.

۱۱۵ زمه] رمه.

۱۱۶ نظامی گنجوی، کلیات خمسه، شرفنامه، ص ۸۸۰، ۸۸۱.

۱۱۷ کوشکل] کوشلک.

۱۱۸ مندراور] سنداور؛ A بندآور.

۱۱۹ نگر] مگر؛ L نگر.

۱۲۰ خاقانی، دیوان اشعار، قصیده شماره ۲۱۰.

۱۲۱ قرملیون] فرملیون؛ B فرملون.

۱۲۲ شیخاوت] سنجاوت.

۱۲۳ هشتم] بیست و سیوم.

۱۲۴ حسین] حسن.

۱۲۵ بکسر] بکر.

۱۲۶ پتهان] نیپال.

۱۲۷ شکیت] هسکنت.

۱۲۸ همری‌وال] L همروال.

۱۲۹ حافظ شیرازی، دیوان، ص ۷۱.

۱۳۰ قاجار] قراچار؛ A قاچار.

۱۳۱ سلمان] سلیمان.

۱۳۲ دلاک] دلال.

۱۳۳ فردوسی، شاهنامه، بخش ۶، پادشاهی نوذر.

۱۳۴ فردوسی، شاهنامه، بخش ۴، پادشاهی نوذر.

۱۳۵ قنولا] بعضی نسخ: قیولا.

۱۳۶ برده] بربره.

۱۳۷ ساولی] ساول.

۱۳۸ زخمی] رحم بی.

۱۳۹ یازید] بازید.

۱۴۰ فردوسی، شاهنامه، بخش ۴ پادشاهی نوذر، بخش ۱۳ داستان سیاوش.

۱۴۱ پروانه] بردانه.

۱۴۲ مکندی] نکدری؛ A مکندی.

۱۴۳ نظامی گنجوی، کلیات خمسه، اقبال‌نامه، ص ۱۱۷۵.

۱۴۴ بدین) مدبن.

۱۴۵ بیناپور) ملتاپور.

۱۴۶ ایجی) بعضی نسخ: ایلچی.

۱۴۷ سری) سپری.

۱۴۸ نزد انرپور) نزدانپور؛ G بزوایرپور.

۱۴۹ هالاکندی) بالاکندی.

۱۵۰ نیرن‌کوت) G برن کوت؛ L نرت کوت.

۱۵۱ پتهان) پهنان؛ L ملتان.

۱۵۲ پونچ) برنج؛ G ترنج.

۱۵۳ حافظ شیرازی، دیوان، ص ۱۶۷.

۱۵۴ بیرو) بعضی نسخ بروه.

۱۵۵ هردل) A بردل؛ B برول؛ L پرول.

۱۵۶ الر) ایسر؛ بعضی نسخ: الر.

۱۵۷ چروه) A, B جرده.

۱۵۸ ارام‌ره) امره؛ A و B رام ره.

۱۵۹ پنّه) تتهه.

۱۶۰ خورده) جورگده.

۱۶۱ کهرگپور) گورکهپور؛ B گورکهپور.

۱۶۲ ستگانو) سنگانو.

۱۶۳ نیرن‌کوت) پرن کوت.

۱۶۴ اباغه) ایاغ.

۱۶۵ باتا) بانا.

۱۶۶   چپر] چتر.

۱۶۷   در طرف راست در پهلوی کورگا پیالهٔ خان‌را] بر اشیای کارگیا یکی پیالهٔ خمر.
رجوع شود به محمد حیدر دوغلات، تاریخ رشیدی، ص ۳۴.

۱۶۸   شال] دمسال.

۱۶۹   ننده] بنده؛ B ننده.

۱۷۰   گنشان] A کبشان؛ G کشال.

۱۷۱   نقیب] نصیب.

۱۷۲   خاقانی، دیوان، قطعه شماره ۱۷۲.

۱۷۳   اروس] اردس.

NOTES TO THE TRANSLATION

1 The 1584 vernal equinox occurred at 11:38 GMT on Tuesday, March 20.

2 "East" and "west" have been reversed in this sentence.

3 "The Jam" is the title of the ruler of Junagadh.

4 The 1585 vernal equinox occurred at 17:36 GMT on Wednesday, March 20.

5 Both Shaikh Faizi and Shaikh Abu'l-Barakat were Abu'l-Fazl's brothers.

6 Text has شهرگیران *shahrgīrān*, which makes little sense. Raverty suggests reading شهر گبران *shahr-i gabrān*, "city of infidels," and says that the reference is to Bajaur (see Raverty 1878/1976: 259).

7 The 1586 vernal equinox occurred at 23:21 GMT on Thursday, March 20.

8 See §20 above.

9 This Begim Sultan must be Mirza Sulaiman's daughter who had been married to the Safavid Muzaffar Husain Mirza in Kandahar (see *Akbarnama* 6 §82).

10 This is the daughter known as Sultanunnisa Begam, and Raja Bhagwant Das's daughter is known by her title, Shah Begim. See Jahangir 1999: 7.

11 The son of Yusuf Khan, the ruler of Kashmir.

12 From among the host of manuscript variants and undotted versions of this name, we can reconstruct Lalitapil, who is the King Lalitapida of the Rajatarangini who had a son by a spirit distiller's daughter. Her brothers afterward acquired supreme power, and their dynasty lasted from 813 to 850 C.E. See Kalhana 1900: 4:678.

13 The 1587 vernal equinox occurred at 5:14 GMT on Saturday, March 21.

14 Moli in the text; perhaps a mistake for Morbi.

15 The 1588 vernal equinox occurred at 11:10 GMT on Sunday, March 20.

16 This seems to be an oblique reference to the fact that the child would not live long. He died in 1597.

17 Text has "Katariya" (variant "Kanariya"), but no such place has been discovered. Since they crossed the Rann to get there, they

707

could have crossed the Little Rann and gone to Lakadiya, which could conceivably be what the text's "Katariya" is meant to be.

18 The 1589 vernal equinox occurred at 16:48 GMT on Monday, March 20.

19 The parricide son was Miran Husain, who ruled for a brief two months.

20 For the history of the reign of Murtaza Nizamshah (r. 1564–1588), see Firishta 2:130–147; the two-month reign of Miran Husain in 1588 is described on pp. 2:147–150; the two-year reign of Burhan's son Isma'il (1588–1591) is on pp. 2:150–152; and the reign of Burhan Shah (1591–1595) is covered on pp. 2:152–156.

21 The name of this pass occurs in the text variously as Nari Brari and Bari Brari, but neither name is found in modern gazetteers or maps.

22 Jahangir also records having seen the tree during a visit to Kashmir in 1620 (Jahangir 1999: 337f).

23 The poem consists of ninety-eight lines. One line in translation will suffice as an example.

24 The printed text of the *Akbarnama* calls him Gauhar Sufi and says he was a dervish, which would make him a Muslim. The variant of the name, Kotar, and the variant that has "rishi" in place of "dervish" would make him a Hindu. Since rishis are almost invariably mentioned when Mughal emperors go to Kashmir (see Jahangir 1999: 334), the "rishi" variant is probably correct.

25 Uwais al-Qaranī, the prototypical ascetic from early Islamic history; Ma'rūf al-Karkhī is an ascetic figure from medieval Baghdad.

26 The current Hegira year is 997 (1588–1589 C.E.). Subtracting 77 gives 920 (1514–1515 C.E.), which is the numerical value of the word *yakhshi*, "good."

27 Usually known as Shahi Beg Khan, he is Muhammad Khan Shaibani, chief of the Uzbek confederation that took Transoxiana from the Timurids.

28 Babur's cousin Mirza Haidar Dughlat completed his history of the khans of Moghulistan, the *Tarikh-i Rashidi*, in 1546 and dedicated it to Abdul-Rashid Khan.

29 Text has دغوی, which does not spell anything. Beveridge interprets the word as the Kirghiz, which it may be, but nothing about the spelling of the word suggests any such thing. Unfortunately, Mirza Haidar's history ends before this episode and cannot be of any

assistance.

30 The poem consists of 104 lines. The few lines translated will suffice as an example.

31 Hakim Humam was the brother of Abu'l-Fath, whose death was recorded previously at 3:559.

32 As there is no further mention of this child either in the *Akbarnama* or in Jahangir's memoirs, it must be assumed that she died in infancy.

33 The 1590 vernal equinox occurred at 22:42 GMT on Tuesday, March 20.

34 The "Padre Qrimileon" of the text is to be identified with Leo Grimon. See E. D. Maclagan 1896: 42.

35 The July 31, 1590, annular solar eclipse was of a four-minute, thirty-eight-second duration, of a 0.957 magnitude at 38° 8′ n, 61° 7′ e.

36 Raja Kesav Das's daughter's name was Karamsi. See Jahangir 1999: 30.

37 See also Jahangir 1999: 7, 30.

38 The daughter of "Mota Raja" (Udai Singh) was named Jagat Gosain, and she is also called Jodhbai. See Jahangir 1999: 30.

39 Nothing further is known of Begim Sultan. She must have been one of Prince Salim's numerous children who died in infancy.

40 The 1591 vernal equinox occurred at 4:36 GMT on Thursday, March 21.

41 The notice of Yadgar Sultan Rumlu's dispatch as ambassador to Akbar is given by the Safavid historian Iskandar Beg (1350: 1:430) under the events of the year 999/1591. His return is noticed under the events of the year 1005/1596–97 (1:528).

42 Text has Zangan, i.e., Zanjan, which is near Sultaniyya, but this is the result of a miscopying. According to Khwandamir (1333/1943: 4:410), it was a village called Rangin in the forests of Gilan.

43 That is, the line of spiritual descent goes back to Junaid (d. 910 C.E.), the celebrated Sufi of Baghdad.

44 Or, according to Khwandamir (1333/1954: 4:415), Halyagaran in Gilan.

45 Junaid succeeded his father as head of the Safavid Order in 851 (1447) and was killed in battle near Tabarsaran on the banks of the Kur River on 11 Jumada I 864 (March 4, 1460). See R. M. Savory, "Djunayd, Shaikh," EI2 2:598.

46 He is normally known as Farrukhyasar Shirvanshah. See Khwandamir 1333/1954: 4:432.

47 Jahanshah ruled the Qaraqoyunlu from 1405 to 1467. His death effectively ended the Qaraqoyunlu confederation. Uzun Hasan of the Aqqoyunlu confederation ruled from 1453 to 1478.

48 Sultan Khalil died ca. 1478, and Ya'qub ruled from 1478 to 1490.

49 Rustam Beg ruled the Aqqoyunlu from 1492 to 1497. There was an interim ruler, Ya'qub's son Baysunghur Mirza, who ruled from 1490 to 1492.

50 "Shah Beg Khan," usually known as Shahi Beg Khan, is Muhammad Khan Shaibani, the leader of the Uzbek confederation that ousted the Timurids from Central Asia. He was defeated by Shah Isma'il at the Battle of Merv on December 2, 1510 (Khwandamir 1333/1954: 4:511).

51 In 1559, the Ottoman prince Bayezid rebelled against his father, Süleyman II, and sought refuge with Tahmasp, who eventually handed the prince and his followers over to an Ottoman legation in return for payment and territorial concessions. See Roemer 1986: 6:248.

52 The date is corroborated by the account in Iskandar Beg (1350: 1:122) as 15 Safar 984, which is May 14, 1576.

53 Abu-Nasr Gilani, Shah Tahmasp's personal physician, took Haidar's part and was also trapped in the palace the night the shah died. The next day he was found hiding in a stove and was dragged out and accused of having poisoned the shah. He was immediately cut to ribbons (Iskandar Beg 1350: 1:196f).

54 The account in Alamara-yi Abbasi (Iskandar Beg 1350: 1:193–198) differs in significant detail. According to Iskandar Beg, the palace guards remained neutral, but they closed the gates and refused to let anyone in or out until the matter of succession was settled. Parikhan tricked her half brother Haidar into letting her leave the palace grounds, and she turned over a key to her uncle Shamkhal. This allowed Shamkhal and Isma'il's other supporters to get into the palace ahead of Haidar's supporters, and when they found him they beheaded him on the spot.

55 The date of his death is given in the *Alamara-yi Abbasi* (Iskandar Beg 1350: 1:218) as 13 Ramadan 986, which is November 13, 1578.

56 Khudabanda's eyesight was impaired, and that should have disqualified him for rule, but since Shah Ismail II had killed every

other member of the Safavid family, there was no one else left to assume the throne.

57 Murshidquli Khan Ustajlu was the governor of Mashhad who had taken Prince Abbas to Mashhad and who led the rebellion against Khudabanda that eventually resulted in Khudabanda's being deposed and the enthronement of Abbas in 1587.

58 Mirza Salman Jabiri, Khudabanda's vizier who was assassinated in 1586.

59 The "Anatolian commotion" is the Turco-Persian war of 1578–90.

60 Aliquli Khan Shamlu was Abbas's guardian and governor of Herat.

61 The text's "Shah Sultan Mahmud," which may be a posthumous epithet, seems to be a reference to Khudabanda, who, after being deposed, was sent with his son Prince Abutalib to Alamut, where another of his sons, Prince Tahmasp, was already being held.

62 This account of Abbas's early career and rise to the throne is essentially correct, but it is very confused. See Roemer 1986: 6:253–262.

63 I.e., the ruler of Kashmir was still paying a rate of 16 *dams* per *kharwar* on a fixed harvest of 2,200,000 *kharwars* even though the harvest had increased to 3,300,000 *kharwars*. It is not clear whether by the increase to 28 *dams* he means that the actual worth of the *kharwar* had increased or whether the rate should have been increased to 28.

64 The Kolis are a hill people in the Western Ghats. See Yule and Burnell 1886: 249.

65 The name is omitted from the text. Nazar Biy's third son is named at §91 above.

66 Prince Khurram is the future Shahjahan.

67 The 1592 vernal equinox occurred at 10:17 GMT on Friday, March 20.

68 This is Prataparudra, the king of Orissa (1497–ca. 1540) who was defeated around 1510 by Krishnadeva Raya, the king of Vijayanagar.

69 The account is very confused here. The last king of Orissa with such a name was Narasimha IV, who was the last king of the Eastern Ganga dynasty in the late 1300s. Prataparudra had several sons, of whom Kalua Deva and Kakharua Deva are known, but none by the name of Narasimhadeva (Nar Singh Deo). There was, however, an unrelated Narasimha who ruled in south Orissa after the time of Prataparudra. See Banerji 1980: 1:283–287, 336, 348.

70 This is Mukunda Harichandana from Telingana, known to Orissan chronicles as Telinga Mukundadeva. See Banerji 1980: 1:342.

71 According to Beames 1883: 236, the battle took place on the north bank of the Subernarekha River, very near Benapur, probably on the same site as the Battle of Tukarohi.

72 Raja Ramachandradeva, whose capital was at Khorda; see Banerji 1980: 1:348.

73 This is a reference to Mirza Yusuf Khan's cousin Yadgar Kal ("the bald"), who will figure below.

74 With slight variation from Hafiz 1367/1988: 167, line 1f.

75 The Yemeni star, so called because in Mecca it rises in the direction of the Yemen, is Canopus (α Carina, right ascension 6h 23min and a magnitude of –0.72), a binary star of extraordinary auspiciousness. At a celestial latitude of –75.49', Canopus is visible only south of 30° north terrestrial latitude.

76 The 1593 vernal equinox occurred at 16:08 GMT on Saturday, March 20.

77 Amir Eygü-Temür Barlas died during Amir Temür's struggles with Toqtamish Khan in 1391. See Khwandamir 1333/1954: 3:449.

78 For Arghun Khan (1261–1291), see Rashiduddin Fazlullah, *Jami'u't-tawarikh* (trans.) 3:561.

79 For the Qishiliq and Bata (Badai) episode, see Rashiduddin Fazlullah, *Jami'u't-tawarikh* (trans.) 1:66, 92, 185.

80 The seven privileges are given by Mirza Haidar Dughlat, *Tarikh-i-Rashidi* (trans.), p. 29f. Abu'l-Fazl has confused several items due to the unusual way in which Mirza Haidar listed them; they have been rearranged in the translation to give the seven privileges in order. The *tümän tugh* is the yak-tail insignia of a commander of ten thousand; the *naqara* is the drums and clarions played at a high-ranking officer's gate morning and evening; the *qushun tugh*, or *chapar tugh*, is the insignia of a battalion commander.

81 Mirza Haidar, who was descended from Amir Bolaji, saw the letter of patent in which Tughlugh Temür granted the privileges. See Haidar Dughlat, *Tarikh-i-Rashidi* (trans.), pp. 14, 30.

82 Ärkä'üt, the Mongolian plural of Ärkä'ün, "Nestorian."

83 See Haidar Dughlat, *Tarikh-i-Rashidi* (trans.), p. 30.

84 "Shah Beg" is the Shah Shuja' Arghun who figures prominently in Babur's memoirs.

85 See *Akbarnama* 1 §362, §452. According to Sayyed Hussamuddin

Rashdi (Fakhri Harawi 1968: 283), Shah Husain's name was actually Shah Hasan, but in the *Akbarnama*, Shah Husain occurs consistently.

86   "'Bu-Nasr" is Alfarabi, and "'Bu-Ali" is Avicenna.

87   *Khalwat dar anjuman*, "isolation in the midst of a crowd," is a hallmark of Naqshbandi spiritualism. In this practice one participates fully in the affairs of the world, all the while isolated within one's self and actually abstracted from the world.

88   The completion of the ship with a description is recorded later (*Akbarnama* 8 §4).

GLOSSARY

Terms of Indic origin are given in both Arabic and Devanagari scripts.

āghrūq (آغروق, Turkish *aġruq*) Doerfer 1963–1975 2:76f §496, the train for womenfolk and families of the military

altmish (التمش < Turkish *altmïš*) "sixty," a unit in the tactical array, seems sometimes to be synonymous with the *tarh*, the "reserve," but sometimes there are two separate units

amīr (امیر) see *beg*

āznās (آزناس؟) this strange word, which appears in no dictionary, seems to mean something like an assignment of pay

baitāl (بیتال, बैताल) a dead body animated by a goblin

bakhshī (بخشی) a word with a complex history, originating with the Chinese *bókshì* "scholar" and adopted by the Mongols as *baghši* for Buddhist teachers (see Doerfer 1963–1975: 2:271 §724); under the Timurids in India it developed into a title for a high military position, something like paymaster and chief of staff; in Anglo-Indian it became "buxee" (Yule and Burnell 1886: 134–136)

beg (بیگ) commander, a military title inferior to *khan*, equivalent to *amīr*

begim (بیگم) princess, the hereditary title of all Timurid females

bhātī (بهاتی, भाटी) downstream

bīgha (بیگهه, बीघा) a land measure roughly equal to ⅝ acre, or 0.25 hectare

biswa (بسوه, बिसवा) the twentieth part of a *bigha*, q.v.; roughly 1,360 square feet, or 12.5 square meters

biy (بی) the Uzbek version of *beg*, q.v.

chak (چك, चक) estate

cubit (ذرع *zarʿ*) under Akbar the Imperial cubit, *zarʿ-i ilāhī* (ذرع الهی), was 41 fingers, which is 32 inches, or 83 centimeters

dasehra (دسهره, दसहरा) an autumn festival celebrating the triumph of good over evil

dīwān (دیوان) administrative bureaucracy; also the chief of administration

gāl (گال) meaning uncertain; may be the Persian *gāla* (گاله), a pod of cotton

ikhrājāt (اخراجات) an administrative fee levied on villages for costs incurred

istiswābī (استصوابی) an administrative fee levied on villages

jāgīr (جاگیر) a type of land holding,
generally an assignment
of the income from land in
return for military service

jāgīrdār (جاگیردار) holder of a *jagir*

kadal (کدل, Kashmiri कदल) bridge

kahār (کهار, कहार) a caste of
carriers and bearers

kalāwa (کلاوہ, कलावा) band
around an elephant's neck in
which the driver fixes his feet

khān (خان) lord, title of nobility;
chieftain; a hereditary title for
males of Genghisid lineage

khānaqāh (خانقاہ) dervish hostel

khānkhānān (خانخانان) khan
of khans, dean of nobles

khutba (خطبہ) address in a Friday
mosque service in which the
ruler's name is mentioned;
conventionally conferred
recognition of de facto rule

khwāja (خواجہ) a title of religious
dignity, chiefly for Naqshbandi
shaikhs and their descendants

kos (Persian کروہ *karōh*, Sanskrit
क्रोश *krośa*) "league," the
usual measure of distance in
India, but it varies by terrain;
by standardization during
Akbar's reign the kos was
fixed at 5,000 ells of 33 inches
each; actual measurements of
Akbar's kos posts near Delhi
are a bit short, giving a mean
equivalence of the kos as 2 miles
158 yards, or 4.17 kilometers
(Yule and Burnell 1886: 261).
Since exactitude is not to be

looked for in the kos, a rough
equivalence of 2.5 miles, or 4
kilometers, should be sufficient

kotwāl (کوتوال, कोटवाल) warden
of a fortress, chief of police

marg (مرگ, Kashmiri मर्ग, *marg*)
mountain valley or plateau

maulānā (مولانا) a title of learning

maund (من *man*) a weight of 40
seers, which is 82⅔ pounds, or
approximately 37 kilograms

mīān (میان, मियां, मीयां) a
title of respect

mīr (میر) normally a title
for sayyids, q.v.

mīrzā (میرزا) prince, title accorded
all males of Timurid descent

mullā (ملا) a title of learning

nāyak (نایك, नायक) leader,
guide, overseer

pargana (پرگنه, परगना) a district,
subdivision of a *sarkār,* which
is a subdivision of a *sūba*; the
Anglo-Indian version of the
word is "pergunnah" (Yule
and Burnell 1886: 698)

patta (پته, पत्ता) a Kashmiri
land measure equivalent to
one *bigha* plus one *biswa*
in the imperial system

patwārī (پتواری, पटवारी) village
registrar

qorchī (قورچی, Mongolian
qorči) master of arms

rabī' (ربیع) the spring crop; in
Kashmir the harvest is in July

rāi (رای, राय) a Hindu ruler

rāja (راجہ, राजा) a Hindu ruler

rishī (رشی, Sanskrit ऋषि) a

sage saint, anchorite
sāchiq (ساچق Turkish *sačïq*) offering, gift, tribute; specifically a gift given by the groom to the bride before a wedding
sādhnā (سادھنا, साधना) accomplishing by magic
sasān (سسان) corruption of the Sanskrit *śmaśān*, a site where corpses are cremated
sayyid (سيّد) a lineal descendant of the Prophet Muhammad
seer (سیر *sēr*) a weight equal to just over two pounds, or 0.9 kilogram
shaikh (شيخ) a title of religious dignity, particularly for Sufi masters; a hereditary title given to descendants of Sufi masters
shaikhzāda (شیخزاده) Indian-born Muslim of non-Indian stock; also, the offspring of native Indian converts to Islam
shiqdār (شقدار) military governor
tarkhan (ترخان) a title of nobility derived from the Mongolian *darqan*; the holder is exempted from nine offenses against the ruler
trakh (ترک, त्रख) a Kashmiri grain measure equal to eight imperial seers
tūgh (طوغ, Turkish *tuġ*) yak tail, emblem of command
zamindar (Persian زمیندار *zamindar*) "land holder," who holds land on which he pays revenue directly to the state

BIBLIOGRAPHY

When two different publication years are given for works listed below, the first is the Islamic (Hegira) calendar year and the second is the year according to the Christian (Gregorian) calendar.

Editions and Translations

Abū'l-Fażl, 'Allāmī. 1372/1993. *Akbarnāma*. Edited by Ghulām-Riżā Ṭabāṭabā'ī-Majd. Vol. 1. Tehran: Mu'assassa-i Muṭāla'āt va Taḥqīqāt-i Farhangī.

———. 1873–1887. *Akbarnāma*. Edited by Agha Ahmad Ali. Bibliotheca Indica 79. 3 vols. Calcutta: Asiatic Society.

———. 1897–1921. *The Akbar Nama*. Translated by Henry Beveridge. Bibliotheca Indica 138. 3 vols. Calcutta: Asiatic Society. Reprint, Delhi: Rare Books, 1972–1973.

Other Sources

Banerji, Rekhal Das. 1980. *History of Orissa from the Earliest Times to the British Period*. 2 vols. Delhi: Bharatiya Publishing House.

Beames, John. 1883. "Notes on the History of Orissa under the Mahommedan, Marātha, and English Rule." *Journal of the Asiatic Society of Bengal* 52: 231–257.

Doerfer, Gerhard. 1963–1975. *Türkischer und mongolische Elemente im Neupersischen*. 4 vols. Akademie der Wissenschaften und der Literatur, Veröffentlichungen der Orientalischen Kommission, 16, 19–21. Wiesbaden.

Eaton, Richard M. 1984. "Akbar-nāma." *Encyclopedia Iranica*. Vol. 1: 714–715.

Fakhrī Harawī. 1968. *Rawżatu'l-salāṭīn wa Jawāhiru'l-'ajā'ib*. Edited by Sayyed Hussamuddin Rashdi. Hyderabad: Sindhi Adabi Board.

Firishta, Muḥammad Qāsim Hindūshāh. N.d. *Tārīkh-i Firishta: Ḥālāt-i shāhān u mashāyikh-i Hind*. 2 vols. Lucknow: Nawal Kishore.

Gulbadan Bēgim. 2009. *Humāyūnnāma*. In *Three Memoirs of Humayun*, edited and translated by W. M. Thackston. Costa Mesa, Calif.: Mazda Publishers.

Ḥāfiẓ Shīrāzī, Khwāja Shamsuddīn. 1367/1988. *Dīvān-i Ḥāfiẓ*. Edited by Sayyid Abū'l-Qāsim Injavī Shīrāzī. Tehran: Jāvīdān.

Haidar Dughlat, Mirza. 1996. *Tarikh-i-Rashidi.* Edited and translated by W. M. Thackston. 2 vols. Sources of Oriental Languages and Literatures, 37–38. Cambridge, Mass.: Harvard University Department of Near Eastern Languages and Civilizations. Reprint, *Classical Writings of the Medieval Islamic World: Persian Histories of the Mongol Dynasties.* Vol. 1. London: I. B. Taurus, 2012.

Iskandar Beg Turkmān. 1350. *Tārīkh-i ʿālam-ārā-yi ʿAbbāsī.* 2 vols. Tehran: Muʾassasa-i Intishārāt-i Amīr Kabīr.

Jahāngīr Pādishāh, Nūruddīn Muhammad. 1999. *The Jahangirnama: Memoirs of Jahangir, Emperor of India.* Translated, edited, and annotated by W. M. Thackston. New York: Oxford University Press.

Kalhana. 1900. *Kalhana's Rajatarangini: A Chronicle of the Kings of Kashmir.* Translated by M. A. Stein. Westminster: A. Constable. Reprint, Delhi: Motilal Banarsidass, 1979–88.

Khwāndamīr, Ghiyāsuddīn b. Humāmuddīn al-Ḥusaynī. 1333/1954. *Ḥabību's-siyar fī akhbār-i afrād-i bashar.* Edited by Jalāl Humāʾī. 4 vols. Tehran: Khayyām. Tome Three translated by W. M. Thackston. Sources of Oriental Languages and Literatures, 24. 2 parts. Cambridge, Mass.: Harvard University Department of Near Eastern Languages and Civilizations, 1994.

Maclagan, E. D. 1896. "The Jesuit Missions to the Emperor Akbar." *Journal of the Asiatic Society of Bengal* 65: 38–113.

Rashīduddīn Fażlullāh. 1998–99. *Jāmiʿuʾt-tawārīkh: Compendium of Chronicles.* Translated and annotated by W. M. Thackston. Sources of Oriental Languages and Literatures, 45. 3 parts. Cambridge, Mass.: Harvard University.

Raverty, Henry George. 1878. *Notes on Afghanistan and Baluchistan.* Reprint, Lahore: Sang-e-Meel Publications, 1976.

Roemer, H. R. 1986. "The Safavid Period." In *The Cambridge History of Iran*, vol. 6, edited by Peter Jackson and Laurence Lockhart, pp. 189–347. Cambridge: Cambridge University Press.

Savory, R. M. 1965. "Djunayd, Shaikh." In *Encyclopaedia of Islam, Second Edition (EI2)*, vol. 2, edited by Bernard Lewis, Charles Pellat, and Joseph Schacht, p. 598. Leiden: Brill.

Yule, Henry, and A. C. Burnell. 1886. *Hobson-Jobson.* Edited by William Crooke. Reprint, New Delhi: Rupa & Co., 1994.

INDEX

Persons with court titles are given under their latest title. Abbreviations: br/ = brother of; d/ = daughter of; f/ = father of; gs/ = grandson of; m/ = mother of; n/ = nephew of; s/ = son of; u/ = uncle of; w/ = wife of; *MU* = *Ma'athir al-umara*, with reference to the Persian edition

Dhārū s/ Rāja Todar Mal,
453, 555, 557
Dhokdar, 121
Dholka, 21, 299; map A
Dhudial. See Dādhāl
Dikri. See Dharekrī
Dilāwar Khān, 231, 233,
569, 581, 637
Dīpālpūr, 515; map B
Diu, 657, 659; map A
Dīvālī, 619
Diyarbekir, 493
Doda Beg, 555
Doda Hāda s/ Rāi Sūrjan of
Ranthambore (d. 1585), 121
Dola Rāi s/ Kharag Rāi, 197
Dolqa. See Dholka
Dost Muḥammad Khān
s/ Esän Buqa, 389
Dost Muḥammad s/ Bābā Dost
(d. 1620, MU 1:672), 681
Dost Muḥammad Tarnābī, 137
Dūk, 151
Dukanwali, 199
Ḍungarpūr, 119; map A
Durgā Sīsodiya, Rāi (d. 1607, MU
2:142), 73, 107, 253, 527
Durgā Bhanj, 563
Durjan Singh s/ Rāja Mān Singh
Kachhwāha, 567, 571, 681
Dwarka, 73, 625, 657; map A

Eygü Temür Barlās, Amīr,
647, 712n77
El Dastam, 645
elephants, named. See Chāchar;
Malwal Rāi; Sharza; Son Kadwa
Ellichpur, 187, 419; maps A, E
Ēmīnābād, 343, 443; map D

Esän Buqa Khān Moghul,
383, 385, 387, 389
Europeans, 449, 597, 643.
See also Franks

Faiżī. See Abū'l-Faiż Faiżī
Fakhrunnisā Begim d/
Humāyūn Pādishāh. See
Bakhtunnisā Begim
Fakhrunnisā Begüm d/ Mīr
'Abdullāh of Mazanderan, w/
Shāh Khudabanda, 499, 501
Farāh, 683
Fardāpūr. See Phardapūr
Farīd Bukhārī Bakhshībegi,
Shaikh (d. 1616, MU 2:633),
147, 251, 593; Akbar visits,
119; escorts travelers, 151,
177; passes defended by,
345, 603; promoted, 81
Farīdūn Barlās, Mīrzā s/
Mīrzā Muḥammadqulï
Khān Barlās (d. 1614, MU
3:354), 475, 537, 555, 645
Farīdūn Khān Taghayï br/
Mahchüchük Begim, u/
Muḥammad Hakim Mīrzā, 133,
135, 137; entrusted to Abū'l-
Fażl, 143; sent to Hejaz, 145
Farrukh Beg, 137, 477
Farrukh Khān s/ Khan Kalan,
449, 565, 567, 571, 635
Farrukh Yaraghlïq, 5
Fārs, 387, 495
Fateḥpūr (Fateḥpūr-Sīkrī), 19,
51, 111, 257; Akbar returns
to, 193, 201; Maryam-
Makānī goes to, 463
Fateḥpūr-Hanswa, 331, 333; map F

ABOUT THE BOOK

Murty Classical Library of India volumes are designed by Rathna Ramanathan and Guglielmo Rossi. Informed by the history of the Indic book and drawing inspiration from polyphonic classical music, the series design is based on the idea of "unity in diversity," celebrating the individuality of each language while bringing them together within a cohesive visual identity.

The Persian text of this book is set in Nassim, an award-winning, versatile typeface designed by Titus Nemeth. Befitting its use in a new edition of classical literature, the type's contemporary design incorporates elements derived from Islamic manuscript practice.

The English text is set in Antwerp, designed by Henrik Kubel from A2-TYPE and chosen for its versatility and balance with the Indic typography. The design is a free-spirited amalgamation and interpretation of the archives of type at the Museum Plantin-Moretus in Antwerp.

All the fonts commissioned for the Murty Classical Library of India will be made available, free of charge, for non-commercial use. For more information about the typography and design of the series, please visit *http://www.hup.harvard.edu/mcli*.

Printed on acid-free paper by Maple Press, York, Pennsylvania.